João Paulo II

Bernard Lecomte

João Paulo II

Tradução de
CLOVIS MARQUES

Revisão técnica
MARCOS DE CASTRO

5ª EDIÇÃO

EDITORA RECORD
RIO DE JANEIRO • SÃO PAULO

2025

CIP-BRASIL. CATALOGAÇÃO-NA-FONTE
SINDICATO NACIONAL DOS EDITORES DE LIVROS, RJ.

L498J
5ª ed.
Lecomte, Bernard, 1949-
  João Paulo II/ Bernard Lecomte; tradução Clovis Marques.
  – 5ª ed. – Rio de Janeiro : Record, 2025.

Tradução de: Jean Paul II
Inclui bibliografia
ISBN 85-01-07008-4

1. João Paulo II, Papa, 1920-2005 – Biografia. 2. Papas – Biografia. I. Título.

04-3145
CDD: 922.21
CDU: 929João Paulo II

Título original em francês:
JEAN PAUL II

Copyright © Éditions Gallimard, 2003

Todos os direitos reservados. Proibida a reprodução, armazenamento ou transmissão de partes deste livro através de quaisquer meios, sem prévia autorização por escrito. Proibida a venda desta edição em Portugal e resto da Europa.

Direitos exclusivos de publicação em língua portuguesa para o Brasil adquiridos pela
DISTRIBUIDORA RECORD DE SERVIÇOS DE IMPRENSA S.A.
Rua Argentina, 171 – 20921-380 – Rio de Janeiro, RJ – Tel.: 2585-2000, que se reserva a propriedade literária desta tradução.

Impresso no Brasil

ISBN 85-01-07008-4

Seja um leitor preferencial Record.
Cadastre-se no site www.record.com.br
e receba informações sobre nossos
lançamentos e nossas promoções.

EDITORA AFILIADA

Atendimento e venda direta ao leitor:
sac@record.com.br

Para meu pai

SUMÁRIO

Introdução   9

PRIMEIRA PARTE

UM PAPA QUE VEIO DA POLÔNIA

1. As raízes	17
2. O tempo da camaradagem	39
3. Barulho de botas	59
4. A Polônia ocupada	77
5. A vocação	95
6. O padre Karol	119
7. Os jovens e o amor	139
8. Poeta e professor	153
9. O Concílio Vaticano II	173
10. Arcebispo de Cracóvia	205
11. O cardeal Wojtyla	229
12. Os anos Gierek	249
13. Na trilha de Paulo VI	267
14. *"Habemus papam!"*	289

SEGUNDA PARTE

O PAPA DO ANO 2000

15. Um dia na vida de um papa	315
16. O "esportista de Deus"	331
17. A epopéia polonesa	351
18. O fim do comunismo	373
19. "A mão que atirou..."	393
20. Politicamente inclassificável	417
21. O mundo é sua paróquia	437
22. Uma certa idéia da França	459
23. O governo da Igreja	479
24. A unidade do rebanho	511
25. Fora da Igreja...	533
26. O amigo dos judeus	557
27. A luta pela vida	581
28. Uma Igreja à antiga?	595
29. De Galileu à Internet	619
30. O terceiro milênio	639
Conclusão	663

ANEXOS

Mapas	668
Notas	675
Cronologia da vida de Karol Wojtyla (1920-1978)	715
Cronologia geral do pontificado de João Paulo II	723
As viagens do papa	747
Bibliografia	753
Pequeno glossário de termos religiosos	759
Agradecimentos	763
Índice onomástico	765

Introdução

Roma, 20 de abril de 2003, domingo de Páscoa. Diante de cinqüenta mil peregrinos reunidos na praça de São Pedro, João Paulo II lê sua mensagem *urbi et orbi*, endereçada "à cidade e ao mundo" através de oitenta redes de televisão. "Paz na Terra!" A voz do papa, tão familiar, ressoa entre a colunata de Bernini. "Paz no Iraque!" A multidão aplaude longamente. "Que os iraquianos possam, com o apoio da comunidade internacional, tornar-se protagonistas de uma reconstrução solidária de seu país!" A multidão aplaude novamente. Sob o dossel que o protege do sol, o velho lutador de casula dourada ergue os olhos para a assistência. Está sentado numa poltrona móvel que há alguns dias o alivia de seu principal problema físico: as pernas já não o sustentam. "Por acaso é com as pernas que o papa governa a Igreja?", lançou ele semanas antes a um visitante. Um tratamento fisioterápico de última geração permite-lhe dominar a doença de Parkinson. O tom é firme, a elocução, quase perfeita. Bem atrás dele, reto como uma espada, monsenhor Piero Marini, chefe das celebrações litúrgicas há um quarto de século, não deixa escapar nada. No Natal, o papa quase não conseguiu concluir a Missa do Galo, de tal modo suas forças decaíram repentinamente durante o ofício. Nesse dia, ele já trazia o Iraque no coração e apelava para que tudo fosse feito para "apagar a sinistra cegueira de um conflito que ainda pode ser evitado".

Durante meses, João Paulo II não mediu esforços para que a guerra do Iraque não acontecesse. No dia 13 de janeiro, diante dos embaixadores acreditados em Roma, quase chegou a gritar: "A guerra nunca é uma fatalidade! Ela é sempre uma derrota da humanidade!" Em sua biblioteca particular, no terceiro andar do palácio apostólico, ele recebeu em audiência o espanhol Aznar, o alemão Fischer, o iraquiano Tarek Aziz, além de Jacques Chirac, Kofi Annan, Tony Blair e alguns outros protagonistas do drama que pretendia evitar. Junto a George W. Bush, em Washington, despachou o cardeal Pio Laghi, 81 anos, diplomata amigo do pai do presidente americano; a Saddam Hussein, enviou seu velho camarada, o cardeal Roger Etchegaray, 80 anos, um *habitué* das missões mais delicadas. Há meses ele não perde uma oportunidade de apelar para a ética e a responsabilidade. É às consciências que se dirige. O papa não tem tanques, nem mísseis, nem petróleo. Suas armas, essas famosas "divisões" outrora objeto da ironia de Stalin, são as palavras. A quantos se disponham a ouvi-lo, ele lembra que "a verdadeira paz repousa no amor, na justiça, na verdade e na liberdade". João Paulo II é pela paz, mas não em si mesma, não a qualquer preço. Ele não é um pacifista. Como os dissidentes do Leste, há não muito tempo, não quer saber de uma paz que tivesse de ser paga com a renúncia aos direitos do homem, o esmagamento das liberdades ou o desprezo da justiça. Falando a jovens da Opus Dei recebidos em audiência no dia 14 de abril, ele esclarece: "Não se trata de fazer campanhas negativas, nem de ser *anti* alguma coisa!"[1] Ao mesmo tempo que mobiliza os bispos americanos contra uma "guerra de agressão" que não é "legítima", ele manda dizer a Saddam, sem rodeios: "Se o senhor quer realmente a paz, não dê a seus adversários motivos para lhe fazerem a guerra!"[2]

Pressões morais, iniciativas diplomáticas, condenações públicas: o papa não perde nenhuma oportunidade de denunciar o recurso às forças armadas. Ainda que sua voz muitas vezes se perca no estridor da mídia, sua vontade e sua energia não podem deixar de provocar admiração. "Não tenham medo!", repete o velho na mensagem de Páscoa, exatamente como no primeiro dia de seu pontificado. Já lá se vão quase dez anos que os jornais de todo o planeta anunciam regularmente a iminência de seu falecimento, sua desistência ou sua demissão. Dez anos em que as câmeras do mundo inteiro se fixam em seus passos hesitantes, em seu rosto imóvel, em sua mão trêmula. É bem verdade que Karol Wojtyla já não é uma criança, nasceu em Wadowice (Polônia), a 18 de maio de 1920!

O papa polonês já estaria no fim da linha? Nesta primavera de ressonâncias bélicas, ele se prepara para proceder a várias beatificações, no domingo, 27 de abril. Embora no início do ano sua agenda estivesse virgem, ele decidiu ir à Espanha no dia 3 de maio, à Croácia no dia 5 de junho, depois à Bósnia e em setembro à Eslováquia. Na Quinta-Feira Santa, anunciou a publicação de uma encíclica, a décima quarta, dedicada à Eucaris-

INTRODUÇÃO   11

tia*. Semanas antes, para espanto geral, ele havia publicado uma coletânea de poemas escritos durante seus anos de pontificado. "No caso dele, é a alma que puxa o corpo", observa seu porta-voz, Joaquin Navarro-Valls.[3]

Em suas homilias e discursos deste ano de 2003, João Paulo II já vem lembrando que em outubro comemorará o vigésimo quinto aniversário de seu pontificado. Foi no dia 16 de outubro de 1978 que os cardeais, seus pares, elegeram um papa originário da Polônia, na oitava votação de um conclave surpreendente. Depois do jubileu do ano 2000, que mobilizou toda a cristandade, aquele seria de certa maneira o jubileu pessoal deste pontífice fora do comum. Em dois mil anos, somente três papas, num total de 264, duraram mais de um quarto de século: Leão XIII (1878-1903), Pio IX (1846-1878) e o próprio São Pedro, que teria reinado por mais de 34 anos sobre a Igreja nascente. Ainda que fosse apenas por sua longevidade, João Paulo II terá sido um papa excepcional. Uma só comparação: durante seu pontificado, sucederam-se cinco presidentes dos Estados Unidos e seis líderes da Rússia.[4] O que mostra como o mundo mudou desde sua eleição para o trono de São Pedro: morte do comunismo, ampliação da Europa para trinta países, ascensão do islamismo, desenvolvimento do terrorismo, globalização — tudo isto era desconhecido e mesmo inimaginável em 1978. O que mostra também que este papa acompanhou uma revolução profunda da Igreja Católica, que passou de 757 milhões para mais de um bilhão de fiéis.[5] Ele enfrentou a descristianização acelerada da Europa, a crescente concorrência das seitas, o pronunciado resvalar do catolicismo para o sul do planeta, a generalizada rejeição de qualquer magistério, sobretudo moral, nas sociedades afluentes.

João Paulo II terá sido excepcional sobretudo, naturalmente, pelo que disse e pelo que fez. Chegado o momento de fazer o balanço, dele ficará a ação "política", em especial o papel que desempenhou na queda do comunismo. Ficará sua obra doutrinária e teológica — quatorze encíclicas, mais de quatro mil homilias e discursos —, em que a Igreja passará anos meditando. Ficará seu compromisso para com os direitos humanos, mas também sua firmeza a respeito da família e da sexualidade. Ficará o fato de que "globalizou" a instituição eclesiástica, de que visitou a Terra intei-

---

*No glossário ao final do livro podem ser encontrados os principais termos religiosos aqui utilizados.

ra, fazendo-se portador de aspirações universais. Ficará, por fim, sua introdução da Igreja no terceiro milênio, impondo-lhe o "arrependimento" por seus erros passados e apostando na juventude do mundo.

Mas o pontificado de João Paulo II não pode relegar ao esquecimento a vida de Karol Wojtyla. O objetivo deste livro não é retraçar o pontificado de um papa excepcional, mas o destino de um homem fora do comum, que desposou toda a história de seu tempo, com seus dramas políticos, suas loucuras ideológicas, suas utopias sangrentas, seus horrores de guerra e também seus progressos democráticos, seus sucessos tecnológicos, seus avanços científicos.

Uma vida marcada pela fé. A este respeito, um breve comentário, envolvendo questão de método. Tratando-se de uma biografia, o caso de um homem de fé coloca um problema específico. Por mais minuciosa que seja a investigação, por penetrante que seja a análise, como integrar à narrativa de uma vida aquilo que diz respeito às convicções mais íntimas e que é, por definição, irracional? Sempre é possível reproduzir as expressões, os sinais, os sintomas e testemunhos de uma fé tão fértil, mas como chegar às fontes dessa inspiração? No caso de um artista, a irracionalidade que preside à criação também é indizível, mas sempre resta uma obra a descrever, analisar, criticar. Mas e no caso da fé? Quem será capaz de sondar o inconsciente, o instinto e o sentimento de um papa? Acontece que, ao tomar uma decisão, um crente não se remete apenas à conjuntura, a seu conhecimento do tema, a seus objetivos: freqüentemente ele vai buscar sua inspiração na oração. Foi o que aconteceu com João Paulo II quando foi dar graças a Nossa Senhora de Fátima depois do atentado de 13 de maio de 1981, quando nomeou Jean-Marie Lustiger arcebispo de Paris, quando decidiu mobilizar todas as religiões do mundo em Assis, a serviço da paz: como distinguir o que aí decorria desse diálogo com Deus? Em várias ocasiões, o autor se viu diante desse "mistério da fé" que muda a natureza das ações humanas e às vezes determina o rumo dos acontecimentos. O leitor — o que acredita no Céu e o que não acredita — é convidado, nas páginas que se seguem, a também dar mostra de imaginação, tolerância e abertura.

Este livro tem duas partes. A primeira traça o percurso de Karol Wojtyla, de sua infância na Polônia até sua eleição pelo conclave de outubro de 1978. A segunda relata os vinte e cinco anos do pontificado de João Paulo II. Uma não existe sem a outra: o leitor poderá constatar so-

INTRODUÇÃO

bretudo que, ao tornar-se papa, o cardeal Wojtyla já havia quase tudo pensado, dito e feito — a respeito do comunismo, da moral sexual, das relações com os judeus, das relações com a ciência etc. Eis, por sinal, um dos bons motivos de divisar na mesma perspectiva a vida de Karol Wojtyla e a ação de João Paulo II. Elas são indissociáveis e compõem o destino ímpar de um papa extraordinário.

PRIMEIRA PARTE

UM PAPA QUE VEIO DA POLÔNIA

1

As raízes

"Droga Lusiu..." No dia 27 de outubro de 1978, aproveitando breve momento de pausa no turbilhão em que se viu arrastado depois de sua eleição pelo conclave, João Paulo II senta-se a sua mesa de trabalho e redige uma carta de caráter extremamente pessoal para uma certa Felicja Wiadrowska — *Lusiu* é um diminutivo afetuoso — residente no número 7 da rua Florianska, em Cracóvia (Polônia). À parte o secretário particular do novo papa, ninguém em Roma sabe quem é aquela misteriosa correspondente. Ninguém pode imaginar que essa Felicja, professora aposentada, terceira entre os filhos de uma das muitas irmãs da mãe de Karol Wojtyla, é toda a família que lhe resta.

Este papa que veio de um país onde cada casal costuma ter cinco ou seis filhos, que passaria cerca de vinte e cinco anos defendendo encarniçadamente os valores da família, obcecado com a questão do casamento e dos filhos, este papa, que ainda não completou 60 anos, não tem pai, nem mãe, nem irmão, nem irmã, nem tio, nem tia! E quando escreve aos seus, dirige-se a uma distante e obscura prima nascida numa grande aldeia do sul da Polônia, Czaniec, berço histórico de uma família que em 1978 já não passa de lembrança.

Duas famílias da Galícia

Czaniec, de onde são originários os Wojtyla,[1] é um modesto burgo no interior da Polônia habitado por cerca de duas mil almas e situado não longe de uma cidadezinha chamada Kety, na Galícia ocidental. Adminis-

A família Wojtyla

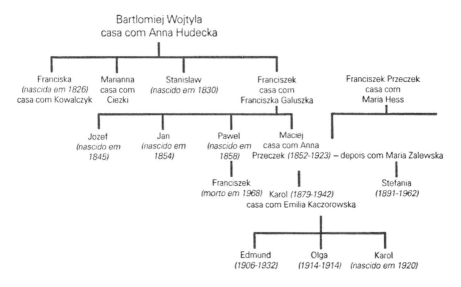

A família Kaczorowski

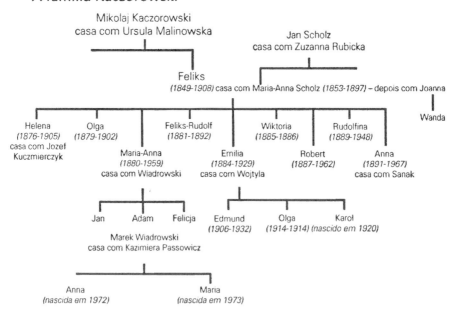

Fonte: Adam Boniecki, *Kalendarium zycia Karola Wojtyly*, Znak, 1983.

AS RAÍZES

trativamente, Czaniec depende de Biala, a capital local, que mais tarde, após a fusão com a comuna vizinha, tornar-se-ia Bielsko-Biala. Por um desses curiosos acasos que pontuariam a vida do futuro papa, é justamente de Biala que são originários seus antepassados maternos. Do ponto de vista religioso, Czaniec depende do *dekanat*[2] de Oswiecim, capital situada a dezoito quilômetros que mais tarde ficaria desgraçadamente conhecida por seu nome alemão: Auschwitz. A paróquia de São Bartolmiej, durante muito tempo freqüentada pelos Wojtyla, faz parte portanto, como todas as paróquias vizinhas das imediações de Biala ou Oswiecim, da arquidiocese de Cracóvia — a mesma prestigiosa arquidiocese que durante cerca de quinze anos será dirigida pelo mais famoso de seus filhos.

O mais antigo portador do nome cujos vestígios puderam ser encontrados nos documentos paroquiais de Czaniec é um certo Maciej Wojtyla, nascido em 1765. No registro da igreja, os Wojtyla da época estão inscritos (em latim, naturalmente) no item *hortulanus* ("pequeno agricultor"). A título ilustrativo, cabe assinalar que também são encontrados personagens com o nome de Wojtyla nas rubricas mais inesperadas do arquivo paroquial de Biala, a capital: "comerciante", "vagabundo", "mendigo" etc.

Folheemos o registro da paróquia de São Bartlomiej de Czaniec. As primeiras mulheres com sobrenome Wojtyla, por nascimento ou casamento, chamam-se Magdalena, Marianna, Franciszka etc. A informação não é sem interesse. Para os genealogistas, a freqüência dos mesmos nomes, transmitidos de geração a geração, confirma sem sombra de dúvida que os Wojtyla de Czaniec são efetivamente os ancestrais do futuro papa — cuja família terá com efeito muitos Bartlomiej, Marianna, Franciszek ou Franciszka. Assim, o tetravô do papa chamava-se Bartlomiej, e seu quarto filho, Franciszek. Sobre este último, sabe-se que foi conselheiro municipal e *judex comunitatis* (juiz de paz). Sabe-se sobretudo que se casou com uma jovem chamada Franciszka — mais uma! —, com a qual teve, entre outros filhos, o pequeno Maciej, nascido em 1852: o avô do futuro papa.

As atas paroquiais de Lipnik, o povoado vizinho onde se instalou Maciej, o mencionam como *"sartor ex Czaniec"* ("alfaiate proveniente de Czaniec") e *"agricola"* (agricultor). Na lembrança da família, ele foi sobretudo um mestre da alfaiataria. Foi em Lipnik que se casou com Anna Przeczek (filha de Franciszek Przeczek e de Maria, nascida Hess), com quem teve um filho, Karol, nascido a 18 de julho de 1879. Este Karol Wojtyla é o pai do futuro João Paulo II. Cabe notar que, depois da morte de sua mulher, Maciej voltaria a casar-se e teria uma filha, Stefania: esta meia-irmã do pai do papa seria por muito tempo, ao lado da prima Felicja, toda a sua "família".

O irmão mais novo do avô Maciej também teria um filho muito ativo e muito piedoso, Franciszek, sobre o qual o cardeal Wojtyla falaria com orgulho: esse tio distante, com efeito, foi chefe do coro na paróquia de São Bartlomiej e conduziu muitas peregrinações ao santuário vizinho de Kalwaria Zebrzydowska. Morto em dezembro de 1968, seria levado à terra por seu sobrinho-neto, então arcebispo de Cracóvia. O avô Maciej por sua vez morreu a 23 de setembro de 1923, em Lipnik. Seu neto Karol, então com 3 anos, não guardaria dele qualquer lembrança.

A mãe do futuro João Paulo II, Emilia, nasceu Kaczorowska. Neste ramo, o parente mais antigo cuja pista foi encontrada, na mesma cidade de Biala — cujo arquivo, como dissemos, preserva traços de alguns Wojtyla ainda mais antigos —, chama-se Mikolaj Kaczorowski. O registro paroquial o menciona como "*administrator, oeconomus*". Ele é bisavô do futuro papa. Seu filho Feliks, nascido em 1849, é portanto o outro avô do pequeno Karol. Um personagem! Nascido em Biala, artesão seleiro, Feliks Kaczorowski parte para Cracóvia — onde tem seu nome registrado na paróquia de Todos os Santos — e se casa uma primeira vez em 1875 com Maria-Anna Scholz, filha de um sapateiro chamado Jan Scholz. Vemos portanto que João Paulo II teve uma avó Scholz do lado materno, e uma bisavó Hess do lado paterno. O que vai de encontro a uma certa visão simplista de uma Polônia etnicamente homogênea que explicaria o apego do papa à idéia de nação. Voltaremos ao assunto.

Feliks e Maria-Anna Kaczorowski, os avós maternos do papa, tiveram uma enfiada de filhos, entre os quais Maria-Anna, futura madrinha do papa, e Emilia, sua mãe, que nasce a 26 de março de 1884. Um ano depois de seu nascimento, a família se muda para Cracóvia, instalando-se no nº 17 da rua Droga nad Rudawa, na parte ocidental da cidade velha. Karol Wojtyla não conheceria seus avós maternos: Maria-Anna morre em 1897 e o próprio Feliks — que voltou a se casar e continuou a ter filhos — falece em 1908. Assim se explica provavelmente o afeto que teria pela madrinha, sua tia Maria-Anna, assim como pelo padrinho, Jozef

AS RAIZES 21

Kuczmierczyk, marido de uma de suas tias, Olga, morta prematuramente. O bom Jozef, viúvo, voltaria a casar-se com a mais velha das quatro irmãs, Helena, que por sua vez morreria dois anos depois.

Maus preságios. Emilia, a mãe do futuro papa, vem de uma família na qual as mulheres morrem cedo.

Um rápido exame deste abundante conjunto genealógico requer duas observações. Como muitos de seus contemporâneos, os antepassados do papa sempre foram atraídos pela grande cidade, Cracóvia, onde a sorte parecia melhor que no campo polonês, muito pobre na época; e freqüentemente desenvolveram seu gosto pelo artesanato, sua habilidade no trabalho com o couro e o tecido.

Assim, ao chegar a Cracóvia, o avô Feliks Kaczorowski abriu uma oficina de correeiro-seleiro no número 15 da rua Smolensk, não longe do castelo de Wawel. Seu filho Robert deu continuidade ao negócio, transferindo-o para perto dali, na esquina da rua Zwierzyniecka com a avenida Krasinski — onde existem hoje uma grande loja Jubilat e um restaurante popular dominando a ponte sobre o Vístula e o bairro de Debniki. Mas vem a Primeira Guerra Mundial e Robert é feito prisioneiro pelos russos. Ao voltar do cativeiro, ele compra um pequeno terreno no bairro de Debniki, ao longo do Vístula, e, com recursos modestos e provavelmente muita coragem, constrói uma casa para si e para suas irmãs Rudolfina e Anna. É nesta casa que o futuro João Paulo II viveria a partir de 1938.

O padrinho, Jozef Kuczmierczyk, abriu um restaurante no Rynek (Mercado) de Cracóvia, na esquina das ruas Santa Ana e Wislna, para em seguida ceder o local à mais jovem de suas cunhadas, Anna Sanak, nascida Kaczorowska, proprietária de uma loja de artigos religiosos, da qual não há mais vestígio. Um novo prédio foi construído no local, abrigando atualmente uma loja de departamentos, Centrum. A dois passos dali, do outro lado da famosa praça, a madrinha do pequeno Karol, Maria-Anna, e seu marido, Léon Wiadrowski, montaram no número 7 da rua Florianska uma loja e oficina de douração de quadros. Durante muito tempo os Wiadrowski residiram ali, no segundo andar, com seus três filhos Jan, Adam e Felicja — a famosa *Lusiu*, que viveria por muito mais tempo que a média da família. O apartamento de número 14 desse endereço é que monsenhor Karol Wojtyla visitava assiduamente no dia de Santa Felicja, para levar um bolo à prima. O hábito seria observado até ele tornar-se papa. Atualmente, no número 7 da rua Florianska existe uma loja de roupas Pierre Cardin.

É portanto a Felicja que o novo sucessor de São Pedro envia sua carta "de família" logo depois de eleito, a 27 de outubro de 1978: "*Droga Lusiu...*" Nela, saúda a memória dos pais, do irmão Edmund e de sua madrinha, morta em 1959, do marido dela e dos irmãos de Felicja, Jan e Adam.[3] Lembra-se também de suas tias maternas comuns, Rudolfina e Anna, assim como do tio Robert. Finalmente, lembra a Felicja a tia paterna Stefania, morta em 1962. "Recomendo a Deus a alma de todos eles", acrescenta o novo papa. E só.

Tudo isso valia a pena ser lembrado. Dessa impressionante linhagem, na qual não se deixou nunca de fazer muitos filhos, só a prima Felicja ainda está viva quando Karol Wojtyla torna-se papa, a 16 de outubro de 1978. Por motivos muitas vezes ligados à saúde frágil, todos os demais representantes da geração de seus avós, de seus pais e até mesmo da sua própria já morreram.

Um papa tão jovem, quase sozinho no mundo, não é comum: basta lembrar as *Cartas à família* de João XXIII,[4] o papa de doze irmãos e irmãs; ou os depoimentos dos parentes de João Paulo I — seu irmão, sua irmã, seus sobrinhos — logo depois de sua morte. Será preciso algum tempo para descobrir em que medida os parentes do novo papa contribuíram, no devido momento, para forjar esta personalidade fora do comum. Sua mãe, naturalmente. E sobretudo seu pai.

À sombra da caserna

Minutos depois do fim do conclave romano de outubro de 1978, a informação chega ao mundo inteiro: "O PAPA É FILHO DE OPERÁRIO". Filho de operário! Sensacional! Um papa proletário: que maná para os jornais populares! Será que um papa proveniente da classe operária conseguirá reconciliar de uma hora para outra a Igreja e o comunismo, a reação e o progresso, a esquerda e a direita, o passado e o futuro? Demoraria alguns dias para que a realidade levasse a melhor sobre as fantasias da mídia: não, o papa polonês não é filho de operário, mas *filho de militar*.[5]

AS RAÍZES

O capitão Karol Wojtyla — que tem o mesmo nome e o mesmo sobrenome que seu filho — nasceu no dia 18 de julho de 1879 em Lipnik, não longe de Biala. Seu próprio pai, Maciej Wojtyla, como vimos, exercia a profissão de alfaiate, pela qual o futuro papa teria grande consideração: foi no convívio desse alfaiate que seu pai aprendeu a cortar panos e tecidos, a costurar paletós e calças — gestos que retomaria após a morte de sua mulher — antes de entrar para o exército. E de passar o resto da vida de uniforme.

Karol Wojtyla pai — se tivesse nascido nos Estados Unidos, João Paulo II se chamaria Karol Wojtyla Jr. — nasceu portanto numa família modesta originária do interior da Polônia, católica e patriótica. Não na Polônia dos pequenos nobres liberais nem tampouco na dos miseráveis, mas na dos comerciantes, dos pequenos empresários e dos funcionários. A Polônia banal, sem brilho, provinciana. A Polônia média.

Segundo os arquivos militares de Viena, é em 1900 que o jovem Karol Wojtyla vem a ser convocado, aos 21 anos de idade. Deixa então Lipnik rumo à cidade vizinha de Wadowice, sede do 56º Regimento de Infantaria, batizado "Conde Daun".[6] Naturalmente, a bandeira sob a qual é alistado não é a do exército polonês — a Polônia está riscada do mapa há mais de um século —, mas a do exército imperial austríaco. Certa vez, criticado por receber com excesso de honrarias a ex-imperatriz Zita, viúva de Carlos I da Áustria, o papa polonês responderia com esta tirada: "Eu queria prestar homenagem à soberana de meu pai!"

O soldado Wojtyla faz seu aprendizado em Wadowice. Promovido a cabo (*Gefreiter*), é mandado para Lwow, onde serve como encarregado da intendência (*Aufsichtcharge*) numa escola de cadetes. No início de 1904, ele renova seu alistamento e é mandado para Cracóvia como chefe de seção (*Zugsführer*), incumbido da escrita e da contabilidade junto ao comando da reserva. Decididamente, o destino do cabo Wojtyla não era a linha de frente nem as missões perigosas. O rapaz fala e escreve corretamente polonês e alemão, sabe contar e sobretudo datilografa com grande rapidez: na época, um talento pouco comum. Seus superiores parecem apreciar particularmente esse burocrata disciplinado, minucioso, bonachão e correto, que é promovido a suboficial.

É nesta época que o belo militar de bigode altivo, honesto e cultivado, conhece Emilia Kaczorowska, 20 anos, de rosto bonito e olhos negros brilhantes. Conheceram-se numa igreja de Cracóvia — e onde é que os jovens poloneses de então haveriam de se encontrar, senão nas manhãs de domingo à saída da missa? Teria o encontro acontecido na Igreja de São Francisco de Sales, ao lado do convento das irmãs da Visitação, perto da praça Biskupia? Ou nas carmelitas, ali perto? Ou teria sido na Igreja da Ressurreição de Cristo, ou ainda em alguma outra igreja desse bairro onde eram tantos os quartéis quantas as instituições para moças? E o casamento, em qual igreja teria sido celebrado? Ninguém sabe: não é possível encontrar sinal dessa união em qualquer registro paroquial. Os documentos provavelmente foram destruídos durante a guerra, ou então o registro foi feito numa paróquia militar e se perdeu durante a invasão alemã de 1939. Sabe-se apenas, pelo depoimento de uma parenta, que o jovem casal morou por algum tempo na rua Felicjanek, perto do castelo de Wawel, e em seguida na rua Mazowiecka, não longe do quartel onde o fogoso suboficial está destacado. Tampouco é possível encontrar qualquer menção do nascimento e do batismo de seu primeiro filho, Edmund, que veio ao mundo no dia 28 de agosto de 1906.

Em 1912, Karol Wojtyla pai tem 12 anos de serviço, um filho de seis anos e uma mulher de saúde frágil. Solicita então sua transferência para o serviço civil. Seus superiores estão a ponto de aceitar, mas a mobilização, em agosto de 1914, interrompe os procedimentos. Durante a guerra, a região de Cracóvia está ao alcance da artilharia dos exércitos russos. O suboficial Wojtyla certamente se comporta com dignidade, pois é promovido a aspirante e condecorado com a cruz de ferro do mérito.

Mas ele não teria oportunidade de ostentar suas condecorações austríacas. Em novembro de 1918, a Polônia recupera a independência. Como a maioria de seus camaradas, Wojtyla entra sem qualquer transição para o exército polonês, com a patente de *porucznik* (tenente) e novo uniforme. Em Wadowice, a mudança de regime transcorreu sem problemas: como o 56° RI estava bloqueado na frente italiana, o quartel estava praticamente vazio quando algumas unidades que retornaram de trem "tomaram o poder" sem qualquer outro procedimento.

Em 1919, os Wojtyla retornam a Wadowice, onde foi então formado o 12° Regimento de Infantaria "reforçado", um corpo inteiramente polonês composto a partir dos restos do 56ª RI austríaco, e pertencendo à VI divisão polonesa. Comandado pelo capitão Oswald Franck, o 12° RI abrange dois batalhões baseados na rua Lwow e na rua do Exército Polonês, além de um terceiro, baseado em Cracóvia. Mal havia sido constituído, é enviado para o leste para combater os bolcheviques. Não sem muitas perdas: 350 soldados do 12° RI tombam entre 1918 e 1920, nos combates contra a recém-nascida Rússia soviética. Na entrada da igreja de Wadowice, uma placa lhes presta vibrante homenagem: "Deus, Honra, Pátria".

Wojtyla é destacado, como anteriormente, para a administração militar: no escritório do quartel "General Stanislaw Fischer", ele cuida dos registros da *powiatowa komenda uzupelnien* (comando de reserva de distrito). Usa óculos finos e traz um bigode mais comportado; tem a expressão suave e o olhar severo. Sempre impecável, com um uniforme para a semana, outro para o domingo, logo vem a ser apelidado pelos habitantes de Wadowice de *Pan Kapitan*, "Senhor Capitão". Apelido que continuará valendo após sua reforma, ocorrida 1927, aos 48 anos de idade, para dedicar-se à família. Em nenhuma fotografia podemos vê-lo rindo ou sorrindo. O sorriso no canto da boca que vemos na maioria das fotos de João Paulo II é de sua mãe.

*

Emilia Wojtyla nasceu a 26 de março de 1884. A filha de Feliks Kaczorowski e Maria-Anna Scholz[7] ainda é um bebê quando seus pais deixam Biala em direção à grande cidade, Cracóvia. Lá, a pequena Emilia segue uma escolaridade secundária normal — oito anos, na época — no convento das Irmãs da Misericórdia, na rua Pedzichow, perto do centro.

A adolescência de Emilia foi marcada pela morte dos entes queridos. Nem chega a conhecer sua irmãzinha Wictoria, morta ainda pequena quando ela mesma não completara dois anos, e sofre muito, aos 13 anos, com a morte da mãe. Aos 18 anos, assiste à morte de sua irmã mais velha, Olga. Aos 21 anos, à morte da irmã acima dela, Helena. Aos 24 anos, enfim, perde o pai. É muito para uma moça frágil e não prenuncia coisa boa para a família que pretende criar com seu belo militar. Com efeito, a sorte não pouparia a doce Emilia: oito anos depois do nascimento de seu primeiro filho, Edmund, ela dá à luz, por volta de 1914, uma menina a que dá o nome de Olga — como sua falecida irmã mais velha — e que morre no parto. A menina não consta de nenhum registro de batismo, não existe um túmulo com seu nome. Permaneceria para sempre um doloroso mistério, do qual o próprio papa nunca quis falar.

Mas a vida continua, pontuada pelos bons e os maus desígnios da divina Providência. E não demoraria para que a alegria de Emilia, sua felicidade, sua esperança, se depositasse no nascimento de seu segundo filho, a 18 de maio de 1920. Por volta das 17 horas, a darmos crédito ao próprio papa, que no dia de seu septuagésimo quinto aniversário curiosamente revelou a sua platéia romana que havia nascido "praticamente à mesma hora" de sua eleição no conclave.

Lendas e depoimentos misturam-se hoje na evocação desse parto ocorrido em casa, como era costume na época. Um raio de sol teria realmente iluminado o quarto? Cantos religiosos podiam realmente ser ouvidos na igreja em frente? Naturalmente, ninguém pode garantir. Segundo a parteira, informa um dos primeiros biógrafos do papa, não houve qualquer complicação.[8]

Um mês depois, ou seja, no dia 20 de junho do mesmo ano, o pequeno Karol Wojtyla é batizado por um capelão militar amigo de seu pai, o padre Franciszek Zak. Na página 549 do *liber natorum* (registro civil), o sacerdote faz as anotações obrigatórias: "*Religio rom-cath. Sexus masculini...*" O padrinho e a madrinha são Jozef Kuczmierczyk, o cunhado de Emilia, e a irmã desta, Maria-Anna Wiadrowska. O nome do bebê, escrito em latim, é *Carolus Josephus*.[9] Karol (*Carolus*) remete a São Carlos Borromeu, e é o nome de seu pai. Jozef (*Josephus*) é naturalmente o marido da Virgem Santa, e também o nome de seu padrinho presente diante do batistério, mas é sobretudo o nome do marechal Pilsudski, o herói da independência polonesa tão admirado pelo "Capitão". Só com a entrega de sua caderneta militar ficaríamos sabendo que o menino teve um terceiro componente em seu nome, Hubert, que nunca é mencionado em parte alguma — embora o futuro papa não se cansasse de celebrar seus dois primeiros santos protetores.

"Karol" parece um pouco severo para um bebê. Emilia chama o filho de *Lolus,* diminutivo impregnado de toda a ternura do mundo. Só mais tarde os mais íntimos passariam a chamá-lo de *Lolek*. Na Polônia, para cada nome há pelo menos um ou dois diminutivos afetuosos. Todos os Stanislaw são *Staszek*; os Lech, *Leszek*; os Mieczyslaw, *Mietek*; e o futuro papa não é o primeiro Karol a ser chamado de *Lolek*.

AS RAÍZES   27

Pouco sabemos sobre as relações entre Lolus e sua mãe, numa família em que ninguém redigia um diário íntimo e cujos protagonistas morreram todos. Podemos imaginar o afeto de que foi cercado o filho menor. É também conhecida a fé que o envolve desde os primeiros passos. Muito cedo Emilia ensina o menino a fazer o sinal-da-cruz, a ajoelhar-se para fazer suas orações. Seu sonho é que Lolus se torne padre. Também aqui poderíamos ter uma lenda, mas não é o caso: "Minha mãe queria dois filhos, um médico, o outro padre", diria João Paulo II em pessoa, certo dia, a seu amigo o jornalista André Frossard.[10]

Mas a precariedade da saúde de Emilia causa preocupação. E ela não melhora, pelo contrário. Pelo resto da vida, seu menino guardaria a lembrança de uma mamãe doente. Os raros depoimentos dos vizinhos da época referem-se a Emilia como uma mulher calma e frágil, às vezes melancólica. Não demora para que ela perceba que seu tempo é contado, e, preocupada com o futuro dos filhos, ela exorta o marido a se reformar precocemente.

Emilia vem a morrer no dia 13 de abril de 1929, aos 45 anos de idade, em sua casa de Wadowice. Do atestado de óbito redigido pelo médico da família consta: "*Myocarditis nephritis*" (afecção do miocárdio e dos rins). Quem celebra o enterro é o novo titular da paróquia, o padre Leonard Prochownik. Lolek ainda não completara nove anos. Sua professora, Zofia Bernhardt, relataria mais tarde que o fato influenciou fortemente o caráter do menino: Lolek ter-se-ia tornado menos alegre, menos seguro de si. É perfeitamente possível. A lembrança de Emilia permaneceria muito viva no jovem Karol. A ela é que dedicaria em 1939, dez anos depois de sua morte, seus primeiros versos conhecidos:

> *Na lápide branca de Teu túmulo*
> *Florescem as flores brancas da vida.*
> *Tantos anos já sem Ti.*
> *E que anos?*

> *Na lápide branca de Teu túmulo*
> *Há tantos anos fechada,*
> *Surgiu uma espécie de sombra,*
> *A de tua morte incompreensível.*

Na lápide branca de Teu túmulo
Ó minha Mãe, Amor que se foi,
Em sinal de ternura filial
Esta simples oração:
Repousa eternamente em paz.[11]

Para Karol Wojtyla pai, a morte de Emilia é um drama, mas não uma surpresa. Nos últimos tempos, a fraqueza de sua mulher poucas esperanças lhe dava, e ele, muito piedoso, entregava-se à vontade de Deus. Já no dia seguinte ao enterro, por sinal, ele leva os dois filhos, Edmund e Karol, ao santuário vizinho de Kalwaria Zebrzydowska, para pedir à Virgem Santa que olhe por sua mãe falecida. O "Capitão" tem um teto, uma pensão do exército, dois meninos promissores para criar: a vida continua, sob o olhar do Pai celestial. Três anos mais tarde, no entanto, a morte brutal de Edmund, o filho mais velho, derrubaria aquele homem pela segunda vez.

*

Mundek só tinha qualidades! Louro, olhos azuis, compleição atlética, era um rapaz brilhante que tinha tudo para fazer a felicidade dos pais. E também a de Lolek, quatorze anos mais moço que ele. Aquele irmão distante, entregue a seus estudos de medicina na Universidade Jagellon de Cracóvia, é o orgulho e o modelo do pequeno Karol.

Amante dos esportes, Edmund gosta de jogar futebol com a garotada de Wadowice quando vem à cidade passar as férias. Há uma foto em que o vemos posando no meio da equipe que lidera, e, a um canto, bem pequenininho, encontramos o irmãozinho cheio de admiração. Sobretudo depois da morte da mãe, Edmund é que inicia Lolek no jogo de bola, nos banhos no rio Skawa e nas primeiras investidas pela montanha.

O 28 de maio de 1930 seria um grande dia na vida dos dois irmãos. Lolek é levado pelo pai à cerimônia de diplomação de Edmund Wojtyla — um doutorado em medicina clínica — na Universidade Jagellon, em Cracóvia. O rapaz é aprovado com a menção *Magna cum laude*, sob aplausos dos professores e colegas. Para o irmão menor, cuja excitação e orgulho podemos imaginar, é uma lembrança muito forte. Para o pai, uma felicidade imensa. Além disso, um filho médico é a garantia de ser menos pobre.

Aos 25 anos, o dr. Edmund Wojtyla começa a exercer a profissão numa clínica infantil de Cracóvia, mas logo vem a ser enviado para o hospital de Bielsko, na divisa com a Silésia. Um primeiro posto que ele exerce com paixão e abnegação. E vem a catástrofe: o jovem médico contrai escarlatina de uma paciente junto à qual monta vigília durante toda uma noite, apesar do risco de contágio. Em seu entusiasmo, não haveria hipótese de ele deixar de cuidar das vítimas de uma epidemia, ao passo que muitos colegas limitam e mesmo evitam esses contatos que sabem perigosos. Dez dias depois, Edmund cai doente. Mais quatro dias, e ele morre. O dr. Brücken, que não pôde conter o avanço da doença, deixou registrada a patética pergunta do jovem: "Por que eu? Por que agora?"

Edmund falece a 5 de dezembro de 1932, sendo enterrado no cemitério de Bielsko. Wojtyla pai, naturalmente, está arrasado. Nem seria preciso tanto para ficar. Depois de Emilia, a esposa tão corajosa, que ele tanto amava, vinha Deus chamar junto a si seu filho mais velho, pelo qual tinha tão grande afeto, e que lhe dava tanta felicidade. O jovem aposentado de 53 anos envelhece de uma hora para outra. Já tem cabelos brancos. Nada em sua vida voltará a ser como antes — muito embora a fé cristã, imperecível em seu íntimo, certamente o ajude a aceitar o inaceitável.

Quanto a Lolek, já não é um menininho, aos 12 anos, e freqüenta o ginásio. Ele reage de forma mais consciente do que na morte de sua mãe, atento à desorientação e à fé do pai. Uma vizinha, Helena Szczepanska, contou a gravidade com que Lolek comentou em sua presença a morte de Edmund: "É a vontade de Deus."[12] Cinqüenta anos depois, ele falaria de sua dor ao amigo André Frossard: "A morte de Edmund está inscrita ainda mais profundamente em minha memória, por causa das circunstâncias dramáticas em que ocorreu, e porque eu já era mais maduro." João Paulo II, que guardou como uma relíquia o estetoscópio do irmão, acrescenta com amargura: "Hoje ele teria sido salvo pelos antibióticos."[13]

Agora era com um sentimento de compaixão, mas também de admiração, que os conhecidos viam o "Capitão" passar pelas ruas de Wadowice. Nessa sociedade pequeno-burguesa onde todos sabem tudo de todo mundo, onde todos se observam e as ciumeiras são um hábito, a dignidade e o rigor daquele militar arrasado de infelicidade provocam respeito unânime.

A *cidade onde nasceu o papa*

Wadowice. Uma cidadezinha provinciana encravada na base da montanha. Uma cidade de passagem, tranqüila e acolhedora, entre a grande planície polonesa e a cordilheira de Besquido, longa cadeia de montanhas que coroa os Cárpatos e chega, no maciço de Tatra, a mais de dois mil metros de altitude. A cidade parece guardar a entrada de um vale no qual o Skawa deixa de ser um regato bravio para tornar-se rio de curso caprichoso — impetuoso na primavera, ele parece modesto no verão, revelando um leito pedregoso que é atravessado a pé pela garotada — e lançar-se no Vístula, cerca de quinze quilômetros ao norte, acima de Cracóvia.

Foi ali que cresceu o futuro João Paulo II, ali ele estudou e brincou. À parte as raras saídas, peregrinações ou excursões, Karol Wojtyla passou os dezoito primeiros anos de sua vida nessa cidadezinha, entre os primeiros aclives da montanha e a praça do mercado, entre a igreja da paróquia e o colégio masculino. Foi em Wadowice que ele descobriu a vida, o mundo, os outros, a infelicidade e a felicidade, a fé cristã, a Igreja Católica.

Wadowice, ou a Polônia em miniatura. O passado da cidade, que remonta ao século XI, não deixa de evocar aquilo que fez — e continua fazendo — a especificidade de todo o país. Situada no limite oscilante entre a Silésia e a Galícia, conhecida como "Pequena Polônia", essa grande aldeia de algumas centenas de habitantes passou quatro séculos dividida entre o Sacro Império e o reino da Polônia, sob a permanente ameaça de invasores potenciais: a oeste, os conquistadores alemães; ao sul, os reinos da Boêmia e da Hungria; a leste, as hordas mongóis.

Wadowice não é, portanto, uma aldeola perdida no coração da Polônia e isolada do resto do mundo. Desde o início de sua história era uma cidade aberta, a sua própria revelia, a todos os ventos da alta política. Chegou inclusive, no auge da influência germânica sobre os príncipes Piast que governavam a Silésia, a chamar-se *Frauenstadt* — a "cidade das mulheres". E a partir de 1327, quando o recém-criado principado de Oswiecim[14] presta vassalagem ao rei da Boêmia, João de Luxemburgo,[15] a cidade passa a ser governada, e por muito tempo, pelas leis alemãs. É bem verdade que a Boêmia encontra-se então em seu apogeu, e que Praga, capital do Sacro Império, é uma das cidades mais poderosas do mundo.

Mas os ventos mudam. Cracóvia, a nova capital do reino da Polônia, logo passa a ostentar todo o seu brilho, e sua universidade começa a eclipsar a de Praga. A Polônia, unida ao grão-ducado da Lituânia, vitoriosa sobre os alemães em Grunwald em 1410, chega ao auge do seu poderio. Em 1454, quando o principado de Oswiecim divide-se em dois, o novo principado de Zator — ao qual está vinculada Wadowice — filia-se à Coroa polonesa. Um século depois, um ato da Dieta de Varsóvia confirma sua incorporação ao reino da Polônia. Wadowice torna-se "cidade livre real", sob legislação polonesa. Obtém o direito de organizar um mercado (às quintas-feiras) e duas feiras por ano (na Ascensão e no dia de Todos os Santos). De Cracóvia, o rei a ajuda a se recuperar dos incêndios e epidemias que periodicamente a devastam.

Wadowice tem então o mesmo destino que as outras cidades do reino: para começar, os fastos do Renascimento e os progressos da Reforma, que fazem do século XVII polonês uma "era de ouro" política, econômica e cultural; e depois a degenerescência da *Rzeczpospolita*, a República nobiliária às voltas com as divisões internas e as pressões do exterior, particularmente da Rússia. Em 1768, Wadowice, então com cerca de mil e quinhentos habitantes, vê-se na circunstância de sustentar tropas em armas e atender às necessidades do forte vizinho de Lanckorona, pagando para isso o preço de uma carga fiscal esterilizante. Quatro anos depois, ocorre a primeira das três "partilhas" da Polônia, entre a Rússia, a Prússia e a Áustria-Hungria. O exército austríaco ocupa a cidade sem dar um tiro. Lá permaneceria durante cento e quarenta anos.

Do ponto de vista histórico, a ocupação austro-húngara revelou-se muito preferível às ocupações prussiana e russa ocorridas em outros lugares. Ao contrário de seus compatriotas do resto do país, depois da insurreição de 1863, os poloneses da Galícia obtêm duas concessões de notáveis conseqüências: o direito de utilizar a língua polonesa e o direito de criar associações. E não se eximirão de usá-los. Multiplicam-se então as organizações corporativas (de artesãos, comerciantes etc.), as associações esportivas de discreta consonância patriótica (como a *Sokol*, fundada em 1887), as salas de leitura (para burgueses, funcionários), os clubes de defesa da natureza e, naturalmente, numerosos grupos de ação católica.

Sob a tutela austríaca, Wadowice torna-se *powiat* (capital de cantão) da região administrativa de Myslenice, e posteriormente, durante meio século, *cyrkul* (capital de região administrativa). Essa promoção administrativa e a instalação em seu território do 56º Regimento de Infantaria — no qual serviria, como vimos, o pai de Karol Wojtyla — haveriam de render-lhe muitas vantagens: desenvolvimento do comércio e do artesanato, instalação de famílias de funcionários, multiplicação das construções de pedra, construção de hospitais, de um primeiro liceu, de um tribunal etc.

Embora tenha sido por muito tempo cidade de guarnição militar, Wadowice nada tem da altivez dos combates, e não conservou qualquer lembrança épica de batalhas ou massacres. É uma cidade pacífica que nunca teve muralhas fortificadas nem masmorras. Seu interesse estratégico limitou-se ao acantonamento e à convivência com os soldados — ou, depois de 1939, quando é rebatizada de *Wadowitz-ober-Schlesien* pelos nazistas, com os prisioneiros de guerra. E, da soldadesca, seus habitantes só viriam a conhecer as façanhas levadas a efeito em tempo de paz: desfiles tranqüilos, exercícios pacíficos e partidas de futebol.

Esta cidade sem fortificações foi, segundo uma amiga de infância de Karol Wojtyla, "uma cidade razoavelmente culta", de tradição teatral solidamente estabelecida e de padres mais para progressistas. Uma cidade de onde saíram um certo grande químico, alguma diva de ópera, algum historiador conhecido. No século XVI, Wadowice dera à Universidade de Cracóvia um de seus maiores reitores, Marcin Wadowita, teólogo e professor, fundador da primeira escola e do hospital da cidade. E no início do século XX deu acolhida ao escritor e poeta inconformista Emil Zegadlowicz, animador da revista literária *Czartak,* cujo busto monta guarda à entrada do ginásio em que estudou Karol Wojtyla[16] — o terceiro "herói" local, que viria a suplantar os outros dois.

Nem orgulhosa fortaleza, nem buraco perdido no fim do mundo, Wadowice não deixou de ser uma encruzilhada, cidade servindo de etapa entre a planície e a montanha, entre Cracóvia e a Silésia germânica. Situada à margem das principais correntes comerciais da região, ela não conheceu a opulência de certas grandes cidades de feira da Silésia, mas sua praça do mercado (Rynek) mostra que tampouco foi, como queria a lenda, uma cidade pobre. Quando ali nasceu o futuro papa, em 1920, Wadowice era uma ativa capital de pouco menos de cinco mil habitantes, dotada de um tribunal, de uma prisão e de quatro ginásios. Seu artesanato era ativo e próspero. No mercado, vendiam-se peles, bolsas, móveis, ferramentas, artigos de mecânica. E a Igreja de Nossa Senhora estava sempre cheia.

Cidade de funcionários, militares e comerciantes, mas também de montanheses fugidos de suas florestas ingratas, Wadowice goza de reputação lisonjeira na Polônia, da fama de coragem e robustez: *"chlopak z Wadowic"* (um "sujeito de Wadowice") ainda hoje não é coisa pouca não! É bem verdade que Karol Wojtyla não é filho de um robusto carpinteiro dos Tatra. Mas ao tornar-se João Paulo II ele espantaria o mundo inteiro com sua coragem e sua robustez. Como se quisesse provar que é mesmo um *sujeito de Wadowice*.

*

Karol Wojtyla nasce e cresce nessa paisagem de montanha suave, no coração dessa cidade tranqüila: "Foi aqui", lembraria ele certo dia, "nesta cidade de Wadowice, que tudo começou: a vida, a escola, os estudos, o teatro... e o sacerdócio!"[17]

Karol sente suas primeiras sensações e registra suas primeiras imagens numa casa à beira do Rynek, à sombra da Igreja de Nossa Senhora.[18] A casa, confortável, pertence a um comerciante judeu, Chaim Balamut, dono de uma loja de cristais numa esquina da praça do mercado, onde mais tarde passaria a vender bicicletas e mesmo motocicletas. Como poderia o bravo Balamut imaginar que, ao cabo de um século que mergulharia os seus no horror, a vitrine de sua loja ofereceria, entre outras quinquilharias beatas, retratos impressos do filho de seus modestos locatários?

O prédio de um andar, com seu pequeno balcão de ferro dando para a praça do mercado, tem um endereço oficial — "Rua do Rynek 2" —, mas é por trás, na "Rua da Igreja 7", que vamos encontrar o pátio escuro e a escada que leva ao antigo apartamento dos Wojtyla. No pequeno pátio sombreado, há um poço, que mais tarde seria demolido, e alguns arbustos raquíticos: é ali que, no verão, a mãe do pequeno Karol vem ninar seu bebê no carrinho com o qual desce pela escada, não sem dificuldade, e tagarelar com as vizinhas. A escada de pedra é íngreme, quase perigosa, com uma rampa estreita de ferro forjado que acompanha toda a extensão de um estreito balcão, acima do pátio, até a porta dos Wojtyla. Depois de 1978, seria criado ali um museu, cujas instalações modificariam a disposição e o espírito do local.

Na época havia três cômodos enfileirados: inicialmente uma cozinha, na qual se entra fazendo o sinal-da-cruz, numa pia de faiança cheia de água benta, como na igreja; em seguida, um pequeno quarto, com uma espada de enfeite pendurada na parede e um canto para as orações; finalmente, um salão onde Lolek dormiria até a morte da mãe. As três janelas dão diretamente para o muro da igreja. Em frente à janela do salão, um relógio de sol exibe uma inscrição sentenciosa: "*Tempus fugit, aeternitas manet*", traduzida em polonês: "*Czas ucieka, wiecznosc czeka*". Durante dezoito anos, o futuro papa teve oportunidade de meditar sobre esse aforismo ao mesmo tempo ingênuo e premonitório: "O tempo passa, a eternidade fica."

Exatamente em frente à igreja, na praça do mercado, há uma escola. Cômodos de pé-direito baixo, corredores estreitos. No primeiro andar, os meninos. No segundo, as meninas. As classes estão superlotadas, na época, chegando a sessenta e quatro alunos. É nesta escola que Lolek vem a ser matriculado com 6 anos de idade. Ele a freqüenta durante quatro anos, de 1926 a 1930. O arquivo da escola atesta que ele já é um excelente aluno.

No fim da pequena rua em que as crianças do bairro jogam bola, pondo em risco os vitrais da igreja, o pároco da época, o bom padre Leonard, construiu e organizou na década de 1920 um prédio paroquial chamado de "Casa Católica" (*Dom katolicki*), com um salão onde é ensinado o catecismo e onde se dão os ensaios de espetáculos protagonizados pelas crianças — aquilo a que os poderes públicos de todos os países dão atualmente o nome de salão "polivalente". Com a diferença de que, aqui, no frontão, um triângulo isóscele relembra, com seu simbolismo divino, que se está sob o olhar de Deus.

Wojtyla pai e filho

Foi a fé em Deus, surpreendentemente profunda, que depois da morte de Edmund levou o "Capitão" a se dedicar inteiramente a Karol, seu filho caçula. Modesto, suas rendas limitam-se à pensão que recebe do exército, mas ele dispõe inteiramente de seu tempo. O que logo lhe permitiria fundir num só papel as funções domésticas anteriormente atribuídas ao pai (a educação), à mãe (o cuidado da casa) e ao irmão mais velho (as brincadeiras).

AS RAÍZES

No apartamento — cuja decoração ele pouco modificou, e cujos móveis são agora enfeitados com antigas fotografias com tarja negra na moldura — ei-lo preparando o café da manhã e o jantar, cuidando das tarefas domésticas, lavando a roupa de cama, engraxando os sapatos. Retoma também as atividades que lhe haviam sido ensinadas em outros tempos por seu próprio pai, em Lipnik: corta, mede, remenda, transforma um velho uniforme seu em uniforme escolar para Lolek etc.

Pai e filho vivem seus dias regrados com uma minúcia quase militar, e de maneira imutável. Despertar às seis horas, café da manhã, missa diariamente. Lolek vai em seguida para as aulas, no ginásio, das oito às 14 horas. Terminadas as aulas, encontra-se com o pai para irem almoçar bem em frente de casa, num restaurante popular mantido por Aloizy e Maria-Anna Bannas no número 4 da rua da Igreja. Maria-Anna era muito amiga de Emilia Wojtyla. Seus filhos são amigos do pequeno Karol. O menor, Boguslaw, contaria apavorado que um dia quase acertou o amiguinho Lolek ao brincar com uma pistola deixada pelo pai numa gaveta do restaurante: "Meu Deus", exclamou ele infindáveis vezes, "eu quase matei o papa!"[19]

À tarde, é hora de brincar, das escapadas à beira do Skawa, do futebol com os amigos ou, em dias de chuva, do pingue-pongue no salão da paróquia. De vez em quando, cinema, mas ainda é um acontecimento excepcional. No fim do dia, retorno à igreja, e em seguida deveres e lições em casa. Lolek muitas vezes estuda acompanhado de um ou dois colegas de classe.

O pai está ali ao lado, atento, previdente. Ensina alemão ao filho e chega ao ponto de preparar para ele um pequeno dicionário. Passa longos momentos folheando com ele um grande atlas — na época viajar era um sonho — e sobretudo lhe inculca sua paixão pela história da Polônia. Deu-lhe de presente uma caixa com soldadinhos de chumbo. Como muitos poloneses dessa geração, o "Capitão" é de um patriotismo inflexível e orgulhoso. Gosta de contar histórias para Lolek e seus amiguinhos, um dos quais não esqueceu a lenda do *Dragão do Castelo de Wawel*. Mas os garotos ouvem-no contar sobretudo as grandes proezas de Kosciuszko, Mickiewicz e Pilsudski, outros heróis lendários: Tadeusz Kosciuszko, o primeiro herói romântico da resistência à opressão russa; Adam Mickiewicz, o poeta exilado que manteve acesa a chama da cultura polonesa; e Jozef Pilsudski, o militar socialista que ressuscitou a Polônia após século e meio de ausência. Terminada a lição, o pai de Karol prepara o jantar, às vezes depois de disputar uma furiosa partida de futebol no salão, com uma bola feita de panos velhos! No verão, leva o filho a um pequeno passeio vesperal, até a hora de fazer as orações noturnas, inevitáveis antes de se deitar. Os dois dormem no mesmo cômodo.

Aos domingos, Lolek freqüentemente é levado pelo pai a passear. Durante os meses em que Edmund se havia mudado para Bielsko, o objetivo da saída dominical era claro: visitar o irmão mais velho. Depois da morte trágica de Mundek, o pequeno Karol passa domingos "em família" na mesma região, na casa da meia-irmã de seu pai, Stefania Wojtyla: exatamente em Leszczyny, aldeia contígua a Biala onde a tia, uma simpática solteirona, exerce sua profissão de professora. Às vezes, na Páscoa ou no Natal, é ela, Stefania, que vem passar férias com eles, no apartamento de Wadowice. Durante essas excursões em família, o futuro arcebispo faria amizades que manteria por toda a vida. Periodicamente retornaria a Biala, mesmo depois de ser feito cardeal, para rezar a missa e participar de encontros com velhos camaradas.

Mas já agora é para a montanha que Wojtyla pai arrasta o filho, que se tornou um adolescente capaz de esforços físicos mais puxados. Especialmente no pico de Leskowiec, o primeiro ponto de altitude digna de interesse (918m) na pequena Besquido, cerca de dez quilômetros ao sul de Wadowice. O turismo ainda não veio alterar a pureza do local, e não raro podem ser encontrados lobos à noite. Além da beleza das paisagens percorridas, as caminhadas pela montanha são vivenciadas pelos dois exploradores como uma profunda respiração, uma meditação ativa, uma intensa comunhão.

Essa experiência marcaria Karol Wojtyla pelo resto da vida. Ordenado padre, estaria constantemente levando centenas de jovens para caminhar na montanha, e ele próprio voltaria com freqüência, com eles, para percorrer os caminhos do Leskowiec, assim como os do maciço de Madohora (929m), um pouco mais para o sul.

Outra excursão cada vez mais freqüente ao longo dos anos: Kalwaria Zebrzydowska, dez quilômetros a leste de Wadowice, na estrada para Cracóvia. Wojtyla compartilha com o filho sua veneração por este local de peregrinação dos mais conhecidos e freqüentados da Polônia. Entre o monte Zar e o povoado de Lanckorona, dominado por uma impressionante basílica do século XVII e o mosteiro de bernardinos,[20] o "calvário" (*kalwaria*) é formado por uma sucessão de quarenta e dois pequenos prédios religiosos disseminados no flanco da colina, sob imensos castanheiros, como um interminável caminho da cruz.

Na Páscoa, na Ascensão e na Assunção, dezenas de milhares de peregrinos sobem esses "caminhos de Maria" em procissão até a basílica, que contém, na capela de Nossa Senhora Milagrosa, uma imagem da Virgem célebre por suas graças. Há séculos os ofícios solenes são realizados num grande altar erguido ao ar livre, na ala esquerda da basílica, com vista do alto para a multidão multicolorida, com roupas de festa e estandartes bordados tremulando ao vento. Karol Wojtyla presidiria alguns deles quando bispo, cardeal e mesmo, em junho de 1979, já feito papa. Foi em Kalwaria Zebrzydowska que João Paulo II concluiu simbolicamente sua oitava peregrinação ao país natal, em agosto de 2002.

Por enquanto, é à margem das grandes cerimônias que Wojtyla pai e filho vão a pé, quase como vizinhos, orar juntos à Virgem Maria e oferecer-lhe sua solidão. Nas orações matinais e na missa cotidiana, nos caminhos da cruz e nas peregrinações (já aos 10 anos de idade Lolek foi levado por ele, com um grupo de peregrinos, para visitar a Virgem Negra de Czestochowa), o "Capitão" dedicou-se de corpo e alma ao filho. "Meu pai foi admirável", diria João Paulo II a André Frossard. "A violência dos golpes que o atingiram abriu nele imensas profundidades espirituais, sua ferida transformava-se em oração. O simples fato de vê-lo ajoelhar-se teve uma influência decisiva em minha juventude."

Educação e oração, jogos e disciplina, moral e devoções. Lolek não recebeu uma educação banal. Por um lado, foi particularmente bem criado por esse pai exigente e disponível que lhe ofereceu uma educação estrita, inculcou-lhe princípios morais elevados, transmitiu-lhe uma fé profunda. Por outro, reverso do luto por que foi atingido mais de uma vez, o pequeno Karol terá vivido a infância e a adolescência num contexto relativamente confortável e superprotegido, quase "estéril" no sentido medicinal do termo. Não experimentou pessoalmente nem a miséria nem os problemas familiares de todos os seus amiguinhos: casais em crise, famílias desunidas, promiscuidade familiar, filhos não desejados. O que será preciso levar em conta ao examinar, anos depois, sua visão pessoal — talvez um pouco idealizada — da família, da sexualidade e da pobreza.

2

O *tempo da camaradagem*

Em setembro de 1930, Lolek entra para o ginásio (*gimnazjum*), onde permaneceria até maio de 1938, completando os oito anos escolares.[1] Para o órfão algo solitário, mimado pelo pai, começa então o tempo dos amiguinhos (e das amiguinhas).

A cidade de Wadowice tem na época quatro estabelecimentos secundários: o liceu de meninas Michalina Moscicka (particular), dois colégios confessionais — o dos palotinos e o dos carmelitas — e o ginásio público de meninos Marcin Wadowita,[2] no qual é matriculado o pequeno Lolek. Se o piedoso "Capitão" matricula o filho no colégio público, é porque nele os antigos funcionários do exército têm direito a uma redução de 50% nas mensalidades, o que não é de desprezar.

O ginásio de Lolek, fundado em 1866, fica no número 16 da antiga rua de Viena, rebatizada rua Mickiewicz depois da independência. O colégio fica a cerca de quinhentos metros da residência dos Wojtyla, do outro lado do Rynek. É uma vasta construção cinzenta de dois andares, toda de tijolos, de arquitetura tristemente funcional. As salas de aula, numeradas de I a VIII, ficam no segundo andar, cada uma com três fileiras de bancos duplos, uma mesa elevada num estrado para o professor e uma estufa para o aquecimento. Os vestiários ficam no corredor. Os banheiros, no pátio, atrás do prédio principal — um pátio que no inverno é transformado em rinque de patinação no gelo.

Aos 10 anos, Karol Wojtyla descobre as instalações junto com quarenta e oito outros garotos que passaram no mesmo exame de polonês e cálculo. É uma mudança considerável em sua vida, que até então limitava-se aos arredores da igreja. Ele passa a conviver com outros rostos, descobre outras regras. E também outras roupas: no ginásio, se os mais jovens podem freqüentar de calças curtas, os "grandes" são obrigados a usar o uniforme azul-marinho com o número do estabelecimento ("374") costurado no braço direito. Depois de 1934, o regulamento também passa a impor o uso da *rogatywka*, boné tipicamente polonês de bordas quadradas.

Cinco a seis aulas por dia, duzentos e vinte dias de aula por ano: o ritmo de vida também muda. Outra novidade: a quantidade e a variedade de professores que se sucedem, hora após hora, classe após classe. Em contrapartida, o que não muda, mesmo num colégio "estatal", é a presença de eclesiásticos encarregados da instrução religiosa — no caso, o padre Figlewicz e o padre Zacher, que se manteriam bem próximos do pequeno aluno —, assim como a recitação coletiva de uma breve oração às oito horas da manhã.

O aluno Wojtyla também trava conhecimento com Zygmunt Damasiewicz, professor de grego e latim, alvo de zombarias por sua pequena estatura mas que será em grande parte responsável pela paixão de Lolek pela filologia; com Czeslaw Panczakiewicz, o professor de ginástica, sempre pronto a organizar uma excursão ou uma competição interescolar; com Jan Klimczyk, professor de latim e polonês, cujo bigode faz os alunos rirem; com Tadeusz Szeliski, professor de grego, que investe indignado ao sentir o mais leve cheiro de cigarro nos corredores e às vezes perde a cabeça com os alunos; com Sabina Rottenberg, a jovem e bela professora de alemão que faz os alunos mais velhos sonharem; com Adolf Scheybal, professor de matemática, que anos mais tarde escaparia por pouco da morte em Dachau; com Jan Gebhardt, professor de história e geografia, apelidado de Gebciu, sujeito corpulento de grande frieza que não faz segredo de suas idéias socialistas e ostenta uma gravata vermelha no dia 1º de maio; e ainda com outros: Jozef Titz, Jak Sarnicki, Jozef Heriadin, o padre Kazimierz Forys, Bronislaw Babinski...

Os anos de ginásio

Para Lolek, confinado em sua relação com o pai, a época do ginásio é portanto uma época de confronto com o mundo real, de abertura para a vida dos outros. Ele descobre o coletivo, as atividades de grupo — futebol, hóquei, teatro — e também as diferenças de caráter, de geração, de meio social e confissão religiosa. Dentre os cinqüenta alunos de sua classe, alguns são provenientes de pequenas aldeias vizinhas (Andrychow, Kalwaria, Kety, Zator): uns ficam em regime de internato, morando numa construção vizinha ao liceu; outros, habitantes de aldeias isoladas, percorrem quilômetros a pé, de manhã e à noite.

Entre os colegas mais próximos de Wojtyla, alguns levam uma vida confortável, outros comem o pão que o diabo amassou. Stanislaw Banas, cujos pais são proprietários de um grande estábulo, de uma leiteria e da cantina onde Lolek passa a almoçar diariamente com o pai, faz figura de "filho de rico": já tem uma bicicleta e muitas vezes chega ao colégio de caleche, acompanhado dos irmãos Boguslaw e Kazimiers, ou então, no inverno, num esplêndido automóvel (na época, existem seis deles em Wadowice). Que contraste com o pequeno Jozef Muszynski ou com Teofil Bojes, ambos filhos de mineiros, cujo futuro provável é retornar às perfurações para ajudar na subsistência da família![3] Estes usam a roupa que podem e sapatos esfolados, levando uma outra vida familiar, o pai ocupado o dia inteiro na mina, a mãe esgotada pelos partos sucessivos, seis ou sete irmãos e irmãs alimentados com dificuldade. E as crianças mais miseráveis da região nem sequer freqüentam o colégio — ou porque os pais não têm recursos para pagar os estudos, ou porque sua presença é necessária para o funcionamento da oficina ou da fazenda.

Karol situa-se na média. Não é rico, mas mora num apartamento de três peças relativamente confortável; as roupas que usa no colégio são feitas com aproveitamento dos antigos uniformes do pai, e não herdadas de um irmão mais velho, e várias vezes remendadas. Financeiramente, a pensão do "Capitão" — que não é um burguês, mas cuja condição de militar é respeitada — o preserva da miséria na qual se debatem alguns de seus colegas. Será talvez por isso que em toda a sua vida Wojtyla haveria de sentir-se à vontade em todos os meios.

Ei-lo portanto mergulhado na convivência de toda aquela garotada, na qual fará às vezes amigos e que lhe ensinará as coisas da vida, a amizade e o ciúme, a honestidade e a mentira, as grandes alegrias e as pequenas traições. Assim é que ele vem a conhecer Zbigniew Silkowski, filho de um empregado da ferrovia, que por muito tempo será seu vizinho de carteira;[4] Jan Kus e Tomasz Romanski, dois bons alunos tão estudiosos quanto ele; Antoni Bohdanowicz, que um dia também seria bispo; Tadeusz Czuprinski, o *don juán* do colégio; e os gêmeos Wlodzmierz e Zdzislaw Piotrowski, outros filhos de ricos (que também têm bicicletas), apelidados de "Os-que-riem-o-tempo-todo" e que tomaram a frente de um "Círculo dos Farristas". Já Wojtyla pertence ao clube rival dos "Abstinentes", apoiado por alguns professores preocupados com a boa moralidade de suas ovelhas.

Havia também alguns judeus. O ginásio público tem dois ou três alunos judeus por classe. Na de Wojtyla encontram-se Zigmunt Selinger, filho do padeiro; Leopold Zweig, o rei do futebol; e sobretudo Jerzy Kluger, que por muitos anos seria o melhor amigo do futuro papa.

Com seu camarada Jurek — diminutivo de Jerzy — e outros, Lolek patina no Skawa congelado, brinca de pique, disputa partidas de hóquei em rinques improvisados (certo dia, é ferido por uma bastonada de mau jeito), escala as encostas do monte Leskowiec e se aquece no café Wenecja, perto do rio. Os dois locais habituais de encontro são o salão paroquial, ao lado da residência dos Wojtyla, e o clube Sokol, instituição municipal à qual se chega passando pela rua Ogrodowa — hoje rua Karol e Emilia Wojtyla. Às vezes os garotos se encontram para uma excursão organizada pela paróquia ou pelo colégio — devendo neste caso usar o uniforme e a *rogatywka* — até a célebre mina de sal de Wieliczka, o santuário de Czestochowa ou um passeio em Cracóvia.

Mas já a esta altura é o futebol que desperta paixão nos alunos. Depois do almoço, quase sempre eles vão em bando para o terreno baldio situado atrás da Igreja de Nossa Senhora, embaixo da residência dos Banas, improvisam os gols empilhando casacos e pastas e formam as equipes. Para ganhar tempo, os católicos ficam de um lado e os judeus, de outro. Como estes são menos numerosos, sua equipe precisa ser completada com alguns católicos. E quando Poldek Goldberger, o filho do dentista, não está presente, é Wojtyla quem o substitui no gol dos judeus. E não se sai nada mal, ganhando o apelido de Martyna, nome de um famoso goleiro da época. A partida dura muito tempo — até a hora em que um destacamento militar vem tomar posse do terreno para as manobras noturnas —, mas Lolek sempre volta para casa antes dos outros: "Até logo, está na hora de ir estudar!"

O TEMPO DA CAMARADAGEM

Todos os relatos de professores e colegas que conheceram Wojtyla convergem: o futuro papa era um aluno muito bom. Disso dão testemunho os arquivos do liceu: já nos primeiros meses, ele coleciona os "muito bom" (exceto em ginástica), para em seguida instalar-se por muito tempo entre os primeiros da classe; uma ou outra vez apenas é que alguns "bom" (uma vez em latim, outra em história e geografia) vêm lembrar que ele é falível. Ele estuda mais e melhor que os outros, fica muito concentrado durante as aulas, aprende línguas com facilidade (alemão, latim e grego) e dá mostra de excepcional memória. "Wojtyla ultrapassava todos nós por sua inteligência e seus focos de interesse", diria seu colega Silkowski. "Ele era muito firme, sobretudo em ciências humanas", contaria o padre Forys, seu professor de latim. "Um menino muito vivo, muito inteligente, de espírito alerta", completaria seu primeiro catequista, o padre Figlewicz.

Será então que Lolek tinha todas as qualidades? Bom aluno, bom colega, bom filho, bom cantor de coro, ele conseguia conciliar estudos, futebol e orações; não lhe faltava autoridade sobre os colegas nem bondade com os mais fracos. É preciso apurar bem o ouvido para captar aqui e ali algumas pequenas nuanças nesse concerto hagiográfico: ele era "um pouco sério demais", observa um; "muito ambicioso", nota outro; "era capaz de chorar por causa de uma nota baixa", diz um terceiro. Muitos se lembram de que Wojtyla "estava sempre calculando tudo, planejando tudo". Silkowski conta que ele participava dos torneios de futebol entre as classes, mas "não fazia disso uma obsessão, como muitos de nós: explicavanos que era uma pena perder tempo com futilidades".

Administrar o próprio tempo. Nunca perder um só momento. Fazer várias coisas ao mesmo tempo, já então: ir passear, mas com um livro no bolso. Levantar diariamente com o nascer do sol, mesmo nas férias. Reservar uma hora para isso, uma hora para aquilo — inclusive para a oração, a meditação, o repouso ou as distrações. O cardeal Wojtyla e mais tarde o papa João Paulo II teriam assim a preocupação de utilizar da melhor maneira possível o tempo que passa, como um bem precioso que não nos pertence, como um dom de Deus que o homem não deve desperdiçar.

No dia 14 de maio de 1938, Karol Wojtyla conclui com êxito seus estudos secundários. Suas notas não deixam a menor dúvida sobre seu nível: "muito bom" em religião, língua polonesa, latim, grego e alemão;

"bom" em física e química; os conceitos obtidos antes do exame final (em história da Polônia contemporânea, introdução à filosofia, educação física e higiene) são sempre "muito bom". Aos 18 anos, Wojtyla é um aluno excepcional. E é por sinal ele que toma a palavra em nome dos bacharelandos do ano na entrega dos diplomas a 27 de maio de 1938, dirigindo um agradecimento aos professores, como manda a tradição.

Naquela noite, todos os diplomados reúnem-se num baile no colégio das moças. Os uniformes e o boné quadrado são trocados por paletós e saias. Dizem que nesta noite Karol Wojtyla — um belo rapaz, com os cabelos algo longos jogados para trás — dançou com Halina Krolikiewicz, filha do diretor de seu ginásio,[5] um ano mais moça que ele, e que também era, como veremos, sua principal parceira no teatro amador. Mas Halina não tem lembrança disso.[6]

À sombra da igreja

Karol Wojtyla viveu seus dezoito primeiros anos à sombra da igreja. Não se trata de uma imagem: as três janelas do apartamento dos Wojtyla dão para a igreja paroquial de Wadowice, construção com paredes ocre — hoje cinza e branca — com fachada neobarroca e campanário em forma de bulbo típico da região.

A igreja se abre para o Rynek, dominando-o sem ostentação. Construída no fim do século XVIII sobre as ruínas de uma igreja mais antiga, ela foi consagrada à Santíssima Virgem Maria. Em seu interior, acima do altar da capela da Santa Cruz, vê-se um quadro de *Nossa Senhora do Perpétuo Socorro* cercada de antigos ex-votos em forma de corações prateados presos às paredes. Do outro lado, na direção oposta da nave, destaca-se imponente o batistério no qual foi batizado o pequeno Karol Jozef, religiosamente conservado. Para os paroquianos, já é uma relíquia.

Quando o futuro papa veio ao mundo, em 1920, o pároco de Wadowice chamava-se Andrzej Zajac. Foi ele que assinou a certidão de batismo de Karol Wojtyla, muito embora, como vimos, o capelão militar do 12º Regimento de Infantaria é que fosse incumbido de batizar o segundo filho do "Capitão". Depois de sua morte, em 1928, o padre Zajac seria substituído por seu primeiro vigário, Leonard Prochownik, 45 anos, sujeito vigo-

O TEMPO DA CAMARADAGEM 45

roso que deixara suas montanhas quinze anos antes e que muito impressionou Lolek em seus primeiros anos. No discurso que pronunciou na catedral de Wawel ao ser feito arcebispo, no dia 8 de março de 1964, monsenhor Karol Wojtyla evocaria com emoção aquele pároco enérgico que mais tarde seria preso e banido pelos comunistas,[7] assim como seu primeiro catequista, o padre Pawela, e dois outros vigários da paróquia, os padres Rozpond e Klodyga, "que insuflaram [nele] o início de [sua] vocação". Uma frase banal, não resta dúvida. E lembranças algo vagas. Pois não é aos padres da Igreja de Nossa Senhora, mesmo sendo ela tão próxima de sua residência, que o jovem Karol deve o fato de ter tido uma infância particularmente piedosa.

O primeiro homem da Igreja que realmente contou na vida de Karol Wojtyla foi o padre Kazimierz Figlewicz, jovem vigário de óculos redondos que ele conheceu no primeiro ano no colégio: naquele ano, Figlewicz dava aulas de instrução religiosa no Liceu Marcin Wadowita. Poucas pessoas conheceram Lolek nessa idade e podem revelar que o menino pouco se parecia, fisicamente, com o Karol Wojtyla da maturidade:

Aos 10 anos, Lolek era bastante alto, é verdade, mas com um físico que não se destacava. Era um menino muito vivo, muito inteligente, muito rápido e muito bom. Sua natureza era otimista, apesar da sombra de uma orfandade precoce. Ele era leal com os companheiros e não entrava em conflito com os professores. Estudava com facilidade. E era um fervoroso auxiliar da missa.[8]

Mas Figlewicz é convocado a Cracóvia em 1932, como vigário da catedral do castelo de Wawel. Apesar disso, Karol manteria contato com ele durante todo o seu período escolar — através de visitas, confissões etc. —, voltando a estabelecer uma relação estreita com o mestre quando por sua vez se tiver mudado para Cracóvia, em 1938. Por muito tempo Figlewicz continuaria sendo seu confessor, e também, como diria ele com ternura, "o orientador de [sua] jovem e difícil consciência".[9]

Em dezembro de 1932, o padre Edward Zacher, 29 anos, é incumbido do catecismo e da orientação de estudos no Liceu Marcin Wadowita. Suas origens estão na bacia carvoeira silesiana. Com suas grossas lentes de armação transparente, o padre Zacher seria responsável pela educação religiosa de Karol até a conclusão de seus estudos secundários em 1938. Foi ele que o estimulou a se filiar em 1935 à Sociedade dos Filhos de Maria (*Sodalicja Marianska*), da qual o jovem seria eleito presidente em seus dois últimos anos de ginásio, em 1936-1937 e 1937-1938.

Quando o cardeal Wojtyla é consagrado papa em 1978, esse mesmo Edward Zacher, já então pároco da paróquia de Wadowice, receberia e tentaria conter ondas de jornalistas do mundo inteiro que o procuram para investigar a juventude do novo papa. Graças a ele, a seus relatos e depoimentos é que sabemos que o pequeno Lolek foi com efeito mais piedoso que a média de seus colegas. Que ia à igreja todas as manhãs e freqüentemente auxiliava em várias missas, o que impressionava seus coleguinhas e sobretudo os pais destes. Menino de coro devotado e introspectivo, Karol logo seria incumbido pelo padre Zacher de cuidar da formação dos outros auxiliares da missa.[10] Ao velho Zacher é que o escolhido pelo conclave de 1978 escreveria pessoalmente no dia de seu santo protetor, Carlos Borromeu. O papa polonês não esquece os amigos nem as tradições.

Entretanto não é na igreja paroquial de Nossa Senhora nem no Liceu Marcin Wadowita que o jovem Karol desabrocha espiritualmente, mas num lugar insólito que freqüenta cada vez mais regularmente em sua maturidade: a grande capela do mosteiro dos carmelitas descalços.[11] Em Wadowice, o mosteiro é conhecido como o carmelo "sobre a colina". É uma grande construção de tijolos escuros à qual se chega, saindo do Liceu Marcin Wadowita, subindo a rua Slowacki — onde se passa pelo tribunal e a prisão municipal — e a rua dos Carmelitas. Fundado em 1892 por monges chegados de Cracóvia sob a liderança de Raphael Kalinowski,[12] o mosteiro dos carmelitas descalços havia sido consagrado a São José por monsenhor Jan Puzyna, bispo de Cracóvia, e passou a contar com um ginásio religioso depois da independência do país.

No início da década de 1930, o mosteiro é dirigido pelo padre Jozef Prus, futuro provincial da ordem. Intrigado com a notável assiduidade daquele rapaz tão piedoso e discreto, ele trata de aproximar-se, até que se torna seu orientador espiritual em seu último ano de ginásio. Em sua comunhão solene, o pequeno Karol receberia de um dos monges, o padre Sylvestre, um escapulário — pequena peça de lã usada ao redor do pescoço e caindo sobre o peito e as costas, em forma de dupla cruz de Santo

André.[13] É uma tradição perpetuada pelos carmelitas (um dos altares da Igreja de São José é consagrado a Nossa Senhora do Escapulário), à qual Karol Wojtyla daria tanta importância quanto à do rosário. Quando bispo, ele sempre traria consigo o seu escapulário.

Em novembro de 1958, depois de rezar sua tradicional "primeira missa" como bispo na igreja paroquial de Wadowice, o jovem prelado faria uma visita em caráter privado ao carmelo "sobre a colina". Monsenhor Wojtyla improvisaria nesse dia um breve discurso, febrilmente anotado por um dos monges da assistência:

> Em meus anos de juventude, não havia férias organizadas como hoje em dia, e nós passávamos as férias de verão em Wadowice. Até terminar o secundário, durante as novenas que antecedem a festa da Assunção da Virgem, eu nunca perdi, aqui, a cerimônia da tarde. Era difícil me desvencilhar de meus companheiros de diversão, nos banhos que tomávamos em meu querido Skawa, mas a voz melodiosa dos sinos dos carmelitas era tão forte e tão penetrante no fundo de minh'alma que eu ia!

E o orador insistia, emocionado: "Eu morava à sombra da igreja paroquial, mas crescia aqui, na de São José."

Na boca de cena

Um aluno modelo e tocado pela graça: a história do pequeno Karol poderia ter-se limitado a esse chamado de Deus sentido desde a infância e levando naturalmente ao sacerdócio. Seria simples demais. Uma atração mais forte que a da leitura, da oração ou do futebol conduziria o adolescente a novas paragens, nas quais, para dizer a verdade, ele quase permaneceu pelo resto da vida.

Pouco depois de entrar para o ginásio, por volta dos 11 anos de idade, Lolek descobriu aquilo que muito rapidamente se transformaria em sua grande paixão: o teatro. Tradicionalmente, um professor do Liceu Marcin Wadowita — nessa época, o padre Kazimierz Forys — orientava com alguns outros colegas uma pequena companhia teatral formada de alunos desejosos de se iniciar na comédia. Um pequeno cartaz da época, religiosamente conservado no apartamento-museu de Wadowice, convida para uma representação do "Círculo Dramático do Liceu de Meninos Marcin Wadowita, com a participação do Liceu de Meninas Michalina Moscicka". Com efeito, como dificilmente se poderia imaginar a prática do teatro exclusivamente entre meninos, essa atividade extracurricular era realizada em coordenação com o ginásio de meninas — o que, por outro lado, assegurava uma extraordinária assiduidade dos mais velhos nos ensaios.

É a filha dos vizinhos, Ginka Beer, dois anos mais velha, que inicia Lolek na comédia nas primeiras sessões de que ele participa. Leituras, diálogos, recursos de ator, expressão em público: Karol sente-se à vontade, evidentemente tem talento para a coisa. Ele tem uma excelente memória. Tem boa voz e muito boa dicção. Adora declamar textos, tiradas e poemas. Já aos 12 anos, quando visitava o irmão Edmund no hospital municipal de Bielsko, ele dava um jeito de ser útil distraindo os doentes, inventando para deleite de alguns pacientes seu próprio teatro de bolso: o "teatro de um só ator".

Como explicar essa paixão? A comédia pode ser uma forma de esquecer a realidade, de entrar na pele dos outros e de escapar a si mesmo, de viver várias vidas. Subir ao palco também pode ser uma maneira de se mostrar em público, de exibir o próprio corpo ou a alma diante daqueles que não ousamos abordar na vida cotidiana. Mas nada nos permite pensar que Karol fosse tímido ou introspectivo. Pelo contrário, todos os depoimentos a seu respeito dão conta de um excelente relacionamento com os outros, falando antes de um menino expansivo, equilibrado, de bem consigo mesmo.

Tudo indica que em seu caso foi determinante o amor pela língua polonesa. Teria sido a leitura que lhe era feita pelo pai em casa, à noite? Ou será que ele mesmo foi adquirindo nas aulas um especial prazer com os exercícios de recitação? Muito jovem, Karol Wojtyla apaixona-se pela poesia, não demorando a sentir-se tentado a escrever também. Em 1933, sua caderneta escolar especifica seu "interesse excepcional" pelas aulas de língua polonesa. Ainda que seu senso artístico e sua autoridade natural o levassem a participar ora dos cenários, ora da direção, é a língua — as palavras e seu conteúdo, os sons que emitem, os ritmos que as ordenam — que o atrai para o teatro, e que lhe proporciona suas primeiras emoções estéticas.

É no auditório do ginásio, diante dos colegas mais novos, que os candidatos a atores costumam se apresentar. Mas Lolek e seus parceiros também podem representar ou recitar no salão paroquial, no clube Sokol ou mesmo, certa vez, na biblioteca municipal. No verão, não raro se apresentam ao ar livre, no jardim público de Wadowice, onde aos sábados costuma haver noitadas folclóricas das mais animadas ao redor de uma fogueira.

Entre os atores desse pequeno círculo, Karol Wojtyla logo se liga a Halina Krolikiewicz, a filha do novo diretor do ginásio de meninos, a mesma com quem dançaria na noite de formatura. Halina é tão bonita quanto boa atriz — que continuaria sendo. Ao longo dos anos, os dois acabariam se impondo como as "estrelas" do pequeno grupo, acumulando papéis principais.

As peças escolhidas nem sempre são fáceis. Interpretar *Kordian* de Juliusz Slowacki ou *Antígona* de Sófocles aos 13 ou 14 anos não é algo que se tire de letra. Mas que experiência, que excitação e quantas satisfações para esses adolescentes cuja personalidade nascente é tão moldada pelo teatro quanto pelo próprio colégio! E qual não é o fervor com que os jovens de Wadowice, menos de dez anos depois da independência de seu país, vão beber na fonte dos grandes românticos poloneses do meado do século XIX que sustentaram e corroboraram o patriotismo de um povo então oprimido: Mickiewicz, Slowacki, Norwid...[14]

Em fevereiro de 1937, eles montam *Balladyna,* de Slowacki, espécie de conto romântico de enredo complicado e muitos personagens. Karol faz o papel de Kirkor, o duque, enquanto Halina interpreta Balladyna — que mata a irmã para se casar com Kirkor, o qual vem a morrer na guerra, permitindo que sua jovem mulher tenha uma ligação com o chefe da guarda, von Kostryn. Uma história cheia de peripécias surpreendentes. Halina se lembra: "Quem fazia o papel de Kostryn era um aluno chamado Pomerianski. Mas na véspera do espetáculo ele foi brutalmente expulso do ginásio pelo meu pai, por ter ameaçado um professor com um revólver de brinquedo! Pânico na companhia: seu papel era importante. Mas Karol tranqüilamente disse que faria os dois papéis consecutivos — sem precisar ensaiar, e mesmo sendo a peça em versos."[15]

Outra historinha, também contada por Halina: "Certa vez, em 1937, a atriz Kazimiera Ryszter, que estava em turnê, pára em Wadowice para um recital no clube Sokol. Naturalmente, Karol e eu não perderíamos aquela oportunidade! Claro que fomos cumprimentá-la depois do espetáculo, mas estávamos com uma ideiazinha na cabeça: por que não viria ela presidir o próximo concurso de recitação entre os ginásios?" Os dois jovens têm consciência de seu valor: "Nós sabíamos", prossegue Halina, "que o primeiro prêmio ficaria entre Karol e eu!" A atriz fica encantada com os dois adolescentes lisonjeiros e entusiásticos. Chegado o dia, Wojtyla sobe ao palco do auditório do ginásio — esplendidamente esguio, apertado em seu uniforme, os cabelos sempre desalinhados — e começa a recitar "Promethidion", longo e difícil poema de Norwid, um texto complicado sobre a arte e sobretudo sobre o trabalho, ao mesmo tempo conseqüência do pecado original e meio de redenção.[16] Halina se lembra, cheia de admiração: "Karol, sem ceder ao estilo da época, que consistia em inflar exageradamente as palavras, recitava com simplicidade, quase de maneira comportada demais para sua idade." De sua parte, ela escolheu um poema de Leopold Staff no qual a chuva cai e toca a alma, um texto dos mais românticos. E acaba vencendo o concurso. Por pouco. Logo à frente de Wojtyla.

Um dos maiores sucessos da pequena companhia foi *A promessa das donzelas (Sluby panienskie)*, comédia muito conhecida de Aleksander Fredro[17] que os jovens chegaram inclusive a representar, como autênticos profissionais, no ginásio da cidade vizinha de Andrychow. Nos papéis principais: Halina Krolikiewicz (Agniela), Ginka Beer (Klara) e uma outra judiazinha, Maria Weber (a mãe de Agniela). O papel principal, Gucio, era interpretado por Karol Wojtyla. Piscadela da história: o futuro papa interpretando um *bon vivant* que toma certas liberdades com o casamento. Mas já se tratava, garante Halina, "de um papel de composição: Karol era um rapaz muito sério, quase sério demais, que passava o tempo lendo filosofia, algo de que não entendíamos nada!".

Karol também interpreta o papel do rei em *Sigismundo Augusto (Zygmunt August)*, de Wyspianski.[18] Dessa vez, não é Halina, mas a não menos bela Kazimiera Zak, que contracena com ele. Karol também contribui para a direção do professor, o padre Kazimierz Forys. No salão paroquial, sob a orientação do padre Edward Zacher, ele interpreta então trechos da *Não divina comédia (Nie-Boska Komedia)*, de Zygmunt Krasinski,[19] uma peça em prosa levada às nuvens por ninguém menos que

Mickiewicz, fábula pessimista sobre a guerra civil e o fim do mundo ocidental em decorrência da irremediável loucura dos homens.

Sempre para o padre Zacher, ele encena e interpreta *O Apocalipse segundo São João*, no qual desempenha, naturalmente, o papel de São João. Dias antes da representação, vai ao carmelo buscar uma preciosa poltrona utilizada pelo celebrante, para ser usada no cenário, e é posto para correr pelo padre prior: "Ei, você aí, malandro! Onde foi que apanhou este móvel?"

*

No início de 1938, Karol, como tantos outros curiosos de todas as idades, bate à porta de Mieczyslaw Kotlarczyk, jovem professor do colégio dos carmelitas cujo pai, Stefan Kotlarczyk, ex-funcionário do tribunal de Wadowice e apaixonado por teatro, fundara uma companhia de amadores no início do século, transmitindo aos três filhos a paixão pelo palco. Após a morte do pai, Mieczyslaw levara adiante a empreitada, tornando-se por sua vez uma espécie de celebridade naquela cidadezinha onde a comédia era tradicionalmente apreciada, e que também tinha um teatro do exército, um teatro judaico etc.

De baixa estatura, Mieczyslaw Kotlarczyk tem cabelos negros bem cortados, uma barba nascente — que se tornaria "uma forte barba à flor da pele, quase azulada mas bem escanhoada"[20] — e, curiosamente, uma voz frágil, como que "gasta", quase um murmúrio. Mieczyslaw (35 anos) poderia ter sido apenas um professor de teatro para Karol (17 anos). Mas se tornou muito mais que isso: um amigo próximo, um irmão mais velho de substituição, o verdadeiro mestre. Naquele ano de conclusão do secundário, Karol passa longas noites na casa dos Kotlarczyk, na rua Barska, não longe do Liceu Marcin Wadowita. Mieczyslaw é casado com a jovem Zofia, que mais tarde relataria aquelas intermináveis discussões com Karol "sobre teatro, literatura e filosofia".

O que fascina este último é a paixão que também Kotlarczyk nutre pela *língua*, pelo que ela contém além das palavras, por suas pulsações "místicas". Kotlarczyk dá um sentido, um conteúdo a algo que Karol sente de maneira confusa há vários anos. Ele considera que a língua não comunica apenas um significado, mas veicula uma emoção, e que o papel do ator é servi-la. Karol bebe suas palavras. A língua, incessantemente qualificada por Kotlarczyk como "palavra viva", deve ser o personagem principal da obra dramática. Nessas condições, o ator é apenas um médium. Seu papel é transmitir, comunicar. Mais ou menos como um padre...

No dia 6 de maio de 1938, dias antes da formatura, o Liceu Marcin Wadowita recebe em plena ebulição a visita do arcebispo metropolitano de Cracóvia, o príncipe Adam-Stefan Sapieha. São pronunciados dois discursos de boas-vindas — em latim, naturalmente. Pelo corpo docente, o professor Tadeusz Szeliski apresenta o estabelecimento. Em nome dos alunos, é o jovem Wojtyla, então presidente da Sociedade dos Filhos de Maria, que saúda o prelado. O padre Edward Zacher, diretor de estudos, costumava contar que depois da breve cerimônia o arcebispo inclinou-se para ele, referindo-se a Karol:

— Este rapaz não vai entrar para o seminário?
— Acho que ele tem outros projetos...

E Karol, que ouvira o diálogo, tratou ele mesmo de confirmar:
— Pretendo estudar literatura polonesa e filologia...

Comentário de Sapieha, à parte, para o padre Zacher:
— É uma pena!

Os judeus de Wadowice

Ginka Beer, Jerzy Kluger... Não há nada de surpreendente no fato de que o jovem Karol, tanto no colégio como teatro, freqüentasse colegas judeus. Na época em que veio ao mundo, em 1920, havia na pequena cidade de Wadowice mais de quinhentos judeus, o equivalente a cerca de quinze por cento de sua população.

A razão é simples: a região de que Karol Wojtyla é originário — Czaniec, Biala, Wadowice, Cracóvia — está situada na parte ocidental da Galícia, que foi, mais que qualquer outra, ao mesmo tempo teatro e testemunha da história dos judeus europeus. Para o melhor e para o pior. O melhor foi o longo período de receptividade e tolerância em relação aos judeus expulsos do resto da Europa, quando a Polônia era conhecida como *Paradisus judeorum* (o "paraíso dos judeus"). O pior foi o momento em

O TEMPO DA CAMARADAGEM

que Oswiecim, uma das principais cidades da região, transformou-se em símbolo do inferno sob o nome alemão com que havia sido rebatizada por seus carrascos: *Auschwitz*.

Os judeus de Wadowice também conheceram os altos e baixos da história secular dos judeus da Polônia, que constituíram durante séculos a maior comunidade israelita do mundo. Inicialmente, no fim da Idade Média, eles foram recebidos em massa e protegidos pelos reis da Polônia, que os convidaram a contribuir para o progresso do comércio, dos bancos, do artesanato, dos impostos e a se beneficiarem da prosperidade geral, particularmente no século XVI — o "século de ouro" na memória coletiva desse país. Mas a Polônia logo vem a ser atingida por diferentes invasões (cossacos, suecos, russos) e devastada por guerras intermináveis cujas conseqüências são uma terrível recessão econômica e um trágico debilitamento do Estado.

Esses acontecimentos são fatais para os judeus, vítimas escolhidas de todos os períodos de crise. No meado do século XVIII, é proibida sua atividade nas cidades. Nunca mais haveria uma "época de ouro" para os judeus da Polônia — como tampouco para a Polônia em geral. Vem, com efeito, o tempo das "partilhas", no qual as grandes potências vizinhas da Polônia retalham o país a seu bel-prazer. Último grande sobressalto nacional: a Constituição de 3 de maio de 1791, que estabelece a igualdade de direitos entre poloneses judeus e não-judeus, nunca seria aplicada. Ao longo de todo o século XIX, os três impérios predadores não têm a mesma atitude em relação ao judeus da Polônia. No norte, a Prússia tenta assimilar e converter a população israelita, cuja língua, o iídiche, manteve-se próxima do alemão. A leste, o governo do czar logo reinventa os guetos, pratica *pogroms* e promove o anti-semitismo de Estado. No sul, enfim, o ocupante austríaco evidencia uma relativa humanidade: em 1819, Francisco I da Áustria abole as leis que proíbem os judeus de se instalarem nas cidades; em 1868, seu sucessor, Francisco José, estabelece a igualdade de direitos entre todos os súditos do Império. Para os judeus de Wadowice, que se encontram sob a tutela de Viena, é um período favorável.

No início do século, na Galícia, a população judaica é de dois tipos: de um lado, uma minoria próspera mais ou menos assimilada — comerciantes, banqueiros, artesãos, profissionais liberais —, e de outro a maioria que povoa milhares de *shtettl* (aldeias) pobres e voltadas sobre si mesmas, nas quais é encarniçada a recusa de falar polonês e onde é menos patente — especialmente no leste da Galícia — a ausência de liberdade do que a miséria. Esse meio rural pobre e pouco cultivado, onde se sonha muito mais com imigração do que com assimilação, onde a coabitação entre "judeus" e "poloneses" se degrada a cada má colheita, seria terreno fértil para todos os integrismos, todas as frustrações e, mais tarde, todos os horrores.

Em 1920, Wadowice tem uma sinagoga, um rabino, um cemitério judeu. Muitos pequenos comerciantes, artesãos, advogados e banqueiros prósperos são de religião judaica: Taffet, o vendedor de quinquilharias do mercado; Wallner, o dono do bistrô; Balamut, o vendedor de vidros e cristais, proprietário do apartamento dos Wojtyla; Kluger, o advogado que preside a comunidade israelita, pai do pequeno Jurek; Goldberger, o dentista; Korn, outro advogado, burguesmente instalado na rua Mickiewicz, numa bela casa diante da qual o pequeno Karol passa duas vezes por dia.

Também há judeus miseráveis vivendo nos limites da cidade. E igualmente judeus ortodoxos, que atravessam o Rynek com suas longas sobrecasacas levitas e levando na cabeça o boné de viseira curta ou o chapéu de feltro negro, do qual pendem às vezes os papelotes tradicionais: "Ainda tenho diante dos olhos, bem vívida, a imagem dos judeus que todos os sábados iam à sinagoga situada atrás de nossa escola", contaria João Paulo II.[21]

Os judeus freqüentados pelo jovem Karol são em geral filhos de burgueses em processo de integração: Jerzy ("Jurek") Kluger, o colega mais próximo, é como vimos filho do advogado Wilhelm Kluger, o poderoso presidente da comunidade judaica da cidade, cuja bela casa de três andares, na esquina da rua Zator, dá diretamente sobre o Rynek;[22] quanto a Regina ("Ginka") Beer, a bela vizinha que guiaria seus primeiros passos de ator amador, é filha de um diretor do banco.

Graças a Jurek, Ginka e alguns outros, o futuro papa já na infância é iniciado nas festas e costumes judaicos: *Hanukah*, *Yom Kippur* etc. Como fazem muitos "gentios", seu pai o leva à sinagoga em certas festas, para apreciar a beleza dos cantos. Muito jovem ainda, o futuro papa fica mais impressionado com o que aproxima judeus e cristãos do que com o que os opõe: "Os dois grupos religiosos, católicos e judeus, eram unidos, suponho, pela consciência de orar ao mesmo Deus — embora não utilizassem a mesma língua, as orações na sinagoga e na igreja baseavam-se em grande parte nos mesmos textos."[23]

O TEMPO DA CAMARADAGEM 55

Jerzy Kluger contava freqüentemente que certo dia, quando tinha 10 anos, saíra em busca de seu amigo Lolek para lhe dar a notícia de que haviam sido ambos admitidos no primeiro ano do ginásio, e que o havia encontrado auxiliando a missa na igreja.

— Mas você não é filho do Kluger? — perguntou-lhe uma brava paroquiana, espantada de ver o filho do presidente da comunidade judaica da cidade esperando o fim da celebração, sentado num banco da nave.

Karol, relata Jerzy Kluger, achou muita graça:

— Mas não somos todos filhos de Deus?[24]

O *aumento da tensão*

No entusiasmo da independência recuperada, a nova Polônia tentou depois de 1918 estabelecer boas relações entre suas diferentes comunidades étnicas ou confessionais: poloneses (69%), ucranianos (14%), judeus (9%), bielo-russos (4%), alemães (4%) etc. Adotada em 1921, a Constituição polonesa estabelece a igualdade de direitos entre todos. Como as demais minorias, os judeus haveriam de beneficiar-se amplamente dessas liberdades: organizam-se numa "Associação Religiosa Judaica", criam centenas de escolas, passam a editar dezenas de jornais. Em Wadowice, os judeus criaram seu próprio teatro, uma biblioteca...

Desgraçadamente, os efeitos desastrosos da "grande crise" de 1929-1930 comprometeriam este frágil equilíbrio; mais adiante, a morte do marechal Pilsudski em 1935 e sua substituição pelo regime ditatorial germanófilo do coronel Beck acabariam de semear a perturbação. Alarga-se perigosamente o fosso entre as duas comunidades. Enquanto se exacerba no campo, duramente atingido pela recessão, aquilo a que o historiador Stefan Wilkanowicz se refere como "uma luta entre pobres" que causa enormes estragos nas relações entre as comunidades, o clima político se degrada e o anti-semitismo grassa. O Partido da Reunificação Nacional, de extrema direita, exige o boicote do comércio judeu. Um belo dia, jovens militantes da ultra-radical Organização Nacional Radical (ONR) chegam a Wadowice para montar piquetes de boicote em frente a lojas de judeus. A população desaprova, mas a força se impõe e o clima se degrada cada vez mais.

No ginásio, os comentários não param. No dia seguinte a uma tentativa de *pogrom*, o professor de história, Jan Gebhardt, entra na sala de Karol e começa a ler um texto do poeta Mickiewicz — e trata de ler lentamente, pesando cada palavra — no qual o judeu é chamado pelo escritor de "nosso irmão mais velho". O papa polonês haveria de lembrar-se do episódio cinqüenta anos depois, ao visitar solenemente a grande sinagoga de Roma. Por enquanto, ele ouve apenas uma homilia do cônego Prochownik, o pároco de Wadowice, que certo dia explica enfaticamente aos paroquianos desorientados que "o anti-semitismo é anticristão".

Acontece que em 1938 o anti-semitismo torna-se quase oficial no país. Na placa aparafusada na porta de seu escritório de advocacia, Wilhelm Kluger é obrigado a acrescentar, antes de seu próprio nome, a palavra "*Zev*" (lobo, ou seja, "predador"). Começam a aparecer em certas vitrines cartazes nos quais não se sabe se é maior a covardia ou a infâmia: "*LOJA CRISTÃ*". Para muitos judeus, a atmosfera torna-se irrespirável.

Certo dia, Ginka Beer bate à porta dos Wojtyla. Vem comunicar que seu pai decidiu emigrar com a família para a Palestina. Karol e seu pai ficam consternados. Wojtyla pai se revolta:

— Mas nem todos os poloneses são anti-semitas!

Ginka está em prantos:

— Não existem muitos poloneses como vocês...

Estamos em 1938. Karol Wojtyla tem 18 anos. É através desses acontecimentos dramáticos que ele avalia, como todos os poloneses da sua idade, a tensão crescente com a Alemanha e o agravamento das ameaças que pesam sobre o país. Tais lembranças nunca se apagariam de sua memória.

Um mês depois da conclusão do secundário, como todos os seus colegas, ele participa de um mutirão da "Junacy" (*Junackie Hufce Pracy*, ou *JHP*), a associação paramilitar da juventude polonesa mantida pelo governo. De 20 de junho a 17 de julho de 1938, mobilizado no "7º batalhão da 9ª companhia" da JHP, Karol parte para Zubrzyca Gorna, na região montanhosa do sul do país. Lá, hospeda-se na casa de algum habitante, ajuda na colheita da batata e sobretudo faz uso da pá e do carrinho de mão dez horas por dia, durante várias semanas, juntamente com quatrocentos outros bacharelandos transformados em aprendizes de cantoneiros. O objetivo é construir uma estrada na montanha, ligando a Alta Silésia à estrada de Zakopane — o futuro eixo europeu E77 —, que serpenteia entre o monte Polica (1.369m) e o maciço de Babia Gora (1.725m). Um trabalho duro, cuja dificuldade o bispo Wojtyla evocaria, com certo humor, quando foi certa vez a Zubrzyca Gorna dar o sacramento de confirmação às crianças da aldeia: "Eu sei por que a estrada é tão ruim, fui eu que a construí!"

Mas a Junacy não substitui o serviço militar. No dia 27 de setembro de 1938, Karol Wojtyla é convocado por cinco dias à Legião Acadêmica da Universidade Jagellon. Chegou o momento de os estudantes, membros de uma elite universitária cercada de atenções pela nação e que goza de um regime especial, cumprirem o seu "período". Karol recebe então seus equipamentos regulamentares: o tradicional bíbico, a camisa, um paletó, uma calça com grevas de tecido, sapatos de couro da Rússia, dois cinturões e meias de linho para o verão. Nesse dia, o jovem "WOJTYLA, Karol, Jozef, Hubert", matrícula 10.155, recebe sua caderneta militar assinada pelo comandante-em-chefe da Legião Acadêmica, major Zdzislaw Szydlowski.

No dia seguinte, 28 de setembro, primeiros exercícios. No exato momento em que o soldado Wojtyla aprende a marchar, a desmontar um fuzil, a ensarilhar armas com seus camaradas, a rádio polonesa anuncia que o chanceler alemão Adolf Hitler acaba de aceitar a proposta britânica de convocar *sine die* uma conferência internacional sobre a questão dos Sudetos. Horas depois, em Munique, os "Quatro Grandes" — o alemão Adolf Hitler, o italiano Benito Mussolini, o britânico Neville Chamberlain e o francês Édouard Dalladier — decidem, na presença do representante da Tchecoslováquia, oficializar a incorporação dos Sudetos à Alemanha. Apenas seis meses depois da assimilação forçada da Áustria ao Terceiro Reich, e com o tácito e pouco glorioso assentimento das potências ocidentais, Hitler redesenha em proveito próprio o mapa da Europa, aproveitando ao mesmo tempo para tranqüilamente acuar a Polônia.

Entre os futuros estudantes que se preparam para manejar armas, a setecentos quilômetros dali, num quartel da região de Cracóvia, quem seria capaz de perceber que o equilíbrio do mundo estava definitivamente comprometido e que o tempo da camaradagem havia chegado ao fim?

3

Barulho de botas

Ao retornar à vida civil, no dia 2 de outubro de 1938, Karol Wojtyla não tem muito tempo para pensar na política internacional. Para começar, precisa ajudar o pai a concluir a mudança para Cracóvia. O "Capitão" logo completará 60 anos e nada mais o retém em Wadowice. Pai e filho decidiram que o primeiro acompanharia o segundo em sua nova vida.

Os dois instalam-se então no subsolo da casa outrora construída pelo irmão de Emilia, Robert Kaczorowski, e onde ainda moravam, no térreo e no primeiro andar, duas das tias maternas do futuro papa. A casa, de arquitetura simples, é triste, suas paredes são cinzentas. Está situada no número 10 da rua Tyniecka, no bairro de Debnicki, à beira do Vístula, não distante de uma ponte construída antes da guerra por operários italianos, a dois passos do castelo de Wawel. Chega-se aos aposentos dos Wojtyla por uma pequena porta sob a escada. O local — não se pode falar exatamente de apartamento — mede cerca de 30m². A luz do dia entra com dificuldade por duas estreitas janelas. O lugar, frio e inóspito, passa a ser chamado de "as catacumbas" pelos amigos de Karol.[1]

Embora já tivesse vindo a Cracóvia, só agora o rapaz começa a descobrir seus encantos. Pela primeira vez ele percorre tranqüilamente as ruelas da cidade velha, visitando as dezenas de igrejas espalhadas pela antiga capital real. Ele já havia entrado na Basílica de Nossa Senhora, já atravessara o Rynek e visitara o castelo de Wawel. Todas essas maravilhas, que encantavam o menininho de Wadowice, tornam-se seu universo cotidiano: a universidade, as faculdades, a biblioteca, os diferentes lugares que deve freqüentar, tudo se encontra num perímetro restrito de rara riqueza arquitetônica.

Ao ter início o ano universitário, em outubro, o subsolo do número 10 da rua Tyniecka ainda não está totalmente habitável: Karol instala-se por algum tempo numa casa de estudantes da associação de ajuda mútua Bratniak com um de seus colegas, Marian Pankowski. A espelunca fica a dois passos do imenso canteiro de obras da nova biblioteca Jagellon, ao lado do campo de Blonie.[2] Mas que importam os confortos de cama e mesa para um pequeno provinciano de 18 anos que poderá começar a seguir, em Cracóvia, os cursos da prestigiosa Universidade Jagellon?

Na Jagellona

Por si só, a "Jagellona", como é respeitosamente chamada, constitui uma jóia de cultura e história. Criada em 1364 pelo rei Casimiro o Grande, ela é uma das mais antigas universidades do mundo, a segunda na Europa central, depois da de Praga. O pequeno Karol vai seguir os passos da rainha Edwige de Anjou e do rei Ladislau Jagellon, mas também os do reitor Pawel Wlodkowic — aquele que fez o concílio de Constância aceitar, em 1415, que a conversão dos pagãos pela força era condenável — e do astrônomo Nicolau Copérnico.

A universidade, inicialmente proibida por Roma de ensinar teologia — foi a rainha Edwige que conseguiu a criação da faculdade de teologia em 1397 —, logo recuperou o tempo perdido, tornando-se uma rival da Sorbonne. Rejeitou a Reforma no início do século XVI, mas viveu plenamente o Renascimento — é a "época de ouro" dos Jan Kochanowski, dos Nicolas Rej e outros grandes espíritos — e mesmo o Iluminismo. O permanente afluxo de professores estrangeiros manteve-a sempre no espírito do tempo, às vezes contra a vontade. As vicissitudes da história da Polônia, e em particular de Cracóvia, também fizeram dela, no século XIX, um centro de resistência intelectual, cultural e *lingüística*.

Não caberia exatamente estranhar que na época da recuperação da independência, depois de 1918, uma das matérias mais valorizadas pelas primeiras gerações de poloneses livres fosse o estudo de sua própria língua, que o ocupante por várias vezes tentara proibir. Tanto quanto a fé católica, a língua polonesa foi um formidável instrumento de resistência e um fermento de unidade entre as três partes desse país riscado do mapa: durante pouco mais de um século, nem os austríacos, nem os prussianos, nem os russos conseguiram germanizar ou russificar a população. Em contrapartida, os grandes poetas do exílio — Mickiewicz, Slowacki, Norwid e tantos outros — levaram a literatura polonesa a seu apogeu nessa época e muito naturalmente se tornaram, após a independência, os heróis da juventude do país ressuscitado, e particularmente dos estudantes de Cracóvia, Varsóvia, Poznan, Lwow e Wilno, as cinco cidades universitárias da época.

Karol Wojtyla está entre eles. Sabe de cor as principais obras desses autores e em junho se matricula no primeiro ano de *"polonistika"* (língua, literatura e filologia polonesas), tal como havia anunciado sem rodeios ao arcebispo Sapieha, um mês antes, no pátio do colégio de Wadowice. No currículo: gramática, etimologia e fonética, literatura medieval, teatro setecentista, poesia lírica contemporânea etc. Como matérias opcionais, Karol escolhe o russo e o eslavônico.

Como já ficou para trás o tempo do Liceu Marcin Wadowita! O rapaz defronta-se agora com mestres de prestígio, que também são eruditos de fama mundial, como os professores Pigon, Klemensiewicz, Kolaczkowski e sobretudo o filólogo Kazimierz Nitsch, 77 anos, famoso por seus ataques homéricos de raiva — um belo dia, durante um exame, Karol o veria expulsar um aluno de seu gabinete atirando nele o giz e o apagador do quadro-negro. Sob a incontestada autoridade dessas sumidades universitárias, o jovem Karol mergulha com paixão em seus cursos, suas leituras, suas dissertações sobre "Madame de Staël, teórica do romantismo" ou as "Conversas de Mestre Policarpo com a morte".

As instalações da faculdade de filologia ficavam (como ainda hoje) no número 20 da rua Golebia, uma ruazinha contígua ao prédio principal da universidade. Ali chegou Wojtyla acompanhado de Jerzy Bober, um rapaz de Cracóvia que ele conheceu em julho na Junacy, e de Halina Krolikiewicz, sua parceira de Wadowice. Ali conheceu Tadeusz Kwiatkowski, Tadeusz Holuj, Julius Kydrynski, Maria Bobrownicka e alguns outros.[3] Todos esses novos rostos formarão, entre conferências e seminários, revisões de prova e noites dançantes, um bando de camaradas freqüentando os mesmos anfiteatros, os mesmos cafés ao longo do Rynek, os mesmos bancos públicos à sombra do Planty, o célebre parque circular que cerca a velha cidade de Cracóvia, mergulhando a universidade nas amplas copas de seus altos castanheiros.

Da parte desse grupo de amigos, não faltam depoimentos sobre o estudante Wojtyla. Alguns deles, filhos de famílias burguesas, guardaram a lembrança de um rapaz simpático, mas sem um tostão, recém-chegado da província: "Ele usava roupas grosseiras... Pouco sabia da arte de viver... Tinha um aspecto meio camponês..." Para outros, a memória é de um colega muito absorvido pelos estudos: "Era um sujeito talentoso e inteligente, mas que não se preocupava em brilhar... Durante as aulas, costumava ficar olhando para o professor com grande concentração, como se quisesse absorver tudo que dizia..." Nem rico nem dândi, Karol Wojtyla se impõe pelo caráter, a vontade, uma grande capacidade de trabalho. Não quer perder nada que possa alimentar sua sede de poesia, de teatro e de literatura polonesa.[4] Lançando mão de todos os recursos a seu alcance, o jovem matricula-se na Sociedade dos Amantes da Língua Polonesa, faz cursos facultativos de elocução, obtém acesso à sala de leitura da Academia Polonesa do Saber etc. E sobretudo, mal se reiniciam as aulas universitárias, adere ao Círculo dos Polonizantes, cuja primeira reunião é realizada no dia 5 de novembro de 1938 numa sala à beira do Rynek. Presidido por um certo Tadeusz Ulewicz, este clube tem uma "seção literária" que organiza noitadas para os estudantes de filologia: debates sobre a atualidade ou sobre literatura, leitura de poemas etc.

Todos esses jovens são fanáticos por poesia e, naturalmente, escrevem seus próprios versos. Wojtyla também, é claro. O prazer supremo consiste em declamar seus próprios poemas para um auditório de conhecedores. Certa noite, Karol lê as "Baladas na Besquido" que compôs em reação a um livro de Zegadlowicz, seu célebre e contestador conterrâneo de Wadowice. Ao final, ouve apenas aplausos polidos. Outros versos seus, baladas inspiradas na tradição cultural polonesa, seriam considerados "bons, mas um pouco clássicos demais" por um de seus colegas. O que falta é maturidade ao conteúdo. Quanto ao resto, vale dizer, a declamação, Wojtyla cativa o auditório. "Dava para ver de cara que ele tinha um talento excepcional", conta a atriz Danuta Michalowska, que se lembra de ter ouvido com emoção aquele que viria a tornar-se seu parceiro no teatro, num encontro organizado no salão paroquial da universidade em outubro de 1938.

Mais uma vez, o teatro é que se torna o passatempo principal de Karol e muitos de seus colegas, entre eles o já citado Jerzy Bober e um novo

BARULHO DE BOTAS   63

companheiro, Juliusz Kydrynski, que se tornaria seu melhor amigo. Para começo de conversa, os três rapazes, que nunca perdem uma estréia, inscrevem-se num clube de teatro, o *Konfraternia Teatralna,* que logo passaria a chamar-se "Studio 39", liderado por Tadeusz Kudlinski. A bela Halina fica furiosa por não poder participar: foi proibida pelo pai, atento a seus estudos!

Sem demora se passa das intermináveis discussões teóricas à ação: o grupo monta uma peça, *O celibatário do luar,* de Marian Nyzinski, apresentada em junho de 1939 no pátio do Collegium Maius, o próprio coração da venerável universidade. Kwiatkowski faz o papel do Diabo. Wojtyla, o do Signo de Touro. A estréia, na lembrança dos espectadores, foi um sucesso. Um sucesso de acordo com um primeiro ano universitário que termina razoavelmente bem para Karol. Ele passa nos exames. Os abalos da política não impedem os jovens de fazer projetos para o ano seguinte. Em certo dia de junho de 1939, em Golebia, o pequeno grupo — Karol, Juliusz, Tadeusz etc. — volta a se encontrar pela última vez antes de sair de férias. Halina lembra-se de Karol examinando meticulosamente o currículo dos cursos do segundo ano, afixado no saguão: ele vai acompanhando linha por linha com o dedo e desabafa, inconformado:

— Não, assim não dá!

Assim era a literatura geral. Pensando bem, não era mesmo seu caminho.

Halina, Regina, Danuta, Irena...

Karol Wojtyla está amadurecendo. E não apenas no plano intelectual. Como aconteceu com todos os estudantes do primeiro ano, a entrada para a universidade foi também a entrada num mundo misto, habitado por homens e mulheres em plena posse de seus meios, com seus mistérios, suas descobertas, suas tentações, seus perigos. Para o antigo menino de coro de Wadowice, também era uma novidade.

O Liceu Marcin Wadowita deixara de ser misto em 1932, e nele o pequeno Karol só tivera oportunidade de conhecer algumas meninas "mais velhas" em seu primeiro ano escolar, quando ainda era uma criança. De modo que até os 18 anos só conviveu, no ambiente de seus estudos secundários, com meninos. Para um adolescente sem mãe, nem irmã, nem governanta, isto poderia ter constituído uma carência de conseqüências psicológicas desastrosas. É verdade que havia alguns cursos de dança de salão, organizados no clube Sokol, na mais pura tradição austro-húngara, por mamães prestimosas que ensinavam a polca, a mazurca e a valsa aos jovens, ao som do gramofone. O que não era grande coisa. Além disso, Karol visivelmente sentia-se mais atraído pela ação católica e as reuniões piedosas da Sodalicja do que pelas *prywatki* (festas-surpresa), que considerava uma perda de tempo. Felizmente, havia o teatro amador, cujos promotores, como vimos, judiciosamente aproximavam os meninos do Marcin Wadowita das meninas do Michalina Moscicka. A atividade teatral é toda expressão, jogo, sensibilidade, emoção. Textos, réplicas e gestos mil vezes repetidos estabelecem entre os candidatos a atores uma cumplicidade às vezes mais estreita que numa sala de aulas ou num campo de futebol. E cada representação em público é uma festa que une na mesma exaltação os jovens dos dois sexos.

Cabe acrescentar que Karol, com seu rosto quadrado, os cabelos sempre desalinhados, não é mal-apanhado. Ele é honesto, inteligente, atencioso. Tem uma voz magnífica, um sorriso malicioso, um evidente carisma. E decididamente é muito talentoso. Logo se torna uma "estrela" do grupo, e, ainda que não tenha logo consciência disto, não demora a atrair o olhar das moças.

Na época, entre os ensaios e os espetáculos no clube Sokol ou no salão paroquial, ele convive assiduamente com três ou quatro delas, entre as quais Kazimiera Zak, uma adorável morena que balança muitos corações entre os colegiais, e Regina Beer, uma judia de olhos negros, excelente atriz, ao mesmo tempo sua vizinha, como vimos, e mais velha que ele, da qual ele se mantém por algum tempo muito próximo. Mas é sobretudo com Halina Krolikiewicz que ele sai muito. Halina, a filha do diretor do ginásio de meninos, mora no primeiro andar do prédio. É bonita, de temperamento forte. Como não haveria de alimentar comentários entre os adolescentes? Sua estreita amizade com Karol faz baterem as línguas. As duas "estrelas" do grupo teatral estão sempre juntas.

Em junho de 1938, ao matricular-se em *polonistka* (filologia polonesa) na Universidade Jagellon, Karol está acompanhado de Halina — os dois vieram juntos de Wadowice —, que se matricula nas mesmas matérias. No verão, o pai de Halina aluga para ela um quarto na rua Pilsudski 28, a dois passos da universidade, onde ela passa a morar com uma colega. Um luxo, para a época. Ela e Karol não moram no mesmo bairro, mas continuam a fazer teatro juntos e permanecem muito ligados. Contudo, quando é questionada a respeito — o que muitas vezes a deixou irritada —, Halina é categórica: "Não havia nada entre nós."[5]

E por sinal é com um dos novos colegas de ambos, Tadeusz Kwiatkowski, de Cracóvia, que a bela começa a sair, e é com ele que ela viria a se casar anos depois: o primeiro batismo celebrado pelo jovem padre Wojtyla, a 11 de novembro de 1946, seria o de Monika, a filha de Tadeusz e Halina.

Karol terá sentido ciúmes de Tadeusz? Ficou magoado? É impossível saber, mas é provável que não. Sua relação com Halina fora sempre amigável, e Karol continuou sendo um solitário. "Ele chegava sozinho à faculdade e ia embora sozinho", conta Maria Bobrownicka, uma das moças do grupinho a que ele pertencia. Tímido? Karol seria um complexado? Tampouco. "Ele não paquerava, mas não temia a companhia feminina." Num dos primeiros cursos do professor Pigon, senta-se deliberadamente na primeira fileira do anfiteatro, entre duas moças, Irena Klemensiewicz e Irena Orlewiczowa, de quem continuará sendo vizinho de banco — exceto nos dias em que vai sentar-se nas últimas fileiras com os camaradas Jerzy, Tadeusz e Marian.

No dia 24 de junho de 1939, o bando todo se encontra no apartamento dos pais de uma das moças, Anna Nawrocka, na rua Siemiradzkiego, para a festa-surpresa de fim de ano. Bebe-se vinho e a dança vai até bem tarde, ao som de um fonógrafo. Karol não se fazia de rogado para dançar, segundo Maria Bobrownicka, "mas tinha mais prazer na conversa do que na dança". Halina recorda:

Karol era muito sedutor, tinha uma voz magnífica, mas realmente era muito sério. Na época, nós organizávamos reuniões literárias pagas, depois íamos beber hidromel com o dinheiro ganho. Mas Karol pegava sua parte (dois *zlotys*) e ia para casa! Ele não era diferente dos outros rapazes, era, como direi?... *à parte*. Muito alegre, ria com facilidade e gostava de piadas, mas não dava lição de moral a ninguém. Curiosamente, estava sempre com a cabeça um pouco baixa. Por timidez? Não: antes por humildade, creio eu. Ele podia ser tudo, menos orgulhoso. Quando digo "à parte", não estou querendo dizer que lhe faltava alguma coisa, muito pelo contrário: ele era mais rico que nós.

Nada há de espantoso em que o adolescente Karol Wojtyla se mantivesse casto durante os anos de ginásio. Em seu meio social, familiar e espiritual havia pouco lugar para aventuras. Alguns de seus colegas talvez tenham fugido à regra geral, e as experiências sexuais deviam mesmo povoar os sonhos dos mais tímidos, como em todos os colégios do mundo, mas os professores e os padres mantinham-se vigilantes. E Lolek não estava interessado. Mesmo no contexto do teatro amador, a emoção era essencialmente estética, e as relações mantinham-se puras — além do fato de que os educadores e os pais também aqui vigiavam ensaios e espetáculos: "Se tivesse acontecido qualquer coisa, eu teria sabido", afirmou o padre Edward Zacher, seu orientador de estudos e confessor.

E depois? Que pode ter acontecido entre o momento em que ele se instala em Cracóvia, aos 18 anos, e aquele no qual opta pela vocação sacerdotal, já completados os 21 anos? Todos os depoimentos — de seus companheiros da época, dos amigos aos quais confiou-se mais tarde — dão conta da mesma coisa: nunca houve uma mulher na vida de Karol Wojtyla. Halina, que certamente foi sua companheira mais próxima, o confirma. João Paulo II em pessoa escreveu certo dia ao padre Wladyslaw Kluz, um monge carmelita que deixara no ar uma certa ambigüidade a respeito em seu livro *Czas Siewu*: "Quem lhe disse que eu cometi pecados graves na minha juventude? Isto nunca aconteceu!"[6]

O que não exclui a possibilidade de que esse jovem gozando de perfeita saúde, aberto e equilibrado, não sentisse alguma tentação. Aos 32 anos, quando já era padre, ele escreveria no jornal *Tygodnik Powszechny*: "Todos nós sabemos pela experiência [*sic*] que o instinto sexual, no homem, é forte e vivaz..." E acrescentava, a propósito da dificuldade de encontrar o equilíbrio entre o instinto e o prazer: "Que essa tarefa exige do homem um real esforço, cada um o sabe perfeitamente pela experiência!"[7] A André Frossard, que delicadamente colocava a questão do "amor humano", João Paulo II daria a seguinte resposta: "Nesse terreno, tive mais graças do que lutas a empreender. Houve um dia em que soube com toda a certeza que minha vida não se realizaria no amor humano."[8]

A guerra se aproxima

Ao desembarcar em Cracóvia, Karol Wojtyla não tinha apenas tudo a aprender das mulheres: era também um noviço em política. Neste terreno, conhecera apenas as lições de história patriótica dadas pelo pai e as tensões anti-semitas dos últimos anos, que não pouparam a pequena cidade de Wadowice. Em Cracóvia, no entanto, especialmente no meio estudantil, a política é onipresente, cotidiana. Discussões inflamadas e brigas de rua são freqüentes. Mesmo para um jovem provinciano apaixonado pelo estudo, seria impossível ficar surdo às vibrações da atualidade, que nesse fim do ano de 1938 gira em torno das intenções de Adolf Hitler em relação à Europa central. Depois de voltar a ocupar brutalmente a Renânia sem que a França pudesse fazer nada (7 de março de 1936), depois de anexar a Áustria quase com a bênção dos ocidentais, petrificados (12 de março de 1938), o chanceler alemão voltou-se para a Tchecoslováquia, que logo viria a ser abandonada por seus "aliados" britânicos e franceses na conferência de Munique (29 de setembro de 1938).

A Polônia dos "coronéis" — os militares que, a pretexto de preservar a política do marechal Pilsudski, transformaram o país numa semiditadura dirigida por um deles, Jozef Beck — assiste a esse agravamento do perigo com sentimentos contraditórios: preocupação com o abandono da Tchecoslováquia pelos ocidentais, vontade obstinada de não escolher entre o hitlerismo e o stalinismo, desperdício das energias políticas em disputas internas infindáveis...[9] Da primavera ao outono de 1938, quando a crise dos Sudetos ocupa o essencial do cenário político internacional, o ódio declarado que caracteriza as relações entre poloneses e tchecoslovacos revela-se catastrófico. Para começar, condena ao fracasso as últimas esperanças alimentadas por seus protetores comuns, a Inglaterra e a França, de opor uma frente unida e sólida às pretensões de conquista do Reich. Além disso, leva o governo polonês, pronto a satisfazer uma velha reivindicação nacionalista, a cometer um terrível erro, aproveitando a crise para exigir da Tchecoslováquia a devolução do pequeno território de Cieszyn (Teschen), também conhecido como "além do Olza", que havia sido atribuído à Tchecoslováquia pelos vitoriosos de 1919. No dia 2 de outubro, o general Rydz-Smigly, ministro polonês da Defesa, manda suas tropas ocuparem essa pequena região — habitada majoritariamente por poloneses, é verdade —, sob os aplausos de seus compatriotas.

Essa efervescência patriótica não duraria muito. Já a 24 de outubro de 1938, Ribbentrop, ministro do Führer, expressa cinicamente pela primeira vez as reivindicações alemãs sobre a Polônia: anexação de Dantzig à Prússia, abertura de um "corredor" extraterritorial etc. Os dirigentes poloneses caem das nuvens e começam a entender que a política pró-alemã do coronel Beck definitivamente conduz ao desastre.

O mundo em que vive e amadurece Karol está adernando. O colegial de Wadowice já havia testemunhado certos desmandos anti-semitas que por sua educação e seu meio afetivo não podia compreender. Na universidade, ele descobre a agitação política, as manifestações antialemãs, os panfletos contra os judeus. Como em toda a Polônia, são freqüentes as brigas entre estudantes de tendências diferentes. Wojtyla não pode ignorar tudo isso. Até mesmo seu inocente Círculo dos Polonizantes mobilizou-se antes do verão para participar de uma ação de protesto contra um projeto de instauração de um *numerus nullus* na universidade. Proibir a Jagellona aos judeus! Que afronta, que escândalo não seria! Acontece que Karol tem dificuldade para participar desses debates e polêmicas. Como em Wadowice, ele tem vários amigos judeus: Anna Uhl, Jerzy Lau, Anna Weber, uma colega com quem se encontra com freqüência e da qual parece inclusive ser o "protetor", diante das freqüentes provocações de imbecis extremistas. Mas o futuro papa não se engaja. Não gosta de discussões políticas, não adere a nenhum grupelho, não escreve nos jornais partidários. Já está "longe".

Por uma questão de poucos anos, após a independência ele certamente teria seguido a Igreja polonesa em seu envolvimento com o lado conservador e nacionalista. Desde o início dos anos 30, no entanto, a hierarquia católica polonesa soube — sabiamente — distanciar-se dos partidos políticos. Para começo de conversa, a Igreja finalmente permite que os leigos militem nos partidos e sindicatos que escolherem, exceto as organizações comunistas e fascistas. Pois o papa Pio XI não condenou solenemente esses dois caminhos extremos em suas encíclicas *Divini Redemptoris* (contra o comunismo) e *Mit brennender Sorge* (contra o nazismo), ambas publicadas em março de 1937? Na Polônia, Pio XI é ouvido com tanto maior deferência e afeto por ter sido um dia núncio apostólico em Varsóvia.

Em contrapartida, o novo primaz, August Hlond, e o episcopado polonês voltam todos os seus esforços, como deseja o Vaticano, para o desenvolvimento da "ação católica": centenas de milhares de fiéis, jovens e nem tão jovens, participam de movimentos, associações e grupos diversos em todos os setores da sociedade civil, mobilizando homens, mulheres, jovens, funcionários, operários, camponeses, artistas etc. Nesse período de tensão geral, muitos preferem esse tipo de atividade social à confusão da política ambiente. E por sinal o não-engajamento "partidário" da Igreja polonesa haveria de valer-lhe, ao longo desses anos conturbados, a adesão de uma grande parte da juventude e sobretudo dos intelectuais católicos.[10] Tendo militado nos Filhos de Maria do ginásio de Wadowice, não surpreende que o estudante Wojtyla, depois de alguns meses de vida estudantil em Cracóvia, tenha aderido à Solidacja da Universidade Jagellon. Mas nunca poderia ser encontrado qualquer sinal de envolvimento político, fosse à direita ou à esquerda, da parte desse rapaz que no entanto era tão patriota, tão atento ao destino de seu país.

*

No ginásio de Wadowice, Lolek, como todos os seus colegas, havia comparecido a algumas sessões de sumária formação militar. Em setembro de 1938, como dissemos, Karol Wojtyla teve de cumprir um período na Legião Acadêmica. Ao longo do ano universitário também participou, a título de serviço militar, das sessões de educação física obrigatória: nas terças e sextas-feiras, das 20 às 21 horas, ele devia comparecer à rua Loretanska, perto do convento dos capuchinhos, a dois passos da universidade.

Em julho de 1939, Wojtyla cumpre um novo período militar, mais uma vez no contexto da Legião Acadêmica, só que desta vez num terreno "social" (palavra que em polonês é sinônimo de "político") em Ozomla, não distante da cidade de Przemysl. A região vem sendo agitada por tensões nacionalistas entre poloneses e ucranianos, duas populações irreconciliáveis cujo único ponto em comum é o ódio aos russos.

Para as autoridades militares, o objetivo dessa missão é favorecer a compreensão entre os dois povos, os poloneses, que são católicos latinos, e os ucranianos, que nesta região são "gregos católicos" ou "uniatas". Estes, que foram ortodoxos antes de aderir a Roma no século XVI, sempre defenderam sua tradição, ao mesmo tempo contra os ortodoxos, dependentes do Patriarcado de Moscou, e contra os católicos latinos que identificavam nos ocupantes poloneses. Essa situação desconfortável haveria de ser-lhes fatal depois da guerra, quando tudo isso seria proibido por Stalin, sob pena de morte. Quarenta anos depois, o papa polonês revelaria ao mundo a existência desses católicos esquecidos, tornando-se seu principal defensor ante as perseguições comunistas. Por enquanto, Wojtyla vai descobrindo esses problemas interétnicos complicados e candentes, frutos amargos dos séculos anteriores. Ele deixa, sobretudo, a lembrança de um jogador de futebol entusiasta e a de um bom nadador.

No dia 30 de agosto de 1939, de volta de Ozomla, Karol devolve seu uniforme da Legião Acadêmica. Concluiu sua formação militar. Para ele, acabaram-se armas e quartéis. Acredita então que vai poder dedicar-se a seus queridos estudos. Enganava-se. Dois dias depois de seu adeus às armas, estoura a Segunda Guerra Mundial.

A cruz gamada tremula sobre Cracóvia

Sexta-feira, 1º de setembro de 1939. Naquela manhã, Karol levantou-se com o alvorecer, na rua Tyniecka. Caminhou pela beira do Vístula, atravessou a ponte Debnicki e, chegando à altura do grande seminário da rua Podzamcze, caminhou para a catedral do castelo de Wawel. Como em todas as primeiras sextas-feiras do mês, foi confessar-se com seu querido padre Figlewicz, que mora ali, e que voltou a ser seu orientador de consciência. Concentrado em meditação, gestos lentos, ele começa a auxiliar a missa a seu lado, como nos primeiros tempos do ginásio, em Wadowice.

É nesse preciso momento que tudo muda de figura. Sua vida, o castelo, Cracóvia, a Polônia, o mundo inteiro. Inicialmente, o ruído surdo das explosões, e logo o ronco dos motores de aviões mergulhando, e mais adiante as sirenes, gritos. Ninguém sabe ainda que se trata de um ataque-surpresa contra o quartel da rua Warszawska por parte de aviões da IV Luftflotte do general Löhr, estacionada na Boêmia-Morávia. A confusão é total. Mas todos entendem o essencial: desta vez, é a guerra.

Às 4h15 daquela madrugada, as primeiras quadrilhas da Luftwaffe atravessaram a fronteira polonesa em direção a objetivos militares precisos, quartéis e pistas de pouso, com o duplo objetivo de espalhar o pânico e desorganizar a resistência militar polonesa. Às 4h45, em Gdansk, o encouraçado alemão *Schleswig-Holstein*, que chegara três dias antes para uma visita de "amizade", começou a bombardear ininterruptamente o forte de Westerplatte, defendido por um punhado de soldados poloneses que logo tratam de reagir com heroísmo. Desde as seis horas, as primeiras bombas lançadas pelos stukas arrebentam no solo de Varsóvia, causando centenas de mortos.

Às oito horas, não sem dificuldade, a embaixada da França na Polônia finalmente consegue contactar em Paris um assessor do ministro das Relações Exteriores. O alto funcionário se espanta no telefone: "Bombas? Tem certeza?" Naquela manhã, o exemplar de *Le Figaro* sobre sua escrivaninha traz na manchete de primeira página a final da copa de tênis de Châtelguyon.

Logo as bombas estariam chovendo em Gdynia, Puck, Poznan, Lodz, Radom, Katowice, Lwow, Lublin e, naturalmente, Cracóvia, causando numerosas vítimas. O presidente da República polonesa, Ignacy Moscicki, faz um apelo pelo rádio, à tarde reproduzido em cartazes pelos muros de Varsóvia: "Nesta noite, nosso inimigo secular violou nossas fronteiras e abriu as hostilidades contra o Estado polonês. Eu o constato solenemente perante Deus e a História." Quatro dias depois, o chefe de Estado, o governo e muitos altos funcionários fogem da capital em direção ao sul, entregando seus concidadãos a um destino trágico. Não houve declaração de guerra. Nunca haveria.

Em Cracóvia, o padre Figlewicz e seu auxiliar de missa concluem apesar de tudo a liturgia da eucaristia. Preocupado com o pai, Karol abraça seu confessor, atravessa o caminho para Wawel e volta para casa, enquanto a cidade real é tomada pelo desespero geral. O jovem e seu pai, atarantados, fazem como todo mundo: reúnem alguns objetos e tomam a direção leste, carregando uma mala em meio à multidão desorientada, entre caminhões e automóveis sobrecarregados e incontáveis charretes puxadas a cavalo vergadas ao peso de famílias inteiras. Chegam à cidade de Rzeszow, esgotados depois de percorrerem 150 quilômetros. Lwow, a capital oriental do país, ainda está longe. Mas ao se aproximarem do rio San, os refugiados entendem que sua fuga não tem esperança: os soviéticos também atacaram a Polônia. Às seis horas da manhã, no dia 17 de setembro, seus blindados — trinta divisões de infantaria e oitenta e duas divisões mecanizadas — atravessaram as fronteiras do país. Vilno, capital da Lituânia, caiu imediatamente. Lwow é atacada pelo Exército Vermelho a 22 de setembro, enquanto Varsóvia, exangue, sustenta os últimos combates de rua contra os alemães. A Polônia volta a desaparecer do mapa.

Para comemorar, na cidade de Brzesc (que logo seria rebatizada Brest-Litovsk), o general Heinz Guderian presidiria dias depois um desfile triunfal, em fraterna convivência da Wehrmacht com o Exército Vermelho. Ninguém havia tomado conhecimento, naturalmente, dos protocolos secretos do pacto germano-soviético assinado a 23 de agosto por Ribbentrop e Molotov, em nome de seus respectivos chefes, Adolf Hitler e Josef Stalin. Para muitos, a aliança entre o Reich nazista e a pátria do comunismo parece inconcebível. E no entanto é assim.

A nova fronteira entre a Alemanha e a União Soviética passa precisamente pelo San. Para os Wojtyla, o êxodo termina ali. De que adiantaria seguir em frente? Alguns dos foragidos, em sua maioria judeus, decidem continuar, convencidos de que o regime dos sovietes é um mal menor, comparado à ditadura hitlerista, e de que será menos perigoso esperar o fim das hostilidades no leste. E por sinal, do outro lado do San, grande parte da população judia da Galícia oriental aplaudiu a chegada do Exército Vermelho, com um entusiasmo que ficaria gravado na memória polonesa.

O pai e o filho Wojtyla, esgotados e infelizes, voltam a Cracóvia, ocupada desde 6 de setembro pelo 14° exército da Wehrmacht, comandado pelo general Wilhelm List. Da ponte de Debniki, controlada por soldados alemães, Karol e o pai vêem a sinistra bandeira vermelha e negra da suástica tremulando sobre o castelo de Wawel. A cruz gamada tremulando na antiga capital real! Para eles, como para milhões de poloneses embasbacados, é um choque psicológico enorme. A Polônia nem chegou a comemorar 21 anos de renascimento. Podemos imaginar os sombrios pensamentos do "Capitão" Karol Wojtyla, 60 anos, ex-suboficial do 12° Regimento de Infantaria do exército polonês ressuscitado em 1918. Quatro décadas depois, em 1980-1981, quando os tanques dos exércitos do Pacto de Varsóvia rugirem nas fronteiras da Polônia comunista desestabilizada pelo sindicato Solidariedade, será preciso lembrar-se desse

BARULHO DE BOTAS

episódio para imaginar os pensamentos de Karol Wojtyla, já então o papa João Paulo II.

Impossível saber o que reserva o futuro. Em Cracóvia, já é preciso fazer fila para o pão, falta açúcar, ninguém encontra carvão. Logo depois de retornar, enquanto o pai se recupera lentamente da dramática aventura, Karol entrou em contato com o velho professor Nitsch, que já se encontra à frente de obras de reconstrução num anfiteatro destruído. No dia 2 de novembro de 1939, ele se matricula no segundo ano de filologia polonesa.

Apesar da tragédia, a Universidade Jagellon parece funcionar normalmente. Desde o dia 11 de setembro, um cartaz amplamente difundido exorta todos os poloneses a retomarem suas antigas funções. Em outubro, o professor Tadeusz Lehr-Splawinski, reitor da universidade, entrou em contato com o dr. Zorner, porta-voz da Wehrmacht, e Hans Koch, delegado da Abwehr, que não fizeram objeções ao reinício das aulas. A 4 de novembro, terá lugar na Igreja de Santa Ana, como todos os anos, uma grande missa de volta às aulas. Entretanto, três dias antes do reinício oficial do ano letivo, marcado para 6 de novembro, um certo Obersturmbannführer Müller anuncia que nesse dia fará uma conferência sobre "o Terceiro Reich e a ciência", solicitando insistentemente que seja convidado o maior número possível de professores da Jagellona. Chegado o dia, quando soam as doze badaladas do meio-dia na Igreja de Santa Ana, cerca de 200 convidados se acotovelam na sala 22 para ouvir o orador. O conferencista sobe à tribuna. Surpresa: vem acompanhado por dez oficiais das SS armados até os dentes. Ele vai logo acusando a universidade de ser um antro de "propaganda antigermânica" e anuncia seu iminente fechamento. Todos os presentes encontram-se detidos. Outros soldados das SS aparecem, bloqueiam as saídas e imediatamente deportam os 183 presentes para o campo de concentração de Sachsenhausen-Oraniemburgo.

Esses 183 infelizes são uma parte da elite intelectual do país. Alguns perderiam a vida nesse campo homicida. Outros retornariam, a maioria em estado lastimável. Uma placa marca atualmente o acontecimento no Collegium Maius, o "grande colégio" da universidade. Cerca de 60 anos depois do drama, num discurso pronunciado em Santa Ana no sexcentésimo aniversário da Jagellona, João Paulo II, emocionado, recordaria ter discutido por alguns instantes, naquele dia, com o professor Nitsch, convidado a juntar-se a seus eminentes colegas na sala de conferência.[11] Ele nunca mais voltaria a ver o grande cientista. Nem Ignacy Chrzanowski, o famoso historiador de literatura. Nem Stefan Bednarski, o repetidor de russo.

Para os que conseguiram escapar, não há mais lugar para ilusões. É evidente que o inimigo pretende eliminar a elite cultural da nação,[12] sendo portanto vital preservar sua substância a qualquer preço na clandestinidade. Ao longo de todo o século XIX, os poloneses adquiriram uma notável experiência das universidades "subterrâneas". Os oitocentos estudantes da Jagellona são conspiradores natos.

Alguns meses depois, Karol Wojtyla, como a maioria de seus colegas, freqüentaria regularmente — e clandestinamente — as aulas de filologia polonesa, preparando seus exames de segundo ano numa célula secreta dirigida pelo professor Grabowski.

*

Desde o dia 1º de novembro, o território polonês ocupado pelos alemães é objeto de uma nova divisão administrativa e política. O Reich anexou diretamente Gdansk, Varsóvia e a Alta Silésia, tendo em vista uma germanização total dessas regiões. O resto do país é transformado num "Governo-Geral" tendo Cracóvia como capital. O governador-geral designado por Hitler, Hans Frank, orgulhosamente instalado no castelo de Wawel, tem como missão transformar essa vasta zona num reservatório de mão-de-obra, de escravos a serviço da raça superior.

A nova fronteira entre o Reich e o Governo-Geral isola Wadowice de Cracóvia.[13] Dois dos mais próximos amigos do jovem Karol foram apanhados de surpresa. Halina Krolikiewicz, que passou as férias na casa dos pais, vê o colégio ser fechado pelo ocupante, e seu pai, expulso dali. Acolhida por vizinhos, passa a trabalhar como costureira. Corajosa e determinada, Halina não hesitaria em fazer viagens de ida e volta a Cracóvia, atravessando ilegalmente a fronteira que os alemães demarcaram a leste da aldeia, na extremidade da ponte que abarca o Skawa, o caprichoso rio tantas vezes atravessado pela garotada da região a pé ou, na época do inverno, sobre o gelo.

Mieczyslaw Kotlarczyk também fica bloqueado em Wadowice com a família, do outro lado da fronteira do Reich. Segundo as testemunhas da época, sua casa logo se transforma numa "ilha de polonidade" na qual se fala de política e literatura, se lêem com fervor os grandes autores poloneses e se fala constantemente do fim da guerra, nas barbas das SS e dos delatores. Karol e Mieczyslaw se correspondem. Quem serve de "correio" entre os dois é Halina, que também se matricularia na universidade clandestina em Cracóvia. Em suas cartas, Kotlarczyk sustenta o moral, imagina o futuro e o fim do conflito e fala longamente do *Teatr Slowa* ("Teatro da Palavra") que pretende fundar quando for restabelecida a paz. Por sua vez, seu jovem amigo Karol, entre uma queixa e outra sobre a brutal decadência da *vita cracoviensis* (a qualidade de vida que caracteriza Cracóvia), estende-se em reflexões desabusadas sobre o destino de uma Polônia ideal "que na realidade não existe".

A guerra é antes de mais nada um cemitério de ilusões. A "libertação" da nação anunciada pelas grandes vozes românticas de Mickiewicz, Norwid, Wyspianski — constantemente lidos por Karol, entre duas passagens da Bíblia — não era portanto uma libertação "de verdade". O destino da Polônia "passa pelo Cristo", afirma o rapaz com exaltação, completando o sonho romântico com a exigência da Revelação: "A Nação caiu, como Israel na Babilônia, por não ter reconhecido o Messias."[14]

"Datam dessa época", escreveria o papa em suas recordações, "meus primeiros trabalhos literários."[15] Com efeito, o estudante confinado em ociosidade — algo que lhe era estranho! — não escreve apenas cartas. "Enquanto há quem morra de tédio, eu estou muito, muito ocupado", escreve a Kotlarczyk no dia 28 de novembro. Trabalhando todo o dia e entrando pela noite, o futuro papa escreve uma primeira peça, *David*, e logo uma segunda, *Jó*, e em seguida uma adaptação do *Édipo* de Sófocles.[16]

É na escrita que o jovem superado pelos acontecimentos se refugia espontaneamente. "Eu leio, escrevo, aprendo, reflito, rezo, luto contra mim mesmo", prossegue ele. E mais adiante: "Sinto às vezes opressão, abatimento, depressão, dor. Sinto como se estivesse esperando a aurora."[17] Mas até que surgisse a aurora tão esperada por Karol, a noite seria longa.

4
———

A Polônia ocupada

No fim do ano de 1939, toda a Polônia está em estado de choque. Aquela que já é chamada a "quarta partilha" do país causou 70.000 mortos e 130.000 feridos nas fileiras do jovem exército polonês. Cerca de 300.000 prisioneiros foram deportados para a Alemanha, 230.000 foram despachados para a URSS — entre eles 8.000 oficiais que nunca voltariam. A partir de fevereiro de 1940, várias varreduras em massa do NKVD (a polícia política de Stalin) nos territórios ocupados pelos soviéticos levariam *mais de um milhão* de civis poloneses a serem brutalmente despachados em vagões de carga animal para campos siberianos.

Por toda parte se instaura o terror. Que visa antes de tudo os intelectuais, os artistas, os dirigentes políticos e o clero. O claro objetivo é quebrar a nação polonesa naquilo que tem de mais sólido, de mais nobre, de mais íntimo. Dezenas de milhares de pessoas cultivadas e dinâmicas, daquelas que teriam vocação para preparar um futuro melhor, a exemplo de seus antepassados do século anterior, são deportadas para campos de concentração ou fuziladas sem qualquer processo. A própria Igreja Católica paga em sangue por sua tradicional condição de núcleo da resistência nacional: cerca de 2.000 padres, 850 monges e perto de trezentas religiosas perderiam a vida.

Em Cracóvia, Karol Wojtyla e seu pai são submetidos, como todo mundo, a uma lei marcial muito dura. O governador Frank, instalado no castelo de Wawel, nada tem de bonzinho. O medo, a fome, o frio, a polícia nazista, as lojas *"NUR FÜR DEUTSCHE"* ("Reservadas aos alemães") constituem a vida diária dos habitantes da antiga capital real, submetidos a escassez de alimentos, falta de carvão, verificações de identidade, fuzilarias noturnas e detenções-surpresa.

No dia 26 de outubro de 1939, o governador-geral Hans Frank ordenou trabalho obrigatório para todos os poloneses com idades entre 18 e 60 anos. O que poderia ser mais natural, tratando-se de um povo destinado a servir como escravo da raça ariana triunfante? No dia 12 de dezembro, ele reforça essa legislação. Em Cracóvia, todos devem imperativamente justificar o emprego para receber uma *Arbeitskarte* (carteira de trabalho), se não quiserem correr o risco de deportação para a Alemanha, onde a indústria de guerra carece de braços.

Em março de 1940, enquanto sua amiga Halina encontra trabalho como governanta em Cracóvia, Karol trabalha como mensageiro para seu padrinho Jozef Kuczmerczyk. No momento da volta às aulas em setembro, ficando claro que a universidade não reabrirá, Karol Wojtyla e seu amigo Juliusz Kydrynski são contratados — por recomendação — como operários na pedreira de Zakrzowek, explorada pela indústria química Solvay. Como o empreendimento é considerado de "importância militar" (*Kriegswichtiger Betrieb*), seus empregados trazem na carteira de identidade um selo especial — uma chance suplementar de não morrer de fome e de evitar a deportação para o Reich.

A pedreira

Zakrzowek é uma paisagem lunar, imenso terreno baldio situado em plena cidade, a dez minutos da rua Tyniecka, onde moram os Wojtyla. Hoje em dia os jovens de Cracóvia ainda acorrem ao local para praticar *mountain-bike* ou organizar *raves* noturnas ao redor de fogueiras improvisadas. Cavada ali desde tempos imemoriais, a pedreira assemelha-se a um cadeia de barrancos de calcário, com altura de sessenta metros.[1] Do alto desses penhascos, pretos e brancos, vê-se o campanário da igreja paroquial do bairro de Debniki, a Santo Estanislau Kostka, e mesmo, ao longe, a flecha da catedral de Wawel. Também se pode ver perfeitamente, dominando o bairro de Salvator, o "outeiro de Kosciuszko", impressionante montículo artificial erguido na base do carrinho de mão pelos patriotas poloneses do século anterior, lembrando orgulhosamente que a Polônia — recentemente qualificada pelo ministro soviético Viacheslav Molotov de "vilão bastardo do tratado de Versalhes" — não é um país que se pode apagar facilmente do mapa.

Numa primeira etapa, o operário Wojtyla trabalha no fundo de um desses estranhos barrancos — atualmente coberto por uma água translúcida — protegidos no alto por uma cerca hesitante. A rocha é cortada com explosivos. Usando um carrinho de mão, Karol transporta blocos de pedra calcária para serem quebrados a picareta. Os rochedos são depositados em pequenos vagões nos quais serão transportados por uma pequena locomotiva a vapor até a usina. Os homens trabalham por turnos oito horas seguidas. É um trabalho fisicamente duro, para o qual Karol não está absolutamente preparado, como tampouco os outros estudantes discretamente misturados aos verdadeiros operários pelo administrador da pedreira. Embora seja dirigida à distância por um alemão, ela é administrada por um polonês de Cracóvia, Henryk Kulakowski, a quem não falta coragem.

Além de seu colega Juliusz Kydrynski, lá estão Wojciech Zukrowski, Wieclaw Kaczmarczyk e alguns outros alunos do primeiro ano de filologia. O diretor polonês e muitos de seus operários sentem uma espécie de respeito afetuoso por esses intelectuais de mãos frágeis, que deverão dirigir, se Deus quiser, a Polônia do pós-guerra. Ajudar esses proletários de mentirinha a superar aquela prova é, para eles, uma forma de patriotismo.

Apesar do macacão e dos tamancos, Karol Wojtyla logo é notado. Passados três meses, um bravo contramestre, Jan Zyla, o "promove", pondo-o para trabalhar como assistente do fogueteiro da pedreira. O trabalho é perigoso — trata-se de abrir buracos na parede e enchê-los de dinamite —, mas para Karol é sobretudo uma oportunidade de descansar um pouco e ler calmamente, entre duas séries de explosões, na cabana de um certo Franciszek Labus, que tomou o "jovenzinho" sob sua proteção: "Ele realmente não servia para nada ali", contaria Labus mais tarde, "mas fazia questão absoluta de trabalhar... Ajudava-me a enrolar os cabos de ferro e carregava os detonadores atrás de mim."[2]

Naquele inverno glacial, a cabana aquecida do simpático Labus é uma verdadeira bênção — que inclusive desperta a inveja dos colegas de trabalho. Anos depois, num romance autobiográfico, o amigo Kydrynski falaria dessa "promoção" em tom de inveja, acrescentando, premonitoriamente: "Aparentemente, o destino de Karol era destacar-se da multidão."[3]

Em sua cabana, o jovem "protegido" lê e ora, mas também toma notas e compõe versos. Em 1956, o padre Wojtyla publicaria sob pseudônimo um longo poema, "A Pedreira", saído diretamente dessa experiência:

Ouve: o ruído dos martelos, sua cadência uniforme,
Eu os faço ressoar nos homens
Para avaliar a força dos golpes.
Ouve: a corrente elétrica
Corta um rio de pedra.
Um pensamento cresce em mim a cada dia:
A grandeza do trabalho está no homem. [...]

Olha: como o amor se alimenta
De uma tão profunda raiva
Ela flui no fôlego dos homens,
Rio inclinado pelo vento. [...]

Pelo trabalho, tudo começa:
O que cresce no pensamento e no coração,
Os grandes acontecimentos, as multidões.
O amor amadurece ao ritmo uniforme dos martelos. [...]

O polonês tem sons e aliterações difíceis de reproduzir em outra língua. Mas a língua é bela e apresenta aqui e ali certos toques muito pessoais, que prenunciam o Wojtyla de amanhã:

Não tenha medo! As coisas humanas têm amplas margens,
Que não podem ser contidas por muito tempo
Num canal estreito demais. [...]

Existem mãos dedicadas ao trabalho, outras à cruz. [...]

O homem não pensa na dor.
A dor não é grande por si mesma,
E ele não sabe dar nome a sua verdadeira grandeza. [...]

As inflexões mais comoventes dizem respeito à morte acidental de um operário, atingido por uma lasca de pedra:

A POLÔNIA OCUPADA

Eles pegaram o corpo, caminharam em fila silenciosa.
O trabalho ainda girava ao seu redor [...]
Em silêncio, depositaram-no na mortalha de cascalho...[4]

Cabe supor que o poema tenha sido burilado pelo padre Wojtyla para publicação. Mas não resta dúvida de que ao jovem "sem saída" de Zakrzowek não faltavam sensibilidade nem profundidade.

No início do verão de 1941, Karol é transferido da pedreira para a estação de purificação de água da usina química, que produz bicarbonato no lugar conhecido como Borek Falecki, a uma hora de caminhada de Debniki pela rodovia nacional que leva a Zakopane e Wadowice, numa direção duplamente cara ao coração do rapaz.[5] Mas o momento não é de caminhadas pela montanha nem de recordações de infância. O trabalho é extremamente cansativo. Karol passa o dia inteiro transportando baldes cheios de cal e soda cáustica, que verte para diluição num imenso reservatório: o objetivo é diminuir o índice de calcário na água encaminhada para as caldeiras, para evitar a diminuição de sua capacidade térmica.

Já não é tão fácil esquivar-se de suas obrigações, pois seus colegas não têm o mesmo respeito por aquele jovem intelectual que lê sempre e interrompe o trabalho ao meio-dia para recitar o Ângelus, que na volta para casa prefere rezar na igreja dos redentoristas a ir beber ou paquerar. O jovem Karol não é propriamente a alegria da festa! Há os que zombam de sua devoção, chamando-o de "padreco", atirando-lhe às vezes velhos trapos quando ele está rezando num canto. Outros, em compensação, se oferecem para ficar à espreita enquanto ele mergulha num livro.

Karol Wojtyla trabalharia durante três anos nessas caldeiras, no calor e na poluição. Ele nunca haveria de esquecer esse longo estágio involuntário: "Aqueles quatro anos no mundo operário foram para mim uma graça da Providência", diria ele ao amigo André Frossard. "A experiência que adquiri nesse período da vida não tem preço."[6]

O futuro papa voltaria a encontrar alguns de seus companheiros de labuta anualmente, no Natal. Correspondia-se com eles, batizava seus filhos. E freqüentemente evocaria sua experiência numa usina em seus encontros com operários dos quatro cantos do mundo.[7] Durante um conclave realizado no outono de 1978, os operários da usina Solvay de Livorno, na Itália, prestar-lhe-iam uma homenagem bem-humorada abrindo em manchete na primeira página de seu jornal: *UM DOS NOSSOS É ELEITO PAPA!*

A morte do "Capitão"

Ao voltar da pedreira de Zakrzowek numa gélida tarde de fevereiro de 1941, Karol sofre o maior choque de sua vida. No subsolo da casa à beira do Vístula, encontra seu pai inanimado, o corpo parcialmente deitado na cama. Estava morto. O choque da invasão alemã, a fuga com o filho e o penoso regime da ocupação acabaram com a resistência de um homem que tem apenas 62 anos, mas que decididamente não foi poupado pela vida.

Karol fica estatelado. A irmã de seu amigo Kydrynski, que o acompanhava, vai buscar ajuda. Mas já é tarde. Durante muito tempo Karol haveria de culpar-se por não ter estado presente nos últimos momentos do pai. E ali ficou prostrado a noite inteira, em oração, junto àquele que foi muito mais que um pai. Falecido no dia 18 de fevereiro, Karol Wojtyla pai seria enterrado quatro dias depois, no cemitério Rakowice de Cracóvia, ao lado de Emilia, naquele que seria o jazigo dos Wojtyla.

Para Karol, todo um mundo se acaba. Depois da submissão de seu país, a morte de seu pai: certos amigos identificariam aí o estalo que levaria o rapaz na direção do sacerdócio. Ele próprio não desmente essa tese: "Aquilo acarretava objetivamente um distanciamento de meus projetos anteriores; de certa maneira, era como ser desenraizado do solo em que se havia desenvolvido a minha personalidade."[8] No momento da morte do pai, o futuro papa está para completar 21 anos. O amigo Frossard assim resumiria a chegada à "maioridade" desse jovem de destino tão especial: "Sem mãe, nem pai, nem irmã, nem irmão, o sol de sua vida levantou-se sobre a devastação de sua família e o esmagamento de seu país."[9]

O ambiente afetivo do futuro papa é constituído a partir de agora por amigos, pais de amigos e amigos de amigos. Entre os quais se destaca Juliusz Kydrynski. Ao longo do primeiro ano universitário, Karol fez amizade com esse rapaz que se parece com ele e com o qual tem muitas afinidades. Numa carta a Kotlarczyk, descreve seu novo camarada como "alguém que tem o mesmo espírito que nós, um louco por teatro, uma alma irmã". Juliusz tem uma história parecida com a de Karol. Perdeu o pai ainda muito jovem e vive com a mãe, professora, a irmã Maria e o pequeno irmão Lucian. Karol habituou-se a almoçar em sua casa aos domingos. O apartamento fica no número 10 da rua Felicjanek, a dois passos do castelo de Wawel. Na casa dos Kydrynski é que ele havia passado a noite de Natal, em dezembro de 1940, com seu pai. Como poderia imaginar então que seria seu último Natal em família?

Quando seu pai ficou de cama, Karol passou a desviar caminho pela rua Felicjanek à noite, após o trabalho, para fazer uma refeição preparada pela mãe de Juliusz, a quem chamava afetuosamente "*mama*". Depois da morte do "Capitão", toda a família Kydrynski se mostra cheia de atenções com Karol, muito sentido com a nova solidão; ele chegaria inclusive a morar durante alguns meses na casa de Juliusz.

No outono de 1938, a mãe de Juliusz estimulara o filho a tomar aulas particulares de francês com uma de suas colegas, Jadwiga Lewaj. Na época, toda a elite polonesa falava francês. Karol decidiu acompanhar o amigo. A química era boa com aquela senhora apaixonada pela literatura polonesa e muito bem relacionada: foi através dela que os dois rapazes foram contratados para trabalhar como operários na pedreira Solvay.

As aulas de francês têm lugar numa esplêndida *villa* chamada "As Tílias", de três andares e com telhado pontudo, na rua Príncipe Jozef Poniatowski 51-A. Um amplo terraço domina o jardim e dá para o Vístula. Dali se pode ver, do outro lado do rio, a igreja dos salesianos — muito conhecida dos habitantes do bairro de Debniki em geral, e particularmente de Karol. Os proprietários da rica residência chamam-se Leon e Irena Szkocki. Ele é aposentado (trabalhava em seguros), ela é uma burguesa muito ativa, de cultura variada e personalidade atraente. Na época, vive com a filha mais velha, Zofia Posniak, e os três filhos dela: Piotr, Tomasz e a pequena Maria. O marido, Wlodimierz, é prisioneiro num *oflag* alemão.

Pianista talentosa, Zofia organiza em casa verdadeiros concertos para os amigos. Karol e Juliusz ficam seduzidos por um lugar sempre tão cheio de vida. Por sua vez, Irena Szkocka — que logo Karol passaria a chamar de *babcia* (vovó) — e sua filha Zofia apreciam aqueles dois jovens polidos, gentis com as crianças e tão apaixonados quanto elas pela música romântica ou a poesia de Slowacki. É na companhia de ambas que Juliusz e Karol relêem famoso poema de Slowacki sobre o "papa eslavo", escrito em 1848, ano em que a Europa celebrava febrilmente a "primavera dos povos":

Quando se acumulam os perigos, Deus todo-poderoso
Puxa a corda de um grande sino
E oferece seu trono
A um novo papa eslavo...
[...]
Enquanto as nações se cobrem de canhões,
Ele tem como única arma o amor,
E como força os sacramentos
O mundo pousado na palma de sua mão...

À margem do poema, no livro que leram juntos, *babcia* Szkocka escreveu algumas palavras: "Karol é que será este papa."

As noites passadas nessa *villa* quase permitiriam esquecer os horrores da guerra. Mas os alemães estão muito presentes, ocupando Cracóvia e requisitando para si as residências mais espaçosas da cidade. Em 1941, a família Szcocki é brutalmente expulsa de sua magnífica residência, cuja beleza não havia passado despercebida aos esbirros do governador-geral Frank. Karol imediatamente propõe que se instalem provisoriamente em sua casa, na rua Tyniecka, mas o local é pequeno demais. Irena Szcocka encontra um apartamento a duas ruas dali, na rua Szwedzka 12, instalando-se com toda a família[10] no primeiro andar de uma grande casa de tijolo, com um pequeno jardim, onde não demora para que recomecem as noitadas musicais e os encontros literários.

Que período estranho! Os alemães ocupam o país e o que ainda existe em Cracóvia de gente culta e corajosa só pensa em música, poesia e teatro.

O "Teatr Rapsodiczny"

Em setembro de 1939, Mieczyslaw Kotlarczyk, apaixonado por teatro e grande amigo do colegial Karol Wojtyla, viu-se bloqueado com a

A POLÔNIA OCUPADA

família em Wadowice, do outro lado da fronteira que separava o Reich do Governo-Geral. Ele e sua família, como tantos outros na Polônia, estavam indignados por verem o invasor fechar colégios e universidades, impor a censura e reduzir a zero o dinamismo cultural que a Polônia evidenciava desde seu renascimento. Teriam os Kotlarczyk cometido alguma imprudência? Teriam sido denunciados? A polícia alemã afixou uma identificação na casa. Na primavera de 1941, o irmão mais velho de Mieczyslaw é detido (viria a morrer num campo). Abalado, Karol convida o amigo e sua mulher Zofia a se abrigarem em sua casa em Cracóvia. Seu pai acaba de morrer, o apartamento está vazio.

Os amigos chegam em agosto de 1941 e efetivamente se instalam discretamente no subsolo da rua Tyniecka 10. Kotlarczyk tem uma retaguarda: um amigo de Wadowice, o padre Kotowiecki, vigário da Santo Estêvão, conseguiu-lhe trabalho como condutor de bondes elétricos. Enquanto seu jovem amigo Karol transporta baldes de soda cáustica nos hangares poluídos de Borek Falecki, o teórico do teatro está na condução do bonde número 4, ligando a Basílica de Nossa Senhora à esplanada de Blonie, passando pela rua Szewdzka e a avenida Pilsudski. Como refletir sobre uma encenação original de *Pan Tadeusz* entre dois pontos de parada? Felizmente, o condutor logo encontra um trabalho como empregado de escritório, que lhe permite cultivar discretamente sua vocação teatral.

Desde que retornou a Cracóvia, Kotlarczyk só pensa numa coisa: ressuscitar seu "Teatro da Palavra", na tentativa de barrar o mais rápido possível o empenho de "despolonização" — que hoje seria chamado um "genocídio cultural" — deliberada e sistematicamente empreendido pelo invasor. Depois de tolerarem durante alguns meses os espetáculos de bulevar, os alemães fecharam brutalmente os teatros, em especial o célebre e talentoso Teatro Slowacki, silenciado desde 15 de novembro de 1939.

Os amigos comuns de Kotlarczyk e Wojtyla acorrem a uma primeira sessão no modesto subsolo da rua Tyniecka — donde o primeiro nome pelo qual a companhia ficou conhecida, "Teatro das Catacumbas". Claro que a referência aos primeiros cristãos perseguidos pelos romanos não é acidental. O que busca o grupinho de amigos que se lança à aventura — lá estão Kotlarczyk e Wojtyla, naturalmente, além de Danuta Michalowska,

Krystyna Dembowska, Halina Krolikiewicz e seu futuro marido, Tadeusz Kwiatkowski — não é se anestesiar na distração nem fechar os olhos para o drama cotidianamente vivido nas ruas de Cracóvia. Trata-se efetivamente de partir para a luta, do opor alguma resistência.

A primeira representação tem lugar já em novembro de 1941. Trata-se de uma adaptação de *Krol Duch (O Rei Espírito)*, longo poema histórico-épico de Juliusz Slowacki, no qual Karol interpreta Boleslau, o rei polonês que assassinou no século XI o bispo Estanislau de Cracóvia. Acaso da história: seria precisamente no 900º aniversário desse martírio, na primavera de 1979, a primeira visita apostólica à Polônia de seu distante sucessor, o papa João Paulo II!

O próprio Slowacki dividira seu texto (tal como faria, em música, seu contemporâneo Franz Liszt) em "rapsódias". Kotlarczyk aproveitou a deixa para qualificar seu estilo, essa forma dramática o mais depurada possível: a companhia improvisada teria o nome de "Teatro Rapsódico" (*Teatr Rapsodiczny*). Comenta Halina: "Na Grécia antiga, os *rapsodos* eram poetas que iam de casa em casa, nos períodos difíceis, para elevar o moral das pessoas."[11] O gênero "rapsódico" é muito especial. Kotlarczyk adapta naturalmente suas experiências de Wadowice à nova situação, inédita: os alemães proíbem qualquer manifestação cultural, patrulham as ruas, dão batidas nos prédios, detêm, fuzilam e deportam. Impossível montar palcos ambulantes, colar cartazes, fazer propaganda nos jornais. Tudo é feito clandestinamente, em apartamentos de amigos com as portas calafetadas. Não existe propriamente uma encenação, os cenários e figurinos são reduzidos ao mínimo simbólico: um candelabro, um livro, uma máscara, uma melodia de Chopin tocada em surdina. O palco é o tapete do salão. O "público" senta-se em cadeiras encostadas nas paredes.

Ao considerar a voz mais importante que o gesto, esse teatro da "palavra viva", como Wojtyla gosta de referir-se a ele, visa restabelecer a primazia do pensamento sobre os movimentos e os gestos dos atores. Mais de dez anos depois desse episódio, num artigo publicado pelo jornal *Tygodnik Powszechny* de 7 de abril de 1957, um certo Andrzej Jawien relataria toda essa aventura, observando, de passagem, que essa forma de dramaturgia extremamente depurada, atribuindo toda a importância à língua e não ao desempenho do ator, "impede o jovem ator de ceder a um individualismo pernicioso". Por trás do pseudônimo de Jawien esconde-se um padre de Cracóvia que na juventude participou de perto da experiência: o padre Wojtyla.

*

Em suas próprias memórias, Mieczyslaw Kotlarczyk descreve os ensaios, que se realizavam "apesar do terror e das detenções" nas noites de quarta-feira e sábado, na pequena cozinha fria e escura da rua Tyniecka, às vezes iluminada apenas por uma vela, para não atrair a atenção dos transeuntes.[12] As representações propriamente ditas ocorriam em apartamentos privados cujas janelas haviam sido hermeticamente fechadas, na presença de convidados rigorosamente selecionados, ao mesmo tempo seguros do ponto de vista político, capazes de guardar segredo e apaixonados por literatura. "De certa forma, eram iniciados", relataria o próprio João Paulo II com humor.

Entre os "iniciados" encontra-se em três ou quatro oportunidades um jovem militante do movimento democrata-cristão Renascimento (*Odrodzenie*), Jerzy Turowicz. Mas o futuro redator-chefe de *Tygodnik Powszechny* não chega a conhecer esse tal Wojtyla, de que nunca ouviu falar: "Era com Kotlarczyk que eu ia me encontrar. Depois da representação, nós discutíamos. Mas Wojtyla já se isolava, não ficava com os outros para beber chá ou vodca."[13] Uma outra personalidade vem assistir às apresentações de Wojtyla e seus companheiros: Zofia Kossak-Szcztuka, presidenta de uma das mais importantes organizações católicas da resistência, a Frente pelo Renascimento Polonês (*Front Odrodzenia Polski*), e uma das promotoras da rede de ajuda aos judeus da região. Todos freqüentam também, nas mesmas condições, um outro fanático por teatro que igualmente monta espetáculos na clandestinidade, um certo Tadeusz Kantor.[14]

Certo dia — conta Halina — a trupe estava representando *Pan Tadeusz* na casa dos Gorecki, na praça Kleparz. Estávamos em novembro de 1942. Na rua, pequenos cartazes afixados nos postes exibiam a lista dos moradores do bairro que seriam fuzilados, e grupos de "pregoeiros" da Wehrmacht munidos de megafones faziam propaganda e ameaças. Mas nós prestávamos atenção unicamente a um de nossos convidados, um velho cavalheiro sentado em meio ao "público": Juliusz Osterwa, um dos maiores atores da época, extraordinário teórico do teatro! Do lado de fora, os megafones bramiam, mas nós só ouvíamos a voz de Karol, que se sobrepunha à barulheira da rua com uma calma e uma força incríveis.

Foi no inverno de 1939-1940 que Kydrynski encontrou Osterwa por acaso num antiquário. Ele fora a sua casa a convite do grande homem — o mestre de Kotlarczyk —, levando seu amigo Karol, pelo caminho ao longo do parque Planty. Voltaram a encontrar-se, para felicidade dos dois jovens, e Osterwa acabou aceitando assistir a um ensaio na rua Felicjanek, e mais tarde, certa noite, a uma representação "pública". Um verdadeiro acontecimento para os dois candidatos a atores! E por sinal será que os dois faziam teatro ou poesia? Um pouco de cada coisa, na verdade. Ninguém como Kotlarczyk é capaz de condensar e cortar os maiores poetas nacionais em "peças" de cerca de uma hora, sempre estruturadas num confronto mais ou menos artificial entre dois personagens principais, geralmente encarnados por ele mesmo e Karol, enquanto uma espécie de coro antigo, interpretado pelas moças, cadencia o confronto das duas teses.

Entre 1941 e 1945, sempre em segredo, o Teatro Rapsódico promoveria sete estréias, 22 representações e mais de 100 ensaios. Além de *Krol Duch,* a companhia monta *Beniowski,* longo poema lírico e irônico do mesmo Slowacki; *Pan Tadeusz,* a obra-prima de Adam Mickiewicz; uma "hora" (*godzina*) a partir de Stanislaw Wyspianski; os *Hymny,* de Jan Kasprowicz; uma outra "hora" composta de textos de Cyprian Norwid; e *Samuel Zborowski,* drama místico-revolucionário de Slowacki, o autor favorito do grupinho, representado sobretudo no apartamento dos Szkocki.

Todos esses autores do século XIX são românticos ou pós-românticos que encarnam a revolta diante da ordem estabelecida e a resistência da Polônia a todas as opressões. Às vezes místicos, às vezes simbolistas *avant la lettre*, todos escreveram no exílio textos inflamados à glória da nação — sendo esta então o ideal de resistência à ordem "imperialista", aos poderosos, à tirania. A leitura e a releitura de suas obras, a discussão e a declamação de seus textos, ao longo de todos esses anos, marcariam profundamente a formação cultural do futuro papa. Tanto, talvez, quanto a própria guerra.[15]

A *resistência de cada um*

A guerra não apenas ceifa a vida de milhares de homens. Também põe a perder um número ainda maior de destinos. Em novembro de 1939, vitoriosa a *Blitzkrieg* hitlerista, cessados os combates e iniciada a ocupação, Karol vê-se novamente desamparado. Tinha então 19 anos. Seu futuro parecia traçado: estudos, naturalmente brilhantes, depois provavelmente a literatura e o teatro, talvez o ensino... Já agora, no entanto, tudo seria questionado. Que fazer? Para onde ir? A quem juntar-se? O exército polonês havia sido aniquilado, a universidade fechara as portas, os teatros também. Não havia mais um futuro previsível.

Alguns de seus companheiros já se foram na tormenta. Muito jovens poloneses de sua idade deixaram suas casas: nas primeiras semanas, tentando juntar-se ao exército em debandada, ou então, depois do desastre, tentando engajar-se em grupos de guerrilheiros. Durante o outono de 1939, mais de cem grupos de resistência foram formados febrilmente no território da Polônia ocupada. Mas infelizmente essa reação corajosa mas improvisada foi fatal para muitos. Pois esses primeiros combatentes da sombra não sabiam que em Moscou, no dia 27 de setembro, Ribbentrop e Molotov haviam assinado um protocolo secreto para ativar a colaboração entre a Gestapo, onipresente nos territórios da região ocidental, e o NKVD, que dominava a parte ocupada pela URSS.

Karol no entanto não entrou para a clandestinidade armada. Para começar, não haveria hipótese de abandonar o pai, então muito fragilizado. Mas, sobretudo, sua fé profunda e sua cultura pessoal não o identificam com a luta armada. O jovem detesta a violência e a força, a tal ponto que fica desconcertado com a realidade política e militar. Será possível que a violência e a força, justamente, levem a melhor dessa maneira? A guerra se incumbe de sufocar qualquer ilusão. Em tais circunstâncias extremas, como aplicar as lições do Evangelho? Como responder ao mal com o bem, à semelhança do Cristo? Em seu tormento, Karol tem dois pontos de referência: Deus e a Polônia. Ele crê antes de tudo na oração — "a única arma que conta", diz ele certo dia ao amigo Zukrowski, inclinado a pegar em armas — e não pretende responder à violência com violência. Seus amigos da época, prontos a imaginar todos os tipos de ação de resistência, realistas ou não, lembram-se de que em várias ocasiões Wojtyla aconselhou-os "primeiro a rezar", chegando às vezes a irritar seus interlocutores. Para ele, não pode haver dúvida: só a fé salva. Ora, Deus não pode permitir que o mal triunfe. Trata-se portanto de preparar o futuro.

Pouco a pouco, forma-se nele uma convicção, de que dá notícia àquele que haveria de tornar-se um de seus melhores amigos no período de 1943-1944, Mieczyslaw Malinski: é preciso "preservar a juventude polonesa do vírus do ódio", para que ela se prepare dignamente, vale dizer, cristãmente, para a futura e inelutável ressurreição da nação. Defender a Polônia, portanto, não significa necessariamente empunhar armas. Como o objetivo de Hitler é fazer desaparecer a nação polonesa, exterminar suas elites, extirpar sua cultura e sua história, é preciso tratar de impedi-lo, fazendo com que sua língua e sua literatura vivam a qualquer preço. Donde o engajamento no teatro, tão justamente batizado de "Teatro das Catacumbas", e a preferência sistemática pelos autores proibidos e os textos patrióticos.

Na própria trupe, o tema é posto em debate. Alguns conciliam essa resistência "cultural" com outras formas de engajamento. Assim é que Kotlarczyk levaria Karol a aderir à UNIA,[16] organização clandestina cristã e patriótica que mantém laços estreitos com a resistência armada, especialmente a *Armja Krajowa* (*AK*). O jovem Wojtyla se interessa, assiste a algumas reuniões, chega inclusive a participar dos debates, mas não vai mais longe. "Karol realmente compareceu a algumas reuniões clandestinas", confirma Tadeusz Kwiatkowski, o marido de Halina, "mas não continuou. Devemos ter em mente que ele já se arriscava a ser detido por participar do seminário clandestino organizado pelo arcebispado: cooperar com a AK teria aumentado perigosamente os riscos de detenção." Com efeito, como veremos, Karol matriculou-se secretamente em outubro de 1942 nas aulas clandestinas do seminário organizado nas barbas do invasor pelo arcebispo local, D. Adam Sapieha. Não fosse este engajamento, exclusivo por natureza, cabe perguntar se Wojtyla não teria acompanhado seus amigos mais militantes na resistência ativa. Pergunta que permanecerá para sempre sem resposta.

De acordo com um de seus sucessores, D. Adam Sapieha mostrou apenas com seu exemplo que "era possível ser um grande defensor da pátria sem se engajar na luta armada".[17] Na ausência do primaz Hlond, no exílio, o "príncipe arcebispo" tornou-se uma figura emblemática da resistência popular. Mas Sapieha também é um homem muito organizado, que protege seus colaboradores e delega funções: para alguns, a resistência à ocupação; para outros, o futuro do país.

Como se quisesse dar razão ao arcebispo, a Gestapo logo golpeia o pequeno grupo. Tadeusz Kwiatkowski é detido por editar e distribuir "por baixo do pano" o periódico *Mensário Literário*. Encarcerado na sinistra prisão de Montelupi, a mais dura da cidade, ele escaparia por pouco a Auschwitz. Libertado por milagre, Kwiatkowski tornar-se-ia um dos colaboradores do grande etnólogo Tadeusz Seweryn, professor na Universidade Jagellon e chefe da resistência civil no setor de Cracóvia (nome de código: Socha). É incumbido de organizar uma rede para atender mensalmente às necessidades dos resistentes intelectuais e de suas famílias.

*

Freqüentemente João Paulo II evocou esses anos de chumbo, sem jamais chamar a si a glória do resistente que não foi. Pelo contrário. Em *Minha vocação*, ele explica: "Só estive implicado diretamente numa pequena parte do que meus compatriotas viveram." Certo dia, João Paulo II assim respondeu ao padre Adam Boniecki, seu biógrafo mais próximo, que o interrogava sobre esse episódio: "Não, eu não participei da resistência. Infelizmente, não." Teria ajudado famílias judias, como se chegou a dizer? "Não tive oportunidade."[18] Em resposta ao escritor Marek Halter, que fazia uma investigação sobre todos os "justos" poloneses que ajudaram os judeus da época, João Paulo II respondeu: "Não posso me prevalecer desse qualificativo elogioso de 'justo'."[19]

Cinqüenta anos depois, no entanto, uma dúvida continua perseguindo não poucos observadores: que se sabia sobre Auschwitz em Cracóvia durante os anos de ocupação? Que poderia saber a respeito do Holocausto, na época, um jovem culto e aberto como Karol Wojtyla? Será possível que ignorasse que a mais sistemática empreitada de extermínio do século estivesse ocorrendo impunemente a oitenta quilômetros de sua casa? A polêmica provocada pelo filme *Shoah*, de Claude Lanzmann, e os debates entre historiadores sobre o "silêncio" do papa Pio XII a respeito da "solução final" obrigam a levantar a questão. O jornalista Jerzy Turowicz responde:

É verdade que Auschwitz não ficava distante de Cracóvia. Mas, ainda que o campo ficasse situado a duzentos quilômetros, o problema em nada teria mudado. Com efeito, entre Auschwitz e Cracóvia havia a fronteira do Reich — uma bagatela para os alemães, mas uma verdadeira fronteira para nós, poloneses! Acrescente-se que a informação era rara, os alemães haviam confiscado os rádios e era preciso ler as folhas clandestinas para encontrar, aqui e ali, informações parciais e testemunhos indignados. Muito cedo, ou seja, no início de 1943, ficamos sabendo que estavam acontecendo coisas terríveis em Auschwitz. Mas não tínhamos como saber o alcance daquele horror.[20]

Em 1945, ficamos embasbacados com as fotos tiradas pelos americanos que libertaram o campo, recorda-se o historiador Jacek Wozniakowski. Ninguém poderia imaginar em Cracóvia a escala da tragédia. Além do mais, embora soubéssemos que judeus haviam sido deportados para Auschwitz, não sabíamos que haviam chegado tantos do exterior.[21]

Karol Wojtyla ignorava, como todo mundo, a verdadeira natureza do campo de Auschwitz. Só no fim da guerra ele entenderia a que ponto de abjeção os nazistas haviam levado a loucura exterminadora. "Nós sabíamos que coisas horríveis estavam acontecendo em Auschwitz", confirma sua amiga Halina, "mas não sabíamos, por exemplo, que os alemães usavam gás."[22] Seria necessário lembrar que mesmo os ocidentais duvidaram por muito tempo do grau de horror a que os nazistas haviam chegado? O "correio" Jan Karski, um resistente que conseguiu sair da Polônia com informações terríveis sobre o gueto de Varsóvia e o campo de Belzec, em 1943, ouviu em Washington a seguinte resposta do secretário de Estado de Roosevelt: "Não digo que o senhor esteja mentindo, mas não posso acreditar que seja verdade."

Acrescentemos que, para os habitantes de Cracóvia, Auschwitz é antes de tudo onde ocorreram as primeiras execuções em massa de resistentes poloneses, o que no futuro contribuiria para alimentar as polêmicas entre a "memória judaica" e a "memória polonesa" sobre a questão.[23] A quase totalidade dos testemunhos converge na mesma direção: as pessoas não tinham consciência da Shoah. Os nazistas assassinavam judeus, assassinavam poloneses. Estes viam os judeus desaparecerem, viam o gueto judeu arder, mas pensavam: "Eles estão matando os judeus, e depois será a nossa vez."[24]

Judeus, poloneses: na consciência dos poloneses, era na época a mesma desgraça. O cardeal Macharski, então estudante, depõe: "Estávamos todos no fundo do buraco. A morte estava em toda parte. Todos temíamos os campos na Alemanha, a deportação para leste ou a prisão Montelupi, em Cracóvia, de onde saíam gritos tenebrosos. Era um destino comum. Auschwitz, para nós, era uma ameaça para todo mundo, e não apenas para os judeus."[25] "Era o horror generalizado", confirma o professor Wozniakowski: "O problema dos judeus, infelizmente, era um problema horrível entre outros problemas horríveis."

Por isso é que, na Resistência, houve corajosos que cuidaram, *entre outros dramas*, do problema dos judeus. O próprio professor Seweryn, que tinha Tadeusz Kwiatkowski como um de seus colaboradores, seria um dos dirigentes do Conselho de Ajuda aos Judeus (codinome Zegota). Criada no verão de 1942, unindo socialistas, democratas e católicos, essa organização empreenderia em Varsóvia, Cracóvia, Lublin, Lwow etc., atividades cada vez mais perigosas para abrigar e assistir os judeus que conseguiam escapar dos guetos ou dos trens da morte: a questão é conseguir esconderijos, fabricar documentos falsos (especialmente certidões de nascimento), estabelecer contatos com as organizações de resistência judaica ou simplesmente encaminhar correspondência e dinheiro.[26] Ajudar os judeus foi portanto tarefa de um punhado de pessoas particularmente corajosas e sobretudo bem-organizadas. Turowicz explica a causa: "A Polônia foi o único país ocupado pelos alemães onde o simples fato de dar água para um judeu beber levava imediatamente ao fuzilamento ou à deportação para um campo." Acolher judeus em casa "era simplesmente irresponsável: significava condená-los à morte e com eles a própria família".[27]

Para Wojtyla, como para Turowicz e também para muitos outros, prisioneiros de sua ignorância e de sua impotência, a revelação retrospectiva do horror da Shoah seria tanto mais dolorosa por chegar tardiamente, pois o regime comunista escamoteou a verdade sobre a questão durante mais de 40 anos. O assunto era tabu. E a manipulação política, notória: em Auschwitz, a Polônia "popular" mobilizava todos os seus escolares para comemorar o "martírio dos poloneses e de outras nações". Eram mencionadas cerca de vinte nacionalidades,[28] entre as quais os judeus, alfabeticamente relegados por seu nome polonês — *Zydy* — ao último lugar!

A guerra marcaria Karol pelo resto da vida, como a todos os seus contemporâneos. Seria sempre um tema de meditação para o futuro papa.

Ele teria várias oportunidades de avaliar a amplitude da hecatombe — como em 1948, em Wadowice, no décimo aniversário de sua formatura colegial, comemorado com escasso comparecimento. Ou em 1964, quando o recém-sagrado arcebispo faria uma enfática homenagem "aos que se transformaram em heróis e aos que morreram na frente de batalha", acrescentando, como quem pensa alto: "Essa guerra não nos destruiu, mas nos construiu."[29] "A geração à qual pertenço formou-se atravessando as dolorosas provações da guerra, dos campos de concentração, do perigo permanente", explica João Paulo II,[30] que em outro momento enumera emocionado, sempre em *Minha vocação*, todos os padres internados ou mortos nessa época, poloneses mas também alemães. E que tantas vezes fez a si mesmo a pergunta: "Há tantos companheiros morrendo, por que não eu?"

A resposta é clara, cinqüenta anos depois: "A Providência me poupou." E o papa polonês acrescenta, peremptório: "Hoje eu sei que *não era obra do acaso*."[31]

5

A vocação

Por causa do toque de recolher, Karol Wojtyla acabou passando aquela noite de outubro de 1942 na casa de Tadeusz Kudlinski, o fundador do Studio 39, que se tornara um amigo íntimo. Kudlinski simpatizou com Kotlarczyk, acompanha os esforços do Teatr Rapsodiczny, gosta muito de Karol, sendo mais velho que ele, e tem sempre uma opinião valiosa a dar. A conversa se prolonga muito depois da meia-noite. Naquela noite, Karol lhe comunica que decidiu entrar para o seminário. Para ele, o teatro acabou. Para sempre.

Kudlinski cai das nuvens. Claro que já conhecia sua fé profunda, como todos os amigos de Karol. Mas daí a abandonar uma carreira de ator tão promissora! A noite inteira, Kudlinski tenta dissuadir o futuro seminarista. Em vão. Mas pelo menos se vale de sua ascendência pessoal e encontra argumentos — como contaria a Halina Krolikiewicz antes de morrer — para fazer Karol desistir da idéia de se enterrar, como veremos, em alguma ordem contemplativa. Um jovem tão dinâmico e tão culto poderia deixar de ser atuante na sociedade? Poderia acaso desprezar o serviço aos contemporâneos, sobretudo num período tão penoso?

Também para os Kotlarczyk é uma surpresa. Morando na casa de Karol, eles conhecem melhor sua excepcional devoção e sua fé não raro abrasadora. Zofia Kotlarczyk conta:

Quantas vezes, passando por seu quarto à noite para esquentar a mamadeira ou preparar algo na cozinha, eu o via deitado no chão. Meu marido dizia-lhe muitas vezes: "Karol, não faça isto, está frio! Sob o piso há uma camada de concreto, e pegar uma doença não custa nada!" Daí a abandonar o teatro...[1]

Karol não recua: "Minha decisão é definitiva." De tanta insistência, Kotlarczyk consegue que ele não abandone a trupe. O coração, a mola propulsora do grupo era ele, Karol, e ninguém mais! O futuro seminarista concorda. Os outros membros do Teatr Rapsodiczny não ficariam sabendo de nada. E até 1944 ele acompanharia a pequena companhia em ensaios e representações, interpretando vários papéis importantes, ao mesmo tempo por prazer, discrição e amizade.

Nós não sabíamos nada, o que não era de estranhar, explica uma outra atriz amiga de Karol, Danuta Michalowska. Durante a ocupação nazista, vivíamos num clima de conspiração, e cada um levava sua vida separadamente. Sobretudo Karol, que sempre parecia estar com a cabeça em outro lugar. Naturalmente, ele não dizia a ninguém que estava freqüentando o seminário clandestino de Sapieha. A partir da primavera de 1944, nós já nos preparávamos para o pós-guerra. Namorávamos o projeto de recuperar o Teatro Slowacki, que os alemães finalmente haviam reativado com o nome de *Staatstheater*. Para nós, Juliusz Osterwa devia ser seu diretor, assessorado por Kudlinski e Kotlarczyk, e nós, Halina, Karol etc., devíamos fazer parte da companhia.

Até que um dia alguém pergunta a Karol o que pretende fazer depois da guerra. Não estaria pensando em entrar para o seminário? Resposta do futuro papa:

— Eu padre? Está brincando! Vou ser contratado pelo teatro Slowacki![2]

Wojtyla cumpriria a palavra dada a Kotlarczyk. Chegaria inclusive a interpretar o papel principal de *Samuel Zborowski*, de Slowacki, em 1944, antes de revelar aos amigos a verdade sobre seu compromisso sacerdotal. Embora nenhum deles o diga tão diretamente, todos pensam a mesma coisa: que desperdício! Sobretudo Kotlarczyk, que continua sem conseguir entender como alguém tão talentoso pode abandonar um futuro artístico tão promissor. Mas é claro que todo o grupo respeita sua decisão. Sem perceber, aliás, a que ponto, para o próprio Karol, abandonar o teatro é um sacrifício pessoal considerável.

Karol vivencia intensamente essa noção de sacrifício através de uma figura pela qual sente então, segundo diz, uma "especial atração": a de Adam Chmielowski. Inicialmente, o futuro "irmão Albert" era um pintor polonês de grande talento que participou da insurreição de janeiro de 1863 contra o ocupante russo. Mas esse artista consagrado rompeu inesperadamente com a arte ao entender que Deus o chamava através do rosto dos miseráveis dos subúrbios de Cracóvia. Chmielowski largou então o cavalete, as telas e a paleta para misturar-se à massa dos pobres do hospício público da rua Krakowska: "Não como um benfeitor" — é Wojtyla quem esclarece sua posição — "mas como alguém que se dá para servir aos deserdados."

Dar a própria vida. Dar a própria vida por aqueles que amamos. Ao longo dos anos de guerra, esse preceito extraído do evangelho de São João irriga as meditações de Karol. "O heroísmo de meus contemporâneos constituiu um elemento decisivo no discernimento de minha vocação pessoal", disse um dia o papa, referindo-se especialmente ao episódio trágico da insurreição de Varsóvia. Todas aquelas pessoas que "não hesitaram em atirar sua jovem vida no fogo do braseiro", que deram sua vida pela Polônia, pelos outros, por Deus, impressionaram profundamente o jovem Karol.

Como os heróis da ocupação nazista, também irmão Albert "deu sua vida", muito antes de morrer, em 1916. Essa grande figura do "radicalismo evangélico" tão entranhado na Polônia do início do século — quem se engaja, só pode fazê-lo de forma absoluta — atraiu muitos discípulos. Entre eles o futuro papa, que o transformou em seu modelo de santidade quando chegou o momento de renunciar ao teatro e obedecer por sua vez a sua "verdadeira" vocação.[3]

Não sem antes hesitar por muito tempo.

"Padre, certamente que não!"

Como vimos, Karol Wojtyla nasceu ao mesmo tempo num país muito católico e numa família muito piedosa: "Desde os meus primeiros anos", explicaria João Paulo II a André Frossard, "vivi num clima de fé e num meio social profundamente enraizado na presença e na ação da Igreja."[4]

O "meio social", como o chama, é naturalmente a sociedade polonesa na qual o menino de Wadowice viveu seus primeiros anos. Embora a Polônia da época fosse muito menos homogênea que hoje no plano religioso (somente 69% da população eram então católicos), a Igreja Católica

Romana desfrutava de imenso prestígio no país, às vezes até algo excessivo, pelo fato de ter encarnado durante mais de um século a perenidade e a unidade da nação. Passado o período de 1918-1920, a Igreja era triunfante, seu ensino moral era onipresente, suas tradições e seus ritos estavam novamente em pleno florescimento: procissões, peregrinações e novenas marcavam um calendário religioso particularmente cheio de festas e celebrações de todos os tipos.

Os Wojtyla e os Kaczorowski, as duas famílias de que proveio o papa, saíram desse meio. O pequeno Lolek foi criado — à sombra da igreja paroquial, como vimos — na tradição cristã mais exaustiva e mais fervorosa. Sua mãe Emilia, muito devota, inculcou-lhe os rudimentos de uma fé pura. Após a trágica morte de Emilia, seu pai tornou-se ao mesmo tempo seu tutor e, depois da morte repentina do irmão mais velho, Edmund, seu único modelo. Acontece que o "Capitão" era de excepcional devoção, não perdendo nunca uma missa matinal, uma oração noturna, um serviço dominical. Nem uma peregrinação! Quantas vezes não foi o garoto, de mão dada com o pai, subir a ladeira do santuário vizinho de Kalwaria Zebrzydowska! Já aos 12 anos de idade, ele foi levado pelo pai, juntamente com a paróquia, para venerar a célebre Virgem Negra do mosteiro de Jasna Gora, em Czestochowa, imagem lacerada tão cara ao coração de todo polonês. *Jasna Gora*, a "Montanha Clara", pode ser considerada o principal santuário mariano do país, que tem um número incalculável deles. Karol Wojtyla haveria de devotar-lhe especial fidelidade, ali retornando dezenas de vezes ao longo da vida — como padre, como bispo e mesmo como papa.

Enfim, se é verdade, como diz o próprio papa, que "muitas vezes o essencial acontece no fim da adolescência", devemos ter em mente o clima intelectual em que viviam os adolescentes dessa época, esse espírito místico-patriótico veiculado pelos grandes poetas poloneses do século anterior, os Mickiewicz, Slowacki, Norwid e outros: "Na época, as tradições românticas prevaleciam", recorda-se João Paulo II em *Cruzando o limiar da esperança*. O papa chega inclusive a falar de "exaltação" quando explica a seu interlocutor, o jornalista Vittorio Messori, o que movia os jovens da sua época: "Aqueles jovens viam na Igreja e no Evangelho os referenciais dos quais poderiam irradiar-se as forças internas que lhes permitiriam construir uma vida com um sentido." O ensinamento do pai

A VOCAÇAO

do jovem Karol repousava precisamente nesses dois valores supremos — o Cristo e a Polônia — e impulsionava nessa direção.

Sem esse pai, o destino de Karol Wojtyla certamente teria sido diferente. Quantas vezes, ao se levantar de manhã, o menino não viu seu pai no chão, mergulhado em devoção. "Às vezes eu acordava de noite e encontrava meu pai de joelhos, da mesma forma que o via sempre de joelhos na igreja da paróquia. [...] Seu exemplo de certa forma foi para mim o primeiro seminário, uma espécie de seminário doméstico", observaria João Paulo II.[5] Sessenta anos depois, o papa polonês ainda se lembraria de que seu pai deu-lhe um dia "um livro de orações, contendo especialmente uma oração do Espírito Santo", recomendando que a rezasse todos os dias. "Eu me esforcei por fazê-lo", acrescentaria João Paulo II, o que lhe permitiu, prossegue, compreender o que era a "verdadeira adoração" de Deus.[6] A "verdadeira adoração" de Deus seria um simples hábito adquirido em família, na idade em que a criança recebe a herança cultural e religiosa de seu meio sem entendê-la bem? Justamente, ao explicar sua própria vocação, João Paulo II recusaria qualquer explicação "sociológica" (o meio, a família) ou "conformista" (a tradição, a nação). Falando ao acadêmico André Frossard — originário de uma família atéia e que "encontrou Deus" aos 21 anos de uma forma brutal e totalmente inesperada[7] —, o papa polonês explicaria longamente que sua vocação, muito pelo contrário, era antes de mais nada "fruto dos esforços do seu espírito buscando uma resposta para os mistérios do homem e do mundo", que seu engajamento foi uma "resposta pessoal e *livre* [a ênfase é dele] à Palavra de Deus".[8]

É verdade que a devoção do pequeno Karol, seu zelo ao auxiliar a missa e seu gosto pela oração faziam dele um futuro padre aos olhos de muitos dos que conviviam com ele: a vizinha, seus colegas de classe, o arcebispo que veio visitar seu colégio... Sua própria mãe, segundo lhe contaram, sonhava ter um filho médico e outro padre. O futuro papa, ao que parece, mostra-se tão lúcido quanto reservado. Explicaria ele depois de sua eleição: "Quando eu estava para concluir meus estudos no ginásio, as pessoas pensavam que eu ia optar por ser padre. Mas eu não estava pensando nisso. Padre, certamente que não!"[9]

Na Universidade Jagellon, em 1938-1939, Karol Wojtyla é um adolescente muito piedoso. Em fevereiro de 1939, adere à Solidaça universitária, a mesma associação de devoção mariana de que já fazia parte no ginásio de Wadowice. Como estudante, não perde uma missa, uma *via crucis*, um *Benedicite* ao sentar-se à mesa. Em abril de 1939, na tarde da Quinta-Feira Santa, ele participa da cerimônia de lava-pés presidida pelo arcebispo Sapieha na catedral de Wawel (seus amigos lembram-se de que permaneceu longamente em oração diante do Santíssimo Sacramento). No dia 18 de maio do mesmo ano, participa da peregrinação estudantil a Czestochowa. Para todos que o cercam, Karol é um modelo de devoção. Há os que o admiram por isto. Outros às vezes zombam. Certo dia, amigos engraçadinhos afixam na porta de seu quarto um falso cartão de visita: "*KAROL WOJTYLA, APRENDIZ DE SANTO*".

Retrospectivamente, João Paulo II reconheceria que às vezes desconcertava os amigos: "Se um rapaz com inclinações religiosas tão evidentes não entrava para o seminário, era sinal de que estavam em jogo outros amores ou outras preferências." Talvez o sexo oposto? "O problema não era este."[10] Sua verdadeira paixão — não ousaríamos dizer sua "amante" — era o prazer da literatura, o gosto pela língua, a felicidade que era representar. O teatro!

*

A súbita morte de seu pai em fevereiro de 1941, que já vimos ter sido um enorme choque para o rapaz, mudaria tudo. Um "estalo", segundo os amigos. Um acontecimento determinante, uma virada em sua vida, sem dúvida alguma. O próprio papa haveria de recordar-se que a morte repentina do pai "acarretou, objetivamente, um desligamento de [seus] projetos anteriores".[11] Quantas horas e dias Karol passou em oração junto ao túmulo do pai, no cemitério militar de Rakowice? Sua coinquilina Zofia Kotlarczyk confessaria mais tarde que chegava a considerar "estranha" semelhante assiduidade. "Após a morte do meu pai", contaria João Paulo II a André Frossard, "fui aos poucos tomando consciência de meu verdadeiro caminho [...]. No ano seguinte, no outono, eu sabia que havia sido chamado." O papa não insiste nesse período — de vinte meses! — entre a morte de seu pai e sua decisão final, mas acrescenta, como se estivesse confessando: "Eu via claramente o que precisava abandonar."[12]

A VOCAÇÃO 101

Pois o fato é que uma nova reviravolta quase chegou a comprometer essa escolha decisiva, adiando por vários meses a decisão final. Em agosto de 1941, num momento em que Karol ainda não se recuperara da morte do pai, os Kotlarczyk retornam a Cracóvia, instalando-se em sua casa na rua Tyniecka: as noitadas de exaltação, as discussões sem fim e os ensaios cheio de paixão o ajudam a esquecer sua dor. Acontece que o teatro — sobretudo o que é praticado pela pequena trupe clandestina — é decididamente uma atividade "pastoral", feita de diálogos, palavras e silêncios, que lhe convém muito bem. Pois o teatro não visa também a comunicar "sentido" e transmitir uma mensagem de verdade? No fundo, não bastaria tornar-se ator para responder ao chamado de Deus, que naquele ano tornava-se premente?

Jan Tyranowski

Com efeito, talvez o teatro tivesse levado a melhor se um outro personagem não houvesse entrado na vida de Karol naquele ano de 1941. Um sujeito misterioso, pouco conhecido de seus outros amigos, mas cuja influência seria determinante.

Em fevereiro de 1940, durante a quaresma, Karol participou do retiro dos jovens de sua paróquia, promovido por monges salesianos na Igreja de Santo Estanislau Kostka, no coração do bairro de Debniki. O prédio é de construção recente e mais para feio, de um estilo moderno algo pretensioso e hoje fora de moda. Os salesianos — discípulos de São Francisco de Sales — têm uma grande residência de tijolos e concreto, bem no fim da rua Tyniecka, à beira do Vístula. É este prédio que Wojtyla e Kydrynski vêem do outro lado do rio, bem em frente, do terraço da família Szkocki.

O retiro dos jovens transcorreu bem. Um dos oradores, o padre Jan Mazarski, grande especialista em Bíblia, professor na Universidade Jagellon, propõe aos participantes que prolonguem o encontro com reuniões dominicais em Santo Estanislau Kostka. Ávido de engajamento e devoção, Karol decide freqüentar esses encontros, logo batizados de "Rosário Vivo": quinze rapazes, cada um deles um "mistério do rosário",[13] formam um grupo, em seguida quinze outros formam um segundo grupo etc. Tudo, naturalmente, na mais estrita clandestinidade: qualquer agente local da Gestapo teria enxergado uma conspiração nessas pequenas reuniões misteriosas.

O risco não é pequeno. O ocupante nazista leva adiante metodicamente sua empreitada de erradicação das elites polonesas. No dia 23 de maio de 1941, sem qualquer relação com os rosários, a polícia alemã cerca a residência dos salesianos, detém quase todos os ocupantes e os conduz a destino ignorado. Treze deles seriam deportados, onze morreriam nos campos, entre eles o pároco, padre Jan Swierc. Para compensar a ausência brutal dos animadores da paróquia, o rosário vivo é confiado a um de seus participantes mais assíduos, um leigo de cerca de 40 anos, Jan Tyranowski. Karol vê-se então envolvido em discussões teológicas no grupo do "Senhor Jan", que recruta aquele que haveria de tornar-se um dos amigos mais próximos do futuro papa, Mieczyslaw Malinski, que mora bem perto dali, na rua Madalinskiego. Não demoraria para que Karol e "Mietek" Malinski também passassem a liderar dois desses rosários vivos.

Estranho paroquiano, aquele Tyranowski! Prosélito, sem papas na língua e algo excêntrico... Com seus cabelos puxados para trás e a voz estridente, ele se diz costureiro (seu pai era alfaiate, como o avô de Karol), mas mora sozinho com a mãe num pequeno apartamento muito escuro no fim de um corredor nada convidativo do número 11 da rua Rozana, perto da rua Tyniecka. Antes da guerra, ele militou na Ação Católica. Para dedicar mais de seu tempo ao apostolado e à oração, abandonou a costura e tornou-se contador. Comenta-se que chegou a ser internado num asilo psiquiátrico. Seus interlocutores ficam impressionados com sua linguagem arcaica — uma linguagem "empoeirada", diz Malinski, que no início não o acha nada simpático. Mas Karol não se importa: "O importante é tudo aquilo que se esconde por trás das palavras", retruca ao amigo Mietek.

Antes e depois de sua ascensão ao trono de São Pedro, Karol Wojtyla defenderia sempre com ardor aquele que durante certo tempo foi para ele uma espécie de mestre de oração. Alguns anos depois — em 1949, dois anos depois da morte de Tyranowski —, publicaria a seu respeito, no *Tygodnik Powszechny*, um longo artigo cheio de elogios e respeito, intitulado "O Apóstolo". Meio século depois, em *Cruzando o limiar da esperança*, ainda se refere a ele de forma comovente: "Este homem que

A VOCAÇÃO 103

considero um santo..." Não é pouca coisa ser considerado um santo pelo papa em pessoa!

Depois da morte do pai, não resta a menor dúvida de que o jovem Karol voltou a encontrar na atitude desse homenzinho modesto e meio doente certas manifestações da devoção paterna. Quando Tyranowski lhe explica a regra de vida muito simples segundo a qual "cada instante deve servir para alguma coisa", trata-se de um preceito do pai que lhe volta à memória, tornando tão receptivo o órfão recente. É isso sem dúvida alguma que transforma seu encontro com Tyranowski num "outro momento decisivo de [sua] vida".[14]

Para Wojtyla, Tyranowski é "um verdadeiro místico", algo que nunca antes encontrou. O jovem Karol é um intelectual pragmático, um crente "razoável", e fica fascinado com a capacidade do "Senhor Jan" de desprezar magnificamente as aparências e o mundo exterior para se concentrar nesta ou naquela palavra do Evangelho até "viver bem perto de Deus" de forma incrivelmente comum, sem histeria nem deslumbramento. Um "verdadeiro místico", para retomar a expressão desse papa cuja fé não tem muito lugar para o êxtase, é alguém que não se deixa submergir pelas emoções ou os sentimentos. O total oposto de um exaltado ou de um louco.

Em seus encontros sucessivos, Tyranowski empresta livros a Wojtyla. Leva-o assim a conhecer o místico sulpiciano Adophe Alfred Tanquerey — "de um tédio mortal", segundo o amigo Malinski — e também os grandes místicos do Carmelo: Santa Teresa d'Ávila, Santa Teresa do Menino Jesus e sobretudo, acima de todos os outros, São João da Cruz. Uma confidência do papa poliglota a respeito dessa descoberta, tão importante para ele, dos místicos espanhóis e muito particularmente de São João da Cruz: "Cheguei inclusive a aprender o castelhano para poder ler suas obras, especialmente seus poemas, no original."[15] O que ele não diz é que seu manual de espanhol era um velho dicionário de espanhol-alemão. Guerra é guerra!

O seminário clandestino

"A história de minha vocação sacerdotal? Quem a conhece é sobretudo Deus." João Paulo II começa assim o relato autobiográfico intitulado

Minha vocação, publicado em Roma no 50º aniversário de sua ordenação. Ele adora essas formulações contundentes, meio sérias, meio irônicas. Seria Deus então o único a ter a chave do mistério? Não. Há alguém mais compartilhando este segredo, o mais caro para o coração desse papa fora do comum: o padre Figlewicz.

Foi com Kazimierz Figlewicz que ele falou de sua vocação pela primeira vez, antes de qualquer outro amigo ou confidente. Com alguém, portanto, que foi seu primeiro orientador espiritual, na época do colégio, e que ele havia reencontrado com tanta alegria em Cracóvia, depois de concluir o colegial. O vigário da catedral do castelo de Wawel dedicou-se a pô-lo em contato com as mil e uma riquezas desse lugar extraordinário, onde se encontra de certa maneira a alma da Polônia eterna. Foi ao lado de Figlewicz que o vimos auxiliar a missa no primeiro dia da guerra, numa catedral cercada pelo barulho das bombas. Quando o governador Hans Frank instalou-se nas suntuosas dependências do castelo, o padre Figlewicz foi o único sacerdote autorizado a celebrar missa, duas vezes por semana, na catedral, onde montavam guarda dois policiais alemães. Cuidar da catedral, de seus túmulos reais e de seus prestigiosos altares, é para Figlewicz uma forma de resistência pessoal, um verdadeiro dever sagrado. João Paulo II recordaria com emoção seu antigo confessor: "Foi ele que, com sua bondade e sua simplicidade, me aproximou do Cristo em minha primeira juventude", explicaria a André Frossard. "Foi ele que soube exatamente em qual momento caberia dizer-me: o Cristo o chama ao sacerdócio."[16]

Este momento não foi precipitado por Karol Wojtyla. Sua decisão foi mesmo adiada por muito tempo, como vimos, por causa de sua paixão pelo teatro. Mas ninguém escapa ao próprio destino: "Um dia", contaria ele, "eu percebi muito claramente: foi como uma iluminação interna que me proporcionava a alegria e a certeza de uma outra vocação." Uma *outra* vocação: este detalhe soa como uma confissão. "Naquele dia", acrescenta o Santo Padre, "essa conscientização me encheu de uma grande paz interior."[17] Ficava para trás o tempo das hesitações dilacerantes entre a carreira de ator e a vida contemplativa, entre a literatura e o sacerdócio, entre Mickiewicz e São João da Cruz. A escolha feita naquele fim do verão de 1942 é uma escolha consciente, apaziguadora e definitiva.

Uma escolha tanto mais consciente na medida em que Karol tem 22 anos. A esta altura, é o que se costuma chamar uma "vocação tar-

A VOCAÇÃO   105

dia". Ele não é mais um rapazola que entra para o seminário por exaltação de adolescente, tradição familiar ou falta de imaginação. Tampouco é o filho de um camponês pobre em busca de uma posição social, como ainda acontecia na Polônia do início do século. É provavelmente com um sorriso que Karol ouve o velho Franciszek Labus explicar-lhe em sua cabana de Zakrzowek, entre duas cargas de dinamite, que devia tornar-se padre, que havia sido feito para isso e sobretudo que se trata de uma boa profissão... Uma boa profissão? Num momento em que a Polônia precisa ser reconstruída, em que o ateísmo por toda parte avança e em que ninguém sabe como será o amanhã? "Desde a juventude", contaria João Paulo II, "tomei consciência de que o Evangelho não promete êxitos fáceis. Ele não garante a ninguém uma vida agradável."[18]

Por recomendação do padre Figlewicz, Karol entra em contato com o arcebispo, monsenhor Adam Sapieha, que imediatamente o orienta para o reitor do seminário, o padre Jan Piwowarczyk, que o confia ao padre Kazimierz Klosak, antigo membro da Universidade Católica de Louvain, na Bélgica. Ascético e calado, para não dizer taciturno, com seus óculos miúdos de intelectual, uma voz perpetuamente rouca, o padre Klosak é o diretor de estudos filosóficos do *Seminarium Clericorum Archidioces Cracoviensis* — um dos mais importantes celeiros sacerdotais da Europa de antes da guerra. Mas nessa época a prestigiosa instituição encontra-se reduzida à discrição, e mesmo à clandestinidade mais humilhante: os alemães proibiram o recrutamento de novos candidatos ao seminário. Chegaram inclusive a expulsar os estudantes matriculados, requisitando o prédio da rua Podzamcze 8, belo imóvel de dois andares de tijolo escuro, flanqueado por duas alas de estilo gótico e um pequeno jardim atrás de um muro, ao pé do castelo de Wawel: nesse lugar de cultura e recolhimento, passa então a ter sua sede... o estado-maior das SS!

Como seis outros novos seminaristas clandestinos, Karol teria portanto uma escolaridade algo especial. Em outubro de 1942, ele se matricula na faculdade de teologia — tanto pior para a literatura — mantida em atividade pelos professores provenientes da Jagellona após o fechamento da universidade, apesar das numerosas dificuldades materiais, da penúria de livros, do toque de recolher e dos riscos de deportação. Professores, padres, estudantes: para todos os participantes, o risco é enorme. Um dos colegas de Wojtyla, Jerzy Zachuta, do bairro vizinho de Ludwinow, com o qual ele freqüentemente auxilia a missa da manhã na capela privada do palácio episcopal, seria detido e fuzilado pela Gestapo. Todos, a começar pelo arcebispo, podiam ter acabado assim.

Como todos os seus colegas, Karol estuda, assim, quando e onde pode — em casa, na casa de Kydrynski, durante as pausas na usina Solvay — valendo-se de manuais antigos e notas pessoais. O padre Klosak, que coordena tudo secretamente da residência do arcebispo, estabeleceu para ele a lista das obras que teria de estudar e dos exames a serem feitos, de acordo com um programa preestabelecido. De modo que o rapaz está sempre com algum livro, aproveitando qualquer tempo livre para ler algumas páginas.

O primeiro livro indicado por Klosak, a *Teodicéia* do padre Wais, deixar-lhe-ia uma lembrança dolorosa. Ao mergulhar nesse grosso tratado de teologia, Karol não entende nada. Durante dois meses, junto à caldeira da usina Solvay, ou em casa, à noite, ele lê e relê os capítulos dessa obra densa e confusa. "Eu cheguei a chorar", confessa certo dia a Malinski. Falando a respeito a Frossard, quarenta anos depois, ele qualificaria o manual de Wais de "espesso cipoal de conceitos, análises e axiomas", contando também como conseguiu sair vencedor e transformado: "Depois de abrir caminho durante dois meses nessa vegetação, veio a clareira."[19]

Karol, ex-estudante de literatura, não tem qualquer base teológica, filosófica ou metafísica. Esta primeira descoberta, por difícil que tenha sido, é para ele um deslumbramento. "O mundo inteiro abriu-se diante de mim", diz ele a Malinski. Mais tarde, confessaria ao padre Klosak que a "nova visão de mundo" que lhe havia sido proporcionada por esse "corpo-a-corpo" com seu manual foi para ele mais valiosa que a nota obtida no exame.[20] A experiência da *Teodicéia* é importante. A primeira iniciativa "sacerdotal" do futuro papa está contida nesse manual, a cujo respeito diria mais tarde que foi para ele "uma base duradoura para o conhecimento intelectual de Deus". Esse "deslumbramento" nada tem, portanto, de exaltante: o que realmente guia Karol para Deus é a razão.

*

Um jovem que se destina ao sacerdócio não pode limitar-se a ler livros. Os outros seminaristas de sua classe são todos originários do campo

A VOCAÇÃO

e passam a maior parte do tempo assistindo algum pároco de aldeia. Karol foi o único que ficou em Cracóvia e ainda não tinha nenhuma experiência pastoral. Assim, a partir do verão de 1943, o arcebispo o envia como "estagiário" à paróquia de Raciborowice, a poucos quilômetros de Cracóvia. Em companhia do pároco Jozef Jamroz, de seu vigário Franciszek Szymonek (que seria condenado à morte no período stalinista) e do jovem padre Adam Biela (ex-colega do ginásio de Wadowice), o futuro padre se inicia portanto, durante três verões, nas tarefas cotidianas que constituem a vida de uma paróquia: missas, cerimônias, sacramentos, ação caritativa, visita aos doentes, administração.

Ele começa a "sondar o terreno". Mas suas recordações pessoais não seriam muito "pastorais". Em *Minha vocação,* João Paulo II evoca suas freqüentes paradas na antiga igreja de Raciborowice e suas longas meditações no cemitério. Lembra-se também de que um dos bairros da comuna, chamado Bienczyce, na época quase deserto, seria transformado em cenário de uma das mais gigantescas realizações do poder socialista, a cidade-dormitório de Nowa Huta. Recorda, enfim, os livros que havia levado para Raciborowice: foi lá que ele mergulhou na obra de Santo Tomás de Aquino.[21] E fica evidente que esta lembrança sobrepuja todas as demais.

Em duas ocasiões, em 1944, Karol Wojtyla quase se viu confrontado com a possibilidade de não chegar ao fim do caminho. No dia 29 de fevereiro desse "ano de todos os perigos", ele escapa por pouco da morte. São apenas três horas da tarde, mas no inverno a noite cai muito cedo na Polônia. De macacão e tamancos, exausto depois de uma noite em claro, estômago vazio, Karol retorna de Borek Falecki para Debniki pela estrada principal do sul, a que desce em direção ao maciço dos Tatras. Na penumbra, um caminhão militar alemão o atropela violentamente na entrada da rua Maria Konopnicka, perto do ponto final do bonde elétrico número 3, deixando-o inconsciente. Ele foi atingido na cabeça pelo pára-choque do veículo. Se ficar ali, estirado na lama e na neve, vai morrer.

Felizmente, o lugar é muito movimentado. Uma transeunte, Jozefa Florek, presenciou a cena — julgando de início que o homem estirado no chão tivesse caído do caminhão — e provavelmente salva a vida do infeliz, impedindo que outros veículos o esmaguem. Solicitado por essa mulher corajosa, um oficial alemão ordena a um caminhão de passagem que leve o ferido ao hospital mais próximo, na rua Kopernik. Diagnóstico do serviço de emergência: "Ferida na cabeça e comoção cerebral." Karol fica doze dias de cama — saindo do hospital no dia 12 de março — e em seguida começa um longo período de convalescença na casa da *babcia* Szkocka, na rua Szwedzka. A velha senhora cedeu-lhe sua própria cama. Para a administração da usina Solvay, ele está de "licença médica". Nada melhor para o seminarista clandestino que nunca tem tempo para ler e estudar!

Karol nunca mais poria os pés de novo na usina de Borek Falecki. As circunstâncias dessa guerra interminável decidiriam de outra maneira. Com efeito, no dia 1º de agosto, tem início a insurreição de Varsóvia — que duraria 63 dias, causando a morte de mais de 200.000 pessoas. Dias depois do início dos combates na capital, os alemães decidem, em caráter de urgência, promover varreduras gigantescas no resto do país. Em Cracóvia, aquele ensolarado domingo de 7 de agosto de 1944 é um pesadelo para cerca de 8.000 jovens brutalmente arrancados de casa, atirados *manu militari* em caminhões cobertos com toldos e em seguida jogados em vagões ferroviários de carga de animais em direção a este ou aquele campo de concentração.

Por um incrível golpe de sorte, Karol Wojtyla escapa da batida alemã. Os policiais motorizados do governador Frank, de metralhadora em punho em seus uniformes azinhavre, passaram efetivamente no crivo o bairro de Debniki e as margens do Vístula, foram ao número 10 da rua Tyniecka, mas não tiveram a idéia de dar busca no subsolo da casa. Lá, teriam encontrado Karol rezando, deitado no chão. Uma espécie de milagre.

Em sua residência da rua Franciszkanska 3, o arcebispo Sapieha acompanha com preocupação os acontecimentos, hora a hora. Ele teme pela vida de seus seminaristas. No dia seguinte, aciona sua própria rede de informação — muito mais eficiente que a da Gestapo local — e envia alguns emissários pela cidade, em busca de suas ovelhas. É Irena Szkocka quem vai ao encontro de Karol e o conduz à residência episcopal, não sem certos riscos: a ponte de Debniki é vigiada por policiais, felizmente incumbidos apenas da proteção das barreiras antitanque, e não do controle de transeuntes apressados. No primeiro andar do palácio da rua Franciszkanska, ele é esperado pelo arcebispo, sua equipe de padres e professores, entre os quais o padre Klosak e alguns seminaristas que vivem e trabalham ali desde que foram expulsos pelos alemães de seu pré-

A VOCAÇÃO   109

dio na rua Podzamcze no início da guerra. Como o recrutamento de novos candidatos ao sacerdócio foi proibido pelo governador-geral, todos
os presentes devem em tese encontrar-se no quinto ano.

Horas depois, uma outra amiga do arcebispo, Zofia Morstin, chega
acompanhada de Mietek Malinski, que tivera naquela manhã a feliz idéia
de levar um grupo de adolescentes do bairro de Debniki para passar o
domingo fora de Cracóvia. Malinski, que ainda nem concluiu o colegial,
vê as coisas se precipitarem: o arcebispo distribui batinas para ele e os
demais refugiados, para fazê-los passar por padres. A partir daquele momento, estavam todos proibidos de sair em trajes civis! Se os alemães
invadissem o palácio episcopal, os recém-chegados teriam alguma chance
de não serem tomados por desertores. Wojtyla e Malinski não conseguem deixar de fazer gracejos enquanto experimentam seu novo uniforme, um por causa das mangas compridas demais, o outro, pela gola
excessivamente larga.

Pouco depois os "padres" recebem também documentos falsos de identidade. A *Kennkarte* de Karol, extremamente útil até então, atesta que ele
trabalha numa usina prioritária para a indústria de guerra alemã. É melhor então alterá-la, ao mesmo tempo tratando de apagar discretamente o
nome de Wojtyla da lista dos operários empregados pela Solvay. Henryk
Kulakowski, o diretor polonês da empresa, assume um enorme risco: "Por
nosso arcebispo", explica ele ao padre Figlewicz, "eu me atiraria no fogo,
mas não esqueça que aqui quem manda são os alemães!"[22] Kulakowski
consegue. Os funcionários da *Arbeitsamt* param de mandar cartas amea-
çadoras para a rua Tyniecka 10, que tanto deixavam preocupados os
Kotlarczyk. Para ficar de acordo com sua nova vida, Karol comunica a
seus hóspedes que lhes deixa todos os seus bens: alguns móveis, um "Cristo
na cruz" de madeira, de estilo montanhês, uma grande foto de seu irmão
Edmund vestindo jaleco de médico...

A vida vai-se organizando, ao mesmo tempo precária e alegre. Todos
aqueles jovens acampados nos salões do arcebispo estão contentes por
estarem ali. Escondidos nos diferentes andares da residência, eles estão
proibidos de sair, de fazer barulho, de abrir as cortinas. Única distração
permitida: partidas de vôlei disputadas no pátio interno do palácio. Qualquer imprudência seria fatal — para os seminaristas, naturalmente, mas
também para seus mestres e, claro, para o próprio arcebispo.

Lá estão Karol Targosz, ex-integrante do movimento Odrodzenie que meses depois morreria na Itália, como capelão militar; Stanislaw Koscielny, predestinado pelo nome,[23] com seu rosto de adolescente bochechudo; Wladislaw Majda, inconfundível com suas lentes espessas de míope; e também Jan Sidelko, Andrzej Bazinski, Kazimierz Borowy, Kazimierz Suder, Franciszek Konieczny, Ryszard Wilczynski. Nenhum deles esqueceria aquela época tão especial.

Alguns outros viriam juntar-se a eles no fim da guerra. Jovens, mas também várias vocações tardias, mais maduras, homens que haviam levado outras vidas, às vezes cobertos de diplomas: o médico Stanislaw Kownacki, que toca piano magnificamente; o jurista e futuro deputado Stanislaw Stomma, proveniente de Wilno, e que só seria seminarista por seis meses; Andrzej-Maria Deskur, outro estudante de direito que acabaria membro da Cúria e cardeal. No ano seguinte, quando já estavam de volta ao prédio da rua Podzamcze, junta-se a eles um certo Franciszek Macharski. Como poderia esse jovem tímido imaginar que, trinta e cinco anos depois, sucederia ao colega Karol à frente do arcebispado de Cracóvia?

*

Por enquanto, o arcebispo da antiga capital real, ao mesmo tempo chefe espiritual, organizador da resistência e *pater familias,* é o príncipe Adam-Stefan Sapieha. Príncipe tanto pela genealogia quanto pelo porte e a ação, filho de uma das maiores e mais antigas famílias polonesas. Seu avô Léon Sapieha participou da insurreição de 1830. Seu pai, Adam, que participou da insurreição de 1863, também foi senador no Parlamento de Viena. Depois da independência, o governo do marechal Pilsudski teve um príncipe Eustache Sapieha como ministro de Relações Exteriores por algum tempo. O que não impediu monsenhor Sapieha de se opor ao mesmo Pilsudski quando este, num acesso de nacionalismo agudo, decidiu latinizar à força os católicos "uniatas" do leste do país, fortemente apegados a seu rito greco-bizantino. Sapieha chegou ao ponto de argumentar que nem mesmo a imperatriz da Áustria, *horresco referens,* havia cometido semelhante desmando!

Desde o início da guerra, monsenhor Sapieha desfruta de autoridade moral ainda maior por ter o primaz da Polônia, o cardeal Hlond, acom-

A VOCAÇÃO

panhado o governo polonês em sua fuga, em setembro de 1939. Com o
passar dos meses, o arcebispo de Cracóvia, cujo apoio decisivo o governador-geral Hans Frank tentaria obter — em vão — até o fim, vai-se tornando uma personalidade de peso. Sua simples presença representa no
plano moral um formidável sinal de esperança. No terreno cultural, ele
luta para preservar o patrimônio artístico e espiritual local. Mas sobretudo, e muito mais discretamente, ajuda os "políticos", participando da assistência aos perseguidos, com seus administradores e vigários, ou
autorizando o fornecimento de certidões de batismo falsas aos judeus que
as solicitam.

Paradoxalmente, é ele mesmo que proíbe os seminaristas de se mete-
rem em política. Cada um com seu preparo, sua posição e seu destino.
Seu principal objetivo é preparar a reconstrução de uma Polônia livre e
cristã e, em conseqüência, formar padres para o pós-guerra. O que significa, em sua opinião, para breve. A seus olhos, a insurreição de Varsóvia,
a varredura do dia 7 de agosto de 1944 e o nervosismo das forças de ocupação significam que o conflito não deve durar muito tempo. Está fora de
questão provocar novos riscos. Daí a hospedagem improvisada — para
não dizer imposta — de seus "pintinhos".

Infelizmente, a libertação seria muito menos rápida do que previa o
arcebispo. Mas quem poderia imaginar que o Exército Vermelho esperaria vários meses em Varsóvia, acantonado na outra margem do Vístula, e
que os alemães eliminariam fisicamente a resistência polonesa (a insurreição faria mais de 200.000 mortos, 20.000 dos quais nas fileiras da resistência) antes de abandonar a capital, tragicamente reduzida a um monte
de ruínas ainda fumegantes?[24]

Logo chega o outono, com seu cortejo de notícias dramáticas e de refugiados atarantados provenientes de Varsóvia. Monsenhor Sapieha, cuja
fama é conhecida em todo o país, é dia e noite solicitado por muita gente,
para assistir, ajudar, interceder, julgar, reconfortar... Os alemães, nervo-
sos e imprevisíveis, ainda estariam em Cracóvia nas festas de Natal, e os
protegidos do arcebispo teriam de continuar escondidos nos salões da
residência episcopal até que as tropas soviéticas finalmente voltassem a
marchar e retomassem a ofensiva, em meados de janeiro de 1945.

O *Exército Vermelho em Cracóvia*

No fim da tarde de 18 de janeiro de 1945, Karol e os outros seminaristas participam do ofício na capela do primeiro andar do palácio episcopal. De repente, uma explosão faz voar em estilhaços todas as vidraças da residência. Os seminaristas dão-se conta de que os alemães, abandonando a cidade, mandaram pelos ares a ponte de Debniki, entre outros atos de vingança. Os corredores do palácio são varridos por um vento glacial. O arcebispo interrompe a celebração e ordena que todos se dirijam ao abrigo improvisado no subterrâneo do prédio, à espera de que os soldados do Exército Vermelho assumam definitivamente o controle da cidade.

Horas depois, dois oficiais russos entram no palácio, acompanhados de soldados ruidosos, excitados e grosseiros, a maioria muito jovem. Alguns vêm das regiões mais distantes da União Soviética. Ouvem-se gritos em russo: "Vocês têm vodca? Relógios?" Muitos são xucros, nunca haviam visto relógios de pulso nem despertadores, e conseguem arrecadar às pressas um irrisório tesouro de guerra.

Um desses soldados, que não se interessa apenas por relógios, fica mais tempo no seminário e conversa longamente com Karol — que estudara um pouco de russo no primeiro ano da Jagellona. Ele fica olhando o crucifixo, as batinas... Karol não consegue acreditar: o adolescente pergunta-lhe se também não poderia entrar para o seminário! Para o futuro papa, seria marcante a busca daquele jovem russo, que em seu país estava constantemente ouvindo dizer que Deus não existia, mas que se havia agarrado à idéia de que apesar de tudo devia existir um Deus. É seu primeiro contato com a Rússia soviética. E com o ateísmo transformado em dogma.

Para Karol, na época, URSS e ateísmo iam de par. Todo imbuído de sua concepção cristã e sacerdotal do mundo, ele considera o comunismo antes de tudo um regime que nega a existência de Deus e combate a religião. Como imaginar semelhante coisa, a poucos quilômetros de um país como a Polônia, constelado de calvários, capelas e igrejas, onde a religião condiciona maciçamente a sociedade civil e onde Deus, enfim, é onipresente em todos os caminhos, nas escolas, nos livros e nos corações?

É claro que o jovem Wojtyla se questiona sobre os diferentes acontecimentos. Ele também vê no Exército Vermelho um exército de ocupação e, como a quase totalidade dos que o cercam, teme pela independência de

A VOCAÇÃO

seu país. Há relatos de que chegou inclusive a ser interpelado, certa noite, por ter entoado cantos patrióticos nas barbas dos soldados soviéticos. Como antes da guerra, no entanto, o rapaz desconfia da política e de suas permanentes disputas, ao contrário da maioria de seus compatriotas.

Estes, ainda sob o choque da guerra, dividem-se entre várias atitudes: apoio ao governo no exílio, ainda em Londres; abandono do principal componente da Resistência polonesa, a Armija Krajowa — cujos 50.000 sobreviventes seriam sistematicamente perseguidos, assassinados ou deportados pelos agentes do NKVD soviético; ou ainda, caso mais raro, adesão aos grupelhos comunistas diretamente pilotados de Moscou.

Menos de três semanas depois de serem "libertados" pelo Exército Vermelho, os habitantes de Cracóvia, como todos os poloneses, aguardam ansiosos as notícias da Criméia. No dia 6 de fevereiro, no balneário de Ialta, Stalin, Churchill e Roosevelt começaram negociações cruciais sobre o mundo do pós-guerra, com uma questão-chave, que ocuparia o centro daquela semana histórica: o futuro da Polônia, o país que muito contra a vontade esteve na origem da tragédia mundial. Uma dupla questão, na verdade: que fronteiras terá esse desgraçado país e que governo haverá de dirigi-lo?

Quanto às fronteiras, os poloneses já não têm muitas ilusões desde que seu primeiro-ministro no exílio, Stanislaw Mikolajczyk, ouviu em Moscou de Stalin, Churchill e do embaixador americano Harriman que a "linha Curzon" seria a nova fronteira oriental do país, e que nada mais havia a negociar: a decisão de amputar a Polônia de seus territórios de leste (Lituânia, Bielo-Rússia e Ucrânia ocidental) fora tomada, na realidade, na reunião de cúpula de Teerã em novembro de 1943, mas o presidente Roosevelt fizera questão de mantê-la secreta para não descontentar os seis milhões de eleitores americanos de origem polonesa convidados a reelegê-lo em novembro de 1944. Quanto ao governo da Polônia libertada, tudo havia sido decidido, mas ninguém ainda sabia. Em julho de 1944, Stalin instalou seus representantes, alguns comunistas radicais conduzidos a Lublin em furgões de seu exército vitorioso e reunidos num Comitê Polonês de Libertação Nacional montado para tomar o poder. Todo o poder. E para sempre. E por sinal já no dia 4 de janeiro a URSS reconhecia oficialmente esse "governo provisório", sem consultar ninguém.

Roosevelt e Churchill, no entanto, acreditam que ainda é possível impor a seu interlocutor uma partilha do poder polonês entre os comunistas provenientes de Moscou, os exilados de Londres e os resistentes internos. O presidente americano chega a propor que seja instaurado um "conselho presidencial" de três integrantes, para restabelecer o funcionamento das instituições polonesas: Boleslaw Bierut, o chefe dos comunistas, Stanislaw Grabski, um dos representantes dos poloneses de Londres, e... Adam Sapieha, o arcebispo de Cracóvia. Stalin descarta essa idéia, irritado: já existe um governo funcionando na Polônia, só será possível ampliá-lo com um ou outro nome. Sabe-se hoje que os ocidentais, diariamente submetidos às manobras e manipulações de Stalin e Molotov, acabarão concedendo-lhes o essencial, em troca da dupla promessa de ampliar o governo Bierut com "certos dirigentes democráticos do meio de emigrados poloneses" e convocar eleições gerais "no mais breve prazo possível". Historicamente, este acordo é um desastre.

A conferência de Ialta termina no dia 11 de fevereiro. Roosevelt e Churchill talvez tenham salvado a pele frente à opinião pública de seus países, mas para os poloneses é o fim das ilusões. Em Londres, onde os representantes governamentais ficam estupefatos, fala-se de "quinta partilha da Polônia". Três meses depois, em carta ao novo presidente americano, Harry Truman, Churchill explica a situação recorrendo a uma comparação das mais eloqüentes: "Uma cortina de ferro desceu sobre a frente leste, e nós não sabemos o que acontece por trás dessa cortina."[25] Essa imagem da "cortina de ferro" descendo "do Báltico ao Adriático" já havia sido usada pelo primeiro-ministro britânico a 5 de março, em conferência pronunciada no Westminster College de Fulton, no Missouri, EUA. A comparação ficaria na história, para desgraça dos povos da Europa central e oriental.

*

Cracóvia fica portanto atrás da "cortina de ferro". A cidade teve a sorte de não ser arrasada pelos bombardeios dos últimos dias, mas ainda está em estado de choque, parecendo um verdadeiro cafarnaum, onde se refugiaram levas inteiras de poloneses vindos de outros lugares. Muitos fugiram de Varsóvia, a capital arrasada, e se perguntam se um dia poderão voltar. Muitos vêm dos territórios a leste. A Universidade Jagellon recebe, assim, professores e estudantes provenientes de Lwow e Wilno, agora situadas na URSS.

A VOCAÇÃO   115

O arcebispo Sapieha não mede esforços. Todos elogiam seus méritos, muito além dos limites da arquidiocese. O general Koniev, comandante-em-chefe das tropas soviéticas, vai cumprimentá-lo pessoalmente em sua residência. Mais ainda: em março de 1945, o papa Pio XII o faz cardeal. Na volta da cerimônia de entrega do chapéu cardinalício em Roma, ele é recebido delirantemente pelos estudantes de Cracóvia: quando o prelado faz sua entrada na cidade velha, eles conduzem sua limusine, com a força dos braços, até a Basílica de Nossa Senhora, à beira do Rynek! Karol Wojtyla está entre eles, e nunca esqueceria daquele momento de fervor, que contaria quarenta e cinco anos depois em *Minha vocação*, com certa nostalgia.[26]

Pouco a pouco, a vida vai voltando ao normal, num misto de infelicidade e entusiasmo, balanço das vítimas da guerra e necessidade de reconstrução, esperança de um amanhã melhor e medo de novos dramas. O novo reitor do seminário, padre Karol Kozlowski, recém-chegado de Wadowice, valida no dia 26 de maio os estudos clandestinos do período de 1941 a 1945. Os seminaristas, que voltam a poder circular pela cidade sem medo de serem detidos, desfrutam como todo mundo da felicidade de se verem livres dos nazistas.

O estudante Wojtyla não muda apenas de reitor. O cardeal Sapieha também lhe indica um novo orientador espiritual, o abade Stanislaw Smolenski, um jovem e talentoso padre que mais tarde seria nomeado por seu ex-aluno, já então arcebispo, bispo auxiliar de Cracóvia. Nesse período de renovação geral, o tempo parece acelerar-se e Karol mal encontra tempo para freqüentar seus amigos do Teatro Rapsódico. Para ele, aquela aventura ficou definitivamente no passado. Ninguém jamais o ouviria lamentar essa escolha.

No dia 20 de outubro de 1945, os seminaristas finalmente se mudam da residência do arcebispo para seu próprio prédio da rua Podzamcze, onde haviam sido instalados na primavera refugiados franceses provenientes de Odessa que estavam sendo repatriados para a França. Uma ala inteira da construção foi restaurada. Naturalmente, o retorno logo é celebrado com uma missa fervorosa e animada, a primeira desde a invasão nazista seis anos antes.

Os ministros comunistas do governo Bierut, perfeitamente conscientes de sua grande impopularidade, mostram-se prudentes, aparentando abertura. Autorizam a reabertura da Universidade Católica de Lublin (a cidade onde formaram seu primeiro governo) e da faculdade de teologia da Universidade Jagellon, em Cracóvia.

Em março de 1945, Karol Wojtyla volta aos anfiteatros da Jagellona, que acaba de ser reaberta, para cursar seu terceiro ano de teologia. Seus professores chamam-se Konstantin Michalski, Jan Salamucha, Marian Michalski, Kazimierz Klosak, Aleksy Klawek, Wladyslaw Wicher (teologia moral) e Ignacy Rozycki (teologia dogmática). Meio século mais tarde, haveria de prestar-lhes uma vibrante homenagem em suas memórias. Sobretudo o professor Rozycki, que também era o mais jovem e o mais brilhante de todos, tornar-se-ia o verdadeiro tutor intelectual do futuro papa. "Foi ele que me iniciou no método científico em teologia",[27] diria. Foi também o padre Rozycki, consciente das excepcionais qualidades de seu discípulo, que logo haveria de sugerir-lhe que iniciasse uma tese sobre "A virtude teologal da fé em São João da Cruz".

Voltar às aulas, freqüentar de novo os corredores da Jagellona! Que felicidade! No dia 9 de abril de 1945, Karol participa de uma reunião da Associação Bratniak na universidade, como representante da faculdade de teologia. Esta instituição de caráter mutualista organiza a solidariedade entre os estudantes, faz a repartição dos pacotes humanitários enviados dos Estados Unidos, distribui os raros apartamentos disponíveis entre os não-residentes etc. Sob a tutela do muito respeitado professor Pigon, os estudantes escolhem um presidente, Jozef Trojanowski, e um vice-presidente, Karol Wojtyla.

Até 28 de maio de 1946, ao mesmo tempo em que dá prosseguimento a seus estudos com toda seriedade, Wojtyla desempenharia também esse papel com assiduidade, dando prova, segundo as testemunhas da época, de uma grande autoridade natural. Nesses primeiros meses do pós-guerra, a atividade da Bratniak é intensa. As reuniões são feitas na "rotunda" da universidade, perto da cantina. Para solucionar certos conflitos, o futuro papa recorre freqüentemente a um outro seminarista que preside a comissão jurídica, o futuro cardeal Andrzej-Maria Deskur. A 4 de outubro de 1945, o reitor da universidade, professor Lehr-Splawinski, nomeia-o assistente júnior, encarregado, de 1º de novembro até 31 de agosto de 1946, de promover um seminário sobre o dogma, com carga de quinze horas semanais. A experiência é tão positiva que ao fim de algumas semanas, a 12 de dezembro, o decano Jan Krzemieniecki propõe-lhe que se torne assistente júnior em tempo integral. Wojtyla passaria a receber 210 *zlotys* por mês — seu primeiro salário.[28]

Todos os depoimentos da época são de admiração: com agilidade mental, inteligência brilhante, grande cultura, o estudante Wojtyla supera seus colegas. Sua capacidade de trabalho é excepcional. Sua inteligência, também. No fim de seu último ano de estudos, ninguém se surpreende que ele receba a nota mais alta: *eminente*. Ainda por cima, é caloroso, aberto, robusto. Já é um tipo à parte. Pelo menos é esta a opinião do cardeal Sapieha.

6

O padre Karol

No dia 26 de outubro de 1946, com seis meses de antecipação, o cardeal Sapieha induz Karol Wojtyla a enviar-lhe o pedido oficial para ser ordenado padre. Por que a pressa? Por que estaria o arcebispo queimando etapas? Porque o tempo urge para a Igreja Católica polonesa, alquebrada pela guerra e a ocupação hitlerista: há tanta coisa a fazer para recuperar o tempo perdido!

Desde a independência, em 1918, a Igreja da Polônia teve apenas duas décadas de liberdade, depois de ter sido submetida a século e meio de escravidão. O clero do pós-guerra, de hábitos freqüentemente arcaicos, havia começado a reorganizar as paróquias e dioceses, as publicações católicas formavam seus primeiros quadros, as escolas habituavam-se aos métodos contemporâneos, mas ainda era preciso começar do zero a modernização dessa Igreja em plena ressurreição. "Nós éramos iniciantes em todos os campos", escreveria mais tarde o cardeal Wyszynski.[1]

A guerra cortara pela raiz esse formidável elã. Em cinco anos de ocupação, violências e destruição, todos os esforços realizados em vinte anos foram reduzidos a zero. E não só por causa dos milhares de padres vítimas da guerra. Conventos e seminários, movimentos de ação católica, editoras, imprensa confessional, ensino, organismos caritativos: em 1945-1946, tudo precisa ser reconstruído. A prioridade máxima é fornecer pastores o mais rápido possível a uma população mortificada. Wojtyla, naturalmente, seria um deles. Depois de seis dias de retiro, Karol é ordenado subdiácono. Novo retiro de três dias, e é ordenado diácono. Mais seis dias de recolhimento solitário e Karol já não estaria usando uma batina puída para enganar o inimigo, mas a sua própria batina, sinal de seu engajamento visível e definitivo a serviço do Cristo e da Igreja.

Mas um novo acontecimento inesperado quase compromete esse percurso acelerado. Intelectual brilhante e caloroso, Karol Wojtyla estivera sempre imbuído de misticismo, e embora não duvidasse de sua vocação, ainda não sabia que orientação dar-lhe. Em várias oportunidades, durante este período de vivas interrogações pessoais, sentiu-se tentado a abandonar os estudos, entrar para a vida monástica e dedicar-se totalmente ao recolhimento e à contemplação. O silêncio decididamente agrada a esse homem de teatro, disputando a primazia com sua paixão pela linguagem. Amadurecera nele uma idéia que resolveu pôr em prática em 1945: entrar para o carmelo.

Não era um capricho momentâneo. Já em Wadowice, como sabemos, ele sentia uma atração irresistível pela igreja do mosteiro dos carmelitas descalços, na colina que dominava seu colégio. Mais recentemente, na época em que freqüentava o alfaiate Jan Tyranowski, esse místico que tão bem sabia falar-lhe de Deus, Karol voltara a sentir-se atraído pela vida contemplativa. Sua descoberta da obra de São João da Cruz, também ele poeta e monge carmelita, contribuiu para essa paixão. Em Cracóvia, muitas vezes ele se detinha em dois outros conventos de carmelitas descalços: o da rua Rakowicka, em plena cidade, e sobretudo o mosteiro de Czerna, belo conjunto monumental do século XVII situado a cerca de 30 quilômetros da cidade, na estrada para Katowice, altura da aldeia de Krzyszowice. Partindo desse mosteiro, encarapitado no meio dos bosques e contemplado com o canto do riacho Rudawa, é que o monge Raphael Kalinowski e seus companheiros haviam fundado o de Wadowice em 1892.

Um ano depois da morte de seu pai, Karol fez um primeiro contato com o carmelo de Czerna, cujo superior, o padre Alfons, educadamente fez ver ao rapaz que seria preciso esperar tempos mais clementes... e a reabertura do mosteiro, fechado pelos alemães. Não eram tempos próprios para a serenidade. O padre Alfons, cujo nome verdadeiro era Jozef Mazurek, e que por sua vez havia conhecido Raphael Kalinowski quando seminarista em Wadowice, trinta e cinco anos antes, não viveu até o fim da guerra. No fim do mês de agosto de 1944, aos 53 anos, ele foi abatido por um destacamento das SA nazistas dentro de seu próprio mosteiro, por se ter recusado a forçar jovens noviços a trabalhar para o invasor.[2]

Logo que os carmelitas de Czerna voltaram a abrir suas portas, na primavera de 1945, Karol Wojtyla abriu-se com um dos novos dirigentes do

O PADRE KAROL

mosteiro, Leonard Kowalowka. O padre Leonard tinha quinze anos a mais que Karol, de quem fora confessor no início da guerra. Recebeu seu pedido com simpatia. Mas seria necessário falar com o cardeal Sapieha, cujo *placet* era necessário. Mas Sapieha respondeu com uma recusa brutal: "Primeiro é preciso acabar o que foi começado", explicou o prelado. Segundo o padre Julian Groblicki, na época capelão do arcebispo de Cracóvia, este teria acrescentado, em latim: *"Ad majores res tu es!"* O que significa: "Você é chamado a coisas mais importantes."[3] Parece muito a calhar para ser verdade. Na boca de monsenhor Sapieha, é uma declaração perfeitamente plausível.

Karol Wojtyla nunca entraria, portanto, para a vida contemplativa. Permaneceria muito ligado ao carmelo, e depois de tornar-se padre seria freqüentemente recebido pelo padre Jozef Prus, provincial dos carmelitas descalços. Ele publicaria seus primeiros poemas nos dois primeiros números do boletim *Gros Karmelu* ("A Voz do Carmelo"), sob o título "Canto do Deus Oculto", em março de 1946. A publicação seria anônima: na época, um membro do clero não podia publicar nada com seu próprio nome sem autorização canônica.

O futuro papa guardaria uma afeição especial pelas ordens despojadas: franciscanos, albertinos, capuchinhos e, naturalmente, os carmelitas. Não sem um certo humor, ele evocaria este episódio em suas conversas com o amigo Frossard: "Sapieha não via elementos suficientes para justificar uma mudança de direção. E no fim das contas, tampouco eu."[4] A esta altura, nada mais impediria que Karol fosse ordenado.

*

Naquela sexta-feira, 1º de novembro de 1946, Dia de Todos os Santos, o tempo está coberto. Na austera capela privada dos arcebispos de Cracóvia onde tantas vezes ajudou na missa, na rua Franciszkanska, Karol é ordenado, o único, pelo cardeal Sapieha em pessoa, na presença de alguns parentes e amigos — sua madrinha, seu professor, alguns seminaristas —, ante os quais logo trata de evocar a memória de seu colega Jerzy Zachuta, que certamente estaria sendo ordenado com ele se não tivesse sido fuzilado pela Gestapo.

Depois do *Veni Creator Spiritus*, a cerimônia de ordenação desenrola-se como manda a tradição. Trajando sua alva, Karol deita-se no chão com os braços abertos em cruz, a testa encostada no piso. Essa posição, característica de todos os futuros padres, é o "símbolo de uma total submissão a Deus e ao mesmo tempo de uma total abertura ao Espírito Santo", como ele mesmo explicaria mais tarde. Depois o cardeal faz solenemente o gesto tão antigo quanto a Igreja: a imposição das mãos. Como João Paulo II, Karol Wojtyla guardaria uma lembrança muito forte desse momento.

No dia seguinte, 2 de novembro, Dia de Finados, o padre Wojtyla celebra suas três "primeiras missas" tradicionais, três missas baixas rezadas uma após a outra. Para esta celebração, escolheu a capela de São Leonardo, bem no coração da cripta do castelo de Wawel. Um altar despojado, belas abóbadas românicas. O cenário é cinzento e branco, o piso é gélido, o lugar tende mais para o sinistro. Por que essa escolha? Karol lembrou-se das lições de patriotismo de seu pai, das noites na casa dos Kotlarczyk, das reuniões poéticas celebrando a Polônia eterna, das longas conversas com o padre Figlewicz, vigário naquele local. O futuro papa já se preocupa em inscrever-se na história dos homens. Meio século depois, ele explicaria simplesmente: "Eu queria frisar meu vínculo espiritual particular com a história da Polônia, da qual a colina de Wawel representava uma espécie de síntese emblemática."[5] Com efeito, do túmulo do rei Ladislau o Breve à capela fúnebre dos últimos Jagellon, do mausoléu dos mais eminentes bispos de Cracóvia ao jazigo onde descansam os poetas Mickiewicz e Slowacki, entre túmulos grandiosos e sarcófagos impressionantes, a catedral de Wawel é um verdadeiro panteão nacional. Um lugar "extraordinário", comentaria o padre Figlewicz.[6] E dos mais simbólicos.

As três missas baixas são ditas em intenção de seus pais e de seu irmão. Estão presentes sua madrinha, Maria-Anna Wiadrowska, seus colegas seminaristas Mieczysław Malinski (que ajuda a missa), Andrzej-Maria Deskur e Franciszek Macharski, alguns amigos de Wadowice e, naturalmente, o querido padre Figlewicz, ao qual Karol pediu que fizesse o papel de "assistente". Um grande ausente: o "Senhor Jan", o alfaiate Tyranowski, que já está gravemente doente — e que viria a morrer em março de 1947, depois de longa agonia.[7]

No dia seguinte, domingo, 3 de novembro, Karol reza na catedral de Wawel uma outra "primeira missa", para a qual convidou Mieczyslaw e Zofia Kotlarczyk e vários outros amigos do Teatro Rapsódico e do grupo de resistência Unia. Lá está Halina Krolikiewicz, muito emocionada. E também Danuta Michalowska, que se lembra desse momento: "O grupo estava comemorando precisamente o quinto aniversário de sua primeira representação, *Krol Duch*, a 1º de novembro de 1941." O velho ator Juliusz Osterwa, mestre de todos eles, não pôde comparecer e enviaria a Karol uma calorosa carta de felicitações. Dessa vez, o jovem padre decidiu celebrar a eucaristia diante da confissão de Santo Estanislau, sob o altar principal da catedral de Wawel. Exatamente no local onde o bispo Estanislau Szczepanow caiu, no século XII, sob os golpes do rei Boleslau — interpretado pelo jovem Karol em *Krol Duch*.

Naquele mesmo domingo 3 de novembro, Karol celebra mais uma "primeira missa" na Igreja de Santo Estanislau Kostka, no seu bairro de Debniki. Dessa vez, convidou os jovens que acompanhou no rosário vivo. O sermão é feito pelo padre Figlewicz. Ao meio-dia, é organizada uma pequena recepção na casa de *babcia* Szkocka, na rua Szwedzka. Karol chegou a pensar em receber na casa de sua madrinha Maria-Anna Wiadrowska, na rua Florianska, mas o apartamento realmente era muito pequeno.

Cumprimentos, discursos, projetos para o futuro. Karol distribui aos amigos um cartão com a imagem da Virgem e, no verso, esta divisa encontrada no Evangelho: *"Fecit mihi magna*, Cracóvia, 1.XI.1946". Tradução: "Ele fez em mim maravilhas." A frase é extraída do Evangelho de São Lucas (1:49). É Maria, depois da Anunciação, agradecendo ao Senhor por tê-la escolhido para "fazer maravilhas".

Como não poderia deixar de ser, Karol rezaria ainda mais uma "primeira missa" em Wadowice, no domingo seguinte, para todos os colegas e amigos de outras épocas. Mas o principal é que no dia seguinte, 11 de novembro, o destino lhe dá uma piscadela: o padre Wojtyla celebra seu primeiro batismo na Igreja de Santa Ana, a paróquia universitária de Cracóvia. O bebê, a pequena Monika Katarzyna, é a filha de Halina Krolikiewicz. A bela Halina, sua colega em Wadowice, amiga de tantos anos, companheira de palco, casada com o amigo comum Tadeusz Kwiatkowski, tornara-se mãe no dia 20 de outubro. Dez dias antes da ordenação de seu antigo companheiro de palco.

A descoberta de Roma

Quinze dias depois de sua ordenação, Karol Wojtyla parte para Roma. Tem 26 anos e o cardeal Sapieha o enviou à Cidade Eterna por dois anos. O jovem padre viaja em companhia de seu amigo Stanislaw Starowieyski, que ainda é seminarista e que ao longo desses dois anos haveria de tornar-se seu companheiro mais próximo. Dois anos mais velho que ele, "Staszek" Starowieyski é um companheiro encantador. Um amigo comum o descreve como "um rapaz muito divertido, algo cabeçudo, mas muito simpático, que tocava violino em todo lugar, quaisquer que fossem as circunstâncias".[8]

Na sexta-feira, 15 de novembro, os dois pegam suas malas e vão para Katowice, a capital silesiana, na época a principal estação de partida de trens internacionais para o Ocidente. Praga, Nurembergue, Estrasburgo: nomes que Karol havia descoberto no atlas comentado por seu pai no apartamento de Wadowice. Ele atravessa pela primeira vez as fronteiras de seu país e passa a maior parte do tempo na janela do trem. Pode, assim, observar a destruição causada pela guerra: a Europa levaria muito tempo para se recuperar de suas ruínas.

Em Paris, os dois, deslumbrados, fazem escala por alguns dias — hospedados no seminário polonês então instalado no Colégio dos Irlandeses, a dois passos do Panteão —, seguindo depois para Roma, sempre de trem. Não podem perder tempo se quiserem chegar no início do ano universitário. Infelizmente, no imediato pós-guerra, é muito difícil hospedar em Roma todos que chegam à cidade. O Colégio Polonês, que sempre hospeda prelados e seminaristas de passagem, está lotado. Lolek e Staszek são hospedados pelo padre Turowski no convento dos palotinos, na via Pettinari, perto do palácio Farnese. Mas se trata de um arranjo provisório. O arcebispo Sapieha pede então a seu amigo August Hlond, o cardeal primaz, que também se encontra em Roma, que recorra a suas relações para hospedar seus dois protegidos no Colégio Belga.

É a única vez em que Karol Wojtyla se encontra com o infeliz cardeal Hlond, primaz da Polônia, que havia deixado Varsóvia em setembro de 1939, juntamente com o governo, e que se viu então atirado pelas circunstâncias à margem da história. Observa Karol numa carta: "Hlond era de grande sinceridade e cordialidade no convívio." Parece evidente que ele não sente grande fascínio pelo primaz, que não tem o carisma de seu colega, o arcebispo de Cracóvia.

Superando dificuldades, o cardeal Hlond obtém autorização do reitor do Colégio Belga, o *Collegio Belgo,* dirigido pelo futuro cardeal Maximilien de Furstenberg. Wojtyla e Starowieyski lá se instalam pouco antes do Natal. Encontram-se hospedados no prédio então cerca de quinze estudantes (que chegariam a vinte e dois em 1948), entre os quais uma minoria de padres. Numa fotografia da classe reunida no pequeno jardim interno, Karol parece curiosamente menor que seus colegas.[9] O prédio, cinzento e sem graça, fica no número 26 da via do Quirinal. Três andares dão para a rua, mas do outro lado quatro andares dão para o jardim, um oásis de paz organizado ao redor de uma modesta palmeira. Há também uma grande capela interna, toda redonda, dedicada a Santa Ana e São Joaquim, os supostos pais da Virgem Maria.[10]

Como tantas vezes na vida de Karol Wojtyla, a Providência mostra-se pródiga em "sinais" que sua fé o impede de atribuir exclusivamente ao acaso. Assim, a dois passos do Colégio Belga, no nº 21 da mesma via do Quirinal, há uma grande igreja dedicada a São Carlos Borromeu, o exemplar bispo milanês que viveu no século XVI e que também é... o santo padroeiro de Karol. Mais comovente ainda: do outro lado do prédio, na mesma calçada, ergue-se a bela igreja jesuíta de Santo André do Quirinal, obra de Bernini muito procurada pelos turistas por causa de sua magnífica cúpula. Ali repousam, num altar lateral, as relíquias de Santo Estanislau Kostka. Acima do altar, três quadros do pintor Mazzanti resumem a vida do santo — que não deve ser confundido com o santo bispo Estanislau de Szczepanow. Este, um jesuíta, era um jovem noviço polonês proveniente de Viena que morreu em Roma no meado do século XVI. Desse modo, todas as manhãs, ao percorrer a passos largos os quinhentos metros que separam o Colégio Belga de sua universidade, Karol passa — e freqüentemente se detém — diante das relíquias daquele que deu nome à paróquia de Debniki, seu antigo bairro em Cracóvia. Àquela altura, ele não poderia imaginar que Santo Estanislau Kostka também emprestaria seu nome, em Varsóvia, à paróquia de um outro jovem padre cujo assassinato repercutiria em todo o mundo, quarenta anos depois: o padre Jerzy Popieluszko.

Duas vezes por dia, Karol também passa em frente ao Palácio do Quirinal. Cinqüenta anos depois, no dia 20 de outubro de 1998, ao ser rece-

bido nesse palácio que é a sede do governo italiano — algo até então inédito para um papa —, ele haveria de recordar-se com nostalgia de seus
primeiros passos em Roma.

*

No dia 26 de novembro de 1946, Karol matricula-se no curso de licenciatura ("*biennium ad lauream*") do *Pontificium Institutum Angelicum
de Urbe*, a prestigiosa universidade pontifícia dos dominicanos, até hoje
conhecida como o Angelicum. O prédio, com sua fachada ocre, ergue-se
no largo Magnanapoli, entre a *villa* Aldobrandini e a coluna de Trajano,
dominado pela antiga e grosseira torre das Milícias. Wojtyla encontra-se
então em pleno coração de Roma, não distante do Fórum, num bairro
movimentado onde circulam permanentemente milhares de turistas. Mas
o perímetro do Angelicum é preservado de qualquer agitação. A igreja,
com sua escada circular e sua fachada curiosamente adornada por oito
candelabros de pedra, é dedicada a São Domingos e São Sisto. O jardim
convida à meditação e ao estudo.

Ao matricular-se, o estudante Wojtyla recebe o número C-905. No
dia seguinte, escolhe suas matérias e seus professores. Karol tem uma
grande variedade de alternativas. As aulas são ministradas por brilhantes intelectuais de reputação internacional. O decano da faculdade de
teologia, padre Mario Ciappi, é uma personalidade de primeiríssima
ordem, destinado a uma grande carreira: teólogo de Paulo VI, por ele seria feito cardeal. Ao seu redor, o irlandês Michael Browne e o francês
Pierre-Paul Philippe, ambos futuros cardeais, são duas "estrelas". Karol
teria de entender-se mais particularmente com o padre Raymond
Gagnebet — ao qual diria, quarenta anos depois, durante visita papal ao
Angelicum, que seria capaz de recitar certas passagens de suas aulas — e
sobretudo com o teólogo francês Réginald Garrigou-Lagrange, autoridade inconteste em matéria de estudos tomistas clássicos e especialista
de prestígio mundial em São João da Cruz.[11]

Já a essa altura Karol Wojtyla revela-se muito dotado para línguas. No
Colégio Belga, onde quase todos os professores são francófonos, ele volta
a estudar francês e lê muitos autores franceses contemporâneos, descobrindo Emmanuel Mounier, Étienne Gilson e Jacques Maritain, pelos quais

se apaixona. Acabaria dominando melhor o francês que o alemão. Paralelamente, começa a aprender o italiano. No Angelicum, estuda em latim. E para compreender melhor os escritos de São João da Cruz, já vimos que também começara a estudar espanhol.

Wojtyla não se limita a mergulhar em seus manuais de idiomas e seus exames de teologia. Seguindo o conselho do reitor do seminário de Cracóvia, padre Karol Kozlowski, ele "aprende a própria Roma". Através do Colégio Belga, participa de numerosas visitas de grupo guiadas por um conferencista e descobre "a Roma das catacumbas, a Roma dos mártires, a Roma de Pedro e Paulo, a Roma dos confessores".[12] Sempre acompanhado de Stazek, visita igualmente as cercanias da Cidade Eterna e aproveita os feriados escolares para novas aventuras, entre igrejas e santuários, mas também entre ruínas antigas e museus de pintura: Sena, Florença, Veneza, Capri, Subiaco, assim como o mosteiro de Monte Cassino, parcialmente destruído pela guerra — onde tantos soldados poloneses morreram heroicamente dois anos antes. E visita com fervor os lugares onde viveu São Francisco de Assis.

Logo depois das festas de Páscoa, em 1947, os dois amigos vão ao convento de San Giovanni Rotondo, na Puglia, para conhecer padre Pio, o capuchinho estigmatizado que recebe multidões de peregrinos em meio a um mar de oliveiras.[13] Essa visita seria alvo de insistente boato: "Serás papa", teria anunciado o santo frade a Karol, acrescentando: "Vejo sangue em teu pontificado." João Paulo II desmentiria essa profecia duas vezes, em caráter privado.

Essas viagens deixam-no muito feliz. E orientam seu julgamento. O que um jovem padre polonês descobre em Roma, como qualquer padre chegado de qualquer outro país, é a dimensão universal da Igreja. A riqueza dos monumentos, a variedade dos encontros e a diversidade dos homens fazem-no compreender pela primeira vez que a Polônia não é o centro do mundo.

França, país de missão

De longe, o príncipe arcebispo acompanhava a formação de seu rebanho. Na primavera de 1947, os dois amigos recebem do cardeal Sapieha uma generosa soma em dinheiro e a ordem de "viajar pela Europa" durante as férias de verão. Particularmente para "observar os métodos pastorais".[14]

Logo depois de obter brilhantemente sua licenciatura em teologia, no dia 3 de julho, Karol embarca de trem para a França, acompanhado de Stazek Starowieyski.[15] Os dois conseguiram no Colégio Belga uma lista de nomes, endereços e conselhos. O padre Marcel Eulembroeck, secretário da Juventude Operária Católica (JOC), abriu-lhes as portas dessa organização, então muito atuante. Depois de uma escala em Marselha e de um desvio por Lourdes, onde descobrem a lembrança de Bernadette Soubirous e meditam diante da gruta de Massabielle, eles ficariam várias semanas em Paris, em seguida visitando longamente Bélgica e Holanda. Um belo roteiro.

Em matéria de "observar os métodos pastorais", Lolek e Staszek descobririam nesses países, que para eles são de certa maneira o berço do cristianismo europeu, um fenômeno insuspeitado: o declínio do fenômeno religioso na Europa ocidental. Para dois jovens cristãos entusiastas que até então só haviam conhecido deste vasto mundo a praticante Polônia e a Roma apostólica, é uma revelação. Pela primeira vez Karol Wojtyla conhece jovens que nada sabem do cristianismo. Ninguém na Polônia perguntaria: "Quem é aquele homem na cruz?" Em seu primeiro livro sobre Karol Wojtyla, o amigo Malinski reproduziria a anedota de forma diferente: "Olha só, aquele ali se chamava Inri!"[16] De modo que era verdade o que lhes havia relatado demoradamente o padre Josef Cardjin, fundador da JOC, que várias vezes se havia hospedado no Colégio Belga.

Em Marselha, os dominicanos aconselharam Wojtyla e Starowieyski a estudar os métodos pastorais praticados por um dos seus, o padre Jacques Loew, 39 anos, ex-advogado em Nice que se transformou em "pastor dos estivadores" nos bairros problemáticos da cidade. Convivendo com operários, imigrantes e marginais, este padre-operário *avant la lettre* não mede palavras ao descrever a descristianização dos meios proletários da metrópole da França meridional.[17] Os dois jovens cracovianos caem das nuvens. As fábricas contra as igrejas. A técnica contra a fé. Na Polônia, graças a Deus, não se chegou a isso!

Em Paris, igual constatação, nas dimensões de uma grande metrópole. Abalada por quatro anos de ocupação, mal preparada para esse mergulho brutal nos tempos modernos, a Igreja está em ebulição na capital francesa. Divide-se entre "conservadores", partidários do retorno aos valores eternos de uma Igreja que "não é deste mundo", e "progressistas", que pregam sua adaptação ao desenvolvimento industrial e às exigências da modernização.[18] Entre os partidários da adaptação da Igreja Católica ao mundo moderno estão aqueles que haveriam de sucumbir ao fascínio pelo sucesso secular do comunismo ateu. Naquele verão de 1947, o "proletariado" vai de vento em popa: o Partido Comunista nunca terá chegado tão perto de tomar o poder na França.

Felizmente para ela, não faltam homens de talento à "filha mais velha da Igreja"*: teólogos reconhecidos, pastores corajosos, bispos inventivos. Os dois jovens poloneses ficam admirados com a qualidade intelectual de seus porta-vozes. Já em 1941, o arcebispo de Paris, cardeal Suhard, fundara uma instituição especializada na formação de padres nas regiões mais descristianizadas do país: a Missão da França. O cardeal também criaria uma Missão de Paris, que pôde ser observada de perto por Wojtyla.

Simultaneamente, dois capelões da JOC, os padres Henri Godin e Yvan Daniel, publicaram em 1943 um livro que teve grande repercussão: *A França, país de missão?* Karol o devorou. O fato de um vigário de paróquia considerar-se uma espécie de "missionário" em sua própria terra não podia deixar de desconcertar os dois jovens poloneses de passagem no país: para eles, a "missão" é a evangelização de terras distantes da África ou da Papua, e não dos subúrbios parisienses! Karol lê com a mesma avidez *Problemas missionários da França rural,* do padre Boulard, que o conscientiza do fato de que essas "missões internas" também podem existir no meio rural. Como o padre Godin, o padre Boulard divide a França em três: as "regiões de cristandade", as "regiões não-praticantes de cultura cristã" e as "regiões de missão". O futuro papa fica estupefato com o fato de este terceiro setor, então desconhecido na Polônia, estender-se às regiões rurais. Karol apaixona-se pelo assunto. Embora continue hospedado no seminário polonês da rua dos Irlandeses, no Quartier Latin, vai com freqüência aos subúrbios a oeste da cidade. Wojtyla adora tomar o metrô: tal como Pierre, o herói de *Os santos vão para o inferno*, de Gilbert Cesbron, ele medita sobre a condição operária vendo passarem os anún-

---

*A França. (*N. do T.*)

cios subterrâneos: *Dubo... Dubon... Dubonnet...* Em Petit-Colombes, freqüenta a paróquia do padre Michonneau, que acaba de publicar um livro no qual tenta redefinir o papel da "paróquia", sem grande relação com o *presbyterium* extremamente hierarquizado e algo feudal das paróquias de Cracóvia.[19]

Longe, muito longe do aparato e do decoro da Igreja tradicional, Karol conhece padres que optam por "colocar a mão na massa" e integrar-se plenamente ao meio que devem evangelizar: eles trabalham com suas próprias mãos e vivem em comunidade (de habitação, de refeição, de trabalho), de maneira quase democrática, num autêntico espírito de pobreza (calibrando seu padrão de vida com o dos que os cercam) e desprendimento (não cobrando pelos serviços litúrgicos).

Wojtyla fica desconcertado e profundamente interessado pelo que vê. Ele observa, ouve, lê, toma notas. E extrairia lições dessa experiência num primeiro artigo publicado, ao retornar, no jornal *Tygodnik Powszechny*, de Cracóvia.[20] Num texto ao mesmo tempo de análise e reportagem, Karol Wojtyla dá mostra de notável curiosidade, de incontestável inteligência política e de uma grande moderação. Assim, com uma certa audácia, o jovem viajante constata que a tradição não significa grande coisa se não se escora em convicções fortes, e frisa que a liturgia tradicional é inoperante nos meios destituídos de cultura cristã. Esta liturgia "deve ser compreensível para o proletário de nossa época, deve ser capaz de falar a ele". Ao mesmo tempo, no entanto, chama a atenção para a necessidade de que os padres engajados nos subúrbios mantenham o vínculo com a reflexão teológica, filosófica e científica de seu tempo. Clarividência, como se vê: por não terem seguido esse conselho é que muitos padres-operários perderiam contato com sua base eclesial, acabando por cair no militantismo marxizante. O debate está aberto. E o jovem Wojtyla mergulha fundo nele. Vinculação do padre a sua hierarquia, adaptação da liturgia, apostolado dos leigos: sem sabê-lo, o padre Wojtyla já se encontra no centro da discussão sobre "a Igreja no mundo moderno" que abriria com estrépito, quatorze anos depois, o Concílio Vaticano II.

Ele também ignora, e não poderia ser de outra forma, a agitação e as polêmicas que só tenderiam a se ampliar, na França, em torno da questão dos padres-operários: a experiência levada a efeito pelo cardeal Suhard sob o olhar atento do núncio apostólico Roncalli, o futuro João XXIII, teria fim em 1953, sob Pio XII, até que Paulo VI voltasse a autorizar os "padres trabalhadores" doze anos mais tarde, no fim do concílio.

*

Karol Wojtyla passa a maior parte de suas férias dos estudos na Bélgica. Em julho, ele visitou o norte da França e a região de Flandres, "com seu gótico": Gand, Bruges etc. No fim de agosto, os dois viajantes estão em Bruxelas, alojados pela JOC. Também dão uma escapulida de cerca de quinze dias até a Holanda, graças aos pais de um colega de Roma, Alfred Delmé: Breda, Roterdam, Haia, Amsterdam e logo Hilversum e Maastricht. Eles ficam surpresos com a disciplina e a organização da Igreja holandesa, e também... com os preços na Holanda: ao retornarem à Bélgica, não têm mais um tostão no bolso.

Em setembro de 1947, Karol Wojtyla põe-se à disposição da missão católica polonesa, atuante junto aos minciros da região de Charleroi, na Valônia. Desde a década de 1930, a Bélgica é uma das principais terras de exílio para os poloneses em busca de trabalho. "Pela primeira vez", contaria o papa, "eu visitava uma mina de carvão!" É nessa época que os comunistas poloneses, fortalecidos por seus sucessos políticos na Polônia, marcam pontos entre os imigrantes. No fim de 1946, foi criado na Bélgica um Partido Operário Polonês (PPR), que se opõe aos emigrados que se mantiveram fiéis ao governo de Londres e aos católicos maciçamente anticomunistas. Esse partido stalinista radical é liderado por um jovem mineiro de Limburgo, originário da Silésia e expulso da França doze anos antes por liderar greves. Este jovem militante de convicções firmes, que voltaria à Polônia no ano seguinte, fazendo brilhante carreira no partido, chama-se Edward Gierek.[21] Ele acaba de ser eleito presidente do Conselho Nacional dos Poloneses da Bélgica, organização criada para coordenar as diferentes redes da emigração polonesa e discretamente controlada pelos comunistas. Seu lema: "O interesse do país é o bem supremo de todos os poloneses." Que polonês poderia deixar de aderir a semelhante objetivo?

*

No caminho de volta, a 25 de outubro de 1947, domingo do Cristo-Rei, Karol Wojtyla faz uma parada em Ars, na região francesa de Dombes. Que melhor maneira poderia haver de concluir uma busca "pastoral" como essa, senão visitando a cidade de um pároco exemplar, protetor e modelo de todos os padres do mundo? Morto em 1859, beatificado em 1905 por Pio X, João-Maria Vianney foi canonizado em 1924 por Pio XI. No seminário de Cracóvia, Karol Wojtyla lera com fervoroso interesse sua biografia escrita por monsenhor Trochu.[22] Esta peregrinação a Ars deixaria uma "lembrança inesquecível" no futuro papa.

João Paulo II haveria de lembrar-se daquela estada em Ars ao retornar à cidade do santo pároco em 1986. A seu redor reuniam-se seis mil padres, seminaristas, diáconos e bispos, para refletir sobre a vocação. Em caráter mais íntimo, no entanto, ficaria a lembrança comovida daquele padre santo que confessava durante mais de dez horas por dia, como um *starets* ocidental.[23] Muito antes de tornar-se papa, o padre Wojtyla haveria de inspirar-se nesse exemplo: "O padre", diz ele um dia, "cumpre uma parte essencial de sua missão no confessionário, apresentando-se como voluntário para fazer-se 'prisioneiro' do confessionário."[24] Karol Wojtyla seguiria o exemplo do pároco de Ars muito mais cedo do que poderia esperar, naquele mês de outubro de 1947 em que visita a igreja sem encantos na qual o santo pároco confessava centenas de peregrinos vindos de toda a França: um ano depois, ao voltar de Roma, ele seria enviado para uma pequena paróquia rural com certas características em comum com a aldeia de Dombes, e na qual também ele daria a confissão durante horas e horas numa igreja sem aquecimento.

Vigário em Niegowic

No dia 8 de julho de 1948, mal havia voltado de Roma, Karol Wojtyla recebe uma *aplikata* (carta de missão) assinada pelo cardeal Sapieha. Para grande tristeza sua, não pode ser recebido pelo arcebispo, que por sua vez teve de partir para a Cidade Eterna. Karol fica sabendo, assim, que foi nomeado vigário de Niegowic, no distrito de Bochnia, trinta quilômetros a leste de Cracóvia. O burgo de Niegowic é pequeno demais para constar dos grandes mapas do país. Mas a paróquia tem então cinco mil almas divididas por treze aldeias e povoados, espalhados pela planície do rio Raba. Não é um nada.

No dia 28 de julho, com uma mala mais que usada na mão, o novo vigário de Niegowic chega à aldeia. Veste calças de tecido grosso e um colete, e traz na cabeça um boné. Tomou o ônibus até Gdow, de onde um camponês o transportou de charrete até Marzowice. De lá, foi até Niegowic a pé, atravessando os campos para ganhar tempo: do povoado de Lasowe Domy pode-se ver o campanário da igreja de madeira perfilar-se na planície onde grupos de ceifeiros trabalham nessa época do ano. De longe, os habitantes vêem aproximar-se o novo vigário, que logo passa a ser alvo da atenção geral. Ele parece jovem, bastante magro, mas tem o passo decidido de um homem enérgico.

As testemunhas de sua chegada observam-no enquanto atravessa o regato pomposamente denominado Krolewski Potok ("riacho real"), pouco antes da entrada da aldeia. De repente, o recém-chegado prosterna-se diante de uma capelinha de formas ingênuas dedicada a São João Nepomuceno, ao qual os camponeses pedem há lustros que afaste deles a miséria. "Eu me ajoelhei e beijei a terra", recorda-se João Paulo II em *Minha vocação*. "Havia aprendido o gesto com São João Maria Vianney." Durante toda a sua temporada, a lembrança do pároco de Ars não abandonaria o vigário de Niegowic.

Em seguida, o jovem pastor dirige-se à igreja, onde saúda o Santíssimo Sacramento e se apresenta ao pároco. O velho Kazimierz Buzala convida-o então a se instalar em um dos dois cômodos da *wikarowka*, o pequeno presbitério vizinho que ele compartilhará com o mais antigo dos vigários da aldeia, o padre Kazimierz Ciuba, e posteriormente com um novato, o padre Franciszek Szymonek. O pároco Buzala, por sua vez, mora em Niepolomice, sede do diaconato. Está no cargo há quarenta anos. Trata-se de um lutador, um líder, um pastor exemplar, e não é por acaso que o arcebispo lhe envia jovens padres inexperientes.

Karol Wojtyla é um deles. Filho de militar, habituado ao trabalho em fábricas, à vontade nos meios artísticos e nos círculos intelectuais, ele não tem a menor experiência daquilo que constitui o essencial da realidade polonesa, o meio rural. Igrejas superlotadas para as cerimônias mais corriqueiras, festas religiosas com participação unânime, procissões coloridas em qualquer época, datas familiares incrustadas no calendário romano, oratórios e calvários em cada cruzamento de caminhos: é no campo que se pode avaliar em que medida o tempo e o espaço nesse país são balizados por uma devoção ancestral.

É aí que o padre Wojtyla dá início a sua nova vida. Começando pelas incontornáveis tarefas maçantes da vida cotidiana. Na aldeia, os vigários criam algumas vacas, galinhas e coelhos, cultivam uma horta, cuidam da lenha, ajudam na colheita e a bater os grãos. Contam, é verdade, com uma pequena equipe: uma cozinheira, uma arrumadeira, um empregado faz-tudo.[25] Mas nos dois anos que passou no Ocidente, Karol Wojtyla acabara esquecendo que a maioria de seus compatriotas ainda vivia sem eletricidade nem água corrente.

*

Os seus dias, que começam às cinco horas da manhã, são cansativos, tão numerosas as tarefas confiadas ao novo vigário. Para começar, o catecismo: trinta horas por semana, nas escolas elementares de cinco aldeias da região. É a vocação básica do vigário do dia-a-dia, que por sinal é conhecido — numa época em que quase cem por cento das crianças fazem primeira comunhão — como um *catequista*. A pé, mais raramente de bicicleta (que Karol detesta), de charrete ou trenó, no inverno, o jovem padre percorre campos e bosques de Cichawa a Wiatowice, de Niewiarow a Pierzchow, de Nieznamowice a Krakuszowice, aproveitando os trajetos mais longos para ler um pouco.

Depois, as confissões: na época da quaresma, em março, o padre Wojtyla passa de dez a doze horas por dia em seu gélido confessionário — a igreja, naturalmente, não tem aquecimento — ouvindo pacientemente a fala desajeitada dos camponeses locais. Não passa pela sua cabeça distribuir absolvições em série, como fazem alguns velhos padres desencantados. Wojtyla pergunta, responde, argumenta, estimula... Certo dia, o pároco Buzala reúne alguns padres da região para ouvir uma exposição do jovem vigário sobre sua viagem à França e à Bélgica: Wojtyla chega muito atrasado, para indignação de todos os presentes, pois não conseguia sair do confessionário. "A confissão", diria mais tarde a seu amigo Malinski, "é o coroamento de nosso trabalho pastoral."[26] Para não se sentir desestimulado e manter intacto o seu entusiasmo, ele pensa no pároco de Ars.

Também as tradicionais "visitas de Natal", costume solidamente implantado na Polônia. O pequeno Lolek tivera contato com esse costume em Wadowice como menino de coro, quando acompanhava o pároco Prochownik de casa em casa nos dias que antecedem a festa da Natividade. O padre Wojtyla descobre que para o habitante local esse tipo de contato é insubstituível. As pessoas mostram-se muito diferentes quando estão na igreja, apertadas em suas roupas de domingo, e quando estão em casa, despreocupadas, em família. O padre Karol gosta particularmente desses encontros cheios de calor humano que muitas vezes se prolongam além da hora prevista. Sobretudo em Zarabie, o povoado mais pobre da circunscrição, ao qual ele leva o que lhe foi oferecido em outros lugares por gente de vida mais confortável.[27] Mas não é pequeno o esforço físico que tudo isto exige! Falar, cantar os *kolendy* (cânticos de Natal), abençoar constantemente, comer e beber em cada residência visitada, e caminhar, caminhar até o esgotamento...

Trinta anos depois, ele contaria a Malinski:

> Você tem sua batina, seu manto, sua alva e sua boina, e é com tudo isso tem de abrir caminho na neve. A bainha da batina está cheia de neve, que derrete no apartamento, e lá fora o tecido molhado congela, e você sente uma espécie de sino rígido ao redor das pernas, pesando cada vez mais e o impedindo de caminhar. À noite você arrasta os pés, mas é preciso caminhar, pois as pessoas estão esperando, e esperam por esse encontro o ano inteiro.[28]

E por fim há a missa diária, a recepção aos fiéis (a *wikarowka* está sempre aberta), as vésperas dominicais, o rosário em maio, o atendimento dos doentes (às vezes em plena noite, à temperatura de 20° negativos), os sacramentos (em um ano, ele abençoa treze casamentos e batiza quarenta e oito crianças em Niegowic), as meditações, as inúmeras reuniões de jovens e as da Associação Católica da Juventude, entre outras, de que ele é especialmente incumbido: nada mau, em matéria de aprendizado!

O intelectual Karol Wojtyla, que na época usa óculos, tem dificuldade para acompanhar o nível de suas ovelhas. Para muitas delas, a "Santíssima Trindade" é composta de Deus Pai, do Menino Jesus e da Virgem Maria... Seus sermões são considerados complicados demais por seus paroquianos. Mas suas vigílias de oração atraem muitos jovens, e quando ele lhes propõe a criação de um grupo de teatro, o sucesso é total. E, para o próprio Karol, um intenso prazer.[29] Em duas ocasiões, ele leva seus atores amadores a Cracóvia — uma aventura, oito quilômetros a pé até a estação de Klaj, para pegar o trem até a cidade grande — para assistirem a representações de verdade: uma vez no Teatro Slowacki, outra no Teatr Rapsodiczny, para grande alegria de seu amigo Kotlarczyk.[30]

*

Curiosamente, Niegowic não ficaria como uma boa lembrança para o futuro papa. Ele só retornaria à cidade quatro vezes em quarenta anos.[31] E em suas visitas papais à Polônia, é o único lugar de seu passado que ele nunca incluiu em seu programa, limitando-se a sobrevoar a aldeia de helicóptero, rapidamente, em sua sétima viagem, em junho de 1999. O motivo tem a ver com sua falta de interesse pelo meio rural, provavelmente, mas talvez também com um pesar — para não dizer um remorso — ligado à igreja da aldeia.

Em maio de 1949, aproximando-se o 50º aniversário da ordenação do padre Buzala, um grupo de fiéis se organiza em torno do vigário Wojtyla com o objetivo de dar a seu velho pároco um presente original: uma nova igreja. A antiga, com sua nave de trinta e quatro metros de comprimento, toda de madeira, construída no século XVII, é considerada muito pequena: e é bem verdade que aos domingos há mais fiéis do lado de fora que do lado de dentro. Todavia, como os comunistas proibiram a construção de locais de culto, a única maneira de construir é "ampliar" o que já existe, vale dizer, construir uma nova igreja no mesmo local da antiga, que deste modo será desmontada e... vendida. Também as tílias centenárias que cercam o prédio são derrubadas a bem da construção da nova e imponente igreja paroquial, que logo surge em pedra e tijolos, duas vezes maior que a outra, mas ainda dedicada a Nossa Senhora da Assunção. Uma enorme massa de gosto discutível, comparada ao estilo montanhês conhecido como "dos Cárpatos", particularmente tocante, que caracterizava a construção anterior.

É bem verdade que Karol Wojtyla não veria o resultado de sua decisão: no dia 17 de agosto de 1949, ainda no início da operação, ele é chamado a Cracóvia pelo cardeal Sapieha. A placa reluzente na fachada da nova igreja afirma que foi construída "por iniciativa de Karol Wojtyla, vigário". O futuro papa, tão apegado às tradições em geral e à arquitetura montanhesa em particular, manter-se-ia sempre discreto sobre este caso: "Eu logo seria afastado dessa bela comunidade", diz ele simplesmente em *Minha vocação*.

Não foi o padre Wojtyla que benzeu a igreja que hoje domina a aldeia de Niegowic. Em compensação, foi o arcebispo Wojtyla que efetuou, no dia 1º de maio de 1974, a consagração da igreja de Metkow, pequena cidade de residências de veraneio situada a cem quilômetros dali, entre Zator e Oswiecim, para onde a velha igreja de Niegowic foi transportada e reconstruída tábua a tábua, depois de vinte e cinco anos de desmandos do poder político. Para isto, os artesãos montanheses de Spisz chegaram a reconstruir um campanário de madeira igual ao que ficou em Niegowic.

Naquele dia, dando as costas ao altar principal consagrado à Virgem de Czestochowa, o cardeal-arcebispo de Cracóvia não consegue eximir-se, em sua homilia,[32] de uma certa nostalgia a propósito desse "monumento respeitável" de "paredes feitas de madeira três vezes centenária", no qual ele havia celebrado, um quarto de século antes, as primeiras missas de sua vida de padre.

7

Os jovens e o amor

No dia 17 de agosto de 1949, Adam Stefan Sapieha põe fim à experiência "rural" do padre Wojtyla. Adeus vitelas, vacas, pátios de fazenda e charretes de feno. Nosso homem cumpriu treze meses de estágio no campo. O que é um período fora do comum: normalmente, um vigário permanece pelo menos três anos em determinada paróquia. Terá sido o campo, sua lentidão e seus horizontes limitados que pesaram no jovem intelectual? Certamente que não. Não caberia imaginar Karol Wojtyla queixando-se das dificuldades do ministério logo no início de seu sacerdócio.

Nos salões da rua Franciszkanska, no entanto, o cardeal-arcebispo de Cracóvia tem motivos para preocupação. Ele está com 83 anos, seu tempo parece contado. Enquanto o poder comunista se instala e se enrijece a cada mês, Sapieha sabe que terá de queimar etapas se quiser alcançar seus dois objetivos: por um lado, contribuir para que a Igreja da Polônia, dizimada pela guerra, volte a funcionar; por outro, dotá-la dos meios necessários para resistir ao novo perigo político e ideológico que a ameaça. Meios que se encarnam nos homens. Os da nova geração, que representam o futuro.

A pastoral estudantil

A exemplo de todo o episcopado polonês, que após a morte do cardeal Hlond, em novembro de 1948, viu ser nomeado um novo primaz, de 47 anos, Stefan Wyszynski, o velho arcebispo de Cracóvia precisa lançar todas as suas forças vivas na batalha que se anuncia. Tanto pior para os paroquianos de Niegowic! Padres para o campo não faltam; já capelães para os estudantes não podem ser encontrados facilmente. Sobretudo nesse período, quando as idéias marxistas intrigam e fascinam muitos deles. O arcebispo sabe perfeitamente que o jovem Wojtyla tem as qualidades necessárias.

O príncipe Sapieha decidiu nomear seu protegido para a Igreja de São Floriano. Não se trata propriamente de uma paróquia estudantil. Em Cracóvia, a paróquia universitária é a Igreja de Santa Ana, a algumas centenas de metros dali, no limite da cidade velha. Mas o número de estudantes é tão grande, nesses anos de reconstrução, que a paróquia vizinha, São Floriano, é intensivamente chamada a contribuir para a pastoral dos jovens.

Karol não poderia ter sonhado melhor destino. A igreja fica bem perto do centro da cidade, do outro lado do parque Planty, a dez minutos a pé de sua querida Universidade Jagellon! Ele não está longe de seus lugares favoritos: o mosteiro de Czerna, a oeste da cidade, onde tanto havia desejado tornar-se contemplativo, e também o santuário de Kalwaria Zebrzydowska, na estrada para Wadowice, onde conduziu sua primeira peregrinação a pé no dia 10 de setembro de 1950. Enfim, por uma espantosa coincidência, o Teatr Rapsodiczny de seu amigo Kotlarczyk instalou-se a dois passos dali, na mesma calçada, no número 5 da rua Warsawska. Quantas vezes não passaria ele à noite, depois do espetáculo, para cumprimentar os amigos mais queridos! Ele não perde nenhuma estréia e freqüentemente participa dos debates. "No início, era estranho vê-lo de batina", recorda-se Danuta Michalowska, "mas acabamos nos acostumando. Só o nosso diretor, Kotlarczyk, continuava lamentando em voz alta que ele não fosse mais ator."[1]

O pároco de São Floriano, padre Tadeusz Kurowski, o recebe de braços abertos. Os outros vigários — Czeslaw Obtulowicz, Marian Jaworski, Jozef Rozwadowski e Mieczyslaw Turek — estabeleceriam com ele relações amigáveis duradouras: os dois primeiros haveriam de segui-lo no arcebispado, e, muito mais tarde, tornando-se a Ucrânia independente, monsenhor Jaworski seria nomeado bispo de Lviv, a antiga Lwow, por seu antigo colega, já então feito João Paulo II.[2]

Como em Niegowic, Wojtyla assume sua parte do serviço paroquial. Celebra a missa, abençoa os casamentos, batiza as crianças.[3] E também dá a confissão, durante horas e horas. Continua com o mesmo sentimento de responsabilidade sempre que recebe em seu confessionário. Sempre o mesmo pensamento voltado para o pároco de Ars. Enquanto outros padres podem sussurrar mecanicamente, o padre Wojtyla fala suavemente, com sua voz grave de timbre caloroso. Conversando certa vez com seu amigo Malinski, ele faz uma comparação cheia de humor: no confessionário, o padre não deve "bancar o papagaio" e sim entrar em verdadeiro diálogo com os penitentes, especialmente os jovens que fazem fila para confiar-se a ele. *Bancar o papagaio*: a imagem não deixa de ser saborosa, quando pensamos na grade de madeira dos confessionários da época. Uma jovem cracoviana de então recordaria cinqüenta anos depois que o padre Wojtyla não se mostrava avaro de seu tempo no confessionário, não hesitando em recomendar a leitura de São João da Cruz à guisa de penitência.[4]

*

O velho Sapieha sabia o que estava fazendo. Wojtyla está em seu elemento ao ser incumbido da catequese nas classes superiores do ginásio vizinho e da pastoral dos estudantes na Universidade Jagellon. Para começar, ele conhece perfeitamente o "terreno": aquela velha cidade de Cracóvia, tão orgulhosa de suas tradições reais, de sua cultura multissecular, de seu dinamismo artístico. Também conhece o espírito crítico, algo afetado, que caracteriza suas elites. E pode assim conciliar seu trabalho como pastor com suas ambições intelectuais.

É verdade que os paroquianos dessa época se lembram de que seus sermões, "admiravelmente ministrados", eram sempre muito longos, de um nível filosófico não raro elevado demais, "quase chegando ao incompreensível". Por fascinantes que sejam suas meditações, adaptadas a este ou àquele grupo de estudantes mais preparados, suas homilias dominicais ficam em grande parte acima da capacidade de compreensão da assistência. Karol Wojtyla já se mostrava exigente com seus auditórios. Uma exigência de que nunca se afastaria, mesmo depois de tornar-se papa.

Pelo menos seus paroquianos mais cultos ficam encantados. Na época, dois padres atraem os intelectuais da velha cidade: o padre Jan Pietraszko, da Igreja de Santa Ana, e o padre Karol Wojtyla, de São Floriano. Seus serviços são muito concorridos e os grupos se alinham sempre com uma dessas duas "estrelas" da prédica. Uma tendência que também expressa o desejo coletivo de compensar as perdas humanas da guerra: o fato de jovens padres brilhantes rivalizarem em matéria de inteligência e erudição é algo efetivamente tranqüilizador. A Polônia precisa tanto de pregadores, formadores, filósofos, teólogos, cientistas em todos os terrenos!

Karol Wojtyla tem perfeita consciência disso. Ele próprio sente-se dividido entre seu empenho de realizar bem suas tarefas de vigário e sua paixão pelos estudos. Já não se trata, para ele, de voltar-se para a literatura ou o teatro. Já agora é a filosofia que o atrai. E embora cause sensação na Jagellona ou em Santa Ana com suas conferências sobre Santo Tomás de Aquino, o jovem capelão encontra cada vez mais dificuldades para conciliar o trabalho paroquial com suas leituras, a preparação de seus cursos e seus estudos em geral. Seu antigo professor, o padre Ignacy Rozycki, que se manteve muito próximo dele, preocupa-se com isso. Ele é que haveria de estimular Karol a fazer frutificar seu currículo universitário.

No dia 19 de junho de 1948, Karol Wojtyla concluíra brilhantemente seu doutorado em teologia no Angelicum de Roma. Difícil obter notas melhores: 50/50 no exame de conclusão de estudos, 9/10 na dissertação e 50/50 na defesa de tese sobre "a fé no pensamento de São João da Cruz" (*Doctrina de fide apud S. Joannem de Cruce*). Seu doutorado, validado na Polônia a 16 de dezembro de 1948 com a menção "*Magna cum laude*", transforma-o definitivamente em doutor em "santa teologia" (*sic*).[5] O diploma, redigido em latim, foi solenemente conferido ao aluno "*Carolus Wojtyla*" pelos professores "*Alexius Klawek, Josephus Kaczmarczyk e Ladislaus Wicher*".[6]

O professor Rozycki não se satisfaz com esse resultado formal. Seu brilhante aluno deve estar capacitado para ensinar no mais alto nível, obtendo para isso uma *habilitacja* (doutorado do Estado), o grau mais elevado da universidade. Acontece que esse objetivo é incompatível com o serviço numa paróquia. O cardeal Sapieha é da mesma opinião, mas o velho "príncipe arcebispo" falece no dia 23 de julho de 1951, aos 85 anos, depois de cinqüenta e oito anos de sacerdócio. A emoção e o fervor que tomam conta de Cracóvia tornariam o dia de seu funeral uma data memorável. Um mar humano e um oceano de coroas acompanham o caixão, da igreja dos franciscanos — onde hoje se ergue em estátua sua severa figura — até a catedral do castelo de Wawel, passando pela multidão à beira do Rynek.

OS JOVENS E O AMOR

Dias depois do enterro, o padre Rozycki se abre sobre suas intenções com monsenhor Eugeniusz Baziak, que acaba de ser eleito administrador interino da arquidiocese. Ex-bispo de Lwow, homem do bom senso, Baziak entende os homens. Ele recebe o padre Wojtyla e lhe concede uma dispensa — pelo menos por um ano, e depois se verá. Karol deixa então São Floriano para se instalar num ambiente de calma na casa do professor Rozycki, no primeiro andar da rua Kanonicza 19.

Embora suas fachadas tenham sofrido as depredações da guerra, a rua Kanonicza — cujos mais belos prédios pertencem à Igreja — é a mais bonita das antigas artérias de Cracóvia, chegando até o pé da colina de Wawel. Para Karol, o lugar é um oásis de paz na tormenta política dos últimos anos stalinistas. Seu anfitrião cede-lhe um aposento escuro, que logo se enche de livros e papéis. Entre eles, as obras completas — em alemão — do filósofo Max Scheler, ao qual Wojtyla dedicaria sua tese, intitulada *Estudo sobre a possibilidade de fundar uma moral católica com base no sistema ético de Max Scheler.*

Por que Max Scheler? Terá sido a influência de um dos mais brilhantes professores da Jagellona, Roman Ingarden, ele mesmo aluno de Edmund Husserl, que levou ao encontro do futuro papa com a fenomenologia? Max Scheler, que conheceu Husserl em Göttingen, fundou com ele, antes da guerra, a Escola Fenomenológica. Esta, com sua abordagem positiva da noção de consciência — que sempre é consciência *de* alguma coisa —, influenciaria muitos filósofos, de Heidegger a Jean-Paul Sartre. Max Scheler, por sua vez, distinguiu-se por suas teorias sobre o valor, que condiciona a experiência que podemos ter de um objeto filosófico: se este é uma pessoa, sua dimensão ética, por mais objetiva que seja, pode influenciar o sujeito, que é uma outra pessoa. Para os estudantes de filosofia, que há lustros ouviam explicações sobre a imutabilidade do sujeito, era esta uma novidade entusiasmante — sobretudo para católicos, que necessariamente situam a experiência da *pessoa* no centro do pensamento.[7]

O padre Wojtyla passa então a dedicar a maior parte de seu tempo à filosofia. O que não o impede de celebrar a missa em Santa Catarina, do outro lado do castelo de Wawel, de receber regularmente a confissão na Basílica de Nossa Senhora, de dirigir por vários anos seguidos o retiro de quaresma na paróquia de Rabka, para o amigo Malinski, nem de continuar a escrever poesia e para o teatro. E sobretudo de cuidar cada vez mais dos "seus" jovens.

Os brotos de Zakopane

Cursos de instrução religiosa, meditações, retiros, homilias, confissões: a excepcional ascendência do padre Wojtyla sobre os estudantes, rapazes e moças, logo ficou evidente em sua passagem pela São Floriano. Aos 30 anos de idade, Karol sente-se muito apegado a esses jovens de que está tão próximo e cultivaria esta relação desenvolvendo para eles dois tipos de atividades: o canto coral e as caminhadas na montanha.

Em fevereiro de 1951, num momento em que está organizando ensaios de canto em São Floriano, o padre Wojtyla — sem grande musicalidade, mas dono de uma bela voz de barítono — tem a idéia de promover um encontro semanal nessa igreja, às seis horas da manhã das quartas-feiras, reunindo inicialmente alguns rapazes da Escola Politécnica e algumas moças da Jagellona. Objetivo: ensaiar canto gregoriano, formar um "pequeno coral" misto e trabalhar com liturgias não-convencionais, misturando textos sagrados e poesias profanas. Semanas depois, graças ao talento de um dos rapazes, Joachim, o coro está praticamente pronto e se apresenta pela primeira vez em público — cantando a clássica *Missa de Angelis* — numa cerimônia em São Floriano. Logo Wojtyla estaria ampliando o círculo dos participantes, e alguns atores do Teatro Rapsódico, como Jan Adamski e o futuro *chansonnier* Jacek Fedorowicz, estariam juntando suas vozes aos coristas amadores. Num momento em que o regime comunista aumenta a pressão sobre uma Igreja por ele qualificada de "arcaica" e "obscurantista", experiências como essa parecem particularmente atraentes.

Assim é que também se afirma a personalidade desse jovem padre que soube extrair o máximo de sua experiência pessoal do teatro e de suas recentes viagens por terras católicas ocidentais menos conformistas que a sua. Karol Wojtyla agrada aos estudantes de Cracóvia porque não hesita em desempoeirar as regras muito rígidas da liturgia da época, misturando já, num coquetel dinâmico, tradição e modernidade. Com audácia, mas sem nunca ceder à tentação da demagogia.

As moças que Wojtyla reúne ao seu redor moram na sua maioria em frente a São Floriano, no convento das irmãs de Nazaré, na rua Warszawska. Alunas da Universidade Jagellon, elas descobriram o jovem vigário num retiro em que ele pregou: suas idéias muito pessoais sobre a ética do casamento, o amor e a sexualidade as surpreenderam e interessaram. E elas continuariam a freqüentar o padre Wojtyla quando ele passa a celebrar na Igreja de Santa Catarina e posteriormente na Basílica de Nossa Senhora. Para dizer a verdade, nunca mais se separariam dele.

É em sua companhia que num certo domingo de abril de 1952 — o Domingo de Ramos — ele organiza uma viagem do pequeno coral a Zakopane, a célebre estação de esqui, sob o malicioso pretexto de contemplar os brotos de plantas que começam a se abrir nos campos nevados. Trata-se na realidade, naturalmente, de meditar ao ar livre. Mas também é verdade que o espetáculo daqueles milhões de flores efêmeras azulando as encostas ainda cobertas de neve dos Tatras é absolutamente magnífico. Infelizmente, o acaso faz com que os rapazes que participam do passeio não possam comparecer por causa de um exame imprevisto. Avisado no último minuto, Wojtyla decide manter o projeto. É portanto na companhia de cinco moças que o jovem padre toma bravamente o trem noturno para Zakopane. Ele não vestiu a batina, usando uma calça de golfe, e as moças, em vez de chamarem-no "senhor padre " ou "padre" preferem chamá-lo de "*Wujek*" (Tio) ou "*Wuj Karol*" (Tio Karol) no trem, para não intrigar os outros passageiros do vagão.

É o início de uma bela aventura, ao mesmo tempo humana, esportiva e espiritual. Depois da incursão em Zakopane haveria uma caminhada a pé em Kobierzyn, com um longo desvio pelos mosteiros de Bielany e Tyniec, no sul de Cracóvia. E depois mais outro, sempre a pé, em Bolechowice, na estrada para Czerna. Caminhada, meditação, brincadeiras, discussões, entrevistas pessoais, cânticos a várias vozes, orações: as jovens não se cansam!

Não demora para que os fins de linha desses passeios se tornem mais distantes. Num sábado de junho de 1952, o grupo todo vai dar à tarde em Bielsko-Biala, onde um albergue foi reservado para as moças, enquanto os rapazes se hospedam no presbitério de Kozy, o burgo vizinho, a convite do abade Franciszek Macharski, o colega de seminário de Wojtyla, então vigário na região. Uma lembrança comovida de Macharski, que trinta anos depois tornar-se-ia o cardeal-arcebispo de Cracóvia: "Na manhã de domingo, ao alvorecer, todo mundo se encontrou para uma missa cantada em gregoriano, foi magnífico!" De outra feita, é na casa de um outro amigo, o fiel Malinski, vigário em Rabka, que o pequeno grupo de caminhantes se encontra para subir até o pico do Turbacz (1.310m). Esses rapazes e moças — então uma dezena deles, e logo em número maior — que acompanham seu *wujek* (o apelido ficaria) nessas primeiras escapadas pela montanha aos poucos iriam formar uma *paczka*, um "bando de jovens" extremamente unido. O grupo teria inclusive sua história própria, pois alguns se casaram e os filhos desse ou daquele participariam, vinte anos depois, das mesmas saídas.

Em abril de 1953, logo depois do primeiro desses casamentos dentro do grupo, os jovens decidem ir até Czestochowa de bicicleta. Distância de ida e volta: 280 quilômetros. Um sucesso. O mesmo percurso voltaria agora a ser feito todo ano. Em duas oportunidades, o padre Karol faria todo o trajeto com eles de bicicleta — o que é muito meritório, quando se sabe que sempre detestou esse meio de transporte. O antigo colegial de Wadowice sente-se mais à vontade quando está de mochila nas costas pelos caminhos do monte Leskowiec, aonde o levava seu pai, ou nas trilhas mais escarpadas de Romanka (1.366m), Babia Gora (1.725m) ou Kasprowy Wierch (1.909m).

A partir do verão de 1953, as caminhadas de fim de semana transformam-se em verdadeiros períodos de férias. São passeios longos, de refúgio em refúgio, organizados pelo grupo nos quatro cantos da cordilheira de Besquido e até na de Bieszczady, no extremo sudeste do país: o pico de Halicz (1.333m) está a dois passos da fronteira da União Soviética. Em Ustrzyki Gorne, num fim de tarde tempestuoso de agosto de 1953, o grupo é surpreendido por uma chuva diluviana, sendo os dezessete rapazes e moças e seu misterioso monitor abrigados afinal por soldados guarda-fronteiras.

É também nessa época que um recém-chegado, Jerzy Ciesielski,[8] propõe que todo o grupo saia de canoa caiaque. O desafio é aceito! Em setembro de 1953, o padre Wojtyla e nove jovens de seu grupo descem o rio Brda de canoa. Eles ainda não têm colchões pneumáticos nem sacos de dormir, passando a noite sobre velhas câmaras de ar. No ano seguinte, já um pouco mais bem equipados, os mesmos desceriam o Czarna Hancza de lago em lago até Augustow e Suwalki, deslumbrados com a beleza selvagem da região da Mazúria, no extremo nordeste do país. Em seguida, tomariam o rumo dos lagos da Pomerânia ocidental, para o lado de Koszalin.

Hábitos são criados, ritos são instaurados. O padre Karol estabelece o ritmo. Levanta-se diariamente antes do alvorecer, toma banho no lago por volta de seis horas da manhã e em seguida todos se encontram para a missa ao ar livre. O altar é um caiaque emborcado, dois remos cruzados servem de crucifixo. Depois todo mundo se levanta, as tendas são arrumadas, os cantis são enchidos e começa a descida. No início, Karol utiliza um caiaque de dois lugares: ele vai remando atrás, no papel de "capitão", e a cada dia tem um "grumete" diferente, com o qual pode assim conversar o dia inteiro. Depois de tornar-se bispo, teria seu próprio caiaque e uma tenda individual. O ritmo é constante: o grupo percorre em média trezentos quilômetros em quinze dias. Nas fotos da época, Wojtyla aparece com um lenço na cabeça para proteger-se do sol, remando sem luvas. Ou lendo tranqüilamente, numa canoa encostada. No fim do dia, instalação do acampamento, jantar coletivo e logo uma fogueira. Canções profanas, cânticos à Virgem, discussões, oração final. E um último cântico ao cair da noite, sempre o mesmo: *Idzie noc* (*Chegou a noite...*)

A partir do inverno de 1954-1955, Karol Wojtyla torna-se também exímio esquiador. Com seu pequeno coral — que passou a chamar-se *Srodowisko*, o que pode ser traduzido como "rede" —, parte em grandes passeios de esqui e começa a conhecer todos os vales da região de Zakopane. Sua área favorita: o vale de Chocholowska, perto da fronteira tchecoslovaca. O roteiro dessas jornadas esportivas se assemelha ao dos grandes percursos em caiaque: parada em refúgios nas montanhas, discussões filosóficas diante da lareira, cânticos marianos e oração da noite...

Num comovente artigo, o arcebispo Wojtyla explicaria um dia que "percorrer assim rios e trilhas pelas montanhas, a pé ou de esqui no inverno" é "um repouso necessário para as pessoas que fazem muito esforço intelectual. Através dessa comunhão com a natureza, não só a sensibilidade humana adquire um sentido particular, à vista das florestas cobertas de neve sobre as montanhas, ou então das profundezas de um lago, como também adquirimos uma certa forma física que é a condição que facilita esse contato íntimo com o 'seio' da natureza".[9]

Repouso necessário, comunhão com a natureza, forma física: não se trata apenas, portanto, de um impulso de juventude, mas de uma regra de vida. Ele continuaria a observá-la depois de feito bispo, arcebispo, cardeal e mesmo ao ser eleito papa. No início, Karol Wojtyla não tinha propriamente uma vocação especial para o esporte. Foi esse estilo muito particular de pastoral que fez dele um excelente esquiador, um exímio remador, um grande nadador. Um "esportista de Deus", como diria o cardeal Marty trinta e cinco anos depois, em Paris.

O padre Wojtyla chegou inclusive a receber a medalha de "Caminhante Emérito", em novembro de 1954, e a participar de uma competição, uma só, em maio de 1955, com Jerzy Ciesielski e todo um grupo de amigos.[10] Tratava-se da Descida Internacional de Caiaque pelo Dunajec, um rio movimentado que corre em Nowy Targ, não muito longe da estação de Zakopane. Não foi um sucesso: depois de se chocar com uma rocha, o caiaque da dupla Karol Wojtyla-Zdzislaw Heydel começou a se encher d'água no meio do caminho e o futuro papa atravessou a linha sentado com água até a cintura. "Só o seu breviário não estava encharcado", observou uma testemunha dessa chegada nada gloriosa.[11]

No fim de julho de 1978, quando já estão contados os dias de Paulo VI, vale dizer, poucas semanas antes do conclave que elegeria o papa, o cardeal Wojtyla ainda está remando com seus jovens no lago Krepsko. Numa foto, podemos vê-lo sob a tenda, acompanhado do professor Gabriel Turowski. Depoimento de um dos participantes desses oito últimos dias de aventura: "Ele estava numa forma física extraordinária, capaz de atravessar a nado o lago de oitocentos metros de largura, ida e volta sem parar."[12]

Depois de cada investida, o grupo da *Srodowisko* acostumou-se a promover uma reunião especial, nos aposentos de Wojtyla, para fazer o balanço e preparar a próxima saída: participantes, itinerário etc. O último encontro desse tipo está previsto para 6 de janeiro de 1979, dia da Epifania. De Roma, Karol Wojtyla mandaria uma carta se desculpando: lamenta muito mas não poderá participar, pois acaba de ser eleito papa.

Os jovens e a sexualidade

Essas longas conversas no caiaque, as trocas de idéias nas escarpas íngremes, as longas discussões nos refúgios de montanha e as confissões campestres estabeleceram uma relação muito forte e de muita confiança entre o padre Wojtyla e os jovens que o cercam. As peregrinações e as numerosas meditações e vigílias de oração de que ele toma a frente em Cracóvia, especialmente no convento das ursulinas, também contribuem para essa relação única. É numa dessas meditações, em abril de 1955, que

OS JOVENS E O AMOR

o padre Wojtyla decide comentar a frase do Cristo aos apóstolos: "Não tenham medo!"

Para muitos desses rapazes e moças, Karol é ao mesmo tempo um amigo fiel, um irmão mais velho e um orientador espiritual. Às vezes, um conselheiro matrimonial. Os estudantes de Cracóvia são como os jovens de qualquer parte do mundo: em sua idade, as questões que colocamos para nós mesmos são quase sempre de ordem moral, afetiva e sexual. Eles têm sorte de poder se abrir com um padre extremamente disponível nessas questões delicadas, um homem da Igreja que os ouve sem incômodo nem reprovação. E ainda por cima um intelectual que dedicou sua reflexão filosófica às questões de ética.

"Quando eu era um jovem padre", contaria João Paulo II a André Frossard, "aprendi a amar o amor humano. É um dos temas que serviram de eixo a todo o meu sacerdócio."[13] *Amar o amor humano*: algo não muito freqüente, na época, nos homens da Igreja. Da mesma forma que sua maneira de se insurgir às vezes contra o modo arcaico de abordar a ética sexual na Igreja de seu tempo, que "se apóia exclusivamente em exortações e proibições, na autoridade e em sanções".[14] Os jovens de Cracóvia não estão acostumados a ver um eclesiástico falar-lhes de sexualidade em termos positivos, com confiança e otimismo.

Na época, a Igreja polonesa se mostra despreparada e hipersensível em relação a esse tema quase tabu. Depois da guerra, Michalina Wislocka publicou um livro, *A arte de amar*, que faz correr muita tinta e é considerado "aceitável mas não suficiente" por Karol Wojtyla. Quando começa a escrever a respeito, também ele causa sensação. Em 1952, publica um longo artigo no *Tygodnik Powszechny*, sob o título "Instinto, amor, casamento". Nele, expõe as idéias que estarão na base de seu ensinamento, inclusive apostólico, e que podem ser assim resumidas: o instinto sexual, por natureza, serve ao bem, pois permite a transmissão da vida humana; o resultado da relação sexual é fazer com que exista não apenas um embrião, mas também um novo ser espiritual; o prazer dos sentidos, decorrente da satisfação do desejo carnal, é portanto uma boa coisa; mas o desejo, destinado a satisfazer os fins do instinto, também tende a se satisfazer em si mesmo, desinteressado de fins outros que o seu próprio; como o instinto não leva a sua finalidade objetiva (a transmissão da vida), mas para o próprio prazer, existe um equilíbrio difícil de encontrar entre instinto e prazer; é precisamente aí que entra o papel da vontade, nutrida na reflexão, no sentido de conter o desejo cego. "É aí", escreve Wojtyla, "que se define num rasgo o terreno da luta interior que marca todo homem normal."[15]

O autor do artigo também denuncia o tratamento do "problema da pureza ética no terreno sexual" que consiste em "situar todo este terreno sob o signo da proibição". É preciso nos libertarmos da idéia de que a exigência de pureza "é inimiga do amor" e considerarmos "legítima" a "busca da satisfação do desejo através da volúpia carnal". A reflexão final sobre o casamento propriamente dito é um pouco fraca, afirmando que "só o casamento, instituição sócio-legal, vem confirmar socialmente a vinculação mútua das pessoas", "criando as condições necessárias para que sua relação carnal tenha um caráter de pureza ética". Mas Wojtyla está apenas no início de seu itinerário intelectual e pastoral.

Na forma, esse primeiro artigo é algo tortuoso, como muitos de seus escritos de juventude. E sua abordagem do tema é puramente conceitual. Por baixo da reflexão filosófica, no entanto, o padre Wojtyla dá mostra de um conhecimento concreto muito particular das coisas do amor, adquirido nas inúmeras discussões e confissões com pessoas pouco mais jovens que ele. O que não é tão freqüente.

*

Alguns anos depois, em 1960, Karol Wojtyla tentaria sintetizar toda essa experiência, extremamente original, num tratado a que daria o título de *Amor e responsabilidade*. Este "estudo ético" — seu subtítulo — seria publicado dois anos depois pela editora Znak, de Cracóvia.[16]

Nada tem de um ensaio de filósofo, psicólogo ou sexólogo. O autor é pastor antes de ser pensador, e tenta organizar uma reflexão essencialmente empírica sobre o casamento, o amor, o sexo. Mas logo fica evidente, na leitura desse trabalho, que ele investiu enormemente nessas questões, que consultou muitos especialistas e que seu objetivo é efetivamente escrever uma espécie de tratado de educação sexual. Basta observar a precisão com que aborda os temas mais delicados — pelo menos para a época —, como a frigidez feminina, a masturbação, a homossexualidade etc. O título do primeiro capítulo, "Que é gozar?", ilustra essa excepcional liberdade de tom e explica o sucesso do livro entre os jovens. O pensamento é tão simples quanto sedutor: gozar é perfeitamente legítimo, diz ele, com a condição de nunca se considerar a pessoa que se ama como objeto de prazer.

Seu desejo de desmitificar todos estes temas é impressionante. Na qualidade de reação neurovegetativa, escreve ele, o desejo sexual não tem qualquer valor moral. É preciso sobretudo evitar levar a crer, particularmente aos jovens, que o sexo é algo mau. Em contrapartida, é preciso fazê-los entender que o indivíduo não é obrigado a se submeter a suas tendências e pulsões diversas, que a vontade também se manifesta nesse terreno e que é ela que funda a "responsabilidade" da pessoa. É precisamente o ponto de partida de qualquer moral sexual.

De passagem, o futuro papa puxa o tapete daqueles que pensam que um padre não tem competência para tratar de questões sexuais. Ele, o capelão tão próximo de tantos estudantes de ambos os sexos, o pastor que passa a vida entre reuniões e meditações, o confessor à escuta de todos esses adolescentes atormentados, o vigário que organiza os preparativos de casamento, tem uma experiência "indireta, é verdade, mas muito mais vasta" que qualquer outra pessoa.[17]

É também em 1960 que Karol Wojtyla conclui sua peça *A ourivesaria*. O subtítulo é meio pomposo, meio ingênuo: *Meditação sobre o sacramento do casamento vez por outra se transformando em drama*.[18] Trata-se efetivamente de uma "meditação": *A ourivesaria* não contém qualquer artifício dramático, jogo de cena ou ação. Tal como na teoria do teatro "rapsódico" de Kotlarczyk, só as palavras veiculam idéias, reflexões e às vezes algumas emoções. A abordagem teatral de Karol Wojtyla não visa portanto distrair nem deslumbrar, mas levar a refletir. O autor dramático é antes de tudo padre, e por mais que sinta prazer em voltar à grande paixão da juventude, não perde de vista seu objetivo pastoral.

A peça em si mesma não é propriamente religiosa, muito embora diga mais respeito ao "sacramento" do casamento do que ao casamento propriamente dito. Mas o autor escolheu o registro do drama humano, com personagens reais, imperfeitos, equívocos e visivelmente inspirados em exemplos da experiência vivida. Não podemos deixar de sorrir quando um dos personagens femininos, Teresa, lembra-se de que seu noivo André "paquerava" uma outra moça nos passeios pela montanha de sua adolescência. O tom é às vezes ingênuo, empolado, excessivamente generoso, sempre romântico, mas não tolamente moralizador. Deus quer que o casal seja indissociável, é verdade, mas a vida mostra que não é absolutamente fácil. De resto, no fim da peça, quando o ourives "fechou sua loja", os dois jovens que partem à conquista da vida, Mônica e Cristóvão, não parecem pisar com o pé direito, e nada garante que terão êxito na vida de casal.

As duas obras, o tratado de sexologia e a meditação teatral, também falam de seu autor. Em *Amor e responsabilidade*, Karol Wojtyla trata com precisão da abstinência sexual. A continência, escreve ele, em substância, é legítima e não acarreta qualquer problema particular, desde que seja desejada, e não conseqüência de alguma "repressão".

A leitura atenta de *A ourivesaria* adiciona uma dimensão pessoal a esta constatação de ordem geral. Certas réplicas parecem ter escapado da boca do autor, de seu pudor:

> *Os homens precisam de ternura,*
> *Têm necessidade de intimidade...*

Parecem prenunciar sua *Meditação sobre a paternidade*, escrita em 1964, e na qual não sabemos se ele está falando de Adão, o primeiro homem, ou de si mesmo. E confirmam que Karol Wojtyla não era feito de pedra. Para ele, nem sempre o celibato foi uma decisão fácil. Não no plano da castidade, que assumiu perfeitamente, mas num terreno inesperado, mais íntimo ainda: a vaga tristeza de não ser pai.[19]

8

Poeta e professor

Zofia Morstin organiza periodicamente em sua casa um autêntico salão literário: à antiga, com chá, bolinhos, convidados cultos e muita elegância no que se diz. Em seu grande apartamento no primeiro andar do número 4 da praça Jablonowski (atualmente praça Sikorski), a tia de Stanislaw Starowieyski adora promover encontros entre personalidades de passagem pela cidade e alguns intelectuais da sociedade cracoviana. A começar pelos editores do jornal em que ela trabalha, um modesto semanário católico criado há pouco com título ambicioso: *Tygodnik Powszechny* (Semanário Universal). Lá estão Jerzy Turowicz, Stanislaw Stomma, Jacek Wozniakowski e outros amigos jornalistas ou publicistas de notoriedade ainda limitada a alguns círculos cracovianos.

Naquela noite de julho de 1948, ela convidou seu sobrinho Stanislaw, acompanhado de seu amigo Karol, para fazer um relato da temporada que acabam de passar no Ocidente. Ao lado do camarada, o padre Wojtyla parece muito jovem. Traja uma batina surrada e calça sapatos velhos, destoando um pouco nesse meio burguês e algo afetado, mas não se sente incomodado: o ambiente lembra-lhe as noitadas de *babcia* Szkocka durante a guerra. E, por outro lado, basta que tome a palavra para cativar seu auditório. Com sua voz pausada, ele descreve Roma e a Itália, mas sobretudo a França e a Bélgica, a descristianização dessas velhas terras cristãs, a reconquista dos subúrbios e a pastoral operária...

A reunião é um sucesso.

— Temos de publicar tudo isto no jornal — diz alguém.

Wojtyla registra a idéia. Sem imaginar que haveria de ligar-se por muito tempo a esse grupo de pessoas abertas, cultas, entusiastas e corajosas.

O *Tygodnik Powszechny*

O "jornal". Os homens e mulheres que fazem o *Tygodnik Powszechny* vivem uma verdadeira aventura jornalística, política e intelectual desde que monsenhor Jan Piwowarczyk teve a idéia, após a libertação de Cracóvia, de lançar uma nova publicação católica. Aos 56 anos, o padre Piwowarczyk tem o jornalismo no sangue. Começou em 1922 como redator no diário *Glos Narodu* ("A Voz do Povo"), órgão da democracia cristã e propriedade do arcebispado. Em março de 1936, torna-se redator-chefe, sendo nomeado pároco de São Floriano em junho de 1939 e reitor do seminário durante a ocupação alemã.

O arcebispo Adam Stefan Sapieha aprecia esse prelado pouco conformista e cheio de iniciativa, que alia um virulento anticomunismo a idéias sociais muito avançadas: chega inclusive a ser chamado de "prelado vermelho" — um verdadeiro absurdo — por aqueles que deixa horrorizados ao dizer-se partidário da reforma agrária. O príncipe Sapieha pouco se importa, passando igualmente por "progressista" aos olhos de uma parte do episcopado. O importante, para ele, é que os católicos poloneses tenham o mais rápido possível como se informar, exprimir-se e debater, num momento em que o novo regime stalinista representa uma ameaça mortal para a Igreja da Polônia. De modo que o arcebispado de Cracóvia, que publica o novo jornal, fornece-lhe também as instalações: todo um andar do prédio da rua Wislna 12, quatro grandes cômodos cujas janelas duplas internas dão para o pátio do palácio episcopal.

Em março de 1945, monsenhor Piwowarczyk publica o primeiro número de *Tygodnik Powszechny*. Ele formou uma pequena equipe de leigos — o que é uma novidade na Polônia — sob o comando de um ex-jornalista do *Glos Narodu*, Jerzy Turowicz, 33 anos, catapultado à posição de redator-chefe. "Ser redator-chefe queria dizer fazer tudo!", contaria ele mais tarde. Turowicz já tem três filhas — sua mulher, Anna, é afilhada do marechal Pilsudski — e seus dias têm apenas 24 horas. Mas o futuro mostraria que foi uma boa escolha.

Monsenhor Piwowarczyk, que é uma personalidade respeitada, não esconde sua simpatia pelos políticos liberais e outros dirigentes anticomunistas, a começar por Stanislaw Mikolajczyk, líder do partido camponês, que seria obrigado a deixar o país depois das eleições de 1947. Alguém

POETA E PROFESSOR 155

como ele não podia deixar de cair em desgraça com o novo regime. Em Varsóvia, os militantes democratas-cristãos que lançaram no mesmo modelo o *Tygodnik Warszawski* são jogados na prisão. Em 1951, a conselho do cardeal Sapieha, Piwowarczyk deixa Cracóvia e vai marcar passo no campo à espera de dias melhores.

Jerzy Turowicz vê-se então sozinho à frente do jornal. Convoca um de seus companheiros do pré-guerra, Stanislaw Stomma, que militava com ele — e com o futuro primaz Stefan Wyszynski — no movimento democrata-cristão Odrodzenie. Stomma entrara para o seminário de Cracóvia mas não levara às últimas conseqüências aquela que julgava ser uma vocação sacerdotal. Por outro lado, desde 1946 o *Tygodnik* tem uma "prima", uma revista mensal batizada de *Znak* ("O Sinal"), dirigida por um jovem historiador de arte, Jacek Wozniakowski. Para compensar a perda do responsável "religioso" do jornal, Turowski contrataria em maio de 1951 um jovem padre que freqüentava a redação, Andrzej Bardecki.

Bardecki ainda é capelão nos "territórios do oeste" — as problemáticas dioceses recuperadas à Alemanha depois de Ialta — quando resolve ir cumprimentar os amigos do jornal, na rua Wislna, durante uma visita a Cracóvia em fevereiro de 1949. No primeiro cômodo ocupado pela redação, ele dá com Turowski em animada conversa com um jovem de batina negra. Ele não conhece Karol Wojtyla. O padre , que é vigário em Niegowic, tira de sua pasta um longo artigo com título em francês, cuidadosamente datilografado: "Missão da França".[1]

O artigo é interessante e bem escrito. Nele, Wojtyla analisa com perspicácia o divórcio entre os intelectuais católicos franceses, então de uma qualidade excepcional, e imensas camadas da população que nada sabem do Evangelho. Feita essa surpreendente constatação, que levou alguns padres a classificar a França de "país de missão", de que maneira articular essa extraordinária riqueza cultural com tão inquietante déficit pastoral? E o autor fala de suas leituras, de seus encontros, de suas impressões e das lições metodológicas que daí retira. O artigo seria publicado na primeira página no número de 6 de março de 1949.

"Eu também escrevo poemas", confidencia Wojtyla a Turowski, que fica perplexo. Um relato de viagem, vá lá, mas poemas! Não haveria hipótese de um padre assiná-los com seu próprio nome. Sua primeira obra publicada, *Canto do Deus Oculto*, saíra numa pequena revista, *A Voz do*

Carmelo, em 1946, de forma perfeitamente anônima. Wojtyla usaria então um pseudônimo, *Andrzej Jawien*. Ninguém poderia saber que se tratava de um homem da Igreja. "A publicação desses poemas estava sempre cercada de mistério", rememora Jacek Wozniakowski, que às vezes substituía Turowski na chefia da redação. "Não se podia de modo algum dizer quem era o autor. Eram bons, um pouco intelectuais, bastante claudelianos."

Não demora para que Wojtyla faça amizade com Turowski. Ao ser nomeado para São Floriano, ele se torna colaborador regular do jornal e amigo da redação. Sua nova paróquia fica a dois passos da rua Wislna. No mesmo espírito de "Missão da França", ele publica vários outros artigos, entre eles "O mistério e o homem" (1951), "Instinto, amor, casamento" (1952) e "A experiência religiosa da pureza" (1953). Sob pseudônimo, publica também alguns poemas: "Canto do esplendor da água" (1950), "A Mãe" (1950), e "O pensamento é um espaço estranho" (1952).[2]

*

No dia 5 de março de 1953, os jornalistas do *Tygodnik* ficam sabendo, como o resto do mundo, da morte do "camarada Stalin". Decidem dedicar algumas linhas ao fato na edição que está sendo preparada, mas de modo algum o elogio fúnebre que todas as publicações da Europa oriental são convidadas a publicar. Escândalo! Os censores imediatamente confiscam as provas do jornal, exigindo a publicação de uma necrologia envolta em tarja negra na edição seguinte. Turowski recusa-se a obedecer: a tarja negra seria sinal de compaixão, o que estava fora de questão. Novo confisco das provas do jornal. É uma queda de braço. Que só pode acabar mal. Os redatores cerram fileiras: sabem que estão correndo risco de ser presos.

Para o número da semana seguinte, Turowski prepara uma longa entrevista do primaz, o cardeal Wyszynski. Nova intervenção da censura. O governo, que não perde a oportunidade de uma provocação, passa a exigir a demissão de Turowski e Stomma, os quais pretende substituir por dois esbirros do movimento pseudocatólico e pró-comunista Pax. Mas a redação anuncia, unânime, que prefere dissolver-se. Seguem-se três meses de ásperas negociações com os representantes do governo, entre Cracóvia e Varsóvia. Em vão. Às 16h15 do dia 22 de junho, em Varsóvia, o ministro do Culto, Antoni Bida, põe fim brutalmente às discussões. À mesma hora, a polícia esvazia e fecha as instalações do jornal na rua Wislna. Dois dias depois, uma nova equipe, toda ela composta de pretensos "jornalistas católicos" escolhidos pela polícia política, toma posse dos arquivos e máquinas, com uma missão simples: publicar um *Tygodnik Powszechny* mais dócil. O mesmo jornal, com o mesmo logotipo, o mesmo projeto gráfico, a mesma numeração, mas... obediente!

Naturalmente, Karol Wojtyla deixa de enviar artigos. Dedica-se então a seu livro *Amor e responsabilidade* e a sua tese de doutorado. Mas não abandona seus novos amigos agora desempregados, alguns dos quais, entre eles Turowski, enfrentam graves problemas financeiros. A partir do mês de agosto de 1953, o padre Wojtyla e o pároco da Igreja de Nossa Senhora, padre Mahaj, enviam regularmente uma soma aos "redatores com encargos de família". Só muito mais tarde Turowski tomaria conhecimento da origem desse dinheiro.[3]

Seria necessário esperar três anos e meio, e que tivesse início o período de degelo ideológico que ficaria nos livros de história como o "Outubro Polonês", para que o novo chefe do partido, Wladislaw Gomulka, empenhado em conquistar a simpatia dos católicos, concordasse em devolver a Turowski e sua equipe a direção do *Tygodnik*, permitindo que o jornal saísse "normalmente". Mas tudo é relativo, naturalmente: a censura continuaria vigilante até a queda do regime, em 1989, e durante várias décadas o combate permanente contra os censores oscilaria entre o trágico e o cômico. Assim, durante o período da "lei marcial", de 1981 a 1986, quando o general Jaruzelski proíbe qualquer menção do nome de Lech Walesa na imprensa polonesa, o *Tygodnik* substituiria sistematicamente o nome do líder do sindicato Solidariedade pelo longo título do artigo de lei que proibia citá-lo, com abundância de parênteses e reticências, provocando a cada linha o riso dos leitores.

*

No início do verão de 1953, no momento do brutal fechamento do *Tygodnik*, Karol está quase concluindo sua tese de doutorado sobre Max Scheler e busca examinadores para sua defesa. É uma etapa importante no início de uma carreira universitária. Para o ex-colegial de Wadowice, essa formalidade intelectual e administrativa é uma consagração.

Na Universidade Jagellon, nessa época, a filosofia é um simples departamento da prestigiosa faculdade pontifícia de teologia, inteiramente dirigida e programada pela Igreja. Não surpreende, assim, que a disciplina seja então dominada por eclesiásticos, a começar pelo deão, o padre Wladyslaw Wicher, e o professor Konstantin Michalski, de grande reputação. Mas Karol, que se afastou com seu trabalho sobre Max Scheler dos cânones da Igreja, manifesta o desejo de que a banca examinadora seja presidida por um membro leigo do corpo docente. Escreve inicialmente ao professor Roman Ingarden, ex-aluno de Husserl que ensinava em Cracóvia, onde havia introduzido a fenomenologia, e que conhecia bem a obra de Max Scheler. Mas Ingarden não aceita. É então que Wojtyla se lembra de uma reunião promovida meses antes na casa do padre Czeslaw Obtulowicz, primeiro vigário da paróquia de São Floriano, na qual ouviu uma exposição feita por um renomado tomista, professor na Universidade Católica de Lublin e diretor de cursos na Jagellona, que o impressionou muito. O conferencista, então com 46 anos, chamava-se Stefan Swiezawski.

O professor Swiezawski recebe então uma carta "muito reverenciosa" do jovem padre que efetivamente se lembra de ter conhecido naquela reunião. "Aceitei seu pedido sem grande entusiasmo", conta ele, "pois não sabia muito bem o que um especialista em século XIV como eu ia fazer às voltas com Max Scheler! Mas Karol Wojtyla me havia agradado. E também havia conquistado minha mulher, durante um retiro no qual pregou na paróquia de São Floriano. De modo que aceitei. E não me arrependi."[4] A apreciação do professor Swiezawski sobre o trabalho de Wojtyla, assim como a dos outros membros da banca, é muito favorável. Ele se mostra sensível especialmente à conclusão da tese de Wojtyla, que não se choca com suas próprias convicções tomistas. Em substância: Max Scheler não pode servir de base a uma teologia moral cristã, mas pode contribuir com elementos preciosos para uma futura síntese.

No fim do mês de novembro de 1953, a tese é aprovada. Os professores Swiezawski, Usowicz e Wicher deram opinião muito favorável. Mas Karol ainda não tem direito ao título de "professor doutor", em vista do regulamento administrativo das universidades polonesas: o título de docente só pode ser concedido pelos estabelecimentos universitários a professores assalariados, o que não é o caso do padre Wojtyla.[5]

POETA E PROFESSOR

A questão deveria ser resolvida em poucos meses — no máximo até o início do ano universitário de 1954-1955. Mas os acontecimentos haveriam de precipitar-se no plano político e Karol ainda esperaria três anos para afinal chegar a seu objetivo em novembro de 1957, em Lublin: ser professor com dedicação exclusiva. Entretanto Karol Wojtyla transpõe a barreira invisível que separa alunos de professores. E embora seja pequena sua diferença de idade em relação aos rapazes e moças da universidade — ele tem 33 anos —, é com uma nova aura que ele percorre já agora o saguão da Universidade Jagellon, aquele mesmo saguão que tantas vezes atravessara antes da guerra como simples estudante.

É bem verdade que o lugar já não é completamente o mesmo, pois passou a ser dominado por um enorme busto de Josef Stalin.

*

Justamente, nesse fim do ano de 1953, seja em Moscou ou Varsóvia, os sucessores de Stalin disputam violentamente sua herança política e a situação torna-se extremamente tensa em todos os países do Leste europeu. Na Polônia, país tão imbuído de fé, as precauções do poder comunista no manejo das questões religiosas pertencem ao passado. O chefe da diocese, monsenhor Eugeniusz Baziak, que sucedeu a Sapieha, é detido e todo mundo espera que o cardeal primaz também seja detido em Varsóvia. Pois na Hungria, o primaz de Esztergom, o irredutível cardeal Mindszenty, não foi condenado à prisão, em 1949, por "conspiração"?

E com efeito, no dia 25 de setembro de 1953, um grupo de homens armados arromba a grade do palácio episcopal, na rua Miodowa, na cidade velha de Varsóvia. Os emissários do governo irrompem na Sala dos Papas e, sob a imagem da Virgem de Czestochowa, detêm o primaz, que logo seria levado, em plena noite, para destino desconhecido. O infeliz cardeal passaria três anos detido.[6] A comoção é grande na população polonesa. O regime não se importa. Para os fiéis, o sinal é claro: o Partido Comunista sente-se já agora suficientemente forte para atacar de frente seu adversário mais importante, aquele que congrega a grande maioria da sociedade civil do país, a Igreja Católica.

Em Cracóvia, logo as autoridades investem contra a mais antiga instituição da universidade, a faculdade "pontifícia" de teologia — que, como indica seu próprio nome desde a fundação em 1397, depende diretamente do papa. Os dirigentes comunistas de Varsóvia adotaram a célebre e desdenhosa tirada de Stalin: "Quantas divisões tem o papa?" A venerável faculdade é brutalmente fechada em outubro de 1954. Acaso da história: a aprovação da *habilitacja* de Karol Wojtyla terá sido o último ato oficial da faculdade de teologia da Universidade Jagellon antes de ser fechada.

Acontece que os professores e os alunos — quase todos católicos e anti-comunistas — não se dão por vencidos. Nesse outono de 1954, as aulas são retomadas na clandestinidade, em residências particulares, em conventos, como havia acontecido durante a ocupação nazista. A Polônia é a Polônia. De sua parte, Karol Wojtyla dá aulas de ética social aos seminaristas de Cracóvia, Katowice e Czestochowa,[7] aos quais as grandes congregações (dominicanos, jesuítas etc.) oferecem um mínimo de meios materiais e as instalações necessárias.

Na Polônia, essa perpetuação do ensino e da cultura é uma espécie de reflexo coletivo, de natureza patriótica. Diante da opressão, venha de onde vier, a nação continua a viver "*pod ziemia*", ou seja, "debaixo da terra". Nesse país tão cristão, continua vigorando o tempo das catacumbas. Mais tarde, o general Jaruzelski sentiria na carne essa realidade, ao julgar que poderia neutralizar a oposição operária e democrática encarnada pelo sindicato Solidariedade, decretando a "lei marcial" num certo dia 13 de dezembro de 1981.

Os anfiteatros de Lublin

Em 1954, os comunistas começaram a investir também contra a prestigiosa Universidade Católica de Lublin (KUL): prendem o reitor, demitem alguns antigos professores, ameaçam os alunos, fecham a faculdade de direito. Graças a uma astúcia administrativa — o recurso aos estatutos do pré-guerra, que continuam em vigor —, o corpo docente consegue criar *in extremis* uma faculdade de filosofia. Coragem é o que não falta a esses professores. Um dos mais jovens membros do corpo docente, Jerzy Kalinowski, 40 anos, é eleito decano. Um de seus adjuntos é Stefan Swiezawski, um velho conhecido.

Desde o episódio da *habilitacja* de Karol, um ano antes, os dois ficaram amigos e se freqüentam fora dos círculos universitários. Em meados de setembro de 1954, Swiezawski e sua mulher acompanham Wojtyla em uma longa caminhada pela montanha na região de Nowy Targ, no monte Gorce. Programação clássica: missa às cinco horas da manhã na pitoresca igreja de madeira de Debno, partida para o passeio às seis horas e parada pouco depois do meio-dia na casa de um pároco amigo, o padre Wojciech Zygmund, ex-resistente da Armja Krajowa conhecido por seu anticomunismo. Mesmo nessa altitude, os representantes do poder estão de olho: Swiezawski lembra-se de que, mal haviam chegado, os três caminhantes assistiram à chegada de agentes da UB, a polícia política, que durante uma hora contada no relógio interrogaram o anfitrião sobre seus misteriosos visitantes. "Foi nesse dia, descendo de volta da montanha, que propus a Karol que se candidatasse à cadeira de teologia moral em Lublin", recorda-se Swiezawski. "Ele veio fazer uma primeira conferência na KUL e aceitou."[8] O conselho da KUL aceita a proposta de Swiezawski no dia 9 de outubro de 1954. O futuro papa receberá o título de "professor-adjunto", devendo garantir três horas por semana, pagas em férias, no departamento de ética e filosofia dirigido pelo professor Bednarski.[9] Tema do curso nesse primeiro ano: "o ato e a prova ética". No ano seguinte, em condições semelhantes, ele seria ouvido sobre "o bem e o valor".[10]

A KUL era um lugar único, uma exceção, uma espécie de milagre naquele pós-guerra tão atormentado! Claro que existem outras universidades católicas no Velho Continente, como em Louvain, na Bélgica, mas durante todo o período "socialista" a Universidade Católica de Lublin terá sido o último bastião do ensino superior no Leste.

Fundada em 1918, a instituição é muito respeitada. O novo líder da Igreja polonesa, o próprio Stefan Wyszynski, nela obteve seu doutorado em ciências sociais da Igreja, sem saber que em 1946 tornar-se-ia arcebispo de Lublin e depois primaz da Polônia. Meio século mais tarde, a lembrança das duas personalidades mais famosas que freqüentaram a KUL dominaria o pátio da universidade, na forma de uma estátua de bronze representando o cardeal Wyszynski e o papa João Paulo II no dia de sua entronização, em outubro de 1978: não há um polonês que não se lembre daquela cena extraordinária, na qual o novo chefe da Igreja erguia com seus braços vigorosos o velho primaz que se ajoelhava diante de seu ex-adjunto.[11]

O pátio não mudou, à exceção de uma fachada moderna integrada ao estilo século XIX dos dois andares de galerias e salas de aula. No segundo andar, na ala esquerda, a sala 208 é dedicada a Pio XI. Nos anos 50, era a sala 33, aquela onde o professor Wojtyla dava suas aulas — para uma classe sempre lotada, com estudantes de outras faculdades alinhados em fileiras apertadas ao longo das paredes —, antes de se reunir com algum aluno que estivesse preparando tese numa das salinhas de filosofia do térreo, cobertas de livros.

O professor Wojtyla não é do tipo que ano após ano se senta e recita de cadeira as mesmas fichas. Ele costuma caminhar sobre o estrado enquanto fala, cabeça baixa, braços nas costas, sem recorrer a notas.[12] Tem mania de repetir as coisas de formas diferentes, sob vários ângulos, retornando aos mesmos elementos essenciais, só parecendo inclinado a uma síntese depois de estar certo de que passou a mensagem. Quantas vezes não haveria de utilizar essa técnica de exposição — habitual entre os intelectuais alemães, mas às vezes desconcertante para os cartesianos franceses — em suas homilias apostólicas!

Ainda hoje, corredores e anfiteatros são protegidos do frio por vidraças duplas. Lublin fica no coração da Europa central... e não só do ponto de vista climático. A igreja da KUL, no campus universitário, lembra que a história e a geografia misturam-se aqui ao longo dos confrontos entre a Europa ocidental e a oriental. Ela foi construída em 1920, depois da guerra contra os bolcheviques, com materiais da grande igreja ortodoxa que se erguia no centro da cidade velha: naquela época, a igreja "russa" foi dinamitada, assim como a catedral ortodoxa que dominava a Praça da Vitória em Varsóvia. Uma época difícil. O ressentimento entre a Rússia ortodoxa e a Polônia católica coincidia até em seus excessos com o contencioso que opunha a Igreja do Oriente à Igreja do Ocidente. Mil anos de conflitos armados, conversões forçadas e convivência sangrenta. Único testemunho de união entre as duas Igrejas irmãs: a capela da Santíssima Trindade do castelo real de Lublin, obra-prima gótica inteiramente decorada — um caso único — com esplêndidas pinturas bizantinas russas.

A cada passo, uma visita à KUL lembra que nada é simples nessa região. Assim, o prédio da Universidade Católica, inicialmente um mosteiro dominicano, foi transformado em hospital militar pelo ocupante nazista,

POETA E PROFESSOR   163

em 1939-1944. Mas quando o exército da Polônia "popular" recuperou a posse dos prédios em frente, tratou de instalar, na entrada dos prédios da III Divisão de Infantaria, duas metralhadoras apontadas para a KUL — mais claro símbolo, impossível —, provocando o sarcasmo dos estudantes.

Ainda mais recentemente, na igreja atualmente decorada com afrescos modernos, foi inaugurada uma placa em memória das vítimas de Katyn.[13] O lugar onde foi cometido em 1940 um dos massacres mais abomináveis do século, este local que resume por si só a imensidão do contencioso polonês-soviético, fica a apenas 700 quilômetros de Lublin. Na época em que Wojtyla ensinava, o drama de Katyn estava presente no coração de cada polonês, mas não se podia inaugurar uma placa em memória de suas vítimas, nem mesmo falar a respeito em público.

*

Em vinte anos de magistério, Karol Wojtyla nunca chegaria a morar em Lublin, que não tem, é verdade, os encantos de Cracóvia: apertada contra a fronteira da União Soviética, Lublin é uma cidade provinciana, meio morna, cujos novos bairros são verdadeiros canteiros de obras lamacentos e desconfortáveis. Como muitos professores da KUL e da Universidade Marie Curie, instituição pública também sediada nessa cidade distante dos principais eixos, Karol prefere, assim, manter sua base em Cracóvia, ainda que precise fazer freqüentes viagens de ida e volta de trem para dar seus cursos, tentando reunir suas horas de aula para limitar os deslocamentos.

No início, semana sim, semana não, ele toma o trem noturno e desembarca na estação de Lublin por volta das cinco horas da manhã. Na época, são necessárias oito horas de viagem para percorrer os trezentos e quarenta quilômetros que separam as duas cidades. A solução menos penosa consiste em viajar à noite, no vagão-leito. Wojtyla compartilha uma cabine com algum outro professor — por exemplo, o amigo Swiezawski, ou o professor Franciszek Tokarz, renomado especialista em hinduísmo e grande palrador, que fica desesperado ao ver seu companheiro de viagem, mal o trem dá a partida, ajoelhar-se no chão da cabine para orar em silêncio até o meio da noite.

Não surpreende portanto que, depois de noites tão curtas, o professor Wojtyla às vezes caia no sono em plena aula de metafísica! Ainda mais porque este "louco de Deus" não aproveita os intervalos para relaxar com os colegas, conversando tranqüilamente diante de uma xícara de chá: é mais comum encontrá-lo orando na capela ou lendo seu breviário com assiduidade. O sucesso universitário, que virou muitas cabeças eclesiásticas, não desviou o futuro papa do essencial. Uma de suas ex-alunas recorda-se, num depoimento, que foi encarregada de oferecer um buquê de tulipas ao professor Wojtyla, no fim do ano, para um agradecimento em nome de todos os alunos: emocionado, o professor pediu-lhe gentilmente que levasse as flores em oferenda à Virgem, na capela.

Na primavera de 1955, os estudantes da KUL ficam estupefatos quando o professor Wojtyla lhes propõe que organizem uma meditação de dois dias na montanha de Pewla, perto de Zywiec, no maciço dos Tatras, em vez do habitual retiro de fim de ano escolar na capela da universidade. A maioria deles nunca esqueceria o comentário da encíclica *Mystici Corporis Christi* feito em comum em plena natureza, sob o céu estrelado dos Cárpatos.

*

No início, em Lublin, Wojtyla dormiu várias vezes no *konwikt*, o antigo convento transformado em dormitório no próprio campus da KUL, em frente à igreja. "Abarrotado, superlotado de padres de todas as partes do Polônia, de todas as congregações", lembra o amigo Malinski, que logo estaria cursando ali o seu doutorado de filosofia. "Pequeno demais para um excesso de candidatos, quartos apertados e pouco acolhedores, um banheiro comum, frio e escuro."[14] Wojtyla teme menos o desconforto que a promiscuidade. Amigo da solidão, ávido de leitura e oração, não gosta da idéia de precisar dividir um quarto com um, dois ou até mesmo três outros professores: quanto tempo perdido em conversas inúteis! Logo, portanto, ele prefere hospedar-se, vez por outra, no convento dos dominicanos, na cidade velha, onde é recebido de boa vontade por seu colega Albert Krapiec, membro dessa congregação.

Depois, em 1957, ele se hospeda em outro convento, o das ursulinas "negras", no centro da cidade moderna. Um pórtico, uma porta recuada, uma escada de carvalho que conduz a um longo corredor cheirando a encáustica no primeiro andar. Nesse corredor, o padre Wojtyla, mal chegando da estação de Lublin, muitas vezes reza a *via crucis* com as irmãs presentes. E sempre encontra tempo para orar à Virgem de Czestochowa numa capela ao lado, antes de se fechar para trabalhar num pequeno quarto que dá para o velho claustro, do outro lado do corredor.

Teresa Bartnika, na época uma jovem religiosa ursulina, lembra-se com emoção daquele homem nada comum, "que usava um guarda-pó cáqui por cima da batina e na cabeça uma *pilotka,* barrete forrado cujos protetores de orelha ele nunca prendia". As religiosas que cuidam dele chamavam-se Chryzanta Nowak e Wanda Kurpisz. Esta, que conheceu o padre Wojtyla quando era capelão universitário em Cracóvia, convida-o um belo dia a fazer conferências para as ursulinas, à noite, antes de jantar às pressas e ir tomar o trem. É assim que o padre Wojtyla lhes fala do sentido da vida consagrada, tema que haveria de desenvolver amplamente depois de sua eleição em Roma.

Nas vezes em que fica para passar a noite, freqüentemente as irmãs levam-lhe de comer em seu quarto — sempre a mesma preocupação de ganhar tempo — e lhe oferecem chá. Todos os depoimentos convergem sobre sua simplicidade e sua cordialidade com as irmãs, inclusive as mais humildes: nunca um olhar altivo, sempre um pequeno cumprimento nos lábios, às vezes um gracejo — Wojtyla sempre gostou de provocar as religiosas. "Cuidar daquele jovem professor não era necessariamente algo que nos valorizasse", conta irmã Teresa, "mas quando ele foi nomeado arcebispo as irmãs disputavam a honra de arrumar seu quarto e lavar sua roupa de cama."[15]

Na KUL, além do grande amigo Stefan Swiezawski, Karol Wojtyla freqüenta uma equipe de jovens filósofos brilhantes, que logo constituiriam um grupo informal. Dele fazem parte o padre Jerzy Kalinowski, o jovem deão da faculdade de filosofia;[16] o padre Albert Krapiec, um dominicano especializado em metafísica, profundo conhecedor de Aristóteles, que haveria de tornar-se reitor da KUL;[17] o padre Marian Kurdzialek, um medievalista; e o padre Stanislaw Kaminski, lógico, epistemologista e metodologista, que encanta o jovem Wojtyla por sua força intelectual e seu senso de humor.[18] Os seis se reúnem com freqüência cada vez maior — clandestinamente, é claro. Compartilham as mesmas idéias sobre a filosofia, o papel da KUL etc. Sentem-se intelectual e fraternalmente unidos: "Eu nunca mais teria uma amizade assim em toda a minha vida", conta Swiezawski.[19]

Hoje em dia se fala, a esse respeito, de uma "escola filosófica de Lublin". Será talvez exagerar a importância desse pequeno grupo de filósofos neotomistas perdidos no coração da Europa socialista, proibidos pelo regime vigente de qualquer comunicação com o resto do mundo e que além disso se exprimem numa língua polonesa desconhecida além das fronteiras. O pequeno círculo também se reúne para tratar da questão da resistência ao comunismo. Para seus membros, a questão é utilizar meios específicos e culturais de resistência: estudo da filosofia tomista, refutação intelectual do ateísmo etc. Quantas vezes não ouviriam Wojtyla explicar que o marxismo não tem resposta sobre o homem *como tal*, e que oferece apenas uma *idéia* do homem! Não lhes interessa fundar um partido clandestino ou um clube de opositores: para todos eles a política concreta parece uma perda de tempo. Especialmente para Karol. O ano de 1956 forneceria disto uma surpreendente ilustração.

O ano de 1956

Este ano histórico — ano do relatório Kruschev, da morte do chefe do Partido Comunista, Boleslaw Bierut, da insurreição operária de Poznan, da chegada de Wladislaw Gomulka ao poder, da libertação do primaz Wyszynski, do "Outubro polonês", da insurreição de Budapeste — é crucial para a Polônia e para toda a Europa. Mas não para Karol Wojtyla. Em todas as biografias do papa João Paulo II, pula-se tranqüilamente o período que vai de 1954 (quando ele começa a ensinar em Lublin) a 1958 (quando é nomeado bispo). Curioso silêncio.

É bem verdade que naquele ano nada de espetacular acontece na vida do futuro papa. Mas talvez essa lacuna também se explique pelo fato de que esse período não "combina" com a imagem que veio a ser modelada de um João Paulo II eminentemente político, resistente corajoso, anticomunista ferrenho etc. Não deixa de ser um paradoxo que esse momento dramático da história da Polônia contemporânea não apresente *qualquer* traço de intervenção do padre Wojtyla. Será possível que essa série de terremotos ideológicos e geopolíticos não tenha preocupado o jovem padre tão dinâmico e tão próximo dos jovens? Que um homem tão apaixonado pela escrita não tenha escrito um único artigo sobre tudo isso? A resposta é surpreendente: até os anos 60, com efeito, Karol Wojtyla nunca fez política. Como se vivesse à margem dos acontecimentos.

Desde sua chegada a Cracóvia em 1938, Karol preservou-se de qualquer engajamento partidário, que considera tempo perdido. O único terreno em que é visceralmente "engajado", como a maioria dos poloneses, é o amor à pátria — mas ele prefere confiar sua proteção à Virgem Maria. Com uma fé profundamente entranhada, considera vãos os cálculos e as lutas dos políticos: para ele, os homens propõem mas o Espírito Santo dispõe. E a oração é mais eficaz que todas as formas de militância. A seus olhos, o comunismo que passou a reger seu país é antes de tudo um empreendimento ateu cujo objetivo é construir uma sociedade sem Deus. Antes mesmo de considerar "totalitário" o novo regime polonês, ele enxerga seus fundamentos "materialistas". Segundo ele, se os comunistas são perigosos, é porque propõem uma alternativa à concepção cristã do mundo. E é nesse terreno que é preciso combatê-los, ou seja, refutando suas teses com argumentos filosóficos. É essa idéia que o leva a se interessar pela economia nos anos 50.

Ingenuidade? No início, talvez. Mas Wojtyla não era o único na Polônia a se questionar de boa-fé, no período de 1946 a 1950, sobre os objetivos do novo regime. A Polônia saiu da guerra devastada. O momento é de reconstrução do país, de criação de uma sociedade nova, e não é absurdo preconizar mudanças radicais no plano social, como fazem, naturalmente, os comunistas.

Nesse contexto, o próprio primaz recém-eleito fez questão de negociar um *modus vivendi* com os dirigentes do país, no dia 14 de abril de 1950, correndo inclusive o risco de desestimular a resistência popular ao novo regime e também de chocar o Vaticano — a começar por Pio XII, que na época considera o comunismo o pior inimigo da cristandade. Só um pouco mais tarde, quando o regime se revelou decididamente iníquo e brutal — especialmente ao prender Wyszynski —, a maioria da população entraria em resistência passiva. A começar pelos padres, que apoiariam maciçamente a sublevação de 1956.[20]

Tudo indica que Wojtyla assiste apenas como espectador aos acontecimentos sangrentos de Poznan, em junho. Nenhum sinal de qualquer tomada de posição! Na própria Poznan, no dia 1º de março de 1959, ele concluiria uma meditação com um discurso para os estudantes da cidade, na igreja dos dominicanos: mal se pode encontrar uma alusão à "revolta", que deve basear-se nos "verdadeiros valores", e seu texto não contém qualquer menção aos acontecimentos de 1956, que ainda estão na cabeça de todos os jovens presentes.[21]

O fato é tanto mais digno de nota se tivermos em mente que na época tudo é político, a começar pela temporada do primaz da Polônia na prisão. No que diz respeito a Karol, a mesma coisa: se ele faz um trabalho pastoral nos bosques, é porque não tem o direito de fazê-lo à luz do dia. Mais político ainda: em dezembro de 1957, planejando com entusiasmo uma viagem a Louvain com escalas na França e na Suíça, ele até recebe autorização dos meios universitários oficiais, mas não obtém um passaporte e é obrigado a desistir do reencontro com o Ocidente.

O paradoxo é chocante. Segundo todos os depoimentos, Wojtyla "detesta" a política, nessa época conturbada, e trata de manter-se à distância. O ensino, os jovens, a escrita e o esporte são suficientes para fazê-lo feliz. Não é exagero: Wojtyla provavelmente nunca seria mais feliz em toda a sua vida do que nesse dramático ano de 1956.

*

Com efeito, enquanto a tensão aumenta no Leste europeu em geral e na Polônia em particular, o padre Karol nutre tranqüilamente sua vocação e desenvolve suas qualidades em ambiente fechado, num meio que, é preciso reconhecê-lo, lhe convém perfeitamente. A começar pelas caminhadas com "seus" jovens, as excursões ao ar livre, as saídas esportivas pelos quatro cantos do país. Nunca em toda a sua vida Karol Wojtyla cultivou tão intensamente o esporte: esqui, caiaque, bicicleta, caminhadas pela montanha.

No inverno, todo mês ele parte com jovens em direção a suas montanhas favoritas, esquis no ombro e breviário no bolso. Em janeiro, esquia em Zakopane e Krynica (ao sul de Nowy Sacz, perto da fronteira eslovaca). Em fevereiro, vamos encontrá-lo na região de Mszana e Kasinka, no monte Wielki Lubon (1.022m). Em abril, percorre as pistas do vale de Chocholowska, perto de Zakopane.

POETA E PROFESSOR 169

Terminado o tempo da chuva e da neve, ele põe de lado os esquis e se entrega a outros prazeres. Em maio, mochila nas costas, percorre os caminhos de Turbacz, uma de suas regiões prediletas. De 15 de julho a 1º de agosto, com um grupo de vinte e dois jovens cheios de entusiasmo, ele desce de caiaque o Czarna Woda e o lago Wieprznickie, de Skorzewo até a cidade de Grudziadz, no Vístula. Nas mochilas, junto com a lona das tendas, uma pilha de livros a serem discutidos nas paradas: Maxence Van der Meersch, Gilbert Cesbron etc. Em setembro, vai de bicicleta de Swieradow a Swidnica, percorrendo cento e vinte quilômetros através da Silésia, em companhia de alguns amigos — entre os quais Janina e Jerzy Janik, jovens professores recém-casados cuja filha ele viria a batizar e que continuariam sendo amigos até o fim da vida.[22]

*

Entre essas numerosas aventuras esportivas, o professor Wojtyla dá suas aulas na KUL, em Lublin, onde sua agenda logo ficou bastante carregada. Primeiro, participa cada vez mais de seminários e faz um número cada vez maior de conferências especializadas: na Sociedade Científica da KUL, fala sobre "Duas concepções da liberdade" (em abril) e "Os fundamentos do perfeccionismo ético" (em outubro); no Instituto de Cultura Religiosa Superior (IWKR), faz uma série de exposições sobre "A ética do casamento". Mas também lhe é confiado, no ano universitário de 1956-1957, quase todo o ensino de teologia moral. É o ano em que o professor Bednarski parte para Roma, entregando o departamento a seu protegido. Semanalmente, assim, Wojtyla daria oito horas de aulas e trabalhos dirigidos.[23]

É muita coisa. E por sinal já é hora de regularizar a situação administrativa do jovem professor que só leciona como substituto. No dia 27 de novembro, o conselho da KUL aprova por unanimidade uma moção do deão da faculdade de filosofia, Jerzy Kalinowski, propondo que Karol Wojtyla seja nomeado professor suplente na cadeira de ética. A solicitação é levada dias depois à comissão central de qualificação dos trabalhadores científicos, em Varsóvia, a qual — burocracia é burocracia — daria sua opinião favorável um ano depois, em novembro de 1957. Só a partir de então Wojtyla trocaria sua condição de substituto pela de assalariado, podendo almejar o título de docente e finalmente tornar-se titular, sem qualquer equívoco, da prestigiosa cadeira de ética, à frente da qual permaneceria até sua eleição apostólica em outubro de 1978.[24]

Como se isso não bastasse para preencher o tempo de um homem de bem, Wojtyla dá aulas "particulares" aos anglicistas da KUL — fazendo-os estudar Santo Tomás — e ministra aos seminaristas de Cracóvia uma primeira série de cursos sobre ética econômica, a que daria prosseguimento em 1957-1958. Pela primeira vez Wojtyla toca nos problemas "sociais".

Um de seus alunos cracovianos da época, o seminarista Romuald Walder, então com 20 anos, lembra-se de que Wojtyla chegava ao seminário, na rua Mickiewicz 3, em trajes pouco de acordo com a tradição algo afetada dos professores cracovianos: à guisa de chapéu negro, continuava usando a mesma *pilotka* de couro que tanto havia impressionado as irmãs ursulinas de Lublin, e o mesmo guarda-pó de tecido grosseiro sobre a batina gasta. "Na sala de aula, quando jogava o sobretudo na cadeira, ficava perfeitamente claro que se vestia mais pobremente do que a maioria dos alunos."[25]

*

Estudantes, seminaristas, jovens em geral: o padre Wojtyla sente grande prazer em ouvir, formar, reunir todos esses adolescentes, rapazes e moças, que são sua alegria e sua razão de viver.

Para a quaresma, em fevereiro, ele prometeu promover um retiro para as pupilas das irmãs da Imaculada Conceição em Szymanow, entre Lublin e Radom. Momento difícil! Como o frio e a neve perturbaram as comunicações, o trem de Cracóvia chega com grande atraso nesse povoado perdido, quando ninguém mais já o espera e os veículos puxados a cavalo já voltaram para as fazendas das imediações. Às duas horas da manhã, a uma temperatura de 25° negativos, o padre Wojtyla, tiritando, é obrigado a caminhar vários quilômetros na noite gelada, escalar a grade do convento e tamborilar nas janelas do prédio até ser ouvido e acolhido por irmãzinhas assustadas e confusas.

Na Páscoa, é em São Floriano, onde preservou amigos e redes de ação pastoral, que ele movimenta a semana santa com o pequeno coral que criou em outros tempos e do qual conhece pessoalmente cada membro. Toda

POETA E PROFESSOR   171

manhã, antes do alvorecer, o grupinho postado diante do altar-mor enche
a igreja de cantos gregorianos, compondo uma liturgia muito bela e
comovente. Momentos assim, quando são bem vividos, marcam para o
resto da vida. Da mesma forma, em dezembro, na época do Advento,
Wojtyla toma a frente de uma série de noites de recolhimento com grupos
de jovens, noivos que se preparam para o casamento e também três casais
de amigos esperando filhos (os Deskur, os Rybicki e os Ciesielski). Pastoral dos jovens, reflexão sobre o amor humano, fidelidade na amizade:
Wojtyla vive em coerência consigo mesmo.

Finalmente, além dos estudantes, o padre Karol dedica tempo cada
vez maior a seu papel de capelão do serviço de saúde de Cracóvia. Em
dezembro, toma a frente de uma primeira peregrinação de médicos católicos — desta vez de ônibus — a Czestochowa. Haveria outras. Naturalmente, foi pensando em seu irmão Edmund que ele aceitou essa tarefa.
Ao longo do ano de 1957, e mais ainda em 1958, o padre Wojtyla haveria
de desdobrar-se em conferências para a classe médica, geralmente no convento das irmãs da rua Felicjanek, e debates com os médicos. Neles, pode
colher todo um manancial de informações e reflexões sobre seus temas
filosóficos favoritos: seria possível falar da ética sexual sem fazer referência a seus aspectos biológicos e psicológicos?

Assim é que o jovem Wojtyla toma pé no confronto com cientistas. O
que lhe desperta vivo interesse. Tais contatos haveriam de multiplicar-se
no futuro. Como bispo e logo arcebispo, ele trataria sempre de associar
médicos a seus trabalhos sobre ética, da mesma forma convidando cientistas com freqüência para sessões teológicas ou colóquios sobre a Igreja.
Mais tarde, quando vier a associar médicos e pesquisadores a sua reflexão
apostólica, João Paulo II estará apenas retomando um velho hábito.

9

O Concílio Vaticano II

No início de agosto de 1958, o padre Wojtyla está de férias com seu grupo de jovens, percorrendo o Lyna de caiaque, no extremo norte da Polônia. É o período em que, como vimos, ele sai em aventuras esportivas pelos quatro cantos do país, conciliando sua paixão pela pastoral dos jovens e seu gosto pelas férias ao ar livre. Em julho, já estivera remando no San, entre Przemysl, na fronteira ucraniana, e a cidade de Lezajsk. Desta vez, desce o rio Lyna, que, depois de atravessar Olsztyn e alguns dos mais belos lagos poloneses, passa a fronteira da União Soviética e continua seu curso, com o nome de Lava, no enclave russo de Kaliningrado. O futuro papa polonês, comentariam, tem preferência por regiões fronteiriças.

Toda noite, na vigília, ele propõe como tema de debate e meditação os diferentes capítulos de um projeto de livro que está preparando e que ainda não tem o nome de *Amor e responsabilidade*. O amor, o casal, o casamento, a sexualidade: os temas abordados pelo "tio Karol" correspondem às preocupações íntimas de todos esses jovens, que nem por serem crentes deixam de ser acometidos pelas mesmas preocupações existenciais. Esses debates coletivos, as longas conversas pessoais em caiaque e as confissões individuais permitem a Wojtyla corrigir um *a priori,* depurar uma reflexão, nuançar uma conclusão. Em matéria de filosofia, o futuro papa se entrega a uma verdadeira reportagem psicológica e sociológica!

Certo dia, o grupo fez uma parada em Swieta Lipka, ao norte de Mragowo. A região é um paraíso terreno para os amantes de belas paisagens. A Mazuria, conhecida como a "região dos mil lagos", é uma obra-prima do Criador. Ali, escondido num pequeno vale, um santuário do século XIII está à espera dos remadores, que se fazem peregrinos para visitar esse lugar encantador onde, segundo se diz, ocorreram muitos milagres. Na saída do santuário, entre uma oração e a montagem do acampamento, trazem um telegrama para o padre . O cardeal Wyszynski tentou encontrá-lo e o espera com toda a urgência em Varsóvia: Karol Wojtyla foi feito bispo!

O padre Wojtyla larga a mochila, o caiaque, os remos e as estacas da barraca. Entre o encorajamento e os cantos de suas ovelhas, entra num carro e percorre a jato os 230 quilômetros que o separam da capital. Direção: o convento das ursulinas, à beira do Vístula, onde se hospeda sempre que está em Varsóvia. Lá, mete-se numa batina, salta dentro de um táxi e finalmente entra no pátio do palácio episcopal, na rua Miodowa. É lá que o cardeal primaz lhe confirma oficialmente a notícia: o papa Pio XII o fez bispo.

Bispo aos 38 anos

É o papa, como se sabe, que nomeia os bispos. Naturalmente, seguindo as indicações do episcopado local. Mas o padre Wojtyla não imagina, em sua surpresa, que o cardeal Wyszynski na realidade nada teve a ver com sua nomeação. Pois foi a pedido de Dom Eugeniusz Baziak, sucessor do cardeal Sapieha à frente da arquidiocese de Cracóvia, que Pio XII nomeou o jovem Wojtyla para substituir um outro bispo que estava no cargo há trinta anos, Dom Stanislaw Rospond, falecido em fevereiro. A idade e a vocação universitária do padre Karol não faziam dele um candidato previsível. Sem falar a respeito com ninguém, Baziak encaminhou seu pedido escrito à Santa Sé em 12 de março de 1958. Originário de Lwow, homem considerado difícil, saído da prisão em 1956, ele é um "bispo de outros tempos", de idéias muito definidas. Foi ele, e somente ele, que decidiu promover Wojtyla.[1]

Ninguém pode afirmar com certeza, mas tudo leva a crer que o primaz não gostou de ser posto diante do fato consumado. O procedimento acertado com o papa, num período de ásperas lutas com o regime comunista — que efetivamente pretende aos poucos "canalizar" as nomeações de bispos em seu próprio proveito —, é que Wyszynski discretamente fizesse chegar ao Sumo Pontífice uma lista de nomes na qual o papa haveria de escolher este ou aquele novo bispo polonês. Acontece que Wojtyla nunca esteve nessas listas. O que não facilitaria as futuras relações entre os dois.

Seja como for, o cardeal Wyszynski espera até 7 de agosto para tornar a coisa pública e convocar o interessado. Primeira surpresa para o primaz: o novo bispo, constata ele espantado, não é "nem cônego nem prelado". Em compensação, é muito jovem, magro, bronzeado — com seu topete e suas calças de golfe, Karol Wojtyla lembra um pouco Tintin — e, embora possa se prevalecer da posição de professor-adjunto na KUL, é "apenas" padre. Segunda surpresa: enquanto a maioria dos padres que recebem a mesma notícia do primaz reage engrolando um *Domine non sum dignus* ("Senhor, eu não sou digno") e pede algum tempo para refletir ou orar, antes de aceitar a posição que lhe é conferida, o padre Wojtyla aceita sem hesitar: "Preciso assinar alguma coisa?"[2]

Finalmente, terceiro motivo de espanto para o cardeal, o novo bispo, muito respeitosamente, pede-lhe autorização para voltar para a companhia de seus jovens companheiros de caminhadas já no domingo seguinte, para celebrar a missa com eles, como sempre diante do altar improvisado num caiaque emborcado à beira do rio Lyna!

*

Aos 38 anos,[3] como se vê, Karol Wojtyla é nomeado bispo auxiliar do arcebispo de Cracóvia, Dom Eugeniusz Baziak, que por sua vez é o administrador apostólico da arquidiocese desde a morte do cardeal Sapieha em 1951.

Manda a tradição que um bispo em atividade seja vinculado a uma sé episcopal; quando isso não acontece, seja ele funcionário da Cúria ou, como no caso de Wojtyla, bispo auxiliar de um bispo diocesano, é ligado a um dos muitos bispados da Igreja primitiva que deixaram de existir por diversas circunstâncias políticas, particularmente a islamização do Mediterrâneo depois do século VII. Donde o título de bispo *in partibus infidelium* ("nas regiões dos infiéis"), que continuou em vigor até meados do século XIX.[4] Karol Wojtyla é então nomeado bispo titular de Ombi — um lugar da antiga província romana de Tebaida Segunda, perto de Tebas, no alto Egito. Um lugar aonde ele nunca iria.[5]

Na Polônia, a principal reunião da conferência episcopal acontece tradicionalmente em agosto. De modo que bispo Wojtyla não demora a pôr as mãos na massa, antes mesmo de ser oficialmente consagrado: no dia 1º de setembro, ele participa em Czestochowa de uma meditação de todo o episcopado polonês. A sessão dura quatro dias e é prolongada, sempre no convento de Jasna Gora, pela reunião plenária da conferência dos bispos. Na abertura desta, a 5 de setembro, o primaz dá boas-vindas aos novos bispos, os padres Wronka, Pluta, Drzazga, Blecharczyk e Wojtyla. Este é lotado na comissão da pastoral geral. É o mais jovem da assembléia. E logo passaria a ser um de seus líderes.

Dias depois, Karol Wojtyla volta a Cracóvia e se fecha durante quatro dias no mosteiro beneditino de Tyniec, a doze quilômetros da cidade, para fazer um retiro antes de sua consagração solene. A abadia de Tyniec, fundada no século XI sobre um rochedo que domina o Vístula, conheceu todas as vicissitudes da agitada história do país. A História, sempre a História...

No dia 28 de setembro de 1958, o novo bispo é consagrado na catedral do castelo de Wawel. É o dia de São Venceslau, justamente o santo padroeiro da catedral. "Um dia úmido e sombrio, com um céu cinzento e coberto", recorda Malinski. O clima tristonho contrasta com a pompa da cerimônia, particularmente solene, contrariando o desejo manifestado por Karol — desejo que seu mentor, bispo Baziak, não quis atender.

"Há trinta e um anos não se via uma cerimônia tão bela", observaria um dos padres nas *Notificationes a Curia Metropolitana Cracoviensis*, o arquivo da diocese. Ao pé do altar-mor, como manda uma antiga tradição, três prelados celebram o ofício: Dom Eugeniusz Baziak, o arcebispo metropolitano, assistido por Dom Franciszek Jop (bispo de Opole) e Dom Boleslaw Kominek (bispo de Wroclaw). Na assistência, cerca de quinze membros das famílias Wojtyla e Kaczorowski. Alguns vieram de Czaniec. Todos certamente muito emocionados. Lá estão o velho Franciszek Wojtyla, seu tio-avô, Stefania, sua tia paterna, e alguns representantes da nova geração, netos e primos distantes, como Marek Wiadrowski, o sobrinho de sua madrinha. Esta, gravemente doente, não pôde comparecer. Depois da cerimônia, Karol vai com seus trajes de bispo ao prédio da rua Florianska 7 para uma visita que seria uma das últimas alegrias dessa mulher que foi tão importante para ele e que morreria meses depois.

O CONCÍLIO VATICANO II 177

Curiosamente, o novo bispo traz na cabeça uma mitra atípica, menor que a habitual, presenteada pelos monges beneditinos de Tyniec. Sua alva faz parte de uma partida de vestimentas episcopais que chegou pelo correio de Chicago: um jesuíta originário de Cracóvia, há muito exilado nos Estados Unidos, amigo da família de Juliusz Kydrinski, fez questão de dar este estranho presente a seu novo e distante bispo.[6]

A cerimônia de consagração é magnífica, majestosa. Bispo Baziak transmite a Karol seus poderes canônicos, os mesmos que a partir de agora lhe conferem autoridade sobre todos os padres da diocese, tornando-o responsável pela vida espiritual dos próprios leigos. O novo bispo poderá já agora administrar às crianças o sacramento da confirmação e mesmo ordenar padres e diáconos. Essa nova autoridade é simbolizada pelo báculo e o anel que lhe são entregues por monsenhor Jop. Pela primeira vez, bispo Wojtyla abençoa lentamente a assistência.

Em seguida, no fim da cerimônia, como mais tarde faria em cada audiência geral em Roma, o futuro papa volta a descer lentamente a ala central, cumprimentando muitos dos que ali se encontram. Quantos sorrisos, quantos olhares, quantas mãos estendidas! Ex-colegas do liceu de Wadowice, Mieczyslaw Kotlarczyk e toda a trupe do Teatr Rapsodiczny, os jornalistas do *Tygodnik Powszechny* e de *Znak* em peso, paroquianos de Niegowic... Lá estão também muitos médicos cracovianos, que se perguntam se Wojtyla continuará sendo seu capelão. Em plena catedral, um operário de Solvay grita-lhe que "não se deixe abater". E quando ele se aproxima dos "seus" jovens, os remadores de *Srodowisko*, os coristas de São Floriano, os estudantes do seminário, um incontrolável entusiasmo se soma à emoção geral. O herói da festa, todo sorridente, beija no rosto os rapazes... e também as moças! Naquele lugar, quase se poderia dizer que era um gesto deslocado. No coro, alguns velhos eclesiásticos, acostumados a maior comedimento, ficam simplesmente constrangidos.

Nesse dia, o jovem prelado escolheu uma divisa, como manda a tradição. Duas palavras em latim: "*Totus tuus*". Trata-se de uma expressão de Luís Maria Grignion de Montfort, pregador francês do século XVIII, autor de um *Tratado da verdadeira devoção à Santa Virgem,* que Wojtyla leu durante a guerra. Dirigida à Virgem Maria, significa: "Todo teu". Serve portanto para frisar o extraordinário dom de si que Wojtyla faz à Mãe de Deus, à qual dedica — e dedicará a vida inteira — um profundo afeto.

Quem poderia pensar que essa expressão teria um destino excepcional no mundo inteiro, vinte anos depois?

*

O destino de Karol Wojtyla acaba de sofrer uma virada. Não apenas porque ele se tornou bispo, mas sobretudo porque neste momento preciso a história da Igreja se acelera. A 9 de outubro, onze dias depois de sua consagração, o papa Pio XII dá o último suspiro, no Vaticano, aos 82 anos de idade. E o recém-nomeado bispo, por sinal, concelebra uma "missa pontifícia" no dia 13 de outubro nessa mesma catedral de Wawel.

A 28 de outubro de 1958, o cardeal Angelo Giuseppe Roncalli, 77 anos, patriarca de Veneza, é eleito papa. Nada nos permite afirmar que João XXIII não teria nomeado Wojtyla bispo, como fez Pio XII, mas é fácil imaginar que se a morte deste tivesse ocorrido alguns meses antes teria sido suspenso o processo de nomeação dos novos bispos. Talvez a promoção de Wojtyla tivesse sido adiada. Acontece que quatro meses depois de sua eleição pelo conclave João XXIII convoca todos os bispos do mundo a prepararem o Concílio Vaticano II. Quis portanto a Providência, de raspão, que Karol Wojtyla fosse convidado a participar da mais formidável aventura da Igreja Católica no século XX.

No outono de 1958, ninguém esperava esse gigantesco terremoto que abalaria a Igreja, do trono pontifício até a mais modesta paróquia da diocese de Cracóvia. Por enquanto, Karol Wojtyla inaugura suas funções episcopais com algumas "primeiras missas" simbólicas: em Santo Estanislau Kostka, no bairro de Debniki, onde ele tem tantas lembranças; e também, naturalmente, em Wadowice, sua cidade natal, onde o bom pároco Edward Zacher, os paroquianos do centro da cidade e os monges do carmelo "sobre a colina" oferecem-lhe no dia 23 de novembro uma recepção cheia de calor e emoção.

Mas Wojtyla reserva sua primeira saída oficial — se não contarmos o reinício do ano universitário e a série de cerimônias tradicionais a que dá lugar — aos habitantes de Bienczyce, no novo bairro de Nowa Huta, onde, segundo ele, o regime comunista pretende erradicar qualquer sinal de religião. Já em 1952, o bispo Baziak havia criado ali uma paróquia de pleno direito, mas desde então as autoridades impedem que se construa uma igreja. Nesse exato lugar, está apenas começando a luta entre a Igreja Católica e o governo marxista. Será uma luta longa, encarniçada, espetacular. Ao enviar Wojtyla a essas ruas lamacentas e esses canteiros de obra insalubres, Baziak sabe o que está fazendo. O novo bispo, até então tão pouco politizado, levará a sério esse combate, a ponto inclusive de investir nele pessoalmente, fazendo dele um exemplo para todo o país e um símbolo para todo o mundo comunista.

Feito bispo, Karol Wojtyla não muda em nada os seus hábitos. Os mais diversos depoimentos dão conta de que ele continua tão simples, tão aberto e tão espontâneo quanto antes. Quantas vezes não põe o solidéu episcopal no último minuto, quando já está chegando a algum encontro — isso quando simplesmente não esquece de pô-lo!

Em poucas horas ele faz a mudança de seu pequeno apartamento de intelectual na rua Kanonicza 19, residência do velho professor Rozycki, para se instalar... no número 21 da mesma rua, num prédio antigo pertencente ao diaconato de Cracóvia.[7] E tampouco renuncia a suas antigas atividades, dando prosseguimento à pastoral dos estudantes e à dos médicos. Ele não pensa em abandonar o ensino na KUL, embora seja forçado a reduzir as idas e vindas de Lublin.

Finalmente, tampouco renuncia à montanha: em Katowice, no dia 4 de novembro, chega inclusive a sugerir aos colegas da comissão episcopal para a pastoral que promovam sua próxima reunião, prevista para a festa da Epifania, em Zakopane. Não é trabalho dos mais simples fazer parte dessa comissão. Com efeito, meses depois de seu retorno do desterro, o cardeal primaz deu início a um extraordinário programa de celebrações para preparar o milenário da Polônia, que seria comemorado em 1966. Este plano, denominado "Grande Novena", requer muito trabalho de seus responsáveis. Sobretudo na comissão de que faz parte Wojtyla.

O novo bispo não renuncia a nada. Simplesmente, sua agenda não lhe concede mais um minuto de descanso. Ainda mais porque o bispo Baziak não vai bem de saúde: foi esta, com toda evidência, uma das razões pelas quais o arcebispo escolheu um jovem dinâmico e esportivo para auxiliá-lo. Wojtyla se divide, se dispersa, não tem mãos a medir. De tal modo que cai doente em março de 1959. Nada de muito grave, ao que parece: "uma mononucleose", segundo seu médico e amigo Stanislaw Kownacki, que no entanto recomenda repouso, a ser repetido anualmente nas férias.[8]

No dia 15 de junho de 1962, o arcebispo de Cracóvia, Dom Eugeniusz Baziak, sofre uma crise cardíaca e morre durante uma conferência episcopal, para a qual se hospedava no hotel Roma, em Varsóvia. Teria início uma longa vacância do cargo, por mais de um ano. Enquanto não vem a designação do novo arcebispo, o bispo Wojtyla é nomeado vigário capitular, ou seja, encarregado temporariamente da administração da diocese. Aos 42 anos, é o mais jovem administrador de diocese da Polônia.

As coisas andaram muito rápido: no momento da solene abertura do concílio, o bispo Wojtyla já não é um iniciante.

A abertura do concílio

Roma, 11 de outubro de 1962. É o grande dia. Bem cedo pela manhã, Karol Wojtyla atravessou a cidade adormecida para misturar-se à multidão de bispos do mundo inteiro que antes mesmo de clarear o dia se dispersavam pelo labirinto dos museus do Vaticano. Vestiu seus hábitos episcopais, pôs na cabeça a mitra branca e tomou seu lugar no cortejo que, às 8h30, começa a avançar lentamente a partir da interminável galeria lapidar: tendo à frente os cardeais, dois mil quinhentos e quarenta padres conciliares dos quatro cantos do mundo descem os degraus da Scala Regia, passam sob a colunata de Bernini, atravessam a praça de São Pedro, tomada por uma multidão, e penetram solenemente na maior basílica do mundo, cuja nave é transformada em gigantesca sala de reunião. Aclamado pelos fiéis, chega então o papa João XXIII, em sua *sedia gestatoria,* a tradicional cadeira carregada por quatro homens. O vigésimo primeiro concílio geral da Igreja Católica vai começar.

Quatro meses depois de ter sido designado pelo conclave, o cardeal Roncalli, já agora feito João XXIII, havia pronunciado um discurso histórico em São Paulo Fora dos Muros, diante dos cardeais. Naquele 25 de janeiro de 1959, o velho papa que era considerado "de transição" anunciou inesperadamente três decisões: a reunião de um sínodo para a diocese de Roma, a revisão do Código de Direito Canônico e sobretudo a convocação de um concílio ecumênico. A "estupefação" dos cardeais da Cúria (a expressão é do próprio João XXIII) foi tão grande quanto a preocupação deles, que logo se transformaria em hostilidade. Eles sabem perfeitamente que a iniciativa pode provocar debates virulentos e perigosos desvios.

Valeria realmente a pena assumir o risco da divisão e da confusão, perguntam-se eles, numa época em que, pelo contrário, a Igreja precisava mostrar-se unida e determinada? O último concílio realizado, Vaticano I, em 1870, não havia encerrado o tempo das grandes reformas, ao proclamar a primazia do bispo de Roma e o dogma da infalibilidade papal? Já em 1951, sob Pio XII, um projeto de concílio fora rapidamente enterrado pelo *entourage* papal, e muitos prelados romanos não imaginavam que idéia tão absurda pudesse voltar a ser lançada.

E no entanto, "por uma súbita inspiração de Deus", o bom papa João lançou-se na aventura, esclarecendo seu projeto na encíclica *Ad Petri Cathedram,* de 29 de junho de 1959. Criou-se uma primeira comissão e teve início uma vasta consulta junto a todos os dirigentes da Igreja: bispos, superiores religiosos, reitores de faculdades católicas etc. Em Cracóvia, o bispo Wojtyla recebeu o questionário e foi um dos dois mil cento e cinqüenta destinatários a responder — através de um documento de sete páginas datado de 30 de dezembro de 1959[9] — à longa lista de perguntas mais ou menos fundamentais. Suas respostas são sábias, às vezes ingênuas, mas pessoais. Nelas, o jovem bispo já exprime, em latim, suas opções em favor do ecumenismo ("dar menos ênfase ao que divide do que ao que reconcilia"), da modernidade (ele sugere que o breviário seja "reformado" e que a liturgia seja "reanimada") e da ética (que melhor seria "basear no personalismo cristão"). Nada de revolucionário, mas já sentimos despontar o futuro papa da reconciliação, da adaptação da Igreja ao mundo moderno e da primazia do homem.

Ao longo dos dois anos de preparação, a efervescência foi tomando conta dos milhares de prelados elevados, nem sempre de bom grado, à condição de responsáveis por aquela empreitada insana. Até no alto da hierarquia da Igreja, os mais reticentes (como os cardeais Siri e Ottaviani) tentam conter o entusiasmo dos mais otimistas (entre os quais os cardeais Confalonieri e Cicognani) e evitar os excessos de zelo. Treze comissões preparatórias estabelecem setenta documentos de síntese denominados "esquemas", que deverão ser discutidos por mais de dois mil bispos. Por uma sábia decisão, esse número foi reduzido a dezesseis. Mas ainda assim os futuros padres conciliares, em fim de carreira, terão de estudar atentamente nada menos que duas mil e cem páginas impressas antes da abertura dos debates.

*

Na Polônia, todas essas etapas de preparação foram acompanhadas com interesse, mas sem paixão. Unida em torno de seu cardeal primaz, a Igreja polonesa enfrenta problemas muito diferentes, não raro cruciais, às vezes vitais, e seus bispos têm questões mais urgentes a resolver do que a preparação de um concílio. No mínimo, no plano político.

Num momento em que a descolonização lança pelos ares os antigos impérios, em que John Kennedy abre "novas fronteiras" para a América, em que o recém-criado Mercado Comum subitamente revigora a velha Europa, a Polônia, por seu lado, está profundamente aflita, integrada a um bloco de países que, em virtude dos acordos de Ialta, vêem-se pouco a pouco isolados do resto do mundo. Coincidência simbólica: na noite de 13 de agosto de 1961, no exato momento em que tem início a fase preparatória oficial do Concílio Vaticano II, o regime comunista do leste alemão ergue o muro de Berlim.

Aos que negam ou minimizam essa realidade — o mito da gloriosa União Soviética, pátria da paz e do socialismo, continua vívido, inclusive nas fileiras da Igreja —, os acontecimentos opõem um desmentido flagrante e terrível. Quatro dias depois da abertura do concílio, em meados de outubro de 1962, explode a crise dos mísseis de Cuba, provocando uma tensão sem precedentes entre Moscou e Washington: o mundo nunca havia chegado tão perto da guerra nuclear quanto no exato momento em que se abre o Concílio Vaticano II.[10]

As vociferações de Nikita Kruschev lembram que um terço da humanidade vive agora sob diferentes formas de regime marxista. E embora sejam assassinados menos bispos e padres que nos primeiros anos do comunismo, os dirigentes desses regimes não desistiram de erradicar a religião, muito pelo contrário. Muitos bispos do Leste brilham por sua ausência na cerimônia de abertura do concílio: o tcheco Beran, arcebispo de Praga, está detido em local desconhecido; o metropolita ucraniano Slipyi, cardeal *in pectore* há alguns meses, é mantido incomunicável na Mordóvia soviética; o cardeal húngaro Mindszenty continua refugiado na embaixada americana em Budapeste; os bispos lituanos Sladkevicius e Stepanovicius apodrecem na prisão, assim como seus colegas romenos Hossu e Boros.[11]

Na época, portanto, os poloneses vêem seu castigado país afastar-se do "mundo livre". O degelo verificado em 1956 chegou ao fim. A guerra fria está no auge. Cada vez mais isolado, o episcopado polonês está mais mobilizado por sua própria sobrevivência do que pelo destino da Igreja universal. Certas iniciativas tomadas então por João XXIII, como a criação de uma Secretaria para a União dos Cristãos, são recebidas com indiferença: em que poderia o tema interessar à Polônia, país em que se destaca uma comunidade confessional homogênea cerrando fileiras face à adversidade?

Mas não é apenas uma questão de política. Há também os hábitos e a tradição extremamente centralizadora da Igreja moderna, que confere ao papa uma primazia sem dúvida excessiva. Neste plano, os poloneses se aproximam da maioria dos episcopados do mundo inteiro: se se mantêm à distância do burburinho pré-conciliar, é também porque acreditam que cabe naturalmente ao papa e à Cúria, em Roma, tratar das grandes questões que dizem respeito ao futuro da Igreja — e não aos episcopados locais. Na realidade, em sua maioria, os bispos do mundo viriam ao concílio porque foram convidados pelo papa — a convocação oficial é feita a 25 de dezembro de 1961 —, sem imaginar que realmente vão influir na vida da Igreja.

Cabe lembrar também que, no início dos anos 60, são muito poucos os bispos que têm uma cultura pessoal "democrática": nem os africanos, nem os sul-americanos, nem os asiáticos, nem mesmo a maioria dos europeus — que tentam ainda recuperar-se com dificuldade de experiências ditatoriais (como os alemães e os italianos) ou enfrentar regimes autoritários (como os espanhóis e os portugueses). Para não falar, naturalmente, dos bispos do Leste.

*

Ao desembarcar em Roma com a delegação polonesa, de trem, na manhã do domingo 7 de outubro, Karol Wojtyla — que se havia reunido aos colegas na estação ferroviária de Katowice — não tinha portanto a sensação de estar participando de um acontecimento capital, cuja possível duração, por sinal, todos ignoravam. No ônibus que conduzia o grupo da estação ao bairro do Aventino, o ex-aluno do Angelicum sentia-se feliz sobretudo por voltar a ver a Cidade Eterna, que há quatorze anos não visitava. Na manhã do dia 10 de outubro, ao entrar na fila na secretaria geral do concílio, na via della Conciliazione, para receber suas credenciais e sua documentação, ele simplesmente se surpreendeu com o acotovelamento e a excitação que davam ao acontecimento um certo ar de desvario.

No dia seguinte, o solene 11 de outubro, tem início a cerimônia de abertura do concílio, banhada na luz meio irreal filtrada pelos vitrais da Basílica de São Pedro. A liturgia é grandiosa. E por sinal a cerimônia é transmitida para todo o mundo pela TV italiana, o que já é um fato excepcional. Pela primeira vez, muitos prelados têm a sensação de estar vivendo um momento histórico. Depois de cantar o *Veni Creator* e de participar da missa celebrada pelo cardeal Tisserant, decano do Sacro Colégio, Karol Wojtyla, como todos os outros padres conciliares, ouve atentamente o discurso de João XXIII. Um discurso muito pessoal, no conteúdo como na forma, no qual o Sumo Pontífice explica tranqüilamente os dois objetivos do concílio: proceder a um *aggiornamento* da Igreja — e a expressão italiana ficaria na História — e favorecer a unidade dos cristãos.

João XXIII surpreende sobretudo por seu equacionamento decididamente otimista do que está em jogo no concílio. Condena o catastrofismo e o medo aos quais se entregam muitos prelados, inclusive em seu círculo mais próximo, e chega a fustigar os "profetas da desgraça" que acreditam que o mundo vai de mal a pior. Papa inspirado, não passaria pela sua cabeça reconhecer que a Igreja viveu outrora uma espécie de "era de ouro" que precisaria ser restabelecida! Finalmente, o Sumo Pontífice dá o tom: a Igreja tem mais vocação para a "misericórdia" do que para a severidade, ela existe para "destacar mais as riquezas de sua doutrina", e não para condenar os erros. Já é uma grande novidade em relação aos concílios de Trento e Vaticano I.

Logo fica evidente que as coisas não vão desenrolar-se sem atritos. Se estão em questão problemas planetários, os riscos também são planetários. No dia 13 de outubro, vem a surpresa. Mal havia começado a primeira "congregação geral" (reunião plenária) na basílica castigada por uma chuva diluviana, surge o imprevisto: o velho cardeal Achille Liénart, arcebispo de Lille, toma à força a palavra que em nome do regulamento lhe foi recusada pelo presidente da sessão, o cardeal Tisserant, e simplesmente propõe que seja adiada por alguns dias a votação para formar as diversas comissões. A bravata provoca uma chuva de aplausos, algo a que não estavam habituadas as abóbadas de São Pedro. A moção é aceita. Em poucos minutos históricos, a ordem do dia é abolida. O concílio mergulha no imprevisível. Petrificados, muitos participantes se sentem amedrontados com sua própria audácia. Já os guardiões do dogma começam a se preocupar de verdade.

Na realidade, muitos bispos não estavam satisfeitos com a idéia de ter de selecionar longas listas de nomes desconhecidos: "Nomes e mais nomes... Como conhecê-los? Como escolhê-los?", resmungava o próprio cardeal Giovanni Battista Montini, futuro Paulo VI. Muitos temiam sobretudo alguma manobra da Cúria para manter o controle dos debates: na ausência de listas alternativas, os padres naturalmente haveriam de eleger os membros conhecidos das comissões pré-conciliares, e assim o concílio não passaria, pela força dos acontecimentos, de uma formidável câmara de eco.

O "escândalo" provocado pelo cardeal Liénart teve pelo menos duas conseqüências: a renovação de 50% da composição das comissões, para começar, mas também a inédita utilização das conferências episcopais nacionais como ferramenta para a elaboração das listas. Chegara ao fim a onipotência da Cúria: todo um mundo adernava.

*

Diante do inesperado psicodrama a que assiste no dia 13 de outubro de 1962, Karol Wojtyla fica estupefato. Ele não tem nenhuma experiência dos corredores do Vaticano, e o pouco que sabe a respeito não o preparou para essas turbulências internas. É um noviço. O jovem bispo capitular de Cracóvia é um entusiasta — está na sua natureza —, mas não tem absolutamente consciência do enorme alcance dessa questão de *aggiornamento*: em sua resposta ao famoso questionário enviado pelo papa João XXIII a todos os bispos, ele manifestava o desejo, por exemplo, de que o concílio abordasse a questão do papel das atividades esportivas e teatrais na pastoral.[12]

Tímido, modesto, impressionado pelo fausto da cerimônia solene e pelo alto nível do público, Wojtyla está sentado em meio à jovem geração — na parte traseira da nave, perto da entrada principal —, de onde costumam partir as salvas de aplausos contestadores. Interiormente, ele se sente chocado com essa revolta da assembléia, em plena Basílica de São Pedro, questionando a ordem do dia estabelecida pela hierarquia da Igreja. Todo aquele trabalho preparatório jogado fora! E aquela falta de respeito com a Cúria! Na Polônia é que não se veriam coisas assim...

O bispo Wojtyla tampouco esperava semelhante violência — encoberta mas real — nos debates públicos. Na reunião plenária do dia 30 de outubro, mal consegue acreditar que está vendo o muito digno cardeal Alfredo Ottaviani, secretário da Suprema Congregação do Santo Ofício,[13] um dos personagens mais importantes da Cúria, ser espinafrado como um noviço pelo cardeal holandês Alfrink, presidente da sessão, por ter falado além de seu tempo, sob uma chuva de aplausos. Humilhado, Ottaviani passaria quinze dias sem voltar a pôr os pés em São Pedro.

Essa primeira sessão do concílio chega ao fim no dia 7 de dezembro. Durante esses dois meses, Karol Wojtyla observou, ouviu, impregnou-se, fez seu aprendizado. "Como eu não tinha muita experiência, acompanhava e aprendia", contaria ele mesmo.[14] Na realidade, o polonês está passavelmente perplexo. Tudo que pôde descobrir em dois meses causa nele impressões contraditórias.

Assim, Karol fica estupefato de constatar como a imprensa — especialmente os jornais italianos — está perfeitamente informada dos debates, supostamente secretos, das reuniões plenárias e das comissões, embora os setecentos jornalistas que cobrem o concílio não tenham acesso às sessões. Para um homem do Leste, o processo da informação "democrática" é ao mesmo tempo fascinante e desestabilizante. Para começar, Wojtyla constata que muitos dos quatrocentos e cinqüenta e um padres conciliares italianos adoram conversar com amigos jornalistas. Observa, além disso, que os enviados especiais do mundo inteiro não demoraram a garantir contatos privilegiados com os bispos de seus respectivos países. Algo perfeitamente humano. Ele mesmo não tinha uma relação direta e amigável com Jerzy Turowicz, o redator-chefe de *Tygodnik Powszechny,* que participa da cobertura?

O CONCÍLIO VATICANO II

Apesar do segredo oficial, tudo que acontece no concílio está mais ou menos em praça pública, e os padres têm de se acostumar, muitas vezes contra a vontade, a ficar sabendo às vezes pela imprensa o que acontece nos bastidores de seu próprio teatro. Embora simpatize com o mundo da imprensa e dos jornalistas, Wojtyla no fundo desaprova essas indiscrições e essa publicidade não raro confusa: na Polônia, nada vaza em hipótese alguma das conferências episcopais.

A outra surpresa de Karol diz respeito à importância dos *teólogos*. Desde o início do concílio, muitos cardeais e bispos recorrem a "especialistas" (*periti*) mais ou menos pessoais, mais ou menos oficiais, que às vezes conhecem melhor os temas que os próprios padres e com isso influenciam o andamento dos debates: os teólogos franceses Yves Congar, Henri de Lubac e Jean Daniélou, seus colegas germânicos Karl Rahner, Hans Küng e Joseph Ratzinger (lista que mais tarde seria ampliada, entre outros com Urs von Balthasar) dão mostra de competência e ativismo, e, agindo em concordância com seus compatriotas de batina, logo qualificados de "reformistas", contribuiriam amplamente para que o aparelho da Cúria rapidamente se visse destituído de seu magistério sobre os debates.

Wojtyla registra esse papel capital desempenhado pelos teólogos. Ele, o professor da KUL, congratula-se por essa contribuição intelectual particularmente enriquecedora. Essas pessoas, pelas quais se sente atraído, são de outra geração que os bons padres de discurso peremptório que conheceu em Roma depois da guerra, a começar por seu antigo mestre Garrigou-Lagrange. Também são diferentes dos teólogos poloneses, que não têm a mesma audácia diante da hierarquia. Mas Wojtyla também observa os aspectos negativos dessas interferências de especialistas: uns, que não haviam sido consultados na fase preparatória do concílio, de certa forma se vingam; outros valem-se às vezes de sua "irresponsabilidade" de especialistas para se destacarem aos olhos do público. Toda moeda tem seu reverso.

Finalmente, para um jovem bispo polonês, um acontecimento como o concílio constitui uma formidável *lição de política*. Assim é que o futuro João Paulo II fica impressionado com a atitude de João XXIII, velho pontífice genial que faz questão de permitir que o concílio transcorra em plena liberdade. Ao contrário de seu austero antecessor Pio XII, que a tudo dirigia pessoalmente, o papa Roncalli deixa bem claro que espera que os confrontos se resolvam através do debate, confia no Espírito Santo e se mantém deliberadamente "acima dos partidos". A palavra não pode ser considerada forte demais, já que o clã dos conservadores — os cardeais Ottaviani, Ruffini, Siri, Browne etc. — logo passaria a ser chamado de "partido romano", tratando por sua vez de qualificar como "bloco de oposição" a tendência reformista francesa e alemã.

No início, Wojtyla poderia sentir-se tentado a simpatizar com este "partido" para o qual o qualificativo "integrista" ainda era um termo positivo: ao chegar a Roma no outono de 1962, bispo Wojtyla era tão conservador quanto todos os bispos poloneses, particularmente a respeito da tradição doutrinária e litúrgica, a preponderância de Roma sobre as outras igrejas cristãs e o celibato dos padres. Não só os prelados poloneses são por natureza profundamente ligados à tradição — as primeiras intervenções do cardeal Wyszynski, no debate sobre a liturgia, seriam para se indignar com o fato de que se pudesse pôr em questão a leitura do breviário e o uso da língua latina[15] —, como sua situação política refreia a imaginação e obriga à disciplina.

Mas logo Wojtyla trata de distanciar-se dessa linha conservadora. Jovem, ele é mais sensível às exigências de reforma. Intelectual, apaixona-se rapidamente pelos debates mais audaciosos. Pastor, está atento ao impacto da Igreja "no mundo". Polonês, finalmente, sente-se mais próximo dos alemães e dos franceses, cuja cultura admira, que dos romanos.

Nem conservador nem reformista, Karol Wojtyla já é impossível de classificar.

Em Roma, durante o concílio

Em Roma, a delegação de dezessete prelados poloneses dividiu-se em duas.[16] O cardeal primaz Stefan Wyszynski hospedou-se no Instituto Polonês, na via Pietro Cavallini 38, com seu séquito pessoal (seu secretário e seu capelão) e o secretário do episcopado, Dom Zygmund Choromanski. A partir dessa base operacional, Wyszynski reina sobre seu pequeno mundo como um monarca. Ou, mais exatamente, como um general em tempo de guerra.

Toda semana, o primaz reúne suas tropas para distribuir tarefas e temas — não faltam os que temem receber este ou aquele assunto difícil[17]

— e sobretudo para fixar a linha a ser seguida. Fora de questão permitir que a menor divergência no grupo venha a público! Os poloneses são dos primeiros a se organizarem como grupo nacional, delegando a este ou àquele a tarefa de representá-los coletivamente nos debates.

Stefan Wyszynski não é tão sensível quanto viria a ser seu jovem colega cracoviano à necessidade de adaptar a Igreja ao mundo moderno. Primeiro, porque, para ele, caberia antes ao mundo moderno adaptar-se à Igreja; depois, porque o primaz só se preocupa com as eventuais conseqüências do concílio para o futuro de suas relações com as autoridades comunistas. Para Wyszynski, a preparação do *Millennium*, o milésimo aniversário do batismo da Polônia, em 1966, adquire importância muito maior que os debates conciliares sobre a liturgia em latim.

O que vem reforçar a posição do primaz é a imensa curiosidade despertada pelos bispos do Leste. A guerra fria e a divisão da Europa em dois geraram no Ocidente uma intensa solidariedade com os cristãos da Europa do Leste. Como vive essa "Igreja do silêncio", como veio a ser chamada? Na época, são raras as informações sobre os católicos europeus orientais, entre os quais Wyszynski, o único cardeal do Leste presente no concílio, é sem dúvida a "estrela": ele é aplaudido por onde passa, solicitado o tempo todo pelos jornalistas — não se esquecendo de resmungar sempre que pronunciam mal o seu nome — e pelos bispos do mundo inteiro.

Karol Wojtyla, por sua vez, hospeda-se com dez outros bispos no Colégio Polonês, um prédio muito agradável na *piazza* Remuria, no bairro do Aventino, que mais tarde seria o ponto de referência do cardeal Wojtyla na cidade. No início do concílio, ele se instala num dos quartos menores em um dos andares; no fim, já feito arcebispo, teria direito a uma peça grande no térreo. É o padre Wladyslaw Rubin, um padre encantador, originário de Lwow, que dirige a instituição, mais acostumada a hospedar seminaristas que *eccellenze*. Rubin tornar-se-ia um dos mais próximos companheiros do futuro papa.

De uma sessão a outra, a vida vai-se organizando no *Collegio*. De manhã, o bispo Wojtyla levanta-se muito cedo, como de hábito, e participa da missa das 6h45, para em seguida tomar o desjejum em comum: chá, café, pãezinhos redondos — especialidade romana que da primeira vez sempre surpreende, por ser vazio o interior do pão. Às oito horas, um ônibus especial leva os participantes do concílio da *piazza* Remuria até a praça de São Pedro.

Para abrir os trabalhos do dia, uma missa é oficiada às nove horas na basílica, que se enche das múltiplas cores dos diferentes hábitos sacerdotais — o violeta dos bispos, o vermelho escarlate dos cardeais, o negro dos prelados orientais —, ornamentados com o tradicional roquete de renda recoberto com a *manteletta* da mesma cor que a batina. Certas eminências (o cardeal belga Suenens e seu colega alemão Döpfner) haviam proposto que esse santo hábito fosse suprimido, por encurtar em uma hora preciosa os debates do dia. Em vão. Renunciar à santa missa! Muita gente — especialmente os poloneses — ficariam chocados com semelhante licença.

Geralmente, como chega um pouco antes, Karol Wojtyla ajoelha-se primeiro diante de um dos altares laterais da basílica. Logo adquiriria o hábito de ir rezar e ler seu breviário calmamente, na capela do Santíssimo Sacramento, diante do tabernáculo de bronze dourado desenhado por Bernini. Ali conhece um simpático monge protestante que também gosta de orar nesse santuário antes do início das sessões. É assim que Roger Schutz, prior do mosteiro de Taizé, um dos raros "convidados" não-católicos do concílio, torna-se amigo do futuro papa.

Chegando ao seu lugar, Wojtyla tranqüilamente se mune de papel e caneta e começa a escrever. Esse hábito, que adquiriu antes de ser bispo e não mais abandonaria, impressiona seus colegas do concílio — sobretudo os mais desenvoltos. Esse polonês é um "pé-de-boi", um intelectual que nunca pára, sempre preparando alguma coisa: sua próxima intervenção, uma alocução para a rádio Vaticano, seu próximo curso na KUL, um capítulo de um novo livro etc.

Toda manhã, depois da missa, a ordem *Extra Omnes* pronunciada por monsenhor Felici, secretário do concílio, convida as pessoas que não foram admitidas a se retirar da *aula*, a parte da nave transformada em sala de congresso, para que tenha início a "congregação". A cada sessão, aproximadamente de vinte a vinte e cinco participantes fazem suas intervenções no microfone — em latim, com os diferentes sotaques das diversas origens geográficas, a tal ponto que certos pronunciamentos se tornam incompreensíveis. Para ganhar tempo, logo muitas intervenções passam a ser feitas por escrito; e é bom lembrar que entre uma questão levantada por alguém e a resposta de outro participante podiam passar-se vários dias, o que às vezes beirava o ridículo.

Às 11 horas, os padres conciliares fazem uma breve pausa. Quando encontra tempo para ir até o café, em meio à multidão de bispos, Wojtyla toma um *cappuccino*, às vezes um refrigerante. Retorna então a seu lugar nos bancos de madeira, ou então, como tantos outros participantes, faz contatos informais em conversas sussurradas nos cantos e recantos da basílica.

Às 12h15, termina a sessão. Enquanto a multidão vai lentamente esvaziando a nave, ele se refugia num lugar tranqüilo — freqüentemente a mesma capela do Santíssimo Sacramento — para rezar mais uma vez, antes de entrar no ônibus para ir almoçar no *Collegio*. Lá, durante o almoço, volta a travar conhecimento com personagens interessantes: um bispo do fim do mundo, um teólogo erudito, um prelado próximo do Santo Padre etc.

Às vezes o próprio Wojtyla provoca o encontro: seu ex-colega Andrzej-Maria Deskur, muito bem informado sobre os costumes vaticanos, lhe proporciona almoços particulares em seus aposentos no *palazzetto* de Santa Marta[18] com este ou aquele personagem influente ou original. Deskur fez toda a sua carreira em Roma, no mundo da imprensa e do espetáculo, desde que, na qualidade de polonês exilado, foi nomeado por Pio XII, em 1952, para a secretaria da Comissão Pontifícia "para a cinematografia didática e religiosa", obscuro organismo que em 1954 haveria de transformar-se no Conselho Pontifício para as Comunicações Sociais. Ao mesmo tempo culto e tagarela, Deskur não tem igual quando se trata de fazer intermediações: "Você conhece Karol Wojtyla?", pergunta um dia ao jovem chefe da seção francesa da Secretaria de Estado, Paul Poupard, que responde negativamente. "Pois está fazendo falta na sua cultura, vamos comer uma *pizza* para conhecê-lo."[19]

Se durante a tarde Karol Wojtyla cuida de seus trabalhos pessoais ou comparece a uma das inúmeras reuniões ou conferências organizadas nos quatro cantos da cidade, o jantar volta a ser dedicado a algum encontro: seja no *Collegio*, com convidados ocasionais, seja com ele próprio como convidado. A partir da terceira sessão, o bispo polonês interessante e caloroso começa a ser disputado. Com efeito, o bispo Wojtyla deixaria a lembrança de uma pessoa disponível, descontraída, de humor constante e sorriso permanente.

De sessão em sessão, assim, ele vai simpatizando com muitas figuras da Igreja, conhecidas ou desconhecidas. Especialmente, segundo recorda o amigo Malinski, com muitos bispos africanos, que chegam a uma centena no concílio, em sua maioria delegados de países que acabam de conquistar a independência. Quase todos se expressam em francês, o que facilita o contato. O concílio propicia um extraordinário entrecruzamento de temperamentos, culturas, experiências. Malinski frisa essa dimensão capital para seu amigo Karol: "Conversas, contatos, encontros pessoais: uma troca ininterrupta de idéias, pensamentos, opiniões, convicções... O concílio representava uma espécie de retiro ou seminário do episcopado do mundo inteiro."[20]

O polonês se encontra particularmente com alguns de seus colegas do Angelicum ou do Colégio Belga de 1946-1948, como o futuro arcebispo argentino Jorge Mejía. Freqüenta também certos bispos estrangeiros de origem polonesa, como Adam Kozlowiecki, arcebispo de Lusaka (Zâmbia), ou o americano John Krol, arcebispo da Filadélfia, que acaba de ser nomeado subsecretário do concílio por João XXIII. Krol, cujo verdadeiro prenome é Jan-Jozef, é originário da aldeia de Siekierczyna, perto de Limanowa, diocese de... Cracóvia. Em 1967, no momento em que for elevado à púrpura cardinalícia simultaneamente com Wojtyla, este haveria de congratular-se pelo fato de a Polônia dispor de "mais dois cardeais", indo o cardeal arcebispo de Cracóvia em pessoa saudar os paroquianos de Siekierczyna no lugar do americano, segundo o costume. Essa amizade teria uma grande importância durante o conclave de outubro de 1978, quando Krol se havia tornado presidente da conferência episcopal americana.

*

Por mais jovem e inexperiente que seja — embora não seja nem de longe o mais jovem[21] —, o bispo Karol Wojtyla tem o mesmo direito de voto que os cardeais mais encanecidos, e pode intervir nos debates. Do que aliás não se privaria. No total das quatro sessões conciliares, ele pronunciaria oito discursos em sessão plenária e entregaria treze intervenções escritas.

Já na primeira sessão (11 de outubro-8 de dezembro de 1962), ele participa do debate sobre a liturgia. Não é nada fácil tomar a palavra nessa "aula" impressionante. Alguns participantes, pouco habituados, prolongam desnecessariamente os debates, lendo laboriosamente textos escritos que não levam em consideração as intervenções anteriores. Além disso, muitos bispos não dominam suficientemente o latim, de tal modo que partes do debate não podem ser entendidas por grande parte da assembléia. Assim é que as sessões começam em geral com exposições das "estrelas" de maior prestígio, os Spellman, Ruffini, Léger etc.

Justamente, quando chega sua vez de falar pela primeira vez, no dia 7 de novembro, durante a décima quarta sessão plenária, o holandês Bekkers, bispo de Bois-le-Duc, acaba de concluir sua exposição, e todos aguardam a intervenção do indiano D'Sousa, bispo de Nagpur. Ambos são conhecidos por suas posições reformistas. A exposição do polonês Wojtyla sobre o ritual comparado do batismo das crianças e dos catecúmenos adultos passa quase despercebida.[22] Mais atenção mereceria, algumas horas depois, a diatribe do cardeal Wyszynski contra os coveiros do latim e os reformadores do breviário.[23]

Wojtyla poderia ter permanecido na sombra. Mas ele é impulsionado pela curiosidade, pelo desejo de não ser um simples espectador do grande acontecimento. Para ele, é também uma oportunidade de promover indiretamente o contato com seus colegas do mundo inteiro: cada intervenção atrai a atenção da assembléia, provocando reações pessoais durante os intervalos.

*

Chega ao fim a primeira sessão. O bispo Wojtyla retorna à Polônia no dia 14 de dezembro. Já no dia 16, pronuncia uma primeira conferência sobre o concílio no grande seminário de Cracóvia. Daí em diante, haveria de referir-se constantemente a ele em suas homilias e em seus encontros — sempre com otimismo e entusiasmo. Se os debates romanos deixam perplexos o cardeal Wyszynski e a maioria dos bispos poloneses, o mesmo não acontece com Wojtyla, que desde o início se mostra um ardoroso partidário do Vaticano II, assim permanecendo por toda a vida.

Enquanto a primeira sessão do concílio ainda é digerida e já se prepara a segunda, programada para o outono, o mundo católico é abalado a 3 de junho de 1963 pela morte de João XXIII. Embora a eleição do cardeal

Giovanni Battista Montini, arcebispo de Milão, feito Paulo VI a 21 de junho de 1963, tranqüilize um pouco os padres conciliares (o novo papa encarna ao mesmo tempo a continuidade e o comedimento), os dirigentes católicos não deixam de estar vivendo tempos agitados.

Para o bispo Wojtyla, no entanto, esses acontecimentos dramáticos no fundo nada mudam. Ele não conhecia João XXIII pessoalmente. Mal chegara a trocar algumas palavras com ele durante uma audiência de peregrinos na praça de São Pedro, na qual o velho Roncalli evocara a lembrança de uma missa por ele celebrada no castelo de Wawel, em viagem feita a Cracóvia em 1912. Quanto àquele que o sucede, tampouco o conhece. Por enquanto.

O que o impressiona, como a todos, são a determinação e a habilidade evidenciadas pelo novo papa ao suceder a João XXIII. Para começo de conversa, Paulo VI pretende efetivamente dar prosseguimento à obra de seu antecessor. Foi para isso que o conclave o elegeu, e os cardeais lhe são gratos por ter dado ao concílio, em sua abertura no outono de 1962, o eixo conceitual que lhe faltava: foi Montini, dando continuidade a idéias propostas pelo cardeal Suenens, que sugeriu que a imensa empreitada fosse orientada para um tema unificador — o papel da Igreja —, para evitar que aquele gigantesco *happening* descambasse para a anarquia intelectual.

Por outro lado, Montini não ignora os riscos de impasse, bloqueio ou conflito que pesam sobre a empreitada conciliar. Para grande contrariedade de certos teólogos "progressistas", ele preferiria, em outubro de 1964, tirar da ordem do dia dois temas que considera por demais explosivos: o controle da natalidade e o celibato dos padres. O bispo Wojtyla observa de longe essa audaciosa manobra, que certamente não resolve o essencial dos problemas — em 1978, ele encontraria os dois dossiês na sua mesa de papa — mas permite algum avanço. O novo papa alia uma inteligência política evidente, admirada pelos bispos mais jovens, a uma firme convicção, que agrada ao polonês, quanto à necessidade de preservar a primazia e a autoridade papais.

Na abertura da segunda sessão, a 29 de setembro, o pedido de perdão de Paulo VI aos "irmãos separados" da Igreja Católica impressiona muito Wojtyla.[24] É uma idéia nova, uma atitude inédita. E para muitos escandalosa. Pedir perdão? Mas de quê? Muitos bispos ficam indignados, em especial alguns dos poloneses, como monsenhor Pawlowski, bispo auxiliar de Wroclaw: Ora essa! A Igreja é santa, não pode se enganar, são os seus filhos que pecam! Teria cabimento acusar a Igreja Católica pela divisão dos cristãos, quando foram os outros, os orientais, cismáticos, que a abandonaram?

Já Wojtyla fica impressionado com a iniciativa. Quando Paulo VI curiosamente cita o poeta Horácio (*"Veniam damus petimusque vicissim"*), ele toma nota da frase, bem pouco religiosa, extraída da *Arte poética*. Seria a mesma frase utilizada pelos bispos poloneses em 1965, em sua carta aos bispos alemães: "Exigimos este perdão para nós e o concedemos aos outros."

Durante a segunda sessão (29 de setembro-4 de dezembro de 1963), o bispo Wojtyla volta a intervir, em especial no dia 21 de outubro, falando sobre o esquema *De Ecclesia*, a respeito da natureza e do funcionamento da Igreja.[25] Em nome da delegação polonesa, também pede, por escrito, que o papel da Virgem Maria não seja relegado ao fim do texto. O jovem prelado se entusiasma, ganha confiança.

Seu amigo Mieczyslaw Malinski, que na época está fazendo seu doutorado em Roma, conta que certa noite o jovem bispo improvisou uma conferência-debate sobre o tema do concílio para os outros poloneses hospedados no *Collegio*: a Igreja, dizia então, não podia ficar observando o mundo passar de uma civilização (primitiva e rural) a outra (urbana e técnica) sem se adaptar, a não ser que quisesse aprofundar a ruptura entre ela mesma e o mundo; e este *aggiornamento* dependia de uma "globalização" da cristandade. Pois não era encorajador, explicava Wojtyla, que pela primeira vez o concílio tivesse levado a Igreja da Polônia a orar pelo resto do mundo?[26]

Uma tripla contribuição pessoal

"Jovem bispo que eu era", contaria Karol Wojtyla vinte anos depois do concílio, "meu lugar ficava situado perto da entrada da Basílica de São Pedro. A partir da terceira sessão, tendo sido nomeado arcebispo, aproximei-me um pouco do altar."[27] É verdade que até então o bispo Wojtyla não disse nada de essencial. Suas intervenções diziam respeito a questões técnicas ou de detalhe, como acontecia com dezenas de outros prelados. É durante a terceira sessão do concílio (14 de setembro-21 de novembro de 1964) que ele começa a se fazer notar. Não apenas porque se tornou arcebispo de Cracóvia (voltaremos ao assunto) mas também porque sua contribuição pessoal é notável, embora de forma desigual, em três questões determinantes.[28]

Sobre a Igreja, para começar. Durante o debate de outubro de 1963, o bispo Wojtyla estivera entre os que levaram o concílio a distinguir, a seu respeito, entre o "povo de Deus" e a estrutura eclesial propriamente dita, que aos olhos dos reformistas não seria prioritária nessa definição global. A posição de Wojtyla não é original. Situa-se a meio caminho entre os que defendem com unhas e dentes a concepção "jurídica" de uma Igreja-instituição e os que preferem a concepção "pastoral" de uma Igreja-comunidade. O bispo de Cracóvia — levado por sua experiência a promover o apostolado dos leigos — inclina-se para a segunda definição, de uma Igreja baseada antes de mais nada nos homens que a compõem.

Um ano depois, volta a falar a respeito, desenvolvendo um tema próprio aos cristãos do Leste: como o apostolado dos leigos (e sobretudo dos jovens, especifica Wojtyla) é uma necessidade vital para a Igreja, ele lhes confere direitos, a começar pelo direito à "verdade" e a sua difusão. Na época, só os bispos do Leste entendem o alcance político desta exigência: reivindicar para os leigos a liberdade de informação e a liberdade de expressão já é uma forma de reivindicar os direitos humanos nos países onde são sistematicamente pisoteados.

Nada de revolucionário, por enquanto. Um dos melhores analistas desses debates, o cronista e historiador Jan Grootaers, considera inclusive que nessas intervenções sobre a Igreja, que dariam lugar à constituição *Lumen Gentium*, Wojtyla ainda evidencia uma certa "ingenuidade".[29] E por sinal ele não participa do debate capital sobre a "colegialidade", no qual se opõem vigorosamente os partidários de um poder absoluto do papa sobre a comunidade dos cristãos e os que gostariam de devolver aos bispos a co-responsabilidade pelo governo da Igreja. Acrescentemos, finalmente, que em suas intervenções o jovem bispo de Cracóvia é encarado por muitos como um dos porta-vozes do episcopado polonês designados pelo cardeal Wyszynski.

Mais importante é sua contribuição para o debate *sobre a liberdade religiosa*. Também aqui era necessário um bispo proveniente do outro lado da cortina de ferro para "acertar os ponteiros" num tema tão capital. Para os ocidentais, que tranqüilamente incluíram este tema no esquema *De oecumenismo*, a liberdade religiosa é uma simples condição prévia para o diálogo inter-religioso. Se ela constitui problema — a ponto de provocar as tensões mais fortes de toda a aventura conciliar —, é porque põe em causa a velha concepção de uma Igreja Católica como única detentora da verdade, simbolizada desde 1864 pelo *Syllabus* de Pio IX.

A importância desse debate, histórico, com efeito, não escapa a Karol Wojtyla, mas ele frisa, numa intervenção de 25 de setembro de 1964, que a liberdade religiosa também implica, no sentido civil do termo, a tolerância dos poderes públicos para com os fiéis de todas as confissões. A liberdade religiosa é *também* o direito ao ensino religioso, o direito de praticar sua religião em comunidade, sendo sem dúvida o mais íntimo dos direitos da pessoa humana. Teria ele errado a mira? Teria o bispo Wojtyla pretendido dizer demais em poucas palavras? O padre Malinski, que ouviu o pronunciamento na *aula*, observa que seu amigo é pouco aplaudido, quase que por polidez, e que muitos não o entenderam. Na realidade, o futuro papa fracassou em sua tentativa! Ele teria de voltar ao assunto no ano seguinte, no encerramento desse debate caloroso, para finalmente ser entendido.

No dia 22 de setembro de 1965, em nome de todos os bispos poloneses, Wojtyla começa por advertir enfaticamente o concílio contra uma liberdade religiosa que não se baseasse na responsabilidade da pessoa, privilegiando o "indiferentismo". Não, diz ele, em suma, não é porque o homem é "livre" que todas as religiões se equivalem! Outros prelados também frisaram esse risco, especialmente no campo conservador. Em seguida, ele retorna ao tema que o preocupa desde o ano anterior:

O direito à liberdade religiosa como lei natural — diz ele — não admite limitações, exceto em nome da lei moral. O direito positivo de origem humana não pode aqui impor qualquer limitação que não seja compatível com a lei moral [...] Em conseqüência, proponho que em matéria religiosa ninguém possa ser obrigado a agir contra sua consciência, nem possa ser impedido de agir em público e em particular segundo sua consciência.

É como se já estivéssemos ouvindo João Paulo II. O arcebispo de Cracóvia, que se diz adepto do "personalismo", afirma a absoluta dignidade da pessoa humana, fundamento de toda liberdade, e a submissão do direito público à lei natural, nos exatos termos de sua futura encíclica *Veritatis Splendor,* que tanta tinta faria correr em 1993. Além disso, na afirmação de que ninguém deve ser forçado a agir contra sua consciência, inclusive em matéria religiosa, reconhecemos a referência — a que o futuro papa tantas vezes recorreria — ao Concílio de Constança, em 1414, durante o qual o reitor cracoviano Pawel Wlodkowic afirmou, diante da oposição de todos os demais, que ninguém pode ser levado a abraçar a fé cristã à força.

Por trás da afirmação reiterada dos princípios, está a preocupação real, sentida por todos os bispos dos países do Leste, de que o empenho de prevenir os abusos da liberdade religiosa leve o concílio a limitar seu exercício aos imperativos de "ordem pública". Acontece que é precisamente em nome da "ordem pública" que os partidos comunistas no poder impedem a construção de igrejas, proíbem procissões, condenam catequistas.

Dois dias antes de Wojtyla, o cardeal Wyszynski já havia pronunciado um virulento discurso sobre essa questão, implorando aos colegas que não dessem aos Estados totalitários mais uma arma para lutar contra os crentes. Mas o tom do primaz é muito diferente do adotado por seu jovem colega: Wyszynski se exalta contra todos "esses escritores e jornalistas" ocidentais que se equivocam a respeito do comunismo.[30] O cardeal investe contra a imagem dos poloneses como "retrógrados, obscurantistas e agarrados a privilégios feudais", indignado em sua invectiva.

Cada um tem seu estilo. Wojtyla não eleva o tom. Em compensação, ignorando os costumes, vai pessoalmente, na véspera da revisão definitiva do texto conciliar, ao encontro do bispo De Smedt, de Bruges, relator da declaração preparada sob os auspícios da Secretaria para a Unidade dos Cristãos, para convencê-lo a adotar certos aperfeiçoamentos do texto — para que os bispos do Leste não se pronunciem contra a declaração conciliar no dia da votação, previne.

O CONCÍLIO VATICANO II   199

O bispo Wojtyla conseguiria, com efeito, que os textos afinal submetidos à votação dos padres conciliares esclareçam que "paz pública quer dizer uma sociedade organizada segundo a verdadeira justiça" e que a "ordem pública" à qual a liberdade religiosa deve conformar-se também deve estar "em conformidade com a ordem moral objetiva". Os redatores da declaração final, intitulada *Dignitatis humanae*, não chegaram, como queriam os poloneses, ao ponto de "excluir toda ordem pública que seja produto de uma ideologia equivocada", mas acrescentaram sistematicamente o qualificativo "justa" a todas as referências a essa "ordem pública" que fazia os bispos do Leste temerem o pior.

*

Mas é a propósito do projeto de constituição sobre "a Igreja e o mundo moderno" — identificado durante o concílio como esquema XIII, e que daria lugar ao texto fundamental intitulado, em latim, *Gaudium et Spes* — que o bispo Wojtyla haveria de deixar sua marca no Concílio Vaticano II. Este tema da relação da Igreja com o mundo contemporâneo o apaixona. Em dois anos de debates conciliares, ele pôde avaliar a formidável defasagem que existe entre uma certa Igreja "romana", tão rígida em suas certezas quanto arcaica em seu funcionamento, e a evolução das técnicas, das culturas, dos costumes. Além disso, tanto para ele quanto para a totalidade dos demais bispos do Leste, o esquema XIII surge como uma oportunidade crucial de mostrar um rosto da Igreja mais adaptado a sua época, frente aos ataques persistentes do comunismo ateu. Para ele, vale a pena investir nessa questão. É portanto em torno deste tema, mais sociológico que eclesiológico, que Karol Wojtyla vai mostrar não só sua capacidade intelectual fora do comum como também suas convicções de pastor engajado na vida concreta da Igreja.

Na realidade, dois prelados poloneses tomaram iniciativas a esse respeito: Dom Boleslaw Kominek, arcebispo de Wroclaw, membro da comissão mista encarregada de redigir o anteprojeto do esquema XIII, de janeiro a abril de 1963; e o bispo Wojtyla, ao qual o episcopado polonês confiou a redação de uma longa nota (um "contraprojeto", diriam alguns) sobre esse texto, na primavera de 1964. Mas o fato de Kominek por duas vezes ter sido privado de passaporte pelas autoridades polonesas — no outono de 1963 e no outono de 1964 — acabou por deixar Wojtyla sozinho neste terreno.

No dia 21 de outubro de 1964, o bispo Wojtyla volta a falar sob a abóbada de São Pedro. "Finalmente ouvíamos Karol!", lembra-se Malinski. "Sua voz forte, clara, distinta, calou o burburinho." Nesse dia é o "contraprojeto" polonês elaborado na primavera que Wojtyla defende com garra na *aula*. Seis semanas antes, o cracoviano tivera oportunidade de "ensaiar" sua intervenção diante de um grupo informal — um hábito corrente durante o concílio — denominado "Sinais dos Tempos", ao qual havia sido convidado como representante do "mundo comunista", entre representantes de outros "mundos" (asiático, africano etc.). É justamente por causa dessa "pluralidade de mundos" que Wojtyla considera em seu discurso o esquema XIII um pouco "ocidental" demais para seu gosto.[31] Escolhendo bem as palavras, o orador critica seus redatores por situarem a Igreja "acima do mundo", parecendo "dar-lhe lições" e dele esperando "obediência", em vez de mostrá-la "caminhando com o mundo para a verdadeira solução das questões difíceis do destino humano". Mais vale convencer mediante argumentos, em vez de se escorar em exortações moralizantes, explica essencialmente o polonês, aproveitando para denunciar a inutilidade de toda "mentalidade clerical".[32]

Neste discurso, Wojtyla volta a preconizar o método "heurístico", que consiste em não impor uma verdade autoritariamente a um aluno, levando-o a reconhecer essa verdade com seus próprios argumentos e seus próprios conhecimentos. Em muitas oportunidades, essa mesma concepção do ensino da Palavra seria adotada pelo cardeal Wojtyla e posteriormente pelo papa João Paulo II: o diálogo é uma necessidade, bem entendido, mas não deve ser levado a efeito em detrimento da verdade.

De cabeça baixa, Wojtyla retorna lentamente a seu lugar. "Com palavras muito comedidas", comenta Malinski, "Karol deu a entender que o projeto servia mesmo para ser jogado fora!" As observações do arcebispo de Cracóvia sobre a "pluralidade de mundos" acertam na mosca: sete novos bispos do terceiro mundo e do mundo comunista logo são integrados ao trabalho das comissões. Não surpreende que o próprio bispo Wojtyla fosse convidado, dias depois, a participar dos trabalhos da subcomissão doutrinária incumbida de reorganizar todo o texto para a sessão seguinte.

O trabalho nas comissões, sobre o qual Paulo VI deposita muitas esperanças, começa a 31 de janeiro de 1965 numa casa religiosa de Ariccia,

O CONCÍLIO VATICANO II 201

encantador burgo antigo, com seu grande viaduto, a poucos quilômetros de Castel Gandolfo. Lá se encontram cerca de vinte bispos e aproximadamente cinqüenta "especialistas", entre os quais alguns teólogos franceses (o dominicano Yves Congar, os jesuítas Henri de Lubac e Jean Daniélou), que conviveriam até abril em sessões de quinze dias cada uma. Em Ariccia, surgem amizades duradouras que não deixariam de ter conseqüências.

O bispo Wojtyla hospeda-se no *Collegio Polacco*. Quem o leva até Ariccia em seu pequeno Renault é o padre Cader. O arcebispo está relaxado, passou alguns dias esquiando em Zakopane, hospedado com as ursulinas de Jaszczurowka, e está feliz por estar ali. No grupo de especialistas, reencontrou o simpático professor Swiezawski, que o havia recebido em Lublin. Essa sessão em Ariccia representaria para eles uma "lembrança inesquecível". Os dois, que não participam da mesma subcomissão (Swiezawski está no grupo "cultura") mas se encontram no mesmo prédio, sentem imenso prazer em fazer longas caminhadas enquanto discutem o futuro da Igreja e a natureza do homem.[33]

Já a 1º de fevereiro Wojtyla é convidado a apresentar o texto que corrigiu em Cracóvia, ao longo do mês de janeiro. A preocupação geral é que o esquema XIII leve em conta expressamente "a situação da Igreja nos países comunistas". Prudente, o arcebispo de Cracóvia teve o cuidado de obter o apoio da conferência episcopal polonesa em Varsóvia antes de viajar para Roma. Para ele, como para seus pares, não resta a menor dúvida: o "mundo atual" com que se defronta a Igreja é antes de mais nada o comunismo ateu. Mas seu texto, apesar dos retoques feitos com a ajuda do padre Daniélou, é recusado pela subcomissão, que não aceita que o projeto seja inteiramente revisto sob o ângulo — efetivamente muito polonês[34] — da relação com o ateísmo. Wojtyla fica furioso, e se abre com os amigos do *Collegio* — Malinski, Pieronek... — que o levam para jantar numa *trattoria* perto do lago de Albano antes de voltar a Roma.

O polonês já perde a esperança de transmitir aos "ocidentais" a experiência das Igrejas do Leste. Em várias oportunidades ele volta ao assunto, depura seus argumentos, trabalha suas demonstrações. Pela primeira vez está terçando armas com homens que tanto admira. Finalmente, os membros do seu grupo convidam-no a redigir, com a ajuda do padre Congar, um capítulo especial sobre esse tema — que viria a transformar-se, não sem algumas peripécias, no capítulo IV da futura "constituição pastoral sobre a Igreja no mundo de nosso tempo", também conhecida como *Gaudium et Spes*.

Na abertura da quarta e última sessão, a 28 de setembro de 1965, Karol Wojtyla volta a pronunciar-se em sessão plenária — a centésima trigésima sétima — para lamentar a falta de "realismo" do concílio a respeito do ateísmo e lembrar que este pode assumir duas formas bem diferentes, provindo de uma convicção pessoal mas também sendo imposto à sociedade pelo poder político. Se Wojtyla preconiza insistentemente o "diálogo" com o mundo "secularizado", a seus olhos ele só tem sentido no primeiro caso.[35]

Essa distinção, retomada dois dias depois pelo cardeal arcebispo de Viena, Franz König, presidente da Secretaria para os Não-Crentes, serviria de alimento aos debates da subcomissão especial *De atheismo* criada dias depois e presidida pelo austríaco. Este, aos olhos de Wojtyla, não é um "ocidental" como os outros. Quem poderia ser mais sensível à realidade da divisão da Europa em dois do que o arcebispo de Viena? Não foi com alívio que os austríacos viram os tanques soviéticos deixarem seu país sem problemas, nove anos antes? E não deram acolhida a centenas de milhares de refugiados húngaros no outono de 1956?

É preciso registrar que König e Wojtyla se conhecem bem: no dia 29 de maio de 1963, quando João XXIII enviou König às "terras desconhecidas" além da cortina de ferro como emissário da causa católica, o bispo Wyszynski não quis sancionar essa intrusão da Santa Sé na questão crucial dos territórios poloneses recuperados à Alemanha nazista depois da guerra. Desse modo, foi o vigário-geral de Cracóvia que recebeu o legado do papa na qualidade de vizinho, em Cieszyn, na fronteira com a Tchecoslováquia. Foi o início de uma amizade muito forte, apoiada numa real admiração recíproca, que influenciaria o curso dos acontecimentos mais que qualquer outra, particularmente no conclave de 1978.

Não se deve pensar que em suas intervenções Wojtyla encarna o combate contra o comunismo como tal. Primeiro porque suas propostas, seus argumentos e advertências situam-se antes no terreno filosófico (contra o materialismo), eclesiológico (contra o ateísmo) e mesmo ideológico (contra o marxismo) do que no plano propriamente político (contra o comunismo). A corrente propriamente "anticomunista" é encarnada no mesmo concílio por outros padres conciliares, entre os mais conservadores.

A principal contribuição de Wojtyla ao Concílio Vaticano II terá sido talvez nutrir e animar a reflexão de fundo sobre o materialismo ateu, para desarmar as propostas de condenação solene do comunismo que essa fração maximalista pretendia incluir no texto *Gaudium et Spes*. Nem Wyszynski, nem Wojtyla, nem nenhum outro bispo polonês apoiou essa idéia, que em outra época teria sido qualificada de "politicagem": entrar nesse jogo estéril teria sido um maná para os jornais poloneses, que na época não se cansavam de denunciar o "conservadorismo tacanho" de seus bispos.

Ao longo de todos esses debates, o próprio Wojtyla terá alimentado e corroborado aquele que seria por muito tempo, de certa maneira, seu credo político: "Embora o sistema comunista pretenda fazer a felicidade do homem, única finalidade de um universo sem Deus, é justamente o homem que vem a ser sua principal vítima!" Conclusão do futuro papa: é falando incansavelmente da pessoa humana, de sua dignidade, de seus direitos, que se pode tocar o principal "ponto fraco" do comunismo.[36] Para bom entendedor...

10

Arcebispo de Cracóvia

No dia 30 de dezembro de 1963, o bispo Wojtyla acaba de pronunciar uma conferência sobre sua viagem à Terra Santa para as irmãs da Misericórdia, no convento das ursulinas, em Cracóvia, quando recebe um incrível telefonema. É o papa Paulo VI em pessoa que o chama, de Roma, para lhe dar a notícia: ele foi nomeado arcebispo "metropolitano" de Cracóvia.

Para dizer a verdade, não se trata totalmente de uma surpresa. No início do outono, seu ex-colega Stanislaw Stomma, de passagem por Cracóvia, fora até a redação do *Tygodnik* e, com um sorriso misterioso nos lábios, conduziu o padre Bardecki para fora das instalações do jornal — cujas paredes, naturalmente, estavam cheias de microfones. Na época deputado do grupo parlamentar Znak, Stomma acaba de se entrevistar com o responsável por questões religiosas no comitê central do partido, Zenon Kliszko, que lhe explicou por que o arcebispado de Cracóvia continuava sem titular desde a morte de monsenhor Baziak, em 15 de junho de 1962. De acordo com o método acertado entre a Igreja e o Estado, o cardeal Wyszynski havia inicialmente proposto três nomes, recusados por ele, Kliszko. Em bloco. Seguiu-se uma nova lista de três nomes. Nova recusa do representante do partido. Excesso disso, excesso daquilo... "Trate de encontrar um candidato que seja aceitável para nós", disse a Stomma o alto dignitário do POUP.[1] "Alguém que saiba falar conosco! Proponha um homem de diálogo, como esse jovem bispo auxiliar com o qual resolvemos em duas semanas o caso do seminário de Cracóvia, e cujo nome esqueci..."

O *caso do seminário* de Cracóvia estourou logo depois da morte do bispo Baziak, em junho de 1962, quando o comitê regional do Partido Comunista decidiu pôr as mãos no prédio do seminário da rua Wolska —

na época "rua do Manifesto de 4 de abril" — para transformá-lo em escola pública. Acontece que o jovem bispo em questão, um certo Karol Wojtyla, estava decidido a não se dar por vencido: "Um seminário", disse ele a um de seus colaboradores, "é a menina-dos-olhos de um bispo!" E o impetuoso administrador da diocese tratou de convocar todos os seminaristas, então de férias, para organizar a resistência, começando por uma cerimônia de solene consagração do prédio à Virgem Maria.

Na época, nenhum dirigente da Igreja teria tido a audácia de negociar diretamente com o partido: arriscado demais, e também muito comprometedor. Já Wojtyla foi pessoalmente ao gabinete do secretário local do POUP, Lucjan Motyka: "Este prédio é uma construção histórica", argumentara o bispo. "Sempre pertenceu à Igreja, os senhores não têm direito algum sobre ele!" Motyka reportou-se por telefone a Kliszko, em Varsóvia, que se espantou: um bispo na sede do partido, discutindo com o regime? Era mesmo uma novidade! "Deixe-o com seu seminário", ordenou Kliszko. Chegou-se a um compromisso: o quarto e último andar do prédio foi destinado à famosa escola "pedagógica" criada pelo partido, e todo o resto ficou com os seminaristas.

O bispo cujo nome Kliszko dizia ter "esquecido" ainda não era conhecido do comitê central. Para os dirigentes do partido, e para Wladyslaw Gomulka em pessoa, esse Wojtyla era mais um intelectual, um filósofo, um poeta do que um "político". Ao se dirigir ao gabinete do secretário Motyka, ele havia vestido roupas civis — mas com uma gola romana, pelo menos! — para assinalar sua boa vontade. Aquele homem devia ser mais fácil de "administrar" do que todos os anticomunistas militantes e mesmo fanáticos que formavam o episcopado polonês. A mensagem foi passada a Wyszynski, que decidiu ceder. E afinal de contas, com efeito, por que não Wojtyla? O cardeal primaz tivera oportunidade de apreciar as qualidades do jovem bispo em Roma, durante as duas primeiras sessões do concílio. A única questão que ainda revirava na cabeça era de outra ordem: esse prelado inexperiente, intelectual dado a discussões filosóficas, homem que não escondia seu desinteresse pela política, seria capaz de resistir à pressão constante que o regime comunista exercia sobre os dirigentes da Igreja polonesa?

O *sucessor de Santo Estanislau*

Em sua homilia de fim de ano, pronunciada no dia de São Silvestre na igreja dos franciscanos, em frente ao palácio episcopal, o bispo Wojtyla faz um balanço dos acontecimentos daquele ano de 1963: a morte de João XXIII, os debates do concílio, as jornadas marianas (preparando o milenário do batismo da Polônia), a designação do padre Jan Pietraszko — seu antigo rival no coração dos paroquianos da cidade velha — como bispo auxiliar e a espera da nomeação de um novo arcebispo metropolitano, "pelo qual oramos todos". Sem revelar o grande segredo que desde a véspera lhe pesa no coração: o novo arcebispo é ele.

A nomeação só é tornada pública a 18 de janeiro de 1964.[2] E tem o efeito de uma bomba nos meios católicos. Logo depois da morte do arcebispo Baziak, ninguém imaginava que Karol Wojtyla viesse a substituí-lo. Não estavam em causa suas qualidades pessoais, mas ele simplesmente parecia jovem demais para tal responsabilidade. Além disso, a coisa não seria permitida pelas regras estritas da Igreja: para começar, Wojtyla era apenas bispo "auxiliar" e não "coadjutor" (ou seja, capacitado para substituir o bispo titular); além disso, já ocupava um posto na diocese, e mandava a tradição que se recorresse a alguém munido de outras experiências locais, sobretudo para um cargo de envergadura arquiepiscopal, de vocação cardinalícia. Finalmente, embora não chegue a sê-lo *de jure*, o titular da sé de Cracóvia é *de facto* o número dois da Igreja da Polônia, um possível sucessor do primaz Stefan Wyszynski, e ninguém teria imaginado que Wojtyla pudesse estar nesse papel. A começar pelo próprio Wyszynski.

Malícia da História: é portanto para satisfazer o Partido Comunista — senão por iniciativa sua — que Karol Wojtyla, aos 43 anos, é alçado ao trono de seu mestre espiritual, o falecido cardeal Adam Stefan Sapieha. E por sinal vem a ser seu verdadeiro sucessor no plano jurídico, pois o bispo Baziak não teve tempo de receber as insígnias de sua própria nomeação antes de morrer. Para os dirigentes da Polônia "popular", o fato de ter imposto um nome a Wyszynski já é uma espécie de vitória. Mas não demorariam a se desiludir.

Em carta a seus diocesanos, com data de quarta-feira de Cinzas, o novo arcebispo fala de um "grave sentimento de responsabilidade", que só não "se transforma em sentimento de angústia" por sua "total confiança no Cristo e em sua Mãe".[3] Ele não sabe, ninguém sabe então, que se trata de um ensaio geral: a mesma confiança "no Cristo e em sua Mãe" o levariam a aceitar, em outubro de 1978, uma responsabilidade muito mais "grave".

A 8 de março de 1964, Karol Wojtyla toma posse solenemente de "sua" catedral. Nesse dia, faz um frio polar nos flancos do castelo de Wawel, mas milhares de cracovianos enfrentaram as intempéries para assistir à cerimônia. Ela começa, às 9h45, com a recepção ao novo arcebispo sob o portal de entrada, ao pé das muralhas da fortaleza. Num gesto simbólico, ele beija inicialmente as relíquias de Santo Estanislau, seu distante antecessor, para em seguida caminhar a passos lentos até a entrada da igreja, completamente lotada. No coro, enquanto o coral de Wawel entoa o cântico *Ecce sacerdos magnus* ("Eis o grande sacerdote"), o decano do cabido metropolitano, padre Bogdan Niemczewski, entrega-lhe as chaves da catedral e em seguida o chanceler do cabido, padre Mikolaj Kuczkowski, lê a bula de nomeação de Paulo VI — em latim, e depois em polonês.

Os pesados hábitos que Wojtyla vestiu para a cerimônia causam sensação. Cada um dos participantes do ofício sabe decifrar esse conjunto eminentemente simbólico que evoca mil anos de história nacional: a casula adamascada presenteada pela rainha Ana, irmã do último Jagellon, ao arcebispo de Cracóvia; a mitra que já era usada por seu distante antecessor, Dom Andrzej Lipski, no século XVII; o báculo de um outro bispo da época, Dom Jan Malachowski, testemunha da vitória sobre os turcos; o anel episcopal, encravado de esmeralda, de Maurus, bispo de Cracóvia no século XII, e a estola bordada e ornada de pérolas da rainha Edwige[4].

O texto da homilia pronunciada por Wojtyla confirma a preocupação de inscrever-se sem reservas na história de seu país:

Todos nós nos damos perfeitamente conta de que não é possível entrar nesta catedral sem emoção. Eu diria mesmo que não é possível entrar nela sem um tremor interno, sem medo, pois ela contém, como poucas catedrais no mundo, uma imensa grandeza majestosa, através da qual nossa história e nosso passado nos falam a todos. Eles dialogam com o conjunto das estátuas, dos sarcófagos, dos altares, das esculturas. Antes de mais nada, é nosso passado que surge através dos nomes e dos sobrenomes. Todos esses sobrenomes e esses nomes são a prova, individual e coletivamente, do grande caminho milenar de nossa história.

Assim como esse simbolismo patriótico é afirmado com eloqüência, da mesma forma o "programa" proposto por Wojtyla a suas ovelhas inscreve-se na continuidade. Continuidade da história da Igreja e, para além, permanência da Revelação:

> As coisas eternas, as coisas de Deus são as mais simples e as mais profundas. Não devemos criar programas novos. É preciso apenas, de uma maneira nova, com um novo fervor e uma nova disponibilidade, que nos engajemos nesse programa eterno de Deus, do Cristo, para levá-lo a efeito tendo em mente a nossa época.

Uma fala que é o espelho de sua personalidade e que anuncia também o Wojtyla de muito mais tarde. Por enquanto, uma enorme tarefa o espera. A arquidiocese "metropolitana" de Cracóvia tem a tutela de três outras dioceses importantes: Katowice, Kielce e Tarnow.[5] É verdade que não faltam bispos e padres a essas dioceses, mas o arcebispo Wojtyla faria questão de exercer sua primazia sobre o conjunto de sua "província" eclesiástica, vale dizer, de visitar regularmente as trezentas e vinte e nove paróquias.

*

Ainda faltava um ritual para que Karol Wojtyla fosse definitivamente entronizado em sua nova função: a entrega do *pallium*. O *pallium* é uma espécie de estola, uma faixa de tecido simbolizando o poder do papa e dos arcebispos, segundo uma tradição bizantina que remonta ao primeiro milênio. Cada *pallium* é tecido pelas irmãs beneditinas de Santa Cecília do Trastevere, que utilizam a lã de dois cordeiros benzidos na Basílica de Santa Inês Fora dos Muros no dia de Santa Inês, 21 de janeiro. Até a cerimônia, esses tecidos repousam numa urna depositada sobre o próprio túmulo de São Pedro. É o papa, e só ele, que faz a entrega do *pallium*. E com efeito é Paulo VI, em pleno concílio, quem entrega solenemente o *pallium* a Karol Wojtyla, assim como a quarenta novos arcebispos de todo o mundo, no dia 10 de outubro de 1964.[6]

O novo papa, que sucedeu a João XXIII no ano anterior, não é um noviço. Sabe perfeitamente que o bispo Wojtyla não era o candidato desejado pelo primaz Wyszynski para o posto de arcebispo de Cracóvia.

Paulo VI — que não esqueceu sua breve passagem pela nunciatura de Varsóvia em 1923 — mostra-se particularmente atento a essa Igreja da Polônia, tão viva, tão fervorosa, tão poderosa e ao mesmo tempo tão difícil de entender.

O primeiro encontro entre os dois data da primeira sessão do concílio, no outono de 1962: o vigário capitular de Cracóvia tinha um pedido a transmitir ao cardeal arcebispo de Milão da parte do pároco de São Floriano, que estava precisando de um sino para sua igreja. Montini contara então a Wojtyla que em 1923 havia assistido, justamente, à restauração de um sino que desaparecera durante a guerra russo-polonesa, em algum lugar da Polônia. Mas desde que foi feito papa, embora tenha notado o vigoroso prelado de 44 anos que se exprime sem temor diante de assembléias impressionantes, o ex-arcebispo de Milão nunca teve qualquer contato direto e pessoal com ele. Como tampouco com qualquer outro bispo polonês: todo contato "papal" com a Polônia, com sua Igreja, passa obrigatoriamente pelo primaz Wyszynski.

A partir da terceira sessão conciliar, no outono de 1964, estabelece-se uma verdadeira relação entre Montini e Wojtyla. No dia 30 de novembro, o arcebispo de Cracóvia é recebido em audiência privada por Paulo VI. É a primeira vez em que os dois se encontram frente a frente. E não resta dúvida de que a química é boa. Embora Paulo VI tenha grande respeito por Wyszynski, sua relação com o primaz da Polônia é difícil. Wojtyla permite-lhe descobrir um outro rosto da Igreja polonesa — mais aberto, mais intelectual, mais adaptado aos novos tempos.

É bem verdade que Stefan Wyszynski é um homem altivo, de trato difícil, temperamental. Nutre desconfiança em relação ao papado — que "traiu" seu país pelo menos duas vezes: depois da insurreição de 1830, quando o papa Gregório XVI, preocupado em melhorar suas relações com os impérios, ordenou aos católicos poloneses que se submetessem ao czar que os oprimia; e durante a invasão nazista em 1939, após a qual o papa Pio XII não defendeu muito seus correligionários poloneses. Este ressentimento sem dúvida tem fundamento. Assim como sua desconfiança irônica, e mesmo ferina, em relação às idéias em moda entre seus colegas ocidentais, sempre tão dispostos a "dialogar" com os marxistas. Não se pode dizer que o primaz da Polônia seja propriamente um conciliador. É, além disso, um homem obstinado. Quantas vezes não terá ostensivamente dado primazia a suas preocupações "nacionais" sobre os objetivos universais do concílio!

Justamente, no dia 13 de dezembro de 1965, após o encerramento do concílio, o papa concede uma audiência de despedida à delegação dos bispos poloneses. Nesse dia, mais uma vez, com uma insistência dificilmente tolerável, o cardeal Wyszynski observa, como se pensasse alto, que o Sumo Pontífice não pode pretender avaliar de Roma a situação da Igreja na Polônia. E ainda por cima o primaz acrescenta que será muito difícil aplicar em seu país as decisões do Concílio Vaticano II. Não é difícil perceber que a situação gera uma conseqüência das mais simples, mas de desdobramentos históricos imprevisíveis: a partir desse dia, em seu foro íntimo, Paulo VI passa a apostar em Wojtyla.

Um dia na vida do bispo Wojtyla

Rua Franciszkanska, n° 3. Uma fachada despretensiosa, de um amarelo ocre, num prédio de dois andares, como dezenas de outros na cidade velha de Cracóvia. Um pesado portão negro. Sob o pórtico, à esquerda, uma entrada conduz à cúria metropolitana. À direita, uma galeria abobadada leva até uma porta de dois batentes que se abre para uma ampla escada de pedra com os degraus gastos. As paredes, imensas, estão cobertas de retratos de prelados — todos os antecessores de Karol Wojtyla —, entre eles o severo cardeal Zbigniew Olesnicki, que havia ocupado as instalações no século XIV.

O novo arcebispo conhece muito bem essas grandes figuras do passado. Não está perdido nesse lugar imponente. Primeiro porque teve a oportunidade de conhecer muito bem seus recantos em 1944-1945, durante a ocupação nazista. Além disso, muitas vezes percorreu esses salões e corredores como simples bispo, a partir de 1958. E não só conhece as instalações, como também o pessoal que a partir de agora está a seu serviço: a sra. Maria, a zeladora; Jozef Mucha, o motorista; o sr. Franciszek, o camareiro; as irmãs Jadwiga e Eufrozyna, da secretaria particular; irmã Faustyna, a cozinheira.

Conhece também os dois homens que serão seus colaboradores mais próximos na gestão da diocese: o chanceler do cabido, Mikolaj Kuczkowski, e o deão Bogdan Niemczewski. Em 1966, viria juntar-se a eles um jovem padre de Zakopane, como secretário do arcebispo. Fiel e eficiente, este não poderia imaginar então que rumo sua vida tomaria: ele se chama Stanislaw Dziwisz.

No conjunto, as pessoas que trabalham na Cúria e na Oficialidade (o tribunal episcopal), cerca de quinze no total, constituem "uma espécie de família", na expressão do próprio Wojtyla. Em suas viagens, ele envia a cada uma delas um cartão-postal, uma nota de felicitações etc. Jozef, Franciszek, Jadwiga e os demais seriam todos convidados para a cerimônia papal de 22 de outubro de 1978 em Roma — o novo papa faria questão de cumprimentar um a um. E em 1996, no sepultamento de irmã Jadwiga, João Paulo II escreveria e enviaria a Cracóvia uma comovente homenagem de caráter pessoal.

No primeiro andar, em frente à escada, a capela. Mais tarde as paredes viriam a ser recobertas por um falso mármore marfim. Da época de Wojtyla, ficaria apenas o teto, com seus caixotões vermelhos, verde-escuros e azul-noite. É ali que fica o genuflexório do arcebispo, ali que têm início invariavelmente os seus dias, por volta de 5h30, no momento em que lá fora os primeiros bondes despertam o bairro com seu ranger metálico.

O arcebispo Wojtyla continua — e continuaria — a ser um homem de oração. Passa várias horas por dia nessa capela. É ali, antes do alvorecer, que reúne forças, busca inspiração e prepara seu dia de trabalho. É ali que reza a missa às sete horas, na presença de algumas religiosas e de algum colaborador. Quando está programado que celebre o ofício à tarde em outro lugar, ele atravessa a rua e dá continuidade a suas orações no convento dos franciscanos em frente.

Karol Wojtyla gosta muito particularmente deste convento no qual Maximilien Kolbe,[7] que tanto venera, viveu entre 1919 e 1922, e de cujas janelas ele pode ver a basílica de tijolos vermelho-sangue. O prédio é típico do estilo gótico da Europa central. De batina negra, Wojtyla atravessa o claustro, magnífico, ornamentado com antiqüíssimos afrescos murais da maior beleza, entra na basílica e vai orar, à direita da nave, na capela de Nossa Senhora das Sete Dores, onde se encontra uma grande imagem da Virgem do século XV. Freqüentemente, nas tardes de sexta-feira, ele opta pela capela da Paixão, à esquerda, para rezar a *via crucis*. Quantas vezes, depois de consagrado papa, ele não invocaria essa lembrança para explicar sua pessoal devoção à tradição de São Francisco de Assis!

Às oito horas, retorno ao palácio para um pequeno desjejum na cozinha, preparado pelas irmãs (queijo branco, ovos mexidos, leite). O arcebispo não se demora: volta imediatamente a fechar-se na capela. À esquerda do altar, providenciou uma escrivaninha especial, com uma tábua dobrável de madeira, entre um assento e o seu genuflexório, onde pode ajoelhar-se, meditar, sentar-se para ler ou escrever. Bem ao lado há um radiador e um abajur de pé: nada foi esquecido. O arcebispo é um pouco maníaco: para certificar-se de que não será incomodado, tranca a capela por dentro.

É ali que escreve, no silêncio, e diante do Santíssimo Sacramento. Não redige apenas homilias ou cartas pastorais, mas também textos profanos, planos de estudos filosóficos, poemas, correspondência administrativa etc. Wojtyla é um escravo do trabalho. Depois de feito papa, seu secretariado reuniria cerca de setecentas e setenta páginas de textos arquivados (cartas pastorais, comunicados episcopais etc.) antes de sua eleição. Ele já tem o hábito, que nunca deixaria, de registrar no canto superior das páginas um trecho de oração, uma invocação ou o início de um salmo: *"Veni sanctu spiritu"*, *"Adoro te devote"*, *"Magnificat anima mea dominum"* etc.

Às 11 horas, o arcebispo sai da capela e segue pela esquerda para os salões e seu gabinete oficial, onde recebe os visitantes. Nesses famosos salões que durante a ocupação nazista, em 1944-1945, eram habitados pelos seminaristas clandestinos, não se encontram mais camas de ferro, cortinas improvisadas, bacias e banquinhos. O cômodo onde o jovem Karol dormia transformou-se em sala de reunião dando para o convento dos franciscanos. Durante a guerra, como vimos, o bispo Sapieha vedara as janelas, e os seminaristas estavam formalmente proibidos de mexer nas cortinas: no pátio do convento vizinho, a polícia do governador Frank havia instalado um depósito, guardado dia e noite. Dessa mesma janela, conta seu sucessor, Franciszek Macharski, o papa João Paulo II quase cairia ao saudar os estudantes em sua primeira viagem pastoral à Polônia. Em junho de 1979, ainda não havia sido imposta ao papa a utilização de vidros blindados e ele se apoiava num simples corrimão de ferro cuja firmeza ninguém se dera ao trabalho de verificar.

Já a porta do salão do arcebispo Wojtyla está sempre escancarada. Ele recebe todos que desejam vê-lo. Há quem fique duas horas e meia na fila, no saguão, para encontrá-lo. Cada paroquiano de Cracóvia sabe que pode ir ao encontro do arcebispo sem hora marcada, para apresentar-lhe qualquer problema pessoal. E que será ouvido com uma atenção e uma benevolência que logo ficariam famosas. Às vezes, são recebidos em audiência representantes de alguma comunidade ou algum grupo.

Dirigida por irmã Jadwiga, a secretaria põe um pouco de ordem nesse alegre e respeitoso concerto de visitantes. Na época de Natal, dá-se um verdadeiro desfile de corpos constituídos, profissões, comunidades da diocese: representantes dos médicos, delegados dos jardineiros, mineiros de determinada região, estudantes, padres ordenados em determinado ano e ex-alunos de Wadowice vêm trazer seus melhores votos para aquele que não é apenas seu pastor, mas também a mais alta autoridade religiosa da região.

Às 13h30, o desfile é interrompido e o arcebispo dirige-se à mesa, algumas vezes convidando o último visitante a compartilhar de sua refeição. Seus antecessores Sapieha e Baziak almoçavam quase sempre em companhia apenas de seu confessor. Já Wojtyla abre completamente sua sala de refeições. Senta-se numa cabeceira, cercado dos padres Jaworski e Obtulowicz, e logo também do padre Dziwisz. Em frente, os chanceleres Kuczkowski e Marszowski. No meio, os mais diversos convidados — um bispo de passagem, um jornalista do *Tygodnik Powszechny,* um visitante estrangeiro, um pároco da região, um dirigente da congregação etc. Se por um lado sente prazer em conversar com convidados, por outro Wojtyla não dá a menor importância ao que é servido à mesa. Come de tudo, sem exigências caprichosas e com moderação. Prefere beber cerveja, raramente vinho, e vodca nunca. Faz jejum nos dias prescritos, especialmente na quaresma: "Se o bispo não der o exemplo, quem haverá de dar?",[8] diz ele certo dia a um visitante.

Depois da refeição, dez minutos de sesta — numa poltrona, para não adormecer profundamente —, um rápido entendimento com o chanceler sobre as questões do dia, e Wojtyla se concede um breve passeio, não raro em bosques vizinhos: Wolski, Ojcowo, Sikornik, deliciosas áreas arborizadas que ainda não foram transformadas em praças urbanas. Em seguida, começa a maratona diária de visitas a paróquias e diferentes cerimônias nos quatro cantos da região.

Wojtyla nunca aprendeu a dirigir — para não perder tempo, afirma. Mandou instalar no velho Chevrolet herdado do bispo Sapieha uma espécie de pequena estante de madeira dobrável, com uma pequena lâmpada para poder ler à noite. Certo dia, mandou chamar o eletricista numa hora incômoda para consertar a luminária com urgência, pois não queria perder quatro horas na estrada. O mesmo dispositivo haveria de permitir-lhe estar constantemente trabalhando nos carros que se sucederam a este: um Opel e mais tarde um Volga. Seu automóvel transforma-se assim num verdadeiro escritório, onde ele está sempre acumulando várias pastas, quase sempre cheias de livros. Seu ex-professor Stefan Swiezawski o compararia certo dia ao filósofo árabe Avicena, que tinha seu "ateliê" montado numa cadeira carregada por quatro camelos, ou ao cientista alemão Leibniz, que transformou sua carruagem em laboratório de pesquisa matemática.

Na realidade, a maneira como o arcebispo Wojtyla organiza seu tempo antecipa exatamente o que faria o papa João Paulo II. Princípio geral, herdado do pai: o tempo é um dom, não devemos desperdiçar nenhuma migalha sequer. Conseqüência: seus dias são incrivelmente planejados, às vezes em questão de minutos. Certo dia, a irmã de seu amigo Juliusz Kydrynski perguntou-lhe: "Mas por que você está sempre tão apressado, Karol? Qual é o seu trabalho tão urgente assim?" Ele se limitou a sorrir.

Como freqüentemente tem companhia para jantar, ele volta tarde para seus aposentos privados no primeiro andar do palácio episcopal. Eles se compõem de uma pequena saleta, um gabinete de trabalho e um quarto minúsculo: uma pequena cama coberta com uma colcha de lã gasta, um travesseiro adornado com motivos folclóricos, uma luminária de plástico por cima da cabeça, com um fio servindo de interruptor manual. Na mesinha-de-cabeceira, um rosário, uma garrafa térmica, um copo. No assoalho de ripas de madeira, um par de sapatos pretos e velhas pantufas sem cor. Na parede, uma Virgem do Renascimento e uma paisagem invernal polonesa, tão banal quanto os carneiros que ornamentavam seu apartamento na rua Kanonicza.

A escrivaninha, simples, de verniz descascado, exibe apenas um pobre abajur, uma foto de Paulo VI e um tinteiro com uma grande caneta de tinta negra, um grande lápis de grafite (verde), uma borracha circular e chata, clipes e uma caixinha de cartolina com cartões de visita: *"Ks. Karol Wojtyla"*. Finalmente, na entrada, esquis e remos. Os esquis são elegantes exemplares da marca Heads, azuis e brancos: nada a ver com os primeiros pares de "pranchas" do padre Karol, com suas velhas espátulas grená e seus pinos pré-históricos.

Aí estão todas as posses do sucessor do príncipe Sapieha — este nunca teria imaginado dormir em outra parte do palácio senão no grande quarto de luxo: outros tempos, outros costumes. Outra personalidade, também. Pobre era o padre Wojtyla, pobre seria o arcebispo, o cardeal e mesmo o papa Wojtyla. Batinas surradas, um velho chapéu, um sobretudo gasto etc. Tal como antes, ele pouco está ligando para seu conforto pessoal. Fazer a mudança de seus objetos pessoais, de seus papéis, de sua biblioteca? Não encontrou tempo para isso. Seria necessário que Mikolaj Kuczkowski, o chanceler, aproveitasse as férias do arcebispo para, em sua ausência, transportar os livros e objetos pessoais de seu antigo apartamento da rua Kanonicza para o palácio episcopal.

Todos percebem. Alguns o criticam. Circulam certas anedotas, que mais tarde alimentariam uma hagiografia digna do pároco de Ars. Conta-se que certo dia, quando ainda morava na rua Kanonicza, um mendigo aparece pedindo esmola. A irmãs Marysia e Emilia, que cuidam da casa, o despacham:

— Não temos mais nada.

Indignação do bispo:

— Mais nada?

Ele abre o armário e mostra suas camisas:

— E isto? E isto?

E as irmãs, resmungando, têm de dar duas camisas ao pobre-diabo.

Seja como for, é espetacular o contraste entre a simplicidade da vida levada pelo novo arcebispo de Cracóvia e o fausto e os ouros da "sua" catedral no castelo de Wawel. Até mesmo o palácio episcopal, totalmente restaurado desde o fim da guerra, contém tesouros artísticos que com toda evidência deixam completamente indiferente o novo dono da casa. Ele nunca se interessou pela arte, e nunca se interessaria. Com seus momentos de filósofo e poeta, Karol Wojtyla é decididamente um pastor, e não um esteta.[9]

Um pastor e um modelo de devoção. Depois das 23 horas a vida parece parar completamente na rua Franciszkanska. Os corredores ficam desertos, a grande escadaria, silenciosa. Na maioria das vezes, vê-se apenas uma luz filtrada por trás da porta da capela: o arcebispo está em oração.

Apanhado pela política

Quando Karol Wojtyla é promovido a arcebispo em 1964, é Wladislaw Gomulka quem detém o poder político na Polônia. Aos 59 anos, marxista convicto mas partidário de um regime comunista especificamente polonês, Gomulka não começou ontem: em 1949, era vice-primeiro-ministro ao ser demitido, expulso do partido e jogado na prisão, para ser reabilitado em 1956, em função dos acontecimentos que o conduziram ao poder, contra a vontade dos dirigentes soviéticos.

O novo chefe do partido, hábil e pragmático, começou por conquistar a simpatia da Igreja Católica, atribuindo a seus antecessores stalinistas a responsabilidade pelos "erros e esquerdismos" do passado. E particularmente pelo famoso decreto de 9 de fevereiro de 1953 que provocara o irremediável rompimento entre a Igreja e o Estado. O regime já não pretende nomear os dirigentes eclesiásticos: a partir de agora, a regra será uma simples consulta sobre a nomeação dos bispos.

Já no dia 26 de outubro de 1956, Gomulka envia ao primaz Stefan Wyszynski, que continua confinado no convento de Komancza, dois de seus principais homens de confiança: Zenon Kliszko e Wladyslaw Bienkowski. Os emissários anunciam ao cardeal sua imediata libertação, e logo tratam de estabelecer, em poucas horas, um novo *modus vivendi* entre o Estado e a Igreja, que levaria a um novo acordo solene, assinado com o episcopado a 7 de dezembro de 1956.

O mais espetacular nesse novo protocolo é o restabelecimento do ensino de religião nas escolas polonesas. Para a Igreja, é um ponto crucial. É verdade que os comunistas exigem que sua aplicação seja condicionada a expresso pedido dos pais, para atenuar a heresia ideológica representada por semelhante concessão em terra "socialista". Mas 95% das famílias polonesas logo tratariam de pedir a matrícula de seus filhos na instrução religiosa: somente cerca de vinte escolas (num total de vinte e três mil estabelecimentos de ensino) recusariam essa restauração.

Em contrapartida dessa incontestável liberalização, as autoridades da Igreja comprometem-se a "apoiar os esforços do governo para fortalecer e desenvolver a Polônia popular", o que pode ser considerado um implícito reconhecimento do regime. Para o partido polonês, que procura oferecer garantias a seu tutor soviético, trata-se de um argumento de peso.

Na véspera das eleições de fevereiro de 1957, o primaz chega inclusive a aceitar um encontro com Gomulka e faz um apelo para que os católicos compareçam às urnas.

No plano político, justamente, o regime autoriza a abertura oficial dos cinco Clubes de Intelectuais Católicos (KIK), um dos quais em Cracóvia. Permite que voltem a circular regularmente o *Tygodnik Powszechny*, a revista *Znak* e um novo mensário de Varsóvia chamado *Wiez* ("O Elo"), cujo jovem redator-chefe é um trânsfuga do movimento Pax de nome ainda desconhecido: Tadeusz Mazowiecki. Finalmente, deputados católicos egressos do movimento Znak são eleitos para a Dieta no dia 17 de fevereiro de 1957, passando a formar, juntamente com alguns outros "sem partido", um grupo parlamentar de 11 deputados.

Mas esse "degelo" dura pouco. Ateu convicto e comunista realista, Gomulka logo percebe que precisa voltar a controlar as rédeas, ao ver que já em agosto de 1957, não obstante a ausência do primaz, um milhão de poloneses participam da primeira peregrinação a Czestochowa após os acontecimentos de outubro: a maior aglomeração popular no país desde a guerra. O partido vê-se obrigado a reconhecer já nesse ano que a Igreja Católica saiu fortalecida das provações do stalinismo e que seus dirigentes não hesitarão em explorar essa vantagem, sob a capa do trabalho pastoral.

Ao fim de alguns meses, o partido e o governo começam discretamente a tomar de volta com uma mão o que haviam ostensivamente concedido com a outra. O ensino da religião é expulso das escolas, sob pressão das autoridades regionais, sendo obrigado a refugiar-se, quando possível, em "pontos de catequização" mais ou menos controlados pela polícia. A censura volta a se abater sobre a imprensa católica. São suspensas as autorizações para construção de novas igrejas. Volta a vigorar com força ainda maior, se bem que de maneira mais insidiosa, uma guerra entre o Estado e a Igreja da Polônia.

Decididamente, a Polônia não é um país socialista como os outros. Muitas vezes seus dirigentes invejam secretamente seus colegas dos países vizinhos, que não tiveram tanta dificuldade para estabelecer relações de dominação com as Igrejas de seus países. Em terras ortodoxas (URSS, Bulgária, Romênia), as Igrejas autocéfalas acabaram aceitando um diálogo desigual com as autoridades. Na Alemanha Oriental, o partido no poder (SED) encontrou um *modus vivendi* com as igrejas protestantes. Mesmo nos países católicos da região, a Hungria e a Tchecoslováquia, depois das quedas-de-braço que vitimaram os cardeais Mindszenty e Beran, os dirigentes comunistas conseguiram botar na linha as hierarquias locais: bispos nomeados pelo partido, movimentos subvencionados de "padres para a paz" etc.

Na Polônia, essa estratégia não deu certo. Os dirigentes postos na prisão, como o cardeal Wyszynski e o arcebispo Baziak, saíram aureolados da glória de mártires, ainda mais firmes que antes e perfeitamente decididos a dar prosseguimento ao combate. E o movimento católico pró-governamental Pax, criado pelo partido depois da guerra para comprometer o poder absoluto da Igreja, não conseguiu se implantar nas paróquias.

Se, como vimos, o padre Wojtyla nunca se interessou pela coisa pública, o bispo Wojtyla seria obrigado a meter-se nela. Queira ou não, suas responsabilidades o forçam a entrar na arena. Naturalmente, ele não cuida da "grande" política, em nível nacional: a estratégia em relação ao poder, a explosiva mistura de diálogo e confronto com as autoridades comunistas, a permanente queda-de-braço com Gomulka são "terreno reservado" do primaz Wyszynski. Nenhum bispo polonês jamais teria pensado em infringir este princípio, e Wojtyla menos ainda que qualquer outro. Em nível local, no entanto, o bispo Wojtyla não pode proteger-se por trás da lealdade ao chefe do episcopado polonês. Tampouco pode ignorar a especificidade política de Cracóvia, que não é como as outras cidades polonesas — e cujo chefe espiritual, portanto, não é um arcebispo como os outros. Em todo caso, não para o partido.

*

Desde 1945, a antiga capital da Polônia, orgulhosa de suas tradições reais, é por si só uma espécie de desafio para o regime comunista. Assim como Gdansk a Vermelha, cidade de sangue mestiço aberta para o mar, viria com toda a lógica encarnar a resistência operária, assim também Cracóvia a Rebelde, com seu passado prestigioso, continuaria sendo o foco da contestação intelectual — menos violenta, mas sorrateira. Ao pé do Wawel ou à sombra das árvores do Planty, há mais de seis séculos o poder, ali, não está na ponta do fuzil, mas nos livros e nas memórias, nas mãos de estudantes contestadores e professores humanistas de maneiras refinadas.

Assim é que o Partido Comunista Polonês, mal se viu instalado no poder em Varsóvia, tratou de "proletarizar" essa ilha de resistência burguesa agarrada a seu orgulhoso castelo, às arcadas de seu mercado e a todas as suas lembranças de outros tempos. O Futuro Radioso contra o Tempo Passado: a oposição é simbólica. Cracóvia logo se veria cercada pelos complexos químicos e dezenas de outras fábricas — dos altos-fornos de Huta Lenina, a leste, às gigantescas fábricas de aço de Huta Katowice, a oeste — que transformam o campo ao seu redor em uma morna periferia industrial coberta por uma infinidade de conjuntos habitacionais de um desanimador cinzento.

Ao cabo desse projeto eminentemente ideológico, o "homem novo" deveria revelar-se na nova cidade de Nowa Huta, modelo de urbanismo proletário concebido em 1949, emblema arquitetônico e social da Polônia "popular". No cenário de pesadelo desse gigantesco canteiro de obras já vivem, no meado dos anos 60, cerca de 120.000 habitantes. Em nome do ateísmo, naturalmente, não se haveria de construir uma igreja nesta que deve ser a primeira "cidade sem Deus" (*sic*) da nova Polônia.

Mas os operários de Nowa Huta, muitas vezes originários do campo, não pensam assim. Em 1952, o arcebispo metropolitano de Cracóvia, Baziak, conferiu a condição de paróquia ao bairro proletário de Bienczyce e várias vezes pediu oficialmente autorização para construir nele uma igreja. Em vão. Não há previsão de igreja no plano, portanto não haverá uma igreja! É então, em certo dia de 1960, que uma cruz de madeira é apressadamente plantada no meio da noite entre os prédios que surgem como cogumelos ao longo das ruas "Karl Marx", "do Grande Proletariado" e "da Revolução".

Essa cruz é um desafio ao regime. Durante vários anos, ignorando as bombas de gás lacrimogêneo e as ameaças policiais, centenas de fiéis corajosos, jovens operários ou mulheres de idade, se revezam para "montar guarda" dia e noite, sejam quais forem as condições climáticas.[10] A partir de agora, várias missas são rezadas todo domingo em Bienczyce, reunindo ao ar livre de cinco a seis mil fiéis obstinados. Os padres que celebram não estão ali por acaso: foram enviados pela cúria de Cracóvia.

Na noite de Natal de 1963, para fúria das autoridades regionais, Wojtyla em pessoa chega ao local para celebrar a Missa do Galo à luz de velas, diante de uma multidão que entoa cântico após cântico debaixo de

ARCEBISPO DE CRACÓVIA

uma chuva gelada. É com uma alegria indizível que os fiéis em oração, transidos de frio, ouvem o seu bispo — que dias depois seria nomeado arcebispo — explicar em seu sermão que aquele lugar em Bienczyce é como uma "nova gruta de Belém".

Todo ano, no Natal, Karol Wojtyla voltaria para dar apoio ostensivo à luta dos paroquianos de Bienczyce. A luta pela construção de novas igrejas, entre manifestações e petições, transforma-se num combate exemplar, estendendo-se aos bairros de Krowodrza, Azory e Debniki, além de algumas paróquias na montanha, como Kamasznica. Envolve também dezenas de salas de catequese — pois o catecismo voltou a ser expulso das escolas. Basta que um grupo de pais construa uma cabana de madeira num terreno baldio para que o regime imediatamente mande seus esbirros destruí-la!

Obstinação pacífica contra perseguição policial: esta incrível queda-de-braço duraria dezessete anos — até a primeira normalização das relações entre a Igreja e o Estado. Enquanto isso, Wojtyla não poupa esforços, aprendendo a jogar com a correlação de forças e a se valer de suas relações. No momento em que o Estado polonês tenta fazer contato direto com a Santa Sé, ele promove uma visita a Nowa Huta — em fevereiro de 1967 — do enviado especial do papa, o bispo Casaroli em pessoa.

Melhor ainda, sendo finalmente concedida a autorização, o próprio cardeal Wojtyla comparece a 18 de maio de 1969 para lançar a pedra fundamental da igreja de Bienczyce. A pedra lhe havia sido presenteada pessoalmente, quatro anos antes, pelo papa Paulo VI, que mandou extraí-la das ruínas da primeira Basílica de São Pedro, mandada construir pelo imperador Constantino no século IV, quando finalmente o cristianismo foi aceito no Império Romano. Paulo VI, que, como vimos, havia sido núncio apostólico em Varsóvia, apaixona-se pelo caso de Nowa Huta. Certa vez, contando-lhe Wojtyla — em italiano — que os paroquianos estavam agüentando firme, no frio e no gelo, o papa o interrompera com um sorriso: "*Mroz!*" ("gelo", em polonês). Como se quisesse mostrar ao interlocutor que nem tudo esquecera de sua distante permanência na Polônia.[11]

Depois de cimentar solenemente a pedra fundamental, o cardeal improvisa um sermão que vai direto ao coração dos numerosos fiéis presentes. Pela primeira vez, o próprio Karol Wojtyla extrai ensinamentos de uma luta propriamente "política", e seu discurso não é inocente. Em sua escala própria, ele prefigura, tanto no fundo quanto na forma, toda a filosofia do combate que o futuro papa João Paulo II sustentaria contra o comunismo. Vale a pena examinar um pouco mais atentamente.

Para começar, todo este caso de construção de uma igreja nas barbas do regime comunista situa-se exclusivamente, para o orador, no plano "da fé, da esperança e do amor". "Eu não faço política", diz, basicamente, o orador. "Mantenho-me no plano espiritual" — e é a referências espirituais que ele recorre para transmitir três idéias básicas, cujo peso político não escapa a nenhum de seus interlocutores:

— Ao evocar "os tempos heróicos do martírio dos primeiros cristãos", Wojtyla celebra o heroísmo dos "primeiros cristãos" de Nowa Huta, cujo combate se inscreve assim numa história de dois mil anos. Subentendido: em que história se inscreve por sua vez o regime comunista? Qual é sua legitimidade histórica?

— Ao frisar que "a pedra foi abençoada por Paulo VI, sucessor de São Pedro", ele mostra que a igreja de Bienczyce está diretamente ligada ao Cristo e a todos os papas que se sucederam à frente da Igreja. Subentendido: que poder político seria capaz de pretender romper um tal vínculo?

— Ao explicar que com esse gesto o papa Paulo VI pretende "participar ele próprio da construção desta igreja", ele dá a entender que seus construtores fazem parte da Igreja universal, e que de nada adiantarão os entraves burocráticos ou policiais opostos pelo regime a essa vinculação.

E o arcebispo conclui tranqüilamente, perante um auditório fascinado, com a revelação do imperador Constantino, o ex-perseguidor de cristãos que acabou impondo o princípio do "respeito dos cristãos pelo poder leigo", depois de ter uma visão da cruz do Cristo com a seguinte inscrição: "Com este sinal, vencerás!" Todos esses símbolos, todas essas referências são piscadelas de cumplicidade para suas ovelhas. O mais humilde dos proletários de Nowa Huta sabe decifrar essas parábolas que, por trás de seu aspecto histórico, espiritual ou teológico, constituem verdadeiras provocações políticas.[12]

Em 15 de maio de 1977, quando o cardeal Wojtyla consagrar em Bienczyce, sob uma desagradável chuva de primavera, a primeira igreja nova de Nowa Huta — um esplêndido prédio ultramoderno, de madeira e concreto, que os paroquianos já batizaram de *Arka* ("a arca") —, acompanhado pelo pároco Jozef Gorzelan e o arquiteto Wojciech Pietrzyk, nenhum dirigente do partido poderia ignorar seu grito lançado diante de cerca de cinqüenta mil fiéis chorando de emoção: "Nowa Huta foi concebida como uma cidade sem Deus. Mas a vontade de Deus e daqueles que aqui trabalharam prevaleceu. Que isto sirva de lição!"

A "lição" é explicitada numa carta pastoral de 18 de outubro, na qual Wojtyla enfatiza que a liberdade de construir igrejas constitui um critério do verdadeiro respeito dos direitos humanos e do cidadão. Dois anos depois da assinatura dos acordos de Helsinque, que diante do mundo inteiro os dirigentes poloneses afirmam ter transformado em sua bíblia, o argumento é eficaz.

O milenário da Igreja polonesa

Quando o concílio é solenemente encerrado em Roma, a 8 de dezembro de 1965, Wyszynski e Wojtyla já têm em mente um outro grande acontecimento: o *Millennium* (milenário) da Polônia, que se completaria alguns meses depois, em maio de 1966.

Havia quase dez anos que o clero polonês se preparava para esse acontecimento histórico. Valendo-se da presença em Roma de todos os bispos do mundo, os poloneses providenciam os convites, enviando cinqüenta e seis cartas a diferentes episcopados para estimulá-los a participar da festa. Uma delas, aos bispos alemães, causaria escândalo.

Datada de 18 de novembro de 1965, a carta é redigida por Dom Boleslaw Kominek, bispo de Wroclaw (ex-Breslau), não por acaso. Dois bispos, Stroba (Poznan) e Wojtyla (Cracóvia), participaram de sua redação, que não foi fácil. O cardeal Wyszynski estava entre os que se questionaram longamente sobre sua oportunidade: mais sensível ao patriotismo "básico" do povo polonês, ele temia a reação popular, mais que seus colegas (sobretudo Kominek, pastor em Wroclaw de uma população de migrantes, menos apegada a suas raízes). Mas o primaz evoluiu ao freqüentar os alemães no concílio, sobretudo seu colega de Munique, o cardeal primaz Julius Döpfner.[13] Além disso, o próprio texto fundamental do concílio, *Gaudium et Spes*, incitava ao diálogo entre os cristãos.

A carta, um longo documento cheio de referências históricas, lembra para começar que dois mil padres e cinco bispos — um quarto dos membros da Igreja polonesa — morreram nos campos nazistas. O lembrete sem dúvida é útil, considerando os destinatários da carta, mas nada tem de novo para os católicos poloneses. Passaram-se apenas vinte anos desde o fim da guerra e não existe na Polônia uma única família que não tenha sofrido com as atrocidades da ocupação nazista. Os poloneses sabem muito bem que foram mais atingidos pela Segunda Guerra Mundial do que os outros povos.[14] A surpresa está no fato de os bispos signatários da carta, que pretendem assim "estender a mão" a seus colegas "sentados nos bancos deste concílio", mencionarem também "o sofrimento de milhares de fugitivos e expropriados alemães", fazendo-lhes um apelo inusitado: "Nós os perdoamos e pedimos que nos perdoem."[15]

O escândalo é enorme. Inclusive entre os mais fervorosos católicos poloneses. Por que motivo precisariam os poloneses ser perdoados? Seria uma referência à ocupação das "terras do oeste", às regiões alemãs situadas a leste da linha Oder-Neisse? Eles não tinham nada a ver com essa decisão geopolítica, resultado de um arranjo capenga entre Stalin, Truman e Churchill: foi a conferência de Potsdam, em julho de 1945, que decidiu pôr esses territórios sob administração polonesa, em contrapartida à anexação de todo o leste da Polônia pela União Soviética! Seria uma referência à partida dos alemães desses territórios, em obediência a essa decisão? Mas a maioria deles não foi expulsa, simplesmente fugiu, na época, diante do avanço do Exército Vermelho.

Para o regime, a carta é uma bofetada incrível. Primeiro porque, num momento em que Gomulka tenta recuperar a confiança de Moscou, os bispos repentinamente apontam para suas ovelhas a direção do Ocidente, ainda por cima convidando à reconciliação com os "revanchistas alemães". É assim que os alemães ocidentais são qualificados na URSS e nos países satélites, para deixar bem claro de onde vem o perigo... Depois, o episcopado está manifestamente violando o monopólio absoluto do partido em matéria de política externa. Em todos os países "socialistas", as relações internacionais são domínio reservado do partido. Sobretudo, nos últimos dez anos, em Varsóvia, que se orgulha de ser a capital do Pacto "de Varsóvia", a organização militar do bloco do Leste. Finalmente, o que está em jogo num tema tão crucial é a legitimidade do regime, que não se exime de denunciar furiosamente a ingerência dos bispos nas questões de governo. O primeiro-ministro Cyrankiewicz e o primeiro-secretário Gomulka estão entre os que estimulam a campanha de ataques ao episcopado — embora fossem eles mesmos, três anos depois, negociar a reconciliação polonesa-alemã com Willy Brandt.

Para as autoridades, não é difícil provocar protestos públicos e manifestações indignadas — tanto mais que a censura impediu que o texto dos bispos fosse difundido na íntegra. Nas semanas seguintes, deputados descarregando insultos e grosserias sucedem-se na tribuna do Parlamento, num incrível surto anticlerical. Unânime, a imprensa ataca: "Quem autorizou o episcopado a se imiscuir em nossos problemas de fronteiras? Em nome de quem falam os bispos?" A campanha do partido responde ao apelo dos bispos com um lema simples e eficaz: "Nós não esquecemos, nós não perdoamos!"

Em Cracóvia, o comitê regional de propaganda do partido logo entendeu que Karol Wojtyla era um dos autores da carta e investe contra o arcebispo — que no entanto, ainda há pouco, era considerado um aliado em potencial. Mas a afronta foi muito pesada. Todos os recursos devem ser mobilizados para conter sua ousadia. E a polícia política trata de induzir, entre outras reações, uma "carta aberta" dos operários de Solvay "indignados e estupefatos", publicada a 22 de dezembro na *Gazeta Krakowska*, o maior jornal da região. Como a empresa havia sido nacionalizada pelos comunistas e o jornal dependia diretamente do comitê central do partido, a operação era muito simples.

No documento, os signatários, visivelmente indignados, lembram ao antigo camarada seu próprio passado durante a ocupação: "Teria Sua Excelência esquecido Auschwitz, onde morreram milhares de padres poloneses?" (*sic*). A dar-lhes crédito, Wojtyla teria cometido um "insulto à consciência da nação". Como sempre — e não é este o menor dos paradoxos da história do bloco do Leste —, quando os comunistas querem se aproximar do povo, invocam a nação. Mas que importam as aparências? "De que pecado podem acusar-se os poloneses em relação aos alemães?" Este argumento acerta em cheio.

Karol Wojtyla, o antigo operário de Zakrzowek e Borek Falecki, sente o golpe. E responde ao texto com uma longa carta escrita na véspera de Natal: "Respondo a vossa carta como um homem ferido..." Mas a pena não hesita, o tom é firme, o autor avança seus argumentos, sem polêmica nem paixão. Teria sido possível inclusive desencadear um autêntico debate, se a *Gazeta Krakowska* não se tivesse recusado a publicar a resposta, como aliás todo o resto da imprensa. Decididamente, são desiguais as armas do combate ideológico. Tudo indica que o *Millennium* será movimentado.[16]

*

Em agosto de 1956, estando ainda em prisão, Wyszynski havia presidido "virtualmente" a grandiosa cerimônia que se promoveu em Czestochowa para confirmar a consagração da Polônia à Virgem, como havia feito o rei João Casimiro quatrocentos anos antes.[17] Centenas de milhares de poloneses haviam convergido para pronunciar os *Juramentos de Jana Gora* escritos pelo primaz em sua prisão de Komancza. Sua poltrona vazia, bem no centro da cerimônia, era como um desafio. O primaz estava ausente e todos os olhos eram para ele.

Em maio de 1957, tendo recuperado a liberdade, Wyszynski repetira solenemente o gesto, lançando a "Grande Novena", um período de nove anos dedicados à preparação do milenário de 1966. Entre outras festividades e manifestações diversas, uma peregrinação da Virgem Negra — uma reprodução da imagem de Czestochowa, abençoada por Paulo VI — serviria para mobilizar as forças vivas do catolicismo em cada uma das onze mil paróquias do país. Um projeto de excepcional ambição.

Assim foi que a Virgem Maria empreendeu uma viagem de nove anos através do país. Seu avanço era saudado e ritmado por procissões, orações, retiros, festas, missas, cânticos. Milhares e milhares de vezes, em dioceses e paróquias, nas cidades e nos recantos mais distantes do campo, multidões entoavam o cântico *Maria, rainha da Polônia*, pedindo à Mãe de Deus, com lágrimas nos olhos, que abrandasse suas provações, melhorasse sua situação, ajudasse a viver.

No dia 3 de maio de 1966, um milhão de fiéis celebram em Czestochowa o fim da Grande Novena. O regime tentou por todos os meios reduzir o impacto da manifestação, promovendo eventos profanos — cinema, espetáculos, partidas de futebol — a pretexto de comemorar a sua maneira o "milenário da nação polonesa". Em vão. O birô político do partido decidiu proibir que o papa Paulo VI viesse presidir as cerimônias: mais uma vez, uma poltrona vazia domina ostensivamente a celebração. E em todas as outras que haveriam de seguir-se, nos quatro cantos do país,

ARCEBISPO DE CRACÓVIA

os fiéis seriam invariavelmente lembrados, por uma poltrona vazia, da hostilidade do poder comunista em relação a eles.

Três dias depois, a 6 de maio, em Cracóvia, o arcebispo Karol Wojtyla recebe o ícone sagrado na catedral do castelo de Wawel, numa noite de adoração durante a qual milhares de paroquianos se alternariam diante da imagem da Mãe de Deus até a manhã seguinte. Debaixo de uma tempestade, uma enorme multidão impassível esperou a chegada da Virgem ao longo de seu percurso na cidade. Cerimônia, vigília, orações, missas, longos silêncios. Durante a noite toda, as ruas que conduzem ao castelo são alegradas pela multidão. No dia seguinte, o primaz pronuncia uma homilia solene: "Eu Te entrego, ó Mãe, esta Igreja polonesa como Tua propriedade..."

Tudo é solene nesse dia: o velho padre Figlewicz chegou inclusive a tirar do armário, para o ofício, a lança de São Maurício — presente oferecido por Oto III a Boleslau o Valente no ano 1000, sobre o túmulo de Santo Adalberto —, para mostrar que decididamente a Polônia não nasceu com o comunismo. É este também o objetivo de uma sessão científica organizada nesse mesmo dia por Wojtyla, na presença de todos os membros da conferência episcopal. Tema: "A história da Igreja em Cracóvia nos dez últimos séculos." Karol Wojtyla em pessoa encerra a sessão lendo uma comunicação sobre a atitude "inflexível" do bispo Sapieha, seu antecessor, durante a ocupação nazista. Como se quisesse deixar bem clara a legitimidade da Igreja polonesa diante do regime.[18]

No início, os intelectuais católicos — a começar pelos amigos de Karol Wojtyla em Cracóvia — haviam manifestado reservas sobre a iniciativa do primaz. Aquele projeto de Grande Novena, aquelas procissões intermináveis, as manifestações gigantescas, tudo aquilo não era precisamente um pouco "popular" demais, num momento em que o concílio antes convidava à reconciliação da Igreja com a modernidade? Pouco a pouco, no entanto, todos foram obrigados a reconhecer que o plano de Wyszynski era uma idéia genial. Todas aquelas cerimônias e festas populares aproximaram extraordinariamente a Igreja da sociedade civil — que já começava a perder o rumo com dez anos de comunismo —, a ponto de confundir numa só suas organizações e suas aspirações e também de corroborar a aversão ao regime.

O próprio Karol Wojtyla — que na lembrança geral jamais teria criticado a idéia do primaz — celebraria pessoalmente, nesse ano, cinqüenta e três "missas do milenário" em Gdansk, Piekary, Lublin, Varsóvia, Stary Sacz, Lomza, Opole, Przemysl, Torun etc. Dedicando a maioria de suas homilias à história da Polônia — não, é claro, a dos manuais escolares em vigor! Freqüentemente, o arcebispo também organiza seminários científicos adaptados a cada diocese — por exemplo, sobre a contribuição do cristianismo à cultura da região em causa. A cada vez, sem necessidade de ser explícito, essa busca das "raízes" na terra polonesa deixa clara a falta de legitimidade e a precariedade do poder comunista.

De modo que Wojtyla contribuiu amplamente para tangenciar a armadilha do populismo, associando historiadores, escritores e intelectuais à celebração do *Millennium*. Melhor ainda: o arcebispo de Cracóvia aproveitou a oportunidade para promover "vigílias conciliares" no maior número possível de paróquias, para ampliar a reflexão dos fiéis e fazer um elo entre esses mil anos de história polonesa e o futuro da Igreja.

No dia 4 de setembro, a chegada da imagem sagrada à entrada da diocese de Katowice é impedida por uma manifestação "espontânea", organizada pela polícia política. O carro do arcebispo não pode mais avançar. O cardeal Wojtyla salta, tenta negociar, mas em vão. A multidão de "manifestantes" grita e ameaça. Para não abrir caminho aos murros, o que seria inconcebível, o único jeito é recuar. A imagem volta a Czestochowa. Mas logo se encontra uma resposta: a partir de agora, as procissões seguirão uma moldura vazia, tendo no centro uma vela acesa. E, ao redor, um número ainda maior de participantes. Decididamente, esses católicos poloneses são incontroláveis.

11

O cardeal Wojtyla

No dia 21 de junho de 1967, Karol é informado de que foi promovido a cardeal por Paulo VI. Aos 47 anos, torna-se a segunda figura da Igreja na Polônia, imediatamente depois do cardeal Stefan Wyszynski. Entre os que cercavam o primaz, quando se falava à boca pequena de sua sucessão, as apostas voltavam-se antes para este ou aquele prelado mais experiente, como bispo Baraniak, arcebispo de Poznan, velho amigo daquele que costuma ser chamado de "velho leão": Baraniak era o adjunto do primaz em Varsóvia no momento de sua detenção em 1953. Tratava-se portanto, agora, de rever todos os prognósticos.

Na véspera de sua partida para Roma, tal como fizera no mosteiro de Tyniec ao ser nomeado arcebispo, três anos antes, Karol Wojtyla faz um retiro no santuário de Kalwaria Zebrzydowska. Depois, toma o trem para o Vaticano, acompanhado de seu antigo chefe de gabinete, o padre Tadeusz Pieronek.[1] Este, ao enviar seu protegido para dar prosseguimento a seus estudos de direito canônico em 1961, havia arrancado dele uma promessa bem-humorada: "No dia em que você for feito cardeal, eu gostaria de estar a seu lado quando o papa lhe entregar o chapéu!" Wojtyla cumpriu a palavra.[2]

Os dois passam por Viena, detendo-se por algumas horas na capital austríaca. Já é uma tradição: como o trem-leito proveniente de Katowice — um *spalnyi wagon* soviético — chega bem cedo pela manhã e o trem para Roma só parte no início da tarde de Viena, Wojtyla adquiriu o hábito de visitar o núncio apostólico, o bispo Rossi, assistir à missa em Rennweg, entre os ressurreicionistas poloneses, ou, mais freqüentemente, concelebrar a missa matinal do bispo König na catedral de Santo Estêvão, antes do desjejum.

A recepção do cardeal-arcebispo de Viena nesse dia é calorosa. De resto, nas tradicionais visitas de cortesia — denominadas visitas "de calor" — que receberia em Roma no dia seguinte, Wojtyla poderia avaliar seu início de popularidade no Sacro Colégio. É verdade que alguns dos cardeais presentes, como o iugoslavo Seper e seu ex-professor Furstenberg, já podem ser considerados amigos. Mas o próprio cardeal Bengsch, arcebispo de Berlim, iria até o Colégio Polonês, contrariando todos os hábitos, para cumprimentá-lo. Pieronek recorda-se: "Aquelas visitas de cortesia tinham sido programadas muito estritamente, a cada meia hora, em geral no Vaticano mas às vezes em diferentes locais de Roma. Estivemos com Cody, Felici, Villot, Renard, Willebrands... Foi uma corrida desenfreada no pequeno Dauphine azul do padre Alojs Cader, do *Collegio Polacco*, que nos servia de táxi!"

Nessa oportunidade, o novo cardeal também se encontra pela primeira vez com a imprensa. Não se trata mais de enviados especiais do mundo inteiro, como durante o concílio, mas de "vaticanistas", em geral credenciados na Santa Sé. Esses jornalistas são especialistas em questões religiosas, obrigados por motivos profissionais a estar sistematicamente travando conhecimento com os novos cardeais. Trata-se de um simples contato inicial. Apesar disso, ao responder a suas perguntas, na escada de entrada do prédio do Colégio Polonês, Wojtyla mostra-se extremamente prudente. O concílio ensinou-lhe a prestar atenção nas respostas durante as entrevistas.

Na manhã de 26 de junho, chegara o grande dia. Ou, por outra, o primeiro episódio de uma cerimônia que duraria quatro dias. Durante um primeiro consistório dito "secreto" — que de secreto só tem o nome —, o papa começa por pedir a concordância simbólica dos cardeais presentes. Na realidade, lê uma lista que todos eles já conhecem. Em seguida, diante de três mil convidados reunidos no grande auditório Pio XII, o velho cardeal Cicognani, secretário de Estado, lê por sua vez os nomes dos promovidos — que nesse dia são vinte e sete — e entrega a cada um o decreto de sua nomeação. O decano dos novos cardeais, monsenhor Fasolino, de 80 anos, responde em seguida em nome de todos.

A 28 de junho, reúne-se no fim da tarde o consistório "semipúblico", na Capela Sistina. Nesse ambiente suntuoso, os novos cardeais, trajando suas batinas vermelhas, ouvem uma exposição do decano do Sacro Colégio, o cardeal Tisserant, e logo, antes da chegada do papa, envergam o *roquete* (uma espécie de alva curta bordada) e o cordão com a cruz pectoral, além da *mozeta* (uma curta pelerine chegando à altura da metade do braço, vestida sobre o roquete). Wojtyla, na realidade, está preocupado com outro detalhe da indumentária que o deixou contrariado ao chegar: impossível encontrar no *Collegio* um par de sapatos vermelhos! No último minuto, ele tentou conseguir emprestado com o amigo Deskur, que mora no bairro de Santa Marta, bem ao lado da Sistina — mas em vão. Ei-lo portanto calçando sapatos negros, nada de acordo com a apresentação exigida pelo protocolo. Mas ele se consola ao observar discretamente os tornozelos dos colegas e constatar que três deles tiveram o mesmo problema.

Às 18 horas, na Sala dos Paramentos, que serve de sacristia para a Sistina, Paulo VI entrega o barrete vermelho a cada um. O *barrete* é o chapéu de quatro lados usado especialmente pelos dignitários da Igreja. A cor vermelha característica da dignidade cardinalícia significa que aquele que a usa aceita defender sua fé e sua Igreja "até o derramamento de sangue". Além disso, o papa confere a cada um deles um título cardinalício, ou seja, a tutela de uma igreja romana. Assim é que monsenhor Wojtyla recebe San Cesareo in Palatio, igreja situada perto das termas de Caracalla, no início da via Appia Antica — a dez minutos a pé do Colégio Polonês.[3]

Finalmente, a 29 de junho, dia da festa de São Pedro e São Paulo, padroeiros da cidade de Roma, tem lugar o consistório "público". Às 18 horas, os vinte e sete novos cardeais concelebram na praça de São Pedro uma missa com o papa, que após a cerimônia lhes entrega o anel cardinalício.[4] Cem mil pessoas vieram assistir à celebração. Pela primeira vez uma missa de consistório é rezada ao ar livre.

Entre os promovidos, outra novidade, estão dois poloneses: Karol Wojtyla e John Krol, seu compatriota da América, feito arcebispo da Filadélfia. "É um grande dia para a Polônia", diria o cracoviano.

*

Ao contrário da maioria de seus colegas, o novo cardeal polonês não é recepcionado em sua embaixada em Roma. Para um Estado comunista, a promoção de um de seus subordinados à dignidade de cardeal não é um acontecimento. Wojtyla pode assim voltar tranqüilamente a Cracóvia pelo caminho mais longo, meio turista, meio peregrino. No dia 6 de julho, começa pegando um avião até Veneza, a cidade de que João XXIII foi patriarca, e no dia seguinte parte de automóvel na direção do Friul e da Caríntia, acompanhado pelo padre Lubowiecki, vigário-geral dos poloneses na Alemanha e fino conhecedor da Áustria.

Como sempre, Wojtyla não deixa nada ao acaso e seu itinerário austríaco é carregado de simbolismo. Primeiro, ele pára em Ossiach, onde celebra a missa numa pequena igreja dominando o lago homônimo, exatamente onde o rei Boleslau o Ousado, o assassino do santo bispo Estanislau de Szczepanow, arrepende-se a ponto de fazer-se ele próprio monge santo, venerado na região. O arcebispo de Cracóvia tem um momento de recolhimento no túmulo suposto do assassino de seu distante antecessor. Em seguida, visita o santuário mariano de Mariazell e sua capela dita "dos milagres" (*Gnadenkapelle*), com sua enorme quantidade de ex-votos. O local é histórico, pois, segundo se diz, ali a Virgem em pessoa ajudou Luís I, rei da Hungria, a rechaçar os turcos no século XV. No mesmo espírito, no dia seguinte, ele faria uma parada em Kahlenberg, a "Montanha Careca" que domina o Danúbio, ao norte de Viena, no local onde o rei polonês João Sobieski assistiu à missa antes de romper o assédio dos turcos em 1683. Todas essas referências ao passado constituem formas de inserir seu novo percurso pessoal numa continuidade nacional.

Entre os dois pontos, por sinal, Wojtyla faz um desvio pelo campo de concentração de Mauthausen, à beira do Danúbio, onde milhares de poloneses feitos prisioneiros pelos nazistas após a invasão de seu país encontraram a morte. O primeiro-ministro da época, Jozef Cyrankiewicz, é um sobrevivente desse campo monstruoso, célebre por suas pedreiras de granito, onde muitos deportados tiveram um fim terrível.

Voltando a 9 de julho pelo trem rápido Viena-Varsóvia, recebido ao alvorecer na estação ferroviária de Katowice pela cúria cracoviana em peso, o novo cardeal vai diretamente fazer sua "entrada solene" na catedral de Wawel, onde pronuncia sua primeira homilia de cardeal: "Louvado seja Jesus Cristo!... Este dom não é concedido a mim, mas a toda a Igreja do Cristo na Polônia e, sobretudo, à Igreja de Cracóvia..." Aplausos entusiásticos ressoam pela catedral. Wojtyla posiciona-se como herdeiro, mencionando explicitamente seus nove antecessores, especialmente dois deles: Estanislau de Szczepanow, o primeiro a "derramar seu sangue pela Igreja", e o príncipe Adam Sapieha, ao qual deve efetivamente sua entrada para a carreira eclesiástica. Como a cada uma das etapas de sua vida, o futuro papa inscreve-se simbólica e profundamente na história.

Rival de Wyszynski?

No dia 1º de agosto, depois de alguns dias de férias remando no rio Drawa, na Mazúria, Karol Wojtyla vai comemorar sua nomeação com Stefan Wyszynski em Bachledowka, um povoado perdido da paróquia de Nowe Bystre, não distante de Zakopane, onde o primaz costuma passar suas férias de verão.

Wojtyla conhece o caminho para a casa de repouso dos irmãos paulinos, em plena montanha. Ele chega tarde, na hora do jantar, para comemorar o dia de Santo Estêvão. Na Polônia, tradicionalmente, a festa do santo padroeiro é mais importante que o aniversário. Uma boa refeição, cânticos: a noite logo adquire contornos familiares. O clima é de amizade. Desde o concílio, Wyszynski e Wojtyla aprenderam a se conhecer.

E no entanto, sem que nunca tenha havido inimizade entre os dois, Wyszynski nunca foi um partidário de Wojtyla, que de modo algum lhe deve sua carreira eclesiástica, muito mais favorecida por um Sapieha, um Baziak ou... um Paulo VI. Pode-se mesmo dizer: pelo contrário. Se contasse apenas com Wyszynski, não resta dúvida de que Karol Wojtyla não teria sido nomeado bispo tão cedo, não teria sucedido a Baziak como arcebispo de Cracóvia e não teria sido "elevado à púrpura" tão jovem. Muitos detalhes deixam claro que a promoção do jovem colega de Cracóvia não era a principal preocupação do primaz. Assim, em carta enviada em outubro de 1962 a monsenhor Felici, secretário-geral do concílio, o primaz da Polônia propunha uma primeira lista de treze bispos poloneses a serem integrados às comissões conciliares: o nome de Wojtyla estava ausente. Em outra carta, de 30 de março de 1963, na qual transmitia a relação dos quarenta e quatro bispos poloneses que precisariam ser hospedados em Roma na segunda sessão do concílio, o primaz "esqueceu" o nome de Wojtyla — que trataria de incluir em uma outra carta, três semanas mais tarde.

Desde a época do concílio, ficou evidente que o jovem arcebispo de Cracóvia estava entre os mais calorosos partidários do *aggiornamento* preconizado pelo Vaticano II, que ele se esforçaria por pôr em prática até mesmo nas menores paróquias de sua diocese, ao passo que o cardeal primaz não escondia suas reticências em relação a qualquer reforma, argumentando com a especificidade polonesa para evitar ou adiar a aplicação de certas orientações inovadoras do concílio: "Não se reestrutura um exército em plena batalha", gostava de dizer o primaz.

Ao serem informados de que Karol Wojtyla havia sido nomeado cardeal, em 1967, os seminaristas e padres poloneses de Roma não esconderam seu entusiasmo, pois mesmo de longe lamentavam o conservadorismo de Wyszynski, pelo qual tinham o maior respeito. Mas Wojtyla era jovem e se situava na linha do concílio, era um reformador que apresentava no exterior uma imagem menos arcaica da Polônia. "Wojtyla era um produto do Concílio Vaticano II, Wyszynski era mais produto do Concílio de Trento", brinca o futuro embaixador Krzysztof Sliwinski, na época um jovem jornalista.[5]

Mas embora não tivessem a mesma sensibilidade, os dois opuseram uma frente unida a todos os seus eventuais detratores. Inicialmente, Wojtyla estava basicamente "preso" à sua função de porta-voz dos bispos poloneses. "Só nos textos pronunciados pelos dois ao retornarem à Polônia é que se podiam perceber diferenças", explica monsenhor Pieronek.[6] Além disso, a obediência à Igreja — logo, ao primaz — era uma virtude para todos os bispos poloneses, a começar pelo jovem Wojtyla, para quem Wyszynski no início era uma espécie de monstro sagrado.

É verdade que, *a priori*, Stefan Wyszynski e Karol Wojtyla não podiam ser mais diferentes, como resume o vaticanista Marco Politi: "Wyszynski era um sociólogo, Wojtyla, um filósofo. Wyszynski tinha origem camponesa, Wojtyla era filho da pequena burguesia. Wyszynski havia participado ativamente da resistência, como capelão dos *partisans*; Wojtyla na melhor das hipóteses se mantivera à margem do movimento. O primaz sentia-se mais à vontade com as massas; o bispo de Cracóvia, mais sintonizado com os intelectuais."[7] Como estranhar que nunca se tivessem entendido muito bem?

Ainda que tivessem a mesma origem, o mesmo temperamento, ainda que concordassem em tudo, os dois haveriam de distinguir-se pela diferença de geração: Wyszynski, nascido em 1901 numa região ocupada pelos russos, assistiu na adolescência ao restabelecimento da soberania da Polônia; Wojtyla, nascido dezoito meses depois da recuperação da independência, foi marcado sobretudo pelos horrores nazistas e mais adiante pela instalação do regime marxista-leninista. É claro que o primeiro foi mantido preso pelos comunistas, mas para ele a questão central é a perenidade da nação. Claro, também, que o segundo pôde avaliar em 1939 a fragilidade da nação, mas ainda assim cresceu numa Polônia "normal", e por sua vez preocupa-se mais com a evolução do catolicismo universal.

Esta diferença é capital. Ela implica muitas diferenças de sensibilidade, inclusive em questões políticas ou teológicas: "Wyszynski era favorável a uma democracia social próxima da teocracia", explica o professor Swiezawski, que conheceu bem a ambos. "Já Wojtyla era partidário de uma ética social no contexto da democracia, preconizando um engajamento mais moral que político. Wyszynski estimulava uma devoção mariana muito "nacional-polonesa"; Wojtyla preconizava a mesma devoção, mas sem o nacionalismo."[8]

A estada na prisão havia acentuado a tendência "monárquica" e "populista" do cardeal primaz, que absolutamente não atraía Wojtyla. Para Stefan Wilkanowicz, jornalista do *Tygodnik,* "Wyszynski fazia certas reservas aos bispos, que considerava fracos demais, e aos intelectuais, que considerava próximos demais do poder público. Ele só acreditava no povo".[9]

*

Muito rapidamente o poder comunista deu-se conta dessa defasagem entre os dois. Com o risco, inclusive, de tomar seus desejos por realidades. É bom lembrar que, por sua própria natureza, os regimes comunistas sempre jogaram com as divisões dos adversários, em nome do velho princípio de "dividir para reinar". A chegada à cena pública de qualquer figura, Wojtyla ou outro qualquer, é examinada primeiramente sob esse ângulo utilitário.

No exato momento em que Wojtyla foi feito bispo, em 1958, o partido recebia bem tudo que contribuísse para comprometer o formidável crédito do cardeal primaz, encarado como o comandante-em-chefe de um exército inimigo, e cuja ascendência sobre a população aumentara ainda mais com seus três anos de detenção. Não seria possível opor a esse interlocutor inabalável uma personalidade mais "compreensiva"? Wojtyla, o jovem e brilhante bispo proveniente do sul — havia uma rivalidade secular entre Varsóvia e Cracóvia —, não poderia fazer esse papel? Seis anos depois, quando Wojtyla foi nomeado arcebispo de Cracóvia — como vimos, o governo recusou seis nomes propostos por Wyszynski e acabou "soprando" o de Wojtyla —, a idéia de opor os dois não era um simples reflexo político, mas uma estratégia. Um jovem prelado "progressista" e "reformista" contra um velho primaz "conservador" e "tradicionalista": o partido não perderia uma oportunidade dessas! Tanto mais que o dossiê constituído a seu respeito pelo departamento IV da polícia política (SB) não podia ignorar certos elementos "positivos" a favor do cracoviano: precedentes patrióticos, origens populares, experiência operária, gosto pelo diálogo etc.[10]

Rapidamente Karol Wojtyla sentiu o perigo. Ele tem perfeita consciência de que o regime pretende usá-lo e não quer lhe dar a menor oportunidade de pô-lo em contradição com o primaz. Nem mesmo na mais discreta de suas homilias. Na Europa Oriental, na época, as paredes têm ouvidos, e qualquer coisa dita em público pode prestar-se a exploração maliciosa. Por isso é que Wojtyla tem tendência a dar cobertura sistematicamente a tudo que Wyszynski diz ou faz. "Não devemos complicar a tarefa do primaz", diz ele a quem quiser ouvi-lo.

O que não o impede de defender suas prerrogativas cracovianas diante de um primaz às vezes "invasivo". Em 1964, a pedido de Wyszynski, o papa, vigário de Roma, nomeia Wladislaw Rubin reitor da igreja da Cidade Eterna. Wojtyla não contesta a escolha — e por sinal Rubin tornar-se-ia um de seus melhores amigos —, mas o recém-nomeado arcebispo de Cracóvia faz questão de confirmar oficialmente a nomeação, lembrando ao vicariato de Roma que há muitos lustros a tutela da Igreja de Santo Estanislau foi confiada ao arcebispado de Cracóvia.[11]

A situação se complica em 1967, no momento de sua elevação à púrpura. Fica evidente que essa promoção faz dele um possível sucessor do primaz, logo, um rival em potencial. Razão ainda mais forte para que Wojtyla faça questão de manifestar ao mesmo tempo sua solidariedade com Wyszynski e, num plano mais pessoal, sua lealdade a ele. E logo daria disso duas provas espetaculares.

A primeira oportunidade lhe é fornecida durante a viagem oficial do general de Gaulle à Polônia, em setembro de 1967. A visita é importante: Charles de Gaulle é o primeiro chefe de Estado francês a visitar o país, onde serviu como oficial instrutor de 1919 a 1921. Imagina-se então como cada gesto tem um peso. Acontece que o presidente francês não se encontrou com monsenhor Wyszynski ao chegar a Varsóvia — como seu anfitrião, Wladislaw Gomulka, limitou-se a convidar o primaz para um coquetel mundano reunindo toda a Varsóvia comunista, é claro que ele não compareceu. Em tais condições, teria cabimento que seu "segundo" recebesse o ilustre visitante em sua etapa cracoviana? No dia 8 de setembro, ao contrário do que estava previsto, de Gaulle é recebido por uma figura apagada em sua visita ao castelo de Wawel, pois o cardeal Wojtyla foi chamado à última hora a Wroclaw para uma cerimônia urgente.[12]

Meses depois, recebendo em seu gabinete o cônsul-geral da França, Patrice de Beauvais, Wojtyla confirmaria que acabava naquela ocasião de ser nomeado cardeal e não queria "dar a ilusão de que estava tomando o lugar de quem quer que fosse": "Se eu estivesse na catedral naquele dia, o general de Gaulle não teria apreciado semelhante decisão, tendo em vista sua impossibilidade de estar com o primaz."[13] Eleito papa, ele voltaria a se explicar com o ministro Alain Peyrefitte — que acompanhara o general de Gaulle à Polônia — durante uma audiência em Roma, doze anos depois do incidente: "Há séculos", diz-lhe João Paulo II, "quando não há um rei legítimo na Polônia, é o primaz o *interrex* — o soberano interino. Se eu tivesse recebido o general de Gaulle, teriam dito que eu estava desautorizando o primaz." Comentário de Peyrefitte: "Uma pena! Perdemos a foto histórica, diante da catedral de Wawel, do aperto de mão dos dois heróis do século."[14]

Dias depois, monsenhor Wyszynski se vê privado de passaporte pouco antes da abertura do primeiro sínodo de bispos organizado em Roma por Paulo VI. Seu colega mais jovem — que obteve sem problemas a autorização de viajar — imediatamente desiste de comparecer ao sínodo, embora desejasse ardentemente reviver o clima de debate e reflexão que tanto lhe agradou durante o concílio. "Nós efetivamente recebemos nossos passaportes", conta monsenhor Pieronek, "mas Wojtyla não hesitou um segundo: estava fora de questão viajar!"[15]

Quaisquer que fossem as diferenças de tom entre essas duas personalidades excepcionais, seu objetivo era o mesmo, lembra Adam Boniecki, o principal biógrafo do arcebispo de Cracóvia: "No fundo, era equivocada essa oposição entre Wyszynski e Wojtyla: enquanto o primeiro não se cansava de suas virulentas diatribes, batia com o punho na mesa e ameaçava levantar seus fiéis em massa, o segundo, como intelectual esclarecido, preferia minar as bases do sistema em homilias e colóquios, retiros e cartas episcopais, recorrendo a argumentos irrefutáveis."[16]

O que não excluía as palavras fortes e até mesmo o recurso à força. Como seus violentos sermões quando o regime proibia a comemoração do tradicional *Corpus Christi* na praça do Velho Mercado, "quando até os adestradores de cães tinham o direito de se exibir nela". Ou, como vimos, sua inesperada chegada, certa noite de Natal, ao lugar onde os paroquianos de Nowa Huta já perdiam a esperança de conseguir autorização para construir sua igreja, para ali celebrar pessoalmente a Missa do Galo. "Em Cracóvia", conta o jornalista Stefan Wilkanowicz, "quando algum padre era preso, o arcebispo Wojtyla no dia seguinte mesmo, sem dizer palavra, ia substituí-lo por trás do altar e no confessionário. Esse tipo de gesto tinha um impacto considerável."[17]

Quando Wojtyla foi promovido a cardeal, em 1967, o regime fez que se congratulava. A Polônia "popular" apostava tudo na distensão e recebia de bom grado tudo que pudesse comprovar, aos olhos do mundo inteiro, sua vocação de passarela entre o Leste e o Ocidente. Os dirigentes do Partido Comunista, panglossianos convictos, interpretaram a nomeação de Wojtyla como feliz conseqüência da *Ostpolitik* conduzida pelo Vaticano. Pois o enviado especial do papa, monsenhor Casaroli, não havia visitado longamente a Polônia quatro meses antes, acompanhado de monsenhor Deskur?[18] Essa intrusão do Vaticano nas questões internas da Igreja polonesa, da qual a promoção de Wojtyla parecia uma conseqüência, não seria uma desfeita ao primaz, notoriamente hostil ao diálogo Leste-Oeste?

Seria realmente o novo cardeal, que de repente surgia como um futuro chefe da Igreja polonesa, mais "fácil" que seu velho colega? A questão polonesa-alemã e a batalha do milenário haviam tornado as autoridades prudentes nessa questão. Dias antes da notícia de sua promoção cardinalícia, o ministro da Cultura, Lucjan Motyka — um velho conhecido — recebia de Wojtyla uma carta de protesto contra o fechamento brutal do *Teatr*

Rapsodiczny. Em sua carta, o arcebispo de Cracóvia recorria duas vezes a um argumento incômodo para um regime sempre disposto a enfeitar seus atos com as cores do "antifascismo": pois esse teatro não havia sido fundado por seu diretor, Mieczyslaw Kotlarczyk, como reação à ocupação hitlerista? Não, decididamente, Wojtyla não seria um interlocutor "fácil".

"No fim da década de 1970", explica o ex-comunista Jerzy Waszczuk, na época chefe da chancelaria do comitê central do partido, "as diferenças de tom entre o primaz e o cardeal-arcebispo de Cracóvia eram evidentes. Para Wyszynski, o sistema socialista duraria, e portanto era necessário melhorar a situação da Igreja nesse contexto que lhe era imposto. Ao passo que para Wojtyla a Igreja devia contribuir para mudar o sistema — donde seus contatos com os dissidentes da época. Para nós, naturalmente, Wojtyla era o mais perigoso dos dois."[19]

Assim foi que, com o tempo, o regime acabou desistindo. Opor Wojtyla a Wyszynski? Um desafio absurdo. Tentar precipitar a substituição deste por aquele? Um erro de cálculo. Antecipando-se à sucessão do velho cardeal primaz, que completaria 75 anos em 1976, o regime contempla com preocupação cada vez maior a questão de sua substituição. Um acontecimento importante, a poucos meses do prazo, reforçaria essa preocupação: para surpresa dos dirigentes do país, o episcopado manifesta inesperadamente, numa carta solene, sua oposição à modificação da Constituição polonesa para estipular o "papel dirigente do partido" e as "relações privilegiadas com a União Soviética". Como sempre, a posição é unânime. Mas todo mundo sabe que o cardeal Wojtyla e "seus" intelectuais cracovianos estão na vanguarda dessa obstrução radical.

Os dirigentes do país não têm como saber que Wyszynski considera Wojtyla seu futuro delfim — como diria a seu assistente Romuald Kukolowicz em 1974 —, mas desconfiam. E já agora temem esta eventualidade. Chegado para o primaz o limite de idade fatídico, nesse ano de 1976, o governo polonês escreveria a Paulo VI pedindo que a Santa Sé excepcionalmente prolongasse seu mandato. O cúmulo!

Anos depois, o próprio papa João Paulo II haveria de demonstrar, *a posteriori*, que era inútil tentar opô-lo ao seu primaz. No dia 25 de maio de 1981, ainda se recuperando na clínica Gemelli do atentado da praça de São Pedro, o Santo Padre fala uma última vez ao telefone, ao meio-dia, com um Wyszynski já moribundo em Varsóvia, e que implora sua bênção:

João Paulo II abençoa então "sua boca e suas mãos", uma maneira de ratificar todas as palavras e todos os gestos passados do primaz.

Um cardeal de campo

Karol Wojtyla terá "reinado" quatorze anos na arquidiocese de Cracóvia — sem contar seus primeiros anos como bispo auxiliar. As testemunhas desse período parecem ter guardado apenas lembranças positivas, maravilhosas e até mesmo exageradamente elogiosas. "Não havia na Polônia uma diocese mais bem administrada que a de Cracóvia",[20] exalta-se seu amigo Malinski. Também aqui é difícil distinguir entre a realidade histórica e a hagiografia. Parece surpreendente que a diocese tenha sido magnificamente "administrada" por Wojtyla, quando se sabe a falta de interesse do futuro papa por toda e qualquer questão de intendência, gestão, finanças — das quais nunca entendeu grande coisa. Por outro lado, o cardeal é um grande peregrino, tão ávido de conhecer o resto do mundo quanto de assumir suas muitas responsabilidades "romanas", e se ausenta freqüentemente. Pelo que, aliás, é criticado.

Felizmente, o cardeal-arcebispo está bem cercado. O chanceler Kuczkowski, sobretudo, é um excelente organizador, e cuida com eficiência da cúria metropolitana. Também mora no palácio episcopal e o arcebispo pode contar constantemente com ele. Em abril de 1970, ao obter de Roma dois postos suplementares de bispos auxiliares, Wojtyla reorganiza a diocese e divide as tarefas entre os quatro auxiliares: Julian Groblicki, Jan Pietraszko e os dois recém-chegados, Stanislaw Smolenski e Albin Malysiak.

Melhor seria, portanto, falar de uma arquidiocese "dirigida" por Wojtyla. Tanto mais que a capacidade de trabalho do cardeal é excepcional, assim como sua faculdade — já mencionada e descrita por tantas testemunhas — de fazer várias coisas ao mesmo tempo: ouvir um relatório numa assembléia, reler um texto, assinar a correspondência etc.[21] Ao longo de todos esses anos, ele está constantemente visitando as paróquias e instituições religiosas de seu território, multiplicando as reuniões de trabalho. Sua autoridade pessoal, que é muito grande, permite-lhe fazer as coisas avançarem: basta às vezes uma palavra numa conversa para dar partida numa iniciativa importante. Wojtyla gosta de distribuir tarefas. E nunca desperdiça um minuto sequer: cada idéia leva a uma proposta de ação, e logo ao estabelecimento de um calendário. E como está constantemente inventando novas tarefas — como a criação de um instituto da catequese ou o estabelecimento de um instituto da família —, o cardeal trata sempre de confiar sua realização às pessoas que lhe parecem mais capazes de levá-las a bom termo. Membros do clero, padres ou religiosas, mas também um grande número de leigos: para ele, o "apostolado leigo" não é uma expressão sem conteúdo concreto. Inclusive quando se trata de induzir leigos poloneses a assumir responsabilidades em Roma — vale dizer, a sair do contexto nacional no qual a Igreja polonesa ficou por muito tempo confinada.

Impressionado com o recuo do sentimento religioso na vida social do polonês médio, Karol Wojtyla teme o avanço da descristianização em seu próprio país. Ele sabe que ela se deve a uma dupla influência: da propaganda ateísta movida por um regime comunista que está constantemente aperfeiçoando seus meios de pressão, mas também do mito do Eldorado rico e fácil, esse paraíso virtual no qual toda família polonesa tem algum primo afastado — o Ocidente. O futuro papa já age numa perspectiva de reconquista, o que continuaria a fazer ao tornar-se papa, lançando em especial o conceito de "nova evangelização".

Assim é que o cardeal cultiva zelosamente o gosto por certas festas religiosas, como a de *Corpus Christi*, e o respeito de tradições desusadas ou em declínio: entre o Natal e a Epifania, ele continua recebendo cumprimentos dos médicos, dos advogados, das enfermeiras, dos mineiros, dos estudantes, em recepções perfeitamente formais, como se fazia em outros tempos. Todos vão ao palácio formalmente constituídos para essa audiência anual, usando roupas tradicionais de sua profissão ou região. Ano após ano, essas audiências simpáticas apesar da solenidade são disputadíssimas — parecendo que com o passar dos anos fica cada vez mais "chique" participar delas.

Foi nesse mesmo espírito que Wojtyla convidou os cracovianos a reativarem a catedral de Wawel, algo abandonada e adormecida nas lembranças de outrora, e a assistir aos ofícios solenes nela celebrados nas festas de Natal, Páscoa e Santo Estanislau.

*

É no plano pastoral que a lembrança do cardeal Wojtyla ficaria em todas as memórias. Apesar de suas funções, ele continua a casar, batizar, visitar doentes. Muitas vezes deixa no palácio o *galero* (grande chapéu vermelho) e a *cappa magna* (grande capa escarlate) para ir dar a confissão incógnito, na Basílica da Assunção conhecida como *Marjacki*, na praça do mercado, em Santa Ana, perto da universidade, e até mesmo em frente ao palácio episcopal, no convento dos franciscanos. Sobretudo durante a semana santa. A lembrança do pároco de Ars continua presente.

O mesmo acontece com sua atenção em relação aos jovens. Decididamente, a juventude é seu terreno de predileção. É na companhia dos adolescentes ou dos estudantes que ele avalia a genialidade da intuição conciliar do velho João XXIII. Os jovens são os primeiros a apreciar, unanimemente, a renovação da Igreja operada pelo Concílio Vaticano II. Sobretudo no fim desses anos 60 tão agitados, nos quais a juventude manifesta de formas mais ou menos violentas, em todo o mundo industrializado, a sua angústia existencial. Assim é que o *jeans*, a pílula, o rock e o *no future* abalam a sociedade polonesa, que experimenta, como acontece no Ocidente, o conflito de gerações. Foi este aliás um dos primeiros temas abordados no concílio pelo jovem bispo Wojtyla, preconizando o "diálogo" entre os jovens nascidos depois da guerra e a geração anterior. Feito cardeal, sempre atento aos jovens que o cercam, nas meditações universitárias e nas costumeiras saídas em caiaque, o *tio* Karol oferece respostas muito concretas às angústias da juventude de todo o mundo, e particularmente aos jovens católicos poloneses. Em vez de se lamentar pela permissividade sexual, como tantos dirigentes católicos, ele organiza sem o menor problema cursos de preparação para o casamento que não hesitam em abordar de frente os aspectos médicos e sexuais da vida a dois. Trata-se de uma inovação na Polônia, onde a juventude, mal informada sobre essas questões, está submetida ao mesmo tempo ao peso do velho puritanismo católico e aos desmandos da censura exercida por um Partido Comunista pusilânime.

Da mesma forma, sem dar ouvidos às reservas de alguns de seus colegas, assustados com o mais mínimo desvio "carismático", o cardeal não tem a menor dificuldade para estimular os movimentos mais "avançados" entre os jovens católicos, inclusive participando deles pessoalmente. É o caso dos grupos Oásis criados e animados pelo padre Franciszek Blachnicki,

O CARDEAL WOJTYLA 243

ao encontro dos quais ele vai certa vez inesperadamente, em Blyszcz, à beira do rio Dunajec, a dois passos da fronteira tchecoslovaca, para participar de uma meditação em plena montanha. Trinta anos depois, em sua viagem à Polônia em agosto de 2002, João Paulo II haveria de lembrar-se desse episódio e do apoio que deu a esses grupos: "E eu nunca mudei de opinião", insistiria o velho papa, com evidente emoção, referindo-se a seus "bem-amados membros do Oásis".

No plano musical, o cardeal logo trata de estimular o padre Jan Palusinski, que se lançou à organização de festivais de cantos religiosos modernos, nos quais dominam a guitarra, os baixos e a bateria. O primeiro desses *sacrosongs* foi promovido em Lodz em 1969. A cada ano, o festival é realizado em uma nova cidade, reunindo cada vez mais participantes. Em Cracóvia, desenrola-se sob a tutela pessoal do cardeal.

No dia 17 de setembro de 1978, a poucas semanas do conclave que haveria de elegê-lo, o cardeal Wojtyla preside a abertura do festival *Sacrosong 78* em Czestochowa. Em seu discurso, saúda calorosamente os participantes desse décimo festival e recorda que ele mesmo "ousara" (*sic*) assistir ao primeiro, numa igreja cheia de fios elétricos, cabos de som e materiais modernos. No dia seguinte, como se quisesse agradecer, o júri do festival concederia o segundo prêmio a uma canção religiosa intitulada *Ta chwila calego zycia* ("O instante de toda uma vida"). Música: Edward Bury. Letra: um certo Andrzej Jawien — o pseudônimo por trás do qual se escondia em certa época o futuro cardeal Wojtyla.

É impressionante folhear o "diário de bispo" que Wojtyla mantinha na época — consistindo basicamente de simples indicações de locais de encontro, horários, reuniões de trabalho[22]—, tão pesada parece a agenda do cardeal. Wojtyla substituiu as antigas "sessões" de obras da diocese (caridade, catequese etc.) por "pastorais" específicas: pastorais dos jovens, das famílias, dos velhos, dos estudantes, dos cegos, dos médicos, dos doentes, das pessoas sozinhas e muitas outras que promove regularmente. Cuidando para que cada "segmento" dessa ação pastoral seja vivo e eficiente. Sem esquecer das crianças, pelas quais o futuro papa sente imensa ternura, entre cerimônias de Natal e visitas a escolas maternais. E por sinal as crianças retribuem. Raramente uma pessoa dessa idade, vestida de forma tão impressionante, terá tido um contato tão direto e caloroso com os pequeninos. O que seria igualmente impressionante depois de ser ele feito papa. São conhecidas dezenas de historinhas sobre o menino que lhe pede para abençoar seu ursinho ou a menininha que o convida para sair de férias com ela.

Cabe lembrar que o cardeal Wojtyla tem um temperamento incrivelmente benevolente, aberto e sorridente, e não apenas com as crianças. Apesar da inevitável tensão decorrente de suas responsabilidades, ninguém se lembra de alguma vez tê-lo ouvido xingar ou se alterar. "Uma única vez em quinze anos", conta um colaborador, "ele se espantou em voz alta porque um padre, pretextando 'muito trabalho', abandonou uma reunião: 'Nós também trabalhamos muito', observou secamente o cardeal."

Entre as principais qualidades a respeito das quais são unânimes as testemunhas da época — uma memória "incrível", um carisma "excepcional", uma vontade "de aço" —, consta sem dúvida seu gosto pelo debate e sua grande capacidade de ouvir, que destoam então da fala solitária e afetada de muitos prelados poloneses.

É preciso procurar para encontrar nuanças nesse concerto de louvores e observar, à margem deste ou daquele depoimento, que este homem refletido era "raramente espontâneo", que tinha certa tendência a "confiar em qualquer um", que nas controvérsias tendia às vezes a "classificar as pessoas" e que sua "grande confiança em si mesmo" de vez em quando se transformava em um "orgulho intenso".[23]

*

Mas o mais importante, sem dúvida, é o que o cardeal Wojtyla realizou para aplicar metodicamente, concretamente, o Concílio Vaticano II em sua própria diocese de Cracóvia. E sua grande obra será certamente o sínodo diocesano que organizou em sua arquidiocese.

Já no fim do concílio o arcebispo promovera conferências, reunira grupos de trabalho e integrara uma primeira reflexão pós-conciliar para a preparação do *Millennium*. O tema mais fácil de debater, naturalmente, era a reforma litúrgica e suas primeiras aplicações: o abandono do altarmor, para que o padre pudesse celebrar voltado para a assembléia, a comunhão dada prosaicamente "na mão", o quase desaparecimento do latim, correndo o risco de afetar a homogeneidade do ensinamento da Igreja, eis os temas que, apesar de relativamente menos importantes, exacerbavam as paixões dos católicos — e não apenas na Polônia.

Os sínodos "romanos" organizados por Paulo VI em 1967, 1969 e 1971 (Wojtyla participou ativamente dos dois últimos) reforçaram ainda mais no futuro papa a vontade de fazer com que um número cada vez maior de pessoas participasse do processo de tomada de decisões na cúpula da Igreja, no concílio e nos sínodos. Certo dia, em Roma, ele se abre a esse respeito com Malinski: "Não se pode conceber que os bispos votem alguma coisa em algum lugar do alto da hierarquia e os fiéis fiquem a observá-los lá de baixo."[24]

Em 1971, Karol Wojtyla escreve uma carta ao cardeal Wyszynski — então vice-presidente da conferência episcopal — sugerindo ao primaz que promova sínodos "nacionais", o que não representa qualquer problema, mas também sínodos "diocesanos" em nível de províncias, e logo também sínodos "plenos" para todo o país. O primaz nunca respondeu a essa carta.[25] Stefan Wyszynski não estava preocupado em exortar seus subordinados a reformarem sua Igreja. Primeiro, para não desestabilizar uma instituição em plena luta política, e porque sabia perfeitamente que a maioria dos bispos poloneses não estava disposta a se questionar: "Eles tinham medo dos leigos, medo de ficarem em situação difícil, medo de serem superados", explica o jornalista Stefan Wilkanowicz.[26] Todos os clérigos poloneses encontram-se então dispostos a se mobilizar para defender sua Igreja e não para abri-la aos ventos da modernidade. É aí que reside a originalidade de Wojtyla, segundo quem *é o Homem que precisa ser defendido antes de mais nada, e não a Igreja.* Temos aqui a chave da revolução copernicana da qual ele seria profeta e promotor: se a Igreja se limita a defender a Igreja, não estará cumprindo sua missão, que consiste em defender o Homem. Mais tarde, este postulado viria a mudar, se não a face do mundo, pelo menos a do mundo comunista.

No fim das contas, haveria apenas um único sínodo diocesano: o de Cracóvia. O bispo de Katowice, monsenhor Bednorz, bem que tentaria fazer a mesma coisa que em Cracóvia, em versão reduzida, ativando os tradicionais conselhos de paróquia. Nada a ver com a ambição mobilizadora, renovadora, pastoral e pedagógica do cardeal Wojtyla. Na Polônia, é mesmo em Cracóvia que o concílio é aplicado.

No domingo, 9 de abril de 1972, depois de um ano "preparatório" durante o qual confiou o estudo dos textos conciliares a comissões especiais, o arcebispo de Cracóvia determina a leitura em todas as igrejas da diocese de uma carta solene na qual anuncia o iminente lançamento de um "sínodo pastoral arquidiocesano" com duração de sete anos. Embora não falte quem o critique por causa dessa mania de estar constantemente reunindo comissões, a mensagem foi transmitida e tem início a operação.

O que impressiona é o método. Para começar, Wojtyla convida todos os paroquianos a participarem dessa ampla empreitada, sem exceção, mas apresenta duas condições: será preciso funcionar em grupos e comprometer-se com o trabalho ao longo dos sete anos. Individualistas e voluntariosos que fiquem de lado. A exigência rende frutos: embora ele esperasse a formação de cerca de cinqüenta grupos, são mais de trezentos os que afinal se constituem, reunindo onze mil pessoas que em sua maioria trabalhariam efetivamente durante sete anos sob a direção de uma comissão central, por sua vez presidida por um bispo, Smolenski, e tendo na direção executiva um secretário-geral, o dedicado Tadeusz Pieronek.

Todos esses grupos trabalhariam com base em textos preparatórios elaborados por pequenos comitês designados por uma comissão central reunida a 25 de maio de 1972. Os textos devem evitar cuidadosamente qualquer análise definitiva, qualquer conclusão prematura, apresentando o máximo de sugestões. Os grupos fazem "recomendações" que são apresentadas e comentadas por seus respectivos delegados perante a comissão central. Os grupos voltam então a trabalhar com base nas observações feitas, e remetem novamente seus textos à comissão, que procede à votação sobre o texto final: *placet* (a favor), *non placet* (contra) ou *placet juxta modum* (abstenção).

"É exatamente o mesmo método usado no Concílio Vaticano II", observa Stefan Wilkanowicz, que integrou a comissão central.[27] Com seus aspectos positivos (um autêntico debate) e suas dubiedades (um controle estrito). E no entanto, ao contrário do que aconteceu no concílio, o principal resultado do sínodo diocesano de Cracóvia não se encontra nos textos produzidos, mas muito mais na participação ativa, maciça, responsável — e inédita — de milhares de leigos na vida de sua Igreja. Mais ou menos

O CARDEAL WOJTYLA

como a Grande Novena em escala nacional, o sínodo de Cracóvia constituiu um extraordinário investimento para o futuro.

Em 1972, além disso, Karol Wojtyla publica um livro de capa branca e vermelha intitulado *As fontes da renovação,* com um subtítulo sugestivo: *Estudo sobre a aplicação do Concílio Vaticano II.* O trabalho é prefaciado na Polônia pela teóloga Halina Bortnowska, que fazia parte do grupo de jovens professores da KUL de Lublin. É uma espécie de manual pósconciliar, um guia para ajudar os grupos de leigos mobilizados em todas as paróquias a traduzir as decisões do Vaticano II na vida cotidiana.[28]

Essa mobilização dos leigos, tão original na Polônia da época, foi "um verdadeiro acontecimento", recorda Wilkanowicz. Um acontecimento que curiosamente enfrentou menos resistências internas de um clero às vezes tradicionalista do que do... regime comunista. O partido naturalmente não via com bons olhos esse engajamento maciço da sociedade civil a serviço da Igreja, que contrariava a estratégia de isolamento por ele promovida contra a religião: como em todos os países do "bloco socialista", a religião devia ser confinada à esfera da vida privada, e era exatamente o contrário que acontecia na diocese de Cracóvia.

Esta atitude do regime deu origem a um paradoxo cujas conseqüências não podem ser ignoradas: se a Polônia mostrou-se tão "clerical" nos anos posteriores ao concílio, foi antes de mais nada por culpa dos comunistas. Com efeito, como os bispos não haveriam de expor os leigos a eventuais represálias da polícia política, foram os padres — os únicos "reconhecidos" no plano jurídico — que se viram estupidamente absorvidos por todas as tarefas de que poderiam ser aliviados pelos leigos, em condições normais: ajuda social, educação religiosa etc. Exceto em Cracóvia, graças àquela experiência sinodal que durante sete anos transformou os leigos no motor da vida religiosa.

A rigor, no entanto, por que um sínodo de sete anos? Porque essa reflexão pós-conciliar, para não ser apenas teórica, precisava imperativamente inscrever-se na história local — uma das idéias fixas do futuro papa —, e esta, em Cracóvia, é dominada pelo personagem de Santo Estanislau, antigo bispo local, canonizado em 1253, e segundo padroeiro da Igreja polonesa, depois de Santo Adalberto. Um símbolo leva a outro: o sínodo tem início, portanto, a 8 de maio de 1972, aniversário da nomeação de Estanislau como bispo de Cracóvia, concluindo-se a 6 de maio de 1979, novecentésimo aniversário de seu assassinato pelo rei Boleslau. Quem poderia imaginar que nesse meio tempo o cardeal Wojtyla seria eleito papa e que, apesar desse contratempo original, ele viria a encerrar pessoalmente o sínodo diocesano de Cracóvia?

12

Os *anos Gierek*

Enquanto isso, que foi feito do "professor" Wojtyla? Teria o arcebispo, ao mesmo tempo gestor, pastor e prestigioso dirigente de múltiplas atribuições, posto fim a sua carreira de filósofo, professor e pesquisador? Não. Assim como não renunciou ao caiaque e ao esqui, Karol Wojtyla não abandonou a filosofia nem o ensino. Mas teve de modificar seus hábitos, delegar responsabilidades e limitar-se ao essencial.

Na confluência de seu papel pastoral e de sua vocação de professor, é antes de tudo aos seminaristas que o cardeal Wojtyla dedica muito tempo, a começar pelos do grande seminário de Cracóvia. Ele não esqueceu o cuidado que em outros tempos monsenhor Sapieha dedicava, em todas as circunstâncias, à formação dos futuros padres. No contexto polonês dos anos 70, Wojtyla acredita, nos mesmos termos que seu distante antecessor, que os seminaristas são o futuro da Igreja.

Cabe lembrar que na época as vocações estão em pleno crescimento. Não é o menor dos paradoxos nessa Polônia comunista cujo regime deixou bem clara sua imperícia: 3.100 candidatos ao sacerdócio em 1971, 4.700 em 1981.[1] Em sua qualidade de presidente da comissão episcopal nacional "para as ciências", o cardeal Wojtyla desdobra-se para que todos esses noviços desfrutem em todo o país da melhor formação possível. Acabou-se o tempo em que alguns anos de cultura geral, latim e teologia bastavam para preparar um padre para dirigir uma paróquia!

Em Cracóvia, tal como fizera Sapieha trinta anos antes, o arcebispo Wojtyla cuida pessoalmente da formação de "seus" candidatos ao sacerdócio. Conhece todos pelo nome; recebe-os duas vezes por ano individualmente, em caráter privado; festeja o Natal em sua companhia, em vigílias barulhentas e cheias de calor nas quais o próprio cardeal, sentado no chão, está entre os que entoam cantos a várias vozes. Não raro o cardeal convida este ou aquele seminarista a compartilhar de sua mesa, no palácio episcopal, ao lado de prelados de passagem, poloneses ou estrangeiros, fingindo que não nota a expressão contrita e até escandalizada de alguns de seus hóspedes: noviços assistindo à conversa entre dignitários da Igreja! Ele faria o mesmo depois de sua ordenação: a lembrança de seu próprio início o leva a dar extrema atenção a todos esses jovens ordenados que mais tarde viriam a formar uma verdadeira "geração Wojtyla" dentro do clero polonês.

Além de suas aulas na KUL, em Lublin, onde muitos deles recebem uma formação de alto nível, Wojtyla continua a fazer conferências regulares de moral social e de teologia moral aos seminaristas cracovianos. Melhor ainda, estimula-os a viajar e a empreender estudos superiores em Roma ou Paris. Isso, apesar das dificuldades para conseguir visto — na época, não é nada simples sair da Polônia — e da falta de dinheiro, discretamente remediada pela diáspora polonesa nos Estados Unidos.

A *ambição filosófica*

Feito cardeal, Karol Wojtyla não tem mais tempo para suas idas e vindas a Lublin. E, por sinal, desde que se tornou arcebispo ele é encontrado com menos freqüência nos anfiteatros da KUL. Desistiu das viagens de trem noturno, preferindo agora ir a Lublin de automóvel com motorista, para não depender dos horários ferroviários. Em seu Volga devidamente adaptado, ele mergulha na leitura, um livro na ida e outro na volta, mais que nunca fiel a sua regra de ouro: o tempo é um bem precioso, um dom que o homem não deve desperdiçar.

A partir de 1967, ele só vai a Lublin para as festas principais — Natal, Páscoa — ou algumas grandes ocasiões. Mas não desiste do ensino: se ele não pode ir à KUL, a KUL virá a ele. Seu seminário de terceiro ciclo, que já agora se realiza em sua residência na rua Franciszkanka, em Cracóvia, é programado para dois dias por semana: das 15 às 22 horas, incluindo o jantar de trabalho, e no dia seguinte, de 15 horas até o trem noturno que parte para Lublin por volta de 21 horas. O professor Wojtyla dedica agora seu salário de professor a... financiar as viagens regulares de seus próprios alunos entre Lublin e Cracóvia.

"Nós ultrapassávamos muito as duas horas regulamentares, mas pouco estávamos ligando", comenta o ex-aluno Andrzej Szostek, hoje reitor da KUL. Tadeusz Styczen, outro ex-orientando e futuro sucessor de Wojtyla na cadeira de teologia moral, cuidava da organização do seminário, uma verdadeira odisséia: Styczen lembra que certa vez acompanhou o arcebispo em seu carro até a cidade de Kielce, para uma longa avaliação do trabalho de doutorado de um estudante, e em seguida saltou no meio do caminho, diante de uma estação ferroviária, retornando a Cracóvia de trem.[2]

Na década de 1970, o professor Wojtyla ainda promove reuniões nos bosques ou em chalés na montanha para discutir as teses de doutorado. Mas já agora trata-se menos de fugir aos ouvidos indiscretos da polícia política do que de conciliar trabalho e descanso — ante a insistência de seu médico de que precisa obrigatoriamente tirar alguns dias de repouso. Conta Sostek: "Um belo dia fui chamado por Wojtyla para debater minha tese de doutorado juntamente com Styczen. Marcamos encontro no povoado de Jaszczurowka, perto de Zakopane, em pleno maciço dos Tatras. Cheguei ao teleférico de Kasprowy Wiech, intimidado, com minha gravata e meu boné, e o cardeal propôs que subíssemos os três de teleférico para dar prosseguimento ao debate. Naturalmente, eu não havia levado meus equipamentos de esqui e tive de voltar sozinho pelo teleférico, enquanto eles desciam de esqui!"[3]

O cardeal impõe respeito, é claro, mas o professor não é conformista. Apaixonado por seu tema, mostra-se aberto à discussão e com a maior facilidade deixa de lado a aula que preparou para debater com os alunos. Em Lublin, as relações são mais fáceis, mais informais. No seminário de Cracóvia, ele não esconde sua irritação toda vez que algum de seus colaboradores da cúria vem lhe falar de algum assunto urgente em pleno anfiteatro. Certa vez, como um desses assistentes se ajoelhasse à sua frente para lhe beijar o anel episcopal, ele também se ajoelha no estrado, em meio aos risos.

Alguns de seus jovens alunos fariam carreira no magistério, como religiosos ou leigos, participando dos debates intelectuais e políticos da década de 1980: Bogdan Cywinski, Adam Boniecki, Jozef Tischner, Jozef Zycinski e muitos outros constituiriam um verdadeiro celeiro de talentos.

A maioria deles contestaria os desvios nacionalistas ou clericais da Igreja polonesa após a queda do comunismo. E no período de 2001 a 2003 haveriam de formar a ala mais "européia" de uma Igreja dividida entre partidários e adversários da entrada da Polônia na União Européia.

Em dezembro de 1969, é publicado em Cracóvia, pela editora da Sociedade Polonesa de Teologia, um trabalho intitulado *Osoba i czyn* ("A pessoa e o ato"), com a assinatura do cardeal Karol Wojtyla. Para o autor, trata-se de uma etapa importante em sua trajetória universitária, e também de uma consumação intelectual: sem deixá-lo muito evidente, Wojtyla busca avidamente captar reações e comentários. Alguns meses depois, a 16 de outubro de 1970, o livro é debatido em Lublin, numa sessão da qual participam todos os professores e diretores de cursos do departamento de filosofia da KUL. O debate é público e o cardeal-professor exigiu toda a franqueza dos participantes. Alguns jovens professores cheios de admiração prestam homenagem entusiástica ao trabalho de seu mestre, mas nem só eles se manifestam. Estimulados pelo autor, o professor Albert Krapiec e outros eminentes representantes da "escola de Lublin" fazem críticas bem firmes. Alguns, como o padre Jerzy Kalinowski, põem em dúvida o caráter "filosófico" de seu trabalho. "Insuficientemente explicativo e excessivamente descritivo", acrescenta o professor Stanislaw Kaminski.[4] Alguns participantes do debate afirmam que Karol Wojtyla ficou algo contrariado. Pior ainda, seus textos filosóficos são tão complicados e seu polonês tão rebuscado, que logo passa a ter voz corrente entre seus próprios alunos uma piada que o futuro papa não pode ter ignorado: na época, a penitência mais temida pelos fiéis em confissão, segundo uma testemunha, era "ser obrigado a ler o livro do professor Wojtyla".

*

Precisaria o cardeal sentir-se mais seguro? Seja como for, no dia 29 de julho de 1973 ele recebe de braços abertos uma professora de filosofia da Saint-John's University de Nova York que meses antes, numa longa carta, escrevera tudo de bom que pensava de seu livro. Essa professora, uma americana, chama-se Anna-Teresa Tymienicka. Como mostra seu nome, é de origem polonesa. Melhor ainda: foi estudante de filosofia na Jagellona

OS ANOS GIEREK 253

em 1945, quatro anos depois do jovem Karol Wojtyla. Tendo dado prosseguimento ao estudo da fenomenologia, ela dirige nos Estados Unidos a
Sociedade Internacional de Pesquisas sobre Husserl e a fenomenologia.
O cardeal fica intrigado e lisonjeado por ver aquela loura baixinha de
cabelos curtos, enérgica e simpática, chegar da América para conhecê-lo.
Como poderia recusar seu convite para participar de um futuro colóquio
científico sobre Tomás de Aquino, a ser promovido na Itália para o 700°
aniversário da morte do santo? "Eu já tinha um judeu e um protestante e
precisava agora de um palestrante católico", explicaria Anna-Teresa
Tymienicka, livre-pensadora sem religião.[5]

A proposta vem a calhar. Sobretudo desde sua participação nos sínodos
romanos, Wojtyla convenceu-se de que era preciso romper o isolamento
da KUL e desenvolver uma verdadeira estratégia para "entrar no mercado
mundial", como diz a seus colegas. Assim, empenha-se em mandar traduzir para o inglês e o alemão trabalhos de alguns filósofos da KUL, especialmente os da nova geração: Styczen, Szostek ou Zofia Zdybicka, irmã
ursulina especializada em fenomenologia das religiões.

Na abertura do VII Congresso Internacional Santo Tomás de Aquino
em Nápoles, a 17 de abril de 1974, o cardeal Karol Wojtyla está inscrito
no programa. Acompanhado do amigo Swiezawski, renomado tomista,
foi com prazer que ele participou da excursão organizada pelos congres-
sistas pelas regiões da vivência de Santo Tomás: Fossanuova, Aquino,
Roccaserra, Nápoles. Como previsto, ele faz uma conferência sobre o tema
"A autodeterminação como estrutura constitutiva da pessoa", cujo texto
seria publicado na *Analecta Husserliana*, a revista de referência dos feno-
menologistas de todo o mundo.

O cardeal Wojtyla toma gosto pelos congressos internacionais. No dia
27 de fevereiro de 1975, ainda sob a benevolente pressão de Anna-Teresa
Tymienicka, ele participa em Friburgo (Suíça) do colóquio internacional
de fenomenologia centrado no tema "O si e o outro — a crise do irredutível
no homem". O futuro papa faz uma exposição intitulada "Participação
ou alienação". Meses depois, durante sua viagem aos Estados Unidos, ele
pronunciaria a mesma conferência, em inglês, em Harvard. Antes disso,
participou em Roma, nos dias 27 e 28 de março, de uma conferência-debate
dedicada ao filósofo Roman Ingarden, por iniciativa da incansável Anna
Teresa, na prestigiada Universidade Gregoriana, a *Gregorianum*. No

segundo dia, Wojtyla participou, em italiano, de um debate sobre o tema "Os graus do ser na fenomenologia e na metafísica clássica".[6] No início de junho de 1976, convidado a participar do VI Congresso Internacional de Filosofia de Arezzo-Sena, ele fala de "A autoteleologia do homem e a transcendência da pessoa no ato". Sua dissertação — que também pronunciaria em inglês, semanas depois, em Washington — seria igualmente publicada na *Analecta Husserliana*. Finalmente, como participante do Congresso Filosófico de Gênova, Wojtyla pronuncia a 10 de setembro de 1976 uma exposição intitulada *"Teoria-praxis: un tema umano e cristiano"*. Na primeira fileira da platéia encontra-se o cardeal Giuseppe Siri, arcebispo de Gênova e convidado especial do colóquio. Quem haveria de imaginar, então, que sua desgraça política entre os cardeais provocaria futuramente a eleição do orador para o trono de São Pedro?

O cardeal Wojtyla gosta desses encontros internacionais nos quais faz questão de dirigir-se aos participantes em sua língua. E não fica nada insatisfeito quando vem a ser apresentado, na presença das sumidades de sua disciplina, como "o melhor fenomenólogo entre os cardeais e o melhor cardeal entre os fenomenólogos". Karol Wojtyla não desgosta desse tipo de cumprimento. O ex-aluno de Wadowice não desistiu de continuar sendo o primeiro da sala. Seu pai sentiria orgulho dele.

A paixão da escrita

Como vimos, o Concílio Vaticano II contribuiu para a formação de Karol Wojtyla em matéria de trato com a imprensa. O polonês, que em seu país não havia sido preparado para isso, descobriu o jornalismo à maneira ocidental, essa verdadeira corrida à informação que vence qualquer censura. Ao mesmo tempo chocado e fascinado, descobriu que a busca do furo de reportagem não era privilégio de grandes semanários como *Life, Paris Match* ou *Epoca*, e que os jornalistas católicos do diário francês *La Croix*, por exemplo, também se valiam de todos os expedientes para descobrir o que se dizia nas reuniões a portas fechadas.

Que contraste com os jornais poloneses, que, como todos os meios de comunicação do Leste europeu, haviam recebido ordens de ignorar o assunto! Salvo, naturalmente, se nele encontrassem algum pretexto para denegrir os bispos de seu país, regular e grosseiramente qualificados de "reacionários" ou "obscurantistas". Somente a imprensa confessional católica — vale dizer, *Tygodnik Powszechny* e alguns boletins diocesanos — estava presente em Roma para cobrir o acontecimento para o público polonês.

O redator-chefe do *Tygodnik,* Jerzy Turowicz, decidira cobrir pessoalmente o concílio.[7] Para ele e para toda a equipe de intelectuais cracovianos que gravitava em torno do jornal, não restava dúvida de que o Vaticano II devia ir o mais longe possível na tentativa de *aggiornamento* empreendida por João XXIII. Turowicz e Wojtyla — igualmente entusiasmados com a iniciativa conciliar, embora este último se mostrasse mais reservado quanto ao alcance das mudanças a serem esperadas — encontravam-se com freqüência para trocar impressões e pontos de vista.

Wojtyla sabia onde encontrar o amigo Jerzy, que passava a maior parte do tempo na sala de imprensa posta à disposição dos jornalistas pela Santa Sé, na via della Conziliazione. Ou então, à noite, na casa de sua amiga Wanda Gawronska, que o hospedava em seu apartamento de Santa Maria de Trastevere. Essas amizades "romanas" teriam desdobramentos inesperados: um quarto de século depois, Jerzy Turowicz e o irmão de Wanda, Jas Gawronski,[8] seriam os dois primeiros jornalistas da história a entrevistarem formalmente um papa.

Os poloneses adoram discussão, debate, confronto. Tanto os católicos quanto os demais. Mas nem todos eram partidários da abertura da Igreja preconizada pelo Vaticano II, muito pelo contrário, e seus debates internos algumas vezes evoluíram para o pugilato intelectual. Em pleno entusiasmo conciliar, no outono de 1964, Karol Wojtyla precisou mesmo intervir para acalmar os ânimos de ambos os lados. Certo dia, convidou ao Colégio Polonês a jornalista María Winowska, muito próxima do primaz Wyszynski e *bête noire* dos redatores do *Tygodnik,* por ela considerados em seus escritos como esquerdistas irresponsáveis. A reconciliação se deu em torno de uma garrafa de vodca Strzyga, o que levou Wojtyla a dar boas gargalhadas: em polonês, *strzyga* quer dizer "feiticeira".[9]

Mas embora tenha descoberto assim os bastidores da imprensa, Karol Wojtyla não renunciou a tomar da pena ele mesmo, sempre que podia. Assim como não deixou de lado o ensino ao subir de graduação, o bispo

Wojtyla continuou a redigir artigos, a compor poemas, a colaborar nas publicações do grupo Znak. Continuou, portanto, a ser o apaixonado que sempre foi pela escrita. E assim seria pelo resto de sua vida.[10]

Ao voltar a ser publicado o semanário *Tygodnik Powszechny,* em 1956, ele começou uma série de longos artigos doutrinais sob o título genérico de "Abecedário ético" (*Elementarz etyczny*). Foram publicados vinte e um deles, tratando de casamento, amor, casal, a pessoa humana — todos temas sobre os quais continuaria a refletir com assiduidade. Feito bispo, suas primeiras reflexões genéricas sobre a pastoral também lhe inspiraram, em 1961, uma série de "Considerações sobre o laicato" que de certa forma o prepararam, sem que ele se desse conta, para os exaltados debates conciliares sobre o apostolado dos leigos.

Às vezes, o professor de ética fazia-se retratista, quando se empenhava em traçar o perfil de algum personagem que marcara sua vida: Jan Tyranowski, o alfaiate místico que tanto o havia marcado durante a guerra, ou Jerzy Ciesielski, o companheiro das saídas de caiaque cuja morte brutal tanto o havia afetado. Esses artigos ficam a meio caminho entre a "reportagem" e a "vida de santo". São muito pessoais e percebe-se que o autor neles mergulha totalmente, precisando para isto pôr um pouco de lado um grande pudor.

Além disso, Wojtyla continuou a publicar poemas — sempre sob o pseudônimo de Andrzej Jawien. Para ele, homem de fé e de razão, é uma forma de expressão muito especial: nela, pode conciliar seu amor à língua, às palavras, às frases que comovem quando recitadas em voz alta, e sua sensibilidade irracional, romântica, mística. "No início, seu estilo era muito complicado", comenta um de seus antigos editores, "sua linguagem era rebuscada, um pouco elaborada demais. Mas aos poucos, com o passar dos anos, ele foi ganhando em clareza."[11]

Finalmente, em 1962, Wojtyla inaugurou um tipo de artigo aparentemente mais adaptado a sua vontade de contar, explicar, comentar os acontecimentos excepcionais que tinha a sorte de vivenciar: as "Cartas do Concílio". Desta vez, entretanto, ele se valeu de um tom quase oficial, o tom de um dirigente cujos escritos deveriam ter valor de palavra do Evangelho para suas ovelhas. Essas "Cartas" foram os únicos artigos que sua agenda "romana" lhe permitiu redigir. E ainda assim, cedendo a insistente pressão de seu amigo Jerzy Turowicz, com quem se encontrava regularmente em Roma.

No total, Karol Wojtyla publicou cinco "Cartas do Concílio" no *Tygodnik Powszechny:* duas em 1962, uma em 1964, duas em 1965. Mas ele não era o único a fazê-lo em Roma. Foram muitos os bispos, sobretudo franceses e italianos, que publicaram cartas ou crônicas em seu boletim diocesano, a começar pelo cardeal Montini, futuro Paulo VI, que já no outono de 1962 dava a público suas *Lettere dal Concilio*. Decididamente os dois tinham muitas afinidades.

Para ser exaustivo, teríamos de mencionar ainda as intervenções radiofônicas de monsenhor Wojtyla. Não, é claro, nas ondas da Polônia comunista, onde os dirigentes da Igreja não tinham acesso ao rádio, mas através da rádio Vaticano, cuja programação em língua polonesa tinha grande audiência — já então — atrás da cortina de ferro. Foi ainda durante o concílio que o jovem bispo Karol Wojtyla fez o aprendizado dessa disciplina tão específica que vem a ser o rádio: seu primeiro programa, a 24 de novembro de 1962, foi uma reação entusiástica à introdução de São José no cânon da missa. Todo ano, no outono, ele voltaria ao primeiro andar do prédio então ocupado pela rádio Vaticano nos jardins do Vaticano, para comentar o concílio no ar, falando do apostolado dos leigos ou da dignidade da pessoa.

No rádio, ele tem boa "presença". Não improvisa — coisa que não se fazia na época —, mas lê notas antecipadamente redigidas: "Reconhecer a dignidade da pessoa humana significa que devemos situar o Homem mais alto que tudo que foi por ele concebido no mundo visível... A dignidade da pessoa humana deve ser preservada, para não se entrar em conflito com a razão de ser do Homem, e então toda essa corrida infernal em busca dos bens terrestres não leva a nada!" O estilo é um pouco pomposo, mas a voz é magnífica.[12]

*

Em seu pequeno apartamento da rua Kanonicza, nosso homem, apaixonado pela comunicação, não tem televisão nem rádio. Além disso, não lê os jornais. Não que seja hostil à imprensa, como vimos, mas o fato é que dez anos de propaganda comunista tornaram os meios de comunicação poloneses insípidos, ou mesmo francamente ilegíveis. O principal diário polonês, *Trybuna Ludu*, é uma pálida cópia do *Pravda* soviético. Até o concílio, à parte o *Tygodnik* e a revista *Znak*, pode-se dizer que Wojtyla lê apenas livros. Com efeito, para que ler a imprensa comunista, senão para avaliar a atitude do regime diante da Igreja? Como vimos, é durante suas primeiras estadas em Roma que o polonês começa a se interessar pela imprensa internacional — quase impossível de encontrar em Cracóvia — e pelos meios de comunicação em geral.

Em Varsóvia, no início dos anos 60, o cardeal Stefan Wyszynski se habituara a reunir um pequeno grupo de jornalistas nos quais depositava confiança. Eram quase todos de Cracóvia, a maioria velhos conhecidos do primaz, que com eles havia travado conhecimento antes da guerra no movimento de ação católica Odrodzenie: Jerzy Turowicz, Stanislaw Stomma e Antoni Golubiew chamavam-no afetuosamente de "padre", e o primaz os tratava por você. Com eles é que passava regularmente em revista os problemas da atualidade.

Em 1964, ao tornar-se arcebispo metropolitano, Karol Wojtyla cria por sua vez um pequeno "comitê de imprensa" pessoal centrado em Turowicz e no padre Andrzej Bardecki, com o qual examina quinzenalmente os acontecimentos da atualidade. Logo ele passaria a promover um outro encontro regular (de dois em dois meses) com o conjunto dos jornalistas das redações do *Tygodnik* e de *Znak* — inicialmente em seu antigo apartamento da rua Kanonicza, ou então num convento próximo da cidade, ou ainda, a partir de 1967, no palácio episcopal. Além de Turowicz, lá estão os esteios do grupo Znak, alguns colaboradores mais recentes e alguns autores de fora, não necessariamente católicos (como Stefan Kisielewski).[13] Alguns nomes se apagariam por motivo de exílio ou morte prematura, mas a maioria haveria de encontrar-se bem no centro do turbilhão político provocado pelas greves de agosto de 1980. Após a queda do comunismo, em 1989, o redator-chefe da revista *Znak*, Jacek Wozniakowski, seria eleito prefeito de Cracóvia, e o do *Tygodnik,* Krzysztof Kozlowski, tornar-se-ia ministro do Interior.

Essas reuniões ficaram gravadas na memória de todos. Encontro às 19 horas na capela — já que a reunião começava inevitavelmente com uma missa. Em seguida, debate geral em torno de uma refeição frugal servida no salão de refeições do palácio. Finalmente, prosseguimento da conversa até tarde da noite, num pequeno salão do primeiro andar. Com o passar das horas, o intercâmbio de informações e idéias pode evoluir para o debate de argumentos, e às vezes mesmo para a invectiva. E é sempre Wojtyla que tira a conclusão dos debates, com um sorriso.

Além dessas reuniões, empenhado em enriquecer sua própria informação, o cardeal pediu ao padre Bardecki que lhe fizesse uma síntese, uma espécie de *release*, abarcando especialmente tudo que diga respeito às relações entre a Igreja e o Estado. Andrzej Bardecki compenetra-se plenamente da missão — e continuaria a enviar *releases* a Wojtyla quando ele se torna papa. Na década de 1970, torna-se o representante pessoal do cardeal na redação: alguns jornalistas, preocupados com a independência do jornal, chamam-no afetuosamente de "olho de Moscou"; outros se felicitam porque esse sistema dispensa o *Tygodnik* de submeter-se às complicadas formalidades do *imprimatur* e do *nihil obstat*, que certos bispos gostariam de vê-lo respeitar.

Representar o cardeal não deixa de oferecer certos riscos. Certo dia de dezembro de 1977, Bardecki chega em casa depois da meia-noite, após uma dessas reuniões gerais na residência do arcebispo, na rua Franciszkanska. Em frente a seu domicílio, na praça Sikorski, dois sujeitos se aproximam na escuridão e o espancam depois de insultá-lo. O sacerdote cai no chão, desmaiado. Com o nariz e vários dentes quebrados, é hospitalizado. No dia seguinte, mal voltou para casa, recebe a visita do cardeal, abalado: "Você pagou por mim", diz ele ao amigo.

O combate pelos direitos humanos

Os problemas do padre Bardecki são um reflexo da época. As intimidações e a violência policial mostram que a situação na Polônia tornou-se mais tensa desde a época em que Karol Wojtyla foi promovido a cardeal. Embora o futuro papa decididamente não se sinta em absoluto atraído pela politicagem — cabendo aqui lembrar seu silêncio durante os acontecimentos de 1956 — e suas reações aos acontecimentos da atualidade venham sempre na forma de advertências aos princípios ou gestos simbólicos, ele acabaria por se ver na obrigação de intervir com freqüência cada vez maior no confronto que opõe os dirigentes comunistas à sociedade polonesa, independentemente das mudanças na equipe que controla o poder.[14]

Já em março de 1968, quando os estudantes saem às ruas para protestar contra a proibição da peça *Os mais velhos*, de Mickiewicz (na qual certas falas "patrióticas", deliciosas para os espectadores, desagradaram muito ao embaixador soviético), Wojtyla está naturalmente ao lado dos estudantes. E nem precisou, para isso, estudar mais detidamente a questão: o ex-ator do Teatr Rapsodiczny sabia de cor e salteado a peça em questão. Da mesma forma, no dia 6 de abril de 1968, diante da campanha anti-semita lançada pelo partido em reação aos distúrbios estudantis, monsenhor Wojtyla ostensivamente convida ao arcebispado de Cracóvia seu antigo mestre, o filósofo Roman Ingarden, de origem judaica, para uma conferência sobre... a filósofa Edith Stein, morta em Auschwitz.

Durante a primeira revolta dos operários do Báltico, em dezembro de 1970, ele explica em seu sermão de Natal que se a Igreja socorre os operários reprimidos pelo regime é "porque eles estão feridos e sofrem", mas "sem qualquer motivação política". Depois desses acontecimentos, ele declara ao jornalista francês Jean Offredo, que o entrevista para escrever um livro: "Eu não faço política. Falo apenas do Evangelho. Mas se falar de justiça, da dignidade humana, dos direitos humanos é fazer política, então..."

*

Os sangrentos acontecimentos de dezembro de 1970, nos quais tropas de choque atiraram na multidão de operários enfurecidos do Báltico, foram fatais para Gomulka e sua equipe. Como acontece sempre ao fim de cada crise, um novo líder do partido, Edward Gierek, tenta por sua vez acalmar a insatisfação social, lançando mais uma política de sedução dos católicos. Tem pelo menos três boas razões para fazê-lo.

Primeira, ele sabe que só poderá restabelecer contato com a sociedade de seu país se conseguir pelo menos a neutralidade da Igreja Católica. Assim, em novembro de 1971, o governo de Varsóvia concede um número inusitado de vistos de saída aos peregrinos a caminho de Roma para a cerimônia de beatificação do padre Maximiliano Kolbe. É nesse tipo de detalhes que se pode avaliar na Polônia a boa vontade do regime.

Depois, a espinhosa questão dos "territórios do oeste" — as regiões alemãs que a URSS conseguiu fossem atribuídas à Polônia em 1945, para compensar a anexação da parte oriental do país — finalmente é resolvida com um tratado germano-polonês que oficializa em 1972 a fronteira ocidental da Polônia (a famosa fronteira Oder-Neisse), permitindo ao papa, tal como desejava o episcopado polonês há um quarto de século, designar bispos de pleno direito para as "dioceses do oeste". Há vinte e sete anos a Igreja esperava por esse momento.

A terceira razão não é das menos importantes: a Polônia "popular", cuja sobrevivência econômica depende dos créditos ocidentais permanentemente renovados, pretende agora desempenhar um papel pioneiro no complexo processo diplomático que levaria trinta e cinco nações do Leste e do Ocidente a pôr fim à guerra fria. No dia 1º de agosto de 1975, a "distensão" é estabelecida na Europa pelos acordos de Helsinque. Edward Gierek não poderia envolver-se profundamente nesse projeto e apresentar-se como um esteio da "distensão" sem dar sinais de liberalização interna. Tanto mais que o papa Paulo VI, depois de hesitar longamente, empenhou-se pessoalmente em envolver a Santa Sé nessa grande negociação que oferece aos soviéticos o reconhecimento oficial das fronteiras de Ialta, ao mesmo tempo obrigando os Estados signatários — pelo menos no papel — a importantes compromissos em matéria de direitos humanos. Muitos homens da Igreja, especialmente na Europa oriental, contestam essa decisão diplomática, considerando que ela passa por cima das "Igrejas do silêncio" que continuam a ser perseguidas por trás da cortina de ferro.

*

É precisamente no momento em que a "distensão" chega ao auge que a situação volta a ficar tensa na Polônia. O que não é um acaso. No fim das contas, os acordos de Helsinque contêm muitos dispositivos de respeito aos direitos humanos que os dissidentes do Leste pretendem usar em proveito próprio. O próprio cardeal Wojtyla, num artigo publicado pelo *Osservatore Romano* em fevereiro de 1976, invoca os acordos de Helsinque para exigir uma autêntica liberdade de consciência para seus compatriotas. Na Polônia e nos países vizinhos, vai sendo formada aqui e ali uma espécie de aliança reunindo os diferentes protagonistas da contestação política, nacional e também, naturalmente, religiosa.

Em Varsóvia, um projeto de reforma da Constituição, dado a público pelo governo, incendeia o cenário político no início de 1976. Em grande medida inspirado pelo Kremlin, ele prevê que seja inscrito no texto fundamental do país o "papel dirigente" do Partido Comunista no poder, assim como o caráter "privilegiado" das relações entre a Polônia e a URSS. Assim também já é demais. Essas duas reivindicações são inaceitáveis para os representantes da sociedade civil, especialmente os intelectuais católicos. Em Cracóvia, o grupo Znak está na linha de frente da contestação. O episcopado — como vimos — engaja-se em peso contra o projeto da nova Constituição em uma carta lida em todas as igrejas. Nela, os bispos pronunciam-se a favor do princípio de eleições livres, de sindicatos livres, pela liberdade dos agricultores individuais etc. "Não foi Wojtyla que redigiu esse texto, mas todo mundo o atribuiu a ele", conta o militante católico Andrzej Wielowiejski.[15] Acontece que o texto é uma provocação para o regime. Um verdadeiro *casus belli*.

É a partir dessa época que Wojtyla torna-se um verdadeiro inimigo para o regime, que treme nas bases ao imaginar esse cardeal combativo — que em maio de 1976 manda erguer em pleno centro de Cracóvia uma estátua em homenagem ao cardeal Sapieha, sem qualquer autorização, ostensivamente — sucedendo um dia ao primaz Wyszynski. É nesse ano que o governo envia ao Vaticano uma carta propondo que Wyszynski, esse "eminente patriota polonês" (*sic*), continue como primaz da Polônia apesar de ter completado 75 anos.

É também por essa época que os sermões do cardeal Wojtyla tornam-se deliberadamente mais "políticos". Os acontecimentos de junho de 1976 — as sublevações operárias de Ursus e Radom — haveriam de fornecer-lhe várias oportunidades para isso. É claro que nunca o futuro papa vem a apoiar explicitamente algum grupo de dissidentes ou determinada reivindicação política, mas condena sem rodeios a repressão contra os operários ou seus porta-vozes, lembrando enfaticamente o direito à liberdade de expressão, à liberdade de reunião e à igualdade de todos os cidadãos perante a lei: "O Estado deve estar a serviço da nação e não o contrário!", clama Wojtyla num sermão pronunciado na noite de 31 de dezembro de 1976. Nessa homilia de São Silvestre, ele também mostra que leva em conta as realidades políticas: "Não podemos nos permitir agir de maneira irresponsável, pois nos encontramos numa situação geográfica muito difícil."[16]

Queixa retrospectiva posterior daquele que ainda não era então o primeiro-secretário do Partido Comunista, Stanislaw Kania: "Na realidade, a Igreja já havia extravasado o terreno espiritual e se empenhava em responder às ansiedades sociais da sociedade, especialmente dos operários. O resultado seria o retrato do papa afixado nas grades dos Estaleiros Lenin durante a greve de agosto de 1980."[17]

*

Na primavera de 1977, a tensão aumenta em Cracóvia, assim como em toda a Polônia. A atividade estudantil promovida pelos dominicanos abriu-se também aos não-crentes, interessados pelas conferências ali realizadas, nada de acordo com os cânones do marxismo-leninismo. É público e notório que o cardeal Wojtyla apóia as "universidades volantes" criadas na clandestinidade, com base nos esforços de professores corajosos. Alguns jovens começaram a ajudar sistematicamente o KOR (Comitê de Ajuda aos Operários) em seu apoio aos contestadores perseguidos pela polícia desde os acontecimentos de junho de 1976.

No sábado, 7 de maio, vem o drama: um desses estudantes, Stanislaw Pyjas, 23 anos, é espancado até a morte por desconhecidos em frente a sua casa. Para os amigos reunidos no necrotério, não resta dúvida: foi a polícia política. Há indícios que não deixam margem a dúvida: no dia seguinte, nenhum jornal aceita publicar o aviso fúnebre. E a polícia começa a deter os jovens que se dirigem a Cracóvia para a missa oficiada em memória de seu companheiro.

Na véspera dos "Juvenais", os três dias de festa que tradicionalmente encerram o ano escolar antes da partida para as férias, uma marcha pacífica é improvisada em frente ao prédio onde Pyjas foi morto. Milhares de jovens desfilam lentamente até o castelo de Wawel, com uma vela na mão. Alguns deles distribuem panfletos incitando ao boicote dos Juvenais. Todos cantam *Deus salve a Polônia*. O clima é pesado e elétrico. Mas a multidão se dispersa sem incidentes. Espantados com o extraordinário movimento de solidariedade, os amigos de Pyjas decidem naquela mesma noite criar um movimento não-oficial para concorrer com a conformista União Socialista Estudantil, firmemente enquadrada pelo Partido Comunista. Adotam como nome "Comitê Estudantil de Solidariedade". Em polonês: *Solidarnosc*. A palavra escolhida, que nada tem de neutra, teria um belo futuro.

Três dos fundadores desse "SKS" que não passa ainda de um grupelho, entre eles Liljana e Boguslaw Sonik, têm a idéia de procurar o cardeal Wojtyla no palácio da rua Franciszkanka. Sua porta está sempre aberta pela manhã, e o secretário, Stanislaw Dziwisz, permite que passem à frente de todos que ali estavam esperando uma audiência — e que teriam de voltar mais tarde: Wojtyla conversa com os três durante uma hora. Uma questão o preocupa: "Vocês e seus amigos não têm medo?" O cardeal sabe que a maioria dos estudantes é de origem modesta, não raro das regiões rurais próximas; fazendo passeatas como aquela, correm o risco de ser expulsos da faculdade, o que para eles seria uma catástrofe.[18]

No dia 8 de maio, em uma carta pastoral dedicada ao martírio de Santo Estanislau, Wojtyla invoca o exemplo desse "defensor da liberdade que teve a coragem de dizer ao rei em pessoa que devia respeitar a lei de Deus". "Todo atentado à liberdade por parte do Estado constitui uma violação da ordem moral e social", explica o cardeal, em frases que já prenunciam o João Paulo II da grande época: "A lei moral é o fundamento da ordem social."[19] Os cracovianos bebem suas palavras, verdadeiras flechas na direção de um regime cada vez mais paralisado.

No dia de *Corpus Christi*, 9 de junho, a procissão anual — invariavelmente motivo de uma queda-de-braço homérica entre o poder civil e a Igreja local — atrai uma multidão maior que a de hábito. Todos esperam que o cardeal fale dos recentes acontecimentos durante a cerimônia. E, com efeito, Wojtyla detém-se diante de quatro altares, como manda a tradição, pronunciando a cada vez uma pequena homilia. No terceiro altar, ele fala, com voz firme:

Exigimos insistentemente que os direitos humanos e os direitos do cidadão sejam respeitados! Esses direitos são indispensáveis! Não podem ser atribuídos em forma de concessão. O homem nasce munido desses direitos e procura exercê-los ao longo de sua existência. Quando eles não podem ser exercidos nem aplicados, o homem então se rebela! E não poderia ser de outra forma, pois ele é homem. Sua honra o exige! [...] O homem que se sente tolhido é capaz de tudo. A polícia e as prisões não proporcionam qualquer resposta. Elas simplesmente elevam o preço que no fim das contas será necessário pagar. Um único caminho leva à paz e à unidade nacional: o que passa por um respeito absoluto dos direitos humanos, dos direitos dos cidadãos e dos poloneses![20]

Os estudantes do SKS encontrariam regularmente o cardeal — mais ou menos uma vez por mês — até o conclave de 1978. Deliberadamente, o padre Dziwisz os recebe no palácio episcopal com um sonoro "Como é que vão?", para deixar bem claro para os policiais à paisana que é melhor não mexer com eles: de certa forma, o cardeal os tomou sob sua proteção. Em suas conversas pelo telefone, que sabem estar submetidas a escuta policial, os estudantes passaram a chamá-lo de "Charly".

No último encontro do cardeal com os delegados do SKS, em outubro de 1978, os jovens decidiram levar um convidado especial: seu companheiro de Varsóvia Adam Michnik. Antigo "escoteiro vermelho" que se transformou num dos líderes da contestação, o dissidente publicou em 1976 um livro extraordinariamente inteligente, *Lewica, Kosciol, Dialog,*[21] no qual lança a idéia de uma "frente antitotalitária" para a reconciliação da Igreja com os opositores leigos, inclusive os anticomunistas de esquerda — até então considerados esquerdistas irresponsáveis por uma parte do episcopado. Mas o encontro não chega a se concretizar: o cardeal, que deveria voltar de Roma dias antes, seria eleito papa pelo conclave.

13

Na trilha de Paulo VI

Até o concílio, Karol Wojtyla nunca tinha viajado realmente. À exceção de seu passeio "estudantil" pela França e a Bélgica no verão de 1947, ele só havia conhecido a Polônia e os arredores de Roma em sua época de estudante. Foi através dos contatos com os bispos provenientes dos quatro cantos do mundo que participavam do concílio que o antigo colegial de Wadowice aos poucos foi descobrindo, entre conversas amigáveis e depoimentos, que a Terra era redonda — e nem sempre tão "católica" quanto sua querida diocese de Cracóvia.

A abertura para o mundo

Sua primeira viagem importante tem início a 5 de dezembro de 1963, no dia seguinte ao encerramento da segunda sessão do concílio. Nesse dia, o jovem bispo embarca para uma peregrinação de duas semanas pela Terra Santa, acompanhado de dezenas de colegas de todas as nacionalidades. Do grupo fazem parte cerca de dez compatriotas, com os quais o futuro papa estará constantemente identificando para descobrir e celebrar na Palestina todo e qualquer testemunho de peregrinos ou missionários poloneses — e Deus sabe que não são poucos.

Além do prazer proporcionado por um passeio como esse a um homem que tão pouco conheceu até então desse vasto mundo, Karol Wojtyla encontra nele um duplo motivo de interesse: primeiro, essa "volta às origens" seguindo os passos de Jesus, em pleno concílio, não deixa de ser um gesto de uma bela coerência; depois, o próprio papa Paulo VI acaba de anunciar que iria pessoalmente à Terra Santa, e a peregrinação do jovem bispo não deixa de ser também uma maneira de comungar com o chefe da Igreja.

Faz tempo bom no momento em que o avião, depois de uma escala no Cairo, ruma para Jerusalém. Karol e seus companheiros de viagem podem assim identificar maravilhados, do alto, "o trajeto do povo hebreu: o deserto, o mar Vermelho, o monte Sinai, novamente o deserto". Para além de seu caráter turístico, a viagem adquire, assim, os contornos de uma verdadeira peregrinação espiritual. Assim é que na noite de 8 para 9 de dezembro Wojtyla participa com fervor e emoção de uma missa no Santuário da Natividade, em Belém. O franciscano polonês que ali oficia há dez anos convida seus compatriotas peregrinos a cantar alguns *kolendy* (cânticos de Natal) diante da gruta sagrada, para em seguida visitarem a *Grotta Lactis*, a surpreendente igreja em homenagem à Mãe de Deus dando o seio ao Filho.

Para Wojtyla e seus companheiros, o simples fato de poder tocar com as mãos todos esses lugares misteriosos que conhecem de cor e salteado pelas Escrituras proporciona uma sensação extraordinária, a impressão de estar percorrendo um "quinto Evangelho" — como ele mesmo diria em uma carta[1] — em tamanho natural. O lago de Genesaré e seus pescadores puxando a rede ao largo de Tiberíade, as ruínas de Cafarnaum e as margens do Jordão, onde ele recolhe alguns seixos a título de recordação. A Galiléia com seus vales verdejantes, a Judéia pedregosa e desértica. Betsaida, Nazaré, o monte Tabor, a Samaria e o poço de Jacó, Betânia e o monte das Oliveiras. Jerusalém, enfim: a capela das irmãs de Sion, as etapas da *via crucis*, a subida ao Gólgota, o Santo Sepulcro... Quantas referências bíblicas, quantas citações latinas, quantas evocações teológicas, quantas emoções espirituais! Foi ali que Jesus encontrou a Samaritana, ali viviam Marta e Maria, foi daquele balcão que Pilatos disse: *"Ecce homo"*, foi por aquele caminho que o Cristo caiu ao subir o calvário...

O reverso da medalha: nessa mesma oportunidade, Wojtyla descobre a sórdida realidade da desoladora guerra que opõe os representantes das diferentes confissões cristãs (latinos, gregos ortodoxos, armênios etc.) ao redor dos lugares santos: disputa pelos horários, cronometragem das cerimônias, partilha dos altares, concorrência entre os guias etc. "Que todos sejam um", dissera, no entanto, o Cristo. Outra decepção: o mau tempo o impede de chegar até Qumran, onde foram descobertos os manuscritos do mar Morto. Globalmente, no entanto, essa viagem de 10 dias foi um choque para Wojtyla — "uma graça", diria ele —, comparável apenas ao que sentiria, anos depois, ao descobrir um outro tipo de "terra prometida": a América.[2]

*

Montreal, quinta-feira, 28 de agosto de 1969. O vôo 871 da Air Canada, proveniente de Roma com escala em Paris, pousa às 15h35 no aeroporto internacional de Dorval. A bordo, o cardeal Wojtyla, arcebispo de Cracóvia, é acompanhado por três outros eclesiásticos: monsenhor Szczepan Wesoly, capelão da diáspora polonesa, o padre Franciszek Macharski, diretor do seminário de Cracóvia, e o padre Stanislaw Dziwisz, seu capelão. Os quatro sacerdotes são recebidos no aeroporto por representantes do episcopado canadense, da prefeitura de Montreal e sobretudo da *Polonia* canadense, a organização da diáspora polonesa nesse país, que está comemorando seu vigésimo quinto aniversário. O cardeal Wojtyla é o convidado de honra. Limusine interminável e escolta de motociclistas: visivelmente os anfitriões quiseram mostrar serviço.

Na realidade, os anfitriões poloneses-canadenses gostariam de estar recebendo o cardeal Wyszynski, mas ele recusou o convite. Oficialmente, declarou-se velho demais para viagens tão longas. Na realidade, Wyszynski teme esse tipo de contato porque, como não fala nenhuma língua estrangeira, tem uma fobia: teme que suas declarações sejam distorcidas, consciente de que qualquer desvio de linguagem na boca do primaz da Polônia poderia ser utilizado pelo regime comunista. Tanto mais ainda se ele estiver se pronunciando no continente americano!

Para Karol Wojtyla, é uma oportunidade inesperada de descobrir o Novo Mundo, como ele continua a ser chamado na Polônia. Três semanas no Canadá e seis dias nos Estados Unidos, tudo feito "à americana", ou seja, a toque de caixa, de automóvel, avião e até mesmo helicóptero: essa primeira viagem do outro lado do Atlântico é uma verdadeira revelação. E não apenas por causa do gigantismo, dos arranha-céus de Chicago e do trânsito na Quinta Avenida. A cultura norte-americana o fascina. Ainda que fique contrariado às vezes com o hábito de seus anfitriões de promoverem coquetéis depois das missas ou de arrastarem os convidados, à noite, para intermináveis *shows* muito diferentes das doutas conferências-debates à antiga que ainda são praticadas na Polônia.[3]

Montreal, Edmonton, Winnipeg, Toronto... No Canadá, Karol Wojtyla descobre a realidade da emigração polonesa, composta por duas ondas. A primeira, com trezentas mil pessoas, instalou-se um século antes em Alberta e Saskatchewan, onde produziu agricultores e fazendeiros. A segunda, depois de 1945, agrupou-se nas grandes cidades da região industrial de Ontário, especialmente no bairro Port-Crédit de Toronto. É nele que Wojtyla celebra uma missa para oito mil compatriotas na tarde de 14 de setembro. Em seu sermão, ele tira as primeiras lições de sua viagem: quando mudam de país, constata ele, os poloneses levam sua cultura, o que significa que constroem antes de mais nada igrejas e paróquias. É a "vivência religiosa" que faz a especificidade desse povo. Uma idéia que por muito tempo lhe forneceria elementos de reflexão: depois de feito papa, ele diria a mesma coisa da Europa.

Dois dias depois, tendo visitado as cataratas de Niágara com seus companheiros de viagem, ele viaja de automóvel para os Estados Unidos, chegando a Buffalo. Com uma população de trezentos mil poloneses, Buffalo ainda era poucos anos antes a maior cidade polonesa do mundo, na frente de Varsóvia, Chicago e muito à frente de Cracóvia! Cleveland, Pittsburgh, Detroit, Boston, Washington, Baltimore, St. Louis, Chicago: como no Canadá, Wojtyla perde a conta das igrejas polonesas dedicadas a Nossa Senhora de Czestochowa, a Santa Edwiges, a Santo Estanislau Kostka e a São João Kety. Todas essas comunidades ficam felizes por receber relíquias de seus santos padroeiros das mãos do cardeal.[4] Em Washington, o cardeal visita o cemitério de Arlington, detendo-se diante do túmulo do presidente Kennedy — de quem os poloneses gostam muito — e do primeiro chefe de governo da Polônia independente, o compositor e pianista Ignacy Paderewski.

Obedecendo aos costumes e encantado por voltar a ver alguns de seus companheiros de concílio, Wojtyla encontra por toda parte os cardeais da Igreja americana: Wright (Pittsburgh), futuro chefe da Congregação para o Clero, com o qual trabalhou na *Gaudium et Spes*; Dearden (Detroit), o primaz dos Estados Unidos; Cushing (Boston), Carberry (St. Louis); e, naturalmente, seu meio compatriota John Krol (Filadélfia), que o leva a Doylestown, a "Czestochowa americana" e também sede dos monges paulinos americanos — uma réplica de Jasna Gora no coração da Pensilvânia.[5]

No total, Karol Wojtyla encontrou milhares de poloneses — à exceção de uma categoria deles: os representantes do poder, embaixadores e cônsules, que por sinal tinham muito poucas relações com todas essas comunidades de emigrados, em geral muito anticomunistas. Só depois da assinatura dos acordos de Helsinque e da normalização das relações entre a Igreja e o Estado polonês, no meado da década de 1970, a chegada do cardeal de Cracóvia mereceria um coquetel organizado pela embaixada de seu próprio país.

*

Quarta-feira, 7 de fevereiro de 1973, 19 horas. Ao desembarcar em Manilha, proveniente de Roma, depois de dezesseis horas de viagem num Boeing da KLM, Karol Wojtyla observa duas coisas em seu diário: primeiro, que seu antecessor, monsenhor Sapieha, levou seis meses para chegar ao congresso eucarístico de Manilha de navio, em 1937; depois, que fica muito satisfeito por chegar no fim do dia, pois terá tempo para rezar a missa da quarta-feira no convento dos redentoristas poloneses da cidade, antes de regressar, às 23h55. Wojtyla observa também, com regozijo, o fervor religioso dos filipinos: só em Czestochowa e Piekary pudera ver, como ali, fiéis comungando de joelhos durante a missa! Mal podia imaginar que vinte anos depois, naquele mesmo lugar, ao voltar para rezar a missa como papa, seria recebido por quatro milhões de pessoas — uma das maiores aglomerações da história humana.

No dia 9 de fevereiro, depois de mais uma noite passada no avião, Wojtyla e seus habituais companheiros de viagem Wesoly e Dziwisz (Rubin não pôde desvencilhar-se de suas obrigações sinodais) fazem escala em Port Moresby, capital da Papua Nova Guiné.[6] Atendendo a um convite de três missionários da congregação do Verbo Encarnado (um dos quais polonês), eles são recebidos por três irmãzinhas da congregação Servas do Espírito Santo (polonesas) que lideram na região de Goroka uma comunidade de sessenta mil católicos que praticam sua fé muito longe de toda civilização moderna.

No coração da floresta virgem, em ilhas onde as pessoas vivem quase nuas, todos os encontros são possíveis: em Namta, uma pequena aldeia perdida, Wojtyla é recebido por um padre alemão originário de Bielsko, a cidade de seus próprios antepassados. Uma missa — na capela de uma escola — e debates, filmes, cantos, danças, pantomimas: maravilhado, o arcebispo de Cracóvia toma consciência pela primeira vez na vida do que pode estar por trás da realidade missionária.

Constata também que seus compatriotas decididamente estão em toda parte. E há muito tempo. Em Wellington, na Nova Zelândia, ele visita descendentes de poloneses do norte que fugiram por volta de 1875 da *Kuturkampf* de Bismarck, e presta enfática homenagem, durante uma oração, aos milhares de órfãos poloneses transferidos para a região contra a vontade em 1945. São comunidades que contam toda a história moderna da Polônia, de suas tragédias e descaminhos. No litoral leste da Austrália, ele se encontra longamente com famílias de refugiados poloneses que fugiram da Sibéria em 1943. E por toda parte está encontrando os filhos dos cem mil ex-prisioneiros poloneses do Reich que se beneficiaram depois de 1945 da hospitalidade das colônias britânicas. Mais uma piscadela da história: toda essa região é dominada pelo monte Kosciusko,[7] ponto culminante da Austrália (2.228m). Por que este nome que mexe com o coração de todo polonês, sobretudo se está exilado? Porque em 1840 um certo Paul-Edmund Strzelecki, explorador polonês, o deu à montanha cuja forma lhe lembrava a famosa colina erguida pelos habitantes de Cracóvia em homenagem a Tadeusz Kosciuszko, o herói da primeira insurreição polonesa contra a Rússia, em 1794.

Em Brisbane, Bankstone, Sidney, Canberra, Hobart, Geelong, Adelaide e Perth, as recepções que lhe são oferecidas obedecem a um ritual imutável: chegada com pão e sal, menininhas de trajes folclóricos da Mazúria ou da Silésia cantando *Corre, meu Vístula,* escoteiros entoando *Deus salve a Polônia*, imagens da Virgem de Czestochowa, discursos sobre a Polônia que superou tantos problemas... Em todos os lugares que visita, Wojtyla causa enorme impressão. Pela primeira vez um cardeal polonês visita os antípodas. Em Sidney, uma senhora centenária começa a lhe contar como era a Polônia em 1900. Em Canberra, veteranos da Resistência polonesa dão-lhe de presente uma estátua da Virgem feita com estilhaços de obuses retirados de seus ferimentos, para uma das novas igrejas que estão sendo construídas em Nowa Huta. Em Hobart, na Tasmânia, ele dá o sacramento da confirmação a cerca de trinta adolescentes. Em Richmond, ordena

NA TRILHA DE PAULO VI

dois novos padres. Em Essedon, consagra um santuário dedicado à Virgem, rainha da Polônia.[8]

Ele quase poderia esquecer o objetivo de sua viagem: assistir ao congresso eucarístico de Melbourne! De 18 a 25 de fevereiro, Wojtyla participa de muitas e suntuosas cerimônias na Catedral de Saint Patrick ou na esplanada de Cricket Ground. Além dos vários cardeais que volta a ver longe de Roma, especialmente o cardeal Willebrands, uma das "estrelas" da Cúria, ele encontra dois personagens fora do comum: um velho bispo ucraniano que vegetou durante anos em masmorras soviéticas e uma religiosa de feições já então encarquilhadas que não deixa os australianos ricos esquecerem que existe miséria profunda não muito longe deles. O primeiro é Dom Slipyi; a segunda, Madre Teresa.

O discurso de Harvard

É mais uma vez para assistir a um congresso eucarístico que o cardeal Wojtyla volta a viajar a Nova York, a 23 de julho de 1976. Na realidade, o futuro papa passaria a maior parte do verão nos Estados Unidos. Embora a viagem tenha sido propiciada efetivamente pela realização do congresso eucarístico da Filadélfia, o polonês tem também dois outros objetivos: reforçar os vínculos que estabeleceu sete anos antes com a diáspora polonesa e fazer uma conferência filosófica num dos centros intelectuais de maior prestígio do mundo: a Universidade de Harvard.

O acaso cuida bem das coisas: o quadragésimo primeiro congresso eucarístico é organizado em Filadélfia, de 1º a 8 de agosto, pelo cardeal John Krol, novo primaz da Igreja americana. O americano-polonês recebe Wojtyla e a delegação por ele dirigida — dezoito prelados provenientes de Varsóvia — de forma particularmente calorosa, quase fraterna. Um concerto de música polonesa na Academia de Música de Filadélfia foi incluído na programação. Ao lado de Ella Fitzgerald e Dom Hélder Câmara, Wojtyla também tem lugar de destaque no "elenco" do *show* dedicado ao tema "A Eucaristia e as diferentes formas de fome da humanidade". Excelências e eminências discorrem assim sobre a "fome de verdade", a "fome de compreensão" e a "fome de paz". No dia 3 de agosto, na missa rezada no estádio dos Veteranos, Wojtyla prega em inglês sobre um tema que lhe cai como uma luva: a "fome de liberdade". Falando de um tema como este, e ainda por cima diante de um público majoritariamente americano, Wojtyla não podia deixar de causar grande efeito.

Baltimore, Washington, Orchard Lake, Detroit, Boston, Plymouth, Buffalo, Hamilton, Toronto, Chicago, Stevens Point, San Francisco, Los Angeles... Sua interminável turnê pelas comunidades polonesas da América é ainda mais calorosa que a de 1969. Existem na América do Norte cerca de dez milhões de poloneses exilados ou descendentes de exilados, em sua maioria católicos praticantes, e já agora o cardeal de Cracóvia goza junto a eles de excelente reputação. Missas em polonês, festas patrióticas, conferências, noitadas nostálgicas, recepções oficiais: o cardeal Wojtyla participa de uma verdadeira maratona. Se fosse um político, alguém poderia falar de uma campanha eleitoral! E por sinal a comparação não é deslocada, pois o percurso não é meramente casual: aqui e ali, especialmente no dia 4 de setembro, na Fundação Kosciuszko de Nova York, o objetivo da viagem também é estimular a generosidade dos poloneses da América em relação à Igreja da Polônia.

Durante essa surpreendente turnê, Wojtyla reforça suas relações pessoais com alguns cardeais americanos, futuros eleitores do conclave, particularmente Cody (Chicago), Medeiros (Boston), Dearden (Detroit) e sobretudo Baum (Washington). Este o convidou, na véspera do congresso eucarístico, a pronunciar uma conferência na Universidade Católica da América, em Washington, ouvindo-o falar em inglês aos estudantes de filosofia sobre "a autoteleologia do homem e a transcendência da pessoa no ato". Baum não podia ficar mais impressionado!

William Baum aceitaria o convite de Wojtyla para visitar por sua vez Cracóvia. Em maio de 1978, teria ali uma das maiores surpresas de sua vida, no dia em que seu colega e amigo o leva à peregrinação anual de Piekary, na Silésia. Sob um dossel à antiga, saudado por cento e cinqüenta mil mineiros com um entusiasmo e um fervor indescritíveis, William Baum reveria neste dia sua visão simplista dos países comunistas. E não faria segredo de sua vívida consideração por Wojtyla, que qualificaria de "líder de nível mundial".[9]

*

NA TRILHA DE PAULO VI   275

No dia 24 de julho, depois de celebrar missa na Igreja de São Wojciech, Wojtyla e seu secretário deixam Boston de automóvel e desaparecem na natureza. Escapada secreta? Viagem de caráter privado, certamente. O cardeal e seu capelão são esperados por Anna-Teresa Tymienicka em Pomfret, Vermont, para um descanso antes da conferência que o arcebispo de Cracóvia deverá pronunciar em Harvard.

Dois dias depois, tendo nadado num lago gelado e aperfeiçoado um pouco seu inglês longe da cidade grande, Wojtyla instala-se na Palmer House de Harvard, onde é recebido oficialmente por Anna-Teresa Tymienicka e seu marido Hendrick Houthakker, um economista muito ligado à Casa Branca. Apoiado por eles, o professor George Hunston Williams — que conheceu Wojtyla quando assistia ao concílio como ouvinte protestante — convidou o polonês a pronunciar uma conferência no Emerson Hall da célebre universidade sobre o tema *Participação ou alienação*.

Trata-se, *grosso modo*, da intervenção que ele "ensaiou" em Friburgo em 1975: "Uma sociedade sem participação é uma sociedade dominada pela alienação." De batina negra, muito à vontade, o cardeal Wojtyla surpreende o auditório com sua cultura e suas referências à atualidade: quer dizer então que um prelado polonês pode ser tão antenado? Durante o jantar elegante de duzentos e cinqüenta lugares oferecido em sua homenagem na Divinity School, o *charme* volta a funcionar. Uma nota é publicada a respeito no *New York Times*. A gazeta universitária de Cambridge, *The Harvard Crimson*, por sua vez, já apresenta o incomum convidado como "possível sucessor de Paulo VI".

Aproveitando a oportunidade, Wojtyla também quis visitar a biblioteca do instituto ucraniano da universidade: numa foto da época, podemos vê-lo, sempre de batina negra, sentado à vontade numa mesa de dez lugares, uma taça de vinho na mão, com um grupo de pessoas visivelmente excitadas e fascinadas. Esses ucranianos são católicos gregos, uniatas extremamente anticomunistas (sua Igreja está proibida na URSS há trinta anos), e para eles a visita de um cardeal polonês é um verdadeiro acontecimento.

Um mês depois, Wojtyla e Dziwisz voltam a Pomfret para passar três dias na casa de Anna-Teresa Tymienicka: missa de manhã bem cedo debaixo de uma ameixeira à beira do lago, natação, passeio. Anna-Teresa lhe oferece aveia Quaker no desjejum, o calção de seu marido para o mergulho no lago e um pequeno concerto de piano a cargo de um polonês exilado. Para ela, é uma festa receber aquele que considera um filósofo cheio de futuro e cujo nome pretende tornar conhecido nos Estados Unidos, editando a versão inglesa de seu livro *Osoba i Czyn*, publicado na Polônia em 1969.

Intitulado *The Acting Person*, o livro seria efetivamente publicado, mas não sem profundas modificações devidamente debatidas pelo autor e sua *coach* loura — que por sinal pediu-lhe exclusividade de direitos nessa nova versão da obra. Como Wojtyla cometeu a imprudência de concordar que esta segunda versão fosse usada como base das posteriores traduções do livro, *The Acting Person* provocaria escândalo quando de sua ascensão ao trono de São Pedro. A comissão pontifícia incumbida de fazer o levantamento dos trabalhos publicados pelo novo papa chegaria inclusive a ponto de pretender censurar esta versão — muito mais "fenomenológica" do que "tomista" em relação ao texto original — do trabalho mais elaborado de nosso papa filósofo.

Anna-Teresa também acabaria influenciando indiretamente a imagem do futuro papa aos olhos dos americanos. Com efeito, ela e seu marido insistiram muito para que seu convidado moderasse em público suas observações críticas sobre a civilização ocidental "decadente" e "desprovida de senso moral". Não podemos deixar de lembrar do discurso pronunciado dois anos depois, no mesmo lugar, por uma outra grande consciência vinda do Leste, o escritor Alexandre Soljenitsin. Em termos muito próximos do pensamento do futuro papa — sobre a superioridade da moral em relação ao direito, o relativismo ético, os estragos do humanismo racionalista —, o dissidente russo não se eximiu de dizer aos ocidentais tudo que pensava.

Ao contrário de Wojtyla, Soljenitsin não deu ouvidos aos amigos, que também o aconselhavam a moderar suas palavras. O resultado, como se sabe, foi catastrófico para o dissidente russo, acusado pela mídia de "cuspir no prato em que comeu".[10] O que os americanos esperam das personalidades que chegam do mundo comunista é que corroborem sua convicção de que constituem um modelo para todo o mundo. Retrospectivamente, cabe imaginar qual teria sido o impacto do cardeal Wojtyla nos Estados Unidos se o futuro papa tivesse manifestado sem reservas sua aversão pelos descaminhos consumistas do regime de seus anfitriões.

*

"*A possible successor to pope Paul VI*": a gazeta de Harvard havia transformado o cardeal de Cracóvia num *papabile*. Na Europa, ainda não se chegou a esse ponto, como fica evidente na última grande viagem de Karol Wojtyla, com destino à Alemanha federal, de 20 a 25 de setembro de 1978 — ou seja, pouco antes da morte de João Paulo I. Essa visita histórica dos bispos poloneses ao país de seus colegas alemães, treze anos após a famosa carta que causou tanto rebuliço, teve uma única "estrela": Stefan Wyszynski, que decidiu quebrar sua regra de não viajar — exceto ao Vaticano — além das fronteiras de seu país.

É sob a direção incontestada do primaz que a delegação polonesa — Wojtyla, Rubin, Stroba etc.[11] — é recebida pelo novo primaz alemão-ocidental, o cardeal Joseph Höffner. E embora Wojtyla pronuncie um dos dois grandes sermões, o da catedral de Colônia, Wyszynski reserva para si o grande discurso de Fulda, sede da conferência episcopal alemã: "Somos vizinhos com uma velha história em comum... Com o ódio não é possível construir nada..." Estas palavras fortes ficariam na história dos dois povos. Inclusive o apelo do primaz polonês para que começasse a ser preparado imediatamente o terceiro milênio.

Em Neviges, importante santuário mariano perto de Wuppertal, na Westfália, é Wyszynski que concentra todas as atrações da comunidade polonesa. Assim como em Munique, onde ele se recolhe para orar no túmulo de seu colega, o cardeal Döpfner, recém-falecido. E também em Dachau, onde o primaz homenageia os trinta e cinco mil poloneses que foram aprisionados nesse campo da morte: dez mil homens, entre os quais oitocentos e cinqüenta padres, ali perderam a vida — entre eles alguns amigos de Wyszynski, particularmente seu antigo bispo, Dom Michal Kozal, o homem que o levou a deixar Wloclawek, onde ele também teria sido detido, e que lhe salvou a vida.[12]

Embora Wyszynski esteja no centro da curiosidade dos alemães durante essa visita histórica e seu jovem colega de Cracóvia mais uma vez tome o cuidado de nunca atropelar as prerrogativas de seu primaz, o fato é que a personalidade de Karol Wojtyla também desperta grande interesse entre os anfitriões. No ano anterior, em junho de 1977, ele havia feito a viagem "precursora", visitando Mogúncia (a convite do professor Joseph Ziegler, grande especialista em teologia moral que também fora a Cracóvia, em novembro de 1975) em companhia do reitor da KUL, o padre Krapiec, e dos dois futuros bispos Franciszek Macharski e Marian Jaworski. Acompanhado do cardeal Höffner, fora inclinar-se diante do túmulo de Alberto Magno, o "mestre" de Santo Tomás de Aquino. E sobretudo, a 23 de junho de 1977, Wojtyla recebera, ao lado do cardeal Volk, um diploma *honoris causa* da Universidade Gutenberg de Mogúncia, onde fez uma conferência.

O Wojtyla "comunicativo" havia encantado os americanos. O Wojtyla intelectual, homem de diálogo, de memória, de cultura, impressiona ainda mais os prelados alemães, sempre os mais respeitosos das atividades universitárias. "Wojtyla é um homem modesto, de profunda devoção, de fé ardente, de uma grande dedicação pastoral e de uma confiança inabalável", resume o cardeal Höffner. Quem poderia prever que, três semanas depois, Karol Wojtyla seria eleito papa?

À *sombra de Paulo VI*

Na véspera de sua morte, na primavera de 1963, João XXIII convocara uma comissão de teólogos e leigos para fazer um balanço dos novos métodos de contracepção e controle da natalidade. Até então, para a Igreja, a abstinência era a única maneira de controlar os nascimentos. A invenção da pílula anticoncepcional, em 1960, obrigou o papado a voltar ao assunto.

Acontece que essa questão faria correr mais tinta que todos os outros debates nos quais a Igreja se envolveu no século XX. E não demora para que a polêmica azede. Durante a terceira sessão do concílio, em outubro de 1964, Paulo VI chega até a tomar a decisão de retirar o tema da ordem do dia, por causa do rumo desagradável que o debate tomou: "Eu vos peço, meus irmãos, evitemos um novo processo de Galileu!", exclamou publicamente o cardeal belga Léon-Joseph Suenens.

Ao grupo de reflexão formado por João XXIII, seu sucessor acrescenta, em 1965, médicos, psicólogos e especialistas. No total, a comissão comporta cinqüenta e oito membros, dos quais a Igreja espera "indicações sem ambigüidade". E com efeito, esta instância "leiga" haveria de manifestar-se sem qualquer ambigüidade: por cinqüenta e dois votos a quatro, ela se pronuncia francamente por uma clara flexibilização da posição da Igreja a respeito.

NA TRILHA DE PAULO VI

Paulo VI não havia previsto semelhante resultado. Teria ficado amedrontado com sua própria audácia? Em 1966, o papa nomeia paralelamente uma comissão sobre o mesmo tema, formada por bispos e cardeais e liderada pelo cardeal Döpfner, de Munique. Entre seus membros encontra-se o cardeal Ottaviani, chefe do Santo Ofício, notoriamente hostil a qualquer liberalização nessa questão: o velho prelado não se cansa de repetir que é o décimo primeiro filho de uma família de doze, e que não estaria ali se a Igreja permitisse a contracepção. Lá se encontra também o cardeal Wojtyla. No dia 18 de junho de 1966, a comissão entrega seu relatório, também ele claramente favorável a um abrandamento da atitude da Igreja. A contracepção não é "intrinsecamente condenável", estima a comissão em sua conclusão, adotada por nove votos "a favor", dois "contra" e três abstenções. Desta vez, é a Igreja inteira que muda de rumo.

No dia em que a comissão de prelados deu a público seu veredicto, Wojtyla, para grande contrariedade sua, estava na Polônia empenhado na campanha do *Millennium* na região de Olsztyn, na Mazúria. O polonês teria votado "contra". Havia explicado sua posição durante conversa pessoal com Paulo VI em abril: ele continua a pensar o que expôs em *Amor e responsabilidade*, ou seja, que a utilização de contraceptivos é, *in fine*, contrária à dignidade da pessoa. Acontece que secretamente Paulo VI compartilha desta visão. Em seu foro íntimo, o papa reprova a maneira como as coisas evoluem. Hesitante, ele acaba por declarar que todas essas conclusões não são definitivas e que não constituem matéria suficiente para uma carta encíclica. Em Roma e em todo o mundo católico, a estupefação é geral.

Ante as tergiversações públicas do Santo Padre, Wojtyla logo trata de reunir uma comissão a respeito em Cracóvia, à sua maneira: convida a participar padres mas também leigos, médicos etc. e entrega a presidência a um bispo, monsenhor Smolenski, que é um de seus homens de confiança. Quatro meses depois, as conclusões do grupo são enviadas diretamente ao papa, indo de encontro, ponto por ponto, às da comissão oficial.

No dia 25 de julho de 1968, o papa finalmente assina a encíclica *Humanae Vitae*. O texto papal retoma o essencial da argumentação "cracoviana", para evidente satisfação de Karol Wojtyla. "Pelo menos sessenta por cento" da encíclica vêm do texto elaborado em Cracóvia, estima o padre Bardecki, que fez parte da comissão cracoviana e comparou atentamente os dois textos. "Nós ajudamos o papa", teria dito o cardeal Wojtyla, com falsa modéstia.

O texto causa escândalo — para começar, entre os próprios católicos. Na Alemanha, muitos chegam a pedir a demissão do papa! Dois meses depois da louca explosão libertária de maio de 1968, opor-se à pílula é, senão uma forma de provocação, pelo menos um erro de *timing*. Um retrocesso, para muitos, em relação ao espírito do Concílio Vaticano II. Por que haveria a Igreja de se expor dessa maneira aos ataques de seus detratores, que a acusam de uma lamentável volta ao tempo da luta contra o modernismo?

Wojtyla vê claramente o perigo. Trata então de preparar rapidamente, com alguns amigos cracovianos, um comentário teológico e pastoral sobre a *Humanae Vitae*. O texto logo vem a ser publicado no *L'Osservatore Romano* de 5 de janeiro de 1969. Três semanas depois, ele reúne um grupo de teólogos em Cracóvia para nova sessão científica, por ele mesmo apresentada, e na qual intervém longamente, para afinal se encarregar de sintetizá-la. Também estas conclusões seriam publicadas em *L'Osservatore Romano*.

Não se trata aqui de estabelecer se têm fundamento ou não as teses de Wojtyla e seus amigos cracovianos. O que constitui um marco é a chegada do polonês à linha de frente num tema de capital importância, assim como a aproximação entre o cardeal-arcebispo de Cracóvia e Paulo VI. Esse papa dividido, de convicções hesitantes, pelo menos neste tema, precisava escorar-se em alguém. Pois esse alguém foi Karol Wojtyla.

*

A poucas semanas do fim do concílio, no outono de 1965, Paulo VI anunciara a instituição de um "sínodo de bispos" destinado a assegurar o princípio da *colegialidade*, cuja aplicação havia sido desejada por tantos padres conciliares.[13] Habilmente, o papa tomou a frente. O objetivo dessa nova assembléia consultiva, mais fácil de reunir que um concílio, é informar e aconselhar o papa sobre diferentes questões. Em princípio, tais reuniões devem ter periodicidade bianual. Nove sínodos seriam convocados durante o pontificado de Paulo VI.

Sob todos os aspectos, a participação de Karol Wojtyla em tais reuniões revela-se, como diria o secretário-geral do sínodo, monsenhor Rubin, "incomparavelmente mais importante" que durante o concílio.[14] Se frisamos acima o papel desempenhado pelo futuro papa no Concílio Vaticano II, não devemos por outro lado exagerá-lo: durante as três primeiras sessões, Wojtyla foi sobretudo o porta-voz de um episcopado dirigido com mão de ferro pelo cardeal Wyszynski, e só na última sessão começou a se afirmar perante os pares. Falando a auditórios mais cheios sobre temas de reflexão mais precisos, o jovem cardeal polonês pôde dar livre curso a seu talento e moldar pouco a pouco sua própria reputação, saindo da sombra projetada por seu hierático "chefe" — que sem dúvida impunha enorme respeito a todos, mas não chegava propriamente a brilhar pela profundidade intelectual nem pelas proezas lingüísticas.

Podemos ignorar o primeiro sínodo episcopal, realizado em Roma em setembro de 1967, que não contou com a participação de Karol Wojtyla. Como vimos, o governo polonês, manifestamente empenhado em fomentar a divisão na cúpula da Igreja polonesa, concedeu passaporte ao recém-nomeado cardeal Wojtyla, ao mesmo tempo em que privava o primaz Wyszynski de um visto para Roma. Em hipótese alguma o arcebispo de Cracóvia haveria de cair nessa armadilha! A lealdade de Wojtyla em relação ao primaz não passa despercebida — nem na Polônia nem em Roma, onde o próprio papa lamenta publicamente o incidente.

Em outubro de 1969, Paulo VI decide reunir um sínodo "extraordinário" dedicado às relações entre o papa, os episcopados e o governo das igrejas locais. Por que "extraordinário"? Porque esta instância, ao contrário dos sínodos "ordinários", envolve apenas os presidentes das conferências episcopais — entre os quais se encontra, naturalmente, o primaz Stefan Wyszynski. Acontece que o cardeal Wojtyla também é convidado, mas diretamente pelo papa, que tem esse direito. O que tampouco passa despercebido.

O sínodo trata da *colegialidade* no governo da Igreja e do papel que nele devem desempenhar os episcopados. O tema foi repisado no concílio, é preciso agora dar-lhe forma. Karol Wojtyla manifesta-se sobretudo sobre o pluralismo das culturas na Igreja, no dia 15 de outubro de 1969. A Igreja é fundamentalmente uma *comunhão*, afirma o polonês, não uma *reunião* monolítica, mas uma *troca* de bens e dons que justifica que os bispos dialoguem entre si, para em seguida cooperarem com o próprio papa no governo da Igreja. Essa cooperação tem duplo sentido: implica uma participação real dos bispos na preparação das decisões papais; e em contrapartida implica também a aceitação das decisões tomadas pelo papa por todos os bispos.

Cabe registrar aqui um paradoxo interessante. Sem sabê-lo, Wojtyla reinventa uma forma de "centralismo democrático" que não deixa de lembrar o fundamento da autoridade do partido único num regime marxista-leninista: participação da base nas deliberações do poder, mas aceitação por todos das decisões tomadas na cúpula. Com a diferença, nada desprezível, de que nenhum prelado teria jamais a idéia de qualificar o sistema de governo da Igreja de "democrático". Seja como for, a intervenção atrai a atenção. Como sinal de sua nascente popularidade, o bispo Wojtyla é designado por seus pares delegado ao comitê de redação da declaração final.

No dia 30 de setembro de 1971, tem início em Roma, com toda pompa, um terceiro sínodo, desta vez sobre o duplo tema do *sacerdócio* e da *justiça no mundo*. No que diz respeito ao primeiro tema, alguns cardeais da Cúria estão horrorizados com as estatísticas: a hemorragia de padres, embora diga respeito basicamente à Europa ocidental, é evidente: vinte e cinco mil "deserções" em sete anos, o equivalente a 7% do efetivo total da Igreja Católica, não é pouca coisa! Seria uma conseqüência do concílio? Em grande parte, sim. Caberia então ir mais longe na adaptação da Igreja ao mundo moderno, nesse *aggiornamento* que desencadeou tão grande tempestade? O papa Paulo VI tem constantemente o problema em mente e em caráter privado não esconde sua preocupação.

O cardeal Wojtyla não cede ao clima de pânico que prevalece. Referindo-se a seu país, que decididamente deixa desconcertados muitos dos prelados romanos, ele evoca tranqüilamente os princípios, a tradição e o sentido do sacerdócio. Frisa que a Igreja, sinal vivo do Cristo, deve ser visível e *legível*. Indo contra a corrente de pensamento predominante na época, ele insiste sobretudo na necessidade de não confundir o sacerdócio dos padres e o apostolado dos leigos: "laicizar" o serviço dos padres seria minimizar ainda mais o impacto do padre na sociedade, afirma já então o futuro papa, que se pronuncia sem qualquer ambigüidade, e não sem coragem, em favor do celibato dos padres. E que não entende a insistência com que certos "modernistas" querem deixar a batina no porão do presbitério. Sua intervenção causa forte impressão, como observa o padre Malinski. É verdade que os participantes também ouvem com grande interesse as declarações de Wojtyla sobre o outro tema abordado pelo sínodo, o tema da justiça — particularmente a idéia, que a seus olhos é fundamental, de que *não pode haver justiça numa sociedade sem liberdade de consciência*. Mas o que impressiona os ouvintes e "tranqüiliza" o próprio papa é a sua calma, sua segurança, a força de sua convicção nos temas mais delicados. Em outra época e em outro país, os comentaristas falariam de "força tranqüila".

No dia 5 de novembro, pouco antes de dissolver-se a assembléia, os prelados elegem o conselho permanente do secretariado do sínodo. Wojtyla é eleito membro dessa instância importantíssima por cento e quinze votos de um total de cento e oitenta e quatro. Ele está entre os três eleitos europeus (num conselho de doze membros), ao lado dos colegas cardeais Tarancon, de Toledo, e Höffner, de Colônia. Essa eleição constitui o primeiro degrau da longa e discreta ascensão que conduziria o arcebispo de Cracóvia, longe do clima febril dos meios de comunicação, à cúpula da hierarquia da Igreja.

O quarto sínodo dos bispos, que tem início a 27 de setembro de 1974, trata da *evangelização* no mundo contemporâneo.[15] Wojtyla, retomando certos debates conciliares que dez anos antes levaram à *Gaudium et Spes*, sente-se à vontade num tema que o apaixona. Para ele, as coisas são claras: a Igreja não só deve preparar o homem para a vida eterna como também contribuir para melhorar sua existência terrestre — logo, ajudá-lo a se "libertar" no plano político e no econômico, em nome da dignidade da pessoa humana.

Nomeado relator da segunda parte dos debates, o cardeal Wojtyla volta a encantar seu auditório.[16] Recebe a incumbência de chefiar a comissão encarregada de redigir o documento final — o qual, segundo alguns observadores, terá sido "um dos melhores documentos já produzidos pela Santa Sé".[17] E, contrariando a tradição, volta a estar entre os três europeus eleitos para o conselho permanente do sínodo (com o francês Etchegaray e o alemão Döpfner). Para Bruno Bartoloni, correspondente da agência France Presse em Roma, parece um sinal claro: nesse dia, Wojtyla entra para a lista dos cardeais que passarão a ser observados de perto pelos vaticanistas, na perspectiva da sucessão de Paulo VI.

*

Se Karol Wojtyla fosse italiano, já então passaria a dar motivo a infindáveis especulações entre os observadores especializados. Tanto mais que, no início de 1976, Paulo VI convida o cardeal-arcebispo de Cracóvia a dirigir os tradicionais "exercícios espirituais da quaresma" promovidos pelo Vaticano para os membros da Cúria e da "casa" do papa. Trata-se ao mesmo tempo de uma tradição e de uma decisão extremamente pessoal do Sumo Pontífice — e por sinal João Paulo II faria o mesmo, anos mais tarde, provocando a cada ano comentários sobre o escolhido. A decisão de Paulo VI não decorre apenas de sua admiração por Wojtyla: meses depois da ratificação pela Santa Sé dos acordos de Helsinque entre o Leste e o Ocidente, Paulo VI quer assim deixar bem clara a constante preocupação do papa, à margem das trilhas diplomáticas, com as igrejas mártires do outro lado da cortina de ferro.

Karol Wojtyla é apanhado de surpresa por esse convite papal. A tarefa é de altíssima responsabilidade e exige preparação intensa. No início de fevereiro, ele se isola durante alguns dias no convento de suas queridas irmãs ursulinas de Zakopane — não sem aproveitar para revigorantes descidas de esqui com seu assistente na KUL, Tadeusz Styczen. Em seguida, retoma suas atividades arquiepiscopais: uma reunião plenária do episcopado em Varsóvia, seu seminário na KUL, conferências no seminário da Silésia, uma reunião pastoral das cinco dioceses sob a responsabilidade do metropolita de Cracóvia, uma reunião com a equipe do *Tygodnik Powszechny* etc. Ficamos tentando entender como é que ele ainda consegue preparar seu texto à última hora: de manhã, em sua capela, ou à noite, quando tem algum tempo. Como o papa manda avisar que será melhor que fale em italiano do que em latim, o cardeal Wojtyla manda trazer com urgência a Cracóvia seu ex-aluno Stanislaw Rylko — que em outra época Wojtyla acolheu no seminário de Cracóvia e que atualmente conclui seus estudos na Universidade Gregoriana de Roma. O rapaz domina perfeitamente o italiano. Wojtyla o instala num dos salões da rua Franciszkanska e durante um mês lhe entrega para tradução, folha após folha, seus sermões escritos em polonês. "Ele escreveu um número muito maior do que os que efetivamente pronunciou diante dos fiéis", diria mais tarde o tradutor.[18]

De 2 a 6 de março, Wojtyla conclui seu arrazoado no Colégio Polonês, em Roma, sempre com a ajuda do padre Rylko. Na véspera do grande dia, ele se recolherá no pequeno mosteiro de Mentorella, a quarenta quilômetros da Cidade Eterna. É um de seus lugares de retiro preferidos, e é lá que ele retornará para celebrar ação de graças após os exercícios espirituais.

No dia 7 de março, às 18h30, é aberta a primeira sessão na capela Santa Matilda do palácio apostólico. Usando uma batina preta com botões vermelhos, sentado numa mesinha ao lado do altar, Wojtyla encontra-se assim diante dos principais dirigentes da Igreja Católica: os cardeais Villot, Benelli, Casaroli, Seper, Wright, Baggio e Gantin, a cúpula da cúria, e também, distribuídos pela nave, cerca de cem *prefetti, notari, segretarii, sottosegretarii, aiutanti, archivisti-bibliotecarii, addetti technici* e outros tantos *scrittori* que compõem as diferentes administrações pontifícias. Numa espécie de alcova, à direita do altar, discreto, seu mais ilustre ouvinte e seu mais fervoroso estimulador: o papa Paulo VI em pessoa.

Diariamente, depois da missa rezada em comum, o cardeal Wojtyla dirige três sessões — às 9 horas, às 11 horas e às 17 horas — para em seguida declarar iniciado um período de meditação. De 7 a 13 de março, pronuncia, assim, vinte e dois sermões, aos quais deu um título genérico: "O Cristo, sinal de contradição." Uma longa meditação generosa e autêntica mas severa, que causa impressão em todos os ouvintes.[19] Dois anos antes do conclave — Paulo VI já está doente, e todo mundo sabe —, temos aqui uma virada decisiva: pela primeira vez, o "governo" da Igreja em peso tem a oportunidade de constatar, ou de confirmar, que o polonês é realmente um prelado excepcional. Um *papabile*.

*

Durante o sínodo de 1977 sobre a catequese e a educação religiosa, na ausência de Wyszynski, a delegação polonesa é dirigida por Wojtyla. O que ninguém estranha. Da mesma forma, não causa surpresa ouvi-lo denunciar com virulência o ateísmo que reina no Leste, "imposto como uma nova religião". Decididamente, a liberdade religiosa é o tema favorito do polonês. Sua fala tem grande repercussão. E não apenas quanto ao fundo. O amigo Rubin, que também é seu mentor, tem motivos para sentir-se satisfeito: seu antigo protegido fez grandes progressos na arte da oratória, suas declarações são muito mais claras e contundentes. Nos bastidores do sínodo, Wojtyla transformou-se numa "estrela" que chama a atenção por sua capacidade de discorrer em diferentes línguas, sua energia algo juvenil e também por seu otimismo. "Com brilhantismo, humor, calma e clareza", como diz então Wladislaw Rubin, o cardeal Wojtyla não tem igual quando se trata de explicar que a crise da Igreja é antes de mais nada uma crise de crescimento.

Naquele ano, na qualidade de mais antigo secretário do conselho do sínodo, ele se torna seu presidente. Por decisão de Paulo VI, já é então membro de várias congregações importantes: membro da Congregação para o Culto Divino desde 1970, ele entra em 1976 para a Congregação para as Igrejas Orientais, a Congregação para o Clero e a Congregação para a Educação Católica, já agora fazendo parte também do importante Conselho Pontifício para o Apostolado dos Leigos.

Wojtyla não chega a ser um pilar da Cúria, mas agora é uma figura conhecida em Roma. Sua silhueta ligeiramente recurvada e seu caminhar de montanhês tornaram-se familiares nos diferentes cenáculos da Cidade do Vaticano. Durante todos esses anos, ele conquistou ali amigos, admiradores, partidários. Sem saber, vai formando uma rede que lhe haveria de prestar serviço mais tarde. Cada sínodo constitui para ele uma oportunidade de freqüentar cerca de duzentas e cinqüenta pessoas, entre as quais cerca de sessenta bispos e arcebispos muitas vezes destinados à púrpura cardinalícia. Muitos ficam encantados com ele. "É um dos cérebros mais brilhantes que já conheci", declarou certa vez Dom Derek Worlock, arcebispo de Liverpool.[20] Uma opinião compartilhada por muitos.

Além disso, Wojtyla encontra-se freqüentemente com o papa, seja em audiência privada ou nas audiências concedidas ao secretariado do sínodo ou ao Conselhos para os Leigos, assim como nas que são organizadas para delegações de bispos poloneses. Decididamente, Paulo VI gosta daquele homem ao mesmo tempo culto e devoto, nem de esquerda nem de direita, e tão impregnado de otimismo. Assim como Pio XII empurrara Roncalli para a frente, fazendo-o patriarca de Veneza, assim como João XXIII promovera Montini no contexto do concílio, Paulo VI terá contribuído amplamente para fazer de Wojtyla, no mínimo, um dos futuros pilares da Igreja universal.

O arcebispo de Cracóvia teria consciência disso? Ele sabe que já andou muito, que sua situação mudou. No Colégio Polonês, já agora dirigido pelo padre Jozef Michalik, Karol Wojtyla não dorme mais num quarto anônimo, escolhido ao acaso de suas idas e vindas, podendo desfrutar de um pequeno salão no térreo. Todos querem atendê-lo. E sua meditação também é respeitada, quando ele se isola no jardim, entre os ciprestes perfumados e alguns imensos pinheiros, por trás do frontão que dá para a *piazza* Remuria, com sua orgulhosa inscrição em caracteres romanos: *PONTIFICIVM COLLEGIVM POLONORVM*. Uma Virgem vulgar, uma pequena fonte, um estranho São Cristóvão de pedra carregando no ombro um minúsculo Menino Jesus. O lugar não poderia ser mais simples. E a construção, sem graça. Mas no alto do prédio, com suas venezianas fechadas à romana, por causa do sol quente demais, há um terraço onde o cardeal ora com freqüência. À noite, destaca-se na vista a iluminada cúpula da Basílica de São Pedro.

14

"Habemus papam!"

No dia 6 de agosto de 1978, às 21h40, Paulo VI expira suavemente em Castel Gandolfo, com quase 81 anos. Intelectual reservado, quase tímido, de rosto macilento e olhar ao mesmo tempo doce e inquieto, ele reinou durante quinze anos e quarenta e seis dias. Foi o papa do encerramento do concílio, das primeiras viagens apostólicas — antes dele nunca um papa havia tomado um avião — e de uma certa rigidez doutrinária, simbolizada pela tão contestada encíclica *Humanae Vitae* e pela reafirmação do princípio do celibato dos padres.

Karol Wojtyla é surpreendido pela notícia durante suas férias. O cardeal acaba de concluir a leitura da tese de doutorado do padre Andrzej Szostek, seu jovem colega da KUL, que nela tenta lançar algumas pontes originais entre a filosofia e a teologia. O professor Wojtyla terá de partir para Roma e se apressa a escrever ao futuro doutor sobre as qualidades que encontrou em seu trabalho. Por desencargo de consciência — ou talvez movido por algum pressentimento? — ele envia uma cópia de sua apreciação ao decano da faculdade de filosofia de Lublin, seu velho amigo, o padre Kaminski. E acertou em cheio: no momento em que o júri se reúne em Lublin, em novembro, para discutir a tese de Szostek, seu mais ilustre membro estaria retido em Roma por causa da eleição para o trono de São Pedro.

De Paulo VI a João Paulo I

Na manhã de 11 de agosto, Karol Wojtyla toma o avião para Roma. E não está sozinho. O primaz, Stefan Wyszynski, viaja com ele, assim como os respectivos secretários e... a delegação governamental da República Popular da Polônia, composta pelo vice-presidente do Conselho de Estado, o ministro dos Cultos e um escritor católico próximo do regime, Jan Dobraczynski. O que o regime comunista pretende é se aproveitar do momento para celebrar a "distensão" inaugurada um ano antes pelo encontro de cúpula entre Paulo VI e Edward Gierek. Nos funerais, mais de cento e dez países e organizações internacionais, nem sempre muito católicas, estariam representados na praça de São Pedro.

Sempre que morre um papa, é grande a comoção em todo o mundo. Mas no dia 12 de agosto a cerimônia de exéquias em torno do caixão de Giovanni Battista Montini, um simples caixão de ácer, presidida pelo cardeal Siri, atrai apenas cem mil fiéis, o que não é grande coisa. Cabe lembrar que faz um calor tórrido em Roma. No mês de agosto, os romanos deixam a cidade em busca do mar ou do norte do país. Nessa época, a Cidade Eterna fica entregue aos turistas.

Entre os cardeais que passam agora a fazer suas "congregações" todas as manhãs às 11h, o principal tema é a sucessão do falecido. Não é de bom-tom citar nomes durante essas reuniões gerais: os cardeais limitam-se a traçar o perfil do homem mais capaz de enfrentar os problemas da Igreja. Já nos pequenos grupos que se reúnem informalmente à tarde, a troca de idéias é mais explícita. Verdadeiras assembléias de conspiradores não-italianos são formadas, assim, discretamente, para examinar sob todos os aspectos possíveis a hipótese — ainda audaciosa — de um candidato que não seja da Itália. Foi o que aconteceu a 11 de agosto no Colégio Pio Latino-Americano, onde o cardeal König reuniu grande número de prelados do terceiro mundo. E no dia seguinte, no seminário francês, na via Santa Chiara, sob a liderança dos cardeais Marty e Gouyon. Tudo isso correndo o risco de provocar comentários nada caridosos ao pé dos ouvidos dos grandes eleitores italianos.

A reunião mais interessante é talvez o encontro amistoso organizado na via della Conciliazione, no frescor de um salão alto e opulento do Hotel Colombus, aonde os cardeais alemães foram beber alguma coisa a convite de seus colegas americanos. Alemães e americanos representam uma minoria da assembléia dos cardeais, é bem verdade, mas seus votos têm um peso considerável: sozinhos, esses dois episcopados financiam mais da metade do orçamento da Santa Sé. A conversa, em inglês, é discretamente acompanhada por um assistente zeloso e poliglota.[1] E gira em torno da hipótese, desejada pela maioria dos presentes, de um papa não-italiano:

— Nossos colegas italianos — diz um americano — estão por demais ligados aos problemas da democracia cristã, que está em plena derrocada; não é desejável que o sucesso do referendo sobre o divórcio na Itália seja interpretado como um fracasso do Vaticano; e Paulo VI se envolveu demais no seqüestro e assassinato de seu amigo Aldo Moro pelas Brigadas Vermelhas...

— Um papa não-italiano? Por que não você, Bengsch? — arrisca alguém, na direção do arcebispo de Berlim.

— Nem pensar! Para começo de conversa, eu não sou digno. E sobretudo, tenho um temperamento terrível!

— Pio XI também tinha um temperamento terrível, o que não o impediu de ser um grande papa!

— Trinta e cinco anos depois da Segunda Guerra Mundial, você acha que um alemão seria bem-vindo à frente da Igreja?

O argumento foi uma ducha de água fria. Outros nomes são mencionados:

— Seria menos problemático eleger König, que é austríaco!

— Infelizmente é muito idoso!

— E Wojtyla, o polonês?

O arcebispo de Cracóvia é apreciado pelos americanos, sobretudo desde o congresso eucarístico da Filadélfia. O cardeal Krol o considera um compatriota, ao passo que seu colega Baum, de Washington, ainda está sob a forte impressão de sua estada entre os mineiros da Silésia, na Polônia, em maio. Seu nome é saudado calorosamente pela maioria dos prelados alemães: Wojtyla, que foi um dos artesãos da reaproximação germano-polonesa em 1965, esteve na Alemanha alguns meses antes para preparar a importante visita que seria feita pelo episcopado polonês em setembro de 1978. Se o papa não for italiano, com efeito, por que não ele? A idéia não vai mais adiante, mas a partir de então seu nome freqüentaria regularmente os prognósticos. "Há pelo menos um italiano que pensa como nós", acrescenta um alemão. "É Luciani, o patriarca de Veneza. Ele afirma que votaria em Lorscheider, o brasileiro!"

Coincidência? Karol Wojtyla, que está residindo no Colégio Polonês, na *piazza* Remuria, convidou o cardeal Albino Luciani para jantar. Um dos temas da conversa entre os dois é precisamente saber se o novo papa deve ser italiano ou não. Paradoxalmente, o patriarca de Veneza inclina-se pessoalmente para Aluísio Lorscheider, ao passo que o polonês aferra-se à tradição, preferindo um italiano: "Sobretudo porque ele deve ser o bispo de Roma!"

E aliás, a se dar crédito à imprensa internacional nesse mês de agosto, todos os *papabili* são italianos: Baggio, Bertoli, Colombo, Siri, Benelli etc. Muito embora, dentre os cento e onze cardeais que compõem o Sacro Colégio, provenientes de quarenta e oito países, somente vinte e seis sejam originários da península. Ao passo que na Cúria já é grande o número de não-italianos: o francês Villot, o iugoslavo Seper, o brasileiro Rossi, o argentino Pironio, o holandês Willebrands... O motivo decorre do fato de que muitos cardeais pensam como Wojtyla: para estar de acordo com o espírito do concílio, para elevar ao máximo as chances de êxito nos avanços ecumênicos preconizados no Vaticano II, é preciso que o papa seja bispo de Roma antes de ser o chefe de uma instituição mundial mais ou menos contestada.

O padre Malinski, que cobre o conclave para o *Tygodnik Powszechny*, tem outra opinião. Ele sonha ver seu amigo Karol feito papa. E vai construindo suas hipóteses. Segundo ele, o conclave vai eleger um "centrista" para tranqüilizar a todos quanto à aplicação das recomendações do concílio, alguém que não seja originário de um país grande demais, um prelado que não seja muito evidentemente "palaciano". Basta que os italianos se dividam entre dois candidatos, calcula Malinski, para que surja e se imponha um terceiro nome. Seu raciocínio procede. Simplesmente, está adiantando um escrutínio.

No dia 24 de agosto, horas antes da abertura do conclave, durante a missa matinal rezada na capela do *Collegio*, Malinski provoca uma pequena comoção ao acrescentar inopinadamente uma intenção pessoal à oferenda: "Para que o sucessor de São Pedro seja o arcebispo de Cracóvia!" Estupefação geral. A tirada choca a todos — pois não é em absoluto de bom gosto —, mas a assembléia responde maquinalmente: "Senhor, nós Vos imploramos!" Karol Wojtyla, que celebra o ofício, não reage. Está totalmente entregue a sua oração. No fim da missa, no entanto, ele diz:

Oremos. Lembremos a palavra de Pedro: "Afastai-vos de mim, Senhor, pois sou um pecador." Oremos para que o sucessor de Pedro seja à imagem dessa devoção. Se for eleito papa um homem que não se sinta capaz, dai-lhe a coragem de dizer, como São Pedro: "Afastai-vos de mim, Senhor, pois sou um pecador." Mas se ele aceitar, dai-lhe suficiente fé, esperança e amor para que possa carregar essa cruz que poreis em seus ombros... Senhor, nós Vos imploramos![2]

Às 16h30 do sábado, 25 de agosto, tem início a cerimônia solene de abertura do conclave. O calor é sufocante: faz 34° nos boxes postos à disposição dos eleitores na Capela Sistina. Como se viu beneficiado pelo sorteio com uma cela mais confortável — o que é muito relativo, nessa estufa —, Wojtyla propõe uma troca a Wyszynski, mas o primaz recusa. Quanto a seu secretário, Stanislaw Dziwisz, informado pelo "patrão" de que o conclave seria longo, pode ser encontrado na praia.

Surpresa! Já no domingo, os cardeais tomaram sua decisão. O cardeal Albino Luciani, de 67 anos, foi eleito no quarto escrutínio. Dois de seus colegas mais respeitados, o velho Confalonieri e o jovem Benelli, propuseram o nome do patriarca de Veneza, que obteve a quase unanimidade (noventa e oito votos num total de cento e onze) em tempo recorde. Ao deixarem a Sistina, os próprios cardeais parecem espantados. A alegria é geral. Logo seria esquecida a reação do próprio Luciani após a proclamação do resultado: "Que Deus os perdoe pelo que fizeram..."

Wojtyla, um dos últimos a sair, está feliz, quase eufórico. É evidente que ficou aliviado. E não era para menos: no primeiro escrutínio, nove votos foram espontaneamente dados ao seu nome.[3]

*

A inesperada brevidade do conclave proporciona a Wojtyla alguns dias de liberdade. Depois de ser recebido por João Paulo I no dia 30 de agosto, o polonês decide visitar o santo sudário de Turim acompanhado do padre Rylko. Lá, é recebido pelo velho cardeal Anastasio Ballestero, antigo preposto geral dos carmelos, que o leva para venerar a mortalha sagrada na catedral. Em seguida, ele retorna a Roma. Wojtyla não quer perder o vigésimo quinto aniversário da consagração de seu "compatriota", o cardeal americano John Krol, na *villa* Stritch. Nem a cerimônia de inauguração do pontificado de João Paulo I, a 3 de setembro. Às 16 horas desse dia, tem início uma recepção na embaixada da Polônia: Wyszynski e Wojtyla compareçem, assim como o secretário-geral do episcopado, monsenhor Dabrowski. São recebidos com grande consideração. Os tempos mudaram. A Polônia oficial multiplica gestos de boa vontade em direção ao Ocidente. Vive-se mais que nunca a hora da "distensão".

"Nós elegemos um papa magnífico!" A exclamação de Karol Wojtyla ao chegar a Varsóvia, no dia 5 de setembro,[4] trai sua alegria de estar de volta à Polônia. E é verdade que a decisão do conclave atende plenamente a suas expectativas: Luciani é antes de mais nada um homem de fé, um pastor que fala com simplicidade e sabe admiravelmente tocar o coração das crianças e dos homens de bem. Para começar, ele se recusou a usar a tiara e a sentar-se na *sedia gestatoria*. Um papa piedoso e modesto é o que Wojtyla desejava para a Igreja.

Na realidade, Albino Luciani tem o mesmo perfil que Karol Wojtyla, mas ninguém ainda o notou, nem mesmo ele: o ex-arcebispo de Veneza é um pastor que gosta de escrever, de fé profunda e simples, firme na doutrina moral da Igreja, que só deixou sua terra natal tarde, para ir estudar em Roma, mas fez toda a sua carreira em sua própria região, com nomeações e promoções que sobrevinham no mesmo ritmo e quase nas mesmas datas que seu colega de Cracóvia.

Tranqüilizado no mais fundo de si mesmo quanto a seu próprio destino, Wojtyla retoma sua vida normal. Se tivesse sido eleito papa, por acaso teria podido dar uma escapada "pastoral" em Stara Wies, nas suas queridas montanhas Bieszczady, teria podido fazer um passeio de caiaque pela região de Koszalin, teria podido assistir ao décimo festival de música Sacrosong 78, que nesse ano foi promovido em Czestochowa? Ele não pára de pensar em João Paulo I, de quem nunca esquece em suas orações. No dia 17 de setembro, pronuncia em Mogila uma homilia sobre "o papado, essa pesadíssima cruz, a cruz de toda a Igreja, a cruz da humanidade inteira, de todas as suas tensões e riscos".[5]

No dia 28, mal se havia refeito da extraordinária turnê dos bispos poloneses pela Alemanha federal,[6] Karol Wojtyla comemora o vigésimo aniversário de sua sagração como bispo. Vinte anos de episcopado. E depois? Como não haveria de pensar em seu próprio destino? A homilia que pronuncia no fim da tarde na catedral de Wawel é inteiramente inspirada pelo destino trágico de seu distante antecessor cracoviano, o bispo Estanislau. Tema da alocução: o martírio, fermento de unidade para a nação e a Igreja. À noite, depois de comparecer a uma festinha com os membros do *Srodowisko*, sua "rede" de amigos e companheiros de caiaque, ele se senta em sua escrivaninha e redige um poema. Nele, homenageia o sacrifício desse bispo "cujo nome foi escrito pelo rei Boleslau, com sua espada, nas lajes da catedral". Nele, celebra o milagre da unidade da Polônia sobre a "a aliança do sangue e da palavra", a unidade de um "país dilacerado durante quase seis gerações, dilacerado nos mapas do mundo e muito mais ainda no destino de seus filhos".[7] O poema leva o sóbrio título de *"Estanislau"*. Como haveria o autor de saber que seu destino estaria a ponto de sofrer uma virada radical?

"O papa morreu"

Na manhã de 29 de setembro, o cardeal está tomando seu desjejum na cozinha do térreo do palácio episcopal quando subitamente aparece Jozef Mucha, o motorista. Ele acaba de ouvir a notícia no rádio: João Paulo I morreu. Wojtyla empalidece, levanta-se e vai imediatamente fechar-se em sua capela, no primeiro andar.

No frontão do prédio do número 3 da rua Franciszkanska, as bandeiras do Vaticano são hasteadas a meio-pau. Os transeuntes perguntam: "Que está acontecendo? Todo mundo já sabe que o papa morreu!" Ninguém esqueceu ainda a morte de Paulo VI. Mas não é de Paulo VI que se trata! As pessoas não conseguem acreditar. A notícia é absurda. João Paulo I, o "papa sorriso", terá reinado 33 dias. Nunca um pontificado havia durado tão pouco desde Pio III, morto ao cabo de vinte e seis dias, em 1503.

"Mas como é possível? Do que foi que ele morreu?" A pergunta, perfeitamente legítima, mereceria uma resposta simples: "Morte súbita, infarto agudo do miocárdio", esclarece o atestado de óbito, assinado pelo dr. Renato Buzzonetti. Mas logo a morte de João Paulo I seria cercada por boatos estranhos: sua morte não teria sido natural, seria resultado de um complô. A falta de jeito do secretário de Estado, o cardeal Villot, é que deu origem a esses rumores, que logo haveriam de transformar-se em infames invenções: como a morte de João Paulo I foi constatada de madrugada por uma religiosa, Villot achou que seria mais correto falar que a morte fora constatada por seu secretário, John Magee, e que seria mais elegante que todos achassem que o papa havia morrido lendo *A imitação de Cristo*, e não um esboço de discurso! Duas mentiras piedosas, logo desmascaradas, acrescidas ao fato de que ninguém pensou em mandar fazer uma autópsia: não era preciso muito mais para alimentar as elucubrações de observadores imaginosos.

Alguns anos depois, o escritor britânico David Yallop escreveria a respeito um livro que se tornou best seller, astuciosamente articulando esses mistérios inofensivos — como a família não autorizou uma autópsia, a hipótese de envenenamento não pôde ser facilmente refutada — com alguns "escândalos" que ocupavam as páginas dos jornais: o escândalo do IOR, o banco do Vaticano, dirigido por monsenhor Marcinkus, e o caso perverso e homicida da loja maçônica P2.[8] Circulariam também outras hipóteses, particularmente a de um complô montado pela CIA, que teria preferido um papa francamente anticomunista.[9] Puras invencionices.

Na realidade, a morte do infeliz Luciani, como escreve o cardeal francês Jacques Martin, certamente resultou de "uma súbita conscientização do peso de sua missão".[10] Dez anos depois, uma contra-investigação conduzida com grande seriedade pelo escritor britânico John Cornwell[11] poria fim às elucubrações: doente do coração, monsenhor Luciani viu-se assoberbado pelo sentimento de não estar à altura. Cornwell revelou que ele havia deixado de tomar os remédios prescritos por seu médico — e que teria se entregado à Providência. Uma espécie de suicídio.

O verdadeiro mistério, como escreveria monsenhor Martin, não é a morte de João Paulo I, mas *sua eleição*. Como puderam os cardeais ignorar que ele estava tão doente? Acaso o teriam eleito se tivessem conhecimento de seus problemas de saúde? Certamente que não. Homens de fé, os cardeais não podem aceitar que o fato não encerre algum significado. Votaram em Luciani inspirados pelo Espírito Santo: que "sinal" estava ele querendo enviar agora à Igreja? A pergunta não é gratuita: da resposta dependeria em parte a eleição de seu sucessor.

Os depoimentos da época dão a entender que o cardeal Wojtyla ficou profundamente perturbado com a morte de João Paulo I. Difícil deixar de notar o nervosismo num homem habitualmente tão calmo e equilibrado. Seus colaboradores mais próximos, do motorista Mucha à superior das ursulinas de Varsóvia, irmã Gorska, passando pelo jornalista Jerzy Turowicz, acharam-no "tenso", "distraído" e mesmo "deprimido" durante alguns dias. É com emoção que ele diz sua homilia, a 1º de outubro, na missa rezada em memória de João Paulo I numa Basílica de Nossa Senhora lotada.[12] De costas para o famoso retábulo de Witt Swosz, diante de uma assembléia muito numerosa, Wojtyla relata longamente o momento em que, ante a pergunta do cardeal camerlengo — "Aceitas tua eleição?" —, Albino Luciani respondeu: "Aceito!" Estaria com o pressentimento de sua própria eleição? Ou simplesmente teria medo de ser escolhido?

A história se repete. No dia 3 de outubro, Wojtyla toma um avião para Roma — Wyszynski iria ao seu encontro depois da reunião da conferência episcopal polonesa —, onde se instala no Colégio Polonês, depois de recolher-se em oração diante dos despojos do falecido papa. No dia seguinte, às 15h30, ele se junta aos cardeais na capela de São Sebastião para vestir os ornamentos pontificais antes da cerimônia fúnebre. De casula vermelha e dourada e mitra branca, o polonês concelebra com todos os prelados presentes em torno do cardeal Carlo Confalonieri, decano do Sacro Colégio, que pronunciaria a homilia em memória do falecido. De certa maneira, uma simples rotina. Única pequena inovação para Wojtyla: na primeira reunião dos cardeais, ele é eleito para a comissão de organização do conclave. Não é uma grande tarefa: basta repetir o que o cardeal camerlengo, Jean Villot, havia coordenado no mês de agosto. O que não o impede de participar das conversas da pequena comunidade polonesa, também ela sobressaltada por todos os boatos romanos.

Durante as *novendiais*, os nove dias de luto e reflexão durante os quais os cardeais se reúnem todas as manhãs, os prelados falam, falam... Como estranhar que as conversas sejam ainda mais animadas que em agosto? A Igreja está em crise. E se a morte de Paulo VI era esperada, a de João Paulo I deixa seus dirigentes sem saber o que fazer. Um dos futuros secretários de João Paulo II, monsenhor Thu, lembra-se de que certas declarações quase deixavam transparecer um sentimento de pânico: "A deserção de muitos padres, a questão do sacerdócio das mulheres, a do aborto, todas essas questões iam se acumulando. A Igreja precisava ser tranqüilizada."[13]

Ao centro dos debates volta constantemente a aplicação das conclusões do Concílio Vaticano II: a missa em língua vernacular, a abertura para o mundo, o ecumenismo, a colegialidade, o choque da modernidade, como administrar tudo isso? No ano anterior, manifestou-se na França o cisma integrista do bispo Lefebvre: e se os cristãos contestadores que ocupavam a Igreja de Saint-Nicolas-du-Chardonnet tivessem razão? Como dar prosseguimento à linha do concílio sem provocar outras reações de rejeição? Não seria o caso de recuar de certos avanços do Vaticano II para reduzir a fratura? Uma evidência começa a surgir. Primeiro que tudo, para evitar um novo contratempo, é preciso escolher um papa jovem e de boa saúde. Mas sobretudo será necessário um papa de convicções inabaláveis, confiante no futuro. Um papa *forte*.

No dia 8 de outubro, na homilia que pronuncia na igreja polonesa de Roma, durante missa concelebrada com o cardeal Wyszynski, o cardeal Wojtyla comenta o Evangelho de São João:

> Toda vez que o Cristo diz a um homem "Vem, segue-me", está lhe perguntando o que perguntou a Pedro após sua Ressurreição: "Será que me amas mais do que amas a eles?" O homem só pode então tremer em seu foro íntimo. Pedro tremia em seu coração, assim como Albino Luciani antes de tomar o nome de João Paulo I. Todo homem treme necessariamente diante dessa pergunta em forma de intimação.

Como se estivesse pensando em voz alta, prossegue Wojtyla:

> E Cristo disse a Pedro: "Quando eras mais jovem, eras dono de ti mesmo e ias aonde querias. Mas quando fores velho, haverás de estender as mãos e alguém mais as tomará e te levará aonde não queres ir." Palavras misteriosas, enigmáticas! Em suas exortações a Pedro, a ordem de Cristo "Vem, segue-me" possui um duplo significado: é um convite a servir e um convite a morrer.

O conclave de outubro

O conclave tem início solenemente a 14 de outubro, às 16h30. Karol Wojtyla apresenta-se na entrada de São Pedro no último minuto: voltava precipitadamente da clínica Gemelli, onde fora visitar seu amigo Deskur, que sofrera na véspera um ataque cardíaco. Esbaforido, o polonês junta-se aos outros cardeais na sala ducal. Atrás do mestre-de-cerimônias, monsenhor Noe, e do camerlengo, o cardeal Villot, os prelados entram lentamente na Capela Sistina, ao som do *Veni Creator*. Como os demais, Wojtyla vestiu sobre a batina vermelha o roquete e a mozeta, e traz na cabeça o barrete.

O cerimonial funciona à perfeição. Mas o entusiasmo que se seguiu à eleição de João Paulo I, em agosto, não é o mesmo. A morte do infeliz Luciani provocou um verdadeiro choque. O clima é de gravidade. Os rostos parecem fechados. As câmeras da RAI, que cobre o acontecimento, demoram-se nos cardeais mais conhecidos: Siri, Benelli, Felici, Bertoli, Poletti... Na entrada do conclave, um fotógrafo do *Times* que registra todos os *papabili* ouve de Wojtyla o gracejo: "Eu não, não é preciso!" É a última vez em que o polonês passa quase despercebido.[14]

A poucos metros dali, o cardeal König comenta com seu colega e amigo Wyszynski:

— Por que não um polonês?

— Impossível, tenho muitas obrigações me esperando em Varsóvia! — responde o primaz.

O prelado que tranca então com toda a pompa a porta da Capela Sistina, onde os cardeais permanecerão isolados até o voto final, é Dom Jacques Martin, prefeito da Casa Pontifícia. Algumas horas antes, ele rabiscou na caderneta onde costuma tomar notas: "Nomes propostos: Ursi, Colombo, Siri, Pappalardo. E entre os não-italianos: Wojtyla (polonês), Villot, Pironio." Os parênteses para esclarecer a nacionalidade de Wojtyla dizem muito sobre sua condição de *outsider*.

Com sua pequena valise, o cardeal Wojtyla instala-se na cela nº 91. O número não lhe foi atribuído pela ordem alfabética, mas por sorteio. Em seguida, vai para o seu lugar na nave, onde o cardeal Villot lembrará as regras da eleição, fazendo a chamada dos 111 eleitores. Com a mão direita erguida sobre o Evangelho, Wojtyla repete em latim as palavras pelas quais se compromete a manter segredo sobre aquela extraordinária sessão a portas fechadas. Villot insiste no caráter sagrado dessa promessa: no conclave de agosto, foram cometidas muitas indiscrições, o que indispôs o secretário de Estado.

Após a cerimônia de abertura, os cardeais jantam *fettucini*, *gelati* e frutas na Sala dos Pontífices dos aposentos Borgia. Antes de se deitarem, voltam a ter discussões intermináveis. Em tais circunstâncias, está fora de questão "fazer campanha": a tradição proíbe que alguém se apresente como candidato explicitamente. Fora de questão, igualmente, os cochichos e maquinações nos corredores. A regra é simples: tudo deve ser dito em voz alta e inteligível. Nada de "missas baixas" durante o conclave!

No dia seguinte, às oito horas, depois de uma higiene sumária por causa da exigüidade das instalações, todos voltam a seus lugares na capela para a missa, e logo para o primeiro turno do escrutínio. Wojtyla pegou na biblioteca uma revista de estudos marxistas para "ocupar" os longos momentos de espera durante a contagem dos votos, com isso provocando sorrisos entre os vizinhos.

— Não seria sacrilégio ler uma revista assim neste lugar? — graceja um cardeal.

— Tenho a consciência tranqüila — limita-se a responder Wojtyla, com um sorriso.[15]

Surpresa: na caixa de documentos vermelha depositada à sua frente, tal como diante de todos os cardeais eleitores, uma mão misteriosa depositou a fotocópia de uma entrevista concedida na véspera pelo velho cardeal Siri à *Gazzetta del Popolo* de Turim. Suas pesadas críticas ao sínodo e à colegialidade de maneira geral beiram a provocação. O próprio Siri está furioso: havia obtido do jornalista a promessa de que a entrevista só seria publicada depois da abertura do conclave.

Arcebispo de Gênova há trinta anos, Giuseppe Siri é um dos dois ou três cardeais italianos que realmente têm a estatura da função. Conta com o apoio da Cúria. No conclave de agosto, obtivera a segunda maior votação, depois de Luciani. Mas haveriam os cardeais de eleger um papa tão convencido de que o concílio era uma inutilidade, e mesmo algo nefasto? Um papa que certamente tentaria voltar atrás em tudo que foi feito na Igreja desde o Vaticano II? Seria um verdadeiro terremoto!

A outra figura que se destaca na assembléia é a de Giovanni Benelli, arcebispo de Florença, e sobretudo ex-substituto da Secretaria de Estado. Hoje com 57 anos, ele foi nomeado cardeal meses antes por Paulo VI. O que não chega a ser um *handicap*: Pio XI fora eleito papa logo depois de receber o chapéu. Benelli, como se sabe, não é um reformista. Não deixa de ter seus adversários, mas é inteligente, poderoso e respeitado. E é um estrategista: em grande medida, foi ele que impulsionou a candidatura de Luciani em agosto. E se comenta que também é ele que está dando corda ao ultraconservador Siri — para poder ficar parecendo ele próprio um recurso "moderado".

Uma boa tática. No primeiro turno, Benelli chega bem à frente, diante de Siri e Poletti, o vigário de Roma, considerado reformista, e de outros italianos: Pappalardo, Ursi, Felici. Mas o arcebispo de Florença está longe de ter conseguido os "dois terços dos votos mais um" (o equivalente a 75 votos) exigidos pela constituição *De Romano Pontifici Eligendo* de 1º de outubro de 1975, que estabelece as condições da vacância e da eleição do papa.

No segundo turno — não havendo debates entre os dois primeiros turnos — instala-se a divisão: Benelli obtém cerca de 40 votos, e Siri, cerca de 25. O almoço, seguido de breve sesta, não altera o panorama. No terceiro turno, Benelli tem votação maior ainda e se distancia definitivamente de Siri (que perdeu votos para Benelli, por parte de cardeais preocupados em evitar uma terceira possibilidade), mas não alcança o número de votos necessários. Se era para o arcebispo de Florença tornar-se papa, seria neste turno da disputa, ou nunca mais. No turno seguinte, como era de se esperar, Benelli perde terreno, ao passo que outras possibilidades visivelmente começam a ser exploradas: Pellegrin, Colombo, Baggio...

Na noite de 15 de outubro, a situação parece bloqueada. A candidatura Benelli, maciçamente rejeitada pelos representantes do terceiro mundo, perdeu o gás. A de Poletti não foi capaz de atrair um número suficiente de reformistas. Pela primeira vez, os partidários de um papa não-italiano acreditam que terão uma chance. O traumatismo causado pela morte prematura de João Paulo I permite essa audácia. Durante o jantar, o austríaco König, explicitamente consultado a respeito, sugere que se vote em Wojtyla. Pela voz de John Krol, os americanos reagem positivamente à audaciosa proposta. Mas vários outros nomes também são propostos: Pironio, Willebrands, Hume...

Manhã de domingo, quinto turno do escrutínio. Mais uma vez, Wojtyla, como todos os seus colegas, caminha até o altar ao ser chamado pelo nome, faz o juramento, recolhe-se por um momento e deposita seu voto na pátena de um cálice que serve de urna. Desta vez, os votos se dividem ainda mais. Os partidários de Siri passaram a promover a candidatura de Pericle Felici, um dos pilares da conferência episcopal italiana. Mas Wojtyla, König e Ursi também obtêm um número significativo de votos. No turno seguinte, Felici não avança. Seu perfil de faz-tudo da Igreja — alguns diriam: de *"apparatchik"* — não corresponde ao desejo geral de eleger um papa que seja um pastor, um homem com experiência "de campo".

O almoço serve para desbloquear a situação crítica. O cardeal Narciso Arnau, de Barcelona, celebra em voz alta — em espanhol — os méritos do arcebispo de Cracóvia, garantindo-lhe o apoio de seus confrades da América Latina. Sua intervenção é determinante. Maximilien de Furstenberg, o ex-reitor do Colégio Belga, inclina-se então para seu ex-aluno e cita um versículo de São João (11:28): *"Dominus adest et vocat te!"* Tradução: "O Mestre está aí e te chama!" Wojtyla ouve em silêncio: seria essa a única frase de que se lembraria ao relatar emocionado sua eleição em *Minha vocação*.

König faz mais uma vez a defesa da candidatura do polonês, mas teme, como diria mais tarde, que Wojtyla a recuse. O cracoviano retirou-se para sua pequena cela, com lágrimas nos olhos. O primaz da Polônia, Stefan Wyszynski, é que vai reconfortá-lo, dissuadindo-o de se esquivar: "Se fores o escolhido, terás de aceitar."[16]

O sétimo turno confirma a tendência. Muitos eleitores de Benelli transferem seu voto para Wojtyla. O italiano já recebe apenas 38 votos, enquanto o polonês, com 73 votos, está à beira de ser eleito. As apostas estão feitas. O resultado do oitavo turno não deixa margem a dúvida. Wojtyla recolhe-se em oração, o rosto mergulhado nas mãos, enquanto o primeiro apurador retira um a um os votos do cálice, desdobra-os, lê em silêncio e os passa para o segundo e logo o terceiro apurador, que lê os nomes em voz alta: "Wojtyla... Wojtyla..."

Os cardeais acompanham atentamente a contagem, de caneta na mão, e já bem antes do fim da contagem oficial, quando o nome de Wojtyla supera as 75 citações, ficam sabendo que a Igreja tem um novo chefe. Quando o cardeal camerlengo finalmente proclama o nome do eleito, prorrompem na capela aplausos intermináveis. São 17h20. O rosto de Wojtyla está coberto de lágrimas. Mas é com voz firme que ele responde — em latim — a Villot, que lhe pergunta se aceita sua eleição: "Fiel a minha fé em Nosso Senhor Jesus Cristo, entregando-me a Maria, Mãe do Cristo, e à Igreja, e consciente das dificuldades, eu aceito!"

Nova tempestade de aplausos.

Villot faz então a tradicional pergunta: qual seria seu nome como papa? Depois de um longo silêncio, Wojtyla responde — sempre em latim — que por fidelidade a seus três antecessores, adotará o nome de *João Paulo II*. A voz não treme, o tom é de calma. A idéia agrada a muitos e seu senso de oportunidade é saudado por uma nova salva de aplausos. Em seguida, Wojtyla é conduzido até a sacristia, onde o aguarda o alfaiate do papa, Annibale Gammarelli, com três alvas brancas de tamanhos diferentes. O novo papa passa então a experimentá-las e a esperar pacientemente que sejam retocadas. Ele conseguiu dominar sua emoção. Homem de coração, já se entregou à vontade de Deus. Mais tarde, em conversa com André Frossard, ele daria esta explicação: "É incrível como Deus nos ajuda interiormente, como nos sintoniza com uma onda diferente."[17]

Às 18h18, a multidão comprimida na praça de São Pedro finalmente vê a fumaça começar a sair da chaminé da Capela Sistina: *"Bianca! Bianca!"* Sim, desta vez a fumaça é branca. Para que não reste a menor dúvida, a confirmação vem pelo alto-falante: *"È bianco, il fumo è bianco, è veramente bianco!"* ("É branca, a fumaça é branca, é realmente branca"). Na noite da eleição de João Paulo I, por alguma razão técnica não explicada, só se havia conseguido fazer fumaça cinzenta.

Os primeiros passos

— *Bianca! Bianca!*

Um imenso burburinho tomou conta da praça de São Pedro. A multidão se agita. Bruno Bartoloni, o correspondente da agência France Presse, redige e envia seu primeiro "urgente". Tem no cabeçalho o horário de 18h22. Em suas previsões, Bartoloni havia mencionado Karol Wojtyla como o favorito entre os cardeais que poderiam ser eleitos — os *papabili* —, mas ele próprio está convencido de que o papa será italiano. Neste momento, não está pensando no polonês.

Na sala de imprensa, instalada na parte da colunata de Bernini conhecida como "o braço de Carlos Magno" (porque fica próxima da estátua do imperador), fervilham as especulações. A tensão aumenta. Os enviados especiais da NBC e da CBS passam e repassam seus arquivos biográficos. Benneli? Siri? "Seria uma catástrofe!", diz alguém. Quem mais? Um não-italiano? König? Alguns comentaristas entram em pânico. O bispo canadense Bernard Hubert grita: "Preparem Arns! Preparem Arns!"

Arns, o brasileiro? Passam-se longos minutos. Cai a noite em São Pedro. Uma lua alaranjada domina a via della Conciliazione. Logo são voltados projetores para a fachada da basílica. Acendem-se as luzes da Sala das Bênçãos. Às 18h40, finalmente, o cardeal Felici aparece. Já se sabe que não foi ele o eleito, pois está se aproximando do microfone para pronunciar — em latim — a expressão tradicional: "É com grande alegria que anuncio... *Habemus papam!*"

Aclamação da multidão. Felici repete, saboreando o efeito causado: "*Habemus papam!*", e prossegue: "... *ementissimum ac reverendissimum... Carolum* [mas se ouve *Carlum*]... *cardinalem...*" Estupefação e perplexidade. *Carlum?* Mas será possível que escolheram o velho Carlo Confalonieri? Felici eleva a voz: "... Wojtyla!"

Quem? Um africano? Logo antes de chegar ao balcão, Felici confirmara com König a pronúncia correta do nome polonês, insistindo no "l" de Wojtyla, o "l" muito específico que um certo Walesa acabaria popularizando dois anos depois, à beira do Báltico. Um "l" que se pronuncia como "u" e de sonoridade efetivamente algo africana. Passam-se cerca de quinze segundos até que a multidão entenda que se trata de um polonês, "do" polonês... "*È il Polacco!*"

Felici prossegue, sempre em latim: "... que adotou o nome de João Paulo..."

Aplausos intensos da multidão. Pânico entre os jornalistas. A maioria deles nada sabe do feliz eleito. Os que estão transmitindo ao vivo não conseguem disfarçar sua confusão. Comentando a eleição para a rádio francesa RTL, Joseph Vandrisse consulta febrilmente suas anotações e encontra um papelzinho: "Wojtyla... 58 anos... bastante conservador... notável teólogo..." Vandrisse consegue pelo menos acrescentar estas magras informações: o 264º papa da história da cristandade é jovem, é "estrangeiro", é polonês.

*

Às 19h35, João Paulo II finalmente aparece por cima da imensa tapeçaria pendurada na janela da *loggia* das Bênçãos, ainda com as armas de

Paulo VI. De estola vermelha e barrete branco, ele abre os braços. Parece à vontade, mostrando um amplo sorriso, um sorriso quase malicioso. Todos esperam suas primeiras palavras. Será que vai apenas abençoar a multidão? Vai falar em polonês? Em latim?

— *Sia lodato Gesù Cristo! Carissimi fratelli e sorelle...*

Que maravilhosa surpresa: o polonês fala italiano, e até bem!

Louvado seja Jesus Cristo! Caros irmãos e irmãs... Ainda estamos todos mergulhados na dor pela morte de nosso bem-amado papa João Paulo I... E eis que os veneráveis cardeais convocaram um novo bispo de Roma... Eles o convocaram de um país... [*ele busca a palavra certa*] distante... [a*plausos da multidão*]... distante, mas sempre próximo pela comunhão na fé e na tradição cristã...

Mais tarde, ele diria a Frossard que ao falar desse país "distante", o novo papa também estava pensando em Pedro, seu primeiro antecessor, originário da distante Galiléia.

Tive medo de aceitar esta nomeação [*algo nada banal: um papa que confessa ter medo!*], mas o fiz num espírito de obediência a Jesus Cristo e de confiança absoluta em sua Mãe, a santíssima Madona... Estão me entendendo bem? Não sei se seria capaz de me expressar em sua língua... [*ele se corrige*]... em *nossa* língua italiana... *Se mi sbaglio, mi corrigerete!* (Se errar, vocês me corrigirão).

Este *corrigerete* é um latinismo, um delicioso erro de italiano. A multidão se alegra: "Nós te corrigiremos!"

O papa passa então ao latim para sua primeira bênção:

— *... Patris et Filii et Spiritus Sancti... descendat super vos et maneat semper!*

A multidão:

— *Amém!*

É a primeira bênção *urbi et orbi* do novo papa. Sua voz é forte, o tom é de firmeza. Este Wojtyla decididamente parece à vontade. Ele saúda a multidão, com os dois braços erguidos.

Da pequena recepção que se segue, na Sala dos Pontífices, participam todos os cardeais. Os "poloneses", Wyszynski, Krol, estão na festa. O recém-eleito mostra-se tranqüilo, caloroso, e tem uma palavra para cada um deles, passando de um idioma a outro. Não demora para que o clima se torne excepcional. O cardeal Krol chega a esquecer que é americano e reencontra suas raízes: entoa o canto tradicional polonês *Sto lat* ("Que ele viva 100 anos!") e logo prossegue com o canto do *Montanhês* ("Montanhês, não sentes saudade...?") conhecido por todos os seus ex-compatriotas, enquanto João Paulo II apanha uma garrafa de champanhe e serve às irmãs presentes, estupefatas.[18]

Terça-feira, 17 de outubro. Ainda é dia de festa. João Paulo II não só convidou os cardeais para jantarem, na véspera, como passou a noite com eles — no contexto formal do conclave, mas com a disciplina um pouco abrandada, naturalmente — ao voltar à sua cela 91.

Pela manhã, depois de presidir a missa de encerramento do conclave, João Paulo II lê uma mensagem aos cardeais, que finalmente podem relaxar também. É o seu primeiro discurso como papa. Expõe então em traços gerais as principais linhas de seu pontificado: fidelidade ao Concílio Vaticano II, afirmação da colegialidade e do papel dos bispos, valor "objetivo" da doutrina, confirmação da disciplina, importância do ecumenismo... Aproveita para dizer também, de passagem, que não fará política, mas que denunciará todas as formas de injustiça e discriminação, que defenderá a liberdade de consciência e a liberdade religiosa etc. Nem banalidades, nem lugares-comuns. Nas entrelinhas, já é todo um programa que se pode vislumbrar.

No fim da manhã, visita seus aposentos, guiado pelo bispo Jacques Martin, o prefeito da Casa Pontifícia. Ao entrar em seu quarto, ajoelha-se ao pé da cama e reza em voz alta uma *Salve Regina*. Enquanto inspeciona os outros aposentos, não sem se deter na capela, Wojtyla ouve Martin falar de toda uma série de questões urgentes: o serviço, o brasão do novo papa, a data de inauguração do pontificado etc. O novo papa mostra-se preocupado: quanto tempo terá de dedicar às audiências? Poderá continuar reservando suas manhãs ao trabalho? Sua tendência natural seria reproduzir a organização do tempo a que obedecia em Cracóvia: levantar-se antes das seis horas, missa às sete horas etc. Monsenhor Martin anotaria em seu diário: "Ele bem que gostaria de sair de barco, de esquiar... Parece mais conformado que entusiasmado."[19]

Já nesse primeiro contato, João Paulo II trata de se impor. Ele não vai se adaptar a nenhum modelo preestabelecido. Vai viver a sua vida. Depois do almoço, provoca um início de pânico entre os que o acompanham, tomando a decisão de voltar para a cabeceira de seu amigo Andrzej-Maria Deskur, que continua de cama no décimo andar da clínica Gemelli, sem se preocupar com os engarrafamentos romanos. Nesse hospital, que tantas vezes haveria de recebê-lo durante seu longo pontificado, o papa pára aqui e ali para cumprimentar outros doentes. De muito bom humor, agradece àqueles que o ajudaram a chegar até ali e que o "salvaram" do entusiasmo da multidão romana. Depois... esquece de dar a bênção. Alertado por um dos membros de seu séqüito, o ilustre visitante provoca uma gargalhada geral ao se desculpar com o pessoal médico: "Eles estão me ensinando como é ser papa!"

"Não tenham medo!"

Domingo, 22 de outubro. "No início da cerimônia de inauguração", recorda-se Dom Renato Boccardo, "tudo estava normal."[20] O jovem padre Boccardo acaba de passar um ano como estagiário no serviço das liturgias pontifícias, o que significa que neste ano de 1978 já serviu a três papas. A abertura solene do pontificado, no domingo, 22 de outubro, vai-lhe permitir concluir seu estágio magnificamente. Diante de uma platéia de trezentas mil pessoas reunidas na praça de São Pedro, Boccardo auxilia o cardeal diácono Felici na entrega ao novo papa do *pallium* — a estola de lã que simboliza a autoridade do papa e dos arcebispos — e logo em seguida no ritual tradicional e pomposo do juramento dos cardeais, que vão chegando em fila indiana, bem no alto dos degraus do patamar exterior, para prestar obediência ao Sumo Pontífice.

Boccardo fica surpreendido e comovido, assim como milhões de telespectadores, quando o segundo cardeal da longa fila de prelados, monsenhor Wyszynski, ajoelha-se de repente diante de seu jovem compatriota para beijar seu anel papal, e quando Wojtyla, por uma questão de simples respeito, logo trata de fazê-lo levantar-se num abraço meio sem jeito, para beijar a mão do primaz. A cena seria repetida no dia seguinte, durante a audiência concedida ao clero polonês, e ficaria na história.

Tem início então a missa, solene, e ninguém se espanta com o fato de o novo papa iniciar sua alocução, de forma tradicional, lembrando o episódio da obediência de Simão Pedro, que naturalmente teria preferido ficar em casa, em Genesaré, a ir para Roma, onde o esperava a morte. Ninguém se espanta pelo fato de o papa polonês dizer-se "filho de uma nação que sempre se manteve fiel a este bispado de Roma" e pedir a Deus que fizesse dele "o servo de Vossos servos". Quem nunca antes havia ouvido Wojtyla falar pode agora apreciar a profundidade do discurso, o ritmo das frases, ditas com aquela voz que ainda não se tornou familiar.

"E de repente, foi aquele acontecimento surpreendente", lembra-se Boccardo. Citando o Cristo no momento em que interpelava seus discípulos, João Paulo II lança a conclamação que ficaria na história: *"Non abbiate paura!"*

> Não tenham medo — diz exatamente o papa — de receber o Cristo e aceitar o seu poder! [...] Não tenham medo! Escancarem as portas para o Cristo! Ante seu poder salvador, abram as fronteiras dos Estados, os sistemas econômicos e políticos, os vastos campos da cultura, da civilização e do desenvolvimento! *Não tenham medo!...*

Ninguém jamais havia falado assim. Este papa, pensam já muitos dos seus ouvintes, realmente vai dar à Igreja uma nova imagem. No fim da missa, após o *Te Deum*, João Paulo II avança em direção às primeiras fileiras da assembléia. Aclamado, ele abençoa alguns doentes, cumprimenta alegremente amigos sentados na primeira fila, beija um menininho... Este episódio não estava previsto pelos responsáveis pela liturgia. Como tampouco a cena final: sozinho em meio àquela imensa tribuna, eis que o papa agarra com as duas mãos seu báculo de prata — herdado de Paulo VI — e o brande demoradamente na direção da multidão. Quase parecia uma estrela de rock — ninguém sabe ainda que Karol Wojtyla quase foi ator — ou Moisés abrindo com seu cajado as ondas do mar Vermelho. Naquele momento, o padre Boccardo não é o único a pensar que o conclave fez uma boa escolha.

Logo depois da cerimônia, João Paulo II aparece na janela de seu apartamento e explica tranqüilamente à multidão que recitará o ângelus em público todos os domingos, ao meio-dia, como seu antecessor. Ele se dirige aos jovens: "... o futuro do mundo, o futuro da Igreja, minha esperança!" E conclui: "Agora chega. Está na hora de ir comer, para o papa e para todo mundo!"

Uma risada cheia de benevolência sacode a praça de São Pedro. Bom humor, simplicidade, bondade. O novo papa rompe com a solenidade pesada ligada ao lugar e à função. Não faz muito tempo, Pio XII ainda fazia seus discursos em estilo declamatório, teatral, erguendo os braços como um autômato. Este novo papa vai mostrar, para começar, que é possível aliar naturalidade com o que é fundamental.

Já na sexta-feira, durante recepção solene promovida na Sala do Consistório, ele deixara o corpo diplomático encantado com sua simplicidade, sua segurança e facilidade com que passa de uma língua a outra, mas não se eximiu de apontar a seus ouvintes certas verdades fundamentais. Por exemplo, o novo papa explicou à digna assembléia que ela não era composta apenas de "representantes de governos", mas "de povos e nações", que ainda por cima tinham direito à liberdade religiosa. Alguns dos embaixadores presentes sentiram-se diretamente visados. Terão agora de se acostumar.

Na segunda-feira, 23, o papa decidiu dedicar seu dia aos compatriotas. Pela manhã, recebe em audiência o chefe de Estado polonês, Henryk Jablonski, e um pouco mais tarde almoça no asilo Santa Marta com os bispos poloneses que se encontram em Roma. Para as 16 horas, está programada uma audiência especial para os poloneses na Sala Nervi, para os que estão de passagem em Roma e também para os que vieram às centenas em vôos *charter*. Lá se encontram, na primeira fila, a porteira do palácio episcopal, a sra. Maria, o motorista do cardeal, o sr. Mucha, o camareiro, o sr. Franciszek, muitos conhecidos e amigos de Cracóvia, de Varsóvia, de Wadowice, de Lublin... Certos amigos, que não conseguiram visto, brilham pela ausência: Jacek Wozniakowski, Tadeusz Mazowiecki e algumas grandes figuras da contestação polonesa que não desfrutam das graças do regime. Todos eles entoam espontaneamente cantos poloneses: *"Que ele viva 100 anos"*, *"Nós queremos Deus"*. Quando o primaz Wyszynski toma a palavra, faz-se silêncio. E o papa, ignorando totalmente o protocolo, levanta-se. Mas é que na Polônia as pessoas se levantam para ouvir o primaz. É o suficiente para que todos os presentes também se levantem para ouvir "seu" primaz: "Sabemos perfeitamente o quanto lhe custou esta decisão..."

O primaz sabe do que está falando. Ao concluir, ele se aproxima do papa e se ajoelha, beijando-lhe o anel. Como na véspera, no entanto, João Paulo II não se dá por achado, ajoelha-se também, beija o anel do primaz e o abraça, impedindo-o de se levantar. A emoção é geral. Na assistência, milhares de pessoas choram e ao mesmo tempo aplaudem. A cena foi esculpida, e, como se sabe, está representada na forma de uma imponente estátua no pátio da KUL em Lublin, e também numa reprodução em bronze no gabinete do cardeal Macharski em Cracóvia.

Comovido, o novo papa presta uma vibrante homenagem a seu antigo superior: "Sem vós, venerável e bem-amado cardeal primaz, sem vossa fé, que não recuou diante da prisão e do sofrimento, sem vossa esperança heróica, tampouco teria havido um papa polonês..."[21]

Wyszynski fica muito emocionado. João Paulo II entrega-lhe uma carta aberta endereçada aos bispos da Polônia, na qual escreve: "Sem o testemunho específico da Polônia cristã, não é possível compreender por que a Igreja vem a ter um papa polonês à sua frente..." Para o novo papa, não resta dúvida de que a Providência, ao colocá-lo na chefia da Igreja, tem desígnios precisos. Muitas vezes ele voltaria a evocar essa intuição. Em seguida, entrega uma outra carta a seu antigo bispo auxiliar, o bispo Groblicki, destinada aos cristãos da arquidiocese de Cracóvia. Só alguns poloneses mais atentos notam que a carta contém a expressão de um estranho desejo: nela, o novo papa manifesta a esperança de voltar a vê-los, em Cracóvia, no jubileu de Santo Estanislau, que será encerrado na primavera de 1979.

A cerimônia transforma-se numa verdadeira festa. Sempre sóbrio, o bispo Martin anota em seu diário: "Banho de multidão indescritível, sem a menor preocupação com a batina branca amarrotada ou manchada de batom nas mangas."[22] Ao fim de uma hora desse excepcional banho de multidão, o papa, em plena forma, volta a subir ao pódio e se desculpa: "Teremos de nos separar, pois o primaz tem outras obrigações e está me pedindo que abreviemos!" Risada geral. Decididamente, *Wujek* não perdeu o senso de humor.

*

Entre as mil e uma surpresas que marcam os primeiros passos do novo papa, uma especificamente, embora menos espetacular, diz muito de sua personalidade. No domingo, 29 de outubro, depois de recitar o ângelus diante de cerca de cento e cinqüenta mil fiéis, o papa anuncia que à tarde dará um pulo ao santuário mariano de Mentorella: *"Voi, Romani...* E vocês, romanos, conhecem o caminho para Mentorella?"

Não, em sua imensa maioria os romanos não conhecem esse pequeno mosteiro encarapitado num pico escarpado, a quarenta quilômetros de Roma. Vai-se de carro até Capranica Prenestina, depois se caminha por doze quilômetros até o cume de Guadagnolo (1.218m) e lá se chega a uma pequena igreja construída no século XII, repousando numa saliência rochosa em meio a um mar de verde. Um minúsculo convento foi construído ali, em 1857, por monges ressurreicionistas poloneses. Só recentemente foi instalada a energia elétrica e o caminho, atualmente, leva diretamente ao convento. É certamente o lugar preferido de Karol Wojtyla. Fosse como padre, bispo ou arcebispo, ele o visitou cerca de trinta vezes, às vezes pernoitando numa cela com cama de tubos metálicos e um velho colchão, debaixo de um teto descascado. Ele é capaz de ficar ali orando um dia inteiro sem interrupção. Às vezes, quando o papa "desaparece" em determinada tarde, nas barbas dos *paparazzi*, não será preciso ir muito longe para descobrir seu paradeiro. É em Mentorella que João Paulo II mais gosta de se isolar. Levará algum tempo para que se reconheça: o novo papa é antes de mais nada um homem de oração.

SEGUNDA PARTE

O PAPA DO ANO 2000

15

Um dia na vida de um papa

Karol Wojtyla parece ter-se metido sem problemas nas roupas de João Paulo II. Particularmente em sua vida cotidiana, na qual foi reproduzindo com toda a naturalidade os hábitos, o ritmo e a organização do tempo do arcebispo de Cracóvia. Se por um lado a administração da Cúria trata de "balizar" as atividades de todo novo papa, sua agenda, seus encontros, suas visitas, ele também pode impor seu próprio estilo, ajudado pelos que o cercam: pessoal de serviço, secretários etc. João Paulo II, que pode ser considerado antes um pastor que um administrador, logo percebeu que a organização das atividades do papa pela Cúria poderia acabar por sufocá-lo, apesar do empenho oposto de aliviá-lo. Além disso, um papa vindo do Leste conhecia melhor do que ninguém as distorções burocráticas de toda administração centralizada. Falta de transparência dos mecanismos, submissão a uma razão coletiva, multiplicação de regras: o modo de gestão do Vaticano não deixa de lembrar, às vezes, os regimes de partido único. Não só este papa polonês de 58 anos tratou de preservar seus hábitos e seu ritmo pessoais como fez com que seu *entourage* aceitasse o risco de desestabilização de sua programação sem aviso prévio, de desprezo dos horários por demais programados e inclusive, até os últimos tempos, das "fugas" mais ou menos previsíveis. Sua escapadela improvisada para visitar o amigo Deskur na clínica Gemelli, no primeiro dia, era como um sinal.

As madrugadas de São Pedro

Já em outubro de 1978, o Vaticano acerta os ponteiros com Cracóvia. Às 5h30, os raros transeuntes que atravessam a praça de São Pedro apressadamente vêem acesas as luzes do quarto do papa, através das três janelas da esquina do palácio apostólico, acima da célebre colunata de Bernini. Ao contrário de Paulo VI, que se deitava tarde e se levantava tarde, João Paulo II levanta-se cedo. "Com alguma dificuldade", confessaria ele certo dia ao amigo Frossard. Pura brincadeira apostólica: o novo papa levantou-se cedo a vida inteira. Em meados da década de 1990, recebendo dos médicos a ordem de se poupar, ele retardaria seu horário matinal em... quinze minutos.

O quarto do papa é um cômodo pequeno de apenas trinta metros quadrados, dividido em dois por um biombo bem velhinho. O ambiente é austero. De um lado, uma grande cama, uma poltrona, uma mesa, um pequeno crucifixo de madeira e o retrato da Virgem. De outro, uma longa mesa com álbuns de fotos e duas cadeiras. Na parede do fundo, um mapa da diocese de Roma, no qual o bispo da cidade iria marcando uma a uma as paróquias por ele visitadas. Duas modestas fotos emolduradas, em preto-e-branco: a primeira exibe seus pais, Karol e Emilia; a outra, seu velho mestre, o cardeal Sapieha.

Durante muito tempo, João Paulo II continuaria a vestir-se e a fazer a barba sozinho, sem cerimonial, como sempre fizera antes de sua eleição. Depois dos acidentes com a clavícula e o colo do fêmur, em 1994, passaria a ser ajudado por seu camareiro, Angelo Gugel, um veneziano de dedicação e discrição irretocáveis. Antigo gendarme de porte militar e modo de andar esportivo, Gugel é o último detentor de uma dessas funções outrora ligadas à pessoa do Sumo Pontífice, e que em sua maioria foram suprimidas por Paulo VI: escudeiro (as estrebarias do palácio apostólico deixaram de existir desde Pio X), "portador da rosa de ouro" (quando o papa enviava mensagem a alguma rainha católica), sacristão, mordomo, copeiro, "grande furriel" etc. O papa veste, assim, uma camisola de gola romana fechada com botões de punho e uma samarra (batina) imaculada de lã fina, presa na cintura por um largo cinturão de chamalote branco ornado com as armas papais. Encontram-se em seu guarda-roupa cerca de vinte delas, todas fornecidas por Annibale Gammarelli, de uma linha-

UM DIA NA VIDA DE UM PAPA 317

gem de costureiros que atende ao papa há... dois séculos. Sobre a batina, ele enverga uma murça (pelerine) branca e uma cruz peitoral de ouro. Na cabeça, um solidéu, igualmente branco. No dedo, um anel de ouro em forma de cruz. Nos pés, mocassinos de couro bordô, tamanho 43. No inverno, finalmente, Gugel prepara-lhe um grande manto, vermelho ou creme, tão sóbrio quanto tudo mais nesse guarda-roupa de grande simplicidade.

Logo que fica pronto, por volta de 6h15, o papa atravessa um corredor e entra em sua capela para alguns momentos de oração. "Para saber quem é realmente João Paulo II, é preciso vê-lo rezando, sobretudo na intimidade de sua capela privada", explicaria certo dia o jornalista Vittorio Messori,[1] repetindo a mesma impressão de todos que algum dia testemunharam esta cena: o papa ajoelhado, inclinado para a frente, a cabeça apoiada numa das mãos, colada ao rosto, ou então mergulhada nas duas mãos abertas. Nessa atitude, André Frossard, o amigo francês, o descreve como "um bloco de pedra". No parapeito de seu genuflexório, o papa sabe que encontrará sempre uma quantidade de papeizinhos preparados por seu secretário: são pedidos pessoais, a maioria chegados pelo correio de todas as partes do mundo, ali transformados em intenções de oração. Durante todo um quarto de século, para quantos milhares de defuntos anônimos, mães indignas, filhos drogados ou crianças doentes não terá o papa implorado pessoalmente a misericórdia divina?[2]

João Paulo II deixa então suas orações, não sem alguma contrariedade, e sai da capela para fazer sua ginástica. Após o despertar da alma, o exercício do corpo. Um papa precisa estar em boa forma física. Pio XII, que não era propriamente dado a fantasias, foi o primeiro papa a instalar no Vaticano equipamentos adequados para essa finalidade. Grande apreciador de exercícios físicos, João Paulo II herdou um equipamento sumário: halteres e bicicleta ergométrica. Mas logo que voltam os dias de sol ele prefere caminhar no terraço do palácio[3] ou mesmo, nos primeiros tempos de pontificado, percorrer os jardins do Vaticano, desertos nas primeiras horas da manhã. Naturalmente, esses exercícios seriam aos poucos reduzidos, com o avançar da idade. No fim da vida, Karol Wojtyla limitaria os mais ínfimos deslocamentos, paralelamente prolongando a duração de suas meditações. Certo dia, como seu porta-voz, Joaquin Navarro-Valls, se preocupasse ao vê-lo dirigir-se muito lentamente à sacristia depois de uma cerimônia na Basílica de São Pedro, levando mais de dez minutos para fazer o trajeto desde o altar central, o papa respondeu-lhe que não estava particularmente cansado: "Mas assim tenho tempo de fazer minha ação de graças."[4]

Às sete horas, retorno à capela privada para a missa da manhã. É a volta à esfera mais íntima da fé, para um homem que quase se tornou um contemplativo e que certo dia definiu a missa como "o momento mais importante e mais sagrado" da sua agenda. "A missa é, de uma forma absoluta, o centro da minha vida e dos meus dias", declara ele durante um simpósio sobre o sacerdócio, em 1995. Seriam necessárias circunstâncias realmente excepcionais — como o atentado de 13 de maio de 1981 — para que ele renunciasse a rezar a missa; e ainda assim, estaria celebrando a eucaristia dois dias depois do drama, com a ajuda de seu secretário, em seu leito no hospital Gemelli.

A capela privada do papa é seu lugar favorito. Raramente ele passa por ela sem deter-se, ainda que por um breve momento. De tamanho médio, retangular, sem janelas, ela foi inteiramente reformada em estilo "moderno" na década de 1960, por iniciativa de Paulo VI. Nela se entra por uma pesada porta de bronze de dois batentes, na qual estão representadas a multiplicação dos pães, a descida da cruz etc. No centro, atraindo todos os olhares, o genuflexório do papa, cujo parapeito, no dizer de Frossard, "tinha as dimensões de uma escrivaninha", e sua poltrona de bronze dourado, de estilo medieval, grande e confortável, e em cujo encosto um artista desenhou as palavras do *Pater Noster*. Para os convidados, uma dúzia de cadeiras e dois bancos. Os outros genuflexórios, de estilo moderno, são recobertos de veludo cinza. Quando finalmente ergue os olhos, o papa dá com um Cristo crucificado de bronze e o retrato de uma Virgem bizantina dominando o altar de mármore branco. De ambos os lados deste, dois baixos-relevos de mosaico representam o martírio de São Pedro e o de São Paulo. Entre as pilastras, vitrais se elevam pela parede até a vidraça do teto, extraordinariamente luminosos, enquanto dezesseis painéis de bronze representam as cenas da Paixão.[5]

É ali, na missa matinal, que vem a seu encontro a sua "família", começando pelas cinco religiosas polonesas que ele mandou buscar em Cracóvia

UM DIA NA VIDA DE UM PAPA
319

e que o servem permanentemente. Esses cinco "anjos da guarda", quase
sempre de hábito negro e faixa branca na cintura, véu negro e cobertura
branca na cabeça, um coração bordado no peito, pertencem à Congregação das Servas do Sagrado Coração de Jesus.[6] Debaixo da maternal autoridade de Tobiana, a superiora dessa pequena comunidade, que também é
enfermeira (com formação em medicina), encontram-se Fernanda (responsável pelas provisões), Matylda (encarregada do guarda-roupa), a poliglota
Eufrozyna (que cuida da correspondência pessoal) e Germana, a antiga
criada do bispo Deskur, por ele recomendada ao papa por... seus talentos
culinários.

Seus secretários também estão presentes. O papa tem sempre dois secretários pessoais, um dos quais — que em outros tempos teria o título de
"capelão secreto" — é ao mesmo tempo seu amigo e confidente: Stanislaw
Dziwisz. Os dois estão unidos por uma velha cumplicidade. Nascido em
1939 em Raba Wyzna, estação de esqui situada no maciço dos Tatras, o
jovem Dziwisz foi ordenado em 1963 por um dinâmico bispo dado a esquiar, chamado Karol Wojtyla. Feito padre numa paróquia do sul de
Cracóvia, ele entrou para o serviço do arcebispo Wojtyla como capelão
(*kapelusz*) em 1966, passando em seguida a seu secretário pessoal. Bom
esquiador — uma qualidade indispensável para servir a esse patrão —, ele
deu prosseguimento paralelamente a estudos de teologia.

Desde 1978, Dziwisz mora num pequeno apartamento no quarto andar do palácio apostólico, ligado ao do papa por uma escada em caracol.
Seu gabinete fica bem ao lado do gabinete do Santo Padre. À sua sombra
desde o primeiro dia, por motivos óbvios, oficialmente nomeado "segundo
vigário" a 18 de junho de 1979, ele haveria de servi-lo durante todo o pontificado. Não sem alguns atritos, por vezes, com o resto do *entourage*. Com
efeito, por mais cortês, zeloso e desinteressado que possa ser, o homem
encarregado da agenda do Santo Padre inevitavelmente provoca ciumeiras
e rancores — especialmente quando diz "não" a quem vem pedir uma entrevista com o papa. Sem chegar a provocar tantas reclamações quanto irmã
Pasqualina Lehnert, que tanto protegia Pio XII que era acusada de governar a Igreja em seu lugar, Dziwisz viu-se na mesma situação delicada que
Loris Capovilla sob João XXIII e Pasquale Macchi sob Paulo VI.[7]

A situação de Dziwisz, que nada conhecia da Cúria Romana, era ainda mais delicada porque seu mentor, que tampouco conhecia, apressou-

se a romper o muro virtual que separa o domínio privado do papa, administrado por seu secretário particular, de sua vida pública, gerida pela administração do Vaticano. Como seria possível, por exemplo, que o secretário particular do papa não entrasse em curto-circuito com o prefeito da Casa Pontifícia, monsenhor Martin, e logo também com monsenhor Monduzzi, incumbido de organizar as atividades cotidianas do Santo Padre nos mínimos detalhes? Seriam necessários vinte anos para que afinal se chegasse à fórmula ideal: em 1998, no momento em que o papa nomeia para este cargo o americano James Harvey, Stanislaw Dziwisz é designado prefeito-adjunto da Casa Pontifícia, o que oficializa a inextricável imbricação das duas funções, a que diz respeito ao privado e a que está afeta ao público. E por sinal Harvey e Dziwisz seriam nomeados bispos, a 19 de março de 1998, juntamente com o "terceiro homem" do *entourage* mais imediato do papa, o mestre-de-cerimônias litúrgicas Piero Marini, sempre atento e impassível, cuja cabeleira os telespectadores do mundo inteiro foram vendo embranquecer-se ao longo dos anos, entre missas espetaculares para grandes multidões e bênçãos *urbi et orbi*, beatificações solenes e audiências gerais.

É Marini que cuida dos ornamentos litúrgicos, da preparação das leituras, do respeito do protocolo e de tudo que pode acontecer com o papa durante as intermináveis cerimônias que constituem o seu cotidiano, sobretudo durante as viagens. Com tato e discrição, é ele que lhe passa um lenço quando está resfriado ou sofre com o calor, ele também que enxugaria delicadamente a boca do velho papa, nos últimos anos, sempre que enfrentava com sua paralisia facial uma homilia longa demais. Gugel fica encarregado das roupas e da bengala. Marini cuida das cerimônias. Já Dziwisz deve estar atento a tudo o tempo todo: o copo d'água durante um sermão, o sapato descalçado sob a mesa durante uma entrevista, a xícara de chá quando ele tem sede etc. Durante um quarto de século, Dziwisz terá sido ao mesmo tempo chefe de gabinete, factótum, amigo e confidente do Santo Padre, servindo-o com dedicação filial.[8]

Prontamente João Paulo II trata de engrossar as fileiras de sua "família", convidando para sua missa matinal alguns amigos ou personalidades de passagem: arcebispos ou bispos em visita *ad limina*,[9] superiores de ordens monásticas, altos dirigentes políticos notoriamente católicos etc. Não há qualquer exibicionismo nesses convites. Para o papa, é uma maneira de *compartilhar* a eucaristia. Se a capela fosse do tamanho de uma basílica, ele convidaria diariamente centenas de pessoas! Logo ele haveria de transformar em verdadeiro rito esse privilégio muito disputado de ser "convidado para a missa do papa", da qual todos os beneficiários guardariam as mesmas lembranças comovidas: a alegria de receber na véspera o cartão mágico, no hotel ou em casa; a excitação na hora de vestir-se — mantilha ou não?[10] — e arrumar os filhos ainda meio adormecidos; a emoção de encaminhar-se com enorme antecipação para o encontro matutino marcado na porta de bronze, onde um guarda suíço convida a subir a *Scala Regia*, construída por Bernini; o *frisson* sentido ao atravessar o pátio de São Damásio, um espaço fechado cercado de vidraças[11] onde os visitantes haverão de deter-se na volta, como para prolongar a magia do encontro; e finalmente, no alto da interminável escada Pio IX, no terceiro andar do palácio, ao entrar na capela, a súbita visão do papa de costas, corpulento, imóvel, concentrado em seu genuflexório.

A missa, sem homilia, dura cerca de cinqüenta minutos. Depois de saudar os convidados e abençoar seus filhos na biblioteca ao lado, diante da objetiva benevolente e febril do fotógrafo Arturo Mari, o papa vai fazer seu desjejum, para o qual convidou também alguns dos convidados privilegiados, através de Stanislaw Dziwisz. Em 1979, o muito católico Balduíno I, rei dos belgas, foi a primeira pessoa a ser assim convidada pelo Sumo Pontífice, sem maiores formalidades. A segunda foi provavelmente o jornalista André Frossard, que homenageou num artigo a grande simplicidade de seu anfitrião: "Ainda sob Pio XI", relatava ele, "era preciso estar de terno, gravata preta e sapatos de verniz, e ajoelhar-se quando o papa surgia no fim de um corredor!" Ao longo dos anos, milhares de outras pessoas teriam direito a esse favor especialíssimo e ao mesmo cardápio: pãezinhos redondos, manteiga e geléia, presunto cru, ovos estalados ou mexidos, café com ou sem leite. A baixela, de porcelana marfim com fios de ouro, ostenta o brasão do papa. A conversa é livre, informal. O papa deixa seus convidados à vontade. Mostra-se simples e tranqüilo. E por sinal pouco fala, preferindo ouvir: o desjejum é sua primeira fonte de informação sobre os acontecimentos do mundo.

Às nove horas, no corredor que conduz a seu gabinete, João Paulo II dá uma olhada nas manchetes da imprensa matutina — os principais diários italianos e alguns jornais estrangeiros: *Die Welt, Le Monde, Le Figaro,* o *International Herald Tribune,* dispostos numa mesa de mármore. Mas não se detém nessa leitura, sabendo que um completo resumo do que saiu na imprensa lhe será trazido ainda durante a manhã, e que seus secretários já o esperam em seu gabinete para estabelecer a programação do dia, os textos a serem preparados etc. E então, nesse cômodo de extrema simplicidade que cheira a madeira velha e a encáustica, e no qual uma das religiosas arrumou um buquê de flores com as cores da Polônia, o papa fica sozinho durante uma hora e meia. É um período durante o qual não quer ser incomodado, como em outros tempos em Cracóvia: correspondência, leitura, meditação, tudo alternado com breves passagens pela capela. É nesses momentos, sobretudo, que ele escreve muitas de suas homilias, cujas folhas apresentam sempre, no alto à esquerda, algumas misteriosas letras. O papa guardou o piedoso hábito de começar toda página branca escrevendo iniciais familiares: *J + M* (Jesus + Maria) ou *AMDG* (*Ad Majorem Dei Gloriam*), ou ainda *TT* (*Totus Tuus*). Acontece também de escrever com todas as letras, na primeira página: *Totus tuus ego sum,* e na segunda: *Et omnia mea tua sunt,* e na página seguinte: *Accipio te in mea omnia* etc. Às vezes, quando o texto é mais longo, ele utiliza os hinos do breviário, verso por verso.

As audiências do papa

Às 11 horas, mudança de cenário. Do terceiro andar do palácio apostólico, onde reside, o papa desce para o segundo, onde recebe. Assim como os apartamentos do terceiro andar são modestos — até Paulo VI, ninguém nunca subia até eles, à exceção do papa, de seus secretários e do pessoal da casa —, suntuosos são os do segundo, totalizando cerca de vinte cômodos.

Em sua biblioteca privada (que não é realmente uma biblioteca e nada tem de "privada"), têm lugar as audiências "particulares", também ditas "privadas". Nelas, o papa dialoga prioritariamente com seus colaboradores imediatos (secretário de Estado, substituto, secretário de relações exteriores) e os responsáveis pelos dicastérios (prefeito de congregação, presidente de alguma instituição pontifícia). Algumas dessas audiências transcorrem face a face, com ou sem intérprete, dos dois lados de uma escrivaninha de carvalho, ao lado de uma Virgem de madeira de Antoniazzo Romano; outras, quando o exige o número de pessoas presentes, em poltronas beges, debaixo de uma *Ressurreição* de Perugino. É também ali que o papa recebe os chefes de Estado e os dirigentes políticos importantes introduzidos pelo chefe do protocolo — entre eles Mikhail Gorbachev, Nelson Mandela, Fidel Castro, Ronald Reagan, Boris Ieltsin, Elizabeth da Inglaterra e o general Jaruzelski: quantos reis, presidentes e chefes de governo nem sempre muito piedosos terão sido recebidos pelo chefe da Igreja Católica? João Paulo II concede audiência a qualquer dirigente de alto nível que o peça — ainda que se chame Andrei Gromyko, Kurt Waldheim ou Yasser Arafat, como veremos. O papa, que acredita nas relações pessoais, fala sem afetação nem protocolo. Quando um rei ou um presidente se apresenta de casaca, quando uma rainha ou uma esposa de chefe de Estado usa a mantilha, estão na realidade submetendo-se a regras obsoletas. É igualmente nesse cômodo que João Paulo II recebe um por um os bispos de passagem por Roma, em visita *ad limina*. É aí, finalmente, que às vezes os embaixadores lhe apresentam suas credenciais. Para um diplomata, é sem dúvida um grande momento ser recebido frente a frente pelo Santo Padre. Mas na maioria dos casos essas sessões protocolares passariam a ser em grupos, tornando-se raríssimos os encontros face a face. Tanto quanto aprecia as conversas abertas com todos os tipos de interlocutores, é sem grande prazer que o papa se presta a essas cerimônias formais, por sinal já muito simplificadas em relação ao empolado protocolo de outros tempos: a nova prática limita-se a trocar os discursos escritos, sem leitura, para posterior publicação no *Osservatore Romano* — o que efetivamente permite ganhar um tempo precioso.

No fim da manhã, o papa também recebe grupos de peregrinos mais numerosos em salões de aparato reservados a essa finalidade, cada um mais suntuoso que o outro. Além da antecâmara, que até João Paulo I foi a sala dos *Sediarii*,[12] e da capela *Redemptoris Mater* (a antiga Capela Matilda), perto do elevador, o papa recebe de preferência na Sala Clementina, batizada em homenagem ao papa Clemente XIII, uma espécie de majestoso vestíbulo de vinte e três metros de comprimento que vem a ser o mais solene desses aposentos reservados à recepção dos grupos. Nesse salão é que se encontrava antigamente o trono pontifício, no qual o papa majestosamente recebia todo ano os cumprimentos do patriciado e da nobreza de Roma. Ele continuou sendo o salão das grandes ocasiões.

Mas as audiências também podem transcorrer nas salas seguintes, cuja organização data das reformas empreendidas por Paulo VI: Sala do Consistório, Sala Santo Ambrósio (a antiga Sala do Gendarme), Sala dos Escultores (antiga Sala do Ângulo), Sala dos Pintores (antiga Sala da Guarda Nobre), Sala dos Papas, Sala de São Pedro e São Paulo (antiga Sala do Pequeno Trono), Sala do Redentor (antiga antecâmara secreta), Sala Santa Catarina etc. Quantos não terão sido os grupos de oração, as confrarias religiosas, as comunidades paroquiais, as associações humanitárias, os movimentos de ação católica e os grupos de erudição ali recebidos pelo papa em um quarto de século! Chegou-se a calcular que seriam cerca de quinhentos por ano. O que somaria aproximadamente doze mil audiências, todas registradas por uma foto de grupo ao lado do Santo Padre, prática a que ele se presta de bom grado e que invariavelmente dá lugar a gracejos: "Vamos tirar uma foto de qualidade comparável à da diplomacia vaticana", diria ele, por exemplo, aos organizadores de um seminário sobre a diplomacia vaticana.

A quarta-feira é o dia da audiência geral. Toda semana, às 11 horas, o Santo Padre atravessa de carro um verdadeiro labirinto de ruas internas para chegar ao auditório construído pelo arquiteto Pier-Luigi Nervi e inaugurado por Paulo VI em junho de 1971. No pódio desse imenso salão, senta-se ao pé de uma monumental escultura de bronze representando a *Ressurreição*, que substituiu a tapeçaria do século XVI diante da qual pregava Paulo VI, e que também representava um *Cristo ressuscitado*. É nessa *aula* que o papa recebe os peregrinos de todo o mundo que vêm vê-lo: entre seis e dez mil pessoas saudando, aclamando e ouvindo o Santo Padre, num clima de bem-comportada alegria — como numa reunião de família na qual se encontrassem parentes longínquos vindos de todos os horizontes, falando livremente todas as línguas da Terra. Homem de teatro, João Paulo II transformou essas audiências em autênticos espetáculos, alternando cantos, gritos, lenços agitados, pregações, catequese e momentos de meditação. Mas a benevolência do papa polonês não deve iludir: como em Cracóvia em outros tempos, João Paulo II é exigente com suas ovelhas e lhes dirige às vezes homilias muito difíceis. Em setembro de 1979, o papa inaugurou uma primeira série de alocuções catequéticas por temas — sobre o amor e a sexualidade — que passaram muito por cima do entendimento dos grupos exuberantes que ali o festejavam.

Quer transcorram dentro do auditório ou ao ar livre, na praça de São Pedro, no verão, esses encontros têm sempre seu funcionamento perfeitamente planejado. No fim, o papa vai cumprimentar os doentes e os recém-casados, embaixo da tribuna, volta a percorrer as fileiras de peregrinos que se acotovelam para vê-lo e tocá-lo, e finalmente se junta às personalidades reunidas na primeira fila. Nos últimos anos, estas eram convidadas a subir à tribuna, para poupar o papa. A maioria das fotos tiradas ao lado do Santo Padre deriva dessas breves conversas na primeira fila durante as audiências gerais — a *prima fila* —, que permitem a muitos homens públicos, parlamentares ou estrelas do *show business* dizerem orgulhosamente que foram "recebidos pelo papa". Muitos políticos estão ali pensando no cartaz de sua próxima campanha eleitoral, e não é incomum que um empresário aproveite o momento da foto para brandir uma amostra do seu produto. João Paulo II não ignora o que acontece. Mas o papa deve dar-se a todos que querem vê-lo. Faz parte, como diz ele mesmo, de sua "profissão de papa".

Ao longo de seu pontificado, ele faria sempre questão de voltar de viagens na terça-feira ou tirar suas férias a partir da noite de quarta-feira, para faltar o menos possível à audiência geral semanal. E se é verdade que já pelo fim da vida parecia às vezes cair no sono durante essas intermináveis sessões de apresentação de grupos em todas as línguas do planeta, o fato é que o velho afundado em sua poltrona nunca deixou de alternar os momentos de oração intensa e os laivos de lucidez alegre ao ser mencionado algum grupo de peregrinos provenientes de sua querida Polônia.

Na manhã de domingo, a programação respeita o dia do Senhor. Quando está no Vaticano, o papa reza a missa em "sua" basílica. Ele chega ao grande baldaquino de colunas espiraladas de Bernini, no centro de São Pedro, por um discreto e antigo elevador que lhe permite descer da sacristia da Capela Paulina, por trás da *Pietà* de Michelangelo. Quando faz sol, prefere rezar a missa no exterior da basílica, para as dezenas de milhares de peregrinos reunidos na praça de São Pedro:

Ao entrar na sacristia — relata monsenhor Boccardo, que freqüentemente o assistiu — o papa saúda todo mundo, deixa que lhe vistam a casula com as cores litúrgicas e os ornamentos rituais, troca algumas palavras e então, resolvido o último detalhe de sua vestimenta, já não está mais ali! Está em sua oração, e por sinal é possível ouvi-lo rezar, ele murmura as palavras. Durante toda a missa, fica mergulhado em oração. Muitas vezes fecha os olhos, volta a abri-los para ler um texto, indicando alguma palavra com o dedo. No fim do ofício, tira a mitra, a alva, cumprimenta as pessoas que ali se encontram e afinal se ajoelha, geralmente diante da mesa dominada por uma cruz, para uma ação de graças — mesmo que esteja muito atrasado, como lhe acontece freqüentemente nas viagens.[13]

Às vezes, o papa, que também é bispo de Roma, sai de carro para celebrar a eucaristia numa das incontáveis igrejas da cidade. Neste caso, o motorista Orlando Santinelli o conduz na limusine negra de placa SCV 1 (*Stato della Città del Vaticano 1*) em letras vermelhas sobre fundo branco. A marca e o modelo do carro mudam com freqüência. O primeiro, em 1978, era um Mercedes, mas o papa também usou modelos Fiat, Toyota etc. O magnata dos automóveis Giovanni Agnelli presenteou-o certa vez com um Lancia — em cuja porta ele prendeu dois dedos em 1995.

Depois do ofício, ao meio-dia, tradicionalmente o papa aparece na janela do gabinete ao lado de seu quarto para recitar o ângelus. Não foi ele que criou essa tradição, herdada de seus antecessores, mas ele se apegou muito a ela. No mínimo para permitir que os peregrinos que passam apenas um fim de semana em Roma possam ter algum contato com o papa. Muitas vezes o papa aproveita esse ângelus dominical para fazer um balanço de alguma viagem ou lançar alguma mensagem política ou espiritual.

Os amigos e o trabalho

O almoço do papa é às 13h30. Ou antes *por volta de* 13h30: João Paulo II não é um maníaco da pontualidade, e muitas vezes prolonga uma conversa sem olhar para o relógio. Seu secretário é que vem então chamá-lo à ordem. Mas sem se iludir: Stanislaw Dziwisz sabe perfeitamente que o papa só faz o que quer. Quantas vezes não terá ele convidado alguém a

UM DIA NA VIDA DE UM PAPA

prolongar a conversa à mesa, no último minuto, perturbando ao mesmo tempo o protocolo e o serviço! As irmãzinhas que o servem haveriam de lembrar-se por muito tempo do dia em que o velho presidente italiano Sandro Pertini, convidado pelo papa a compartilhar seu almoço, confessou-lhes ao sentar-se à mesa que era vegetariano!

Como costumava fazer em Cracóvia, o papa Wojtyla alia o útil ao agradável. Em outros tempos, mandava a tradição que o papa almoçasse sozinho. Benedito XV, Pio XI e Pio XII faziam as refeições solitariamente ou em companhia de seu confessor. João XXIII, doente, comia pouco. Paulo VI às vezes compartilhava seu almoço. Já João Paulo II tem sempre companhia na sala de refeições. Até dezesseis convivas, nunca mais do que isso: é a regra imposta pelas dimensões da mesa. Quando é preciso abrir lugar para uma delegação de mais de treze membros, os secretários nem hesitam: vão comer no aposento ao lado.[14]

Todos os depoimentos convergem num sentido: este homem de oração não é um asceta, e sua indiscutível devoção não o impede de amar a vida e as pessoas. O cardeal Poupard assim resume a impressão geral: à mesa, o papa é ao mesmo tempo "um conviva alegre, alternando brincadeiras e meditações em voz alta", e um anfitrião "cheio de cultura, bom senso e humor". No cardápio, irmã Germana trata cuidadosamente de alternar pratos italianos — *antipasti* e *pasta* nas mais diversas formas — e especialidades polonesas: *pirojki, sernik,* peixe na geléia. Para beber, o papa geralmente prefere chá. Freqüentemente bebe um cálice de vinho branco da região dos *Castelli romani,* com água. Às vezes, opta pela cerveja *Zywiec* — nome que não designa apenas a cerveja mais bebida da Polônia, mas também a cidade onde é produzida, não longe de Wadowice, sua cidade natal. E enfim, embora de bom grado possa servir vodca a seus compatriotas de passagem, ele próprio nunca a bebe. Para dizer a verdade, o papa não chega a ser um gastrônomo, seria capaz de comer qualquer coisa. Certa vez, o cardeal francês Decourtray explicou, de maneira saborosa: "Se alguém pergunta ao papa se almoçou bem, ele responde que sim. Mas se perguntarem o que foi que comeu, ele já não se lembra mais." Ao tornar-se papa, João Paulo II não renunciou a certos pequenos prazeres, e não desgosta de concluir sua refeição com um bolo — não raro uma *kremowka,* a especialidade de Cracóvia.

O almoço de domingo, depois do ângelus, costuma ser reservado aos amigos e colaboradores mais próximos. Ritualisticamente, o velho cardeal

Deskur está sempre entre os convidados. O mais velho amigo do papa chega em sua cadeira de rodas, às vezes com um chapéu de aba larga na cabeça. Logo que terminam de se benzer, ele toma a palavra e não mais a larga — para grande contrariedade dos outros convivas, que esperavam trocar idéias com o papa, e não com seu extravagante amigo, ao qual visivelmente o Santo Padre dedica uma indulgência afetuosa sem limites.

Mesmo durante a semana, a refeição tampouco termina em hora muito precisa. Conforme o horário e o tempo, o papa se permite uma breve sesta — dez minutos, não mais que isso — ou vai diretamente relaxar no terraço que domina o pátio São Damásio, ou ainda percorrer os jardins. Enquanto caminha, recita seu rosário ou lê seu breviário. Pode também, quando está para fazer alguma viagem, praticar exercícios de idiomas. Por volta das 15h30, de volta a seu gabinete, ele retoma o trabalho preparado pela administração do Vaticano: uma hora antes, chegou da Secretaria de Estado uma maleta fechada a cadeado, cujo conteúdo foi imediatamente examinado pelos secretários. O chefe da Igreja passa então à leitura de notas, à correção de textos, à assinatura de documentos. Como qualquer chefe de Estado.

Às 18h30 têm início as habituais seções de trabalho com algum dirigente da Cúria, audiências que na medida do possível o papa gosta de transformar em debates intelectuais de alto nível. Nem sempre o consegue, e não esconde sua predileção por alguns de seus colaboradores dos quais pode discordar, mas cuja conversa o estimula, como seria durante muito tempo o caso com o cardeal Ratzinger.

Às 20 horas, o papa volta à sala de refeições e geralmente assiste ao início do telejornal da RAI, para em seguida sentar-se à mesa com seus secretários para jantar — ele costuma dizer "cear", à maneira polonesa. Embora durante muito tempo tenha convidado para este momento velhos amigos ou colaboradores de confiança, como Joaquin Navarro-Valls, o diretor da assessoria de imprensa, ele acabou jantando cada vez mais freqüentemente sozinho com Dziwisz, para não aumentar o cansaço do dia. Seja como for, a refeição noturna, servida por uma religiosa, sempre foi frugal. E já aqui a ceia nunca se prolonga: às 21 horas, uma nova maleta de documentos urgentes espera o Santo Padre em sua escrivaninha.

Excepcionalmente, pode acontecer que o papa assista a um jogo de futebol — ah, aquele jogo da Copa do Mundo entre Polônia e Itália em junho

UM DIA NA VIDA DE UM PAPA   329

de 1982, que muito oportunamente chegou ao fim com um zero a zero! —
ou decida ver um filme que lhe foi recomendado, que é então projetado
numa sala transformada em estúdio privado. Entre os filmes de que gostou,
Gandhi, de Richard Attenborough, e *Dança com lobos*, com Kevin Costner.
Viu também *A vida é bela*, de Roberto Benigni, que adorou. Bem antes, já
havia apreciado muito o filme de Louis Malle *Adeus, meninos* (*Au revoir les
enfants*). Menção especial para as obras de seus compatriotas, Krzysztof
Zanussi, Andrzej Wajda e outros — sendo que, de Wajda, por nada desse
mundo teria perdido *Pan Tadeusz*. O papa também pediu para ver *O Primaz*, da cineasta Teresa Kotlarczyk, sobre os anos de encarceramento do
cardeal Wyszynski. São apenas algumas indicações fragmentárias. Seria extremamente delicado estabelecer uma espécie de *hit-parade* dos filmes apre-
ciados pelo Santo Padre, pois a regra, solidamente respeitada, é que o papa
nunca se pronuncie sobre uma obra — para que sua opinião não seja utilizada para finalidades imprevistas. Ele nunca cumprimenta alguém publicamente ou oficialmente por determinado livro ou obra artística: é o substituto
— durante muito tempo monsenhor Re — que agradece em seu nome. Mas
o papa não se priva de transmitir cumprimentos quando encontra o autor
de algum livro de que tenha gostado.

Na maioria das vezes, durante cerca de duas horas, o papa trabalha
calmamente: correspondência particular, revista de imprensa, elaboração
de documentos doutrinários etc. Debruçado sobre sua mesa de carvalho,
entre um abajur de cobre e um pequeno crucifixo de madeira, ele escreve
com uma caneta de tinta preta, de preferência em língua polonesa. Por
trás dele, numa mesa de centro, há um telefone branco, a que recorre
quando precisa chamar diretamente algum colaborador. Como todos os
prelados romanos, ele tem à sua disposição o catálogo telefônico da Cidade do Vaticano, assim como o grosso catálogo geral, o *Annuario Pontificio*,
com sua famosa capa vermelha. Na maioria das vezes, no entanto, a pessoa em questão é chamada por Dziwisz. Os telefonemas recebidos também lhe são comunicados pelo secretário, depois de uma severa triagem.
São muito poucas as pessoas que podem se vangloriar de chamar o papa
em linha direta, como fazia o cardeal Deskur!
Às 22h45, ele entra na capela para uma última oração — as completas, segundo a "liturgia das horas" que desde o século XII marca os dias

dos padres e monges. Às 23 horas, ou mesmo mais tarde, quando sua oração se prolonga, o Santo Padre toma uma ducha e depois se deita, sempre com um livro — nos primeiros anos, muitas vezes abria uma obra de filosofia, para relaxar sem perder tempo. Para então adormecer por volta de 23h30. Lá embaixo, na praça de São Pedro, os últimos transeuntes que atravessam a praça, saindo dos restaurantes do Borgo, vêem a luz ser apagada nas três janelas do canto do palácio apostólico.

16

O *"esportista de Deus"*

No verão, quando chega a fazer quarenta graus em Roma, o calor é sufocante: abandonada por seus habitantes, a Cidade Eterna fica entregue aos bandos de turistas. Entre estes, há aqueles que, ao atravessar a praça de São Pedro, de guia turístico na mão, contemplam as janelas dos aposentos do papa. Em vão: ele não está em Roma. Até meados de setembro, instala-se em Castel Gandolfo, compacto conjunto de *villas* e jardins de cinqüenta e cinco hectares — mais que a Cidade do Vaticano — dominando a cidade de mesmo nome sobre o lago Albano, numa esplêndida região de colinas cobertas de bosques, vinhedos e castelos. Embora o lugar esteja a apenas vinte e sete quilômetros de Roma, o clima é muito mais clemente nessa região dos *Castelli romani*.

Em Castel Gandolfo

Nesse lugar delicioso, o imperador Domiciano, grande perseguidor de cristãos, fixou residência. Os cardeais do Renascimento mandaram construir ali várias casas de campo, freqüentadas com grandes séqüitos pelos pontífices da época. No século XVII, o papa florentino Urbano VIII Barberini — o mesmo que permitiu que Galileu fosse condenado — mandou construir um palácio no qual passou a hospedar-se duas vezes por ano. O lugar nada tem de austero. Dizem que no século XVII Alexandre VII promovia espetáculos de fogos de artifício em Castel Gandolfo, além de batalhas navais simuladas em tamanho real no lago situado num nível inferior. Diz-se também que ali pescava Clemente XI no século seguinte, ao passo que Clemente XIV montava a cavalo e Pio VII, mais tarde, jogava bilhar. De modo que a tradição das férias papais não começou com João Paulo II, longe disso. "Duas vezes por ano, no momento prescrito, o pontífice tira suas férias — *si purga* — e se afasta dos negócios", comentava-se no *entourage* do papa Urbano VII.

Foi Pio XI que organizou a residência tal como é atualmente, depois que o papa recuperou sua liberdade de circular com o tratado de Latrão, de 1929. Obras gigantescas foram então realizadas para tornar harmonioso o conjunto de prédios e jardins. Também foi Pio XI que decorou o palácio em estilo polonês — ele havia sido núncio em Varsóvia —, chegando a ponto de pendurar acima do altar, na capela, uma grande reprodução da Virgem Negra de Czestochowa. Por um acaso incrível, o autor do quadro é o padre Augustin Jendrzejczyk, um monge de Czestochowa que pintava "Virgens Negras" em série e que vinha a ser tio-avô de Stefan Wilkanowicz, um dos grandes amigos cracovianos do cardeal Wojtyla. Foi ainda Pio XI, em 1936, que criou nessa propriedade uma fazenda-modelo que até hoje produz carne, peixe, legumes, frutas e leite destinados à mesa papal, assim como a alguns hospitais confessionais de Roma. Pio XI deu ao lugar o nome de "Vaticano rural". Durante a Segunda Guerra Mundial, essa produção agrícola muito especial permitiu alimentar os diversos refugiados políticos e judeus escondidos na residência.

Cada papa dava sua contribuição às instalações de Castel Gandolfo. Em 1976, Paulo VI mandou construir um heliporto: em vez de ficar preso nos engarrafamentos romanos — tristemente célebres —, o papa passou a gastar apenas doze minutos para ir de São Pedro a Castel Gandolfo. Isso permite a João Paulo II presidir nas quartas-feiras a audiência geral da praça de São Pedro, fazendo uma rápida viagem de ida e volta, mesmo em pleno verão.

João Paulo II também inovou, mas à sua maneira. Pouco depois de sua eleição, o novo papa provocou um pequeno escândalo ao decidir que fosse construída uma piscina nos jardins. Houve então mobilização de católicos americanos de origem polonesa para financiar a obra, que não era nem um luxo nem um capricho: sólido como um carvalho e acostumado a praticar esportes, o papa, aos 58 anos, não tinha a menor intenção de se deixar enferrujar. Aos que criticaram o projeto, ele respondeu com uma tirada de bom humor: "Vai custar menos que um novo conclave!" O ar-

O "ESPORTISTA DE DEUS"

gumento tinha lá sua eficácia, pensando-se nos cardeais cansados depois de enterrarem dois papas em três meses.

É bom lembrar que Karol Wojtyla era um excelente nadador. Durante muito tempo ele se acostumou a nadar nas águas frias dos lagos da Mazúria e de Bieszczady, em seus passeios estivais na Polônia. Em Roma, entre uma e outra reunião sinodal, muitas vezes ele ia nadar em Palidoro, a "praia dos cardeais", no norte da cidade — e por pouco não perdeu a abertura do conclave de agosto de 1978, tendo perdido o ônibus da volta! Localizada no fundo do parque, perto da área de cultivo agrícola, a piscina é aquecida e coberta. Um espelho d'água de dezesseis por oito metros, duas raias de cerâmica azul para a natação, um vestiário e algumas cadeiras brancas: a piscina papal nada tem de excepcional. E por sinal João Paulo II não quis que lhe fosse reservada com exclusividade. O cardeal Martin, prefeito da Casa Pontifícia, utilizou-a algumas vezes, e os guardas suíços têm autorização de mergulhar quando o Santo Padre está ausente. Finalmente, em decorrência do princípio segundo o qual "o papa nunca deve ficar sozinho", os secretários mandaram instalar ao lado da piscina um pequeno escritório com telefone.[1]

A residência papal de Castel Gandolfo também tem um observatório, quartos para hóspedes, salas de recepção e alojamentos para os guardas suíços. É um pequeno universo no qual seria possível viver autarquicamente, um universo tão fechado quanto o Vaticano, onde facilmente seria possível esquecer o mundo exterior. Os aposentos do papa ficam no segundo andar do palácio. Não são muito amplos. O gabinete e a sala de refeições são modestos. De elevador, ele pode descer até um caminho cercado de árvores que conduz, seiscentos metros adiante, a uma grande *villa* construída pelo sobrinho do famoso Urbano VIII — e que por esse motivo ficou conhecida como Villa Barberini —, onde se hospedam os principais colaboradores do senhor do castelo: o secretário de Estado, o substituto, o prefeito da Casa Pontifícia etc. Nenhum deles jamais se queixou de passar o verão num lugar tão encantador, embora o ritmo de trabalho seja tão intenso ali quanto em Roma.

Pois em Castel Gandolfo a agenda de João Paulo II assemelha-se muito à do resto do ano: sessões de trabalho, audiências, oração, almoço com convidados etc. O exemplo havia sido dado pelo muito austero Pio XII. À parte alguns detalhes, sua gestão do tempo no período estival era a mesma que em Roma. São também alguns detalhes — nem sempre desprezíveis — que amenizam a vida de João Paulo II durante o verão. Para começar, pela manhã, é mais freqüente que a missa seja rezada à sombra das árvores do parque do que na capela do palácio. Em seguida, a ginástica matinal inclui, pelo menos no início do pontificado, algumas vigorosas idas e voltas a braçadas na piscina, o que ele de bom grado repete no fim da manhã, logo antes do almoço. Enfim, suas meditações transcorrem debaixo dos pinheiros, das oliveiras, dos ciprestes e das magnólias, num silêncio impossível de encontrar na capital italiana, mesmo de madrugada.

Em contrapartida, o que infelizmente lhe lembra a Cidade do Vaticano é a mesma sensação de estar prisioneiro dos altíssimos muros que cercam o "Castel" — como é conhecido em Roma. Já em sua primeira estada em Castel Gandolfo, João Paulo II confidenciou ao pároco da aldeia que se sentia muito só rezando a missa em sua capela privada. No dia seguinte, por iniciativa do padre, alguns jovens da região foram rezar com o Santo Padre, que depois da missa os convidou para almoçar com ele. Depois que foi tomada tal liberdade ao mesmo tempo com os costumes e com a segurança, instituiu-se uma tradição em Castel Gandolfo: três vezes por semana, à noite, grupos de jovens são levados aos jardins para ficar em vigília com o Santo Padre das 22 horas às 23 horas. Cânticos, mímica, danças, tudo sem qualquer protocolo e diante de um papa feliz por poder entregar-se a esses contatos informais e calorosos.

Em agosto de 1980, o papa decide escapar de sua fortaleza para ir celebrar a missa dominical ali ao lado, na Igreja de São Tomás de Vilanova — como fizeram muitos de seus antecessores. Mas essa santa escapada desencadeia um verdadeiro pandemônio entre os turistas, que nessa época do ano visitam a aldeia em grande número. A experiência não seria repetida. Em contrapartida, freqüentemente João Paulo II iria, de forma menos improvisada, rezar a missa nas paróquias das imediações: Nettuno, Grottaferrata, Pomezia, Velletri, Frascati e sobretudo Albano, aonde iria mais de uma dezena de vezes. Aos domingos, é igualmente para uma multidão descontraída de peregrinos e turistas que o papa recita o ângelus, da janela central que dá para o pátio interno do palácio, e posteriormente da que dá para a pequena praça da aldeia, para que o máximo de pessoas possa aproveitar.

Decididamente João Paulo II não gosta da solidão. Rapidamente ele encontraria outra maneira de lutar contra o isolamento: abrir a residência papal para seus amigos da Polônia. Já no primeiro ano do pontificado, dois ou três apartamentos são adaptados com essa finalidade. Quantos deles, como o físico Jerzy Janik e sua mulher Janina no verão de 1979, não ficariam surpreendidos com a simplicidade com que o papa os convida a passar alguns dias como amigos em sua companhia no verão. Não, é claro, para ficar o dia inteiro conversando à beira da piscina, com um copo de uísque na mão! Mas encontrar-se nas refeições com um anfitrião dessa estirpe, num ambiente tão excepcional, já não é nada mau.

O apelo da montanha

Castel Gandolfo não é uma vilegiatura, mas um segundo endereço profissional. Por mais encantador que seja o local, ali o papa continua a trabalhar, a receber, a dirigir reuniões, a redigir e ler textos. No "Castel", o papa respira melhor, mas não repousa realmente. É verdade que o serviço de Deus não parece muito compatível com a idéia de descanso. E no entanto!... Alguns anos depois de sua eleição, João Paulo II toma uma decisão, aparentemente sem importância, que contribuiria para mudar a imagem do Sumo Pontífice aos olhos do mundo externo: decreta que a "profissão de papa", bem pesadas as coisas, também requer autênticas férias.

Mais uma vez, ele está apenas retomando sua vida anterior. Em Cracóvia, mesmo depois de ter sido nomeado arcebispo, sempre passava duas semanas de férias de inverno esquiando no maciço dos Tatras, e um mês inteiro de férias de verão em descidas pelos rios e caminhadas pelas montanhas de mochila nas costas. Como vimos, esses períodos de descanso, que em certos meios chegaram a causar espécie, foram recomendados no fim da década de 1950 por um amigo médico, o dr. Stanislaw Kownacki, que o havia tratado de uma espécie de mononucleose. E Karol Wojtyla, geralmente tão pouco atento a si mesmo, não se eximira de seguir a recomendação.

No início de seu pontificado, no entanto, João Paulo II não ousa retomar esses saudáveis hábitos. Alguma vez já se viu um papa remando num caiaque? A construção da piscina de Castel Gandolfo já provocara tanta falação! Este sacrifício, acredita ele, faz parte de seu destino tão incomum, selado durante o conclave de outubro de 1978: "Entregando-me a Maria e à Igreja..." Um de seus antecessores teve o mesmo dilema: o padre Achille Ratti, apaixonado por alpinismo, e que conseguira chegar certa vez ao pico Dufour (4.633m), em 1889, teve de renunciar à embriaguez das geleiras ao tornar-se Pio XI por obra e graça do conclave em 1922. Talvez João Paulo II não pudesse imaginar então que o chamado da montanha logo acabaria por levar a melhor, ao mesmo tempo sobre suas boas intenções e sobre as conveniências vaticanas.

O que mais faz falta ao novo papa, jovem sexagenário em excelente forma física, é o esqui. Durante vinte anos, monsenhor Wojtyla cultivou as caminhadas e as descidas das altitudes, aproveitando todos os *dniowki* (feriados) para se deliciar com a velocidade e o oxigênio. Com uma breve viagem de automóvel, ele deixava Cracóvia em direção ao convento das ursulinas em Zakopane, esquiando sem descanso das 11 às 16 horas. Nem se dava ao trabalho de entrar nos restaurantes de madeira que se encontram à beira das pistas: "Vou ficar aqui fora, tragam-me alguma coisa para comer", dizia aos companheiros de esporte. Na época, nem sempre era fácil praticar o esqui na Polônia. É verdade que o arcebispo dispunha de equipamentos de primeira ordem — esquis poloneses da marca Hickory, com pinos Marker[2] —, mas a infra-estrutura era notoriamente precária no país, e às vezes era necessário subir a pé as montanhas, desprovidas de instalações adequadas. Quantas vezes o bispo Wojtyla, chegando ao estacionamento de Jaszczurowka, em Zakopane, não teve de ser levado num trenó puxado por cavalos até os teleféricos de Kasprowy Wierch! Quantas vezes não desceu esquiando a pista, na noite de Ano-Novo, depois de celebrada a missa, lá no alto! Certa vez, sendo já cardeal — a história foi contada tantas vezes que se transformou em lenda —, ele se perdeu de esquis na neblina. Acontece que o monte Kasprowy Wierch fica exatamente na fronteira polonesa-tchecoslovaca. E o futuro papa vem a ser interpelado por guarda-fronteiras que lhe pedem seus documentos e, incrédulos, passam a ameaçar detê-lo por... falsidade ideológica!

Durante um sínodo romano, ele manifestara espanto pelo fato de que nenhum cardeal italiano esquiasse:

— Na Polônia, quarenta por cento dos cardeais esquiam!

— Por que quarenta por cento? Vocês são dois!

O "ESPORTISTA DE DEUS"   337

— Porque o cardeal Wyszynski vale por sessenta por cento!

De outra feita, um de seus colegas romanos perguntou-lhe:

— Será que está certo um cardeal fazer esqui?

— Não estaria certo se ele esquiasse com um pé só![3]

Não é porque se é papa que se deixa de ser homem. A primeira tentação alpestre de João Paulo II data de 26 de agosto de 1979. Nesse dia, aniversário da eleição de seu antecessor, o novo papa reza uma missa em Canale d'Agordo, a aldeia natal de João Paulo I, para em seguida ir benzer uma imagem de bronze da Virgem dos Dolomitas, bem no alto do pico da Marmolada (3.342m). Ali, em meio a uma neblina glacial, vestido à maneira montanhesa — anoraque branco, chapéu de coelho e sapatos de montanha —, João Paulo II diz uma homilia diante de uma assistência congelada. Já o papa não sente frio: está maravilhado. Depois da cerimônia, desejosos de cumprimentá-lo por ter assim enfrentado os elementos, os dirigentes das associações esportivas de montanha presenteiam-no com um par de esquis brancos de madeira, fabricados por um artesão de Cortina d'Ampezzo. Se estivesse sozinho, não resta a menor dúvida de que ele teria descido de esqui. Mas é dissuadido por sua concepção da "profissão de papa": "Eu bem que gostaria de usá-los, mas todo dia peço a Deus que não caia em tentação!", responde amavelmente João Paulo II. "Deus abençoe todos os esquiadores... e suas pernas!"[4] Durante a descida no teleférico que a todos reconduz ao vale, ele confidencia ao presidente do Conselho de Governo italiano, Francesco Cossiga, que lamenta ter precisado abandonar o esqui. A última vez que desceu uma montanha, recorda-se, foi há quase dois anos. Foi na Itália, no inverno que antecedeu o conclave. Saudades, saudades...

Quatro meses depois, em visita a uma escola profissional, João Paulo II dá com a retransmissão pela TV do campeonato mundial de esqui de Val Gardenna, e espontaneamente faz este comentário desolado: "Eu não seria capaz de fazer isso, sobretudo agora: estou enferrujado. Precisaria de pernas novas." E para fechar, o gracejo: "É um esporte que convém às pessoas baixas, pois caem de menor altura que os altos!"[5]

Mas um belo dia ele acaba cedendo. O chamado da montanha decididamente é forte demais. No dia 17 de julho de 1984, na maior discrição, o papa é levado por um helicóptero do exército italiano até a magnífica geleira de Adamello (3.554m), acima do lago de Garda. Imediatamente, o presidente da República, Sandro Pertini, prevenido dessa escapada, dá ordens para ser levado ao encontro de seu ilustre amigo em plena prática esportiva. Mesmo sem treinar — e não haveria mesmo como —, João Paulo II faz nada menos que oito descidas de três a quatro quilômetros cada. Cheio de admiração, o velho Pertini (88 anos) exclama: "Santíssimo Padre, o senhor esquia como uma andorinha!"

Na realidade, segundo testemunhas, o Santo Padre esquiou naquele dia com extrema prudência. João Paulo II não tinha a menor vontade de espalhar *urbi et orbi* a imagem inédita de um papa de muletas e com uma perna engessada! Mas as poucas fotos tiradas nesse dia, na paisagem da geleira, mostram um papa descontraído: apoiado na perna direita, sólido em suas botas, com óculos de aros finos e um gorro de lã na cabeça, João Paulo II exala força, em meio a jovens monitores musculosos e bronzeados. Naquela tarde, depois de almoçar com o simpático Pertini no refúgio Caduti dell'Adamello, o papa responde à inevitável objeção das conveniências apostólicas: "Talvez considerem escandaloso que um papa esquie, mas não há escândalo onde existem amizade, simplicidade e valores humanos verdadeiros."[6]

No verão de 1985, nova fuga: o papa engana seus seguidores para esquiar um dia inteiro em Grand Sasso (2.194m), nos Abruzos. Já não é propriamente um escândalo. Pois o papa não conseguiu impor a idéia de que até mesmo o chefe da Igreja Católica tem direito a uma vida privada? Um ano depois, ele se refugia incógnito, mais uma vez nos Abruzos, para um dia inteiro de caminhada a pé pela Majella. As poucas fotos tiradas nesse dia dariam a volta ao mundo: o papa fazendo piquenique, o papa adormecido debaixo de uma árvore...

*

Nos dias 6 e 7 de setembro de 1986, a pretexto de fazer um apelo pela unidade da Europa, João Paulo II vai até Courmayeur, no vale d'Aosta, e é conduzido de helicóptero ao pico do monte Branco. A experiência lhe agrada muito. A região também. Ele decide então voltar sempre no verão para passar vários dias nessa paisagem que aprecia mais que qualquer outra. A partir de julho de 1987, iria regularmente espairecer na montanha, escolhendo alternativamente dois lugares de repouso, a leste e a oeste dos Alpes italianos.

O "ESPORTISTA DE DEUS"

O primeiro fica em Lorenzago di Cadore, nas Dolomitas, não longe da célebre estação de Cortina d'Ampezzo. Ali, ele é hospedado num chalé tradicional pertencente ao bispo local, bem na entrada de um bosque de larícios e abetos, a novecentos metros de altitude, bem ao lado do antigo Castelo de Mirabello. Na mesa de nogueira do salão do chalé, três de suas religiosas preparam-lhe refeições adequadas: *gulasch*, peixe cozido, queijo forte, iogurte. No primeiro andar, um quarto com uma cama de madeira escura, um genuflexório e um pequeno escritório onde ele continua a escrever. E, naturalmente, uma capelinha para a missa matinal.

A outra vilegiatura estival do papa fica situada em Combes, um povoado perto de Introd, no vale d'Aosta, onde se hospeda num chalé de pedra e madeira aninhado entre os abetos a mil e quatrocentos metros de altitude, com vista para o monte Branco. Não longe dali começa o parque natural do Grande Paraíso — muito apropriadamente batizado. O lugar é magnífico.

Tanto em Lorenzago di Cadore quanto no vale d'Aosta, o ilustre visitante é acompanhado apenas por algumas poucas pessoas — Dziwisz, Gugel, seu médico pessoal, o dr. Buzzonetti, o diretor da *Sala Stampa*, Joaquin Navarro-Valls —, que se hospedam em construções vizinhas. Geralmente, é Stanislaw Dziwisz que o acompanha em longas caminhadas de altitude, nas quais podem às vezes cruzar outros esportistas, naturalmente estupefatos, que ele cumprimenta de passagem, com seu bastão de caminhada. Policiais da região, comandados pelo chefe da polícia vaticana, Camillo Cibin, montam guarda discretamente (na medida do possível, tratando-se de homens equipados com viaturas "à paisana", óculos e *walkie-talkies*) sobre o caminhante incomum, que mais se esforçam por proteger dos *paparazzi* tocaiados do que de eventuais terroristas. Durante as férias, o papa só deixa seu isolamento e suas leituras aos domingos, para o ângelus, que vai recitar numa aldeia vizinha — por exemplo, em Lorenzago, para maior felicidade do velho pároco local, o padre Adalardo da Pra, que de certa forma é seu anfitrião, e que a título de agradecimento seria feito *monsignor* pelo papa. A cada deslocamento, os habitantes da região lhe fazem festa. Uma receptividade muito apreciada pelo Santo Padre, que nunca escondeu sua paixão pelos montanheses.

As seqüelas do atentado de 1981 e os efeitos da idade não comprometeriam a paixão física de João Paulo II pela montanha. Até idade avançada, ele se daria o direito de discretas escapadelas, com os esquis na mala da limusine papal e acompanhado de séqüito policial reduzido ao mínimo. Como nessa terça-feira, 30 de dezembro de 1992, na qual, acompanhado por Dziwisz, ele aproveitaria as primeiras quedas de neve para fazer um pouco de esqui nos Abruzos, ao lado de Campofelice, a cerca de cem quilômetros de Roma, para voltar comportadamente ao Vaticano às 19 horas. Aos 72 anos de idade! O peso dos anos não o faria renunciar às escapadas furtivas da terça-feira, durante as quais continuaria a ir meditar incógnito à entrada de alguma floresta ou num convento isolado, a fim de melhor se preparar para a audiência geral da quarta-feira. Mais de vinte vezes, assim, ele haveria de partir sem prévio aviso para uma breve caminhada nas montanhas do Lácio ou dos Abruzos. Eram dias aos quais a assessoria de imprensa daria o nome de "absolutamente privados e reservados".

Somente em 1994, depois de sua operação no fêmur, com mais de 73 anos, João Paulo II acabaria renunciando ao esqui e às grandes caminhadas. Sem por isso abandonar completamente as incursões pela montanha. Após esta data, nada mais de esquis. Mas continua a caminhar, com uma bengala, ao longo das correntes e lagos encontrados nas altitudes mais elevadas, entre um piquenique e outro. De boina caída para o lado, sapatos pesados nos pés, um bastão na mão e um rosário no bolso da batina, o velho senhor em que se transformou desfruta com deleite da felicidade juvenil de beliscar sardinhas numa lata de conserva com um facão de escoteiro. A montanha, diz ele, é "o mais eficiente dos médicos, que trata sem ter diploma". Com a evolução de seus problemas de saúde, as longas caminhadas serão aos poucos substituídas por pequenos passeios. Logo ele passaria a caminhar com passinhos apertados, precisando ser levado de Land Rover até as geleiras. Na maioria das vezes, fica sentado perto do chalé, no jardim, voltado para a montanha, lendo e meditando. "Toda vez que tenho a possibilidade de ir até a montanha e contemplar essas paisagens", diz ele, certo dia do verão de 1999, "dou graças a Deus pela beleza majestosa da Criação."[7]

A saúde do papa

Ao ser eleito papa, Karol Wojtyla tem 1,74m de altura e pesa cerca de 80kg. É um homem sólido, vigorosamente talhado e dono de uma resistência física fora do comum. Embora se mantenha sempre algo recurvado, tem uma passada dinâmica. Ele "ataca o solo com os calcanhares", observa alguém de suas relações mais próximas. Um após outro, seus interlocutores têm testemunhos da boa saúde do novo papa, especialmente durante as viagens. Já em 1979, suas viagens à Polônia e aos Estados Unidos transcorrem como verdadeiras maratonas. Os prelados que o cercavam na época lembram-se com emoção de sua primeira visita à África, em maio de 1980: de uma só vez, o Santo Padre visitou sucessivamente seis países, do Zaire à Costa do Marfim, pronunciando mais de cinqüenta discursos em dez dias. Mesmo acostumados a esse tipo de experiência, os jornalistas que o acompanham terminam a viagem com a língua de fora. Deparando-se com uma equipe de televisão alemã ocidental, o papa zomba amigavelmente de seu cansaço: "E então, rapazes, ainda vivos?" Aos cardeais do séquito, que não agüentam mais, ele lança o desafio: "Não faz mal não, para descansar um pouco vamos esquiar em Terminillo, nos Abruzos!"

Um mês depois, recebendo o papa em Paris, o cardeal François Marty refere-se a ele como o "esportista de Deus". A expressão tinha a ver com o local onde se dava o encontro — o estádio de Parc des Princes —, mas acabaria ficando. Quantos esportistas não haveriam de citá-la em audiências descontraídas, nas quais o papa se entregava à saudade, como no dia em que o ex-campeão de ciclismo Eddy Merckx presenteou o Santo Padre com... uma bicicleta de corrida novinha em folha.

E com efeito o pontificado prometia ser esportivo. Mas o atentado de 13 de maio de 1981 — ao qual voltaremos[8] — quase pôs fim definitivamente a essa preferência. Operado com urgência por causa de múltiplas lesões internas, infectado por um citomegalovírus durante uma intervenção salvadora, João Paulo II nunca haveria de recuperar-se completamente desse terrível choque. Mas superaria a provação e, à exceção de uma terrível gripe asiática que o deixa de cama durante dois dias em janeiro de 1990, esqueceria durante mais de dez anos seus problemas de saúde.

Até o verão de 1992. Para o papa e para o pontificado, esse funesto ano constituiria uma virada decisiva, pois assinala o início de uma longa série de problemas físicos que mudariam irremediavelmente sua imagem pública. Em apenas dois anos, o "esportista de Deus" haveria de transformar-se num velho em declínio, cujo fim iminente seria obstinadamente anunciado pelos meios de comunicação do mundo inteiro durante mais de uma década.

No dia 12 de julho desse ano, o próprio João Paulo II anuncia à multidão reunida na praça de São Pedro que terá de se hospitalizar para submeter-se a testes. Em seu *entourage*, ninguém se espanta: desde o atentado de 1981, o papa é por vezes acometido de problemas intestinais. Mas a surpresa é grande quando os médicos da clínica Gemelli anunciam, três dias depois, que retiraram do intestino do papa, durante operação de quatro horas de duração, um tumor do tamanho de uma laranja. A intervenção foi um sucesso, o tumor é "benigno": o papa está pronto para quinze dias de convalescença nas Dolomitas.

Mas as raras informações divulgadas sobre a saúde do papa deixam cada vez menos satisfeitos os jornalistas. O novo secretário de Estado, Dom Angelo Sodano, não é propriamente um adepto da transparência, como fora seu antecessor, o bispo Agostino Casaroli, quando do atentado de 1981. Na volta das férias, basta que João Paulo II tenha um branco de memória ao recitar o ângelus para que recomecem as especulações na imprensa mundial. O *Sunday Times* sai com a manchete: "*OS ÚLTIMOS DIAS DE JOÃO PAULO II*". Informação ligeiramente prematura, é o mínimo que se pode dizer. Naquele inverno, aos 72 anos de idade, o papa ainda esquia em duas oportunidades. Os *check-ups* médicos resultam em comunicados perfeitamente claros: "Todos os parâmetros de laboratório são bons" (18 de janeiro de 1993), "resultados normais" (2 de julho de 1993) etc. Um ano depois da retirada do tumor do intestino, novo *check-up*, novo comunicado tranqüilizador: está tudo bem. E no entanto, nada mais está bem.

Para começar, é nessa época que se detecta nele um ligeiro tremor da mão esquerda e um início de rigidez dos músculos do rosto. O papa tende agora a caminhar um tanto inclinado demais para a frente, arriscando-se a cair a qualquer momento. É precisamente o que acaba acontecendo no dia 11 de novembro de 1993, ao fim de uma audiência com especialistas da FAO, na longa Sala das Bênçãos — a que acompanha a fachada da Basílica de São Pedro —, onde recentemente fora instalado um novo tapete. Um passo em falso, uma hesitação, o papa tropeça na batina e cai pesadamente no chão. Depois de alguns segundos inanimado, ele se levanta com a ajuda dos guardas suíços, que o conduzem ao hospital Gemelli, onde vem a ser engessado à noite. O diagnóstico é severo: fratura e deslocamento do ombro direito. Por mais que faça gracejos, como de hábito, o papa realmente está com uma deficiência. Durante quatro semanas, ele não é mais capaz de abençoar normalmente (tanto pior: abençoa com a mão esquerda!) e, sobretudo, não pode mais escrever. Desse modo, seu jovem colaborador Stanislaw Rylko é convidado diariamente a ir ao seu encontro com seu computador portátil, para tomar o ditado da futura *Carta às famílias*. Ao fim de cada sessão, Rylko se vai com o texto bruto, voltando no dia seguinte para apresentar-lhe o texto corrigido e retocado. Este *modus operandi* agrada a João Paulo II, que passa a adotá-lo para todos os seus escritos.

Mal recuperou-se de seus problemas, o papa é atingido por um novo golpe a 28 de abril de 1994: ao sair de seu banho noturno, antes de ir deitar-se, o Santo Padre escorrega e fratura o fêmur direito. No dia seguinte, nesse mesmo hospital Gemelli que ele próprio acabaria batizando sarcasticamente de "Vaticano III", uma prótese é implantada em seu quadril. Mas a operação não é totalmente bem-sucedida, e por causa dessa prótese ele mancaria durante muito tempo. Dessa queda, João Paulo II nunca se recuperaria completamente. Dessa vez, o esqui e a natação realmente chegaram ao fim. Durante suas férias alpinas no verão seguinte, ele sobe com dificuldade os degraus do chalé e se limita a fazer alguns passeios curtos. Daqui para a frente, precisa de uma bengala para caminhar. Mas levaria tempo para habituar-se: "Olha só, ele foi operado na perna direita e segura a bengala com a mão esquerda!", graceja seu porta-voz, Navarro-Valls. Peregrinos do mundo inteiro começam a dar bengalas de presente ao papa. Logo João Paulo II perderia a conta delas. Ele próprio se diverte em público com sua enfermidade: empurra os amigos com a ponta da bengala, ou então a sacode no ar e com ela faz mira como se fosse um fuzil, ou ainda a gira à maneira de Charles Chaplin... O humor é uma maneira de esconder seu incômodo, e mesmo sua tristeza. Privado de exercícios físicos, Karol Wojtyla vê aos poucos sua silhueta engrossar e se entristece: "Vocês não sabem, mas o papa já foi um esportista!", diz ele às vezes, entre os mais íntimos, com um sorriso melancólico. "Embora nunca se irrite", conta o bispo Boccardo, "eu o vi uma vez quase cair ao descer uma escada e amaldiçoar seu corpo doente: com raiva, ele deu um susto em todo mundo, batendo no piso de madeira com o cabo de seu báculo."[9] Em agosto de 1994, ele aparece numa foto fazendo uma careta de dor, com o báculo na mão. Em setembro, é obrigado a desistir de viajar a Nova York, e sobretudo, inconformado, a Sarajevo. Dias depois, em Zagreb, ele aparece na televisão com ar cansado, o passo incerto, a mão trêmula, a voz lassa. Em outubro, durante o sínodo, chega com dificuldade à mesa de honra e se volta para exclamar em direção aos bispos presentes: *"Eppur si muove!"* (E no entanto ele se move!) O jogo de palavras a partir da citação de Galileu mal esconde o verdadeiro desalento, num homem obrigado a reconhecer pela primeira vez que seu corpo já não lhe obedece.

Em janeiro de 1995, a grande viagem do papa pela Ásia e a Oceania transcorre mal. Seus médicos ordenaram uma drástica redução do número de discursos e manifestações, e a total supressão dos banhos de multidão. No fim da viagem, em Colombo, ele desmaia em seu *papamobile* sem refrigeração. No dia de Natal desse mesmo ano, é acometido de violenta náusea durante a bênção *urbi et orbi*, sendo obrigado a suspendê-la repentinamente diante dos telespectadores do mundo inteiro. Daí para a frente, todos terão de se acostumar com o fato de o papa cancelar uma audiência (com os bispos albaneses, a 23 de fevereiro de 1996) ou uma visita há muito programada (a Sena, no dia 19 de março de 1996).

Como sempre acontece quando não há transparência, reina a confusão entre as informações verídicas sobre a saúde do papa e os incontáveis boatos que circulam entre as colunatas de São Pedro e as ruelas do Borgo Pio. Diz-se que agora o papa se cansa com mais facilidade, que se deita mais cedo, que não ouve bem com o ouvido esquerdo. O Canal 5 da televisão italiana revela um belo dia que o papa foi debilitado por um citomegalovírus inoculado em transfusões de sangue, o que é a estrita verdade, mas leva certas más línguas a dizer que o papa pode estar com Aids — já que o citomegalovírus é parente próximo do vírus HIV. Num verdadeiro florilégio de afirmações pessimistas, não raro catastrofistas e às vezes indelicadas, os jornais do mundo inteiro só falam agora do papa para comentar seus problemas de saúde. "*O PAPA ESTÁ MORRENDO*", titula sem rodeios a revista *Courrier International* em outubro de 1994. O mesmo tom alarmista e as mesmas investigações impiedosas podem ser encontradas em *Stern, Panorama, L'Express* etc. Em março de 1996, todos os jornais do mundo reproduzem uma "indiscrição" publicada no *Diario 16* pelo jesuíta espanhol Pedro Miguel Lamet, segundo quem o papa tem um "câncer". Já o taxativo desmentido de Navarro-Valls merece pouco espaço.

Torna-se cada vez mais evidente que o Santo Padre sofre da doença de Parkinson, mas nenhuma confirmação oficial é divulgada.[10] E, no entanto, quem não percebe a cada missa, a cada viagem, a cada discurso, que o tremor do braço e da mão esquerdos do papa se torna cada vez mais penoso? Que o papa sofre de evidente rigidez facial, de disfunções da fala e da deglutição? Que o rosto se torna inexpressivo e o olhar, fixo? Embora os especialistas da doença expliquem que existem tratamentos para corrigir os efeitos dessa "paralisia agitante", que em nada ameaça as faculdades intelectuais do doente, o tremor permanente que sacode as páginas de suas homilias constitui um incômodo cada vez maior para o papa. Na televisão, é já agora tudo que se vê.

João Paulo II tem consciência de que seu mal é visível. A partir dessa época, esse homem de fé passará a *dar um sentido a seu sofrimento*, que encara como uma "provação divina" e um "dom necessário": "Eu meditei sobre tudo isto durante minha hospitalização", diz ele no ângelus de 29 de maio de 1994. "Entendi que meu papel é conduzir a Igreja de Cristo ao terceiro milênio através da oração, de iniciativas as mais variadas, *mas também através do sofrimento*, do atentado de treze anos atrás e deste novo sacrifício."[11] Essa imagem pungente de um homem que envelhece e sofre é também uma imagem de verdade. E igualmente, para o papa, uma maneira de celebrar a grandeza do homem.

Um João Paulo II sucede a outro João Paulo II. O papa jovem e esportivo, vigoroso e cheio de confiança, caminhando com a passada do montanhês, esquiador emérito, dá lugar em pouco tempo a um papa adoentado e frágil, limitado por suas dores, constantemente trêmulo, às vezes inaudível, caminhando penosamente com passinhos apertados. Não é mais o

mesmo homem. Entre 1978 e 1994, toda uma geração de cristãos descobrira e aprendera a amar o *papa da confiança*. Uma outra, mais recente,
só poderia conhecer e venerar o *papa do sofrimento*. Curiosamente, é nos
mais jovens que o segundo João Paulo II, o velho papa lutando contra a
doença, causaria maior impressão. Certo dia, em 1996, visitando a paróquia romana de Santa Bibiana, ele diz aos jovens que vieram ouvi-lo: "Mesmo quando ficamos velhos como estou hoje, continuamos a ter alguma
coisa da juventude em espírito. Sinto-me jovem apesar de todos os anos
que trago em mim." Na vigília de Longchamp, durante as Jornadas Mundiais da Juventude, em 1997, depois de pairarem dúvidas sobre sua participação, ele começa a tossir, e logo novamente... No quarto acesso, as
centenas de milhares de jovens ali presentes começam a aplaudir a cada
tosse, como se quisessem encorajá-lo.

*

O verão de 1996 é agitado. Na noite de 12 para 13 de agosto, o papa
é acometido de violentas dores intestinais em Castel Gandolfo. Para não
dramatizar a nova crise, o secretário de Estado Angelo Sodano decide
não hospitalizar João Paulo II na clínica Gemelli, enviando-o em total
segredo para a clínica Regina Apostolorum de Albano, a quatro quilômetros dali, para submetê-lo a uma tomografia. Um exame "de rotina", afirma um comunicado da *Sala Stampa* que não convence ninguém. "O papa
está bem", explica Navarro-Valls a 16 de agosto, esclarecendo que as dores intestinais deviam-se a uma "síndrome febril de natureza digestiva", e
que se o papa parece cansado é por causa dos antibióticos. Mas o intestino frágil de João Paulo II continua a pregar-lhe peças. Seus médicos — os
professores Buzzonetti, Crucitti, Ribotta, Mariano e Colagrande — decidem hospitalizá-lo na clínica Gemelli, no dia 8 de outubro, por "apendicite
recorrente". A operação dura cinqüenta minutos. Os médicos são cate-
góricos: não encontraram nenhum tumor. Meses depois, o dr. Francesco
Crucitti, o cirurgião que o havia operado em maio de 1981, declara ao
jornal *Il Tempo* que o papa "está forte como um carvalho". Ironia do destino: um ano depois, a 26 de agosto de 1998, o papa haveria de recolher-
se em meditação no túmulo de Crucitti, morto em conseqüência de um
câncer fulminante.

O "ESPORTISTA DE DEUS"

Com maior ou menor comedimento, os meios de comunicação do mundo inteiro falam de "fim de reinado" e especulam sobre sua possível renúncia.[12] A renúncia de um papa já aconteceu no passado, mas naturalmente seria um acontecimento extraordinário. Na véspera de completar 75 anos, na audiência geral de 17 de maio de 1995, João Paulo II desmente essa hipótese: "Renovo diante do Cristo a oferta de minha disponibilidade para servir a Igreja enquanto Ele assim quiser, entregando-me totalmente a Sua santa vontade. Entrego a Ele a decisão sobre como e quando haverá de me dispensar desta missão."

*

Os últimos anos do pontificado seriam marcados por alertas, boatos e especulações, mas a mídia acabaria por desconfiar de si mesma, passando a saudar as recuperações e as proezas físicas do papa. Sempre que ele se desloca, ninguém mais estranha ver seu médico pessoal — o velho Renato Buzzonetti[13] não quis saber de se aposentar — acompanhá-lo com sua eterna maleta de primeiros-socorros e matar o tempo tirando fotos. O protocolo vai sendo constantemente adaptado, sempre com a preocupação de aliviar a carga do celebrante nas cerimônias pontifícias. Durante as audiências gerais e as missas ao ar livre, ele é conduzido por um Mercedes cupê que o deixa bem junto ao altar. "Estamos simplificando sua vida", explica Boccardo, o fiel assistente. O celebrante não mais incensa ele mesmo, deixando que o façam seus acólitos. Não desce mais para dar a comunhão, os fiéis é que vão até ele. Em dezembro de 1999, um pequeno estrado móvel é instalado para suas audiências em São Pedro: uma geringonça que o eleva a cinqüenta centímetros de altura para ficar visível, com discretas balaustradas, empurrado por guarda-costas. Nas viagens, ele não beija mais o chão dos países que visita: agora, um pouco da terra local lhe é trazida por crianças, para que a beije.

Mas sua vontade continua de ferro. Foi o próprio João Paulo II que fez questão de impor uma programação pesada em sua sétima viagem à Polônia, em 1999. Foi ele que determinou que se impusesse um ritmo absurdo à viagem à Terra Santa em 2000. A cada vez, seus médicos e seu *entourage* ficam preocupados. Às vezes, durante uma viagem, alguém faz menção de reservar-lhe um dia de repouso: "Por quê? Vai prolongar a duração da viagem!" Na Polônia, ele acaba cedendo e efetivamente tira um dia de descanso. Mas à sua maneira: "A título de descanso", conta um colaborador, "ele reza uma missa às 7h30 para quinhentas pessoas, em vez das quinhentas mil de outros tempos!"

Com o passar dos anos, ninguém mais se arrisca a prever sua morte. Embora a programação da tradicional *via crucis* até o Coliseu, em abril de 2001, estabelecesse que o papa não carregaria mais a cruz, como costumava fazer, João Paulo II fez questão de carregá-la, na última estação, mesmo com um esforço sobre-humano. Mal se havia recuperado da trabalheira do Jubileu, na primavera de 2001, já estava preparando uma série de viagens a Malta, à Grécia, à Ucrânia, ao Cazaquistão etc. Quem poderia imaginar então que ele presidiria triunfalmente as Jornadas Mundiais da Juventude em Toronto, no Canadá, em julho de 2002, e que todos os cardeais seriam convidados a celebrar em Roma o vigésimo quinto aniversário do pontificado, em outubro de 2003?

Assim, o "esportista de Deus" não terá sido apenas o primeiro papa cujas proezas esportivas eram do conhecimento de todos, mas também aquele de cujos problemas de saúde nada se ignorava. Ele mesmo classificou-se certa vez como "pobre-diabo". Em sua carta às pessoas idosas, em 1º de outubro de 1999, ele falava dos "limites que chegam com a idade", mas para concluir: "É bonito poder dedicar-se até o fim à causa do reino de Deus." Nas vésperas do dia 31 de dezembro de 2001, ele declarava: "Peço a Deus a força para dar prosseguimento, enquanto Lhe aprouver, ao serviço fiel à Igreja de Roma e ao mundo inteiro." O que servia para desmentir todos os boatos de renúncia. E no entanto, não teria ele preferido retirar-se para um carmelo? Não estaria apresentando uma imagem desoladora da Igreja? Já não teria dado tudo a sua Igreja?

Em maio de 2002, só mesmo ouvindo aquele velho cansado, transportado em seu estrado rolante, elevar com dificuldade a voz no microfone, no palácio presidencial de Bacu, a capital do Azerbaijão: "Enquanto eu puder falar, haverei de clamar: paz, em nome de Deus!" João Paulo II estava mesmo decidido a ir até o fim de suas forças, como exprimiria de forma pungente três meses depois, no santuário de Kalwaria Zebrzydowska, na Polônia, dirigindo-se diretamente à Virgem Maria:

Mãe Santíssima
Nossa Senhora de Kalwaria,
dai-me as forças
do corpo e do espírito,
para que eu possa
levar a termo
a missão
que me confiou o Ressuscitado.
A Vós, entrego todos os frutos
de minha vida e de meu ministério;
a Vós, confio o destino da Igreja;
a Vós, confio minha nação;
em Vós, tenho confiança
e a Vós mais uma vez declaro:

Totus Tuus, Maria!
Totus Tuus. Amém.

17

A epopéia polonesa

Assim que é eleito, João Paulo II passa a contemplar a idéia de ir à Polônia. Fala do assunto a seus colaboradores, escreve a respeito numa carta a seus fiéis diocesanos. No dia 21 de outubro de 1978, em seu primeiro encontro com a imprensa, um jornalista lhe faz a pergunta, recebendo uma resposta ambígua: "Eu irei à Polônia... se *eles* permitirem..." Ninguém ousa perguntar então se ele está se referindo à Cúria, ao governo polonês ou ao Kremlin.

A oportunidade para a volta ao país natal já existe: na primavera seguinte, será celebrado o nongentésimo aniversário do martírio de Santo Estanislau, bispo de Cracóvia, durante o encerramento do sínodo diocesano aberto sete anos antes, a 8 de maio de 1972, pelo cardeal Wojtyla em pessoa. Quando o Santo Padre, logo depois de ser eleito, fala de seu projeto a seu secretário de Estado, o cardeal Villot, este trata de informar-se discretamente com amigos poloneses: "Esse aniversário é mesmo um acontecimento tão importante assim?"[1]

Por enquanto, o projeto passa quase despercebido. Para começar, é preciso ser polonês, de Cracóvia, de preferência historiador, para saber que o bispo Estanislau de Szczepanow foi assassinado pelo rei Boleslau II, a 11 de abril de 1079, quando estava celebrando a missa na Igreja de São Miguel de Skalka. Exatamente como Thomas Becket seria morto um século depois por Henrique II Plantageneta na Catedral de Canterbury. Nas mesmas condições e pelo mesmo motivo: tampouco o bispo Estanislau queria que a Igreja se tornasse um instrumento nas mãos do Estado. Certos *monsignori* informados a respeito consideram um capricho afetivo essa idéia de um romântico reencontro do papa polonês com seu povo. Mas estão enganados. Para João Paulo II, trata-se efetivamente de abrir uma brecha no muro do totalitarismo, sobre bases históricas e culturais fortes. Não se trata de uma iniciativa política — o papa nunca lançou e nunca haveria de lançar uma "cruzada" contra o comunismo —, mas de uma iniciativa de *verdade*. Um projeto muito mais forte, mais ambicioso. Mais subversivo.

Muita água correu sob as pontes do Vístula desde que o chefe do Partido Comunista, Wladislaw Gomulka, opôs-se na primavera de 1966 ao desejo de monsenhor Wyszynski de convidar o papa Paulo VI para presidir as cerimônias do milenário da Polônia. Nesse outono de 1978, quando Edward Gierek, o sucessor de Gomulka à frente do POUP, defronta-se com o mesmo pedido, a situação já é outra: as relações Igreja-Estado estão num bom momento, e o papa é de nacionalidade polonesa — fez inclusive questão de manter seu passaporte. Não teria cabimento impedi-lo de visitar seu próprio país, sobretudo num momento em que a Polônia se vangloria de ser o mais "liberal" dentre os países do bloco socialista. Além disso, não seria realmente melhor, no plano político, ter como aliado esse compatriota de tanto prestígio? Logo depois de sua eleição, o responsável pelo exército, a polícia e as questões religiosas no comitê central, Stanislaw Kania, procurava tranqüilizar o primeiro-secretário do partido: "Provavelmente os problemas poloneses são mais bem avaliados de São Pedro, em Roma, que do castelo de Wavel?"[2]

O POUP optou, assim, por demonstrar boa vontade. O ministro Kazimierz Kakol, emissário do governo à cerimônia de entronização do novo papa — que foi transmitida ao vivo pela televisão polonesa, um verdadeiro acontecimento! —, foi instruído a fazer em Roma uma declaração das mais abertas, frisando inclusive que o Sumo Pontífice seria recebido com prazer na Polônia. Com a única condição, naturalmente, de que fosse fixada uma data de comum acordo. Infelizmente, dias depois, o próprio papa, sem qualquer entendimento com o regime polonês, anuncia sua intenção de ir a Cracóvia em maio, para celebrar, tal como previsto, o martírio de Santo Estanislau. Mais que uma contrariedade, é um desafio inadmissível para o regime, como Stanislaw Kania explicaria mais tarde: "A primeira visita de um papa à Polônia, para celebrar o mais violento conflito entre a Igreja e o Estado em toda a história polonesa! Não podíamos aceitar!"

A EPOPÉIA POLONESA 353

Depois de uma intensa queda-de-braço entre os dirigentes comunistas e os representantes da Igreja, um compromisso capenga foi encontrado: João Paulo II não iria em maio, mas... em junho. A decisão é corroborada pelo birô político do POUP no fim de janeiro. "Por unanimidade", naturalmente, embora se saiba que os "duros" do partido, em minoria, opuseram-se firmemente à viagem. No dia 2 de março, o chefe de Estado, Henryk Jablonski, convida oficialmente João Paulo II a visitar a Polônia de 2 a 10 de junho. E o episcopado tranqüilamente prolonga por um mês a comemoração prevista.[3]

Em Moscou, esse estranho balé é observado com preocupação. Stanislaw Kania rememora: "Os dirigentes soviéticos, a começar por Mikhail Suslov, não mostraram entusiasmo, para dizer o mínimo. Mas ninguém em Moscou sabia como se opor à nossa decisão."[4] Leonid Brejnev chegou a telefonar pessoalmente a Gierek para que recuasse da decisão: "Sugira ao papa, que é um homem sábio, que desista da viagem alegando problemas de saúde."[5] Tarde demais. A sugestão é grosseira e Gierek não pode voltar atrás.

*

2 de junho de 1979. Nesse dia, a Polônia está coberta de flores multicoloridas, de bandeirolas amarelas e brancas (as cores do Vaticano), de bandeiras vermelhas e brancas (as cores da Polônia) e de centenas de milhares de retratos do Santo Padre tremulando nas janelas e balcões. Em Varsóvia, as únicas manchas cinzentas no percurso do papa são os prédios do partido e do governo. No momento em que João Paulo II beija no aeroporto de Okecie o chão da terra natal, num gesto que se tornaria tão familiar, ninguém sabe como vai transcorrer a visita. A curiosidade não podia ser maior. Há eletricidade no ar. Os boatos não podiam ser mais intensos: o primeiro-ministro Jaroszewicz teria morrido de uma crise cardíaca; os russos teriam fechado a fronteira com a Polônia, sabe-se lá com que sombrias intenções...

Estranhamente, a recepção dos varsovianos é algo morna. Era como se aquelas dezenas de milhares de pessoas que se acotovelavam no primeiro percurso do cortejo não ousassem clamar seu entusiasmo, limitando-se a sorrir beatificamente e não raro chorar de emoção. Os próprios jornalistas ocidentais hesitam em seus primeiros comentários. O editorialista do *New*

York Times observa que no fim das contas "a viagem do papa em nada ameaça a ordem política na Polônia". Precisando "fechar" sua reportagem antes do início da primeira missa, na praça da Vitória, o enviado especial de *France-Soir* manda seu telex afirmando que a chegada do papa foi um "fracasso". É convencido por seu colega do *Figaro* a mudar seu título. Bem na hora: uma hora depois, lá estava uma multidão de cerca de trezentos mil varsovianos, cheios de fervor, felizes, espantados de serem tão numerosos. Mal podem acreditar que estão no centro de Varsóvia, naquela praça que durante algumas horas transforma-se num inacreditável espaço de liberdade. Sobretudo quando ouvem aquele homem de branco, com seu sorriso malicioso, lançar em rosto do regime: "Ninguém pode excluir o Cristo da história do Homem, em parte alguma do planeta!" É a primeira onda de aplausos do dia. Imensa, prolongada, irrefreável. Como um grito de libertação, uma indicação de que tudo passou a ser possível. No dia seguinte, o papa diria aos cem mil estudantes de Varsóvia reunidos diante da Igreja de Santa Ana: "Desde ontem estou me perguntando o que significam esses aplausos. Acho que foi o Espírito Santo que me disse: 'O importante não é que aplaudam, mas *quando* aplaudem...'"

Um povo inteiro tem assim a revelação de que o regime não matou sua fé, nem sua identidade, nem sua unidade. Um verdadeiro choque elétrico. O futuro dissidente Zbigniew Bujak, então um jovem operário nas usinas Ursus, depõe: "Cheguei à praça da Vitória e logo entendi, como tantos outros, a enorme força existente naquele país. Toda a ideologia oficial estava em ruínas! E eu ficava pensando: se alguém conseguir juntar novamente toda essa força, ninguém mais será capaz de se opor."[6]

A roda da história começou a girar. A cada dia que passa, as multidões são maiores, especialmente em Gniezno, berço do cristianismo polonês, Czestochowa, capital do culto mariano, e Auschwitz, qualificada pelo papa como "Gólgota do mundo moderno". O telefone nunca funcionou tanto em todo o país, compensando a indigência da imprensa oficial: na maioria dos diários, algumas linhas em burocratês, extraídas da agência oficial PAP; grandes tesouradas da censura no *Tygodnik Powszechny* de Cracóvia, único jornal a cobrir honestamente a viagem; algumas reportagens muito acanhadas na televisão, cujos responsáveis receberam ordem de não transmitir nenhum plano de multidão — o que exigia uma verdadeira proeza técnica.

A EPOPÉIA POLONESA

No dia 10 de junho, um milhão e meio de fiéis se comprimem no campo de Blonie, em Cracóvia. Uma multidão gigantesca que por duas vezes, como se estivesse sonhando, ouve o papa exclamar em sua última homilia: "É preciso abrir as fronteiras!" No imenso pódio de seiscentos metros quadrados onde foi erguido o altar, alguns dos numerosos celebrantes — o bispo Bengsch (Berlim), o bispo Tomasek (Praga), este ou aquele bispo húngaro ou romeno — não conseguem acreditar no que estão vendo nem ouvindo. Há uma semana, missa após missa, é como se um povo inteiro se sacudisse. Milhões de pessoas, acostumadas há trinta anos a "falar a verdade" em família ou entre amigos, mas a se calar em público, tomam consciência de que são muitos, e também de sua força. Por toda parte podem-se ver pequenos gravadores segurados acima da multidão por mãos anônimas, gravando os preciosos sermões que serão reproduzidos em fitas-cassete — não censuradas, desta vez — e discutidos durante meses nas igrejas, nos círculos religiosos, nas associações confessionais e em tantos outros "espaços de liberdade" que só a Igreja pode então oferecer aos que recusam o comunismo.

Nos países vizinhos, de Praga a Moscou, é total a perplexidade. Os dirigentes húngaros, tchecos e búlgaros não reagem. Apenas constatam, aliviados, que a multidão dos fiéis poloneses não tentou derrubar o regime. Em sua maioria, eles nunca foram capazes de entender esse "país irmão" tão imprevisível e tão zeloso de sua identidade nacional. Mas aquela confusão toda era apenas uma questão interna da Polônia. Nenhum deles podia imaginar então que João Paulo II também viesse a visitar um dia algum outro país que não o seu.

Gdansk, agosto de 1980

Castel Gandolfo, domingo, 17 de agosto de 1980. Tendo a seu lado seu secretário, Stanislaw Dziwisz, João Paulo II assiste ao jornal da RAI, a rede nacional da televisão italiana. Há três dias os operários estão em greve à beira do Báltico. O mundo inteiro recebe em rosto as imagens de proletários de macacão azul comungando pela manhã, ajoelhados diante de altares improvisados sob o letreiro gigante dos estaleiros navais Lenin: *STOCZNIA GDANSKA IM. LENINA*. A câmera detém-se nesses estranhos revolucionários, no cenário insólito, e acaba descobrindo o retrato de João Paulo II preso na grade do portão número 2, ao lado da imagem da Virgem Negra de Czestochowa.

Em Roma, o olhar do Santo Padre se detém de repente em sua própria efígie, afixada como um desafio nos muros do estaleiro. O papa abaixa a cabeça, permanecendo por um longo momento mergulhado em seus pensamentos. Ele sabe melhor que ninguém qual o sentido desse movimento. Avalia perfeitamente o que está em jogo. E os riscos. Não foi João Paulo II, naturalmente, que desencadeou a onda de greves. A causa fundamental é a deterioração da situação econômica. "E foi por sinal nesse terreno que reagimos: com aumentos salariais", explica o ex-dirigente Jerzy Waszczuk. "Mas de nada adiantou. Como deixar de ver que nos desdobramentos da greve estavam sobretudo os frutos da viagem do papa em 1979?"[7] Variando apenas nas nuanças, a opinião é geral: não é por acaso que as greves do Báltico se mostram tão maciças, confiantes e alegres apenas um ano depois da viagem triunfal de João Paulo II a sua pátria. E também que sejam tão nitidamente marcadas com o selo da fé cristã, o que é uma novidade em relação aos anteriores levantamentos operários, em Budapeste e Praga, Poznan, Ursus e Radom. E igualmente, que sejam, por fim, *solidárias*: os grevistas de Gdansk recusando um primeiro acordo com o regime para não deixar na mão seus companheiros das outras regiões; operários e intelectuais se organizando numa rede de oposicionistas unidos em todo o território polonês... Coisas nunca vistas, nem mesmo na Polônia. Não resta a menor dúvida de que as imensas aglomerações do ano passado deixaram uma marca nos espíritos, e de que as homilias de João Paulo II ainda estão na lembrança de todos.

O Ocidente observa os acontecimentos, fascinado e perplexo: ali está uma classe operária, uma classe operária de verdade, no centro de uma revolução perfeitamente autêntica, que trocou a *Internacional* por cânticos em glória do Bom Deus. E que extrai sua força de sermões pontifícios, e até mesmo da comunhão matinal, para melhor combater um regime "socialista". Para um ocidental, é difícil admitir que esse tal de Lech Walesa, o eletricista bigodudo que lidera as negociações com os delegados do regime, use como um talismã, preso em seu pulôver, um *button* da Virgem Negra de Czestochowa. Que um operário polonês inclua entre suas reivindicações o acesso da Igreja aos meios de comunicação de massa ainda vá lá; mas será que precisa mesmo explicar, em entrevista após entrevista, que "é a fé que [o] guia"? Com algumas exceções, todo o Ocidente se entusiasma com os grevistas de Gdansk, inclusive nas esquerdas: na França, o jornal *Témoignage Chrétien* exalta na primeira página o *"VERÃO POLONÊS"*, enquanto *Le Nouvel Observateur* sai com a manchete entusiástica: *"VIVA A POLÔNIA!"*

Já João Paulo II mostra-se preocupado. Ele sabe que os poloneses estão brincando com fogo. Durante os primeiros dias da crise polonesa, em Roma, a ordem é simples: prudência e discrição. A rádio Vaticano não altera o tom de seus boletins informativos: nada de entusiasmos deslocados, nada de exaltação fácil. Todos têm na lembrança os excessos irresponsáveis da rádio americana sediada em Munique, a rádio Europa Livre, em 1956, durante a crise húngara. O *Osservatore Romano*, por sua vez, limita-se a publicar alguns despachos de agências — especialmente um apelo do arcebispo Wyszynski em favor da liberdade de expressão, incluído em sua homilia de 17 de agosto no santuário mariano silesiano de Wambierzyce. Sem comentários.

A 20 de agosto, Stanislaw Dziwisz, que deixou Roma para tirar "férias" em seu país natal, circula incógnito pelos Estaleiros Lenin. Nesse dia, João Paulo II sai do silêncio em que se havia fechado em Castel Gandolfo e, de helicóptero, vai pedir aos vinte mil peregrinos reunidos na praça de São Pedro para a audiência geral, que rezem pela Polônia, invocando por sua vez "liberdade para a Igreja, paz para a pátria", assim como "a proteção do povo contra todo perigo".[8] A alusão é clara. Acima de tudo, o papa teme uma intervenção soviética. Ele mesmo explicava certa vez, num sermão, depois das sublevações de Ursus e Radom: "Não podemos nos dar ao luxo de ser irresponsáveis, pois estamos numa posição geográfica difícil."[9] O mais humilde camponês da Polônia sabe que seu país é uma grande planície situada entre a Alemanha Oriental e a União Soviética. Vista de Roma, a situação é ainda mais flagrante. À noite, o Santo Padre não resiste mais e acaba redigindo uma carta de apoio ao arcebispo Wyszynski, na qual se refere à "dura luta da nação polonesa pelo pão de cada dia", pela "justiça social" e para "assegurar seu direito inalienável a uma vida e a um desenvolvimento que lhe sejam próprios".[10] Em Varsóvia, o primaz vive um cruel dilema: é claro que a Igreja não pode trair esses operários tão devotos que também são suas ovelhas, mas deve fazer tudo que estiver a seu alcance para afastar o risco da tão temida intervenção. Desde o esmagamento da Primavera de Praga em agosto de 1968, os países socialistas vivem uma situação claramente definida por Leonid Brejnev em pessoa, como a "soberania limitada". Em termos concretos: qualquer derrapagem política dentro de um dos "países irmãos" constitui uma ameaça para todos os outros e como tal deve ser reprimida.

Desamparado, o Partido Comunista Polonês tenta precisamente descartar o trunfo da Igreja Católica, a única instituição capaz de ser ouvida pela sociedade. Seus dirigentes sabem perfeitamente que na cúpula do episcopado se teme uma intervenção soviética. E que a desordem não é apreciada. Através de intermediários, o primeiro-secretário do POUP, Edward Gierek, propõe um encontro ao arcebispo Wyszynski. Depois de hesitar, o cardeal primaz recusa o convite: está preparando seu tradicional sermão de 26 de agosto, festa da Virgem de Jasna Gora, em Czestochowa, que é uma das grandes ocasiões anuais da Igreja polonesa, e receia que se deduza alguma ligação entre sua homilia, na qual pretende mostrar moderação, e semelhante encontro com o número um do partido. O arcebispo Wyszynski prefere encontrar-se com alguém que seja menos comprometedor: Stanislaw Kania, o homem encarregado das questões religiosas no birô político. Seu objetivo é fazer-lhe uma pergunta, a única que importa, de seu ponto de vista: "Que estão pensando em Moscou?"[11] Kania confirma-lhe o que todos já sabem: quarenta mil soldados húngaros, alemães orientais e soviéticos preparam-se com estardalhaço para as grandes manobras anuais do Pacto de Varsóvia, marcadas para 8 de setembro, bem do outro lado do Oder, na região nordeste da RDA.

No dia 26 de agosto, o primaz pronuncia sua homilia diante de cerca de cem mil peregrinos em Czestochowa. Muito equilibrado, o sermão frisa sem qualquer ambigüidade a validade das reivindicações dos grevistas, mas não deixa de conter, com todas as ressalvas rebuscadas, aquilo que o regime desejava: um convite para a volta ao trabalho. Gierek e Kania esfregam as mãos: partindo do próprio Wyszynski, não podia ser melhor. E o partido trata de divulgar os trechos mais conciliadores desse inesperado sermão em toda a Polônia, através da agência PAP, mas também para os grandes meios de comunicação ocidentais, através do telex da agência

A EPOPÉIA POLONESA 359

da homilia do primaz, o que nunca tinha sido visto em toda a história da Polônia comunista. Mas o partido exagera. O texto do primaz foi cuidadosamente expurgado de todas as suas críticas ao regime. A tal ponto que os operários, incrédulos, acreditam tratar-se de uma falsificação. "Foi um enorme erro, o texto perdera toda verossimilhança, embora fosse autêntico", reconhece Jerzy Waszczuk. "E os grevistas ignoraram o apelo de Wyszynski para pôr fim ao movimento."[12]

A homilia do primaz faz correr muita tinta. De tal maneira que se esquece um detalhe: três dias antes, o líder dos grevistas, Lech Walesa, formou uma pequena equipe de assessores, recrutados entre os maiores intelectuais do país. Dela fazem parte, em particular, Tadeusz Mazowiecki, redator-chefe da revista *Wiez*; Bohdan Cywinski, ex-redator-chefe de *Znak*; Andrzej Wielowiejski, secretário-geral do Clube de Intelectuais Católicos (KIK) de Varsóvia. Três personalidades próximas do Santo Padre.

Assinados a 31 de agosto diante das câmeras do mundo inteiro, os acordos de Gdansk constituem uma vitória incrível, transcendendo em muito o contexto de uma negociação difícil entre operários e seu governo. Assim é que muitos observadores notam que ao longo de quinze dias de enorme tensão, no litoral e nas grandes cidades industriais, não houve um morto sequer, nenhum ferido, nenhuma troca de murros. Não faltou quem sorrisse ao ser informado de que o comitê de greve dos estaleiros proibira a entrada de garrafas na empresa. Um detalhe ridículo? Certamente que não. Foi a determinação e a calma desses operários, a coragem e a solidariedade de suas famílias, que fizeram o regime recuar — seus tanques, seus milicianos, suas perseguições, suas diferentes chantagens. Os operários de Gdansk mostraram que haviam ouvido e entendido a exortação do papa em sua entronização, em outubro de 1978: "Não tenham medo!"

Seis meses depois, em sua biblioteca particular, o papa felicitará Walesa e os representantes do Solidariedade que o visitavam em Roma, por se terem valido "dessa forma de agir destituída de violência e de força, buscando as soluções pelo diálogo recíproco".[13] Um dos melhores amigos do ex-cardeal Wojtyla, o teólogo Jozef Tischner, escreveria a respeito um livro, intitulado *Ética de Solidariedade*.[14]

*

O papa sabe perfeitamente que o Kremlin não pode aceitar os acordos de Gdansk sem reagir, mais cedo ou mais tarde: ao sabor dos acontecimentos, um partido comunista pode tolerar muitas coisas — formas privadas de agricultura, liberdade de culto —, mas não o questionamento de seu "papel dirigente" na organização da sociedade. Acontece que a independência sindical concedida pelos acordos de Gdansk constitui efetivamente uma rachadura no sacrossanto monopólio da gestão das questões polonesas por parte do POUP. Já no dia seguinte à assinatura dos acordos, em plena audiência geral, João Paulo II fala do "direito moral da Polônia à soberania e à independência", comunicando que reza para que seu país não seja "vítima de nenhuma agressão, venha de onde vier".

Sua apreensão é confirmada pelo telegrama de "felicitações" enviado por Leonid Brejnev a seu "querido camarada Kania", que a 5 de setembro substitui Gierek à frente do partido polonês: "Os comunistas soviéticos consideram-no um combatente corajoso pelos verdadeiros interesses do povo [...], pelo fortalecimento do papel dirigente do Partido e a consolidação das posições do socialismo na Polônia [...], uma personalidade firmemente apegada ao internacionalismo proletário." Em outras palavras: marcha a ré, "querido camarada", e "em curto prazo", caso contrário... João Paulo II é capaz de ler nas entrelinhas desse discurso melhor que qualquer kremlinólogo ocidental: ele sabe que, em tais condições, o futuro não promete muito. E não está errado. É enorme a preocupação entre os que cercam Leonid Brejnev. No dia 5 de dezembro, os chefes do Pacto de Varsóvia reúnem-se em Moscou e por pouco — é justamente uma vibrante intervenção de Stanislaw Kania que faz a diferença — não é tomada a decisão de intervir militarmente na Polônia para impor a lei marcial no país.[15]

Embora Kania tenha evitado o pior, não conseguiu calar os boatos de invasão que continuam correndo nos meios informados. O principal informante da CIA na Polônia, o coronel Ryszard Kuklinski, comunica a seus contatos que a intervenção dos tanques soviéticos é iminente. O conselheiro de segurança do presidente Carter, Zbigniew Brzezinski, católico de origem polonesa, logo trata de avisar a João Paulo II, que tem então uma iniciativa inédita: escreve pessoalmente a Leonid Brejnev para dizer-lhe que semelhante decisão seria fatal para a "distensão" na Europa, e que neste caso como em outros a União Soviética devia respeitar os acordos

A EPOPÉIA POLONESA   361

de Helsinque, a começar pelo "princípio de não-intervenção nas questões internas das nações".[16]

1981: estado de guerra

Roma, 13 de dezembro de 1981. Desde esta manhã, o mundo inteiro sabe que o general Wojciech Jaruzelski instaurou a lei marcial — batizada de "estado de guerra" — em todo o território polonês, e que milhares de militantes do sindicato Solidariedade foram detidos durante a noite. Todas as comunicações com a Polônia foram suspensas. Não se tem qualquer notícia de Lech Walesa. Ao meio-dia em ponto, diante de trinta mil peregrinos reunidos na praça de São Pedro para o ângelus, o papa, visivelmente comovido, repete para os poloneses misturados na multidão suas palavras de setembro: "Já se derramou sangue demais na Polônia!"[17] Na verdade, o papa está em choque e não sabe como reagir. O que ele teme, angustiado, é que a submissão da Polônia provoque uma onda de resistência desesperada, levando a alguma forma de guerra civil. Habitualmente tão bem informado sobre a situação polonesa através de mil e um canais, João Paulo II pouco sabe sobre o que realmente aconteceu naquela noite trágica: não há mais telex, nem telefone, nem aviões ligando a Polônia ao resto do mundo, e as únicas informações de que se dispõe são as que chegam através das pessoas que deixam o país de navio, trem ou automóvel.

No Ocidente, é grande a emoção. Especialmente na Itália. Em Roma, ao visitar uma paróquia romana, como costuma fazer todos os domingos, o papa tem a agradável surpresa de ver na assistência o ministro italiano de Relações Exteriores, Emilio Colombo, que veio manifestar-lhe sua "solidariedade". É pouco, e é muita coisa. No mesmo dia, seu colega francês, Claude Cheysson, expressa o sentimento geral dos dirigentes ocidentais, ao declarar à rádio Europa 1: "Naturalmente, não vamos fazer nada!"

Do lado americano, nenhuma notícia. O novo presidente, Ronald Reagan, que recentemente fez amizade com o cardeal Krol, por sua vez amigo pessoal de João Paulo II, havia pedido ao diretor da CIA, William Casey, que informasse regularmente o papa sobre a situação em seu país, especialmente quanto a eventuais riscos de intervenção soviética. No dia

30 de novembro, o general Vernon Walters, ex-diretor da CIA e embaixador extraordinário do presidente Reagan, havia apresentado ao papa, em sua biblioteca particular, uma série de fotos de satélite mostrando a concentração de tropas nas fronteiras da Polônia.[18] Desde a proclamação da lei marcial, no entanto, nada mais: a neve e as nuvens tornam inoperantes os satélites espiões mais sofisticados.

O papa não se conforma de se ver assim isolado de sua terra natal. Na quarta-feira, 16 de dezembro, durante a audiência geral semanal, ele não pode deixar de se referir ao primeiro discurso televisionado do novo primaz da Polônia, no qual o pouco comunicativo bispo Glemp evidenciara uma moderação beirando o fatalismo. Dividido entre a preocupação e a prudência, o papa exprime "sua solicitude em relação à pátria, à nação de que é filho", limitando-se a lamentar que o regime polonês tenha abandonado "a via do diálogo".[19] No sábado, dia 19, ele envia a Varsóvia um velho conhecedor das questões do Leste, o núncio itinerante Luigi Poggi, acompanhado pelo bispo Janusz Polonec, um polonês que trabalha na Cúria, para se informar oficialmente sobre a situação. Monsenhor Poggi conhece muito bem o caso polonês, que vem acompanhando desde 1973. O papa o recebeu na véspera em caráter privado, entregando-lhe uma carta pessoal ao general Jaruzelski, que ele esconde nas pregas de sua batina — uma cópia é destinada ao primaz da Polônia, e outra ao "Sr. Lech Walesa, presidente do Solidariedade". A carta, que menciona uma escaramuça com vítimas mortais ocorrida a 16 de dezembro na mina de Wujek, na Silésia, é um apelo vibrante pelo fim do "derramamento de sangue". Longe da linguagem diplomática, o papa conclui: "Faço um apelo a vossa consciência, general." Infelizmente, monsenhor Poggi não consegue evitar a armadilha que lhe é lançada por Jaruzelski: depois de fazê-lo esperar vários dias, o general de óculos escuros finalmente recebe o núncio... diante das câmeras de televisão, que retransmitem o sorridente aperto de mão entre o general e o enviado especial do papa.

No domingo, dia 20, dirigindo-se aos vinte e cinco mil fiéis reunidos para o ângelus, João Paulo II os convida a rezar especialmente por todos aqueles que passarão o Natal "na prisão ou em campos de detenção", e reafirma o direito da Polônia de "viver sua própria vida em paz e no respeito dos direitos humanos".[20] No dia seguinte, pouco antes da meia-noite, ele recebe em seus aposentos Dom Bronislaw Dabrowski, bispo auxiliar de Varsó-

A EPOPÉIA POLONESA 363

via e secretário-geral da conferência episcopal polonesa, abraçando-o e conduzindo-o a seu gabinete para uma longa conversa particular.

Essa conversa com o bispo Dabrowski é capital. No maior segredo, o prelado encontrou-se com Lech Walesa na *villa* onde se encontra detido, perto de Varsóvia: ele sabe que o presidente do sindicato Solidariedade não cederá, apesar das ofertas de colaboração e das pressões que sofre. Explica que, ante as propostas de "entendimento" feitas por Jaruzelski, a conferência episcopal polonesa optou por uma atitude muito mais firme que a do primaz Jozef Glemp: está fora de questão que a Igreja aceite "dialogar" com o poder militar enquanto prevalecer o estado de guerra. É depois dessa conversa que João Paulo II toma uma decisão capital, com perfeito conhecimento de causa: não vai abandonar o Solidariedade. O sinal para a resistência seria dado na noite 24 de dezembro, quando ele próprio acende em sua janela uma vela que haveria de arder durante toda a noite de Natal, exatamente como dezenas de milhares de outras velas nos quatro cantos do mundo. O próprio presidente Ronald Reagan convidou todos os americanos a fazer o mesmo gesto naquela noite, como testemunho de solidariedade.

Ao decidir apoiar Walesa e seus companheiros, apesar do terrível golpe que lhe foi assestado, e que tudo indica ser definitivo, o Santo Padre fez uma escolha pessoal difícil. Naturalmente, trata-se do papa, e não de um simples pároco de uma paróquia de Gdansk ou mesmo do arcebispo de Cracóvia! Mas a seus olhos o que está em jogo é grave demais, superando a conjuntura polonesa. Se o regime comunista acertar suas contas com a sociedade polonesa como fez em Berlim Oriental em 1953, em Budapeste em 1956 e em Praga em 1968, terão chegado ao fim as esperanças de sair do pesadelo totalitário. O Solidariedade não é apenas um sindicato de dez milhões de membros ou um movimento social excepcionalmente poderoso, mas a forma mais sofisticada que a oposição de massa foi capaz de assumir num sistema comunista, a prova de que a vitória é possível sem contra-revolução armada, sem derramamento de sangue. Se essa forma de ação não-violenta, "legalista", estiver fadada ao fracasso, só será possível contemplar no futuro próximo gestos de desespero, de terrorismo e de morte. De modo que o que está em jogo é tanto da esfera moral ou ética quanto da política, transcendendo em muito o contexto da Polônia.

A dimensão moral é vigorosamente reiterada por João Paulo II em sua mensagem de Natal: "Que a força do bem triunfe sobre as forças do mal! Que a força da justiça, do respeito do homem, do amor à pátria triunfe sobre as forças adversas que vêm a ser o ódio e a destruição tanto física quanto moral!" O papa vai mais longe. Ao lançar-se na luta, ele não se limita a defender os valores morais, universais, que eram encarnados pelo sindicato proibido: não-violência, solidariedade, liberdade etc. Pretende também salvar a própria organização Solidariedade, como parceira de um futuro diálogo com o regime. A linha política é traçada, e não haveria de mudar mais: é preciso voltar ao diálogo entre o poder e a sociedade, é preciso reencontrar o caminho de um entendimento nacional que não seja, naturalmente, ilusório. Diálogo, entendimento nacional: esse objetivo, na época não muito bem compreendido, haveria de resistir ao tempo, acabando por triunfar, mais de sete anos depois.

Já no dia 1º de janeiro de 1982, João Paulo II confirma solenemente sua posição durante o ângelus, diante de várias dezenas de milhares de peregrinos, entre os quais é possível ver aqui e ali uma ou outra bandeirola do "SOLIDARNOSC". O papa os saúda e se vale dessa demonstração de militância para lembrar vigorosamente o direito dos trabalhadores de formar sindicatos independentes, de desfrutar de seus direitos familiares e individuais: "Trata-se de uma questão importante! Não apenas para um país específico, mas para a história da humanidade!" A multidão aplaude calorosamente o papa, que acrescenta, para não deixar margem a dúvida: "Neste sentido, o Solidarnosc pertence ao patrimônio de todas as nações."[21]

A partir daí, não se passa uma quarta-feira sem que João Paulo II fale publicamente, na audiência geral, do "estado de guerra" na Polônia. Essas "pequenas frases" regulares, fortes, obstinadas, têm um impacto considerável no Leste. São sistematicamente reproduzidas pela rádio Vaticano, a BBC e sobretudo a rádio Europa Livre, a rádio americana sediada em Munique, constantemente ouvida em todo o mundo socialista.

Mas nem por isso o papa deixa de lado a grande política. No meado de janeiro de 1982, ele se dirige ao corpo diplomático, como faz todo ano, num discurso solene. Lembra que a Igreja fez da defesa dos direitos "inamovíveis" do homem, mas também dos direitos "não menos sagrados" das nações, uma prioridade de sua ação diplomática. E denuncia solenemente as seqüelas de Ialta: "O fato de terem ocorrido repartições em esferas de hegemonia, originadas em situações específicas e contingenciais, não pode justificar sua persistência, sobretudo se tendem a limitar a soberania de outrem." Um mês depois, a 12 de fevereiro, em Madri, o representante da Santa Sé na Conferência sobre a Segurança e a Cooperação na Europa (CSCE), o bispo Silvio Luoni, aperta ainda mais o parafuso: o Vaticano está "decidido a não renunciar a sua ação [em favor das reivindicações do povo polonês], ainda que *a solidariedade dos outros povos da Europa viesse por algum motivo a se atenuar*".

Finalmente, o papa também haveria de convidar claramente o episcopado polonês, e em particular seu novo primaz, Jozef Glemp, a não ceder nos princípios. Num momento em que se encontram em Roma o primaz Glemp mas também os bispos Macharski (Cracóvia) e Gulbinowicz (Wroclaw), ambos muito próximos do Solidariedade, João Paulo II lança no dia 9 de fevereiro um espetacular apelo público para que não se transija em nada no que diz respeito às conquistas posteriores a agosto de 1980, especialmente a legalização do sindicato independente: não haverá diálogo em troca de um recuo, adverte o papa nesse dia. Que ouçam aqueles que têm ouvidos para ouvir!

1983-1987: sair da "guerra"

Natal de 1981. No auge do estado de guerra, o arcebispo Glemp não duvida de nada. Ou então quer conjurar a sorte. O fato é que, enquanto milhares de militantes do Solidariedade estão na prisão, enquanto o exército esquadrinha todas as grandes cidades do país, o primaz fala com toda serenidade da viagem que o papa pretende fazer à Polônia em 1982, no sexcentésimo aniversário de fundação do convento de Jasna Gora, em Czestochowa, pelo príncipe Ladislaw de Opole. Em seu sermão da missa da Natividade, o arcebispo Glemp manifesta a esperança de que, como o "estado de guerra" deve ser suspenso o mais breve possível, o papa possa realizar sua visita ao país natal prevista para o mês de agosto. É exatamente o que se costuma chamar de voto piedoso.

Naturalmente, a Igreja da Polônia vem-se preparando para essa comemoração há dez anos, e o próprio Karol Wojtyla, que tanto venera a Virgem de Czestochowa, há muito contempla a alegria de poder participar. Naturalmente, dessa vez o general Jaruzelski sonha em receber o Santo Padre com toda a pompa: como gostaria de apagar a péssima impressão que a Polônia deu ao mundo após a operação de força de 13 de dezembro! Uma visita papal romperia espetacularmente o isolamento do país e permitiria restabelecer contato com a comunidade internacional. No dia 19 de janeiro de 1982, o vice-primeiro-ministro Mieczyslaw Rakowski — um dos artesãos do "estado de guerra", que sabe perfeitamente que tão cedo ele não será suspenso — indica que o papa será bem-vindo em seu país. Quanta amabilidade! O mentiroso jogo de cena ainda duraria um ano.

Às 17 horas do dia 16 de junho de 1983, quando finalmente o Santo Padre aterrissa no aeroporto de Varsóvia-Okecie, os comentaristas estão divididos: estaria certo o papa em aceitar vir quando o estado de guerra ainda não foi suspenso, o governo polonês não lhe permitiu ir a Gdansk e a maioria dos dirigentes da oposição ainda está na prisão — entre eles Bronislaw Geremek, Wladyslaw Frasyniuk, Jacek Kuron e setecentos outros militantes do Solidariedade? A resposta é dada por um destes, Adam Michnik, que na véspera da chegada de João Paulo II escreve da prisão de Rakowiecka: "Esta visita assinalará a falência moral do regime." Mal chega, o papa declara que não pode "visitar todos os doentes e prisioneiros", pedindo-lhes que "estejam próximos dele em espírito". E como se isso não bastasse, menciona os lugares "aonde não lhe será possível ir desta vez".[22] Evidente alusão à cidade de Gdansk, onde Lech Walesa, bloqueado em seu apartamento por dezenas de milicianos, é obrigado a assistir pela televisão à chegada do Santo Padre. Para Michnik, como para Walesa, o papa já marcou um ponto. Pois o fato é que a preparação da viagem de 1983 foi tão importante quanto a própria visita. Num momento em que a sociedade polonesa se vê mais que nunca ameaçada pelo desânimo, a perspectiva de voltar a viver o clima da viagem miraculosa de 1979 terá sido um fator de generalizada reanimação. Para todos os envolvidos, as inúmeras reuniões práticas e os múltiplos encontros de reflexão espiritual nos quatro cantos do país terão representado uma maneira de não deixar cair a bandeira: a Igreja podia, assim, reconfortar o coração dos fiéis, e o sindicato Solidariedade, deixar claro que continuava existindo; e todos mantinham acesa a chama da esperança.

A EPOPÉIA POLONESA   367

Quando o papa chega ao centro de Varsóvia em seu *papamobile* de vidro blindado, um grito pode ser ouvido aqui e ali, apesar das recomendações de moderação e dos riscos pessoais: *"Solidarnosc!"* A multidão trata de conter-se; com lágrimas nos olhos, ela sabe muito bem o que está em jogo nesta viagem. Cumprindo ordens, os bispos e os padres não se cansaram de explicar que se tratava de uma peregrinação religiosa e não de uma manifestação política. Mas quando o Santo Padre, chegando à Catedral de São João, na cidade velha de Varsóvia, fala da "amargura da decepção, da humilhação, do sofrimento, da privação de liberdade, do preconceito, da dignidade humana pisoteada", a coisa é mais forte que ela, já lá se vão quinhentos dias que a multidão tem vontade de gritar, de urrar: *"So-li-dar-nosc!"* Da mesma forma, na noite 18 de junho, em Czestochowa, enquanto as forças da ordem em formação cerrada filtram a esplanada e confiscam faixas e cartazes, enquanto uma multidão de centenas de milhares de jovens comovidos até as lágrimas recebe o papa com uma formidável ovação, o Santo Padre vê surgirem de repente dezenas de bandeirolas, e às vezes bandeiras imensas, que escaparam da batida policial, fazendo tremular no crepúsculo o nome proibido: *SOLIDARNOSC!*

O papa responderia a esse longo lamento de todo um povo — estudantes, agricultores, operários, intelectuais — com um discurso de alvo certeiro, girando em torno de três valores: para começar, a *verdade*; depois, a *solidariedade* (durante toda a viagem, ele joga com a palavra *solidarnosc*, com ou sem maiúscula); e sobretudo, o papa insiste no tema da *vitória*. Em pleno estado de guerra! O paradoxo é apenas aparente: "Só existe vitória moral", proclama ele no Estádio do Décimo Aniversário, no dia 17 de junho. Em Czestochowa, no domingo 19, um milhão de fiéis fazem o V da Vitória, enquanto o ilustre visitante deposita aos pés da Virgem Negra de Jasna Gora, como um ex-voto, o branco pano de cintura perfurado de balas que usava no dia do atentado de que foi vítima, a 13 de maio de 1981. Vitória sobre o mal, e também vitória sobre a morte, tal como ilustrado na lembrança do padre Maximiliano Kolbe, morto em Auschwitz: "Não te deixes vencer pelo mal, vença o mal pelo bem!", lembra o papa, citando São Paulo.[23]

De maneira menos espetacular, e menos bem compreendida na época, o papa também estabelece um balizamento para a resolução da crise, exortando à instauração do "diálogo social". Mas não qualquer diálogo. O Santo Padre dá mostra de uma notável precisão:

Ao mesmo tempo que leva em conta os interesses dos diferentes grupos, o entendimento pacífico deve ser promovido constantemente através do diálogo, no exercício das liberdades e dos deveres democráticos para todos, graças às estruturas de participação e às diferentes instâncias de conciliação.

Mas a que preço, o diálogo? Está aí toda a questão. Para o regime, nada mais claro: "basta" passar um risco nos acordos de Gdansk. Igreja e Estado, deixado de lado todo patriotismo, haveriam de encontrar-se num "entendimento" institucional ao mesmo tempo novo e "construtivo". Pelas costas do Solidariedade, é bem verdade, mas o passado é o passado. O Santo Padre estaria disposto a essa concessão? Uma primeira resposta é fornecida no dia 22 de junho, no salão do castelo real, quando o general Jaruzelski testa o apoio do papa a Walesa:

— Vossa Santidade quer mesmo se encontrar com esse homem?

João Paulo II não pestaneja:

— É a minha vontade.

Um silêncio e Jaruzelski cede:

— Então, que assim seja.

Mas todos aqueles que acaso ainda duvidassem receberiam uma resposta espetacular através de um acidente grave, logo depois do retorno do papa a Roma. Comentando o encontro "privado" e algo acrobático do Santo Padre com Lech Walesa no chalé do vale de Chocholowska, no coração do maciço dos Tatras, o vice-presidente do *Osservatore Romano*, Dom Virgilio Levi, publica na edição 24 de junho um editorial no qual explica que o papa, no fundo, sacrificou o líder do Solidariedade em nome dos superiores imperativos do diálogo. Uma simples mancada? Operação de desinformação? O artigo é intitulado "Honra ao sacrifício". Furioso, o Santo Padre reage imediatamente: Levi é "renunciado" horas depois da publicação do artigo.

Em novembro de 1984, o odioso assassinato de um jovem padre de Varsóvia, Jerzy Popieluszko,[24] que costumava citar João Paulo II nos sermões proferidos em "missas pela pátria" que eram verdadeiras manifestações silenciosas, e ao qual o papa dera discretamente a conhecer seu amigável apoio, em nada mudaria a posição do Santo Padre: é preciso voltar a encontrar as condições do diálogo social, o que não poderá ser feito sem a própria sociedade. Ou seja, sem o Solidariedade.

*

A EPOPÉIA POLONESA   369

Junho de 1987. Varsóvia, Poznan, Lodz... A história parece repetir-se. Milhares de fiéis de todas as idades se comprimindo contra as mesmas barreiras metálicas, entoando os mesmos cânticos à passagem do Santo Padre de pé em seu *papamobile*. Paróquias inteiras caminhando a noite toda atrás de seus párocos, estandartes e crucifixos ostentados com firmeza, as mochilas cheias de provisões e às vezes levando também alguma bandeirola cuidadosamente escondida. Verdadeiras florestas de braços estendidos, os dedos formando o V da vitória nas barbas da milícia, e as palavras de ordem que surgem com a mesma rapidez com que desaparecem no anonimato da multidão: *"So-li-dar-nosc! Lech Wa-le-sa!"* Mais uma vez os gigantescos ajuntamentos ao redor de imensos altares, os verdadeiros regimentos de alvas e coifas, de batinas e uniformes policiais. Mais uma vez as homilias ditas com uma voz familiar, sonora e teatral, convidando os poloneses a manter a esperança, e seus dirigentes, a respeitar os direitos humanos.

E no entanto, meses antes, a história dera uma virada. No dia 13 de janeiro de 1987, com efeito, o general Jaruzelski foi recebido pelo papa, no Vaticano, durante setenta minutos. "Uma visita certamente histórica", segundo o próprio papa. Histórica, no mínimo, pelo simples fato de ter ocorrido apenas cinco anos depois da instauração do "estado de guerra" e num momento em que os principais países ocidentais continuam dando o gelo no general de óculos escuros. Os dois estão começando a se conhecer. O ex-aluno dos padres marianistas continua usando suas lentes escuras, mas já não treme de emoção diante do Sumo Pontífice, como em seu primeiro encontro, em junho de 1983. Agora a conversa é "entre poloneses" responsáveis pelo futuro da "pátria", ambos convencidos de que a situação não pode se prolongar, de que é obrigatório desbloquear o jogo. Acontece que tanto o papa quanto seu convidado, da posição em que se encontram, puderam observar que alguma coisa está acontecendo em Moscou, que o novo chefe do Kremlin, Mikhail Gorbachev, parece decidido a mudar de rumo, tanto na URSS quanto na Europa. Três meses antes, ambos leram um incrível artigo de Andrzej Drawicz, especialista da URSS, no *Tygodnik Powszechny* de Cracóvia, sobre as esperanças de mudança em Moscou.[25] Talvez tenha chegado a hora de assumir alguns riscos. Para começar, o papa, que a isso condicionava sua viagem de junho, consegue autorização para ir a Gdansk, onde reside Lech Walesa, que o regime insiste em considerar como um simples "cidadão comum". É Gdansk ou nada de viagem, manda avisar João Paulo II.[26] Jaruzelski está acuado: se não houver viagem, será o equivalente a uma confissão, assinada pelos próprios dirigentes, de que a Polônia ainda não foi "normalizada". Vá lá por Gdansk! Mas o partido não se declara vencido: está fora de questão permitir que o papa se aproxime dos Estaleiros Lenin! Ainda seriam necessários muitos ardis, argumentos e ameaças para que o Santo Padre afinal pudesse deter-se, entre duas fileiras de milicianos, junto às três âncoras crucificadas de quarenta e dois metros de altura erguidas em homenagem às vítimas operárias de dezembro de 1970.

Como o enfraquecimento do Solidariedade deixa o Estado e a Igreja face a face, cabe às duas instituições fazer concessões, tendo em vista uma futura "reconciliação nacional". O general promete que "se a visita correr bem", ele efetivamente promoverá um início de pluralismo político e autênticas discussões com a participação da "sociedade". Quanto ao papa, cede um pouco de terreno — o que não é tão freqüente — e fornece garantias de que o Vaticano poderá reconhecer diplomaticamente o regime polonês. Será possível inclusive, durante sua viagem, ouvi-lo elogiar "o respeito da razão de Estado, a aceitação dos princípios socialistas do Estado". A grande reconciliação com a qual sonham a equipe dirigente do partido e uma grande parte do episcopado talvez esteja finalmente em marcha.

Durante a viagem propriamente, no entanto, as coisas tomam um rumo diferente. Especialmente no dia 12 de junho, em Gdansk, durante a missa celebrada no bairro de Zaspa. Em Tarnow, o papa já se havia referido ao padre Popieluszko como "um modelo para os padres do século XXI", exigindo o restabelecimento do sindicato Solidariedade rural. Em Gdynia, ele se entregou a uma longa exegese da palavra *solidariedade*: "Os mares falam aos povos da necessidade de *solidariedade* ligando tanto os seres humanos quanto as nações..." Ao longo de toda a viagem, repisou constantemente a exigência dos direitos humanos. Nessa mesma manhã, no forte de Westerplatte, onde foram dados os primeiros tiros de canhão da Segunda Guerra Mundial, João Paulo II convocou os jovens à *resistência* — para enorme contrariedade de um regime que esperava, nesse local tão simbólico, um discurso consensual sobre o tema da *paz*. Em Gdansk, o papa abre as comportas. Um milhão e meio de pessoas estão reunidas no

A EPOPÉIA POLONESA 371

antigo aeroporto transformado em conjunto habitacional onde vive precisamente Lech Walesa, na rua dos Pilotos. Uma maré humana que no meio da missa começa a entoar: *"So-li-dar-nosc!"*

Impressionante, mesmo para o próprio papa, dominando o mar de fiéis, na proa de um altar gigante de trinta e seis metros de altura, em forma de navio, do qual ele "se sente de certa forma o capitão". Não é mais hora de prudência: "É em vosso nome que eu falo!" Sem meias-palavras, sem argúcias teológicas, o papa exige a aplicação dos acordos de Gdansk e o restabelecimento do sindicato Solidariedade: "Os trabalhadores do mundo inteiro agradecem a vocês por terem começado esta nobre luta", exclama João Paulo II do alto de seu incrível navio dominado por três cruzes, a poucas centenas de metros das três âncoras crucificadas que dominam os estaleiros navais. Lech Walesa, que se encontrou com o papa antes da missa, e que comungou pelas mãos do papa durante esse ofício extraordinário, declara aos jornalistas que o assediam: "Recarreguei minhas baterias!"

No dia da partida do Santo Padre, a 14 de junho, a espera das autoridades se prolonga, debaixo de chuva. Nessa mesma manhã, o papa foi recolher-se ao pé do túmulo de Jerzy Popieluszko, no jardim cercado de bandeirolas da Igreja de Santo Estanislau Kostka. Mas não é esta a explicação do atraso. Na realidade, o general Jaruzelski quis na última hora ter um novo encontro com seu convidado, no próprio aeroporto. O general explica ao papa que ele tratou o regime com excesso de severidade. Foi longe demais a respeito dos acordos de Gdansk e na defesa do Solidariedade. Que não cumpriu o trato. Cinqüenta e cinco minutos de um confronto agitado, concluído por um João Paulo II ao mesmo tempo suave e determinado: "Eu apenas citei os artigos de sua própria Constituição."[27]

Seriam necessários quase dois anos — e o aval de Gorbachev — para que afinal entrasse em vigor essa "reconciliação nacional" tão pouco de acordo com o dogma comunista. No dia 6 de fevereiro de 1989, a histórica "mesa-redonda" que tem início no salão do Palácio Radziwill em Varsóvia, diante das câmeras de televisão do mundo inteiro, é co-presidida pelo braço-direito de Jaruzelski, o ministro Kiszczak, e... Lech Walesa, finalmente reconhecido como porta-voz da oposição polonesa. O que está em questão nessas negociações de caráter inédito no Leste: a participação do sindicato Solidariedade num "entendimento nacional" que é a única maneira de tirar o país da estagnação política, econômica e social. Exatamente o que o papa vem propondo há mais de seis anos.

A volta do Solidariedade à legalidade é definitivamente assegurada a 17 de abril. Os dirigentes do sindicato candidatam-se em massa nas eleições legislativas dos dias 4 e 18 de junho. Após o triunfo eleitoral do Solidariedade, a 24 de agosto, um dos dirigentes do sindicato é convocado a formar em Varsóvia um governo não-comunista. Trata-se de Tadeusz Mazowiecki, um dos maiores amigos poloneses de João Paulo II.

18

O fim do comunismo

A questão polonesa, espetacular, às vezes dramática, durou dez anos. Foi ela sem dúvida alguma o principal fator de desagregação do regime leste-europeu. É claro que não explicaria sozinha a queda do Muro de Berlim. Mas tampouco resumiria toda a ação multifacetada do papa em relação ao bloco comunista. Logo que é eleito pelo conclave, o papa eslavo, através de mil e um sinais em direção de todos os povos da Europa oriental, estabeleceu balizamentos, enviou mensagens, tranqüilizou os fiéis, apoiou seus porta-vozes e começou a destilar idéias, princípios, valores e estímulos que haveriam de despertar essas comunidades e precipitar o desmoronamento do império soviético.

"O cheiro de pólvora"

Roma, domingo, 22 de outubro de 1978. No fim da missa de inauguração do pontificado, depois do famoso "Não tenham medo!", a multidão comprimida na praça de São Pedro e os milhões de telespectadores que acompanham a cerimônia ouvem pela primeira vez o papa fazer saudações específicas em uma dezena de línguas — entre elas o russo, o tcheco, o eslovaco, o ucraniano e o lituano. Línguas "incompreensíveis", comenta o amigo Malinski, perdido na multidão, observando a seu redor "rostos banhados em lágrimas".[1]

Dias depois, a 5 de novembro, em Assis, onde João Paulo II faz sua primeira viagem oficial dentro da Itália, uma mulher grita, a sua passagem:

— Santíssimo Padre, não esqueça da Igreja do silêncio!

Resposta do papa, sem hesitação:

— Não existe mais Igreja do silêncio, pois ela fala pela minha voz.

"Não existe mais Igreja do silêncio." Essa pequena frase dita em meio à multidão em Assis é recolhida como um tesouro por Joseph Vandrisse, enviado especial do *Figaro*. E com efeito ela representa uma virada na história da Igreja. Para os católicos desses países, significa que o papa os conhece, que pensa neles, que se dirige a eles, que não os abandonará. Recorrendo a todos os meios — na maioria dos casos, a programação em ondas curtas da rádio Vaticano, da rádio Europa Livre ou da radio France International —, os católicos húngaros, lituanos e eslovacos acompanham com fervor em junho de 1979 a formidável viagem do papa em seu país natal. No dia 3 de junho, ouvem-no lançar em Gniezno um apelo incomum:

O primeiro papa eslavo da história da Igreja não pode deixar de ouvir, aqui, as outras línguas eslavas e as línguas vizinhas! Foi talvez por isso que Deus o escolheu, que o Espírito Santo o guiou. Não estaria querendo Deus que este papa polonês, este papa eslavo manifeste agora, justamente, a unidade espiritual da Europa cristã, credora de duas grandes tradições do Oriente e do Ocidente?

Em meio à enorme massa de declarações e surpresas dessa viagem histórica, essa declaração não chega a chamar a atenção. E no entanto, nesse dia, o papa polonês está lançando solenemente as bases de uma "casa européia comum" de perfil bem diferente daquela que seria preconizada mais tarde por Leonid Brejnev e logo também por Mikhail Gorbachev. A sua maneira, Karol Wojtyla decide ignorar a "cortina de ferro" que há quarenta anos divide a Europa em duas. Sem pedir autorização a ninguém, estende deliberadamente o alcance de seu discurso às comunidades da Europa Oriental. No espírito do papa, a Europa já está reunificada.

Acontece que nessa época desafiar dessa maneira a ordem de Ialta não é nada bem-visto. Os ocidentais haviam corroborado a divisão da Europa ao assinarem os acordos de Helsinque em 1975, preferindo negociar com esse conjunto de países hostis a perpetuar a guerra fria. Pois o comunismo não havia chegado para ficar? Não havia ainda recentemente estendido seus tentáculos a Angola, Moçambique, Laos, Camboja, Etiópia e até mesmo, meses antes do conclave, ao Afeganistão?

O FIM DO COMUNISMO 375

Este ponto de vista era compartilhado pela Santa Sé, que ratificara os acordos de Helsinque. O diplomata Agostino Casaroli, auxiliado por Achille Silvestrini, dava prosseguimento na época à política iniciada por Paulo VI: estabelecer um *modus vivendi* — ou antes um *modus non moriendi*, como dissera certa vez o cardeal Villot — entre os dirigentes desses países e os católicos locais, ainda que com o risco de discutir com o diabo. Pois o fato é que esse "diálogo" desigual com o inimigo implicava o reconhecimento de sua legitimidade e também a necessidade de evitar qualquer conflito com ele. O que explica que a *Ostpolitik* da Santa Sé tenha sido tão contestada pelos cristãos poloneses, eslovacos e lituanos, para os quais o reconhecimento do *statu quo* na Europa representava uma espécie de traição. O que explica também que as primeiras iniciativas de João Paulo II tenham preocupado muito os dirigentes da Cúria. O principal deles, o cardeal Villot, abriu-se a respeito com seu amigo Antoine Wenger: "O papa tem um estilo muito pessoal. Não tem medo de enfrentar os problemas e os homens. Vamos acabar sentindo cheiro de pólvora."[2]

Ao morrer Villot, em março de 1979, é geral a surpresa quando João Paulo II escolhe Casaroli como novo secretário de Estado. Ninguém sabe ainda que o novo papa tem uma concepção muito pessoal da política vaticana: aos especialistas, a gestão e a diplomacia; ao papa, as grandes orientações, os gestos proféticos. E o Verbo. As palavras, as frases, as idéias, o sentido, a emoção. O poder do papa está no seu discurso. João Paulo II pretende utilizá-lo ao máximo, mesmo correndo o risco de perturbar seus próprios diplomatas.

Assim, a 2 de outubro de 1979, no avião que o conduz a Nova York, João Paulo II convida Casaroli a repassar o discurso que pronunciará perante a Assembléia Geral das Nações Unidas. É a primeira vez que o papa polonês se dirige à ONU. O novo secretário de Estado, preocupado em não chocar um público tão importante, risca cuidadosamente todas as passagens a respeito da liberdade religiosa e dos direitos humanos, que podem ser consideradas recriminações implícitas ao bloco soviético, amplamente representado na assembléia. Alertado por um dos redatores do discurso, o papa tranqüilamente restabelece os trechos contenciosos.

Um ano depois, em Paris, João Paulo II pronuncia um discurso perante outra organização internacional: a Unesco. Nesse 2 de junho de 1980, diante de uma platéia excepcional composta de diplomatas, intelectuais e cientistas, o papa decide oferecer — num francês impecável — um autêntico programa ético e político para o mundo livre. Em substância, ele frisa que a crise do mundo moderno é a crise do humanismo, e que é na *cultura* que se poderá encontrar a resposta para essa crise. Acontece que a cultura não é produto de forças econômicas, como afirmam os marxistas, mas do espírito humano. O homem, único ator da cultura, e também seu único objeto, não pode ser considerado "como resultado das relações de produção que prevalecem em dado momento". E o orador insiste: "Pensando em todas as culturas, quero dizer em voz alta: *Eis aqui o homem!*" O papa polonês frisa que a comunidade natural dos homens, a nação, é antes de mais nada uma realidade cultural. A Polônia, ocupada durante um século e meio, "sobreviveu unicamente apoiando-se em sua cultura". É na cultura de uma nação que se manifesta sua soberania fundamental, ainda que ela seja às vezes vítima "dos totalitarismos, imperialismos e hegemonias para os quais o homem conta apenas como objeto de dominação". "Sim", insiste ele, "o futuro do homem repousa na cultura! Sim, a paz do mundo repousa no primado do espírito!" E o papa exorta cada um dos seus ouvintes, naquele auditório, a adotar em caráter pessoal uma "abordagem correta" de todas essas questões. Uma exortação realmente surpreendente. As personalidades ali reunidas nunca ouviram semelhante investida contra o marxismo ambiente. Perturbado, o cardeal Lustiger se surpreende sonhando: "Agora o comunismo acabou!" Algumas poltronas adiante, o ministro Jean-Bernard Raimond, futuro embaixador da França em Moscou, observa por sua vez: "Estamos assistindo ao início da desestabilização da ideologia comunista."[3]

Os que ouviram atentamente o discurso da Unesco não se espantariam mais adiante com a obstinação com que João Paulo II exaltaria as raízes culturais da Europa anterior ao comunismo, ressuscitando a história confiscada de todos os povos do Leste. O papa haveria de convidá-los a comemorar sistematicamente os aniversários riscados do calendário pelo regime comunista — especialmente os aniversários religiosos: na Hungria, o 750º aniversário da morte de Santa Isabel (1981); na Lituânia, o 500º aniversário da morte de São Casimiro; na Bulgária, o 1.100º aniversário da morte de São Método (1985); na Ucrânia, o milenário do batismo de São Vladimir (1988).

A história é a matriz da nação, que se encontra mais firmemente enraizada nas consciências do que as classes sociais ou as lutas partidárias. Não é por acaso que tantos dissidentes do Leste são historiadores: Bronislaw Geremek e Karol Modzelewski na Polônia, Janos Kis e Jozsef Antall na Hungria, Iuri Afanassiev e seus companheiros do grupo Memorial na Rússia, Vytautas Landsbergis na Lituânia e tantos outros. Não seria possível afirmar que toda a obra de Soljenitsin visa a reabilitar a verdadeira história da Rússia do início do século? Quantas não são, no Leste, as manifestações corajosas com o simples objetivo de celebrar a lembrança do pacto germano-soviético, a memória das vítimas de Katyn ou o esmagamento da Primavera de Praga?

Essa maneira de valorizar a história tem dois objetivos. Para começar, trata-se de convidar cada povo a reencontrar a verdade sobre si mesmo, fundamento de sua identidade e de sua dignidade. Essa verdade, que nada tem a ver com a história remodelada dos manuais oficiais, é a própria condição de sua liberdade: "A verdade vos tornará livres!", costuma lembrar o papa, citando o Evangelho de São João.[4] Em seguida, o objetivo é deixar claro que o comunismo não passa de um parêntese na história multissecular de todos esses povos: "Eu, João Paulo II, filho da nação polonesa, sucessor de Pedro na sé de Roma, eu te suplico, velha Europa: redescobre-te, seja tu mesma, descobre tuas origens, faz reviver os valores autênticos que tornaram gloriosa tua história!", proclama ele em Compostela em novembro de 1982.

De que vale o comunismo, que peso tem o Muro de Berlim na história milenar desse continente a que ele se refere, como fazia outrora o general de Gaulle, como "a Europa do Atlântico ao Ural"? Diante dos representantes das instituições européias em Bruxelas (maio de 1985), durante sua visita à Alemanha Oriental (maio de 1987), no Parlamento Europeu em Estrasburgo (outubro de 1988), ele reitera incansavelmente sua convicção de que a divisão da Europa em duas não passa de um acidente. João Paulo II é o único dirigente desse nível a dizer, já no início dos anos 80, que o comunismo terá fim. Mas também que, sendo o homem sujeito e não objeto de sua história, é dele que depende a antecipação desse prazo.

Europa Oriental: o contágio

No dia 3 de junho de 1979, em Gniezno, na Polônia, onde pronuncia seu primeiro grande discurso sobre a Europa, João Paulo II percebe de repente uma bandeirola na multidão de peregrinos: "*PAI! NÃO ESQUEÇA DE SEUS FILHOS TCHECOS!*" Imediatamente ele responde, afastando-se de seu texto: "Como poderia o papa eslavo esquecer dos seus filhos tchecos?" Cinco dias depois, no coração do maciço dos Tatras, uma região que conhece como a palma da mão, ele saúda "aqueles que conseguiram atravessar a fronteira". Em Cracóvia, no último dia, faz um sinal em direção "dos que vieram d'além Cárpatos". João Paulo II está bem informado: sabe que os tchecoslovacos presentes não vieram apenas como vizinhos, tendo conseguido driblar negativas de vistos e pressões da polícia política.

No próprio dia da missa de inauguração de seu pontificado, a 22 de outubro de 1978, João Paulo II recebera num gesto simbólico Dom Franciszek Tomasek, 79 anos, arcebispo de Praga, que conhece há muito tempo: "Estamos muito próximos um do outro, e ainda ficaremos mais..." O velho Tomasek, que amargara três anos de prisão a partir de 1949 por ter sido sagrado bispo clandestinamente, transformara-se num modelo de prudência a partir do momento em que substituiu monsenhor Beran em Praga, em 1965. Após o esmagamento da Primavera de Praga, em 1968, ele acabara sendo vencido pelo desânimo. Em 1977, havia-se pronunciado explicitamente contra a Carta 77, movimento de dissidentes tchecoslovacos de todas as tendências, entre os quais figuravam, no entanto, muitos católicos. E agora seu jovem colega polonês, feito papa, volta pouco a pouco a lhe dar alguma esperança. Quem seria capaz de entender o diálogo entre eles dois? Mesmo os colaboradores mais próximos do papa nem sempre são capazes de decifrar certas palavras, certos gestos: a 2 de março de 1979, por exemplo, João Paulo II enviou uma carta pessoal a Tomasek pelo 250º aniversário da canonização de João Nepomuceno. Ninguém se lembra de que o padre Karol Wojtyla venerara este santo em outros tempos na companhia dos camponeses de Niegowic. São Nepomuceno foi supliciado no século XIV pelo rei da Boêmia Venceslau IV, que de certa forma vem a ser um distante antecessor do chefe do Partido Comunista Tchecoslovaco. Quem é capaz de entender — à parte o arcebispo Tomasek — o convite para seguir o exemplo desse santo que se tornou um homem "sem medo" através da prática da religião?

O FIM DO COMUNISMO   379

Graças a essas cartas pessoais e essas audiências privadas, João Paulo II acabaria "recuperando" o cardeal.[5] Em 1984, audaciosamente, Tomasek convida o papa a presidir em Velehrad o 1.100° aniversário da morte de São Metódio, um dos evangelizadores dos povos eslavos. A cerimônia está prevista para o ano seguinte. Logo começa a circular na população tcheca e eslovaca uma petição para que o papa esteja então presente. Naturalmente, o governo recusa e trata de reprimir todas as manifestações de jovens em favor dessa improvável viagem pontifícia. Da mesma forma, o regime haveria de recusar-se a conceder vistos aos cardeais Lustiger, Hume, König e Glemp. Os dirigentes comunistas tchecos não esqueceram o que aconteceu em suas fronteiras em 1979-1980. Não têm a menor intenção de assumir qualquer risco. Mas João Paulo II joga com todos os trunfos. No dia 19 de março de 1984, redige uma carta a todos os padres tchecoslovacos — entre eles os padres próximos do regime, reunidos na associação pró-governamental Pacem in Terris —, que seria lida publicamente pelo cardeal Tomasek, na presença de mais de mil padres, em Velehrad, três semanas depois. A 2 de junho, dia da Santíssima Trindade, o papa publica *Slavorum Apostoli*, sua quarta encíclica, sobre os irmãos Cirilo e Metódio, responsáveis pela evangelização dos eslavos no século IX. Aproveita para lembrar que os dois apóstolos realizaram sua missão com a dupla bênção de Constantinopla e Roma: isso antes do rompimento entre católicos e ortodoxos.

No dia 5 de julho de 1985, finalmente, cerca de duzentos mil peregrinos acorrem a Velehrad. O regime tenta *in extremis* recuperar o evento, transformando-o em festival "pela paz". Enviado ao local, o ministro da Cultura, Milan Klusak, esboça uma comparação entre os evangelizadores Cirilo e Metódio e o Exército Vermelho "libertando" o país em 1945, e leva uma vaia. Furiosa, a multidão não se contém mais: "Estamos em peregrinação! Queremos uma missa! Queremos o papa!" Desde a Primavera de Praga, não se via coisa parecida no país. Nesse dia, em Velehrad, começa a resistência de massa, que passa a considerar Tomasek, 86 anos, como uma espécie de guia espiritual e moral. Em 1987, a conselho do papa, o velho cardeal proclama uma "década de renascimento espiritual" para preparar o milenário da morte de Adalberto, o santo padroeiro do país. A referência ao modelo polonês — a preparação do milenário de 1966, mas também o nongentésimo aniversário de Santo Estanislau — não podia ser mais transparente.

Não surpreende, assim, que logo depois da "revolução de veludo", em novembro de 1989, Vaclav Havel preste homenagem publicamente ao cardeal Tomasek. E que a primeira medida do novo presidente tchecoslovaco, eleito no mês seguinte, seja pegar no telefone para convidar pessoalmente o papa a visitar Praga.

Assim é que João Paulo II haveria de tomar sucessivas iniciativas voltadas para os cristãos do Leste.[6] São muitas vezes gestos de simpatia e estímulo, como o envio de seu solidéu vermelho de cardeal, no dia seguinte a sua eleição, ao santuário mariano da Porta da Alvorada (*Ostrabrama*) que domina a cidade velha de Vilna, capital da Lituânia. Antes da guerra, quando ainda era uma cidade polonesa, Vilna chamava-se Wilno. Em 1978, já é a capital de uma das quinze repúblicas da URSS. São também, às vezes, atos de disciplina, como a dura carta que envia em dezembro de 1978 aos bispos húngaros, criticando-os por se deleitarem um pouco demais com as vantagens da colaboração com o regime comunista. O cardeal Laszlo Lekai, que dirige a Igreja húngara, não é da mesma têmpera que seu colega Tomasek. O primaz da Hungria, por esse motivo detestado por Wyszynski, encarna antes o "compromisso" a que chegaram o líder comunista Janos Kadar e uma Igreja oficial que não perde uma oportunidade de apoiar a política "reformista" por ele promovida. A seguinte afirmação é atribuída a João Paulo II, a respeito de uma eventual viagem a Budapeste: "O papa irá à Hungria quando o cardeal Lekai tiver aprendido a bater com o punho na mesa."[7]

*

Logo os representantes das Igrejas do Leste passariam a percorrer os corredores do palácio apostólico no Vaticano. Entre eles encontram-se muitos poloneses, naturalmente: cerca de quarenta colaboradores permanentes, padres e leigos, estão distribuídos entre os diferentes serviços da Cúria. Chega-se inclusive a incumbir o padre Adam Boniecki, ex-integrante do grupo Znak e do *Tygodnik Powszechny*, de editar uma versão polonesa do *Osservatore Romano*, enquanto é criada uma sessão polonesa na Secretaria de Estado. Mas novas excelências falando línguas inabituais também aparecem sob a colunata de Bernini e à frente de dicastérios, como os bispos Jozef Tomko (Eslováquia), Franjo Seper (Croácia), Lajos Kada

O FIM DO COMUNISMO   381

(Hungria), Trajan Crisan (Romênia), John Bukowski (Tchecoslováquia), Miroslav Marusyn (Ucrânia) e Audrys Backis (Lituânia). Não terá sido provavelmente por acaso que o papa nomeou um prelado lituano para o cargo de subsecretário do Conselho para as Questões Públicas, ou seja, o número dois da diplomacia vaticana.

A atenção de João Paulo II está constantemente voltada para a Europa do Leste. Em Roma, o *bollettino* publicado diariamente pela *Sala Stampa* para os jornalistas dá conta de numerosas audiências papais com representantes dessa região — e ainda assim sem mencionar os encontros privados ou secretos. A rádio Vaticano, que transmite em trinta e quatro idiomas, dezesseis dos quais do Leste, tem seu papel ampliado no serviço de "comunicação" do papa. Todos esses departamentos acompanhariam com vívido interesse e dariam repercussão fiel à aventura polonesa do Solidariedade. "Hoje, a palavra *solidariedade* se dissemina por todo o mundo!", proclama o papa em Gdynia, à beira do Báltico, no dia 11 de junho de 1987. Não é apenas uma figura de estilo.

O papa e a Rússia

Roma, 24 de janeiro de 1979. Na véspera de sua partida para a América Latina, João Paulo II recebe em sua biblioteca particular um visitante nada comum. Andrei Gromyko, 70 anos, é ministro das Relações Exteriores e membro do politburo do Partido Comunista da URSS. É também uma das vozes mais ouvidas no Kremlin. Aquele que costumava ser chamado "Senhor Niet", célebre por sua expressão sempre carrancuda, está fazendo uma visita de reconhecimento. Há mais de vinte anos ele dirige a diplomacia soviética. Conheceu João XXIII e Paulo VI. E pretende dar prosseguimento ao diálogo com a Igreja Católica, cujas posições sobre a paz, o desarmamento em geral e a redução dos arsenais nucleares são particularmente "apreciadas", como diz a agência Tass, pela União Soviética e seus aliados. Através dos intérpretes, é sobre esse tema que a conversa engata. Mas embora não fale fluentemente o russo, João Paulo II conhece de cor as declarações "importunas" (a qualificação é sua) dos dirigentes soviéticos. Ele já se cansou de ouvir a fraseologia pacifista dos dirigentes do Leste e não pretende limitar-se a essas trocas de banalidades formais. Rapidamente, trata de mudar de assunto, passando a questionar seu interlocutor, que também é deputado pela Bielo-Rússia, sobre as violações da liberdade religiosa na URSS: "É uma campanha de desinformação ocidental!", retruca Gromyko sem pestanejar. "Desde o primeiro dia de sua existência, o Estado soviético assegura a liberdade de crença religiosa."[8] A conversa parece ter chegado a um impasse. João Paulo II não pretende convencer seu visitante. Mas foi estabelecido o tom. Gromyko vai embora com pelo menos uma informação: já agora os dirigentes do Kremlin sabem que têm em Roma um interlocutor difícil. Três dias depois, o ministro teria uma confirmação, ao tomar conhecimento das declarações feitas por João Paulo II no México sobre a "teologia da libertação", considerada uma perigosa concessão ao marxismo.

Para dizer a verdade, Andrei Gromyko é um dos raros soviéticos que sabem quem é o papa. Na Rússia dos sovietes, a cultura religiosa tende para a estaca zero. É com desoladora unanimidade que os meios de comunicação há setenta anos encobrem qualquer tema religioso. Além disso, os raros cristãos cultos são ortodoxos que consideram a Igreja Católica um inimigo atávico. Assim, a eleição de um polonês em Roma, em outubro de 1978, não causou qualquer comoção popular na Rússia. Na população, somente alguns dissidentes tiveram seu interesse despertado ao ouvir a rádio Europa Livre ou a BBC anunciar a notícia. Foi o caso de Vladimir Zelinski, um oposicionista ortodoxo que na mesma noite telefonou a Gleb Yakunin, o sacerdote russo do rito grego que estava à frente do Comitê de Defesa dos Direitos dos Crentes, gritando no aparelho: "Padre Gleb! *Habemus papam*!"[9] Pouca coisa, na verdade. Da mesma forma, não houve qualquer reação oficial à informação. Nos corredores do poder, só prestaram atenção ao fato alguns especialistas do departamento internacional do comitê central, dirigido por Boris Ponomarev. A Rússia soviética poderia repetir a famosa tirada de Stalin: "O papa? Quantas divisões ele tem?" Num relatório encomendado logo depois do conclave pelo birô político do PCUS, o acadêmico Oleg Bogomolov, diretor do Instituto para o Sistema Socialista Mundial, não escondeu que o papa Wojtyla certamente seria um difícil adversário para a pátria do socialismo, particularmente no terreno da defesa dos direitos humanos. Mas ele também havia mostrado na Polônia, como cardeal, que tampouco era partidário dos "ataques frontais" ao poder comunista: segundo Bogomolov, o Kremlin poderia entender-se com ele, por exemplo, na questão da defesa da paz. Nada de sensacional.[10]

Só mais tarde, depois da viagem à Polônia em junho de 1979, é que a secretaria do comitê central do PCUS passaria a se preocupar com a nova atitude do Vaticano em matéria de "luta ideológica contra os países comunistas", chegando a ponto de adotar, no dia 13 de novembro de 1979, uma "Resolução contra a política do Vaticano em relação aos Estados socialistas", redigida por uma comissão especial chefiada por Viktor Chebrikov, o número dois da KGB. No pé desse verdadeiro plano de campanha,[11] ao lado da assinatura de dirigentes como Suslov e Chernenko, encontra-se a do benjamim dessa instituição, um certo Mikhail Gorbachev.

*

Se a Rússia não sabe nada do papa, o papa por sua vez não sabe grande coisa da Rússia. Ao contrário do que se poderia pensar, Karol Wojtyla longe está de conhecer esse país. Pelo menos no início de seu pontificado. Ele mesmo o reconheceu: "Eu venho da parte austríaca da Polônia, de cultura alemã, na qual se sabia menos que em outras regiões o que eram os russos." Muitas vezes ele contou seu primeiro contato com um cidadão russo, durante a libertação de Cracóvia, em janeiro de 1945.[12] Mas o rapaz com o qual conversou por várias horas, tão ávido de saber mais sobre Deus e a religião, serviu sobretudo para que o jovem Karol descobrisse o ateísmo de Estado, a "negação sistemática de Deus", e não a Rússia como tal.

Da mesma forma, o futuro papa, ao longo de seu sacerdócio, tornou-se um fino conhecedor do marxismo e do comunismo soviético, ao mesmo tempo que continuava a alimentar idéias muito gerais e pouco realistas sobre a Rússia. Para o intelectual Wojtyla, a Rússia é antes de tudo o país dos escritores exilados Berdiaiev e Bulgakov, dos teólogos Florenski e Florovski, um país de velha cepa cristã, cuja cultura é européia, embora tenha sido separado de suas raízes pela revolução de Outubro. Para o papa eslavo, a vocação da Rússia é constituir o segundo "pulmão" — oriental — do cristianismo europeu. A partir do momento em que é eleito, João Paulo II tem a convicção de que deve fazer tudo que estiver a seu alcance para reconciliar os cristãos do Ocidente e do Oriente, e de que essa reconciliação passa pela Rússia.

Uma viagem do papa à Rússia? Desde os primeiros dias, João Paulo II sonha com isso. Ele diz a um de seus visitantes que gostaria de ir, a título simbólico, às ilhas Solovki, antigo mosteiro siberiano transformado no primeiro *gulag* soviético, em 1919, por decisão de Lenin. Sem se iludir, naturalmente: nenhum Leonid Brejnev, nenhum Iuri Andropov permitiria que o "papa de Roma" fizesse semelhante peregrinação.

Em maio de 1984, o telefone toca na redação do jornal *O Pensamento Russo,* na rua do Faubourg-Saint-Honoré, em Paris. Liza Alexeieva, nora do físico Andrei Sakharov, está buscando apoio para a greve de fome iniciada por ele, que se encontra confinado na cidade de Gorki há quatro anos. Na conversa, surge uma idéia:

— E se recorrêssemos ao papa?

A diretora do jornal, Irina Alberti-Ilovoiskaia, só viu o papa uma vez na vida, durante uma audiência geral, mas se interessa pela idéia:

— Não custa tentar!

Irina, uma exilada russa que se converteu ao catolicismo, conhece um bispo croata que serve em Roma, chamado Hnilica, que se dispõe a levar o assunto ao Santo Padre. Este imediatamente concorda em receber Liza e seu marido. Ao término dessa audiência improvisada, João Paulo II chama à parte a diretora de *O Pensamento Russo*: "Volte a me procurar quando estiver de novo em Roma!"[13] Irina iria ao seu encontro em Castel Gandolfo em agosto de 1985. Os dois conversariam durante várias horas sobre a Rússia. Seria o início de uma longa cumplicidade entre o papa e essa mulher de grande cultura, ex-colaboradora de Soljenitsin, que se transformou numa referência de todos os dissidentes e contestadores da União Soviética. Em dezembro desse ano, ela promove um encontro entre o papa e a mulher de Sakharov, Elena Bonner, que estava de passagem por Roma. Uma visita absolutamente secreta — as duas tiveram de recorrer a estratagemas para enganar os jornalistas —, pois a KGB concedera um passaporte à mulher do prêmio Nobel com a estrita condição de que não se encontrasse com nenhuma personalidade pública. "É o homem mais notável que eu já conheci", declararia Elena Bonner depois de duas horas de um encontro cheio de fervor.

Em fevereiro de 1989, finalmente, quando Andrei Sakharov é autorizado a deixar a União Soviética, a primeira visita que faz é ao papa, que o

O FIM DO COMUNISMO   385

recebe demorada e calorosamente. Induzido por sua mulher e pela amiga
Irina, o físico revela a João Paulo II que dias antes recebeu de Gorbachev
a incrível proposta de se candidatar nas futuras eleições na URSS. Não
estaria o secretário-geral do PCUS tentando com isso simplesmente dar
credibilidade a sua *perestroika* aos olhos do mundo inteiro?

— Se eu fizer o seu jogo — diz Sakharov —, estarei contribuindo para
que as coisas evoluam bem ou me arriscando a me comprometer?

— Sua consciência é clara e firme — responde João Paulo II. — Tenho
certeza que não cometerá erros. Acredito que o senhor poderá ser útil.[14]

Sakharov acabaria se candidatando, e efetivamente haveria de desempenhar um papel capital ao combater o "papel dirigente do partido" como
esteio das instituições da URSS — até morrer de problemas cardíacos em
dezembro de 1989.

A chegada de Mikhail Gorbachev ao poder na União Soviética, em
março de 1985, não despertou grandes esperanças no Vaticano. De que
maneira uma simples mudança de titular no Kremlin poderia alterar as
coisas num sistema em que os indivíduos contam tão pouco? Semanas
antes, a segunda visita de Andrei Gromyko ao Vaticano transcorrera num
clima gélido. Acontece que Gromyko foi o principal artesão da promoção
de Gorbachev, um homem cujo sorriso, segundo ele, "esconde dentes de
aço". É a partir de 1987, quando o novo senhor do Kremlin passa a aplicar seus dois lemas — a *perestroika* (reforma) e a *glasnost* (transparência)
— que João Paulo II começa a acreditar que alguma coisa está acontecendo na URSS. Ele recebe informações de alguns contatos discretos.[15] Leu
os artigos extremamente bem documentados do articulista Andrzej
Drawicz em seu antigo jornal, o *Tygodnik Powszechny*. Pode também ter
acesso à análise do general Jaruzelski — um homem particularmente bem
informado —, que recebeu em audiência em janeiro de 1987. Mas nem
por isso João Paulo II descamba para a "gorbymania" que então acomete
a quase totalidade dos dirigentes ocidentais. Em conversa com André
Frossard, ele assim resume seu ceticismo: "Como poderia Gorbachev mudar O sistema sem mudar DE sistema?"[16]

Como se quisessem ilustrar esse impasse, as autoridades respondem
com uma nova recusa ao pedido do papa de visitar a União Soviética: João
Paulo II gostaria de fazer a viagem na primavera de 1987 para comemorar o sexcentésimo aniversário da conversão da Lituânia ao cristianismo.

Impossível. Uma viagem de João Paulo II a essa pequena república em que a fé católica é tão intensa quanto o fervor nacional seria uma verdadeira loucura aos olhos do Kremlin. Por que não pensar então numa escala em Moscou? sugere prudentemente a assessoria de Gorbachev. Bem programada, uma visita do papa ao Kremlin não atrapalharia ninguém e contribuiria de forma espetacular para a nova imagem da União Soviética no Ocidente. De sua parte, no entanto, o papa não poderia visitar a URSS sem ir ao encontro de suas ovelhas, que se encontram essencialmente na Lituânia e na Ucrânia ocidental. No dia 14 de junho de 1987, da vizinha Polônia, João Paulo II dirige uma vibrante saudação às populações dessas duas regiões limítrofes. Nesse mesmo ano, Vilna e Lwow teriam de se contentar com a visita do cardeal filipino Jaime Sin e de Madre Teresa: um sinal de que apesar de tudo a distensão já teve início.

O que vem complicar a situação é a constante hostilidade dos dirigentes ortodoxos russos em relação ao Santo Padre. O patriarca de Moscou, que acabou se tornando dócil com 70 anos de comunismo, demonstra reflexos políticos no mínimo ambíguos. Assim é que o patriarca de todas as Rússias, monsenhor Pimen, justificaria a recusa de autorizar uma visita de João Paulo II às regiões católicas da URSS, em 1987, referindo-se às "afirmações pouco objetivas do papa sobre nosso país e sobre o sistema socialista que nossos povos escolheram".[17]

Nessa época, todos se preparam para comemorar um aniversário excepcional: o milênio do batismo de São Vladimir, ocorrido em Kiev em 988, numa época em que a Rússia e a Ucrânia ainda não existiam como Estados constituídos, e na qual católicos e ortodoxos ainda não eram duas confissões separadas. Desse modo, a cristianização daquela que é conhecida como a *Rus'*, berço da nação russa, é legitimamente reivindicada *também* pelos ucranianos — os ortodoxos, mas igualmente os católicos. Para os ocidentais, essas firulas históricas não fazem sentido. Para João Paulo II, que pretende comemorar essa data excepcional com o máximo de repercussão, elas são a quadratura do círculo. Como celebrar o batismo da Rússia sem descontentar os ucranianos? Como festejar a conversão dos católicos ucranianos sem chocar o Patriarcado de Moscou? Como não foi convidado nem a Moscou nem a Kiev, o papa envia uma carta aos ortodoxos (*Euntes in Mundum Universum*), em março de 1988, e uma carta aos gregos católicos da Ucrânia (*Magnim Baptismi Donum*), em abril.

O FIM DO COMUNISMO

Estava fora de questão renunciar à reaproximação com o Patriarcado de Moscou, sobretudo nesses tempos de diminuição do rigor ideológico. Mas também estaria fora de questão esquecer os uniatas. Pelo contrário, o papa pretende aproveitar-se precisamente da *perestroika* para forçar o fim da proibição que há mais de quarenta anos (desde 1948) afeta esses quatro ou cinco milhões de católicos de rito oriental, que continuam a celebrar sua fé dentro de casa ou nas florestas, correndo o risco de serem mandados para a prisão a cada sessão de catecismo clandestino.

Em junho, o papa envia duas delegações às festas do milênio, em Moscou: uma é formada por representantes dos episcopados do mundo inteiro, e a outra, que o representa diretamente, pelos cardeais Casaroli e Willebrands. Assim, é em nome do papa em pessoa que o velho Casaroli discursa durante a cerimônia solene no Teatro Bolshoi, no dia 10 de junho de 1988, defendendo, imperturbável, o princípio da liberdade religiosa. É também em seu nome que Casaroli vai ao Kremlin no dia 13 de junho para entregar pessoalmente uma carta a Mikhail Gorbachev, acompanhada de um memorando sobre as relações entre o Kremlin e o Vaticano. Em sua carta, o papa diz a Gorbachev que teria prazer em recebê-lo durante uma de suas próximas viagens à Itália, para falar-lhe sobretudo de três temas: o restabelecimento de relações diplomáticas entre a Santa Sé e a União Soviética; a liberdade de consciência para todos os fiéis da URSS; e a legalização dos católicos uniatas na Ucrânia.[18] Ele sabe que, para Gorbachev, a primeira questão é simbólica. O fato de o papa assim conceder sua bênção à *perestroika* só pode ajudar seu promotor, envolvido num jogo político particularmente delicado.

No fim desse ano repleto de acontecimentos, em 22 de dezembro de 1988, o papa João Paulo II resume diante dos cardeais os ensinamentos do milênio da Rússia:

Agradecendo mais uma vez a Deus, Senhor da História, pela alegria desse milênio, peço encarecidamente a Ele que apóie *o comprometimento de todos em favor da liberdade religiosa* como pressuposto e fundamento de uma solução justa para os problemas que ainda afligem essas populações.

Em outras palavras: está fora de questão diminuir a pressão sobre o Kremlin. Nada é certo ainda. João Paulo II sabe perfeitamente que Mikhail

Gorbachev quer mostrar sua boa vontade, revogando a proibição que pesa sobre a Igreja Católica ucraniana, mas que não chegaria ao ponto de se desentender com o Patriarcado de Moscou, que se opõe encarniçadamente a essa legalização.

Roma, 1º de dezembro de 1989. Às 10h50, a Zil blindada de Mikhail e Raíssa Gorbachev atravessa em baixa velocidade a Porta de Santa Ana e penetra no pátio de São Damásio, no coração da Cidade do Vaticano. Trinta guardas suíços ostentando suas alabardas prestam-lhe as honrarias debaixo dos *flashes* dos fotógrafos, enquanto o bispo Monduzzi, prefeito da Casa Pontifícia, recebe os visitantes, conduzindo-os ao palácio apostólico. João Paulo II os espera na Sala do Trono — sinal de particular honraria — para em seguida conduzir Gorbachev, visivelmente emocionado, a sua biblioteca particular.

Meio bilhão de telespectadores assistem ao acontecimento ao vivo. O encontro entre o chefe do movimento comunista internacional e o chefe da Igreja Católica é realmente histórico. Os dois trocam algumas palavras em russo — o papa eslavo não haveria de perder essa oportunidade! — mas logo os intérpretes[19] se acomodam junto a eles, de ambos os lados da célebre mesa de carvalho, para uma conversa de mais de uma hora e meia. O diálogo é de alto nível. Nenhum dos dois interlocutores cultiva o politiquês. Embora saúde calorosamente as conquistas da *perestroika*, João Paulo II não se exime de insistir em seus três temas favoritos: o princípio da liberdade religiosa, o interesse de uma lei sobre a liberdade de consciência e a legalização dos uniatas da Ucrânia, sobre a qual se estende longamente,[20] para propor em seguida o estabelecimento de relações diplomáticas entre a Santa Sé e a Rússia. Gorbachev, por sua vez, frisa que o "novo pensamento" constitui uma verdadeira revolução para a URSS: "Ninguém é dono da verdade absoluta, nem pode tentar impô-la aos outros", explica Gorbachev, desse modo renegando de uma vez por todas a doutrina marxista-leninista. Mas o soviético tem uma idéia em mente. A se dar crédito a certos meios do Ocidente, diz ele, a "renovação" do comunismo deve ser promovida "unicamente com base nos valores ocidentais". Acontece, prossegue, que é exatamente esta a melhor maneira de conduzir a *perestroika* ao fracasso! Será que os americanos não poderiam "respeitar os interesses e as tradições" da União Soviética, deixando aos soviéticos "a escolha deste ou daquele sistema político?"

O FIM DO COMUNISMO

— Ninguém deve pretender que as mudanças na Europa [do Leste] devam ser feitas segundo o modelo ocidental — responde João Paulo II. — Seria contrário a minhas convicções mais profundas!

Gorbachev não esperava tanto. Quanto ao resto, confirma que está de acordo com uma lei sobre a liberdade de consciência, ao mesmo tempo tratando de evitar a armadilha uniata: "Nós aceitaremos qualquer acordo que o senhor fizer com a Igreja ortodoxa."[21] Que os dirigentes religiosos se entendam entre eles, e o poder político haverá de segui-los. É uma proposta hábil. E é com essa condição que, ao sair da biblioteca privada, Gorbachev convidaria João Paulo II para ir à União Soviética, o que não estava previsto. "Acabamos de assistir a um acontecimento realmente extraordinário", frisa o soviético, com um largo sorriso.

E é com efeito um "acontecimento realmente extraordinário" o fato de que Gorbachev tenha vindo ao Vaticano para fazer com o papa um balanço sobre a Europa livre do comunismo, na véspera de encontrar-se com o presidente americano Bush em Malta. Pois essa histórica reunião de cúpula se dá depois de alguns acontecimentos não menos "extraordinários" ocorridos desde o verão. No dia 24 de agosto, na Polônia, o católico Tadeusz Mazowiecki, velho amigo do papa, foi feito chefe de governo. Na Alemanha Oriental, em setembro, as manifestações iniciadas nas igrejas de Leipzig e Berlim levaram o velho líder comunista Erich Honecker a antecipar sua aposentadoria. Na Hungria, o reformista Imre Poszgay — que havia sido recebido pelo papa no dia 20 de março — declarou que seu país não era mais "socialista". Na Tchecoslováquia, a 12 de novembro, a canonização de Inês da Boêmia desencadeou a "revolução de veludo" de que saiu vencedor Vaclav Havel. Na Romênia, um obstinado pastor de Timisoara está a ponto de provocar a queda do regime encarnado pelo casal Ceausescu. E sobretudo, no dia 9 de novembro, caiu o Muro de Berlim. É como se aquele encontro viesse constituir um marco daquilo a que João Paulo II haveria de referir-se um mês depois, diante do corpo diplomático e enumerando cada uma das capitais envolvidas, como "as etapas de uma longa peregrinação para a liberdade".

Enquanto esperava que Gorbachev e João Paulo II encerrassem seu encontro, o novo ministro soviético das Relações Exteriores, Eduard Chevardnadze, comentou com o cardeal Casaroli: "Sem vocês [o Vaticano] não teria havido tudo isso!" Exatamente o que o próprio Mikhail

Gorbachev diria dois anos depois em artigo publicado no jornal *La Stampa*: "Hoje podemos afirmar que tudo que aconteceu no Leste europeu nos últimos anos não teria sido possível sem a presença deste papa, sem o papel eminente — inclusive no plano político — que ele desempenhou no cenário mundial."[22] Por enquanto, acompanhando seu convidado depois dessa extraordinária reunião de cúpula, João Paulo II limita-se a dar uma explicação modesta dos acontecimentos: "A Providência preparou o caminho."

*

Nove anos depois, não é propriamente a Providência que permite a João Paulo II visitar Cuba. Muito aguardada pela mídia,[23] essa viagem também é fruto de uma verdadeira estratégia, preparada de longa data. Em janeiro de 1979, Cuba quase se transformou no primeiro país visitado pelo novo papa. Ao ser informado de que o Santo Padre iria a Puebla, no México, Fidel Castro convidou-o a fazer uma escala em Havana. Algo embaraçado, o Vaticano declinou do convite: não teria cabimento improvisar uma visita mal preparada a um país, ainda por cima comunista, onde os cristãos não têm direitos! Segundo diria ele mesmo, Fidel Castro ficaria muito contrariado.[24] Seriam necessários anos de negociações mais ou menos secretas, começando com a visita do cardeal Etchegaray a Cuba em 1992, para que uma viagem do papa fosse contemplada, discutida, preparada, suscitando gestos significativos da parte do regime — como o restabelecimento da festa de Natal em dezembro de 1997 —, para finalmente concretizar-se.

Foi o próprio João Paulo II, pessoalmente, quem deu o tom da viagem ao chegar a Havana no dia 21 de janeiro de 1998: "Que Cuba se abra ao mundo e que o mundo se abra a Cuba!" A primeira parte da exortação lembra, naturalmente, a abordagem que o papa havia adotado na Europa do Leste: abertura das fronteiras políticas, abertura da sociedade às influências externas, abertura do regime à idéia de que a Igreja pode desempenhar um papel na sociedade. Os entendimentos promovidos antes da viagem por Roberto Tucci (responsável pelas viagens) e Pasquale Borgomeo (diretor da rádio Vaticano) para obrigar Fidel Castro a permitir que os meios de comunicação cubanos cobrissem a visita são uma réplica exata do que havia acontecido com a Polônia em junho de 1979: "É preciso abrir as fronteiras!", conclamara o novo papa em Cracóvia, durante sua primeira viagem a um país comunista.

Mas não basta exigir liberdade, que não é considerada pelo papa como um fim em si. Não basta que Cuba se abra ao mundo: "Que o mundo se abra a Cuba", repete o Santo Padre. Fidel não esconde sua satisfação: já faz quatro anos que João Paulo II vem condenando o embargo imposto a Cuba há trinta e cinco anos pelos Estados Unidos. O fato de o líder dos católicos vir pessoalmente repetir esta condenação *in loco*, a algumas centenas de metros da Flórida, não pode deixar de contentar o velho revolucionário, que fez do antiamericanismo o pilar de seu regime. Para o papa, no entanto, trata-se de bem outra coisa. Se o embargo deve ser condenado, não é naturalmente para apoiar um regime exangue, mas para dar à população cubana uma chance de construir livremente seu futuro.

A história guardaria as imagens impressionantes da missa solene da Praça da Revolução, a 25 de janeiro, e a dupla condenação papal aos "sistemas ateístas" e ao "neoliberalismo capitalista". Mas foi na antevéspera, em Camagüey, que João Paulo II definiu seu projeto para Cuba, pretendendo ir além "dos embargos econômicos e dos sistemas políticos". Diante de uma assembléia de jovens, o papa traçou o caminho das gerações futuras: "Não busquem em outros lugares o que podem encontrar em casa! Não esperem dos outros aquilo de que são capazes vocês mesmos! Vocês podem ser os protagonistas de sua história!" Esta mensagem, na qual o papa exortava os jovens cubanos a construir um "mundo novo", é exatamente a mesma que já havia enviado a seus compatriotas poloneses. A mensagem mais subversiva que pode haver em terras comunistas.

1. Karol Wojtyla, nascido em 18 de maio de 1920 em Wadowice, Polônia, ao completar um ano.

2

3

2. Emilia e Karol Wojtyla, os pais do futuro papa, com seu primogênito, Edmund.

3. O pequeno Karol, chamado de "Lolek" pelos íntimos, freqüenta a escola primária de Wadowice.

4. Karol Wojtyla pai (*ao centro*) é suboficial no 56º regimento de infantaria do exército austríaco.

5. Excursão dos alunos da escola de Wadowice, no dia 26 de maio de 1930, às minas de sal de Wieliczka, perto de Cracóvia. Karol está na segunda fileira (*segundo à direita*). Seu pai (*primeiro adulto a partir da direita*) está entre os acompanhantes.

6. Karol, aos 11 anos, é um modelo de menino de coro (*primeira fileira, segundo a partir da esquerda*) aos olhos do padre Kazimierz Figlewicz (*ao centro*), que durante muito tempo seria seu confessor.

7. Karol Wojtyla no dia de sua primeira comunhão, em 25 de maio de 1929.

8. O pequeno Karol acompanhado do pai (*ao centro*) em peregrinação ao santuário de Kalwaria Zebrzydowska, a 10 km de Wadowice.

9. Adolescente, Karol é um rapaz romântico apaixonado por teatro e poesia.

10. No colégio Marcin Wadowita, Karol Wojtyla atua em várias peças (aqui er 1937). Os papéis femininos são desempenhados pelas alunas do colégio de menina Michalina Moscicka.

11. Numa noite de recitação teatral, em 15 de outubro de 1938, em Cracóvi: Karol Wojtyla aparece no mesmo programa que sua amiga Halina Krolikiewicz.

Direitos reservados

SALA BŁĘKITNA
DOMU KATOLICKIEGO

15 SOBOTA
PAŻDZ
1938

WIECZÓR LITERACKI:
„DROGĄ
TOPOLOWY
MOST"

Bober
Kałamacki
A. Kwiatkowska
Karol Wojtyła

POCZĄTEK 18 GODZ.

WSTĘP

12. Julho de 1938: concluído o colegial, Karol passa o verão trabalhando com outros colegas de treinamento juvenil em Zubrzyca Gorna, nas montanhas do sul do país.

13. Setembro de 1938: Karol Wojtyla passeando em Cracóvia com sua madrinha Maria Wiadrowska.

Sipa Press/APF

14. Em julho de 1939, o estudante Wojtyla (*rezando, à direita*) cumpre mais um "período" militar com a Legião Acadêmica em Ozomla, não distante da cidade de Przemysl, na região leste do país.

15. Este período militar seria concluído imediatamente antes do início da guerra, em 1º de setembro de 1939, durante a invasão das tropas alemãs (*Wojtyla é o segundo a partir da direita*).

16. Durante a guerra, no palácio episcopal, o arcebispo Sapieha ordenava aos seminaristas clandestinos que usassem a batina para evitar represálias alemãs (*Wojtyla está ao centro*).

17. O abade Karol Wojtyla aos 26 anos, após sua ordenação sacerdotal no dia 1º de novembro de 1946, no castelo de Wawel, em Cracóvia.

18. Niegowic, a leste de Cracóvia: o padre Karol Wojtyla, desempenhando sua primeira função numa paróquia, só permaneceria na cidade durante um ano (julho de 1948 a julho de 1949).

19. Na Igreja de São Floriano de Cracóvia, o jovem capelão universitário promove intensa atividade para os jovens, rapazes e moças: canto coral, teatro, caminhadas pela montanha etc.

20. Karol Wojtyla aprendeu a esquiar em 1949. Pelo resto da vida, estaria constantemente se aperfeiçoando nesse esporte, que continuaria praticando, mesmo depois do conclave, até os 72 anos de idade.

21. O futuro papa nunca gostou realmente de bicicleta, mas na década de 1950 com freqüência acompanhava os jovens em excursões ou peregrinações sobre duas rodas.

22. Como padre e posteriormente bispo, Karol Wojtyla praticou o caiaque durante os anos 50 e 60, compartilhando com grupos de jovens o condicionamento físico e o gosto pela meditação.

23. O padre Wojtyla, que todos chamam de "Wujek" ("tio"), deixou uma lembrança profunda em centenas de estudantes que o acompanharam em excursões e retiros em plena natureza.

24. Fevereiro de 1973: viagem às Filipinas, à Nova Zelândia, a Papua-Nova Guiné e à Austrália. Pela primeira vez um cardeal polonês vai a lugares distantes.

25. O cardeal Wojtyla é uma "estrela" em Cracóvia, e não se faz de rogado na hora de dar autógrafos.

26. Um ano antes do conclave: o cardeal Wojtyla ao lado do cardeal Stefan Wyszynski, primaz da Polônia e figura marcante da resistência ao comunismo.

27. Karol Wojtyla, cardeal-arcebispo de Cracóvia, com o papa Paulo VI, pelo qual sentia profunda veneração.

28. 16 de outubro de 1978: *Habemus papam!* O cardeal Wojtyla acaba de ser eleito pelo conclave. Passa a chamar-se João Paulo II. O mundo inteiro descobre um papa polonês sorridente, dinâmico, sedutor, que oferece descontraidamente sua primeira bênção apostólica.

29. O papa João Paulo II em meditação durante suas férias, em alguma região montanhosa.

30. Em todos os dias de seu pontificado, exceto quando está viajando, João Paulo II celebra a missa bem cedo pela manhã em sua capela privada. Ser convidado a presenciá-la é considerado um privilégio.

31. 27 de outubro de 1978: o novo papa vai pela primeira vez a sua residência de Castel Gandolfo. É recebido calorosamente pelos fiéis dos *castelli romani*, as aldeias das imediações do lago de Albano.

32. Um papa enérgico, com o sentido da comunicação.

33. Maciço das Dolomitas, 1986: todo ano, o papa tira férias nas montanhas.

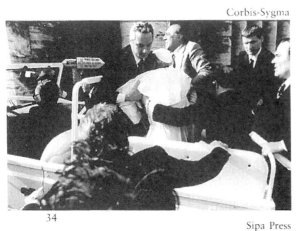
34

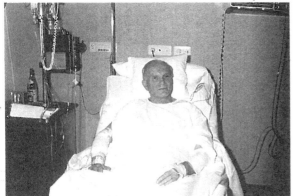
35

34. 13 de maio de 1981, às 17h17: o terrorista turco Mehmet Ali Agca atira no Santo Padre durante uma audiência geral na Praça São Pedro.

35. 18 de maio de 1981: João Paulo II escapou por pouco da morte, mas se recupera muito rapidamente em seu quarto na clínica Gemelli, em Roma.

36. 12 de junho de 1987: o "estado de guerra" continua em vigor na Polônia, mas o papa, que já está em sua terceira viagem à pátria, celebra uma missa espetacular no bairro de Zaspa, em Gdansk, onde mora Lech Walesa...

37. 15 de janeiro de 1981: o papa recebeu no Vaticano uma delegação polonesa chefiada por Lech Walesa, o líder do sindicato Solidariedade, que declara ter vindo "ver seu pai".

38. 13 de janeiro de 1987: o papa recebe em Roma o general Wojciech Jaruzelski, chefe de Estado polonês, a quem convenceria a abrir o diálogo com a sociedade polonesa.

Osservatore Romano/Sipa Press

Sipa Press/Marinelli

39. 28 de janeiro de 1979: João Paulo II chega a Puebla, no México, sendo aclamado pela população. É a primeira de uma longa série de viagens que o levariam a percorrer o mundo inteiro.

40. 1º de setembro de 1990: os cristãos de Burundi esperam a passagem de João Paulo II.

41. 25 de janeiro de 1998: sob o olhar de Che Guevara, o papa reza a missa na Praça da Revolução, em Cuba, na presença de Fidel Castro.

42. 1º de junho de 1980: João Paulo II percorre os Champs-Elysées no papamóvel, ao lado do presidente francês, Valéry Giscard d'Estaing.

43. 15 de setembro de 1982: o papa recebe Yasser Arafat, dirigente da Organização para a Libertação da Palestina (OLP). O encontro daria muito o que falar.

44. 3 de fevereiro de 1986: durante a sua visita a Calcutá, João Paulo II se encontra com madre Teresa.

45. 1º de dezembro de 1989: um mês depois da queda do Muro de Berlim, João Paulo II, chefe da Igreja Católica, recebe no Vaticano Mikhail Gorbachev, chefe do partido comunista da União Soviética e principal dirigente do movimento comunista internacional.

46. 9 de junho de 1979: durante a sua primeira viagem à Polônia, João Paulo II visita o campo de Auschwitz, onde rezaria uma missa particularmente comovente.

47. 13 de abril de 1986: João Paulo II visita a sinagoga de Roma. Uma sessão histórica.

48. 11 de outubro de 1998: Edith Stein, uma intelectual judia convertida ao catolicismo e morta em Auschwitz, é canonizada por João Paulo II.

49. 26 de março de 2000: o papa em oração diante do Muro das Lamentações, em Jerusalém, durante viagem à Terra Santa carregada de símbolos e gestos de paz.

50

50. 27 de outubro de 1986: Em Assis, João Paulo II convidou os representantes de todas as religiões do mundo a orar com ele pela paz.

51. 7 de maio de 1999: o papa se encontra com o patriarca ortodoxo romeno Teoctist, um dos raros dirigentes da Igreja Ortodoxa a recebê-lo.

52. 7 de setembro de 1993: João Paulo II visita a Lituânia (aqui, no "monte das Cruzes", em Siaulai), país muito católico que é também o primeiro da antiga URSS visitado pelo papa desde a queda do comunismo.

53. 12 de abril de 1997: a viagem do papa a Sarajevo (Bósnia), que havia sido adiada, desenrola-se em clima de tensão e tristeza.

AFP-Attila Kisbenedek-STF

Sipa Press/Andy Hernandez

STF/AFP

51

52

Sipa Press/Alexandra Boulat

53

Sipa Press/Meigneux

54

54. 24 de agosto de 1997: durante as Jornadas Mundiais da Juventude (JMJ), o papa comanda no hipódromo de Longchamp, no Bois de Boulogne, uma vigília reunindo um milhão de jovens de 160 países.

55. 23 de agosto de 1997: recebido por 400 mil jovens no Campo de Marte, diante da Torre Eiffel, o papa assiste à libertação de um pombo.

56. Nas décimas quintas JMJ, em Roma, em agosto de 2000, bandeiras de todos os países são penduradas nas colunatas da Praça de São Pedro.

57. 24 de maio de 1998: João Paulo II visita Turim, no norte da Itália, e vai venerar o Santo Sudário.

55

56

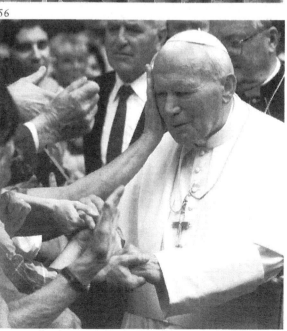

57

58. 24 de dezembro de 1999: o papa inaugura o "Grande Jubileu do ano 2000", abrindo a Porta Santa à entrada da basílica de São Pedro.

59. 16 de março de 2003. João Paulo II, a respeito do Iraque: "A guerra é sempre uma derrota da humanidade!"

19

"A mão que atirou..."

Praça de São Pedro, 13 de maio de 1981. São quase 17 horas. Como acontece em todas as quartas-feiras de primavera, a multidão invade o espaço entre as colunas de Bernini para assistir à audiência geral ao ar livre. À esquerda da basílica, atrás do Arco dos Sinos, o papa sobe em seu grande jipe conversível, ladeado por seu secretário, o padre Stanislaw Dziwisz, seu mordomo Angelo Gugel e alguns policiais à paisana que trabalham como guarda-costas do Santo Padre. Perfeita rotina. João Paulo II gosta desse encontro semanal com os peregrinos do mundo inteiro. Transformou-o num momento de catequese importante que se insere regularmente numa programação sempre intensa: ao meio-dia, ele almoçou com seu amigo Jérôme Lejeune, o famoso geneticista francês; na véspera, recebeu uma delegação da Universidade Jagellon, com a qual falou da crise polonesa; daqui a pouco, vai inaugurar uma série de meditações sobre a doutrina social da Igreja, por ocasião do nonagésimo aniversário da encíclica *Rerum Novarum*.

Cerca de vinte e cinco mil pessoas estão reunidas na praça. Às 17 horas, o jipe branco aparece à esquerda da fachada de São Pedro, sob os vivas de uma multidão entusiástica agitando lenços e chapéus. O veículo percorre lentamente as fileiras de fiéis, obedecendo a um trajeto circular detalhadamente estabelecido e balizado por barreiras de madeira. O papa quer ser visto pelo maior número possível de pessoas. Se pudesse, cumprimentaria pessoalmente cada um dos peregrinos presentes! Gritos de alegria, exclamações em todas as línguas, cânticos. De pé, o homem de branco segura-se firmemente na balaustrada do *papamobile*, benzendo o público com a mão direita. Ele se inclina, sorrindo, toca mãos estendidas, faz um sinal com a cabeça. Às vezes toma nos braços um bebê, beija-o e o devolve à mãe. Esse papa esportivo, que não parece se incomodar com o calor, mostra resistência física e flexibilidade. Os guardas suíços e os policiais italianos incumbidos da segurança papal observam os rostos como podem. Não podem imaginar que a alguns metros do jipe, perdidos na multidão eufórica, dois homens armados esperam tranqüilamente o momento de atirar no Santo Padre. Mehmet Ali Agca, paletó cinza e camisa branca, postou-se perto de uma barreira, na segunda fileira de peregrinos, a mão crispada numa Browning 9mm metida numa mochila que traz a tiracolo. Vinte metros atrás dele, perto de uma fonte, Oral Celik, um homem baixo de jaqueta de couro, *jeans* e tênis, aperta contra o tronco um Beretta 7,65 e, dentro de um saco, uma granada. Os dois passaram muito tempo fazendo o reconhecimento do terreno e sabem o que precisam fazer. Estacionaram um Ford Taunus na via di Porta Angelica, aonde não terão dificuldade de chegar em meio ao pânico que certamente se seguirá ao seu crime.

17h17. O papa chega à altura dos dois assassinos, perto da Porta de Bronze. Agca ergue calmamente a pistola e atira duas vezes no alvo, a três metros de distância. Mais afastado, Celik atira uma vez. Centenas de pombos batem em revoada. No jipe, João Paulo II caiu nos braços de seu secretário, que só entende uma coisa: o papa foi atingido!

— Onde? — grita Dziwisz em polonês.

— Na barriga! — responde o papa, com uma careta.

— Está sentindo dor?

— Sim!

Na realidade, o Santo Padre foi atingido no abdômen, no cotovelo direito e no dedo indicador da mão esquerda. Em meio aos gritos e à correria, o motorista do jipe acelera bruscamente para chegar até uma ambulância da Cruz Vermelha estacionada por trás da colunata. Mas ela não está equipada para reanimação de feridos, e o papa tem de ser transferido para uma segunda ambulância, que parte a toda velocidade em direção à clínica Gemelli: o próprio papa havia certa vez manifestado o desejo, caso fosse necessário, de ser internado como todo mundo, num hospital, e não no palácio pontifício. A policlínica Gemelli,[1] estabelecimento particular de mil e oitocentos leitos, fica a seis quilômetros da praça de São Pedro, e estamos na hora do *rush*. Apesar dos engarrafamentos, a ambulância levaria apenas oito minutos — uma verdadeira proeza — para fazer o trajeto. O médico particular do papa, o dr. Buzzonetti, o acompanha, assim como um enfermeiro. Debruçado sobre o Santo Padre, Stanislaw Dziwisz ouve-o proferir algumas palavras que parecem uma oração: "Maria minha Mãe", "Maria minha Mãe" e "Jesus". A lenda acabaria propagando frases que o papa na realidade não disse: "Por que me fizeram isso?" e "Por que eu?"

Na clínica, depois de um breve momento de confusão geral, o paciente inanimado — ele acaba de perder a consciência — é levado ao décimo andar. A pressão arterial cai perigosamente, o pulso está quase imperceptível. Seu estado é desesperador. Dziwisz administra-lhe os últimos sacramentos durante a transferência para a sala de cirurgia, no andar de baixo, para uma intervenção urgente. O dr. Francesco Crucitti, um dos três cirurgiões-chefes da clínica, que ouviu a incrível notícia no rádio, acaba de chegar precipitadamente. O ilustre paciente é anestesiado — na pressa, um de seus dentes incisivos é quebrado —, e o médico lava apressadamente as mãos enquanto lhe enfiam um avental de cirurgia.

Na praça de São Pedro, o pânico deu lugar à perplexidade. Do outro lado das barreiras, duas turistas americanas, Rose Hall e Ann Odre, foram feridas por uma das balas, sendo igualmente levadas por ambulâncias. Celik, o homem da jaqueta de couro, fugiu; um americano que trabalhava para a rede de televisão ABC, Lowell Newton, pôde vê-lo perfeitamente desaparecer na multidão ainda com a pistola na mão. Mas Agca não conseguiu acompanhar seu cúmplice: uma pequena religiosa toda de negro, chamada irmã Letizia, agarrou-se furiosamente a seu braço e derrubou sua arma no chão, gritando: "Foi você! Foi você!" Um policial à paisana do séquito do papa atirou-o então no chão, impedindo sua fuga.

No centro da praça, onde há já agora um pesado silêncio, rompido apenas por soluços de fiéis em oração, peregrinos poloneses depositam no trono vazio no qual o papa deveria instalar-se uma imagem da Virgem de Czestochowa, atrás da qual alguém havia escrito um pedido premonitório: *"Nossa Senhora, protegei o Santo Padre do Mal."*

Na clínica, a operação começou pouco antes das 18 horas, comandada pelo professor Crucitti, assistido pelo dr. Manni, reanimador, o dr. Manzoni, cardiologista, e alguns outros médicos. O médico-chefe da clínica, pro fessor Castiglione, estava em Milão quando aconteceu o drama. Chegaria no fim da operação. Feita a incisão, havia "sangue por toda parte", como relataria Crucitti. Seria necessário drenar três litros para localizar a hemorragia e só então constatar que nenhum órgão vital havia sido atingido. Nem a aorta central, nem a artéria ilíaca, nem a espinha dorsal. Um verdadeiro milagre. Aos poucos, a emoção dá lugar à esperança: não se deve necessariamente esperar o pior. É a mensagem transmitida na recepção à multidão de personalidades que chegaram em busca de notícias. Lá estão vários cardeais da Cúria, muito emocionados, além de arcebispos, do presidente italiano, Sandro Pertini, do primeiro-ministro Forlani, do comunista Berlinguer, do socialista Craxi e de uma multidão de fotógrafos que os seguranças tentam conter.

Stanislaw Dziwisz por sua vez está presente na sala de operação. Também ele daria seu depoimento sobre aqueles terríveis momentos: "Foi necessário limpar o abdômen, cortar cinqüenta e cinco centímetros de intestino, costurar o cólon em vários pontos e compensar a hemorragia: o Santo Padre havia perdido três quartos de seu sangue!" O grupo sangüíneo do papa, A negativo, não é muito comum, mas não causa particular preocupação. Mas esse sangue da transfusão é que viria mais tarde a apresentar um problema inesperado. "Acrescente-se", prossegue Dziwisz eufemisticamente, "a instalação de um sistema de desvio que salva os doentes, ao mesmo tempo deixando-lhes uma lembrança das mais penosas."[2]

Às 20 horas, um primeiro boletim médico é lido pelo professor Tresalti para o grupo de jornalistas que montam guarda na clínica. Ele é então difundido para a multidão de fiéis que aguardam notícias recitando o rosário na praça de São Pedro. O texto não é nem otimista nem pessimista. Mas pelo menos confirma que o papa não morreu. No mundo inteiro, cristãos reúnem-se nas igrejas e rezam pela saúde do papa. A cirurgia leva cinco horas e vinte minutos. Pouco depois da meia-noite, é divulgado um segundo boletim de saúde: a operação transcorreu bem, o paciente está em estado satisfatório. O papa é levado para a sala de recuperação, no terceiro andar, onde permaneceria durante quatro dias, acompanhado pelo dr. Manni e vários cirurgiões. Ninguém ousa ainda pronunciar-se, mas o papa provavelmente foi salvo.

Na manhã de quinta-feira, um novo boletim médico tranqüiliza os céticos: "O papa passou uma noite tranqüila e está consciente." Freqüência respiratória: 22/min. Pressão arterial: 13/9. Freqüência cardíaca: 105 batimentos por minuto. Temperatura do corpo: 37,3. A robusta constituição do papa se fez valer. E ele mesmo, ao despertar, por volta do meiodia, pergunta a seu secretário, que não se afastou de sua cabeceira: "Já dissemos as completas?" O papa não esquece o essencial, e para ele o essencial é Deus. No domingo, 17, ao despertar, ele celebra a missa, deitado em sua cama, e recita num microfone o *Regina Coeli*, para os fiéis aglomerados na praça de São Pedro. Suas poucas palavras, pronunciadas com voz débil, deixam os ouvintes pasmos: o papa explica que "se sente muito próximo das duas pessoas feridas ao mesmo tempo que ele" e que "reza pelo irmão que atirou nele, e que sinceramente perdoou". Para concluir: "A Vós, Maria, *Totus tuus ego sum...*" A emoção é grande na praça. No quarto do Santo Padre, Stanislaw Dziwisz não consegue deixar de pensar que esse "irmão" bem que poderia ter encontrado outra maneira de entrar para a família.

Na segunda-feira 18, às 13h30, o papa é transferido do serviço de recuperação para uma suíte especialmente preparada para ele no décimo andar do prédio, numa ala que anteriormente era destinada aos vigias noturnos. O quarto não é grande, a cama é estreita, mas há um enorme banheiro, um quarto para Dziwisz e uma sala na qual poderão reunir-se os médicos que acompanham a evolução do estado de saúde do paciente. Por iniciativa do cardeal Casaroli, é formada uma junta médica internacional para dar assistência à equipe médica. Entre as sumidades convidadas está o professor Gabriel Turowski, chefe do serviço de transplantes e imunologia da Academia de Medicina Copérnico de Cracóvia, um velho amigo do ilustre paciente. Bem-humorado, o papa passa a chamar esse conselho de sábios de "sinédrio", nome do tribunal supremo dos judeus na época do Cristo. E por sinal o paciente não é dos mais dóceis. Quer saber detalhes sobre suas feridas, pede que expliquem a colostomia, que tanto o incomoda.

No dia 20 de maio, são suspensas as entubações e João Paulo II faz sua primeira autêntica refeição — sopa e um ovo — quase normalmente. Os médicos constatam que o papa é um homem forte e se recupera rapidamente. Diariamente, ele celebra a missa em sua cama e lê seu breviário — ou então, estando cansado, ouve sua leitura. Nessa noite, chega até a recitar um *Te Deum*. O clima seria de total otimismo se os especialistas não constatassem certas dificuldades respiratórias, dores no peito e sobretudo uma incompreensível e persistente febre.

Além disso, o papa sofre um novo choque. A 28 de maio, o cardeal Wyszynski morre em Varsóvia. A notícia do atentado, que provocou considerável comoção na Polônia, contribuíra para o debilitamento do "velho leão", que já estava muito doente. No dia 25 de maio, às 12h25, o primaz da Polônia pedira ao papa acamado, por telefone, que o abençoasse. João Paulo II havia abençoado "sua boca e suas mãos", para deixar clara sua solidariedade com todas as iniciativas passadas do primaz, cuja sucessão deveria ser problemática, num momento em que a Polônia do Solidariedade enfrenta uma crise sem precedente. Para os compatriotas do papa, é o tempo das provações. Nesse período agitado, muitos consideram que elas não se devem ao acaso.

Mesmo reticentes, os médicos autorizam João Paulo II a retornar ao palácio no dia 3 de junho. O papa não se mostra nada sensato, logo voltando ao trabalho. No dia 6, começa um discurso na *loggia* de São Pedro, mas é obrigado a interrompê-lo ao fim de cinco minutos, incapaz de respirar normalmente. No dia 10, preocupação geral por causa de um violento surto de febre. O papa não está recuperando suas forças, pelo contrário. Os antibióticos de nada adiantam. Sua pele está acinzentada, seu rosto emagreceu e ele precisa ser novamente entubado. Alguma coisa está errada. No dia 20, ele volta à clínica Gemelli, sendo examinado por um especialista em infecções virais, o dr. Sanna, microbiologista de grande reputação, que faz três exames: de hepatite, mononucleose e citomegalovírus. O terceiro teste apresenta resultado positivo: fica claro que as transfusões de sangue feitas precipitadamente na noite do dia 13 de maio são a causa dessa infecção, o que gerou terrível ansiedade entre os colaboradores do Santo Padre.

Dias depois, ele já está melhor. Em meados de julho, o alerta já passou, sua saúde melhora sensivelmente. Tanto que no fim do mês o papa pede ao "sinédrio" que sua colostomia seja retirada. Mas os médicos não estão convencidos de que seja oportuno proceder a essa intervenção, das mais delicadas, antes do fim do verão. O papa ouve, mas logo passa a fazer a defesa — sorridente mas firme — dos "direitos humanos do doente". Não quer voltar ao Vaticano sem que o tenham livrado desse "desvio" que tanto o incomoda. Se já está melhor, por que esperar? E o próprio paciente vai propondo que a operação seja realizada no dia 5 de agosto, festa de Nossa Senhora das Neves, tão cara aos montanheses. A intervenção, que dura uma hora, é concluída com perfeito êxito. Uma vez retirados os últimos pontos de sutura, o papa volta ao Vaticano no dia 14 de agosto, e no dia seguinte celebra na praça de São Pedro a missa da Assunção, na presença de cinqüenta mil fiéis, em seguida partindo de helicóptero para Castel Gandolfo, para uma longa convalescença que duraria até o dia 18 de outubro. Raramente a famosa piscina terá demonstrado mais claramente sua utilidade do que nesse período de restabelecimento.

Ali Mehmet Agca

Horas depois do atentado, no quartel-general da polícia romana, detetives e inspetores da Digos (a polícia antiterrorista) interrogam o atirador trazido da praça de São Pedro, ladeado por dois policiais uniformizados. Com 23 anos de idade, ele se disse inicialmente chileno e logo apátrida, acabando por admitir a nacionalidade turca constante de seu passaporte: "Eu sou Mehmet Ali Agca, o maior terrorista turco!" Intérpretes são chamados para ajudar a destrinchar suas declarações desconcertantes, não raro absurdas, mas às vezes denotando também uma real inteligência: "Meu terrorismo não é vermelho nem negro, é vermelho e negro!" Ou então: "Não sou um terrorista como os outros, faço parte de uma nova raça internacional, estou acima das ideologias." Tudo isso misturado a proclamações incoerentes.

Os exames psiquiátricos revelariam que não se trata de um desequilibrado mental, embora possa ser um sujeito alterado. Estaria simulando loucura para melhor confundir as pistas? Seja como for, é o que consegue, pois depois do primeiro interrogatório, vinte e quatro horas após sua detenção, o juiz de instrução Luciano Infelisi afirma dispor de "provas de que Ali Agca não agiu sozinho", ao passo que o correspondente do *New York Times* em Roma ouviu de "fontes governamentais" a garantia de que "Ali Agca agiu sozinho", o que vem a ser confirmado aos jornalistas pelo diretor da Digos, a polícia secreta italiana: "Não temos provas, pistas, indícios nem o menor elemento que demonstre a existência de um complô internacional." Mas é precisamente nisso que todo mundo está pensando. Quem foi que armou o braço do terrorista, formalmente acusado de "tentativa de assassinato de um chefe de Estado em cumplicidade com pessoas ainda não conhecidas"? Teria havido um complô ou não? Em caso positivo, caberia supor que a KGB estivesse envolvida no crime, diretamente ou não? Com todas as conseqüências diplomáticas e políticas acarretadas por tão sensacional revelação?

No Leste europeu, a dúvida mal chega a ser levantada. Sobretudo na Polônia. Se o Kremlin está envolvido? Mas é claro! Acaso seria preciso lembrar as circunstâncias em que o papa desencadeou e apoiou a revolta popular encarnada pelo Solidariedade na Polônia? E que nesta primavera de 1981 o movimento começou a proliferar também em alguns outros países do bloco socialista? E, por sinal, há alguns meses os órgãos de informação soviéticos vêm promovendo uma campanha antipolonesa e antipapista. Parece perfeitamente lógico que o Kremlin quisesse livrar-se de um personagem tão incômodo.

Também no Ocidente, naturalmente, muitos pensam na KGB. Mas as primeiras investigações levam os jornalistas e os juízes a outros horizontes. Ali Agca, cujas declarações contraditórias não facilitam o trabalho dos investigadores, não é um desconhecido, pelo menos na Turquia. Ele nasceu em 1958 numa família pobre de Malatya, na região leste do país. Militante fanático do Partido da Ação Nacionalista, o fascistóide *Milliyetçi Hareket Partisi* (MHP) de Alparslan Turkès, ele foi recrutado, juntamente com seu amigo Celik, pela organização terrorista "Lobos Cinzentos", o braço armado da extrema direita turca, que há alguns anos vem cometendo atentados, muitas vezes mortíferos. Sua ficha está longe de ser impoluta. Agca foi detido em Istambul no dia 25 de junho de 1979, cinco meses depois de ter assassinado friamente Abdi Ipecki, diretor do *Milliyet*, o maior diário da Turquia. A mando de alguém, naturalmente. Condenado à morte, Agca fugiu a 25 de novembro de 1979 da prisão militar de Kartal Maltepe, graças à cumplicidade de funcionários das forças de segurança. Já no dia seguinte, mandava uma carta ao mesmo jornal, anunciando que ia "matar o papa": estava prevista para 28 de novembro uma visita do Santo Padre à Turquia. O líder da Igreja Católica, classificado no comunicado de Agca como "novo comandante dos cruzados" despachado pelos imperialistas ocidentais para impedir que a Turquia se tornasse uma grande potência islâmica, é uma figura emblemática para os fanáticos do MHP e outros nacionalistas turcos que consideram como seus inimigos mortais os "falsos muçulmanos" (os alauítas, minoritários no país), os judeus e, naturalmente, os cristãos.

Naquela semana, a viagem de João Paulo II à Turquia fora cercada de excepcionais medidas de segurança. Cidades em estado de sítio, proibição de se aproximar das multidões, enorme aparato policial. Não houve qualquer atentado. O papa voltara a Roma são e salvo. Um ano depois, um golpe de Estado pusera fim às ameaças terroristas. E se havia acabado esquecendo Mehmet Ali Agca, perdido nas complicadas redes que os fascistas turcos mantinham no Ocidente. Havia muitos e estreitos laços entre os extremistas turcos e os promotores do gigantesco tráfico de armas e drogas que nos últimos anos vinha se desenvolvendo entre a Alemanha Ocidental e a Turquia, através da Bulgária. País comunista, a Bulgária se havia tornado, graças a enormes propinas, a porta giratória dessas redes mafiosas. Com a incontornável cumplicidade do serviço secreto local, a Darjava Sigurnost, que dessa maneira pretendia contribuir, hipocritamente, para a "desestabilização" da Turquia, principal aliado da Otan na região.

Mais cedo ou mais tarde, era inevitável que os jornalistas que investigavam Ali Agca acabassem desembarcando em Sófia. No verão de 1981, o jornalista independente britânico Julian Manyon seria o primeiro a ir atrás daquela que logo passaria a ser chamada de "conexão búlgara". Não era estranho, com efeito, que o rastro do homem que pretendera matar o papa polonês levasse até uma suíte do hotel Vitosa, conhecido em Sófia por suas ligações com o serviço secreto e no qual Agca se hospedou em julho de 1980? Além disso, não era notório que o serviço secreto búlgaro cumpria ordens da KGB soviética?

A "conexão búlgara"

Outros jornalistas — entre eles Paul Henze, ex-informante da CIA, e Claire Sterling, correspondente do *Washington Post* em Roma — aprofundariam essa pista, revelando as ligações entre os grupos fascistas turcos e os serviços secretos búlgaros. E sobretudo o papel da empresa búlgara de importação e exportação Kintex, uma estatal que se transformou em importante elo na cadeia de tráficos mafiosos entre a Europa oriental e o

Oriente Médio, nos quais os papéis principais são desempenhados pelos "chefões" turcos. Mas as autoridades comunistas búlgaras não haveriam, naturalmente, de reconhecer seu envolvimento nesse conluio mafioso — nem mesmo para se defender da acusação de ter pretendido matar o papa. Os órgãos de propaganda búlgaros, à frente deles a agência oficial de imprensa BTA, prefeririam invectivas e mentiras a reconhecer as revelações sobre esses gigantescos tráficos realizados com a cobertura do regime.

Mas os juízes italianos conseguem fazer avançar as investigações. A exposição de motivos da primeira condenação de Ali Agca pelo presidente do tribunal de Roma, Severino Santiapichi, a 24 de setembro de 1981, e mais adiante a longa e minuciosa investigação do juiz Illario Martella, iniciada a 6 de novembro de 1981, lançam por terra a hipótese de fanatismo solitário: Agca estava efetivamente ligado a redes internacionais, especialmente aos extremistas turcos exilados na Alemanha, e fizera uma misteriosa visita à Bulgária, durante cinco dias, no verão de 1980. Acontece que ao longo de seu processo, que transcorreu em meados de junho de 1981 no salão Vittorio Occorsio do palácio de justiça de Roma, na presença de centenas de jornalistas, Agca sustentou ter agido sozinho, indo de encontro a todas as evidências. Condenado à prisão perpétua, isolado durante um ano na prisão de Ascoli Piceno, o terrorista com toda evidência espera ser libertado por seus "amigos", como aconteceu em Istambul dois anos antes, ao fim de cinco meses de encarceramento. Mas os meses se passam e nada acontece.

Até que vem o lance teatral. A partir de maio de 1982, Agca "fala". Levado diariamente de sua nova prisão em Rebibbia ao gabinete do juiz Martella, ele fornece nomes, datas e fatos. Na realidade, está convencido de que ninguém mais virá tirá-lo da prisão. E, sobretudo, deu ouvidos ao capelão de sua primeira prisão, o padre Santini, segundo quem poderia beneficiar-se da futura lei sobre terroristas "arrependidos". Depois de alguns meses de hesitação, ele se dispõe a entregar tudo que se espera dele. Tanto o que é verdadeiro quanto o que é falso. Suas primeiras revelações implicam pessoas de nacionalidade turca: Omer Mersan, traficante internacional e contrabandista de alto coturno; Musa Cerdar Celebi, presidente da Federação Européia dos Idealistas Turcos; Bekir Celenk, um dos "chefões" da máfia turca, o homem que lhe teria prometido — e a seu amigo Oral Celik — uma grande soma em dinheiro para assassinar o papa. Extremistas, chefões mafiosos, assassinos: nada que confirme, até aqui, a hipótese de uma rede manipulada pela KGB.

E de repente, no dia 29 de outubro de 1982, no gabinete de Martella, Agca abre as comportas. Revela espontaneamente que efetivamente agiu como braço armado dos serviços secretos do Leste. Que foi mesmo em Sófia que recebeu passaporte e instruções. E que foi preparado para sua ação por agentes búlgaros: ele os reconhece em fotografias, descreve detalhadamente seus hábitos e seus apartamentos, conhece seus codinomes e chega até a fornecer seus números de telefone. Na quinta-feira, 25 de novembro, depois de discretas investigações, o juiz Martella manda deter em sua residência Serguei Antonov, 35 anos, chefe de escalas da empresa aérea búlgara Balkan Air. Os dois outros suspeitos, Teodor Aivazov, tesoureiro da embaixada búlgara em Roma, e Zelio Vasiliev, adjunto do adido militar búlgaro, estão de férias em Sófia. Aivazov estava para voltar a Roma, mas, avisado no último minuto, decide adiar o retorno.

A detenção causa sensação. A máfia búlgara finalmente desmascarada! Uma suposta foto de Antonov a poucos metros de Agca no momento da tentativa de atentado na praça de São Pedro, a 13 de maio de 1981, sai na primeira página de todos os jornais do mundo. A semelhança realmente é incrível. Só que se trata de um peregrino americano de origem húngara, que logo trata de advertir por carta o juiz Martella. Mas a operação foi desencadeada. Não faltam outros elementos para acusar Antonov e seus supostos "cúmplices". As lojas das empresas de transporte aéreo da Europa oriental são tradicionalmente conhecidas como ninhos de espiões. E as acusações de Agca são de uma precisão irrefutável. O governo italiano entra em ebulição. A Bulgária protesta e convoca de volta seu embaixador. Nos Estados Unidos, uma parte do *establishment* triunfa e acusa nominalmente o ex-chefe da KGB, Iuri Andropov, já agora principal dirigente da União Soviética. A guerra fria está no auge.

Mas algumas dúvidas dignas de atenção vêm alterar essa aparente unanimidade. Se Antonov é realmente o agente operacional que afirma Agca, como explicar que seus superiores o tenham mantido no cargo em Roma durante dezoito meses? Se os três búlgaros montaram toda essa operação nada simples, como explicar que tenham cometido tantos erros grosseiros (encontros em suas residências, números de telefone verdadeiros, coberturas transparentes etc.), em total desprezo pelas regras mais elementares da espionagem contemporânea?[3] Estranha, também, a atitude dos americanos, extremamente reservados sobre o caso, à exceção de ex-dirigentes como Henry Kissinger e Zbigniew Brzezinski, anticomunistas até a raiz dos cabelos. Nem o presidente Reagan, que não poderia ser acusado de grande estima por aquele a que se refere como o "império do mal", nem o governo americano nem qualquer de seus funcionários aproveitou essa enorme brecha para acusar a URSS e seu satélite búlgaro.

O mal-estar da CIA e dos serviços secretos ocidentais é surpreendente. Mas pode ser explicado: examinando daqui e dali as declarações de uns e outros, fica evidente que Ali Agca recebeu estranhos visitantes em sua prisão, em várias oportunidades, e que estes "sopraram" em seus ouvidos muitas de suas revelações sensacionais. Vários detalhes encontrados nas acusações do turco confirmam essa hipótese.[4] Quanto ao próprio Agca, estaria constantemente se contradizendo, e mesmo se retratando, desdobrando-se em declarações as mais absurdas — durante seu processo, ele chega a afirmar que é o Messias —, esvaziando suas "confissões" de toda credibilidade, apesar da obstinação dos juízes de instrução Martella, Piore e Imposimato.

O que complica o caso é o mal-estar que há vários anos tomou conta de todas as esferas da política e da justiça na Itália: o caso da loja maçônica P2, que provocou a queda do governo Forlani em junho de 1981, lançou descrédito sobre a polícia, o exército e o serviço secreto, provocando grande rebuliço na alta administração. Na mesma época, o escândalo do Banco Ambrosiano causou preocupação sobre as relações ocultas entre certos *monsignori* encarregados das finanças do Vaticano e o crime internacional. Da mesma forma, o misterioso seqüestro, em junho de 1983, de Emanuela Orlandi, filha de um empregado da Santa Sé, cujos supostos seqüestradores passam a exigir a libertação de Ali Agca, vem aumentar ainda mais a confusão geral.

Seriam necessários mais de quatro anos de investigação e três processos intermináveis para que afinal se abandonasse a tese da "conexão búlgara", em março de 1986, por "insuficiência de provas", não sem que viesse à tona o comportamento tortuoso de certos ex-funcionários dos serviços secretos ocidentais.[5] E não sem eximir de culpa os três búlgaros, entre eles o grotesco Antonov, homem de nervos frágeis que nunca se recuperaria totalmente dessa terrível aventura. A última palavra sobre a pista búlgara caberia ao próprio papa, durante sua viagem à Bulgária, no dia 24 de maio de 2002: "O papa nunca acreditou na suposta 'conexão búlgara'", diria João Paulo II ao presidente búlgaro Georgi Pavdonov, "em razão de seu afeto, de sua estima e de seu respeito pelo povo búlgaro."

Resta, naturalmente, a questão principal: quem teve a idéia de matar o papa? E por quê? Pois o fato é que alguém pediu ao traficante Bekir Celenk que prometesse três milhões de marcos a Agca e Celik, matadores experientes, para assassinar o Santo Padre. Só mesmo o próprio Celenk — que não podia recusar nada ao serviço secreto búlgaro — poderia revelar a identidade do misterioso autor da encomenda. Mas o "chefão" da máfia turca, depois de se esquivar por muito tempo a várias acusações, acabaria morrendo de infarto do miocárdio numa prisão de Ancara, no dia 14 de outubro de 1985, levando seu segredo para o túmulo. Quinze anos depois da queda do comunismo, o mistério continua. E no entanto, várias comissões de especialistas foram criadas, relatórios foram apresentados, novos "arrependidos" falaram, toneladas de arquivos secretos foram exploradas. Mas nada, nenhum bilhete confidencial, nenhum depoimento categórico veio confirmar a hipótese de uma manipulação da KGB ou de seus satélites neste que continua sendo um dos grandes enigmas do século, comparável ao atentado contra o presidente Kennedy em 1963.

Chegou-se no entanto a acreditar que o mistério seria desfeito no dia 27 de dezembro de 1983, quando João Paulo II foi ao encontro de Mehmet Ali Agca em sua cela na prisão de Rebibbia. Centenas de jornalistas observaram de perto as imagens desse encontro. Alguns chegaram a tentar ler nos lábios dos dois o que estavam dizendo, examinando dezenas de vezes o vídeo em câmara lenta. Um surdo-mudo acostumado a esta prática chegou a ser contratado. Todos pareciam esperar revelações sensacionais sobre os mandantes do atentado: Agca finalmente reconheceria que trabalhava para a KGB? Nada feito. No dia seguinte a esse encontro extraordinário, o papa relatou sua conversa com Agca a seu velho amigo o padre Bardecki, que recebia para o desjejum. Na realidade, o turco confessou ao papa seu terror de ser castigado pela "deusa de Fátima", à qual ouvira dizer, na televisão e nos jornais, o papa devia a vida. Parecia-lhe impossível ter errado o alvo de tão perto. E incompreensível que acabasse na prisão. E o jovem turco via nesses mistérios alguma coisa de sobrenatural. Essa divindade cristã, mais poderosa que Alá, certamente haveria de castigá-lo. Com a mão esquerda erguida, como no confessionário, o papa dedicou grande parte da conversa a tranqüilizar seu "irmão" sobre a misericórdia e a bondade da Virgem de Fátima. "Normalmente, o senhor deveria estar morto", teria dito Agca ao ilustre visitante.[6] Pelo menos neste ponto o papa estava de acordo com seu agressor.[7]

Nossa Senhora de Fátima

Retorno aos momentos dramáticos de maio de 1981. No dia 14 de maio, já passa de meio-dia na clínica Gemelli quando Karol Wojtyla recobra a consciência. Logo ele ouve seu secretário Stanislaw Dziwisz relatar tudo que aconteceu desde o atentado da véspera, na praça de São Pedro. Dziwisz observa então que o dia do atentado coincide com a data da primeira aparição de Fátima. Fátima? O papa se espanta. A observação o deixa interessado. Desejando informar-se mais, ele pede que lhe preparem um dossiê a respeito. Apesar de sua fraqueza, ele mergulharia na história dessas revelações tão especiais. Alguns de seus colaboradores autorizados a visitá-lo no quarto, como seu velho amigo o cardeal argentino Eduardo Pironio, vão encontrá-lo cercado de documentos sobre a história do santuário português. Visivelmente, o tema o apaixona.

Foi no dia 13 de maio de 1917 que Francisco Marto (9 anos), sua irmã Jacinta (7 anos) e sua prima Lúcia dos Santos (10 anos), três pequenos pastores portugueses, viram aparecer acima de um carvalho verde da Cova da Iria, perto da aldeia de Fátima, uma "senhora vestida de sol". Em seis ocasiões, a Virgem dirigiu às crianças palavras complicadas e assustadoras, misturando exigências catequéticas e profecias apocalípticas, até provocar no dia 13 de outubro um "milagre" coletivo, durante o qual cerca de setenta mil pessoas viram "o sol dançar". O contexto político que então prevalecia em Portugal explica o ceticismo de que o fenômeno foi cercado por muito tempo: enquanto a Europa está mergulhada na guerra, a República acaba de ser proclamada em Portugal, para grande contrariedade de uma Igreja ainda ontem todo-poderosa e agora brutalmente confrontada com um anticlericalismo triunfante. Que poderia ser mais eficaz que um milagre para tranqüilizar os fiéis? As autoridades eclesiásticas locais, elas próprias divididas a respeito dessas aparições, só haveriam de declará-las dignas de fé em outubro de 1930. E por sinal somente em agosto de 1941 é que Lúcia, já então uma freira carmelita, registra por escrito, por ordem de seu bispo, as revelações que a Virgem lhe pedira mantivesse em segredo: que uma segunda guerra mundial, pior que a primeira, adviria, "se não se parasse de ofender o Senhor"; que a Rússia perderia a fé e "disseminaria seus erros pelo mundo, provocando guerras e perseguições contra a Igreja"; que "o Santo Padre sofreria muito" e "várias nações seriam aniquiladas" etc.[8] Os céticos não se eximem de frisar que o essencial dessas "profecias" foi tornado público *depois* dos acontecimentos. E de resto muitos católicos vêem nelas apenas superstições suspeitas. Cabe lembrar que o dogma cristão limita-se, e para sempre, à Revelação, tal como dela dá fé a Sagrada Escritura (Antigo e Novo Testamentos), dando a cada um, assim, liberdade de acreditar ou não nas aparições marianas e outros fenômenos sobrenaturais (milagres, visões, estigmatas etc.). Mas não deixa de ter seu peso o fato de que o papa corrobore ou não tais manifestações como "sinais" da Providência divina.

No caso tão discutido de Fátima, os papas mostraram-se prudentes, mas todos eles, mais cedo ou mais tarde, haveriam de venerar Nossa Senhora da Cova da Iria: Pio XI, que autoriza oficialmente as peregrinações a Fátima já em 1927; Pio XII (muito marcado pelo fato de ter sido sagrado bispo no exato dia da primeira aparição), que em 1950 classifica Fátima de "altar do mundo"; João XXIII, que presidiu a peregrinação de 1956 quando era patriarca de Veneza; por fim, Paulo VI, o primeiro papa a visitar o local, no cinqüentenário das aparições, a 13 de maio de 1967. E João Paulo II? "Em maio de 1981", confessaria ele mais tarde ao jornalista Vittorio Messori, "eu não sabia grande coisa sobre Fátima."[9] Pouco depois de sua eleição, recebendo em audiência o bispo local, Dom Alberto Cosme do Amaral, o papa pedira que lhe mostrasse num mapa onde ficava Fátima. Mas não atendera ao convite do bispo para visitar o santuário. Este papa polonês tão apegado ao culto da Virgem Maria, que tantas vezes fora ao santuário polonês de Czestochowa, que visitara Lourdes cheio de fervor em sua juventude, que já em sua primeira viagem papal fora até o santuário mexicano de Guadalupe e logo também, sem demora, até o de Nossa Senhora de Loreto, na Itália, nunca se havia interessado por Fátima.

Mas haveria de recuperar o tempo perdido. Em seu leito na clínica Gemelli, João Paulo II é abalado pela observação de seu secretário sobre a data do atentado. Sente-se tanto mais tocado por essa coincidência, que então não passa de um detalhe (ele ainda não está realmente recuperado), na medida em que acredita que sua sobrevivência foi um milagre. Antes de mais nada, diria Dziwisz à jornalista portuguesa Aura Miguel,[10] João Paulo II vê em sua sobrevivência "um sinal dos céus". E não está sozinho. Sem chegar a declará-lo, os médicos que operaram o Santo Padre não estão muito longe de acreditar num milagre. Não apenas na extraordinária série de golpes da sorte que permitiu sua hospitalização *in extremis,* mas sobretudo na análise dos estragos provocados pela bala: o projétil atravessou o sacro, destruiu uma parte do cólon e do intestino delgado e parece ter-se desviado a poucos milímetros da artéria ilíaca, sem atingir a uretra nem qualquer centro nervoso. Sem esquecer que o próprio Ali Agca, terrorista bem treinado e assassino experiente, não entendia como seu tiro pudesse ter falhado com um alvo tão fácil.

Nos meses que se seguem ao atentado, todos que cercam o papa dão testemunho de seu interesse fervoroso pela história de Fátima. Seu ex-professor Stefan Swiezawski lembra-se de que, num desjejum em Castel Gandolfo durante sua convalescença, João Paulo II apresentava "uma expressão triste, quase trágica", mas que se animou quando também ele chamou sua atenção para a coincidência com o aniversário da primeira aparição de Fátima. O Santo Padre tomou então o braço de Swiezawski e disse:

— No mesmo dia, hora e minuto!

E ele repete, apertando insistentemente seu braço:

— ... *e minuto!*[11]

Logo o papa haveria de afastar qualquer dúvida: a Virgem salvou-lhe a vida. Ao retomar a tradição das audiências gerais da quarta-feira, depois de cinco meses de interrupção, ele volta a falar de sua aventura:

Como poderia esquecer que o fato aconteceu no dia e na hora em que há mais de sessenta anos é comemorada em Fátima, Portugal, a primeira aparição da Mãe do Cristo aos pobres camponezinhos? Pois o fato é que naquele dia eu senti em tudo que aconteceu essa extraordinária proteção materna que se mostrou mais forte que o projétil da morte.[12]

Em conversa com o amigo Frossard, ele resumiria assim sua convicção: "Uma mão atirou, e uma outra desviou a bala."[13] Mas o papa quer saber por que foi salvo. Com que finalidade? Qual seria o *sentido* profundo de algo que poderia ser apenas uma circunstância histórica? Sua convicção é simples: "Não existe pura coincidência nos desígnios da Providência divina".[14] A mesma questão que com tanta freqüência ele levanta a propósito dos acontecimentos que alimentam a história dos homens vem-lhe ao espírito a seu próprio respeito: com que misterioso desígnio a Providência levou um papa do Leste ao trono de São Pedro e o salvou de morte certa?

O *"terceiro segredo"* de Fátima

"O papa sofrerá muito", dissera Lúcia em 1941, antes de suspender seu relato, declarando que a continuação das "profecias" da Virgem não devia ser revelada. Estaria a resposta no famoso "terceiro segredo" de Fátima? Esta parte do texto — cerca de vinte linhas redigidas pela vidente em 1944 e confiadas a seu bispo — só seria lida em 1960 por João XXIII, que trataria de guardá-la então no mais profundo dos arquivos do Vaticano, provocando especulações mais ou menos sensacionais: a Virgem teria anunciado o fim do mundo, ou então uma guerra nuclear ou mesmo uma crise terrível na Igreja.[15]

No dia 18 de julho de 1981, ainda na clínica Gemelli, João Paulo II toma conhecimento do texto preciso do "terceiro segredo" de Fátima. O cardeal Seper, prefeito da Congregação para a Doutrina da Fé, depositária formal do segredo desde 1957, transmite ao papa o precioso envelope branco, através do substituto Martinez Somalo. E também um envelope de cor laranja contendo a tradução do texto em italiano. Os dois documentos retornariam aos arquivos no dia 11 de agosto. O que o papa lê então vem confirmar sua intuição. O texto, à maneira das profecias repletas de imagens da Bíblia, menciona um "bispo de branco" ("tivemos o pressentimento de que era o papa", esclarece a vidente por escrito) atravessando uma grande cidade em ruínas "meio trêmulo, com o passo vacilante, acometido de sofrimento e dor", e que afinal cai atingido por balas.[16]

Como Paulo VI em 1967, o papa fica particularmente sensibilizado com idéia de que a paz está cada vez mais ameaçada, em virtude da corrida armamentista (estamos então em pleno frenesi nuclear, opondo os mísseis Pershing americanos aos foguetes SS-20 soviéticos). Mais ainda que Paulo VI, o papa polonês acredita na intervenção da Virgem nas questões do mundo — sua experiência de Czestochowa, neste ponto, é determinante — e no papel maléfico do comunismo ateu na política internacional.

Em janeiro de 1982, dois anos depois de sua primeira tentativa infrutífera, o bispo de Leiria, Dom Alberto Cosme do Amaral, aproveita uma audiência geral para voltar a convidar o papa: à margem de todo protocolo, João Paulo II informa-lhe que irá a Fátima no dia 13 de maio. A viagem é oficialmente anunciada em fevereiro. Em Portugal, a reação é de entusiasmo. Em Roma, o papa pede ao bispo Silveira Ribeiro, membro da Secretaria de Estado, que lhe dê aulas de português a toque de caixa: diariamente, reza sua missa matinal em português e aproveita o almoço para fazer exercícios de conversação.

No domingo, 21 de março, na maior discrição, uma delegação chefiada pelo núncio apostólico, Dom Sante Portalupi, vai ao encontro de Lúcia, no carmelo de Santa Teresa de Coimbra, para sondar a religiosa a respeito da vontade papal. O relato que lhe é feito a respeito pelo núncio firma a decisão de João Paulo II: ele atenderá no local ao "pedido" da Virgem de "consagrar a Rússia a seu Coração Imaculado". A operação é feita em duas etapas. No dia 20 de abril de 1982, o secretário de Estado Agostino Casaroli envia uma carta a todos os bispos, anunciando que João Paulo II irá a Fátima para "agradecer a Nossa Senhora por lhe ter salvado a vida" e "renovar, em união espiritual com todos os bispos do mundo, os dois atos de devoção efetuados por Pio XII". Com efeito, Pio XII já havia consagrado o mundo e a Rússia à Virgem, no auge da guerra mundial, em 1942, uma primeira vez, e depois em plena guerra fria, em 1952, numa carta *Sacro Vergente Anno* em que fazia referência explícita a "todos os povos da Rússia".

João Paulo II sabe que esse ato não foi validado — segundo Lúcia —, pois Pio XII não associou o conjunto dos bispos a sua iniciativa. É portanto "unido a todos os padres da Igreja" e em "união colegiada com todos os bispos do mundo" que ele preside uma cerimônia solene em Fátima, diante de mais de um milhão de pessoas agitando lenços brancos. No auge da cerimônia, também o papa agitaria um lenço branco, unindo seu gesto ao da multidão. É "na qualidade de testemunha dos imensos sofrimentos do homem, como testemunha das ameaças quase apocalípticas que pesam sobre as nações e sobre a humanidade", que ele vem entregar à Virgem o destino "deste mundo do segundo milênio que está para acabar" e que lhe faz um apelo patético, com uma voz comovida que vibra no silêncio do santuário: "Livrai-nos da fome e da guerra! Livrai-nos da guerra nuclear!" Uma referência à guerra das Malvinas, então no auge, serve para lembrar que tudo aquilo nada tem de teórico.

Qual não é o espanto de João Paulo II, no momento em que recebe Lúcia, pouco antes de voltar para Roma, ao ser informado por ela de que a consagração não é válida! Como fizera com Pio XII, a vidente afirma que o papa limitou-se a "informar" os bispos do mundo inteiro, ao passo que deveria tê-los "convocado". Será preciso recomeçar tudo. Nos corredores da Cúria, muitos prelados consideram, em caráter privado, que a carmelita de Coimbra está exagerando um pouco. Não é o caso de João Paulo II, que se prodigaliza em gestos de devoção em relação a Fátima (em março de 1983, indo contra a opinião de seus assessores, ele faz escala em Lisboa, a caminho da América do Sul, para encontrar-se com os bispos portugueses, apesar de tê-los recebido há pouco em visita *ad limina* no Vaticano) e aproveita o sínodo sobre a reconciliação e a penitência, no outono, para renovar com os bispos o ato de consagração do mundo à Virgem, no dia 16 de outubro de 1983. Em seguida, convida todos os bispos, por carta, a renovar esse "testemunho comum" na data de 25 de março de 1984, festa da Anunciação.

Alguns cardeais se mostram preocupados com essa obstinação. Sobretudo quando o papa sonda os principais dignitários da Igreja, durante uma reunião da Cúria, sobre a oportunidade de mandar trazer a Roma, para a cerimônia, a imagem da Virgem de Fátima. Apesar de todas as opiniões em contrário, João Paulo II haveria de receber a famosa imagem em Roma, com toda a pompa, no dia 24 de março de 1984. Fazendo com que seja inicialmente instalada em sua capela privada, ele passa a noite orando diante dela, como se se tivesse estabelecido uma relação pessoal entre ele e Nossa Senhora. No dia seguinte, depois da missa na Basílica de São Pedro, para onde a imagem foi levada, João Paulo II renova solenemente o ato de consagração "dos homens e das nações particularmente necessitadas" ao Coração Imaculado de Maria. Ele gostaria de ter citado explicitamente a Rússia, mas acabou cedendo à pressão da Secretaria de Estado, segundo a qual citar a Rússia teria sido considerado no cenário internacional uma provocação política.

No dia seguinte à cerimônia, João Paulo II convidou para almoçar o bispo de Leiria, o reitor do santuário e o padre português encarregado do processo de beatificação dos dois primeiros videntes de Fátima, Francisco e Jacinta. Ao sair da mesa, ele entrega pessoalmente ao bispo "um presente para Nossa Senhora": uma caixinha com as armas do papa, contendo... a bala que quase o matou. Meses antes, como vimos, durante sua viagem à Polônia, João Paulo II já havia ofertado à Virgem de Czestochowa a faixa, furada pela bala, da batina que usava no dia do atentado. De volta ao santuário de Fátima, o reitor, Dom Luciano Guerra, abre o cofre forte onde se encontra a coroa da imagem e a examina com certa reticência: como juntar um vulgar pedaço de metal àquela obra-prima da joalheria mais preciosa? Cético, o padre vira e revira a jóia nas mãos. Acaba percebendo um buraquinho entre as hastes e a cruz: é ali que instala a bala, constatando, estupefato, que ela se adapta à perfeição.

De seu carmelo, Lúcia mandou dizer ao núncio apostólico que desta vez a consagração da Rússia ao Coração Imaculado de Maria era válida. Ela o confirmaria publicamente em carta de 8 de novembro de 1989. Mais uma vez, a data dá o que pensar: na noite do dia seguinte, para estupefação do mundo inteiro, o Muro de Berlim cai, numa verdadeira explosão de alegria histórica.

A queda do comunismo modificaria o discurso papal sobre Fátima. Em 1981-1982, qualquer alusão à "conversão da Rússia" parecia irreal. O fato de Mikhail Gorbachev ter chegado ao poder em Moscou exatamente um ano depois da consagração da Rússia podia ser considerado uma coincidência fortuita. Dez anos depois, no entanto, a derrocada do comunismo é patente. Como deixar de cotejar a profecia sobre as "nações que vão desaparecer" com o renascimento da Lituânia ou da Ucrânia? "O que se está vivendo neste momento na Rússia e na Europa Oriental aponta na direção de um maior respeito dos direitos humanos e da pessoa humana", diz o papa aos jornalistas que o acompanham na África no dia 25 de janeiro de 1990. "Podemos portanto atribuir esta solicitude à Madona." Em sua segunda peregrinação a Fátima, no dia 13 de maio de 1991, o papa faz a seguinte oração: "Obrigado, Mãe celestial, por ter conduzido os povos à liberdade."

João Paulo II voltaria com freqüência a esse tema. Durante o consistório reunido em Roma a 13 de junho de 1994, ele explica aos cardeais:

Pessoalmente, foi-me dado compreender de uma maneira muito particular a mensagem da Virgem de Fátima: a primeira vez, no dia 13 de maio de 1981, quando do atentado contra a vida do papa, e mais uma vez por volta do fim dos anos 80, no momento da derrocada do comunismo nos países do bloco soviético. Acredito que se trata de uma experiência bastante transparente para todos.

Para todos, talvez não. Para João Paulo II, não resta a menor dúvida. Sete anos antes, durante um ângelus dedicado ao ano mariano, ele declarava aos peregrinos: "As aparições da Virgem Santíssima em Fátima, comprovadas pelos sinais extraordinários que se manifestaram em 1917, constituem *um ponto de referência e de irradiação para nosso século.*"[17] Para ele, as revelações de Fátima e o atentado de 13 de maio de 1981 inscrevem-se no mesmo pano de fundo, que é a história trágica do século XX, que começou em 1917 e acabou em 1989. Por isso é que ele haveria de integrar Fátima à celebração do Jubileu do ano 2000: em primeiro lugar, decidindo visitar o santuário no dia 13 de maio de 2000, mesmo com o risco de atabalhoar sua programação, já muito intensa; depois, promovendo a volta da imagem da Madona a Roma no dia 7 de outubro, para uma consagração do terceiro milênio a Maria.[18]

Outras tentativas de atentado

A tentativa de assassinato do dia 13 de maio de 1981 não foi a primeira nem a última do pontificado. A mais grave delas ocorreu no dia 12 de maio de 1982 em... Fátima, aonde o papa fora agradecer à Virgem por lhe ter salvado a vida um ano antes. "Em lugar nenhum do mundo sereis amado como aqui", diz-lhe nesse dia o bispo local, Dom Alberto Cosme do Amaral, aplaudido entusiasticamente por centenas de milhares de peregrinos ao se referir à "batina branca manchada de sangue" do visitante. No momento em que a procissão parte da Capela das Aparições em direção ao grande altar da basílica, quando João Paulo II desce lentamente a escada, um homem jovem, usando batina negra, atravessa a multidão e se projeta com um punhal na mão para atingir o papa bem no coração. Felizmente, o homem logo é neutralizado pelos agentes de segurança. João Paulo II aproxima-se dele e o abençoa. Resposta do agressor, furioso: "Eu o acuso de destruir a Igreja! Morte ao Vaticano II!" O homem chama-se Juan Fernandez Krohn. Foi ordenado padre na Fraternidade São Pio X, fundada por monsenhor Lefebvre, tendo em seguida aderido à corrente cismática dos *sedevacantistas* (que consideram que os papas eleitos depois de Pio XII são ilegítimos). Em meio à agitação, ninguém entende direito o que está acontecendo. E por sinal a cena não chega a ser percebida pela maioria dos fiéis, que dão prosseguimento à celebração e logo passam a ouvir a bênção do papa em latim, como se nada tivesse acontecido. Na noite do dia seguinte, concluídas as cerimônias, o papa convidou uma dezena de prelados a compartilhar sua mesa. O cardeal Casaroli explica que ao ser informada do incidente da véspera a Secretaria de Estado orou durante toda a noite pelo papa. Diz João Paulo II, com ar provocador: "Quer dizer então que finalmente se reza na Secretaria de Estado?"

No total, cerca de quinze tentativas seriam feitas durante o pontificado, sempre em vão.[19] Já no dia 16 de fevereiro anterior ao atentado de 1981, no Paquistão, uma explosão estraçalhara um misterioso terrorista no estádio de Karachi, vinte minutos antes da chegada do *papamobile*. Em Toronto, em 1984, um homem com convite falsificado e uma faca é detido numa recepção. Em Manilha, em 1995, bombeiros descobrem num apartamento situado perto da nunciatura, onde o papa se hospedaria, um verdadeiro arsenal, com armas, explosivos e planos de dar calafrios na espinha: o aposento foi alugado por Ramzi Yussef, um dos autores do atentado no World Trade Center de Nova York dois anos antes. Em Saint-Laurent-sur-Sèvre, em 1996, um pároco descobre seis cilindros de dinamite na cripta da basílica onde o papa deveria venerar o túmulo de São Luís Maria Grignion de Montfort. Em Sarajevo, em 1997, a polícia desarma uma enorme bomba debaixo de uma ponte que deveria ser atravessada pelo Santo Padre. Em Jerusalém, em março de 2000, judeus ultra-ortodoxos lançam contra João Paulo II a mesma maldição ritual pronunciada contra Yitzhak Rabin em 1995.

Todas essas ameaças deixam os fiéis temerosos. E os colaboradores do Santo Padre, aterrorizados. Podem às vezes provocar uma verdadeira histeria entre as forças de segurança dos países envolvidos. Mas não têm qualquer efeito sobre o próprio João Paulo II: "Minha segurança é garantida por Deus", explica ele na Nigéria em 1982. Na verdade, o papa vê em tais ameaças sobretudo um grande inconveniente: o reforço das medidas de segurança para protegê-lo, que redundam em restrições à sua própria liberdade. Rondas noturnas de policiais com cães, rede elétrica ao longo dos cinco quilômetros de muros que cercam a Cidade do Vaticano, instalação de um vidro à prova de balas no balcão externo do palácio apostólico. Os guardas suíços e os cento e vinte agentes do corpo de vigilância do Estado da Cidade do Vaticano, a antiga "gendarmeria pontifícia", não deixam brecha para o acaso. A partir de agora, toda a praça de São Pedro é fechada por barreiras durante as audiências gerais ao ar livre, com entrada controlada em alguns pontos apenas e fiscalização de sacos e mochilas. Nas viagens do papa, o *papamobile* desloca-se mais rapidamente, e os policiais ficam de frente para a multidão, para a qual costumavam anteriormente dar as costas. Da mesma forma, o cerco da segurança se fecha ainda mais em torno do pobre papa durante suas viagens. No Canadá, em 1984, mais de cinco mil policiais são mobilizados no trajeto do ilustre visitante, que se vê assim privado de qualquer contato com as pessoas, e de repente exclama: "Deixem-me respirar um pouco!" Para um homem tão atento às relações diretas com os fiéis, um pastor tão afeito aos contatos pessoais, um papa que até o fim gostaria de ser tocado pelos peregrinos, beijar as crianças que lhe são estendidas, abençoar com as mãos os homens e as mulheres que acorrem para vê-lo, essas limitações são penosas.

Em outubro de 1986, antes de sua chegada a Lyon, o cardeal Decourtray comunica-lhe certos boatos alarmantes sobre sua segurança. Uma profecia de Nostradamus, invocada por certos amantes do sensacionalismo e amplamente difundida pela mídia, "anuncia" um atentado contra o papa. Cerca de dez mil homens são mobilizados para garantir a segurança do visitante. O fato preocupa o papa, que diz ao cardeal: "Posso lhe assegurar, Eminência, que nenhum lugar é mais perigoso que a praça de São Pedro!"

20

Politicamente inclassificável

O "papa que venceu o comunismo" — ou pelo menos que contribuiu seriamente para sua queda — vai ficar na memória geral como um papa "político"? A resposta não é tão simples, ainda que seu papel no desmoronamento do sistema soviético certamente venha a ser, para a história, o elemento mais espetacular de seu balanço.

Quando o papa evoca incansavelmente o direito à liberdade religiosa, quando defende por toda parte o direito ao ensino confessional, seu procedimento transcende, naturalmente, os limites do espiritual ou do "ético". Melhor ainda: quando ele pronuncia seus grandes discursos sobre a paz e a justiça (perante a ONU ou no Conselho da Europa), quando interfere entre dois países em guerra (a propósito do canal de Beagle ou durante a guerra das Malvinas), quando deliberadamente faz pressão sobre certos regimes para mudar as coisas (no Haiti, nas Filipinas, na Polônia), quando preconiza uma carta dos direitos das nações para complementar a Declaração Universal dos Direitos do Homem, João Paulo II naturalmente está fazendo política. Como poderiam ser classificados de outra forma seus ataques à "teologia da libertação" na América Latina, suas investidas contra o sistema comunista do Leste europeu, suas intervenções em favor da reunificação européia ou suas acerbas críticas ao liberalismo cego?

Mas é preciso lembrar com que espírito o papa, pastor universal, transforma-se às vezes em ator político: é por situar *o homem no centro de tudo* que ele se envolve em tudo que lhe diz respeito neste nosso mundo. Toda política legítima "provém do homem, é exercida pelo homem e feita para o homem", diz ele do alto da tribuna das Nações Unidas no dia 2 de outubro de 1979. Seria possível hoje em dia defender a primazia do homem sem se engajar no terreno das liberdades cívicas e da justiça social? Cabe lembrar o que dizia certa vez um certo cardeal Wojtyla, em Cracóvia: "Eu não faço política. Falo apenas do Evangelho. Mas se falar da justiça, da dignidade humana, dos direitos do homem é fazer política, então..."[1]

Prioridade para os direitos humanos

Que um papa se faça promotor dos direitos humanos pode parecer banal. Mas seria esquecer que os papas de outros tempos, demasiado ligados aos poderes monárquicos ou imperiais de sua época para admitir sua contestação crônica, refutaram as diferentes doutrinas dos direitos do homem, desde suas primeiras formulações (*Virginian Bill of Rights* e Declaração de Independência na América em 1776, Declaração dos Direitos do Homem e do Cidadão na França em 1789) até sua generalização após a Segunda Guerra Mundial (Declaração Universal dos Direitos do Homem das Nações Unidas em 1948, Convenção Européia para a Proteção dos Direitos do Homem e das Liberdades Fundamentais do Conselho da Europa em 1950). Essa cegueira histórica, de natureza mais política que teológica, seria para sempre um dos mais grosseiros erros da Igreja.

Seria preciso esperar João XXIII e sua encíclica *Pacem in Terris,* em abril de 1963, para que o papado finalmente se alinhasse com o senso comum internacional. Para muitos cristãos discípulos dos filósofos Emmanuel Mounier e Jacques Maritain — e entre eles esteve o jovem Karol Wojtyla —, há muito tempo os direitos do homem e o primado da pessoa humana voltaram a ser inscritos no centro do comportamento evangélico. Mas a encíclica de João XXIII constitui uma abertura capital que haveria de influenciar profundamente as conclusões do Concílio Vaticano II, especialmente os textos *Dignitatis Humanae* (sobre a liberdade religiosa) e *Gaudium et Spes* (sobre a Igreja e o mundo moderno), dois textos fundamentais para os quais contribuiu com fervor, justamente, o cardeal-arcebispo de Cracóvia.[2]

O futuro papa haveria de investir-se totalmente nesse combate pelos direitos do homem, ainda mais fundamental a seus olhos porque, em seu próprio país, as liberdades elementares são constantemente violadas. Na

Polônia, explicaria João Paulo II em *Cruzando o limiar da esperança*, "o homem havia-se tornado o centro do confronto com o marxismo", e é por isto que "os direitos humanos acabaram por se tornar o centro de minhas preocupações". O sínodo dos bispos de 1971, dedicado à "justiça no mundo", permite-lhe aprofundar suas convicções a esse respeito e sobretudo convidar a Igreja a garantir a promoção dos direitos humanos em seu seio. Também pudemos ver a maneira como o futuro papa, a partir de 1976-1977, chega a envolver-se pessoalmente, de peito aberto, na defesa concreta dos direitos humanos em Cracóvia.[3]

Não surpreende, assim, que recém-eleito ele volte ao tema, para logo transformá-lo na trama essencial de seu ensinamento. Desde seus primeiros dias como papa, ele proclama seu apego à liberdade religiosa, "fundamento de todas as outras liberdades", especialmente no discurso que pronuncia no trigésimo aniversário da Declaração Universal dos Direitos do Homem, no dia 11 de dezembro de 1978. Nele, o papa também faz a defesa do "direito ao nascimento, do direito à vida, do direito a uma procriação responsável, do direito ao trabalho, à paz, à liberdade e à justiça social". Ele defende o direito de voto e denuncia todas as formas de discriminação racial, a tortura e os seqüestros. Mas esse texto, que mostra que o papado se alinha nitidamente com os grandes princípios das Nações Unidas, é apenas um esboço. Pois a essa altura João Paulo II já começou a redigir pessoalmente, em língua polonesa, aquela que seria de certa forma sua própria carta apostólica: a encíclica *Redemptor Hominis*.

As cartas "encíclicas", que em outros tempos não passavam de simples circulares aos bispos, tornaram-se os textos essenciais dos pontificados modernos. A partir de Leão XIII, no fim do século XIX, os papas se acostumaram a dar a público uma carta fundamental no primeiro ano que se segue a sua eleição. Essa primeira encíclica de João Paulo II, publicada a 4 de março de 1979, é uma espécie de profissão de fé que compromete todo o pontificado que se inicia. Ela pode ser resumida numa idéia: *prioridade para o homem*. Para o homem real, ou seja, para cada um de nós. Para o homem "em seu ser pessoal, em seu ser comunitário e social", que não é portanto um qualquer conceito virtual, um homem desencarnado, etéreo ou teórico. Numa imagem que utilizaria com freqüência, João Paulo II indica que esse homem, concreto, vivo, contemporâneo, é "a estrada da Igreja".

Trata-se de uma virada para a Igreja, que ao longo de sua história habituou-se mais a defender... a própria Igreja. Eis então que um papa lhe propõe que se preocupe prioritariamente com o homem, com todos os homens. No Leste, especialmente, a diferença é essencial: nesses países nos quais a Igreja preocupava-se sobretudo com seu poder de nomear os bispos, com a defesa das comunidades cristãs martirizadas, inclusive correndo o risco de fazer concessões ao poder em vigor, ela passará agora a defender os direitos humanos, o que é muito mais subversivo.

Era sem dúvida necessário um papa vindo do Leste para impor essa correção de rumo. A respeito da *Redemptor Hominis*, João Paulo II diria a Vittorio Messori que não encontrou dificuldades para escrevê-la tão rapidamente: "Na realidade, eu já trazia em mim o seu conteúdo. Bastou-me por assim dizer 'ativar' a memória e a experiência daquilo que eu já vivenciava às portas de meu pontificado."[4] Para ele, os direitos do homem têm sua origem na dignidade do ser humano, o que portanto abarca todos os homens, crentes ou não-crentes. O valor "cristológico" do homem, criado à imagem de Deus e santificado por seu Redentor, está no cerne da reflexão do papa, mas raramente ele o traz à baila para justificar a defesa dos direitos e liberdades fundamentais.

Nesse primeiro ano de pontificado, uma boa dezena de textos do novo papa diz respeito prioritariamente aos direitos humanos.[5] É mais ou menos como se o papa quisesse "dar o tom": até o fim da vida, João Paulo II não se cansaria de promover os direitos humanos, a dignidade do homem, sua grandeza. Não teria sentido pretender aqui relacionar todas as suas intervenções a esse respeito ao longo de seu pontificado, tão freqüentes são elas.

Naturalmente, o papa polonês não pretende fazer a revolução, e frisa com freqüência que se posiciona na direta filiação de seus dois antecessores, João XXIII e Paulo VI. A novidade é que esse papa coloca os direitos humanos no coração de seu magistério. A tal ponto que deles faria um objetivo interno da Igreja Católica, o que a faria percorrer um longo caminho: a idéia de que a Igreja deve rejeitar por si mesma qualquer violação dos direitos humanos — como ele explica aos representantes do mundo judaico já no dia 12 de março de 1979 — haveria de levá-la a um exame de consciência que ninguém, nem mesmo o papa, imaginava fosse capaz de desembocar no extraordinário "arrependimento" do ano 2000. Por outro lado, João Paulo II promoveria duas liberdades fundamentais que até então não eram incluídas na relação dos direitos naturais: o "direito ao nascimento", complemento do "direito à vida", tema que ele desenvolveria ao longo dos anos, que haveria de transformar em fundamento de toda a sua ação contra o aborto e ao qual ainda voltaremos muitas vezes; e também o "direito das nações", seu direito à existência e à autodeterminação.

A partir da *Redemptor Hominis*, João Paulo II frisa que não existem direitos humanos onde os direitos da nação são violados. Toda a história do século XX — em particular a Segunda Guerra Mundial, iniciada com a invasão de seu próprio país por um Estado que se julgava superior — confirma, para ele, que as duas categorias, o homem e a nação, estão ligadas indissociavelmente. É o que voltaria a dizer três meses depois da publicação da encíclica, em sua homilia em Auschwitz, no dia 7 de junho de 1979. Voltaria a afirmá-lo na tribuna da ONU no dia 2 de outubro seguinte, insistindo em que só é possível contribuir para a paz "garantindo o respeito dos direitos inalienáveis dos indivíduos e dos povos". E haveria de dizê-lo sobretudo, de forma solene, em seu segundo discurso da tribuna das Nações Unidas, a 5 de outubro de 1995, no qual sugere que, com base na Declaração Universal dos Direitos do Homem, seja criada uma espécie de carta internacional dos direitos das nações: "Ninguém, nenhum Estado, nenhuma nação, nenhuma organização internacional tem o direito de declarar que esta ou aquela nação não merece existir." Essa proposta seria recebida com aplausos discretos. E os meios de comunicação ocidentais mal chegam a divulgar esse discurso. Ao fazer a defesa da nação, o papa está indo contra a corrente da história. Nesses momentos, é a imagem de um papa "de direita" que volta à tona, imagem surgida na época em que ele condenava a "teologia da libertação" e o envolvimento de cristãos nos movimentos marxistas da América Latina.

A teologia da libertação

Puebla, bem no coração do México, 28 de janeiro de 1979. No antigo Seminário de Palafox, João Paulo II inaugura com toda pompa a assembléia da Conferência Episcopal Latino-Americana. Trata-se de uma reunião importante, reunindo trinta e dois cardeais, setenta arcebispos, cento e trinta e um bispos e uma centena de eclesiásticos, padres e religiosos de todo o continente. Muitos deles já haviam estado em Medellín, na Colômbia, em 1968, na assembléia geral anterior, durante a qual havia sido decidida, sob a égide de Paulo VI, a "opção preferencial pelos pobres" inspirada pelo Concílio Vaticano II.

Dez anos depois, o contexto político está mais tenso. As ditaduras tornaram-se mais rígidas. E os bispos do continente ficaram profundamente divididos. Há os que defendem o clero engajado, às vezes com armas na mão, no caminho da teologia da libertação — expressão popularizada pelo teólogo peruano Gustavo Gutiérrez —, e os que tentam conter algo que consideram um desvio ideológico e político, mesmo correndo às vezes o risco de colaborar com poderes iníquos e brutais. As duas correntes esperam com impaciência o que dirá o novo chefe da Igreja Católica. A situação política e social é tão grave em toda a América Latina que parece impossível uma reconciliação entre os dois campos. Na Cúria, havia-se pura e simplesmente recomendado ao novo papa que não viajasse a Puebla, mas João Paulo II tomou pessoalmente a decisão de fazer a viagem.

O papa vindo do Leste sabe o que vai dizer a todos esses padres generosos e populares, que vivem em meio a uma injustiça social flagrante, mas que estão aos poucos levando sua Igreja para uma linha política marxista e revolucionária. Escolado por trinta anos de confronto com o comunismo, o ex-arcebispo de Cracóvia não tem a menor intenção de calar a boca. Semanas antes da viagem, o arcebispo mexicano Menez Arceo, de Cuernavaca, havia solicitado audiência ao papa. O cardeal Villot, secretário de Estado, advertira João Paulo II para o fato de que ele fazia parte do movimento "Padres pelo Socialismo". O Santo Padre respondera com humor: "O socialismo eu conheço muito bem!"[6]

Em Puebla, sem rodeios, João Paulo II condena a visão bem familiar e excessiva de um "Jesus politicamente engajado, combatendo os poderosos, partidário da luta de classes". O orador não escolhe palavras: "Essa idéia de um Cristo político, revolucionário e dissidente não está de acordo com o ensinamento da Igreja!" Em meio a um pesado silêncio, João Paulo II lembra que o Cristo condenava o recurso à violência. A solução marxista não é a indicada, frisa ele, pois reduz o humanismo a um materialismo "antropologicamente equivocado". Em contrapartida, a doutrina social da Igreja encara o homem não como uma engrenagem das estruturas e contradições sociais, mas como um artesão de seu destino econômico e político. Ao situar a dignidade humana acima de tudo, a Igreja não precisa escorar-se em algum sistema ou ideologia para preconizar a "autêntica libertação" do homem. Era preciso dizê-lo!

Naturalmente, a mídia logo trata de divulgar essa condenação sem rodeios da teologia da libertação, o que serviria para ocultar, no dia seguinte, aquele que deveria ser o segundo encontro importante da viagem. Com efeito, no dia 29 de janeiro, o papa viaja para Cuilapán, no sul do país, onde o esperam, numa árida paisagem montanhosa, dezenas de milhares de *campesinos* e índios que vieram a pé dos quatro cantos de Oaxaca e Chiapas, na fronteira com a Guatemala. Na véspera, uma saudação dos indígenas havia sido transmitida ao papa: "O gado é mais bem tratado que nós", escreveu o autor do texto em nome de todos os seus irmãos há tanto tempo humilhados e oprimidos. Profundamente comovido com essa exortação breve e patética, o papa alterou durante a noite o discurso que deveria pronunciar. Diante de uma multidão imensa, colorida e silenciosa, o Santo Padre declara:

O papa atual quer ser solidário com a vossa causa, que é a causa dos humildes, a causa dos pobres! O papa está ao lado dessas massas populares quase sempre relegadas a um nível de vida indigno e às vezes tratadas e exploradas duramente.

Mas logo o orador nitidamente deixa de lado a linguagem diplomática que convém a um dirigente da Igreja e passa a falar de maneira mais pessoal:

O papa quer ser a vossa voz, a voz dos que não podem falar ou que são forçados ao silêncio! [...] O mundo rural desorientado, o trabalhador cujo suor banha seu próprio abatimento não podem esperar mais pelo reconhecimento pleno e integral de sua dignidade, que não é inferior à dignidade de qualquer outra categoria social. [Esses trabalhadores rurais] têm o direito de não se verem privados de seus escassos bens em consequência de maquinações que às vezes constituem roubo pura e simplesmente! [...] E agora, diante de vós, responsáveis pelos povos, classes dirigentes, cons-

ciência humana, consciência dos povos, o grito do abandonado, e sobretudo a voz de Deus, a voz da Igreja, repetem comigo: não é justo, não é
humano, não é cristão perpetuar dessa maneira certas situações tão evidentemente injustas!

Em dois discursos complementares, em Puebla e Cuilapán, nada é esquecido. João Paulo II compromete-se sem qualquer equívoco com os
pobres, contra a injustiça, ao mesmo tempo que condena firmemente a
teologia da libertação. Essa dualidade, que naturalmente é mais fácil expor
numa homilia do que vivenciar cotidianamente na vida prática, haveria
de regular e animar durante mais de dez anos toda a vida da Igreja nessa
América Latina onde noventa por cento dos habitantes se declaram católicos, e que sozinha representa quarenta por cento do mundo católico.

No ano seguinte, em junho de 1980, João Paulo II percorre o Brasil,
mais uma vez explicando que a solução para a injustiça não está na luta de
classes, mas na doutrina social da Igreja. É o que explica ao longo de um
percurso que o conduz de Brasília a São Paulo, onde denuncia o "abismo"
entre os ricos e a "maioria pobre" do país. Chega em seguida ao Rio de
Janeiro, onde prega diante dos habitantes da favela do Vidigal:

Nunca digam que é vontade de Deus permanecer numa situação de de-
pendência, de doenças, de condições de vida insalubres, contrárias à sua
dignidade de homens. Não digam: "Deus quer assim." Eu sei que nem tudo
depende de vocês, mas vocês devem estar na linha de frente quando se
trata de lutar pela melhoria de sua condição!

Em Recife, ele envolve num abraço o arcebispo dos pobres, Dom
Hélder Câmara: "A terra", diz o papa, "é um dom de Deus, e esse dom
não pode ser repartido de tal forma que dele se aproveite uma minoria,
excluindo os demais, a imensa maioria!" O papa quer convencer sobretudo os bispos, aos quais pede, em particular, que preservem a unidade da
Igreja. Se esta vier a integrar a luta de classes e seu programa, considera
ele, acabará mais cedo ou mais tarde por desmoronar: os cristãos mais
engajados, enquistados em movimentos marxistas, acabarão rompendo definitivamente com seus pastores comprometidos com os regimes que contestam, com ou sem razão. Impossível, a esta altura, negar ou solucionar

a oposição entre "progressistas" e "conservadores", que também provoca acirradas polêmicas entre os cristãos de certos países ricos como a França e os Estados Unidos. Durante anos a fio, cada nomeação de bispo na América Latina deixaria clara a acuidade dessa oposição. Mas o papa aferra-se a sua linha "unitária", com uma obstinação que lhe vale muitas críticas e alguns momentos difíceis, sobretudo em duas viagens bastante tumultuadas à Nicarágua e ao Chile.

*

"As autoridades farão tudo que estiver a seu alcance para nos manipular de todas as formas. Cancelar a visita seria pior que mantê-la." No dia 22 de fevereiro de 1983, em Roma, monsenhor di Montezemolo, núncio apostólico na Nicarágua, convenceu o papa a não cancelar a viagem programada para dias depois, mas advertiu: a visita papal corria o risco de ser bastante movimentada.

Quando seu avião se imobiliza na pista do aeroporto de Manágua, no dia 4 de março, João Paulo II espia pela janelinha. O comandante Ortega e seus ministros sandinistas, no poder desde julho de 1979, esperam-no na pista. O papa procura com os olhos duas figuras, dois padres que aceitaram participar desse governo de obediência marxista apesar da oposição de sua hierarquia: o padre Miguel d'Escoto, ministro das Relações Exteriores, e o padre Ernesto Cardenal, ministro da Cultura. O primeiro está ausente: de uma hora para outra, foi mandado representar seu país em algum evento do outro lado do mundo pelo chefe da junta; mas o padre Cardenal, que pode ser facilmente reconhecido por seus longos cabelos brancos e sua eterna boina negra, encontra-se efetivamente na fila de personalidades que esperam para cumprimentar o papa ao pé do avião.

— Santíssimo Padre, se o senhor não lhe dirigir a palavra, ninguém estranhará — diz o núncio.

— Não — responde o papa, saltando de sua poltrona: — Tenho coisas a dizer-lhe!

O papa desce a escada, beija o chão, ouve as palavras de boas-vindas do comandante Ortega e se dirige à comissão de recepção. Os jornalistas prendem a respiração. Não ouvem quando o chefe revolucionário, que de repente se sente embaraçado, murmura para seu convidado: "Não somos obrigados a parar para falar com os ministros, podemos simplesmente passar diante deles." O papa não hesita. No momento em que chega em frente a Cardenal, este tira sua boina e leva um joelho ao solo. João Paulo II sacode então seu dedo em riste, como um velho professor passando um sermão num mau aluno: "Regularize sua situação em relação à Igreja!" Não se pode ser padre católico e participar de um governo, muito menos num regime marxista que viola os direitos humanos. É preciso escolher. Cardenal o sabe perfeitamente. O papa repete, sempre com o indicador em atitude reprovadora: "Regularize sua situação em relação à Igreja!" A cena daria a volta ao mundo — censurada apenas pela televisão nicaragüense — e a imagem ficaria nos livros de história.

Os sandinistas tratariam de dar o troco ao papa. Ao chegar à esplanada em que deveria celebrar a missa diante de cerca de oitocentas mil pessoas, o papa descobre, assim como um enfurecido núncio Montezemolo, gigantescos retratos de Marx, Lenin, Sandino e outros revolucionários mitológicos. "Não tem importância, quando eu estiver no pódio, ninguém olhará para esses painéis", diz tranqüilamente o papa. O organizador da viagem, o padre Tucci, também se dá conta, preocupado, de que o governo ocupou todas as primeiras filas com simpatizantes sandinistas prontos para vociferar a qualquer ordem de seu chefe, e de que os funcionários do partido controlam os equipamentos de som. O que se seguiria não é difícil de prever: durante a homilia, por instigação de Ortega, que ergue o punho gritando palavras de ordem revolucionárias, todos aqueles militantes obedientes começam a encobrir a voz do papa:

— *O povo no poder! O povo no poder!*

— *Silêncio!* — exclama o Santo Padre, irritado, voltando-se para as primeiras fileiras.

Em vão. Seu microfone já não funciona. O papa ergue então sua cruz acima da cabeça para saudar ostensivamente todos os fiéis relegados para trás da claque vociferante. E, pela primeira vez, temendo uma possível profanação das hóstias, decide não distribuir a comunhão à multidão. A missa chega ao fim com uma última afronta: como se fosse um cântico de despedida, os fiéis têm a surpresa de ouvir os alto-falantes transmitirem a todo volume o hino sandinista.

*

No avião da Alitalia que o leva ao Chile, a 1º de abril de 1987, o papa aproveita uma escala em Montevidéu para aparecer na cabine dos jornalistas, que vai percorrendo durante três quartos de hora, respondendo às perguntas que lhe são feitas em todas as línguas: "A Igreja do Chile pode desempenhar o mesmo papel que a Igreja das Filipinas?" O jornalista está se referindo, naturalmente, às pressões exercidas pelo papa, os bispos e todos os católicos, que contribuíram para derrubar o ditador Marcos. João Paulo II responde: "Não só pode como deve! Isso faz parte de sua missão pastoral."

A referência não podia ser mais clara. A Igreja não é neutra. Pois não acaba o general Pinochet de declarar que os bispos chilenos, em vez de fazerem política, melhor fariam "se passassem noventa por cento de seu tempo rezando"? A um outro jornalista, que lhe pergunta se pretende contribuir para restabelecer a democracia no Chile, João Paulo II explica: "Eu não prego a democracia, eu prego o Evangelho. Se considerarmos que a democracia é uma outra forma de designar os direitos humanos, então ela também faz parte da mensagem da Igreja."

No dia seguinte, um estranho diálogo tem lugar durante o encontro privado entre o papa e o general Pinochet, no palácio presidencial de Santiago:

— Santíssimo Padre, por que a Igreja está sempre falando de democracia? Todos os métodos de governo são bons!

— Não, o povo tem o direito de desfrutar das liberdades fundamentais, mesmo que cometa erros ao exercê-las.[7]

Em seguida a essa conversa tensa, Pinochet habilmente trata de conduzir o papa ao balcão presidencial: a foto dos dois, sorridentes, seria divulgada em todo o mundo e interpretada de maneiras diferentes.

No dia seguinte, no parque Bernardo O'Higgins de Santiago, um milhão de pessoas acorrem para a grande missa. O clima na multidão é de grande agitação, o que preocupa o padre Tucci, que fala a respeito disso ao núncio Angelo Sodano. Advertido, o papa decide nada alterar na programação: "Façamos tudo como estava previsto." No fim da liturgia da palavra, começa um tumulto na assistência, longe do altar. Um início de pânico se manifesta na multidão, pneus começam a ser queimados e logo as forças de segurança investem brutalmente. Em plena missa! Tucci já está quase a ponto de retirar dali o Santo Padre. Mas a fumaça do gás lacrimogêneo lentamente vai-se dissipando e a situação volta à calma. Com os olhos cheios de lágrimas, como todo mundo, João Paulo II volta a rezar a missa. No fim, mantém-se ostensivamente ajoelhado, voltado para o parque onde ocorreu o tumulto. Mais tarde se ficaria sabendo que os confrontos deixaram seiscentos feridos. O cardeal Fresno, arcebispo de Santiago, aproxima-se timidamente:

— Santíssimo Padre, queira nos perdoar...

— Por quê? A sua gente ficou e celebrou. A única coisa que não deveria ter sido feita era deixar o campo livre para os arruaceiros.

Quem seriam aqueles misteriosos arruaceiros? Quem teria levado pneus e botijões de gasolina para um local tão vigiado? Como se explica que não tenha havido nenhuma detenção? Não teria o governo do general Pinochet pretendido mostrar ao papa que a "reconciliação" era impossível num país em que a contestação é tão violenta e que a repressão é justificada? No auge dos confrontos, um dos representantes do regime virou-se para o padre Tucci: "Assim, o papa poderá ver como é essa gente."[8] Essa gente, os representantes da oposição chilena, não reconhecida pelo regime, vem a ser recebida pelo papa um pouco mais tarde na nunciatura de Santiago, apesar das pressões governamentais. O discurso que a eles dirige João Paulo II é claro: "Sim à defesa dos direitos humanos, não à violência." O objetivo, considerado ilusório pelos mais radicais, é pura e simplesmente a reconciliação da sociedade chilena.

Dezoito meses depois, a ditadura militar seria rejeitada por um plebiscito, e no dia 14 de dezembro de 1989 o democrata-cristão Patricio Aylwin seria eleito presidente do país — continuando o general Pinochet provisoriamente à frente das forças armadas. Quem poderia imaginar que em condições tão dramáticas a transição chilena pudesse ser pacífica?[9] Quem acreditava na estratégia do papa? Quem pensava que a maioria das ditaduras sul-americanas cairia sem derramamento de sangue, ou quase, tal como desmoronariam os regimes totalitários do Leste europeu?[10]

No dia 6 de agosto de 1984, um texto da Cúria intitulado *Instruções sobre certos aspectos da teologia da libertação* viria apoiar — tardiamente — a contestação da teologia da libertação pelo papa. Vinte meses depois, ele seria completado por uma *Instrução sobre a liberdade e a libertação cristãs*, lembrando sobretudo as virtudes do humanismo cristão e da democracia em matéria de luta contra a injustiça e a opressão. Sete anos depois da viagem a Puebla, João Paulo II já não é tão peremptório com os padres politicamente engajados da América Latina, mas continua a considerar que a verdadeira libertação do homem passa pelo Evangelho, e que é precisamente a natureza evangélica da Igreja que faz com que ela seja por natureza antiditatorial e antitotalitária.

Seja como for, no entanto, toda essa questão da teologia da libertação teve como conseqüência que João Paulo II fosse considerado um conservador, e até mesmo um reacionário. Pelo menos até a queda do comunismo em 1989-1991 — a qual resolve definitivamente, aos olhos do papa, o caso da teologia da libertação, como diria ele próprio em El Salvador. A partir do momento em que o que está em jogo não é mais a supremacia da URSS, chegando ao fim o grande confronto ideológico entre o Leste e o Ocidente, o papa diminui a pressão sobre esses episcopados que tratou de confiar — com maior ou menor sucesso — a dirigentes capazes de superar essas divisões de uma outra era.

Um papa "de esquerda"?

Meses depois da queda do Muro de Berlim, João Paulo II visita o México. No dia 9 de maio de 1990, em Durango, na Sierra Madre, ele fala para uma platéia de líderes empresariais, convidando-os a não enxergar no fim do comunismo "o triunfo ou o fracasso de um sistema sobre o outro". Num momento em que intelectuais do mundo inteiro falam do "fim da história" — expressão do filósofo americano Francis Fukuyama, segundo quem o liberalismo triunfou definitivamente —, o papa afirma de sua parte que a derrota do comunismo "não é o triunfo do sistema capitalista liberal".

Sempre na contracorrente das modas e das idéias prontas, o homem que tanto combateu o "socialismo real" tratará de lembrar, com uma pequena referência aqui, outra ali, que o capitalismo longe está de ser um ideal. Sobretudo no Leste, onde o mito da livre empresa e do dinheiro fácil é particularmente corruptor. Em seu discurso de Natal, naquele ano, ele explica que "sobre os muros derrubados das oposições ideológicas e políticas apresentam-se para os crentes desafios e perspectivas que os estimulam", citando explicitamente os perigos que ressurgem com o fim do comunismo: por um lado, o "nacionalismo exacerbado"; por outro, "o hedonismo e o materialismo".

Para começar, o perigo nacionalista. João Paulo II foi provavelmente o primeiro dirigente "ocidental" a perceber sua força. No dia 13 de janeiro de 1990, em seu discurso anual para o corpo diplomático, ele adverte contra os "nacionalismos exacerbados", cuja força e cujo perigo conhece melhor que ninguém. Ele, o defensor dos direitos da nação, não se cansaria de denunciar tudo que leva a "idolatrar uma nação, uma raça, um partido, justificando em seu nome o ódio e a violência". O fato de essas palavras tão fortes terem sido pronunciadas na Croácia em 1992, em plena guerra dos Bálcãs, nada tem de casual. Diante do corpo diplomático, a 15 de janeiro de 1994, ele não encontraria palavras duras o suficiente para atacar "a deificação da nação, este novo paganismo". Mas João Paulo II foi por demais enfático no elogio dos méritos da nação e o papel do Vaticano foi por demais criticado — com ou sem razão, voltaremos ao assunto — na desintegração da Iugoslávia para que sua denúncia do risco nacionalista seja efetivamente ouvida.

Em contrapartida, sua crítica do capitalismo é ouvida. Nesse terreno, João Paulo II surpreende. Ao longo de seus discursos, ele vai desenvolvendo uma crítica cada vez mais fina dos riscos e inconvenientes do liberalismo. Insurge-se particularmente contra o desvio moral representado pela sociedade de consumo, durante sua viagem à Polônia de junho de 1991. É um discurso que ele não se cansaria de repetir, sobretudo no Leste — como em Lviv, exatamente dez anos depois, quando exortaria quinhentos mil jovens ucranianos a resistir ao canto das sereias capitalistas: "Não passem da escravidão do regime comunista à do consumo, que é uma outra forma de materialismo!"

É particularmente em sua primeira viagem à antiga União Soviética que ele põe os pingos nos is, perante um auditório de intelectuais letões reunidos no grande anfiteatro da Universidade de Riga, em setembro de 1993: "Eu mesmo", diz ele, "depois do desmoronamento histórico do comunismo, não hesitei em manifestar sérias dúvidas sobre a validade do capitalismo." E o papa explica:

Ao mesmo tempo que condena firmemente o "socialismo", a Igreja, desde a *Rerum Novarum* de Leão XIII, sempre tratou de se distanciar da ideologia capitalista [...]. Na realidade, as exigências de que surgiu historicamente o sistema socialista eram reais e graves. A situação de exploração, à qual um capitalismo desumano submetera o proletário desde o início da sociedade industrial, representava com efeito uma iniqüidade que também era abertamente condenada pela doutrina social da Igreja.

Capitalismo puro e simples, não, obrigado. Semanas depois, em entrevista ao jornalista Jas Gawronski, João Paulo II aperta ainda mais o parafuso: "O sucesso do comunismo em nosso século foi uma reação contra uma certa forma de capitalismo selvagem, com seus excessos, que todos conhecemos." E o papa acrescenta que havia "certos grãos de verdade" no programa socialista: "Esses grãos não devem ser destruídos nem perdidos. Os defensores do capitalismo sem freios tendem a fechar os olhos para as coisas boas realizadas pelo comunismo."

Teria João Paulo II virado a casaca? Naturalmente que não. Para começo de conversa, é o capitalismo "ultraliberal", "descontrolado", que ele condena, e não o princípio da economia de mercado. Além disso, o papa é produto de uma cultura do Leste europeu que sempre tentou superar a alternativa clássica comunismo-capitalismo. Já nos corredores do Concílio Vaticano II, o cardeal Wyszynski causava espécie ao criticar ao mesmo tempo o comunismo marxista e o materialismo capitalista. Seu discípulo cracoviano, muito antes de ser feito papa, também se distanciou consideravelmente dos dois sistemas políticos e ideológicos concorrentes. Em 1976, por exemplo, ao pregar a quaresma diante de Paulo VI, em Roma, ou então discursando na Universidade de Harvard, o cardeal Wojtyla já criticava os sistemas liberais em que, de seu ponto de vista, os valores cristãos são minados pelo hedonismo e o materialismo. Já então o futuro papa desconcertava os adeptos de categorias binárias simplistas (conservador, progressista/de direita, de esquerda) e decepcionava aqueles que consideram que o mundo está inelutavelmente dividido em dois campos irredutíveis.

A opção pelos pobres, que daria origem à imagem de um papa "de esquerda", também é bastante anterior à queda do comunismo. Já vimos que João Paulo II transformou-a no eixo principal de sua prédica já em sua primeira viagem à América Latina, diante dos indígenas de Oaxaca. Ao longo dos anos, ele não se cansaria de levantar a voz para denunciar a situação dos mais pobres, sobretudo nos dois outros continentes onde vivem centenas de milhões de deserdados, como fez em Burkina Fasso em maio de 1980: "Faço-me aqui a voz daqueles que não têm voz, a voz dos inocentes que morrem porque lhes falta água e pão." Ou em Calcutá, em fevereiro de 1986, depois de visitar o célebre "morredouro" de Madre Teresa, onde deu a extrema-unção a quatro pessoas: "Deixem que falem os pobres de Madre Teresa e todos os pobres do mundo. Deixem enfim que falem os que não têm voz!"

No plano estritamente econômico e social, João Paulo II freqüentemente denunciaria — centenas de vezes — os excessos do capitalismo sob todas as suas formas selvagens ou opressivas. Como na Argentina, no dia 6 de abril de 1987, quando visita a cidade portuária de Bahia Blanca, onde critica "essa versão moderna da avidez que é o consumismo", opondo-o a "essa bela virtude do mundo rural que é a solidariedade". Ou ainda perante a Academia Pontifícia de Ciências Sociais, a 6 de março de 1999, ao reafirmar que "uma defasagem grande demais entre os salários é injusta", que "não é normal que categorias sociais se preocupem antes de mais nada em preservar vantagens adquiridas" e que "a economia, o trabalho e a empresa estão antes de tudo a serviço das pessoas".

E embora o desejo manifestado pelo papa tenha quase permanecido letra morta, quem não o ouviu, no Jubileu do ano 2000, exigir com todas as forças a eliminação da dívida dos países mais pobres do terceiro mundo?[11] E quantas vezes não fez ele questão de frisar, como diante da mesma Academia em abril de 2001, que "a globalização não deve ser uma nova forma de colonização e deve respeitar a diversidade das culturas", e que não se deve aceitar "que um único sistema socioeconômico dominante imponha seus valores e seus critérios"?

De resto, suas reflexões não dizem respeito apenas aos países pobres. Na Alemanha, em novembro de 1980, ele diz aos aposentados que "o sentido da vida não se resume em ganhar e gastar dinheiro". Na Suíça, em junho de 1984, surpreende ao fazer a defesa da objeção de consciência e ao pedir maior abertura em relação à imigração. Em Paris, no dia 22 de agosto de 1997, volta a pregar contra a injustiça social: "Nenhuma sociedade pode aceitar a miséria como uma fatalidade, sem que sua honra seja atingida", proclama em Notre-Dame durante a cerimônia de beatificação de Frederico Ozanam — um intelectual leigo que já em 1830, vinte anos antes de Karl Marx, denunciava a "exploração do homem pelo homem".

Durante um quarto de século, com notável obstinação, João Paulo II não se cansou de denunciar as desigualdades entre o Norte e o Sul, o impasse em que se encontram tantos países em bancarrota, a exploração de populações exangues, a injusta situação dos imigrantes, a falta de respeito com a mulher no trabalho, o escândalo do trabalho infantil, a saúde encarada como negócio e não como um serviço, o desprezo do direito à moradia, mas também "a exploração sem limites do meio ambiente e dos recursos naturais de acordo com a mentalidade das sociedades capitalistas modernas"[12] etc. Essas intervenções, muito numerosas, raramente chegam à primeira página dos jornais, mas levaram um Mikhail Gorbachev a exclamar muitas vezes que "o papa é o socialista mais importante do mundo", pois "onde quer que vá, ele fala dos pobres e da solidariedade".[13] Na realidade, agrade ou não a Gorbachev, o papa não é socialista. Mas nem por isso pode ser considerado um liberal. "A tese segundo a qual, uma vez derrubado o mito do coletivismo, só restaria seguir o livre mercado mostra cada vez mais seus limites", declarou muitas vezes o papa, insistindo, em contrapartida, no valor da doutrina social da Igreja, "que ensina que na base da ação política, do pensamento jurídico, dos programas econômicos e das teorias sociais é preciso situar sempre a dignidade da pessoa".[14]

Dois textos haveriam de constituir os pilares do ensinamento "político" de João Paulo II: a encíclica *Sollicitudo Rei Socialis* ("A questão social"), publicada em 1988, e sobretudo a encíclica *Centesimus Annus* ("O centésimo ano"), publicada em 1991. Nos dois casos, como sempre, o papa joga com as datas para frisar mais claramente a continuidade da Igreja: o primeiro texto é lançado no vigésimo aniversário da *Populorum Progressio*, na qual Paulo VI expunha sua visão da doutrina social da Igreja; o segundo, no centenário da *Rerum Novarum*, na qual Leão XIII tomava posição pela primeira vez na história da Igreja face às transformações sociais e ao socialismo nascente. Mas a data mais simbólica é outra: é dezoito meses após a queda do Muro de Berlim que vem a ser publicada a *Centesimus Annus*, o texto em que João Paulo II extrai pessoalmente as lições da queda do comunismo — na época, a União Soviética ainda é "comunista", mas para o papa polonês sua transformação, ainda inconcebível para muitos observadores ocidentais, já não passa de uma questão de tempo.[15] Para o biógrafo, os dois textos não têm o mesmo interesse. Enquanto *Sollicitudo Rei Socialis* é um texto laborioso, tentando contemplar os extremos a um ponto em que se torna contraditório, e nisto refletindo as divergências no interior da Cúria, *Centesimus Annus* é um texto claro que traduz com exatidão o pensamento de João Paulo II.

Para o papa, era uma excelente oportunidade de mostrar que a Igreja estava certa já em 1891 ao condenar o socialismo nascente. Muito antes de Lenin, Stalin, Pol Pot e os outros. Doutrina "soberanamente injusta" em sua vontade de suprimir a propriedade privada e "fundamentalmente equivocada" por ter considerado o homem como "uma molécula do organismo social", "uma engrenagem da máquina do Estado", o socialismo desencaminhou-se ao pregar o ateísmo, a luta de classes e a estatização dos meios de produção. João Paulo II gosta de sublinhar "o impossível compromisso entre marxismo e cristianismo". Uma pedra a mais no jardim dos teólogos da libertação e de seus seguidores ocidentais.

O sistema comunista desmoronou, explica João Paulo II num capítulo especialmente intitulado "O ano de 1989", por causa de todos os pecados que cometeu contra o homem, valor supremo e único critério que permite avaliar uma política econômica e social. Equivaleria isso a dizer que o fracasso do marxismo significa a vitória do capitalismo? Seria o liberalismo, *a contrario,* a panacéia para os problemas da humanidade? A resposta, diz João Paulo II com prudência, é "complexa". Quanto ao princípio, não pode haver dúvida: a Igreja não condena a economia de mercado, a propriedade da terra ou o conceito de lucro. Mas com uma condição essencial, virulenta mesmo, quase ameaçadora: que o objetivo de tudo isso seja o bem do homem, sua liberdade, sua verdade, sua dignidade. E João Paulo II denuncia enfaticamente os riscos do sistema liberal, tanto no terceiro mundo quanto nas sociedades desenvolvidas. Aqui, a marginalização de uma maioria de homens "culturalmente desenraizados", "sem possibilidade de integração". Ali, a corrida aos bens materiais, o desinteresse dos cidadãos pela coisa pública e o esquecimento dos valores morais. "A Igreja não tem um modelo a propor", explica o Santo Padre. A fé cristã "não é uma ideologia" que trate de "enfeixar a realidade social e política num modelo rígido". Em contrapartida, ela exige de qualquer sistema político e econômico que propicie entre os homens um vínculo chamado "solidariedade". Alusão evidente ao movimento que minou as bases do regime comunista na Polônia.

Após a derrocada do marxismo, adverte João Paulo II, o liberalismo é o que existe de menos detestável. Mas se esquecer o homem também será condenado por sua vez. Decididamente, João Paulo II não pode ser classificado.[16] Mas embora sua mensagem escape às categorias políticas clássicas, devemos admitir que ela é de uma grande clareza.

21

O mundo é sua paróquia

No dia 25 de janeiro de 1979, João Paulo II entra no helicóptero cedido pelo governo italiano que o leva ao aeroporto de Fiumicino. Às oito horas, a bordo do *Dante Alighieri* fretado pela Alitalia, o papa voa em direção ao México, acompanhado de um numeroso e buliçoso séqüito de cardeais, jornalistas e policiais. É sua primeira viagem e ninguém sabe como transcorrerá essa peregrinação papal num país que ainda por cima ostenta uma laicidade severa, a tal ponto que o governo mexicano recusou-se a receber o ilustre visitante como chefe religioso.

Ao chegar à Cidade do México, após escala em Santo Domingo, o papa se ajoelha e beija o solo mexicano. Era a primeira vez que fazia esse gesto, que haveria de tornar-se tão conhecido. Na pista do aeroporto, a recepção do presidente López Portillo, sóbria e fria, beira a impolidez: "Bem-vindo ao México, *señor*!" Uma questão de anticlericalismo. Minutos depois, no entanto, é grande a surpresa quando aparecem milhões de pessoas surgidas não se sabe de onde, comprimidas no trajeto do Santo Padre entre o aeroporto e o Zocalo, o centro da capital mexicana, onde se encontra a catedral. Seria o México realmente leigo? Não é o que parece! A multidão mostra-se calorosa, simpática, colorida, fervorosa, tal como haveria de mostrar-se ao longo de toda a viagem: no dia seguinte, na estrada para o santuário de Nossa Senhora de Guadalupe; dois dias depois, no trajeto para Puebla através do vale do México; nos dias seguintes, entre os indígenas de Oaxaca, na favela de Santa Cecília, em Guadalajara, ou diante de um milhão de operários em Monterrey...

Por toda parte, sinos badalando ruidosamente, bandeirolas agitadas pela multidão, gritos e choro à passagem do Santo Padre, radiante. Por toda parte, missas contritas, sermões cheios de esperança, bênçãos fervorosas, trocas diretas com a população. Para os cento e quarenta jornalistas que acompanham essa incrível turnê, os meios de comunicação mexicanos, que parecem disputar para ver qual lança a manchete mais elogiosa, os católicos do mundo inteiro que acompanham a viagem pela televisão, o papa polonês já conseguiu impor, longe de Roma, uma nova imagem do papado. Essa imagem, inaugurada no México, haveria de tornar-se familiar.

"O papa viaja demais"

João Paulo II não é o primeiro papa a viajar. Embora os sucessores de São Pedro por muito tempo tenham limitado suas saídas à Basílica de São João de Latrão e à residência de Castel Gandolfo, e se João XXIII apenas foi de trem até Loreto e Assis, cabe lembrar que Paulo VI — o primeiro papa a entrar num avião — fez uma dezena de viagens a terras bem distantes, da Terra Santa a Medellín, de Kampala a Manilha, de Nova York a Fátima. Mas João Paulo II terá sido o primeiro papa a estender concretamente a atividade da Santa Sé em escala planetária e a transformar as viagens numa verdadeira forma de governo da Igreja. Chega a ser paradoxal que um papa polonês tão apaixonado por sua pátria, a ponto de ser às vezes acusado de nacionalismo, tenha sido precisamente aquele que explodiu as fronteiras do Vaticano, estendendo o exercício do papado ao mundo inteiro.

As viagens de João Paulo II são a forma mais visível dessa extensão planetária da "profissão" de papa. As estatísticas regularmente atualizadas pela rádio Vaticano são significativas. No meio do ano de 2003, João Paulo II havia realizado cento e uma viagens fora da Itália. Considerando-se todos os países visitados, ele havia ido: doze vezes à América Central; oito vezes à América do Sul; onze vezes à América do Norte (incluindo sete vezes aos Estados Unidos); cinqüenta e quatro vezes à Europa (entre as quais oito vezes à Polônia e seis vezes à França); nove vezes à Ásia; quatro vezes à Oceania e quinze vezes à África.

Em um quarto de século, portanto, ele visitou cento e vinte e nove países diferentes. Caminhando para o fim do pontificado, era mais fácil mencionar os países aonde o papa não pudera ir do que fazer a lista dos

O MUNDO É SUA PARÓQUIA

visitados: entre os primeiros estavam a Rússia, a China, a Arábia Saudita, o Irã... Cabe acrescentar à lista cento e quarenta e duas viagens pela Itália, o que totaliza duzentas e quarenta e quatro viagens para fora de Roma.[1] Os cálculos dos estatísticos amadores da rádio Vaticano revelam que João Paulo II percorreu no total 1,2 milhão de quilômetros, o equivalente a três vezes a distância da Terra à Lua, ou vinte e oito vezes a volta ao planeta.[2] De todos esses números impressionantes, dois são mais importantes: primeiro, ao longo de seu pontificado, João Paulo II encontrou a quase totalidade dos católicos, ou seja, um bilhão de pessoas; além disso, em vinte e cinco anos, o papa passou cerca de mil dias fora do Vaticano, o equivalente a mais de um décimo de seu pontificado. O "pastor universal" realmente ampliou sua paróquia às dimensões da humanidade.

Já a partir de 1980, certos prelados da Cúria não se eximem de exprimir em caráter privado sua desaprovação. "O papa viaja demais", pode-se ouvir nos corredores do palácio apostólico e nos restaurantes do Borgo. Em maio desse ano, no Zaire, João Paulo II responde a essas críticas: "Chegou a hora de os bispos de Roma tornarem-se sucessores não apenas de Pedro, mas também de Paulo." Na época, durante uma dessas entrevistas coletivas improvisadas, no avião que o traz de Abidjã, um jornalista lhe pergunta:

— Há quem considere que o senhor viaja demais...

— É verdade!

— O senhor concorda?

— Sim — diz o papa. — Do ponto de vista humano, eles têm razão.

O papa se vira, mas logo se volta repentinamente em direção ao homem que lhe fez a pergunta:

— Mas a Providência, às vezes, também sugere que façamos coisas excessivas!

*

Cada viagem papal obedece a um rito quase imutável. Tudo começa numa tarde, com enorme antecedência — às vezes dezoito meses antes da data marcada. No terceiro andar do palácio apostólico, o papa convoca a seu gabinete seus colaboradores mais próximos: "Então, no ano que vem iremos à França (ou à Coréia, ou ao Brasil)..." Estão presentes o cardeal secretário de Estado (Casaroli, mais tarde Sodano), o substituto (Re, mais tarde Sandri), o responsável pelas relações com países estrangeiros (Silvestrini, mais tarde Tauran) acompanhado do chefe da seção nacional correspondente na Secretaria de Estado. Este, em princípio, é considerado o especialista local, sendo o primeiro destinatário das notas do núncio apostólico do país em questão, e tratará cuidadosamente de todos os problemas lingüísticos. Podem estar presentes também, quando é o caso, alguns cardeais: uns por estarem envolvidos com os temas que serão tratados (por exemplo, o desenvolvimento ou a família), outros por serem originários dos países que serão visitados. No centro desse cenáculo encontra-se o padre Tucci. É ele que mais toma notas. Roberto Tucci, um jesuíta italiano que por muito tempo dirigiu a rádio Vaticano, foi durante vinte anos o grande organizador das viagens do papa. Tem a mesma idade que Wojtyla. É ele que supervisiona todas as questões e resolve os principais problemas que se apresentam, tanto com as autoridades do país quanto com o próprio papa. Tucci seria nomeado cardeal aos 80 anos, em 2001, sendo substituído pelo bispo Renato Boccardo, um piemontês poliglota de físico de *playboy*, que foi por muito tempo incumbido do cerimonial pontifício junto ao bispo Marini e que até então cuidava sobretudo dos jovens no Conselho Pontifício para os Leigos, vale dizer, das Jornadas Mundiais da Juventude.

A partir dessa primeira reunião, começam os contatos, os procedimentos diplomáticos, as visitas de bispos locais, as viagens "de exploração" deste ou daquele dirigente. A Secretaria de Estado prepara notas e esboços de discursos, o padre Tucci e os núncios apostólicos vão tomar conhecimento direto dos lugares a serem visitados. O próprio papa informa-se sobre leituras a serem feitas, consulta especialistas, convida à sua mesa, familiariza-se com a língua local. Está em funcionamento a máquina, um extraordinário mecanismo testado ao longo dos anos.

Chegado o dia, pouco antes das oito horas da manhã, o Santo Padre vai de helicóptero até o aeroporto de Fiumicino, onde é cumprimentado por um representante do governo italiano — no início, era o presidente da República em pessoa — e dois ou três prelados romanos: o cardeal camerlengo, o vigário da diocese de Roma etc. Na partida, é invariavelmente a empresa italiana Alitalia que põe um avião à disposição do Santo Padre, quase sempre um DC-9 ou um Airbus 300. A empresa não cobra do Vaticano, pois faz doação do cheque enviado pela Santa Sé a título de pagamento da viagem. Mas nenhum dirigente da Alitalia subestima a excepcional publicidade de que a empresa pode assim desfrutar: a imagem habitual do papa desembarcando de seus aparelhos em todos os aeroportos do planeta, há 25 anos, vale mais que todos os anúncios publicitários do mundo!

O papa viaja na cabine de primeira classe, na qual são instalados, para atendê-lo, um pequeno escritório e uma cama, separados do resto da cabine por uma simples cortina, além de uma mesa onde ele pode ler a imprensa internacional. Nada a ver com o luxo do Boeing *Air Force One,* que lhe foi emprestado certa vez pelo presidente dos Estados Unidos para retornar a Roma depois de uma de suas peregrinações americanas: quarto de dormir, banheiro, enfermaria, sala de reuniões etc.

Em geral o papa senta-se na primeira fila do avião, à esquerda, junto à janela. Seu secretário, Stanislaw Dziwisz, é instalado a seu lado e periodicamente cede seu assento a todos os convidados e jornalistas que querem ser fotografados ao lado do Santo Padre. Nos últimos anos, esse desfile de pessoas sentando-se durante alguns segundos ao lado do velho papa imóvel, para um rápido *flash*, chega às raias da indecência. Para trás, não muito distantes, vamos encontrar os participantes da primeira reunião preparatória: o secretário de Estado, o substituto, o padre Tucci, alguns cardeais. A alguns metros, irmã Germana, que cuida de suas refeições, e Angelo Gugel, o camareiro, o homem dos presentes, dos rosários e da preciosa bengala em que se apóia o papa já envelhecido uma vez concluídos os ofícios. Lá se encontra também o mestre-de-cerimônias (Marini), verdadeiro regente de todas as celebrações litúrgicas que pontuam o périplo; o médico particular do papa (Buzzonetti), sempre muito arrumado, apaixonado por fotografia e não raro acompanhado de um médico reanimador; o prefeito da Casa Pontifícia (Monduzzi), encarregado das questões protocolares; o diretor da assessoria de imprensa (Navarro-Valls), ao mesmo tempo porta-voz e encarregado das comunicações. Não distante de Navarro-Valls encontram-se também o diretor do *Osservatore Romano* (Mario Agnes), o diretor da rádio Vaticano (o padre Borgomeo) e, naturalmente, o fotógrafo oficial (Arturo Mari), sempre munido de três câmeras devidamente carregadas. Atrás, na classe turística, várias dezenas de jornalistas e técnicos, menos tranqüilos que as eminências do *seguito* (o "séqüito"), aguardam com impaciência o momento em que o Santo Padre haverá de levantar-se de sua poltrona para vir cumprimentá-los: todos sabem que ele responderá com a maior simplicidade a suas perguntas. Antes de voltar a sentar-se, o papa tem sempre uma palavra para a tripulação, que abençoa, e vai cumprimentar o comandante de bordo, fazendo-lhe invariavelmente a mesma pergunta: "E então, como estará o tempo na chegada?"

No fundo da cabine, finalmente, encontram-se cerca de meia dúzia de desconhecidos incumbidos da segurança: alguns policiais, chefiados por Camillo Cibin, comandante da Segurança do Vaticano (*Vigilanza*), que até os 75 anos de idade estaria sempre correndo ao lado do *papamobile*, e alguns guardas suíços tendo à frente seu comandante, Aloïs Estermann, que acabaria assassinado por um deles num trágico gesto de loucura em maio de 1998. Naturalmente, esses dois e seus pequenos esquadrões não bastariam para garantir a segurança do papa, devendo trabalhar em estreita colaboração com seus colegas dos países visitados. Sob seus pés, no bagageiro, seguem alguns caixotes muito especiais. Alguns contêm as medalhas e rosários fartamente distribuídos pelo papa nas cerimônias de que participa, além das batinas brancas sobressalentes. Outros contêm as fotocópias de seus discursos para distribuição aos meios de comunicação, o que representa uma impressionante quantidade de papel: primeiro que tudo por causa das muitas traduções necessárias, mas sobretudo em virtude da quantidade de falas do Santo Padre a cada viagem. Segundo a rádio Vaticano, João Paulo II teria pronunciado em vinte e cinco anos, fora do Vaticano, mais de três mil e duzentos discursos (sendo que o recorde foi batido em sua terceira viagem, em 1979, quando o papa proferiu nada menos que setenta e seis discursos diferentes em uma única viagem pela Irlanda e os Estados Unidos). Também no bagageiro seguem os inúmeros caixotes com material técnico da rádio Vaticano e da Companhia de Televisão Vaticana (CTV), assim como garrafões de oxigênio e pequenos contêineres onde são armazenados sacos de sangue A negativo. Este grupo sangüíneo é dos mais raros, e os médicos do papa puderam avaliar os riscos de uma transfusão precipitada no momento do atentado da praça de São Pedro em maio de 1981. Não se pode nem pensar em correr o risco de uma nova contaminação, em caso de algum incidente.

Na volta, no avião que o último país visitado costuma pôr à disposição do papa, às vezes é necessário desmontar *in extremis* algumas fileiras de assentos para acomodar os presentes recebidos — como as dezenas de caixas de champanhe francês presenteadas a João Paulo II em sua visita a

Reims em 1996 —, em geral distribuídos posteriormente a igrejas pobres pela Secretaria de Estado.

No avião, quase sempre, o papa lê. Ele não se interessa pelo que vai comer, e cabe a Dziwisz e Gugel cuidar do que lhe é servido, sobretudo nos últimos anos. Eles sabem que os médicos lhe recomendam insistentemente que não coma "nada gelado nem condimentado", mas nem sempre os cardápios das empresas aéreas levam em consideração as necessidades dietéticas de seu convidado. Certas empresas não medem esforços em matéria de pratos e vinhos finos nessas viagens de volta, mas geralmente o papa os recusa, dando preferência a uma sopa, uma salada, frutas frescas com uma xícara de chá de tília com limão, sem açúcar.[3]

Um dos objetos que simbolizam as viagens do papa, o *papamobile*, não está no avião. O veículo, conversível, foi enviado dias antes e espera o Santo Padre, com o motor ligado, no aeroporto ou no local de seu primeiro encontro com a população. Na realidade, como os chefes de Estado americano ou russo, o papa é "acompanhado" por dois ou três *papamobiles*, conforme as necessidades e os riscos de pane mecânica. Semanas antes da viagem, os motoristas locais que vão conduzir o veículo foram a Roma fazer um pequeno estágio. Prudência nunca é demais. Desde o atentado de 1981, o *papamobile* passou a ser dotado de uma proteção de vidro à prova de balas. A questão é permitir que ele seja visto por todos — o papa faz questão disso —, mas sem oferecer um alvo muito fácil a um eventual atirador de elite. Quando a engenhoca tem de percorrer vários quilômetros de um circuito complicado em meio à multidão de fiéis exaltados, gritando de alegria, agitando lenços e operando suas câmeras, os agentes de segurança não têm propriamente vontade de comemorar. O problema é ainda mais agudo nos grandes palanques, muitas vezes gigantescos, às vezes excêntricos, do alto dos quais João Paulo II diz a missa, pronuncia uma homilia ou toma a frente de uma vigília. Impossível instalar vidros à prova de bala do tamanho de um prédio — embora os americanos bem que tenham tentado em Denver em 1993, e os israelenses, no Lago de Tiberíade, em 2000. O homem de branco e quase imóvel que durante horas oficia no centro da tribuna é realmente um alvo muito fácil!

O que complica ainda mais o trabalho de Camillo Cibin é a propensão do Santo Padre a não respeitar horários, e mesmo a modificar seu programa à última hora. Em março de 2000, em Jerusalém, qual não foi a estupefação dos agentes de segurança israelenses — dezoito mil policiais e quatro mil militares mobilizados para a viagem pela Terra Santa — quando o papa, no último dia, quis voltar ao Santo Sepulcro para rezar sozinho!

*

De sua primeira viagem ao México, em janeiro de 1979, a seus deslocamentos mais recentes, um quarto de século depois, as inúmeras turnês do papa obedecem a uma estratégia global e fazem parte de um todo. Não podemos compreender as viagens de João Paulo II se as isolarmos do resto de sua ação: as aglomerações espetaculares (como as Jornadas Mundiais da Juventude), os grandes textos (especialmente as encíclicas), as cartas às grandes instituições internacionais, as visitas regulares dos quatro mil bispos que vão a Roma *ad limina*, as audiências concedidas a centenas de chefes de Estado, os sínodos continentais ou regionais, as beatificações e canonizações que marcam seus encontros com os povos. Ao estender sistematicamente a todo o planeta sua ação apostólica, João Paulo II terá sido o papa da "globalização" de um papado transformado em caixa de ressonância de todas as preocupações da humanidade. O que ilustra e humaniza esta preocupação planetária é sua obstinação em aprender o máximo de línguas estrangeiras.

Um papa poliglota

Ao ser eleito papa, Karol Wojtyla falava corretamente cinco línguas vivas: o polonês, sua língua materna; o alemão, que aprendeu com o pai ainda na infância; o inglês, que estudou na escola; o francês, que começou a estudar durante a guerra, e que praticou no Colégio Belga durante seu período de estudos romanos; e o italiano, que aprendeu nessa época, mas que só domina realmente desde o concílio. Para não falar do latim, que aprendeu no seminário.

Durante muito tempo se afirmou que o papa falava russo. Para dizer a verdade, Karol Wojtyla chegou a aprender um pouco de russo no primeiro ano da faculdade, na Universidade Jagellon, em Cracóvia. O explicador lia em voz alta as fábulas de Krylov. "Karol tinha bom ouvido e uma boa

O MUNDO É SUA PARÓQUIA

pronúncia", contou um colega de classe.[4] Mas não é verdade que João Paulo II falasse correntemente essa língua. Se é fato que ele efetivamente trocou algumas palavras em russo com Mikhail Gorbachev, em seu famoso encontro de dezembro de 1989, não se pode dizer que os dois tenham conversado longamente: tiveram de ser atendidos por dois intérpretes, como já vimos.

Em compensação, João Paulo II tem uma boa base de espanhol. Vimos que ele lia no original os escritos de São João da Cruz e de Santa Teresa de Ávila. Semanas depois do conclave de 1978, no momento em que prepara sua primeira viagem ao México, ele pergunta a monsenhor Abril y Castello Santos, da Cúria:

— Quantos católicos falam espanhol no mundo?

— Talvez duzentos milhões.

— Então tenho de estudar!

Assim é que monsenhor Abril torna-se seu professor. Até a partida para Puebla em janeiro de 1979, o novo papa exercita diariamente o espanhol — de uma a duas horas por dia, o que não é pouco. No mesmo ritmo intenso, ele atacaria o português um mês antes de sua primeira viagem ao Brasil, em junho de 1980. Da mesma forma que cuidaria de preparar a maioria de suas viagens familiarizando-se com a língua dos países visitados: "Eu é que devo me esforçar para falar a língua dos fiéis, e não eles para falar a minha."

Nesses exercícios lingüísticos, sobretudo quando enfrenta línguas difíceis, João Paulo II se vale de uma gramática muito especial: o texto da missa, que naturalmente conhece nos mínimos detalhes. Pode inclusive acontecer de ser impresso para ele um missal especial, que ele vai anotando a lápis, indicando a sílaba tônica, assinalando os cortes, sublinhando as dificuldades de pronúncia. Assim, em Nairóbi (Quênia), em maio de 1980, o papa poliglota pronuncia seu sermão em inglês, mas conclui em suaíli, para felicidade da assembléia. Antes de viajar à Ásia, passando pelas Filipinas, em fevereiro de 1981, faz cursos intensivos de japonês e tagalo. Na primavera de 1984, recebe aulas de coreano. Nesse mesmo ano, pronuncia um discurso em pidgin na Papua Nova Guiné. Tem aulas de sueco antes de sua viagem de junho de 1989 e enfrenta o húngaro três meses antes de sua estada em Budapeste em agosto de 1991: o antigo núncio Lajos Kada, um húngaro da Cúria, vai duas vezes por semana ao palácio apostólico falar sua língua materna com o papa, que encontra dificuldade para entrar na lógica dessa língua não-eslava — o húngaro pertence à família das línguas fino-ugrianas —, por ele considerada "realmente difícil". Na Nigéria, em março de 1998, ele celebra a missa em inglês, mas diz algumas passagens em ibo, efik, tiv, hauçá, edo e ioruba.

Na Páscoa e no Natal, João Paulo II faz questão de saudar os telespectadores do mundo inteiro no máximo de línguas possível. Ao longo dos anos, ele acabaria por ultrapassar sessenta línguas, entre as quais o malaidam e o esperanto.

Pela manhã, em sua capela privada, João Paulo II acostumou-se a celebrar a missa na língua mais familiar para seu auditório: polonês ou latim de preferência, mas também francês, alemão ou espanhol. E não é apenas uma questão de respeito por seus convidados: para ele, trata-se também de uma espécie de ginástica intelectual cotidiana. Da mesma forma, muitas vezes ele recebe seus convidados para almoço ou jantar com uma pergunta invariável: "Então, em que língua vamos falar hoje?" Pequena descarga de adrenalina em alguns de seus interlocutores, temerosos ante a possibilidade de terem de se arriscar numa língua que não dominam perfeitamente. Mas todos tendem a concordar em que a conversa seria mais solta se fosse sistematicamente acompanhada por intérpretes.

João Paulo II nunca esqueceu um episódio por ele assistido durante o concílio: o cardeal americano Cody, de Chicago, havia posto à disposição do Vaticano cabines de tradução simultânea — ainda raras na época, e muito caras — em cinco ou seis idiomas. Mas a idéia logo foi abandonada: os tradutores não conseguiam transmitir muito bem as nuanças, as precisões, as sutilezas dos debates. Assim foi que os padres conciliares logo trataram de voltar ao latim, para grande contrariedade dos bispos americanos.

No dia-a-dia, o papa fala espontaneamente em polonês, com as religiosas que o servem ou com o secretário Dziwisz. Também dá preferência a essa língua quando escreve, muitas vezes criando problemas para os tradutores da Secretaria de Estado. Nenhuma língua é ideal para expressar o direito canônico ou a teologia moral. Cada língua tem sua estrutura, e nenhuma se assemelha exatamente a outra.

Georreligião e geopolítica

De modo que João Paulo II deliberadamente estimulou a "globalização" da atividade apostólica. Mas é preciso distinguir dois tipos de intervenções papais fora do Vaticano: as que se inscrevem no contexto da gestão das questões da Igreja e as que dizem respeito à política internacional. As primeiras poderiam ser qualificadas de "georreligiosas", enquadrando-se as outras no terreno "geopolítico".

No plano religioso, o papa peregrino é antes de mais nada um peregrino do Evangelho. É o que não se cansa de repetir, sobretudo quando a mídia insiste demais para seu gosto nos aspectos políticos de alguma viagem. João Paulo II sempre organizou suas viagens em função dos grandes centros de peregrinação e dos lugares emblemáticos do catolicismo. Assim, por mais "política" que seja sua relação com a França, devemos notar que ele visitou muitos santuários e lugares espirituais: a capela da Medalha Milagrosa da rua do Bac, a Basílica de Saint-Denis, a Basílica do Sacré-Cœur de Montmartre e Notre-Dame de Lisieux (em 1980), a gruta de Lourdes (em 1983), Notre-Dame de Fourvière, Paray-le-Monial, a comunidade de Taizé, a aldeia de Ars e Annecy, a cidade natal de São Francisco de Sales (em 1986), sem esquecer o santuário de Sainte-Anne-d'Auray e o túmulo de São Martinho em Tours (em 1996).

O papa foi também um *missionário*. "Vão e evangelizem todas as nações", disse o Cristo. As viagens apostólicas a terras não-cristãs, sobretudo na África, na Ásia e na Oceania, mas também em certos países descristianizados da Europa, têm uma finalidade "missionária", no sentido tradicional da Igreja. Através da encíclica *Redemptoris Missio*, de 7 de dezembro de 1990, João Paulo II interveio pessoalmente no grande debate que desde o concílio tenta desvincular a "missão" cristã do imperialismo e do colonialismo a que esteve outrora associada. "A Igreja propõe, ela não impõe nada", explica ele sem rodeios. Mas isso não quer dizer que a evangelização de não-cristãos deva ser considerada inútil, como se todas as religiões tivessem mais ou menos o mesmo valor. "A Igreja é missionária por sua própria natureza", frisa João Paulo II, o que a obriga a adaptar sua missão aos critérios de cada época, vale dizer, a privilegiar "alvos" que não são necessariamente geográficos: as grandes cidades e suas massas de jovens, imigrantes e desenraizados; os meios de comunicação, as associações, os círculos científicos e outros "equivalentes modernos do areópago".[5] É nessas novas direções que o Cristo deve ser anunciado, tendo como horizonte o terceiro milênio, no qual se haveria de ver "uma grande renovação para a cristandade", segundo anuncia o papa com dez anos de antecedência.

Em termos históricos, é a Europa, a velha Europa cristã, que preocupa o Santo Padre, testemunha de sua acelerada descristianização. Em Compostela, em 1982, ele faz um apelo espetacular por uma "nova evangelização" do Velho Continente, um projeto com sabor de "reconquista" que provocaria acirradas polêmicas no interior da própria Igreja[6] e também, depois da queda do Muro de Berlim, muitas decepções ao coração do velho pontífice.

Mas em termos geográficos é a Ásia oriental que fascina o papa, sobretudo pela flagrante defasagem entre sua expansão demográfica e a ínfima percentagem de cristãos batizados (1% da população). Em fevereiro de 1981, João Paulo II decide ir ao Japão, país quase impermeável ao catolicismo. Além de beatificar na escala em Manilha o missionário filipino Lorenzo Ruiz, um dos evangelizadores do Japão no século XVII, ele faz questão de se encontrar *in loco* com um velho missionário franciscano, um polonês que ali chegou na década de 1930 juntamente com São Maximiliano Kolbe. O padre Zenon, que se tornou uma espécie de Madre Teresa dos subúrbios de Tóquio, tem mais de 90 anos. Está quase cego. Quando o Santo Padre lhe confirma que é efetivamente o "papa polonês", o velho missionário começa a chorar baixinho.

Em suas viagens, João Paulo II também vê uma forma de "fortalecer na fé" as igrejas locais submetidas a todos os desvios de um mundo em plena turbulência. Seu objetivo é devolver-lhes a confiança, oferecer-lhes uma "catequese itinerante", tendo sempre em mente a preocupação com a unidade da Igreja. Na América Latina, ele está constantemente querendo reconciliar comunidades profundamente divididas pelo advento da teologia da libertação. Na África, tenta promover a convergência da "inculturação" de um catolicismo que se adapta às tradições locais com as exigências de uma teologia moral válida para todos — o que nem sempre é fácil, em matéria familiar e sexual. Mas é paradoxalmente no Ocidente (nos Estados Unidos, na Holanda, na Áustria) que o papa terá precisado reduzir as oposições "internas" mais virulentas e perigosas.

João Paulo II certamente conseguiu manter de uma forma ou de outra a unidade de uma Igreja cujos grandes equilíbrios se encontram em plena mutação neste início do terceiro milênio. Mas será que no futuro poderá continuar prevalecendo um cristianismo centrado nas três cidades mediterrâneas de Jerusalém, Constantinopla e Roma, se na Terra Santa já não se encontram mais que algumas centenas de milhares de cristãos, se o Fanar bizantino já não passa de um reduto em terras islâmicas e se a Europa ocidental está sendo descristianizada? Hoje, 87% dos católicos vivem no sul do planeta. O papa não ignora o que está em jogo nessa transferência do centro de gravidade da Igreja para a América Latina, tomada pelas seitas, e a África, permeada pelo islã. Não terá sido pequeno seu mérito ao preparar a Igreja, ao longo de suas viagens, para as vertigens desse futuro imprevisível.

*

Já nos primeiros meses de seu pontificado, João Paulo II conferiu à atividade "geopolítica" do papado, da qual a Europa do Leste foi apenas a manifestação mais espetacular, um duplo objetivo: a preocupação com a paz e a promoção dos direitos humanos — e para ele uma coisa depende da outra, como não se cansaria de repetir durante um quarto de século.[7] Logo os acontecimentos haveriam de dar-lhe a oportunidade de mostrar que a Igreja, sob sua tutela, não ficaria inerte diante da multiplicação de conflitos pelo mundo, e que assumiria plenamente seu papel de "especialista em humanidade", que, numa expressão muito feliz, a ela foi atribuído por Paulo VI da tribuna das Nações Unidas.[8]

Em dezembro de 1978, o novo papa mantém-se informado sobre a tensão entre Argentina e Chile, dois países católicos em conflito por causa do canal de Beagle, que lhes delimita a fronteira no extremo sul do continente sul-americano. Os dois países envolvidos decidiram recorrer à mediação de um terceiro, e os argentinos sugeriram que fosse convocada a Santa Sé. Mas o projeto não avançou. Dois dias antes da festa de Natal, muito preocupado com o rumo que a disputa vem tomando, o papa envia discretamente o cardeal Antonio Samoré a Santiago e Buenos Aires para tentar retomar a idéia original.[9] A iniciativa não deixa de ser audaciosa, se levarmos em conta os riscos corridos pela Santa Sé numa aventura política e militar tão imprevisível.[10] "Depois de aceitar ser papa", diria João Paulo II, "teria cabimento ficar olhando dois países católicos entrar em guerra?"[11] Com a ajuda dos dois núncios, Angelo Sodano (no Chile) e Pio Laghi (na Argentina), Samoré leva a bom termo sua missão. No dia 9 de janeiro, os dois países solicitam oficialmente a arbitragem da Santa Sé. Essa missão da última chance acabaria levando, não sem dificuldades, à assinatura de um tratado de paz em 29 de novembro de 1983 e à ratificação solene do tratado pelos dois países a 2 de maio de 1985, no Salão Real do palácio apostólico, na presença do papa.

Na mesma região do mundo, o conflito das Malvinas entre Argentina e Inglaterra, que disputam algumas ilhotas perdidas no Atlântico sul, explode em março de 1982, às vésperas de uma viagem do papa — histórica — ao Reino Unido. É uma verdadeira catástrofe para o papado. Nesse clima de guerra, como seria possível estabelecer vínculos com a Inglaterra sem chocar os países do terceiro mundo solidários com a Argentina? Como elevar o moral dos católicos britânicos ao mesmo tempo se mantendo solidário com os bispos argentinos? Como reforçar os laços com os anglicanos ao mesmo tempo salvaguardando a neutralidade da Santa Sé? Um problema político inextricável. Na Cúria, a opinião geral é que mais vale adiar a viagem, à espera de dias melhores. Mas João Paulo II toma a decisão oposta, não sem audácia. Ele visitaria os dois países beligerantes, a Inglaterra (a 2 de junho) e a Argentina (a 11 de junho) com um só objetivo, um só discurso, uma só bandeira: a paz! Nunca a expressão "Sumo Pontífice" terá tão nitidamente correspondido a sua etimologia: *pontifex*, em latim, significa antes de tudo "construtor de pontes".

Em duas crises, João Paulo II fixa definitivamente as coisas. A força da Santa Sé, única "potência moral" reconhecida pela comunidade das nações,[12] está em perseguir unicamente objetivos morais e nunca interesses nacionais, territoriais, econômicos ou de prestígio. É verdade que os argumentos morais pesam pouco na *realpolitik* dos Estados modernos, mas não é fato que eles se abrigam sistematicamente por trás da moral para justificar suas decisões políticas e militares? É nesse espírito que João Paulo II desvincula a diplomacia tradicional, concreta, com suas regras e suas técnicas, a qual confia aos profissionais da Secretaria de Estado — que administra as relações diplomáticas estabelecidas pela Santa Sé com cento e setenta e dois países —, da expressão profética do chefe da Igreja, com suas referências morais, seus contatos pessoais, seus apelos à consciência, que constituem os elementos de uma diplomacia paralela, pessoal, não-oficial. "A diplomacia era algo muito importante, mas não passava de uma ferramenta cujo objetivo era abrir as portas para o Cristo", resumiria Achille Silvestrini, o primeiro chefe da diplomacia vaticana no pontificado de João Paulo II.[13]

Em 1985, o papa envia o cardeal francês Roger Etchegaray, presidente da Comissão Pontifícia de Justiça e Paz, a Teerã e Bagdá, como "representante do papa" junto a esses dois países, e não como delegado oficial da Santa Sé. Freqüentemente ele utilizaria nos anos seguintes essa maneira de transcender as divisões partidárias, as regras diplomáticas e os obstáculos convencionais. Quanto a Etchegaray, logo haveria de tornar-se um exímio praticante do delicado exercício de fazer com que as questões avancem — tanto as da Igreja quanto as da paz — nos casos em que a diplomacia clássica se mostra inoperante: em Cuba, na China, em Ruanda, no Vietnã, e ainda, em fevereiro de 2003, com mais de 80 anos de idade, no Iraque, para tentar evitar uma guerra que se tornara inevitável.

João Paulo II e a guerra

João Paulo II, que não esqueceu seu passado polonês, detesta a guerra. A lembrança do ataque alemão a Cracóvia, da fuga para leste com seu pai, das atrocidades da ocupação, da descoberta do horror dos campos de concentração nunca haveria de deixá-lo. Como todo polonês, no entanto, ele considera o amor à pátria um valor essencial — e a seus olhos o patriotismo, que é uma virtude, nada tem a ver com o nacionalismo, que é uma patologia. Em certo dia de junho de 1991, no aeroporto de Koszalin, onde se encontra com quarenta mil militares poloneses na presença do novo presidente Lech Walesa, ele celebra os grandes feitos das forças armadas polonesas em Grunwald, Viena, Legnica, Narvik e Monte Cassino como serviços prestados "à liberdade dos povos". Karol Wojtyla tampouco esqueceu, naturalmente, que seu pai foi militar de carreira, e que esse compromisso guerreiro não o impediu de viver uma fé profunda e fervorosa. "O coração da vocação militar nada mais é que a defesa dos seus", explica o papa aos militares italianos que recebe no dia 2 de abril de 1989. "A ação dos militares se exerce essencialmente a serviço da paz e do entendimento entre os povos", diria ele mais tarde ao capelão do exército francês.[14]

Ao tornar-se papa em 1978, ele herda sem problemas um princípio que orienta há séculos a atitude da Igreja: o princípio da "guerra justa". O texto conciliar *Gaudium et Spes* adaptou esse conceito aos tempos modernos, em algumas palavras simples: "Enquanto persistir o risco de guerra, enquanto não houver uma autoridade internacional competente e dispondo de forças suficientes, não se pode negar aos governos, uma vez esgotadas todas as possibilidades de solução pacífica, o direito de legítima defesa." Entende-se que João Paulo II não seja um grande adepto do pacifismo, que em 1978 vive seu apogeu no Ocidente. O papa do Leste vem de uma região em que a "defesa da paz" não tem o mesmo sentido que no Ocidente. Desde o início da corrida nuclear, nos anos 50, a União Soviética fez dessa idéia um dos pilares de sua propaganda. Na época, Alexander Soljenitsin, Andrei Sakharov, Vladimir Bukovski, Adam Michnik, Vaclav Havel e outros denunciam em uníssono o "pacifismo" de uma parte crescente da juventude ocidental, sobretudo na Alemanha Ocidental, que vai aos poucos minando os partidários de um fortalecimento da defesa ocidental face às ambições expansionistas da URSS. Karol Wojtyla compartilha integralmente esse ponto de vista.

No dia 25 de janeiro de 1990, no avião que o leva à África, o papa polonês responde tranqüilamente a um jornalista soviético, Pavel Negoitsa, que cobre a viagem para o jornal *Trud*: "O papel da Igreja é privilegiar as soluções pacíficas", diz o papa. "Mas todo povo tem o direito de se defender quando é vítima de violência." Já na primavera de 1983, essa convicção provocou uma séria altercação com os bispos americanos, que pretendiam publicar uma "carta sobre a guerra e a paz" fortemente influenciada pelas tendências pacifistas da época. Nada justifica a corrida armamentista, estima o episcopado americano. A redução dos arsenais nucleares é um objetivo louvável, responde basicamente o papa, desde que não comprometa a proteção dos direitos humanos. Em outubro de 1995, no auge do conflito na Bósnia, João Paulo II voltaria a afirmá-lo diante de um grupo de capelães militares: "A cultura da paz não pode excluir o uso da força — em determinadas situações e como último recurso —, se for necessário para a defesa dos justos direitos de um povo."[15]

Na época, ainda não se fala do "dever de ingerência". E no entanto já no dia 5 de dezembro de 1992, ao referir-se na FAO ao drama somaliano, João Paulo II expõe o princípio que anos depois justificaria a intervenção ocidental em Kosovo: "A consciência da humanidade, apoiada pelo direito internacional, exige que a intervenção humanitária se torne obrigatória quando a sobrevivência de populações e grupos étnicos se vê gravemente comprometida. Trata-se de um dever das nações e da comunidade internacional."

*

No dia 2 de agosto de 1990, o Iraque invade o Kuwait. No clima de confronto que toma conta da comunidade internacional, a voz do papa passaria despercebida. Mas João Paulo II mobilizaria todos os recursos para impor sua posição, que trata de manifestar já no domingo, 26 de agosto, no ângelus, e que se resume em dois pontos: o Iraque efetivamente cometeu uma grave violação do direito internacional, mas é preciso fazer tudo para resolver a questão por meios pacíficos. Quanto mais aumenta a tensão, quanto mais parece inevitável a guerra, mais o Santo Padre adverte contra a solução militar: "A guerra é uma aventura sem volta!", lembra ele em seu discurso de Natal.

No dia 4 de janeiro de 1991, ele se dirige aos ministros europeus reunidos em Luxemburgo, implorando-lhes que não recorram a "instrumentos de morte devastadores e aterrorizantes". Apelos a Saddam Hussein, a George Bush, ao secretário-geral da ONU, reunião dos bispos e patriarcas dos países envolvidos: de nada adianta. A 17 de janeiro, os americanos, à frente da reação internacional, lançam seus ataques aéreos contra o Iraque sem prestar a menor atenção aos reiterados apelos do Santo Padre.[16] Em momento algum a Santa Sé volta atrás em sua condenação da política agressiva de Saddam Hussein. Mas João Paulo II — que é informado pelos cristãos do Iraque — sabe que os bombardeios afetam a população civil de forma dramática, da mesma forma que o embargo decretado contra o país atingiria antes de mais nada os civis, os inocentes, as crianças, os pobres. Até o fim, o papa haveria de exigir o fim desse embargo assassino. Em vão. Os dirigentes iraquianos não pagariam a João Paulo II na mesma moeda, pois em meados de dezembro de 1999 haveriam de opor-se a seu projeto de visitar Ur, a terra natal de Abraão, situada trezentos e setenta e cinco quilômetros ao sul de Bagdá. Para Saddam Hussein, não seria concebível deixar-se repreender em seu próprio território, diante das câmeras do mundo inteiro, por sua responsabilidade no conflito. Nem ouvir o papa referir-se à questão curda ou aos direitos humanos.

A posição "moral" do Santo Padre, na época, acabou em discordância com todos os beligerantes. Para João Paulo II, a primeira guerra do Golfo seria uma péssima lembrança. A segunda, em 2003, mencionada no início deste livro, haveria de valer-lhe os mesmos dissabores.

O *drama iugoslavo*

Outra lembrança ruim: o drama iugoslavo. Um drama em três atos: o esfacelamento da Iugoslávia (1991-1992), a guerra na Bósnia (1993-1995) e a tragédia de Kosovo (1999); mas é sobretudo no primeiro que João Paulo II desempenharia um papel importante, que lhe valeria algumas críticas.

No início, as coisas são claras. A Eslovênia e a Croácia, que desde 1918 fazem parte da Iugoslávia, são majoritariamente católicas e culturalmente voltadas para a Europa. Não surpreende, assim, que após a queda do Muro de Berlim em 1989 essas duas repúblicas manifestem sérias pretensões de autonomia, e mesmo de independência. A Federação iugoslava, dominada pelos comunistas sérvios, não poderia deixar de opor-se a esse projeto, mostrando-se hostil a todos que o apóiam. A começar pelo Vaticano, considerado pela Igreja Ortodoxa sérvia como um verdadeiro inimigo desde que certos dirigentes católicos se envolveram com os fascistas de Ante Pavelic durante a guerra. E não será o novo líder populista da sérvia, o nacional-comunista Slobodan Milosevic, que haverá de dissuadi-la dessa posição.

Para o papa eslavo, que acompanha de perto o caso, do qual os ocidentais não entendem grande coisa, a Eslovênia e a Croácia exigem com toda legitimidade o direito a eleições livres e a um sistema político pluralista. Seja através da independência ou, mais provavelmente, de um novo estatuto de autonomia no interior da Iugoslávia, os dois países querem "sair do comunismo". Aos olhos do papa, os eslovenos e os croatas sustentam um combate comparável ao conduzido na URSS pelos lituanos, os letões e os estonianos. Estes também proclamaram unilateralmente sua soberania na primavera de 1990. E por sinal a tensão entre os países bálticos e o Kremlin — em janeiro de 1991, ocorreram atos de violência nas fronteiras da Lituânia e da Letônia — é tão ameaçadora quanto a que reina na Iugoslávia.

Daí a prudência de João Paulo II. É em termos bastante gerais que ele saúda os peregrinos croatas durante a audiência geral de 30 de janeiro de 1991, convidando-os a "orar pela paz, para que seja rejeitada a tentação da desconfiança e da rivalidade, pelo respeito aos direitos humanos fundamentais e à dignidade e aos direitos de todos os povos". Na véspera, em Viena, o representante do papa na CSCE declarara que a "Europa nova" deveria ser construída sobre as bases de uma "colaboração entre todos os povos e todas as nações, e não mais pela imposição da vontade de um povo sobre outro".[17] Quando a Croácia e a Eslovênia declaram sua independência, em junho de 1991, João Paulo II exime-se de aplaudir. O esfacelamento do Estado iugoslavo não é desejado por ninguém. Mas é evidente, para o Santo Padre, que se tornaram necessárias mudanças políticas. "Não haverá volta atrás", declara-lhe Jean-Louis Tauran, secretário das Relações Exteriores, ao retornar de Belgrado no dia 7 de agosto de 1991. Ouvindo as queixas crescentes dos bispos croatas, João Paulo II sabe que as paixões estão exacerbadas e que o país se encontra à beira do abismo. Várias vezes ele apela à Europa e ao respeito aos acordos de Helsinque — que contemplam o direito à autodeterminação dos povos, descartando categoricamente o recurso à força para resolver qualquer crise. Em vão. Com raras exceções, os europeus ocidentais estão fascinados pela evolução política da União Soviética — o golpe de Moscou aconteceu a 19 de agosto de 1991 — e ainda não entenderam que vai estourar uma guerra nos Bálcãs. Ou seja, às suas portas.

"Imploro mais uma vez aos dirigentes do governo iugoslavo que ponham fim a esse conflito trágico e absurdo", diz João Paulo II no dia 15 de setembro, antes de recitar o ângelus. "Não, não é com as armas que se podem resolver as divergências entre os povos!" Mas já é tarde demais. O desencadeamento das hostilidades por parte das minorias sérvias da Croácia, nesse mês de setembro de 1991, e a paralisia evidente da comunidade internacional diante "dos massacres e da destruição" levam a Santa Sé a modificar sua posição, considerando que já agora seria impossível uma solução interna na própria Federação iugoslava. Exigir um acerto interno negociado com base na carta de Helsinque já não passaria a esta altura de um engodo. Somente o reconhecimento solene da Eslovênia e da Croácia pela comunidade internacional, situando-as automaticamente sob o regime da Carta das Nações Unidas, permitiria evitar uma guerra civil generalizada. João Paulo II sabe que ao adotar essa posição audaciosa perde qualquer esperança de reconciliação com os ortodoxos sérvios. Em carta aos outros patriarcas ortodoxos, o patriarca de Belgrado, monsenhor Pavle, acusou "a Alemanha e o Vaticano" de terem fomentado a crise. O papa escreve-lhe no dia 10 de outubro: "Por uma coincidência que é fruto da herança da história, o confronto se dá sobretudo entre dois povos que em grande maioria pertencem à Igreja Católica, num caso, e no outro à Igreja Ortodoxa sérvia. Mas sabemos perfeitamente que o motivo da guerra não é de natureza religiosa, mas política."[18]

Outra preocupação da Santa Sé, manifestada já no fim do mês de setembro, é que o reconhecimento seja condicionado ao comprometimento desses novos Estados com os princípios de Helsinque sobre o respeito dos direitos das minorias nacionais. Trata-se efetivamente de um reconhecimento "concertado" e "condicional" — ao contrário do que a Alemanha vem pregando com todas as suas forças desde o verão —, para pôr fim a uma "agressão" contra esses dois Estados.[19]

Durante o outono, a opinião pública dos países europeus finalmente é sacudida pela destruição de Vukovar e os bombardeios de Dubrovnik, na Croácia. Embora a França, tradicionalmente pró-sérvia e contrária ao desmembramento da Iugoslávia, se oponha firmemente, a Comunidade Européia anuncia no dia 16 de dezembro, através de seus ministros das Relações Exteriores, que reconhecerá oficialmente os dois novos Estados quando o pedido for apresentado a 15 de janeiro de 1992. Dois dias antes da data prevista, a 13 de janeiro, a Santa Sé reconhece a independência da Eslovênia e da Croácia — uma antecipação simbólica que seria muito criticada — e é com indisfarçável entusiasmo que o *Osservatore Romano* abre a manchete, no dia 16: "*A ESLOVÊNIA E A CROÁCIA ENTRE AS NAÇÕES LIVRES DA EUROPA!*" Um título que mais parece um comunicado de vitória.

O que veio em seguida já não é tão glorioso. João Paulo II não previu que a independência da Croácia e da Eslovênia seria necessariamente seguida pela Bósnia-Herzegovina, uma república sem unidade nacional que seria arrastada por sua debilidade numa inevitável guerra interétnica. Anos depois, certos colaboradores do papa haveriam de ouvi-lo perguntar-se se o desenlace da questão eslovena e croata, para o qual tanto contribuíra, não teria condenado a Bósnia ao martírio.[20]

João Paulo II situa-se sempre ao nível dos princípios. E por sinal ele é o único, no contexto internacional da época, que professa os mesmos princípios para os Bálcãs, a Europa central e o Golfo Pérsico: respeito aos direitos humanos, recusa do direito do mais forte sobre o mais fraco, direito dos povos de dispor de si mesmos, não recorrer à força, dever de ingerência, diálogo e reconciliação. Em junho de 2003, em Osijek (Croácia) e logo em Banja Luka (Bósnia), onde ainda falta muito para que se fechem as feridas da guerra, o Sumo Pontífice prega enfaticamente "a reconciliação, a solidariedade, a justiça": "Peço ao Senhor que perdoe as violências cometidas contra o homem, sua dignidade e sua liberdade, às vezes inclusive por filhos da Igreja Católica..." Aplausos contidos. Com toda evidência, as multidões da Croácia e da Bósnia ainda não estão prontas para ouvir esse discurso. E será que algum dia estarão?

Esta obstinada referência aos princípios é ao mesmo tempo uma fraqueza e uma força. No plano da *realpolitik,* o papa é decididamente um "profeta desarmado". Os países dão-lhe ouvidos quando seus apelos convergem com seus interesses, e no caso inverso o ignoram. No fundo, é o único dirigente mundial que tem apenas uma palavra.

22

Uma certa idéia da França

Paulo VI tinha grande cultura francesa. Discípulo e tradutor de Jacques Maritain, amigo íntimo do filósofo Jean Guitton, Giovanni Battista Montini se havia cercado de prelados franceses: Jean Villot, Pierre-Paul Philippe, Gabriel Garonne, Paul Poupard etc. Para esse pontífice tão francófilo, a França era "a nação onde é cozido o pão da cristandade". Teria sido surpreendente que seu sucessor proveniente da Europa central, onde as influências culturais são antes germânicas ou austro-húngaras, se balizasse pelas mesmas referências. Mas o cardeal Wojtyla provinha de uma rede intelectual muito especial: a da Cracóvia do pós-guerra, rebelde e francófona, agarrada a suas referências ocidentais como se disso dependesse o seu destino. Também João Paulo II tinha, portanto, uma certa idéia da França.

Para um jovem católico polonês descobrindo o mundo no meado do século XX, a França era antes de mais nada o cadinho de uma excepcional tradição mística: de Luís Maria Grignion de Montfort ao pároco de Ars, passando por Francisco de Sales, Teresa de Lisieux e Charles de Foucauld. Era também uma das encruzilhadas do pensamento cristão contemporâneo, de Claudel a Bernanos, de Mounier a Maritain — autores que nos anos 50 eram devorados nos corredores do jornal *Tygodnik Powszechny*, em Cracóvia. Mas a França era igualmente um dos mais fecundos viveiros da teologia moderna, a teologia de Daniélou, Lubac e Congar, cujo estímulo aos "padres" do Concílio Vaticano II seria pessoalmente acompanhado pelo bispo Wojtyla, e cujas audácias por vezes causariam problemas bem sérios a seus autores. Enfim, a seus olhos de jovem intelectual, a França era o lugar de todos os debates, o campo em que se defrontavam desde a revolução de 1789 a tradição cristã e o elã modernista, cuja improvável convergência — a preocupação comum com os direitos do homem — apaixonaria o futuro papa em seus anos de formação.

Para Karol Wojtyla, a França tinha uma alma. Em julho de 1947, em sua primeira viagem ao Ocidente, ele fora a Lourdes, onde o fervor mariano lembrou-lhe naturalmente Czestochowa. Mas ele também descobrira a descristianização urbana e a pastoral operária.[1] Em setembro de 1965, atendendo a vários convites que lhe haviam sido feitos nos corredores do concílio, visitara na Borgonha o santuário de Paray-le-Monial, símbolo do poder da Igreja dos tempos antigos, e, não longe dali, a comunidade de Taizé, ponto de convergência da espiritualidade contemporânea, jovem e ecumênica. De uma só estirada, das mais simbólicas, o jovem bispo havia encontrado o passado e o futuro do cristianismo.

De modo que a França dos santos e das catedrais, mas também a do bispo Lefebvre, dos padres operários e da abertura carismática, não era um país como outro qualquer aos olhos do antigo arcebispo de Cracóvia. Quantas vezes ele não diria que esse "grande país de história tão prestigiosa" é, para ele, uma nação excepcional que deve "assumir da melhor maneira possível o grande destino que herdou da história".[2] De Gaulle não falaria outra linguagem.

"França, filha primogênita da Igreja..."

Feito papa, João Paulo II mostra-se preocupado com as notícias, relatos e depoimentos que lhe chegam desse país que ama e que o fascina: queda vertiginosa das vocações sacerdotais, diferença espetacular entre a percentagem de franceses que se dizem batizados (82%) e o índice de freqüência às igrejas aos domingos (12%) etc. O papa polonês se questiona: a França continuaria sendo um país católico? É a questão que levantaria, sem rodeios, já em sua primeira viagem ao país de Pascal e Voltaire. Na missa rezada no aeroporto de Le Bourget a 1º de junho de 1980, diante de trezentas e cinqüenta mil pessoas (número muito baixo, comparado a todas as previsões), o papa não mede suas palavras:

Permitam-me fazer a pergunta... França, filha primogênita da Igreja, estarás sendo fiel às promessas de teu batismo? França, filha da Igreja e educadora dos povos, estarás sendo fiel, para o bem do homem, à tua aliança com a sabedoria eterna?

Seu apelo quase chega a ser uma afronta aos bispos presentes, ao mesmo tempo incomodados e transidos. É sobretudo um grito de desgosto amoroso dirigido ao conjunto dos franceses, cristãos ou não, dirigentes ou simples fiéis: "O cristianismo acaso não faz parte de forma imanente do gênio de vossa nação?", pergunta ele.

Este texto foi escrito pelo próprio João Paulo II em polonês, muito antes da viagem. Ele tratou de pesar cada palavra. Inclusive na alusão à "filha primogênita da Igreja": a expressão, cuja origem remonta a algum momento perdido entre Pepino o Breve e Catarina de Médicis, evoca a ligação privilegiada entre a França e o papado desde o batismo de Clóvis. Na época, a referência corresponde muito pouco ao estado de espírito dos bispos franceses, que guardariam uma lembrança ruim do episódio de Le Bourget. E não só por causa da chuva que transformava em lamaçal o terreno onde era rezada a missa, perante uma assistência não muito numerosa. Na época, todos sabem que uma parte do clero francês esnobou deliberadamente a cerimônia, e que essa falta de entusiasmo foi a principal causa do fracasso da manifestação — o primeiro do papa em sua investida global.

Eis uma coisa incompreensível para um cristão polonês: por que semelhante reserva do clero em relação ao ilustre visitante? Por que essa desconfiança surda, que às vezes se transforma em hostilidade? Será por ser ele polonês? Não: enquanto era arcebispo de Cracóvia, os bispos franceses demonstravam um interesse benevolente por Karol Wojtyla, e em certos casos o tinham mesmo em alta estima. Foi a partir do momento em que foi feito papa que se instaurou uma nova relação. Para explicar essa reticência francesa em relação ao papado moderno, costuma-se falar de *galicanismo*. Esta tradição específica data da época em que a monarquia capetiana, inclusive o clero, começou a tratar de conter a influência temporal e espiritual do papa no maior país católico da época. Isso foi há mil anos. Acontece que depois da revolução de 1789 instaurou-se no clero francês uma outra "tradição", que veio compensar amplamente a primei-

ra: o *ultramontanismo*. Na época, a Igreja da França buscava desespera-
damente a ajuda do papa — sobretudo de Pio IX[3] — para resistir às correntes políticas pós-revolucionárias, republicanas e radicais que a queriam
perdida. Inclusive no plano militar. É claro que a segunda tradição não
apagou a lembrança da primeira, mas o galicanismo leva a fama.

A realidade é que o episcopado francês vivenciou mal esses anos pós-
conciliares, que também são anos de declínio espetacular. Cabe perguntar, por sinal, se o início dessa regressão acelerada data do fim do concílio
(1965) ou dos acontecimentos de maio de 1968. O fato é que os bispos da
França, à frente de uma Igreja em crise, amputada da oitava parte de seus
padres em dez anos e paralisada por suas divisões internas, não têm mais
ânimo para organizar grandes manifestações festivas, que logo são taxa-
das de "triunfalistas". E é contra esse desânimo que o Santo Padre investe
nesse dia, lembrando-lhes a "responsabilidade" que lhes é conferida pelo
passado intelectual e missionário da França, da qual os bispos franceses
"não podem livrar-se". Se os bispos se mostram tão pouco cooperativos,
pensa João Paulo II, não será por falta de confiança na força e na sabedoria da mensagem evangélica? Um ano antes de morrer, Paulo VI já havia
advertido os bispos franceses. João Paulo II apenas eleva o tom. Que critica ele na Igreja da França? O fato de se mostrar arrogante em sua maneira de dar lições à Igreja universal, ao mesmo tempo cultivando um forte
complexo de inferioridade — ou de "marginalidade" — numa das sociedades mais modernas do mundo e de cultivar divisões políticas devasta-
doras: que sentido poderiam ter os conceitos de "cristãos de direita" e
"cristãos de esquerda" às portas do terceiro milênio? Os bispos se equivocam, pensa ele, se acreditam que a Igreja se divide entre "progressistas" e
"integristas". Se existe uma linha "justa", compartilhada por uma grande
maioria do povo cristão, é a linha do concílio. A questão é que João Paulo II
tem apenas uma interpretação do concílio, a sua, e que dificilmente admi-
tiria que certos padres não a compartilhem.

A primeira viagem do papa à França não se resume, naturalmente, à
grande missa em Le Bourget. Seu discurso na Unesco, sua visita ao santuário
de Lisieux, seu encontro com os trabalhadores em Saint-Denis e sobretudo sua vigília com os jovens no Parc des Princes também marcaram essa
primeira visita pastoral. Mas a história guardaria sobretudo o fracasso de
Le Bourget, que por sinal em nada alterou o discurso cheio de admiração

do papa sobre o país. Assim, de volta a Roma, numa declaração improvisada transmitida pela rádio Vaticano, ele falaria do "peso objetivo" que ainda é representado pela Igreja da França no mundo católico, "e da França como nação, como país, como tradição, como cultura, como influência na vida internacional, como influência especial na vida da Igreja".

A fala de Le Bourget ficaria como uma virada decisiva nas relações entre o papa e a França. Questionado a respeito anos depois, o presidente da conferência episcopal francesa, monsenhor Vilnet, falaria de uma "onda de choque" provocada por essa viagem de 1980, que daria início a uma lenta e laboriosa "nova conscientização da Igreja da França em relação a suas possibilidades e suas obrigações".[4]

Meses depois, uma incrível nomeação mostraria aos bispos da França que a atenção de João Paulo II a sua Igreja não é fingida e que as coisas bem que poderiam começar a mudar. Em 2 de fevereiro de 1981, o bispo Jean-Marie Lustiger é nomeado arcebispo de Paris, para espanto geral.

A sucessão do cardeal François Marty, iniciada em 1979, era particularmente delicada. O arcebispo de Paris não é o chefe da Igreja da França, mas é uma de suas figuras mais representativas e expostas. O papa hesitou muito e "rezou muito"[5] antes de tomar sua decisão. Enquanto isso, muitos nomes foram aventados — entre eles o de Etchegaray —, mas não o do bispo Lustiger. Primeiro, porque ele acabara de ser nomeado para dirigir a diocese de Orleans. Depois, porque ninguém imaginava que fosse possível nomear um judeu para chefiar a diocese de Paris. Ao sugerir ao papa o nome de seu amigo Lustiger, em junho de 1980, o reitor da Basílica do Sacré-Cœur de Montmartre, monsenhor Maxime Charles, sabia perfeitamente que uma nomeação como essa seria de grande audácia. Foi precisamente o que agradou a João Paulo II.

Mas não foi por causa de suas origens judaicas — nem porque sua família era de origem polonesa — que João Paulo II promoveu Jean-Marie Lustiger. Foi em primeiro lugar porque ficou impressionado com sua análise da situação dos católicos franceses, exposta num memorando recente.[6] Segundo ele, a Igreja da França acabará se perdendo se se mantiver dividida entre sua ala "direita" e sua ala "esquerda", entre seus membros que confusamente sentem nostalgia pelo Antigo Regime e os partidários do alinhamento com a ideologia marxista dominante. Em substância,

Lustiger exorta a que essas duas tendências políticas centrífugas — os integristas e os progressistas — sejam urgentemente marginalizadas, recentrando-se toda a ação da Igreja na fidelidade ao Evangelho. A que se promova o mais rápido possível um distanciamento de todos os poderes civis, passados e presentes, voltando-se a atribuir uma fundamental prioridade da cultura sobre a política. É exatamente o que pensa João Paulo II.

Lyon, outubro de 1986. Seis anos após o choque de Le Bourget, João Paulo II faz sua terceira viagem à França (em 1983 ele foi a Lourdes orar). Três visitas, tal como na Polônia, é muita coisa, e o papa gosta de chamar a atenção para isso. As tensões continuam visíveis na comunidade católica francesa. Os tradicionalistas partidários do bispo Lefebvre tornaram-se virulentos, ao passo que os "cristãos de esquerda" constantemente se mobilizam contra o que qualificam de "endurecimento" da hierarquia eclesiástica — por exemplo, durante o sínodo sobre a aplicação do Vaticano II, em 1985, ou na elaboração do *Catecismo dos bispos da França,* que passaria por nove redações sucessivas até ser publicado em 1991.

Tanto que, meses antes da visita do papa a sua região, uma assembléia de duzentos e cinqüenta padres lioneses, reunida em Francheville, perto da antiga capital dos gauleses, manifestou publicamente "reservas" quanto à visita do Santo Padre: aos modelos "do século passado" que ele teria decidido celebrar, na pessoa do pároco de Ars e do padre Chevrier;[7] ao custo da viagem, tendo em vista a exigência de pobreza da Igreja; e de maneira mais geral às "palavras de ordem" do Vaticano, que segundo eles bem traduzem o "autoritarismo" da Igreja Católica romana. Informado, João Paulo II não esconde sua irritação. A crítica sobre o dinheiro gasto em suas viagens tem a capacidade de deixá-lo exasperado, mas é a contestação dos modelos do século passado que mais tristeza lhe causa. Seria acaso arcaico o sacerdócio do pároco de Ars? Ele confidencia a monsenhor Jacques Martin, prefeito da Casa Pontifícia: "Eles não querem a identidade do padre tal como a queria Jesus Cristo: querem pôr em seu lugar a sua própria identidade!"[8]

João Paulo II não haveria de ceder a esse tipo de pressão. Não é do seu temperamento. Em contrapartida, cita, como tantas vezes, a exortação reproduzida pelo evangelista Lucas: "Fortalece teus irmãos!" Ao ser recebido na chegada pelo presidente Mitterrand, ele lhe explica que o bispo de Roma tem como primeira missão "confirmar seus irmãos em sua fé".

Para bom entendedor... Em Lyon, no anfiteatro das Três Gálias, na contracorrente de todos os debates políticos que agitam seus interlocutores, o papa frisa que veio prestar homenagem aos santos e mártires daquela que foi, no século II, uma das primeiras igrejas cristãs da história. Provavelmente nenhum prelado francês frisara até então o quanto a região lionesa tinha um passado religioso rico. E o papa exclama, na linha de sua admoestação de Le Bourget: "Cristãos de Lyon, de Viena, da França, que tendes feito de vossos gloriosos mártires?"

Em Ars, a cidade do santo pároco, o papa tem uma boa surpresa: desta vez, padres e seminaristas acorreram em massa ao seu encontro. Num longo e intenso retiro, com essa mistura de calor e firmeza que lhe é característica, João Paulo II lembra-lhes que devem anunciar a Boa Nova "sem alterá-la nem apequená-la", que não estão ali "apenas para exercer funções, ainda que uma delas fosse presidir a eucaristia". Frisa que foram "santificados pelo Cristo com uma finalidade específica", que não devem se conformar em ser menos numerosos "a pretexto de que o papel dos leigos foi redescoberto e posto em prática" e que seria "ambíguo organizar comunidades cristãs como se em grande parte elas pudessem dispensar o ministério sacerdotal". Aos que preconizam insistentemente a defesa dos pobres e dos excluídos, em nome da modernidade, João Paulo II dá uma verdadeira lição ao beatificar o padre Chevrier, apóstolo dos bairros miseráveis de Lyon no meado do século XIX. É claro que os pobres e os excluídos precisam ser alfabetizados, diz ele, basicamente, mas também têm necessidade de ser evangelizados.

Indo além da crítica, João Paulo II propõe, sugere, incita. Como costumava fazer em Cracóvia, fornece indicações, contatos, objetivos: "Deveis ter um plano preciso..." Este papa é um líder, como acabariam constatando os bispos franceses. Propõe-lhes uma estratégia. Cabe a eles decidir se a adotarão ou não. Nas visitas *ad limina* dos bispos franceses, em 1982 e 1987, João Paulo II desenvolve uma verdadeira pedagogia da recuperação: favorecer a catequese, promover a teologia, reabilitar a cultura cristã, consolidar as comunidades "visíveis" (família, paróquia), desenvolver o diaconato entre os leigos, exercer uma autêntica pastoral dos jovens, criar seminários diocesanos de primeiro ciclo etc.

Pouco a pouco, os bispos deixar-se-iam convencer. O que não quer dizer que não teriam mais divergências com o papa: sobre o desarmamento, sobre os "novos modos de vida", sobre a questão dos divorciados que voltam a se casar e mesmo sobre os meios de contracepção, muitos deles haveriam de manter distância ou fazer a ressalva de certas nuanças. Depois das duas séries de visitas romanas, no entanto, em 1982 e 1987, todos podem avaliar o caminho percorrido: "As recentes visitas *ad limina* permitiram expressar uma comunhão verdadeira e profunda do bispo de Roma com os bispos da França", explica o papa a peregrinos franceses no dia 11 de maio de 1987, insistindo no papel dos bispos, "ministros da unidade encarregados de pôr em prática as orientações doutrinais e pastorais de todo o magistério, especialmente as do Concílio Vaticano II". Ao longo dos anos, o método funciona: os bispos franceses começam a se mobilizar em diferentes questões. Sobretudo os novos,[9] estimulados por uma geração de jovens padres pouco numerosos — uma centena por ano —, mais ativos e menos marcados pelos debates ideológicos do passado. Muitas dioceses seguem a estratégia de reconquista proposta pelo Santo Padre. Resiste apenas uma minoria, composta de integristas anticonciliares partidários do bispo Lefebvre e de progressistas secularistas avessos à idéia, fundamental para o papa, de uma "nova evangelização".[10]

Aqueles acabariam por resvalar para o cisma. Estes, escaldados pelo desmoronamento do modelo socialista no Leste europeu, continuariam a criticar a Igreja de dentro dela, editando panfletos (contra a restauração de uma Europa cristã), a publicar petições (contra o autoritarismo romano) e a editar publicações contestadoras (como a revista *Golias*, publicada em Lyon), mas comprometendo nesse afã apenas a si mesmos. Em dez anos, os extremos efetivamente foram marginalizados. O papa, que não se cansa de repetir que não faz política, mostrou-se um tático de primeira ordem. E evidenciaria as mesmas qualidades na segunda frente de seu relacionamento com a França: a das relações com o Estado.

As relações com a República

Após o cisma histórico de 1789, a França, como Estado constituído, levara quase dois séculos para restabelecer relações normais com o papado. Duas datas simbólicas ilustram esse longo hiato: ao chegar a Paris em 1980, João Paulo II é o primeiro papa a fazer essa viagem desde Pio VII, o papa que sagrou Napoleão; da mesma forma, o presidente René Coty fora em 1956 o primeiro chefe de Estado francês a visitar o Vaticano desde... Carlos Magno! O homem que mudou essa situação foi o general de Gaulle. Devoto praticante, o antigo chefe da França livre tinha grande respeito por Pio XII, ao qual dedicara o primeiro exemplar de cada volume de suas *Memórias de guerra* — um gesto de caráter estritamente pessoal, naturalmente. Entretanto, um ano depois de sua volta ao poder, a 27 de junho de 1959, é efetivamente na qualidade de presidente da República que o general, em uniforme de gala e envergando o colar da Ordem Suprema de Cristo, vai ajoelhar-se diante de João XXIII, beijando-lhe o anel. O fundador da V República disse naquela noite em voz alta, diante da colônia francesa do Vaticano, algumas verdades que hoje causariam espécie na mídia:

O papel da França confunde-se com um papel cristão. Nosso país não seria o que é, quase seria banal dizê-lo, se não fosse antes de tudo um país católico. [...] Se Deus quisesse que a França tivesse morrido, isso já teria acontecido. Ele não o quis, ela vive e o futuro lhe pertence!

Esta visita "de Estado", com toda a sua parafernália de pompa antiquada, ficou marcada nas memórias. De Gaulle faria uma outra visita ao Vaticano, no dia 31 de maio de 1967, durante a comemoração do décimo aniversário da assinatura do Tratado de Roma. Essa visita a Paulo VI, considerada apenas "oficial", não foi cercada da mesma pompa da anterior. Mas num discurso pronunciado na Villa Bonaparte, igualmente perante a colônia francesa, o presidente mais uma vez fez questão de fugir aos limites estreitos da laicidade:

A França, que é a filha primogênita da Igreja, encara o futuro com serenidade, com firmeza, com confiança. A Igreja é eterna e a França não morrerá. O essencial é que ela se mantenha fiel àquilo que é, e, em conseqüência, fiel a todos os vínculos que a ligam a nossa Igreja.

Quando Karol Wojtyla se torna papa, o general de Gaulle já havia morrido, assim como seu sucessor, Georges Pompidou. Há quatro anos o presidente da República chama-se Valéry Giscard d'Estaing. Depois do conclave de agosto de 1978, ele pediu uma audiência a João Paulo I pelo intermediário de sua "região", o cardeal secretário de Estado Jean Villot, como ele originário de Puy-de-Dôme. A morte inesperada do papa Luciani faz com que no fim das contas a audiência seja com seu sucessor polonês, dez dias depois do conclave de outubro. Valéry Giscard d'Estaing é o primeiro chefe de Estado estrangeiro a ser recebido pelo novo papa.[11] Seu principal objetivo é apagar a desastrosa impressão deixada por sua visita a Paulo VI em 1975: a lei de liberalização do aborto promulgada em janeiro daquele ano havia "congelado" a conversa. Além disso, o presidente francês não sentira grande simpatia por Paulo VI: "Ele encontrava dificuldades para conseguir ser o que se esperava que fosse", diz ele em suas memórias, com certa maldade.[12]

Ao encontrar-se com João Paulo II nessa quinta-feira, 26 de outubro de 1978, Giscard sente-se "comovido" — quem o diz é ele mesmo — com sua própria percepção "do caráter impossível de sua missão". A legalização do aborto continua sendo um tema sensível, mas o presidente francês não quer ficar preso a esse contencioso. "Eu sou católico", explica ele ao novo papa, "mas sou presidente da República de uma nação leiga. Não devo impor minhas convicções pessoais a meus concidadãos, mas cuidar para que a lei corresponda à real situação da sociedade francesa..." João Paulo II ouve com atenção suas palavras. Mas como poderia esquecer que vem, por sua vez, de um país onde o poder político tenta justamente impor suas convicções aos cidadãos, empenhando-se sobretudo em moldar a sociedade às leis? O papa toma nota da explicação, que não aceita em seu foro íntimo, sobretudo vinda de um presidente que se diz "católico": desde quando as convicções fundamentais de um católico devem "corresponder" à situação "real" de determinada sociedade? Os dois nunca teriam uma boa química.

*

Em maio de 1981, a eleição de François Mitterrand para o Eliseu é recebida no Vaticano com certo nervosismo. Para começar, a nomeação de quatro ministros comunistas para o governo da França deixa estupefatos João Paulo II e seus colaboradores. No exato momento em que toda a nação polonesa assume os maiores riscos — o sindicato Solidariedade está no auge de sua popularidade e os tanques soviéticos se mobilizam nas fronteiras do país — para libertar-se da tutela comunista, como poderia o papa entender a chegada ao poder, em Paris, de um dos partidos mais próximos do Kremlin? Um partido cujo chefe aprovara espetacularmente, um ano antes, a invasão do Afeganistão pelo Exército Vermelho...

E no entanto, curiosamente, não seria isso a mudar as relações entre o papa e a França. A chegada da esquerda ao poder determina uma nova distribuição das cartas culturais, estabelecendo como interlocutores do papa os herdeiros daquilo que se convencionou chamar de "a outra França", a França do Iluminismo e dos revolucionários de 1789, dos republicanos, dos radicais, dos professores leigos e de toda sorte de anticlericais. São poucos os católicos no *entourage* do novo presidente, e a maioria de seus assessores é totalmente ignorante das questões religiosas. Um detalhe picante dá bem a medida do abismo que se abre de uma hora para outra entre a Cidade do Vaticano e o Palácio do Eliseu. Como todos os seus antecessores, o novo presidente da República recebe os cumprimentos do capítulo da Basílica de São João de Latrão, da qual o chefe de Estado francês é "cônego de honra", de acordo com uma tradição que remonta a Henrique IV. François Mitterrand nunca haveria de responder ao convite que lhe é feito para que fosse assumir a função simbólica: no Eliseu, a carta foi arquivada junto com a correspondência enviada por loucos. E que dizer do enviado especial do presidente da França à cerimônia de beatificação de um francês em que esse representante ficou tão desconcertado quando lhe ofereceram a comunhão que botou a hóstia no bolso!?

Em seus dois mandatos de sete anos cada um, François Mitterrand visitaria o papa apenas uma vez, quase às escondidas, durante uma reunião de cúpula franco-italiana, a 27 de fevereiro de 1982. Nada de formalismos: para enorme contrariedade do embaixador Louis Dauge, Mitterrand ignora a convenção simbólica pela qual o visitante não pode chegar diretamente da Itália, e sim da representação francesa junto à Santa Sé, para frisar bem a independência do Estado do Vaticano. Tampouco se promoveu uma recepção na Villa Bonaparte: o presidente limita-se a convidar alguns velhos cardeais para um coquetel no Palácio Farnese, sede da embaixada da França na Itália.

Em caráter pessoal, no entanto, o contato entre os dois é positivo. François Mitterrand, que não esqueceu ter sido aluno dos maristas, encontra em João Paulo II um interlocutor fino: ali estão, numa conversa que dura sessenta e cinco minutos, em lugar dos quarenta e cinco previstos, dois homens de cultura. Depois do encontro, Mitterrand elogiaria a "sensibilidade" e a "finura" do papa, que se diria "fascinado" por seu interlocutor. Dizem até que os bispos franceses, em visita *ad limina*, precisariam moderar o entusiasmo do papa com seu sedutor visitante.[13]

Os bispos sabem perfeitamente que onde há fumaça há fogo. A ameaça de supressão da escola livre, explicitada no programa eleitoral do candidato socialista, não é uma simples idéia abstrata. Entre os colaboradores de François Mitterrand e de seu muito anticlerical primeiro-ministro Pierre Mauroy, os herdeiros longínquos do paizinho de Combes, aguerridos defensores da república leiga, não demorariam a pôr em prática a promessa eleitoral, desencadeando um dos maiores conflitos internos da sociedade francesa no pós-guerra. Acontece que o projeto de integração forçada dos estabelecimentos escolares privados (95% dos quais são católicos) ao ensino público enfrenta uma inesperada resistência popular, da qual os bispos participam, por sinal, com uma timidez que não deixa de ser notada. No dia 24 de junho de 1984, cerca de 1,8 milhão de pessoas participam de uma manifestação gigantesca, o que constitui um recorde histórico. Impressionado e realista, Mitterrand determina um recuo geral. A batalha da escola livre acaba com a derrota nada gloriosa do governo — o ministro Savary é demitido e o projeto de lei, definitivamente arquivado.

Dias depois dessa manifestação, a 30 de junho, Pierre Mauroy vai ao encontro do papa — que na véspera, num virulento discurso, não escondeu seu apoio aos defensores da escola católica. O chefe do governo francês, que sabe que a aposta foi perdida, não mede esforços e organiza um banquete na Villa Bonaparte, convidando com toda pompa o secretário de Estado Agostino Casaroli — apesar da recomendação em contrário de seu embaixador, o muito gaullista Daufresne de la Chevalerie, temeroso de que o gesto fosse encarado como uma provocação.

Os tambores de guerra logo silenciam. As autoridades francesas querem minimizar o contencioso com o Vaticano e passam a insistir nas "importantes convergências" entre a França e a Santa Sé em matéria de política externa, que são reais em numerosas questões: as relações Leste-Oeste, o desarmamento, o Oriente Médio e especialmente a integridade do Líbano, o terceiro mundo etc. João Paulo II, por sua vez, obstinadamente mantém face aos dirigentes franceses um discurso imutável, acompanhado de algumas variantes de acordo com as circunstâncias: defesa da escola livre, defesa do catecismo, condenação do aborto, solidariedade com os excluídos e os imigrantes, solidariedade com a África negra. Anos depois, um outro tema viria somar-se a essa lista: a responsabilidade dos meios de comunicação.

O *leitmotiv* que o papa passa a introduzir em todos os seus discursos é o lema da República: "Liberdade, igualdade, fraternidade." Essa máxima revolucionária, tomada ao pé da letra por João Paulo II, permite-lhe fazer passar todas as suas recomendações de caráter político. Desse modo, o papa não se exime de lembrar aos representantes do Estado que para um cidadão francês a "liberdade" *também* deve ser a de educar seus filhos de acordo com os princípios do Evangelho. O papa não combate o princípio da laicidade, insistentemente invocado pelos dirigentes da União da Esquerda, mas trata de conferir-lhe um sentido positivo. Para ele, já se foi o tempo em que o Estado podia declarar-se "cristão", mas está fora de questão que se diga "ateu": no sentido moderno, o Estado leigo é um Estado que respeita e defende a pluralidade das crenças e religiões, que reconhece o fato religioso como um componente social, e não apenas como um simples aspecto da vida privada.[14]

As coisas vão melhor, mas persiste, no seio do Estado, a antipatia em relação a tudo que diz respeito ao papa.[15] Bem antes de os dirigentes franceses considerarem publicamente João Paulo II como um criador de casos nos Bálcãs ou uma pedra no caminho do livre funcionamento do aborto, o incidente de Radom é revelador da hostilidade que prevalece entre os dirigentes franceses em relação ao líder da Igreja Católica. No dia 2 de junho de 1991, em homilia pronunciada em Radom, na Polônia, o papa adverte contra as violações do quinto mandamento da Bíblia: "Não matarás". Entre outros exemplos, ele cita a tragédia do Holocausto e a banalização do aborto. Baseando-se no título algo leviano de um despacho da agência France Presse, a ministra francesa dos Direitos da Mulher, Véronique Neiertz, fica indignada com o fato de alguém poder "insultar as mulheres e a comunidade judaica" equiparando a Shoah à interrupção voluntária de gravidez! Escândalo! Mas ninguém, a começar pela própria ministra, leu o texto original do papa, que nenhum jornal francês considerou necessário publicar. Imediatamente o porta-voz do Vaticano, Navarro-Valls, emite um comunicado recomendando delicadamente a Véronique

Neiertz "uma leitura atenta da homilia do Santo Padre". Quando finalmente o texto do sermão incriminado é publicado em francês no dia 13 de junho, na *Tribuna Judaica*, não pode mais haver dúvidas: o papa de modo algum situou no mesmo plano as mulheres que abortam e os responsáveis pelo Holocausto. Mas em Roma ainda é esperado um pedido de desculpas do governo da França.

A volta da direita à direção do país tornaria o clima mais ameno. Em 1993, quando o novo primeiro-ministro, Édouard Balladur, cristão praticante, forma sua equipe ministerial, poucos observadores notam que seu governo é o mais "católico", numericamente falando, dentre todos os que se sucederam desde o Segundo Império. Dois anos depois, a 7 de maio de 1995, Jacques Chirac é eleito presidente da República. Surpresa: sua primeira carta oficial enviada do Eliseu, na própria noite de sua posse, a 17 de maio, é para cumprimentar "muito calorosamente" João Paulo II, que no dia seguinte completaria 75 anos. O gesto causa forte impressão em Roma. Jacques Chirac já encontrou João Paulo II cinco vezes: em Paris, como prefeito da capital (1980), em Lyon, como primeiro-ministro (1986), e três vezes em visita de caráter privado ao Vaticano (1982, 1983 e 1994). Ele sente uma real admiração pelo papa. Em 1988, comentava que o papa parecia impor-se "mais que de Gaulle": "Tive com ele algumas conversas frente a frente, e todas as vezes fiquei impressionado. A tal ponto que não me sentia totalmente livre, o que é raro acontecer comigo. Acredito mesmo nunca antes ter tido essa sensação."[16]

No dia 20 de janeiro de 1996, Jacques Chirac vai ao Vaticano para uma "visita de Estado" com toda a pompa, na linha da que foi feita por de Gaulle em 1959. Como seu ilustre antecessor, ele repete várias vezes que deseja "dar testemunho da fidelidade da França a sua herança cristã", especialmente em São João de Latrão, que visita na qualidade de "cônego de honra", como manda a tradição. Dirigindo-se ao papa, responde explicitamente à famosa pergunta feita por João Paulo II em Le Bourget em 1980: "Sim, Santíssimo Padre, a França quer ser fiel a sua herança, a sua vocação espiritual e humana!" A cortesia está na ordem do dia. Em seu discurso, João Paulo II estende-se sobre o tema chiraquiano da "fratura social", eximindo-se de qualquer alusão ao reinício dos testes nucleares decidido pelo presidente francês. Deixando de lado qualquer falso recato, manda também cumprimentos a sua filha Claude, que espera um filho sem ser casada, chegando inclusive a cumprimentar Bernadette Chirac — tão devota quanto Danièle Mitterrand era anticlerical — por estar prestes a se tornar avó.

Observa-se portanto um "apaziguamento" entre a França e o Vaticano, comenta o diário *La Croix*. Com a volta da esquerda ao governo, em 1997, voltaria também a indiferença: Lionel Jospin, cuja cultura pode ser tudo, menos católica, desinteressa-se completamente pelo tema e levaria três anos para enviar seu ministro das Relações Exteriores, Hubert Védrine, ao Vaticano, ao encontro de seu homólogo, o francês Jean-Louis Tauran.

De Clóvis às JMJs

No dia 15 de dezembro de 1995, João Paulo II enviou uma *Carta aos católicos da França*, documento original no qual lembra mais uma vez aos destinatários a riqueza de sua herança, encarnada em tantos santos, missionários e teólogos desde os primeiros tempos do cristianismo até o Concílio Vaticano II. Mas quinze anos se passaram desde a homilia de Le Bourget e o tom mudou. Agora, o papa dirige-se sem acrimônia, quase paternalmente, a católicos que sabe minoritários em seu país, cercados de indiferença e às vezes de hostilidade e cuja "inquietação" ele compreende. Assim é que os exorta a "dialogar com aqueles que não compartilham a mesma fé" e sobretudo "dar testemunho da felicidade de viver o Evangelho". Sempre positivo, sempre voltado para o futuro, João Paulo II lembra aos jovens que as Jornadas Mundiais da Juventude acontecerão em Paris em 1997 — foi ele, e ninguém mais, que escolheu a sede — e marca encontro com todos eles para o Grande Jubileu do ano 2000. E sobretudo, a mais curto prazo, regozija-se por estar prevista para dali a alguns meses, em setembro de 1996, uma visita para lembrar o batismo da França no 1.500º aniversário da conversão ao catolicismo de Clóvis, rei dos francos e primeiro artífice da unidade do país.

Para João Paulo II, o "papa dos aniversários", não há dúvida: a data de 496 simboliza o batismo da França (pelo rei Clóvis) da mesma forma que a de 966 evoca o batismo da Polônia (por Mieszko I), a de 988, o da Rússia (pelo príncipe Vladimir), e o ano 1000, o da Hungria (pelo rei

Estêvão). Sabe-se, naturalmente, que Clóvis longe está de ter sido um santo — sob todos os aspectos —, mas sua ação escora-se deliberadamente no testemunho de São Martinho de Tours, inscrevendo-se numa verdadeira rede hagiológica composta por São Vaast, São Remígio, Santa Clotilde, Santa Genoveva etc. O papa polonês adora esse tipo de configuração ao mesmo tempo histórica e nacional. Mas o "batismo da França" não é algo aceito com perfeita naturalidade pelos dirigentes e intelectuais desse país apaixonado por história e ideologia, suscetível e contraditório em seus princípios.

Naturalmente, o debate não teria interessado a ninguém se a comemoração do fato, decidida pelo presidente François Mitterrand em 1994, fosse apenas uma questão civil. Mas como o papa aceitou o convite do bispo Balland, então arcebispo de Reims, para celebrar também este aniversário, foi o suficiente para que voltassem à tona as velhas disputas internas francesas. Anticlericais profissionais, franco-maçons, socialistas leigos, comunistas, trotskistas e militantes homossexuais logo entraram em acordo para levar ao fracasso essa tentativa de apropriação da história da França, acompanhada de um manifesto pelo "pleno retorno da ordem moral". Suas iniciativas tiveram ampla repercussão na imprensa. O diretor do semanário *L'Événement du Jeudi*, Jean-François Kahn, afirma num violento editorial que a viagem do papa à França é "uma turnê turístico-propagandística" de "tonalidade abertamente monarquista", uma "iniciativa burlesca", uma "ridícula contrafação obscurantista" e uma "autêntica conspiração contra-revolucionária".[17]

Muito barulho por nada. No fim das contas, a campanha antipapista fracassa redondamente. A visita de João Paulo II gera simpatia e fervor em Saint-Laurent-sur-Sèvre, na Vendéia, onde o papa homenageia São Luís Maria Grignion de Montfort, o famoso pregador do século XVIII a quem tomou de empréstimo seu lema *"Totus tuus"*, assim como em Sainte-Anne-d'Auray, na Bretanha, onde evoca em bretão, perante cento e vinte mil fiéis, a lembrança de Santa Ana, a mãe da Virgem Maria. Em Tours, a cidade que teve São Martinho como bispo, cerca de cento e dez mil fiéis — entre eles o ex-presidente Giscard d'Estaing — recebem-no com alegre fervor. Em memória daquele que dividiu seu manto em dois, João Paulo II encontra na basílica da cidade, numa cerimônia inédita e comovente, os "feridos da vida": deficientes, desempregados, sem-teto, imigrantes, aidéticos, acidentados etc. É pela atenção que dá a seus excluídos, diz João Paulo II, que se conhece uma sociedade.

Em Reims, enfim, uma multidão de duzentas e vinte mil pessoas — além de quinhentos bispos, número recorde — recebe tranqüilamente o Santo Padre, que logo ao chegar à França tratou habilmente de neutralizar a polêmica sobre o batismo de Clóvis com um convite ao diálogo e à tolerância: "Só pode honrar a França a superação das divergências legítimas de opinião, para lembrar que o batismo de Clóvis faz parte dos acontecimentos que a moldaram!" Na realidade, é exatamente o que pensa João Paulo II, mas ele decidiu ouvir as recomendações do novo arcebispo de Reims, Gérard Defois, que muito contribuiu para a elaboração da homilia do papa em sua cidade, verdadeiro modelo de habilidade política. O papa começa associando ao acontecimento os protestantes e os judeus da França, que naturalmente pouco se sentem ligados a uma questão que remonta ao século VI. Em seguida, entrega-se a uma meditação espiritualizada sobre o sentido do batismo, sacramento individual mas também adesão coletiva de uma comunidade ao Cristo. Tudo isso sem cair nos desvios nacionalistas pelos quais já havia sido antecipadamente criticado. Nem no excesso de passadismo temido por muitos cristãos: "A Igreja é sempre uma Igreja do tempo presente!", frisa ele enfaticamente.

Os índices de audiência não enganam. No fim da cerimônia, três milhões e meio de telespectadores assistiam à transmissão pelo canal France 2. O equivalente, no jargão da comunicação, a cerca de 40% da "audiência": marca que ninguém esperaria duas ou três semanas antes.

*

Um processo semelhante aconteceria um ano depois, ao se aproximarem as Jornadas Mundiais da Juventude (JMJ) que deveriam acontecer em Paris em 1997: protestos dos círculos anticlericais, distanciamento irônico da mídia, maldisfarçada preocupação dos bispos etc. Mais uma vez, as previsões pessimistas dos dirigentes da Igreja, repercutidas numa imprensa de má vontade, contribuem para o ceticismo geral.

O sucesso papal do ano anterior esfriou os entusiasmos antipapistas, mas a contestação é alimentada por dois novos temas. Para começar, infeliz acaso, a data escolhida para a grande reunião final, 24 de agosto, coincide com o aniversário do massacre de São Bartolomeu, o que justificadamente desagrada à comunidade protestante. Depois, o papa manifestou o desejo de recolher-se "em caráter privado" ao pé do túmulo de seu amigo Jérôme Lejeune, falecido recentemente, o que dá à mídia a oportunidade de agitar freneticamente o fantasma da "ordem moral": o professor Lejeune, geneticista de reputação mundial, foi um dos descobridores da anomalia cromossômica que causa o mongolismo (trissomia 21), mas foi também um feroz adversário do aborto. O argumento cai como uma luva para todos os porta-vozes de carteirinha do "politicamente correto" e outros grupelhos "antifascistas" que não imaginam a possibilidade de haver mais "jovens" reunidos em torno do papa contrário ao uso dos preservativos do que desfilando em alguma parada do orgulho *gay* pela glória do prazer individual e da licença sexual.[18]

Mais uma vez, esforço em vão. Dias antes do encontro, os parisienses vêem sua cidade ser invadida e alegrada por milhares de grupos de jovens provenientes dos cinco continentes, descontraídos e felizes por estarem ali. Muitos deles foram recebidos inicialmente pelas províncias. Um frêmito percorre o país. E no dia 21 de agosto de 1997, quando os telespectadores franceses constatam como o papa, um velho arqueado de verbo tão exigente, é recebido com um fervor cheio de alegria no Campo de Marte, ao lado da Torre Eiffel, por trezentos e cinqüenta mil jovens entusiásticos e sem complexos, as críticas são definitivamente cobertas pelo burburinho dessa festa diferente, colorida e multicultural, que levaria o papa a improvisar, num francês hesitante, um desses gracejos de que ele parece ter o segredo: "Há muito tempo se perguntava qual o objetivo do engenheiro Eiffel ao construir sua torre. Pois agora sabemos!"

Na mesma manhã, diante da célebre torre, o papa compareceu ao átrio dos direitos humanos, no Trocadero, para uma reunião dedicada aos jovens desfavorecidos do mundo inteiro e ao fundador da associação ATD Quarto Mundo, o padre Wresinski. A cerimônia, comovente, desmente de maneira espetacular a crítica "política" de esquecimento dos pobres feita à Igreja. No dia seguinte, em Notre-Dame, João Paulo II preside a cerimônia de beatificação de Frederico Ozanam, um dos grandes nomes do catolicismo social, pensador leigo de engajamento "de esquerda" que fundou em 1823 as Conferências São Vicente de Paulo. Proclamar a santidade daquele que certamente foi o primeiro a explicar que o lema da

República, "Liberdade, Igualdade, Fraternidade", era uma forma de "advento temporal do Evangelho" não deixa de ter um significado importante na mente do Santo Padre. Reconciliar a França dos santos com a dos direitos humanos é efetivamente sua maior preocupação há quase vinte anos.

Finalmente, na noite de sábado, milhões de franceses espantados, às vezes fascinados, não raro comovidos, descobrem em sua tela de TV que setecentos e cinqüenta mil jovens de cento e sessenta países se reuniram no hipódromo de Longchamp, no Bois de Boulogne, em meio a uma alegria e a um entusiasmo que logo se transformam em recolhimento e oração coletiva. Uma revelação para muitos: de onde saíram todos aqueles jovens que nunca aparecem no cinema ou na televisão? Corolário anedótico: numa época em que qualquer reunião de jovens acaba com excessos e vitrines quebradas, como é possível que um ajuntamento tão gigantesco não tenha provocado o menor incidente? "Vocês são a esperança do mundo!", diz-lhes João Paulo II, exausto e feliz. Os setecentos e cinqüenta mil jovens passariam a noite no local, e a eles haveriam de juntar-se outros jovens e muitos adultos para uma missa de encerramento que reuniu 1,2 milhão de pessoas. Um recorde na história de um país sempre pronto a manifestações populares. As JMJs de Paris, iniciadas como "divina surpresa", acabam em apoteose: "Um triunfo", "Maré humana", "Um terremoto" são os títulos dos jornais — os mesmos que antes de tudo acontecer ostentavam na melhor das hipóteses um desprezo cheio de sarcasmo.

*

Mas nem por isso a França tornou-se papista. As relações entre Paris e o Vaticano nunca seriam cordiais, do que dão testemunho vários incidentes mais ou menos significativos: por um lado, o fervor com o qual João Paulo II comemoraria em agosto de 1999 o aniversário de morte de Pio VI, vítima do anticlericalismo revolucionário dos herdeiros de 1789, que o aprisionaram em Valença, onde morreu em condições indignas;[19] por outro, a má vontade demonstrada em maio de 2000 pelo ministro da Defesa, Alain Richard, para conceder as credenciais do novo bispo das forças armadas, Le Gal, considerado por demais "conservador".[20]

Nesse ano, o verdadeiro acontecimento representado pelo Grande Jubileu do ano 2000 é em grande parte ignorado pela mídia francesa, à exceção da viagem papal à Terra Santa. As notícias provenientes de Roma deparam-se com a indiferença e mesmo a incompreensão dos jornais parisienses: o fato de os sindicatos italianos em peso comemorarem o jubileu dos trabalhadores com o papa, no dia 1º de maio, ou de os três mais altos representantes do Estado polonês — a começar pelo ex-comunista Alexandre Kwasniewski — fazerem a peregrinação a Roma em julho, para o jubileu, são coisas que só merecem ironia na França, onde todos parecem sentir-se muito acima dessas excentricidades anacrônicas.[21]

No outono de 2000, quando a União Européia promulga sua Carta dos Direitos Fundamentais, a França leiga mais uma vez é motivo de desespero para o Vaticano. No projeto de convenção publicado a 14 de setembro, o redator do texto, o ex-presidente alemão Roman Herzog, fizera uma menção à "herança cultural, humanista e religiosa" comum às nações européias. Que a Europa, com freqüência qualificada de "judaico-cristã", também extraia seus valores de um longo e rico passado religioso é algo que parece evidente a todo mundo... menos ao governo francês, cujo chefe, Lionel Jospin, telefona pessoalmente a Roman Herzog, no dia 22 de setembro, para informar-lhe que a palavra "religiosa" é "inaceitável" para a França. A França está na ocasião na presidência da União Européia, e tudo indica que a cúpula de Nice, onde o texto deverá ser adotado, será bastante difícil. Os franceses, tão desconcertantes, são afinal atendidos: a "herança cultural, humanista e religiosa" transforma-se em "patrimônio espiritual e moral". Mal se chega a ver alguns poucos intelectuais parisienses, em sua maioria ateus, se insurgirem contra essa "histeria laicista" absurda e ridícula, nos antípodas da Europa de raízes cristãs há vinte anos celebrada por João Paulo II. Quanto aos alemães, perplexos, discretamente trataram de preservar a palavra "religiosa" na versão germânica da Carta.[22]

23

O governo da Igreja

16 de outubro de 1978. Em sua primeira saída como papa, ao visitar seu amigo Andrzej-Maria Deskur na clínica Gemelli, João Paulo II zomba amigavelmente da prefeitura da Casa Pontifícia e de todos os colaboradores apressados que o orientam em seus primeiros passos como chefe da Igreja: "Eles estão me ensinando como é ser papa!", comenta ele, ao desculpar-se com os médicos e o pessoal do hospital por não ter-se lembrado de abençoá-los antes de se retirar. Estava dado o tom. O novo papa haveria de obedecer com gentileza aos conselhos daqueles cuja obrigação é facilitar-lhe a tarefa, mas a ponta de humor mostra que ele sabe o que está fazendo e preserva sua dignidade.

Na manhã seguinte, no palácio apostólico, o prefeito da Casa Pontifícia, o bispo Jacques Martin, acompanhado por seu adjunto, o bispo Monduzzi, e pelo substituto, o bispo Caprio, pede-lhe que resolva a questão do seu brasão. O caso não pode ser adiado, insiste Martin, pois o brasão do novo papa já deve aparecer nos convites para a missa de inauguração do pontificado. De modo que o novo papa, preocupado com o respeito das tradições, volta sua atenção para esse problema crucial. Mas não por muito tempo: depois de examinar seis propostas de esboços de um especialista em heráldica, acompanhadas de explicações das mais eruditas, João Paulo II decide que vai ficar mesmo com as armas de Cracóvia: o "M" de Maria, sob uma cruz simples e descentralizada. Da mesma forma, manterá a divisa *"Totus tuus"* que há não muito tempo tomou de empréstimo a Grignion de Montfort. Consternação geral entre seus colaboradores! O prelado especialista, chocado, comenta à boca pequena que o desenho mais parece uma "publicidade comercial". Tudo bem, reconhece o papa, aceitando apenas que o azul da cruz seja substituído por dourado, nada mais. Até mesmo *L'Osservatore Romano* diria, com certa superioridade, que o desenho "não obedece ao modelo tradicional". João Paulo II não dá atenção. Quer mostrar que o novo papa e o antigo arcebispo de Cracóvia são a mesma pessoa, que existe continuidade entre as duas funções. Tanto pior para os cânones da heráldica e os sutis hábitos vaticanos.

Três dias depois, em sua primeira entrevista coletiva, João Paulo II infringe todas as regras do protocolo ao responder diretamente às perguntas mais absurdas nas diferentes línguas de seus ruidosos interlocutores. Ao jornalista que pergunta se pretende continuar esquiando, ele responde alegremente, referindo-se a um *entourage* fictício: "Se *eles* deixarem!" Gargalhada geral. Uma tirada que vai muito além da pergunta e que ele voltaria a utilizar, minutos depois, a propósito de uma eventual viagem à Polônia.

Ser um papa "diferente"

Três historinhas, três maneiras de distanciar-se de alguma maneira da gigantesca máquina que é a administração da Igreja, que já nos primeiros dias ameaça sufocar seu novo capitão. Três maneiras de transmitir a mesma mensagem: não, o papa polonês não tem a menor intenção de se adaptar tranqüilamente aos hábitos de seus antecessores e de calcar seu comportamento nas convenções e nos costumes passados. Naturalmente, ele aprenderia a "ser papa", mas todos teriam de se acostumar, ao longo dos meses e dos anos, a vê-lo ser um papa *diferente*.

O novo papa sabe também que não pode dispensar esse gigantesco aparelho — a Cúria, os cardeais, os bispos — que lhe dá medo. A Igreja Católica tem um bilhão de fiéis, oitocentos mil religiosos e quatrocentos mil padres espalhados por duas mil e quinhentas dioceses. É a maior instituição do mundo. Fazer apenas o que desse na veneta, pretender reinventar tudo, aconselhado apenas por alguns amigos poloneses de Cracóvia, seria condenar-se a cometer gafe após gafe, e mesmo alguns erros graves na gestão das questões da Igreja.

É um duro choque para Karol Wojtyla, mas também para a Cúria romana, que vem a ser o governo central da Igreja. Aquele arcebispo polonês que aterrissa num mundo amplamente dominado pelos italianos,

O GOVERNO DA IGREJA

embora fale sua língua, não compartilha de sua mentalidade nem conhece todos os seus hábitos. E, sobretudo, de forma alguma está preparado para seu papel. O cardeal Pacelli trabalhara mais de trinta anos na Cúria antes de tornar-se Pio XII. O cardeal Roncalli nela exercera seus talentos durante dez anos, sem contar seus anos de nunciatura, antes de tornar-se João XXIII. O cardeal Montini fora o braço-direito de Pio XII e o principal artesão do Concílio Vaticano II antes de tornar-se Paulo VI. Nada disto consta do currículo de João Paulo II. Ao contrário de seus antecessores e de muitos de seus colegas cardeais, Karol Wojtyla nunca trabalhou realmente no Vaticano. Suas numerosas estadas em Roma, onde permanecia com a comunidade polonesa, permitiram-lhe conhecer muitos prelados da Cúria, mas ele nunca foi de se demorar nos corredores e gabinetes. O filho de Wadowice, o montanhês acostumado a respirar o ar puro das grandes altitudes nunca se sentiu atraído pelo trabalho administrativo. Em Cracóvia, ele dependia inteiramente do chanceler e de seus colaboradores para a administração cotidiana da arquidiocese.

Acontece que dirigir a Igreja Católica é muito mais complicado que gerir o arcebispado de Cracóvia. E seu "aparelho" central é muito mais pesado. Só em Roma, em 1978, os diferentes organismos da Cúria empregam mais de mil pessoas. Na Secretaria de Estado trabalham cerca de cento e trinta pessoas, aproximadamente quarenta das quais na sessão encarregada das relações com os países — sem contar com o pessoal servindo no exterior, nas nunciaturas e delegações apostólicas. Estes dados não incluem os cargos subalternos (zeladores, contínuos etc.) e os assalariados da administração civil (correios, museus, gráfica, revistas, rádio Vaticano, guardas suíços etc.), que chegam a aproximadamente dois mil.

O novo papa tem consciência do duplo risco que corre. Para começar, pode ver-se rapidamente asfixiado pelo enorme alcance das tarefas: conceder audiências, presidir reuniões, ler notas, assinar documentos etc. Ele se lembra de que Paulo VI passava uma parte de suas noites rubricando papéis. E de que João Paulo I provavelmente morreu da angústia de não ser capaz de cumprir essas responsabilidades verdadeiramente sobrehumanas. Além disso, sabe que também o Vaticano tem os seus *apparatchiks*. O papa que veio do Leste não é um iniciante em política. Sabe que não poderá escapar das questiúnculas institucionais, das pequenas intrigas de corredor e dos inevitáveis conflitos pessoais que, tanto quanto as tarefas administrativas, representam tempo roubado ao essencial. E o essencial, aos olhos de João Paulo II, não é o governo da Igreja nem mesmo a dignidade de papa. E por sinal é muito relativa a importância que ele confere às expressões "Sumo Pontífice", "Santidade" ou "Santo Padre", como afirma certa vez ao jornalista Vittorio Messori. O essencial é a missão de "servo dos servos de Deus" ("*servus servorum Dei*") em outros tempos atribuída ao papa por São Gregório Magno, e que aparece no fim de uma série de títulos mais ou menos pomposos que consta do muito oficial *Annuario Pontificio* publicado pelo Vaticano: *Bispo de Roma, Vigário de Jesus Cristo, Sucessor do Príncipe dos Apóstolos, Sumo Pontífice da Igreja Universal, Patriarca do Ocidente, Primaz da Itália, Arcebispo Metropolitano da Província de Roma, Soberano do Estado da Cidade do Vaticano...*

Já na missa de inauguração do pontificado, a 22 de outubro de 1978, João Paulo II deixa claro: "Cristo, fazei com que eu me torne e permaneça o servo de Vosso poder sem igual [...], fazei de mim um servo, o servo de Vossos servos!" Essa idéia de "servir" é fundamental. O novo papa haveria de aplicá-la ao próprio fundamento de sua autoridade, que é a tradicional "primazia de jurisdição" apostólica que lhe é conferida pela sucessão de Pedro, o primeiro discípulo de Jesus: trata-se de uma primazia "de serviço" que ele desejará propor às outras confissões cristãs, a uma infinita distância de qualquer superioridade hierárquica, orgânica ou institucional.[1] Para João Paulo II, ninguém mais detém "poder" na Igreja, senão o próprio Cristo.

*

Servo dos servos, pastor universal, testemunha da Ressurreição: para cumprir sua verdadeira vocação, o sucessor de São Pedro não deve esforçar-se demais em administrar a instituição que preside. Nem lutar para reformá-la. Para evitar o emperramento burocrático e a paralisia política, João Paulo II decide tomar o Vaticano tal como é, confiar naqueles que o administram e sobretudo delegar poderes. Nunca um papa terá delegado tanto suas responsabilidades quanto este — logo ele, durante vinte e cinco anos apresentado pela mídia como um autocrata.

É o que constata já em outubro de 1978 o cardeal Jean Villot, que fora secretário de Estado de Paulo VI e de João Paulo I. Cansado, o cardeal camerlengo, que acaba de carregar nas costas as responsabilidades de

O GOVERNO DA IGREJA

dois conclaves sucessivos, deseja mais do que tudo repousar um pouco. E eis que é confirmado pelo novo papa em sua função de secretário de Estado. É uma surpresa: para começar, Wojtyla não tem qualquer afinidade especial com esse francês que além do mais é a *bête noire* do cardeal Wyszynski, que há muito tempo o acusa de não entender nada das Igrejas do Leste europeu; além disso, nem que fosse apenas para tranqüilizar a Cúria, um papa "estrangeiro" teria todo interesse em escolher um adjunto italiano, e não francês! Mas João Paulo II insiste: "Eminência, nós não podemos ignorar sua experiência." Villot cede. E é verdade que ele é quem está em melhores condições de orientar Karol Wojtyla em seus primeiros passos como papa. Consegue então, pelo menos, ser nomeado *"donec aliter provideatur"*, ou seja, "enquanto não for feito de outra maneira". Desgraçadamente, João Paulo II provavelmente superestimou a resistência do infeliz prelado. No dia 9 de março de 1979, esgotado por suas responsabilidades, o cardeal Villot morre aos 74 anos de um resfriado, sem ter podido desfrutar, como desejava, de sua aposentadoria na Auvergne natal. Não chegou a agüentar nem cinco meses.

Para sucedê-lo, nova surpresa: João Paulo II opta ostensivamente pela continuidade, nomeando o bispo Agostino Casaroli, 75 anos, até então secretário do Conselho para as Questões Públicas. Exatamente o "superdiplomata" que durante treze anos conduziu pessoalmente a *Ostpolitik* vaticana tão criticada pelos poloneses! Em outubro de 1978, o próprio Villot sugerira que assim fosse feita a sucessão, pensando no desafio que a eleição de um papa polonês representava para os regimes do Leste europeu: "A União Soviética e os dirigentes do Leste ficariam tranqüilizados com a nomeação de Casaroli", dissera ele a seu amigo e confidente, o padre Antoine Wenger.[2] Como se quisesse dissipar qualquer equívoco, João Paulo II expõe seu novo secretário de Estado aos aplausos de um milhão de fiéis poloneses reunidos em Czestochowa em junho de 1979, um mês depois de sua nomeação. Logo Casaroli estaria realmente dirigindo o aparelho da Igreja em nome e no lugar do papa, que numa carta de 6 de abril de 1984 confirmaria oficialmente esses poderes mais amplos que nunca. Assim, o "número dois" do Vaticano é feito chefe de Estado por delegação e assume todos os poderes temporais do Sumo Pontífice: encontros diplomáticos com personalidades civis, relações com o governo italiano, questões de intendência etc.[3]

Instalado no primeiro andar do palácio pontifício, o cardeal secretário de Estado logo passaria a ser chamado de "vice-papa" nos corredores do Vaticano. No dia 5 de junho de 1988, em visita a Castel San Giovanni, em pleno "feudo" de Casaroli, João Paulo II graceja, fazendo seu colaborador ruborizar-se de prazer: "Dizem que o papa trabalha muito, mas quem trabalha realmente é o secretário de Estado." O cumprimento em forma de gracejo tem um bom fundo de verdade. João Paulo II estabeleceu com seu secretário de Estado uma relação de poder que de certa forma evoca a relação existente entre o presidente da República francesa e seu primeiro-ministro. E por sinal o conceito de "coabitação" está mesmo presente na comparação: por exemplo, em junho de 1983, durante a segunda viagem à Polônia, o bispo Casaroli não esconde a seus colaboradores que desaprova fortemente os gestos "provocadores" de João Paulo II em relação ao regime comunista.

Quando Casaroli se aposenta, no dia 1º de dezembro de 1990, João Paulo II mais uma vez opta pela continuidade, nomeando para seu lugar o bispo Angelo Sodano, um piemontês de 63 anos que se notabilizara como núncio no Chile, especialmente na questão do canal de Beagle. Sodano era o arcebispo secretário das Relações Exteriores (o Conselho para as Questões Públicas mudou de nome em 1988), como seus dois antecessores. João Paulo II explica, é verdade, que escolheu Sodano "depois de muita reflexão, e não sem invocar as luzes do alto". Na realidade, ele optou, como de hábito, por confiar nos especialistas devidamente posicionados e não perturbar a hierarquia. "Como se isso não tivesse importância", comenta uma testemunha da época, quando se trata afinal de contas de confiar a um homem nada menos que a missão de governar o aparelho da Igreja: finanças, nomeações, a Cúria etc.

É essa a estratégia. Delegar, delegar sempre mais, para melhor se dedicar ao "essencial".[4] Mas a realidade não é simples, e João Paulo II várias vezes teria de intervir contra a vontade na "cozinha" das questões da Igreja, em terrenos que o aborrecem, que consomem seu tempo ou nos quais é notoriamente incompetente. A começar por uma questão urgente, delicada, para não dizer explosiva: as finanças do Vaticano.

As finanças do Vaticano

Roma, 9 de novembro de 1979. João Paulo II causa sensação diante da assembléia plenária dos cardeais, por ele convocada pela primeira vez: decidiu "discutir a questão dos recursos econômicos". Acontece que no Vaticano nunca se fala de dinheiro. E de resto são muito poucos os *monsignori* capazes de fazê-lo: se o tema é tabu, é por ser tão oculto quanto inextricável. Mas de nada serve tapar o sol com a peneira, explica o Santo Padre: "A Sé Apostólica precisa de recursos financeiros."

João Paulo II não pretende tratar pessoalmente dessa questão candente e complexa. Ele detesta o assunto. Em toda a sua vida, nunca deu atenção ao dinheiro: nunca possuiu bens e sempre confiou na Providência para suas necessidades pessoais. Não está em absoluto preparado para a tarefa de gestor. Neste campo, sua experiência como arcebispo de Cracóvia de nada lhe serve: na Polônia ao mesmo tempo católica e comunista, a generosidade dos fiéis em relação à Igreja é maior exatamente por estar ela constantemente em luta contra um Estado nada generoso; além disso, por trás da cortina de ferro, a improvisação é uma exigência, e é possível viver muito bem quando se conta com algumas contribuições externas — na época, graças à taxa de câmbio imposta pelas autoridades polonesas, um dólar discretamente trazido por um emissário chegado da América do Norte ou depositado anonimamente no cofre de esmolas de uma igreja vale cinco vezes mais que um dólar comprado no câmbio oficial.

Diante dos cardeais, assim, João Paulo II cede a palavra ao bispo Giuseppe Caprio, o ex-substituto que acaba de nomear cardeal e que preside agora a prefeitura de Assuntos Econômicos da Santa Sé. Esse organismo havia sido criado por Paulo VI em 1967 para pôr um pouco de ordem nas contas da Sé Apostólica. Na época, ainda não se falava de "gestão", mas de "previsões" e "controle" — o que já era um grande progresso, quando se sabe que o orçamento pontifício equivale ao de uma cidade de tamanho médio.[5]

Ainda há pouco tempo, até o início dos anos 60, as despesas da Santa Sé eram cobertas pela renda de seu patrimônio, e tudo caminhava bem. A razão da mudança é o concílio. Ou, antes, suas conseqüências: desde o Vaticano II, foram criadas novas estruturas permanentes, como o Conselho para os Leigos e o Conselho *Cor Unum*; por outro lado, foi construída a elevado custo uma nova sala de audiência, o número de funcionários da Cúria dobrou, novas nunciaturas foram criadas em todas as partes do mundo, a rádio Vaticano desenvolveu-se; finalmente, os sínodos dos bispos custaram muito caro, para não falar dos dois conclaves de 1978.

A situação exposta por Caprio é simples e desesperadora. Para resumir: a situação financeira da Igreja tornou-se precária, os rendimentos de seu patrimônio já agora cobrem apenas a metade de suas despesas, o déficit vem aumentando ao longo dos anos e não é possível continuar dessa maneira. Nos últimos anos, o déficit era coberto pelo "óbolo de São Pedro", uma reserva pessoal do papa anualmente alimentada pela generosidade dos fiéis, e que proporciona entre cinqüenta e sessenta milhões de dólares por ano. Mas isso já não basta, e as reservas formadas no passado estão esgotadas.

João Paulo II ouviu os especialistas. "Ele entende tudo que lhe dizemos, mas tem horror a se meter nos detalhes dessas questões", comenta um deles.[6] O próprio papa não propôs nenhuma solução, mas percebeu que manter essas questões delicadas envoltas em mistério era a maneira mais certa de favorecer os expedientes equívocos e os boatos prejudiciais. Os prelados da Cúria não podem continuar invocando pegajosamente "nossa maneira própria de fazer as coisas" (sic) para justificar essa irresponsabilidade generalizada incompatível com os tempos atuais. Em julho de 1981, o papa anuncia a formação de um Conselho para os Problemas Econômicos e de Organização da Santa Sé, composto por quinze cardeais "residenciais", vale dizer, escolhidos fora da Cúria Romana — além do cardeal secretário de Estado, que a preside. Entre os membros deste que logo passaria a ser conhecido como o "conselho dos 15" vamos encontrar homens como Krol e Höffner, responsáveis respectivamente pelos episcopados americano e alemão. Não é mero acaso: são essas as duas comunidades mais ricas de toda a cristandade. Uma diocese como a de Filadélfia ou a de Colônia administra um orçamento maior que o do Vaticano. O novo conselho tem a missão de propor medidas destinadas a racionalizar a gestão (naquele ano, o déficit chega a 87 milhões de dólares[7]) e também de refletir sobre maneiras de assegurar a transparência nessa questão problemática: logo passaria a ser emitido anualmente um comunicado sobre a situação financeira, tanto para pôr fim aos boatos mais absurdos sobre a suposta riqueza da Igreja quanto para obrigar a Cúria a tornar claras suas

O GOVERNO DA IGREJA

contas. Infelizmente, no momento em que o papa presume estar definitivamente desobrigado desses problemas, vem a público em 1982 um dos "escândalos" mais graves que atingiram a Igreja nesse fim de século: o escândalo do IOR.

Fundado em 1887, o Instituto para as Obras de Religião (IOR) é uma espécie de banco especial incumbido de administrar bens mobiliários e imobiliários em nome da Santa Sé.[8] Em 1969, o substituto Giuseppe Benelli nomeara para dirigi-lo um bispo americano de origem lituana, monsenhor Marcinkus, cuja estatura colossal parecia indicá-lo mais para o papel de "gorila" que efetivamente desempenhava durante as viagens do papa. Logo apelidado de "banqueiro de Deus", Marcinkus aos poucos transformou o IOR num banco de negócios, decidindo diversificar suas aplicações — centenas de milhões de dólares — nas praças internacionais. Em 1974, a falência de um banqueiro corrupto, Michele Sindona, custou-lhe muito caro. Mas errar é humano. O que provocou a catástrofe foram as "cartas de padroado" imprudentemente assinadas por Marcinkus em benefício de seu amigo Roberto Calvi, presidente do Banco Ambrosiano de Milão, que tomou emprestadas somas colossais que ninguém nunca mais voltou a ver. O Ambrosiano faliu, Calvi apareceu enforcado debaixo de uma ponte em Londres e em 1983 Marcinkus foi acusado pela justiça italiana como co-responsável por essa espetacular derrocada financeira que representou verdadeira espoliação de muitos pequenos poupadores. Mas a Santa Sé recusou-se a entregá-lo à justiça, alegando a extraterritorialidade do IOR e escorando-se na tese da "ingenuidade" de Marcinkus.

Finalmente, o cardeal Casaroli e seus assessores resolveriam a questão com os credores do Ambrosiano (que receberiam 244 milhões de dólares do IOR) e alterariam os estatutos da instituição em 1989, entregando sua gestão a uma comissão de especialistas leigos. O papa ainda aguardaria mais um ano até aceitar o pedido de demissão de seu equívoco banqueiro, que voltaria discretamente para sua paróquia de origem nos Estados Unidos. Por que teria João Paulo II dado cobertura dessa forma ao grande gestor das finanças do Vaticano? Provavelmente para não entregá-lo de bandeja à mídia. Mas é preciso lembrar mais uma vez a relação de Karol Wojtyla com o dinheiro. Quantas vezes, ao receber visitas de bispos africanos ou do Leste europeu, o papa não pediu de repente a seu secretário que chamasse Marcinkus, para que fossem providenciados o mais rápido possível alguns "envelopes" de 20.000 ou 50.000 dólares! Quantas vezes em suas viagens, especialmente à África, não tratou de distribuir, mais que rosários, maços de notas!

João Paulo II não facilita a tarefa dos encarregados da intendência. Falsamente ingênuo, ele nunca se exime de pedir o impossível. Por um lado, recusa-se a aceitar que a Igreja reduza seus meios de ação, sobretudo desde que as igrejas do Leste vieram somar-se às do terceiro mundo na lista das comunidades que não podem deixar de ser ajudadas. Ao mesmo tempo, ele convida a Igreja a tornar-se novamente "mendicante".[9] "Olhai os pássaros do céu, eles não plantam nem colhem...", dizia Jesus a seus discípulos. Se dependesse apenas de João Paulo II, o Vaticano teria liqüidado seu patrimônio financeiro e imobiliário — avaliado por monsenhor Caprio em 560 milhões de dólares —, passando a contar apenas, no futuro, com a generosidade dos fiéis. Impossível, responderam os especialistas: como garantir a remuneração dos dois mil assalariados da Santa Sé com rendimentos estruturalmente aleatórios?

Em 1990, o papa nomeia o cardeal Edmund-Kasimir Szoka[10] para a chefia da prefeitura de Assuntos Econômicos da Santa Sé. A escolha do arcebispo de Detroit — um americano de origem polonesa — é excelente. O novo tesoureiro do papa toma conhecimento da situação e constata pelo menos duas coisas: é urgente modernizar esta administração arcaica, que na época ainda não conta com um único computador; e será difícil fazer economias, pois os gastos de prestígio e representação já foram reduzidos ao mínimo, o desperdício é raro e os salários não poderiam ser comprimidos sem provocar greves. Greves no Vaticano! Jamais os papas anteriores teriam imaginado que um dia os empregados dos diferentes serviços do Vaticano cruzariam espetacularmente os braços para exigir aumentos salariais. É por esse tipo de detalhes que os *monsignori* da Cúria avaliam a evolução da sociedade moderna.

A Santa Sé precisa portanto dar mostra de realismo financeiro e encontrar novos recursos. Teoricamente, a solução poderia ser leiloar os "tesouros" dos museus do Vaticano, de valor absolutamente inestimável. Mas quem teria coragem um dia de sair vendendo as dezenas de Rafael, Botticelli, Rubens e Giotto da pinacoteca ou de oferecer a algum colecionador americano a *Pietà* de Michelangelo!? E de resto é algo que a tradição pa-

O GOVERNO DA IGREJA

pal proíbe formalmente: essas obras-primas pertencem à humanidade inteira, e o Vaticano se considera apenas seu depositário.

Em 1988, uma negociação mal encaminhada em torno do patrimônio do Vaticano deixou o papa indignado. Para financiar a informatização da Biblioteca Vaticana, seus dirigentes assinaram um acordo com uma empresária americana, Elaine Peconi, incumbindo-a de explorar comercialmente esse patrimônio único no mundo e cedendo-lhe em troca os direitos sobre as imagens da biblioteca até 2024. O papa obrigou seus responsáveis a denunciarem o contrato, não sem aproveitar para pôr os pingos nos is: "Os senhores devem defender este importante patrimônio formado ao longo dos séculos pelos pontífices romanos. Trata-se de bens preciosos e inalienáveis da Santa Sé que devemos proteger zelosamente. Somente o papa pode dispor deles!"

Com a ajuda de fundações católicas americanas (entre elas a poderosa Papal Foundation fundada na Filadélfia em 1987), o cardeal Szoka informatiza a Administração do Patrimônio da Sé Apostólica (APSA), contrata alguns especialistas em contabilidade, limita os aumentos orçamentários aos índices de inflação e... convence João Paulo II a reunir os presidentes das conferências episcopais em Roma, nos dias 8 e 9 de abril de 1991, para pedir-lhes que também participem do esforço de recuperação financeira. Esta iniciativa audaciosa e sem precedente revela-se decisiva. Cada Igreja local tem seu modo de financiamento, que depende do regime político em vigor, da tradição econômica local e, naturalmente, do número de fiéis. Nem todas dispõem dos recursos dos episcopados americano e alemão ocidental, mas muitas contam com preciosas reservas. Durante o consistório de 13 de junho de 1994, o cardeal Szoka anuncia que pela primeira vez em vinte e três anos a Sé Apostólica apresenta um orçamento equilibrado. O próprio papa o cumprimenta publicamente:

Parece-me que em todo este setor administrativo e econômico, após um período em que se manifestaram certas preocupações, às vezes utilizadas de forma arbitrária por círculos de má vontade com a Igreja, recuperamos hoje uma certa tranquilidade. [...] Da mesma forma, no que diz respeito ao Instituto para as Obras de Religião, tenho a impressão de que, após a introdução de oportunas modificações estruturais, manifesta-se maior compreensão de sua atividade na opinião pública.

João Paulo II estava se regozijando um pouco cedo demais. Em 1996, o "conselho dos 15" volta a recorrer à generosidade das conferências episcopais para equilibrar *in extremis* o orçamento do ano. Em contrapartida, o ano de 1997 terminaria com um saldo amplamente positivo, mas o papa e a Cúria teriam de se acostumar, nos anos seguintes, com as inconstâncias do mercado e da globalização.

O que também irrita João Paulo II é o mito da fortuna vaticana: "É preciso acabar com essa lenda!", sugeria ele aos cardeais em 1994. E é verdade que o orçamento da Santa Sé parece modesto em comparação com os de organizações internacionais de igual escala, como a secretaria da ONU e a Unesco. Em Bruxelas, só a Comissão Européia emprega oito vezes mais pessoas que a Santa Sé, e seu orçamento é quase cinco vezes maior.

Reformar a Cúria?

18h30. Sala das Congregações, no terceiro andar do palácio apostólico. É aqui que o papa preside a reunião dos "eminentíssimos cardeais, chefes dos dicastérios da Cúria Romana", como são designados no *Bollettino*, o pequeno boletim amarelo e branco da assessoria de imprensa do Vaticano. Trata-se de certa forma do "conselho de ministros" da Santa Sé. Mais ou menos como na tradição constitucional francesa, o papa está presente e preside, mas é o secretário de Estado, verdadeiro chefe de governo da Igreja, que dirige os trabalhos. O cardeal secretário de Estado — chame-se Villot, Casaroli ou Sodano — expõe a ordem do dia, orienta as intervenções e dá a palavra aos vinte e sete chefes de dicastérios (congregações, conselhos pontifícios, tribunais eclesiásticos) que expõem sucessivamente seus pontos de vista, preparados com grande antecedência, não raro por escrito. No fim da reunião, o secretário de Estado conclui e o papa suspende a sessão. Exceto em casos excepcionais, não há um verdadeiro debate.

A CÚRIA ROMANA

(em 1º de abril de 2003)

SECRETARIA DE ESTADO

Secretário de Estado — Cardeal Angelo Sodano

1ª SESSÃO (ASSUNTOS GERAIS)
Substituto — Bispo Leonardo Sandri

2ª SESSÃO (RELAÇÕES EXTERIORES)
Secretário — Bispo Jean-Louis Tauran

CONGREGAÇÕES

DOUTRINA DA FÉ
Prefeito — Cardeal Joseph Ratzinger
Secretário — Bispo Angelo Amato

IGREJAS ORIENTAIS
Prefeito — Cardeal Ignace Moussa Daoud
Secretário — Bispo Maria Antonio Veglio

CULTO DIVINO E DISCIPLINA DOS SACRAMENTOS
Prefeito — Cardeal Francis Arinze
Secretário — Bispo Francesco Tamburrino

CAUSAS DOS SANTOS
Prefeito — Cardeal José Saraiva Martins
Secretário — Bispo Edward Nowak

BISPOS
Prefeito — Cardeal Giovanni Battista Re
Secretário — Bispo Francesco Monterisi

EVANGELIZAÇÃO DOS POVOS
Prefeito — Cardeal Crescenzio Sepe
Secretário — Bispo Robert Sarah

CLERO
Prefeito — Cardeal Dario Castrillon Hoyos
Secretário — Bispo Csaba Ternyàk

INSTITUTOS DE VIDA CONSAGRADA E SOCIEDADES DE VIDA APOSTÓLICA
Prefeito — Cardeal Eduardo Martinez Somalo
Secretário — Bispo Piergiorgio Silvano Nesti

EDUCAÇÃO CATÓLICA
Prefeito — Cardeal Zenon Grocholewski
Secretário — Bispo Giuseppe Pittau

CONSELHOS PONTIFÍCIOS

LEIGOS
Presidente   Cardeal James Francis Stafford
Secretário   Bispo Stanislaw Rylko

PROMOÇÃO DA UNIDADE DOS CRISTÃOS
Presidente   Cardeal Walter Kasper
Secretário   Bispo Brian Farrell

FAMÍLIA
Presidente   Cardeal Alfonso Lopez Trujillo
Secretário   Bispo Karl Jozef Romer

JUSTIÇA E PAZ
Presidente   Cardeal Renato Martino
Secretário   Bispo Gianpaolo Crepaldi

COR UNUM
Presidente   Bispo Paul Joseph Cordès
Secretário   Bispo Karel Kasteel

PASTORAL DOS MIGRANTES
Presidente   Bispo Stephen Fumio Hamao
Secretário   Bispo Agostino Marchetto

PASTORAL DOS SERVIÇOS DE SAÚDE
Presidente   Bispo Javier Lozano Barragan
Secretário   Bispo José Luis Redrado

TEXTOS LEGISLATIVOS
Presidente   Bispo Julian Herranz
Secretário   Bispo Bruno Bertagna

DIÁLOGO INTER-RELIGIOSO
Presidente   Bispo Michael Fitzgerald
Secretário   Bispo Pier Luigi Celata

CULTURA
Presidente   Cardeal Paul Poupard
Secretário   Padre Bernard Ardura

COMUNICAÇÕES SOCIAIS
Presidente   Bispo John Patrick Foley
Secretário   Bispo Pierfranco Pastore

TRIBUNAIS, ESCRITÓRIOS E OUTROS ORGANISMOS

Assim segue a administração das questões da Igreja, que decididamente não se assemelha nem a um Estado moderno nem a uma multinacional de alto desempenho. A questão das finanças em geral e o escândalo do IOR em particular demonstraram que esse tipo de gestão pecava por arcaísmo. Muitos observadores, entre eles numerosos bispos, acabaram, assim, levantando uma questão crucial: o problema não estaria precisamente na gestão de todo o conjunto das questões da Santa Sé através de uma infinidade de *combinazioni* ocultas e não raro irresponsáveis?

A Cúria Romana, composta da Secretaria de Estado e dos dicastérios, existe como tal desde o século XVI. Ela nunca gozou de boa fama nem mesmo no interior da Igreja. Durante o Concílio Vaticano II, o bispo Wojtyla pudera constatar pessoalmente que a Cúria dispunha de um formidável poder de bloqueio das iniciativas locais, e que uma ampla maioria dos bispos desejava que ela fosse reformada. De um sínodo a outro, ele também ouvira muitos representantes de igrejas locais se queixarem da burocracia vaticana, de seu conservadorismo e de sua falta de transparência. Mas como é difícil tratar desse mundinho protegido de maneiras empoladas, muito apegado às tradições, zeloso de seus segredos e no qual as contas são feitas "em séculos" quando se trata de superar os problemas da própria época! Um mundo no qual o emprego do latim foi abandonado a contragosto, mas no qual ainda se cultiva um vocabulário próprio cujas palavras — *congregação, bula, breve, rescrito, dicastério, consultor* etc. — não têm o mesmo sentido que em outros contextos, como se se quisesse manter distância em relação ao mundo real. Esses maus hábitos, freqüentemente antigos, em nada comprometem a qualidade e a devoção de muitos prelados com postos em Roma, nem a utilidade objetiva do trabalho realizado pelos diferentes gabinetes. Mas estão freqüentemente provocando as intrigas mais sórdidas e as "revelações" mais mal-intencionadas — como o panfleto intitulado *Via col vento in Vaticano*, um amontoado de antigos boatos impossíveis de confirmar publicado em pleno Jubileu do ano 2000.[11] Calúnia? Ou inevitável preço a pagar por um sistema excessivamente desprovido de transparência?

Esse mundinho que de tanto governar o papado tende a acreditar que governa a Igreja ficou estupefato — "aparvalhado", segundo certos depoimentos — ao constatar que o papa eleito no dia 16 de outubro de 1978 não é italiano. Para os funcionários da Cúria, a notícia era impensável. É verdade que o novo papa parecia enérgico, que poderia dar uma melhor imagem à Igreja e que tudo isso provavelmente seria positivo. Mas *il papa Wojtyla* era um *straniero*, um "estrangeiro". Mau presságio: o último papa não-italiano, o famoso Adriano VI, notabilizou-se no século XVI precisamente por querer reformar a Cúria.

O "estrangeiro" por sua vez nunca apreciou a Cidade do Vaticano. E não só por suas altas muralhas de tijolo cor-de-rosa, que lhe dão o aspecto de uma fortaleza — afinal, o castelo de Wavel, em Cracóvia, também é cercado de altos muros fortificados. Mas ele nunca se habituou aos métodos de trabalho complicados, aos conciliábulos de corredor, ao tom peremptório e afetado que caracterizam a Cúria Romana. Menos de um ano depois de sua eleição, a 19 de junho de 1979, um prelado lhe diz, durante uma visita aos escritórios da Cúria, situados no velho bairro do Trastevere:

— Infelizmente estamos longe do Vaticano!

E o papa murmura:

— Mas por que se queixar?

A ninguém surpreendeu, assim, que já na primeira assembléia plenária dos cardeais, a 5 de novembro de 1979, João Paulo II abordasse a questão da indispensável reforma da administração da Igreja. A Cúria, diz ele então, diante dos principais dirigentes da Igreja, deve ser "um *serviço* cada vez mais qualificado e útil para os bispos e as conferências episcopais do mundo". E o papa encarrega o cardeal secretário de Estado de fazer um relatório a respeito. Uma iniciativa sem dúvida meritória, mas condenada a se arrastar sem muito êxito: não caberia propriamente esperar do prudente cardeal Casaroli, que entrou para a Cúria aos 25 anos de idade, uma transformação radical da instituição da qual saiu, como também haviam saído antes dele dois dos papas de maior prestígio do século, Pio XII e Paulo VI.

Era grande o risco de uma luta de influência permanente entre o papa polonês e a Cúria Romana. Temendo acabar perdendo seu tempo em infindáveis manobras diárias cheias de sutilezas e estéreis, João Paulo II estabeleceu uma divisão de tarefas simples: a Cúria administra, o papa reina. Em hipótese alguma ele haveria de se imiscuir nas questões administrativas. Mas se por um lado delega de bom grado seus poderes, todos os seus poderes, mais que qualquer outro papa, por outro ele não pretende abrir mão de sua *autoridade*.

O GOVERNO DA IGREJA   495

Uma autoridade que haveria de exercer em outras questões, e à sua maneira. Sem se preocupar com a intendência nem o protocolo. Sobretudo durante suas inúmeras viagens, quando está longe de Roma; ou nas incontáveis audiências, durante as quais muitas vezes improvisa, sem notas nem intérprete; ou também através de alguns homens de confiança incumbidos de missões muito pessoais, às vezes secretas; ou ainda em seus textos fundamentais, particularmente suas treze encíclicas — na maioria dos casos escritas pelo próprio João Paulo II. Uma encíclica escapou à regra, oferecendo um contra-exemplo espetacular. Em 1986, o papa quis associar intensamente a Cúria à elaboração da *Sollicitudo Rei Socialis* ("A preocupação com a questão social"), mobilizando o máximo de dirigentes da Igreja. Haveria de se arrepender! De tanto passar de comissão em comissão, de conselho em conselho, o anteprojeto de encíclica dezenas de vezes remanejado acabou voltando à mesa de trabalho do papa com onze meses de atraso (sua publicação estava prevista para 26 de março de 1987, data do vigésimo aniversário de encíclica social de Paulo VI, *Populorum Progressio*). Trazendo a data simbólica do fim do ano de aniversário (30 de dezembro de 1987), ela só viria a público na realidade a 19 de fevereiro de 1988. Durante todo esse tempo, o papa não viajou, o que não deixou de chamar a atenção de certos jornalistas, aos quais o porta-voz Navarro-Valls respondeu com uma tirada significativa: "O papa saiu de viagem pela Cúria." Mais grave ainda: dois terços do texto estão vazados numa linguagem tão administrativa, quase técnica, que toda a intuição profética do papa — sobre o conceito de "solidariedade" estendido ao mundo inteiro — brilha pela ausência. No fundo, comenta um especialista, essa encíclica meio liberal, meio esquerdista não chega a dizer a que veio.[12]

*

Para se proteger da inevitável invasão de suas atividades pelas diversas administrações da Cúria, João Paulo II logo tratou de montar seu gabinete privado, exatamente como os papas de outros tempos tinham uma *camera segreta*. Um personagem-chave, simultaneamente secretário pessoal, filho espiritual e grande animador da pequena "família" que cerca o papa no cotidiano, é Stanislaw Dziwisz. Somente através daquele que passou a ser conhecido em Roma como *Don Stanislao* é possível chegar ao Santo Padre. Esse mesmo personagem, em contrapartida, permite que certas pessoas, sobretudo polonesas, cheguem ao papa sem passar pelas instâncias habituais — a tal ponto que nos primeiros anos do pontificado chegou-se a falar de uma "rede polonesa".

No início do pontificado, muitos velhos amigos do antigo arcebispo de Cracóvia são por ele convidados a participar dos trabalhos de determinado dicastério. Assim é que Jacek Wozniakowski entra para o Conselho Pontifício para a Cultura. Da mesma forma, Stefan Wilkanowicz é convocado para o Conselho Pontifício para os Leigos. Estes dois e mais alguns outros não se limitam a participar de algumas reuniões anuais no Palazzo San Calisto, presididas por alguma eminência: em suas estadas em Roma, encontram-se sistematicamente com o papa para o desjejum, com ele trocando reflexões e informações à margem de qualquer protocolo. Uma historinha ilustra a eficácia dessas "redes" paralelas: certo dia, bem no início do pontificado, uma senhora muito idosa de Cracóvia, Karla Lanckoronska, que decidira dedicar o resto de sua fortuna aos arquivos diplomáticos vaticanos, constata que João Paulo II continua confundindo o chefe dos arquivos com o chefe da biblioteca do Vaticano, e que este ficou melindrado. Ela fala a respeito ao historiador Jacek Wozniakowski, que por sua vez adverte Stanislaw Dziwisz. No dia seguinte, passando por cima do protocolo, João Paulo II recebe pessoalmente o chefe da biblioteca.[13]

Não se deve por isso concluir que durante um quarto de século João Paulo II passou o tempo todo tratando de contornar a Cúria. Um papa com sua capacidade de trabalho precisa mais que qualquer outro de colaboradores, no mínimo em questões lingüísticas: quantos milhares não terão sido os textos que precisaram ser traduzidos para uma enorme variedade de línguas a cada ano desse longuíssimo pontificado! E quantas vezes não se terá valido o papa de diferentes chefes de dicastérios — como o alemão Ratzinger e o francês Etchegaray — para levar a cabo alguma idéia importante ou alguma intuição fundamental!

Mas João Paulo II não conseguiu evitar que afinal se estabelecesse uma real dualidade entre um papa zeloso de sua liberdade, cheio de iniciativas pastorais e espirituais, e uma Cúria que funciona como guardiã dos procedimentos e tradições, rebelde às mudanças e cética quanto ao futuro. Os exemplos são infindáveis. Assim é que, ao voltar de Calcutá, em 1986,

O GOVERNO DA IGREJA

o Santo Padre tem a idéia de criar uma "casa de caridade" no Vaticano, entregando-a às irmãzinhas de Madre Teresa. Escândalo entre os administradores do Vaticano. Uma casa aberta aos sem-teto? Desabrigados sem qualquer controle no Vaticano? Como garantir a segurança do papa em tais condições? João Paulo II faz pé firme: estabelecida na fronteira do Estado do Vaticano, perto dos escritórios da Congregação para a Doutrina da Fé, a *Casa di Accoglienza per i Piu Poveri* seria inaugurada no dia 20 de maio de 1988.

O maior perigo oferecido pela Cúria é que venha a sufocar sob seu peso de tradições e regulamentos não apenas o papa, mas a própria Igreja, cuja vitalidade depende em grande parte da liberdade de suas mais diversas comunidades. Assim é que João Paulo II não se cansou de estimular os "carismáticos". Ele travara conhecimento com o problema quando era arcebispo na Polônia: não eram poucos os dignos prelados que viam com desconfiança esses grupos anticonformistas, que oram à sua maneira ao Bom Deus, sem se preocupar com o que pensam os funcionários da Igreja! João Paulo II protegeu todos esses grupos — como a comunidade romana de Sant'Egidio — dos rigores da instituição, estimulando-os a preparar o futuro. No dia 30 de maio de 1998, convidou quinhentos mil carismáticos a São Pedro, para lembrar que "toda inovação é perturbadora", e que mais vale confiar no Espírito Santo do que na instituição eclesiástica. Mais grave ainda, essa dualidade entre o papa e a Cúria terá contribuído para o surgimento de contradições sobre questões de fundo, sobretudo nos últimos anos: a respeito dos divorciados que voltam a se casar, do poder dos bispos e do ecumenismo, certos textos procedentes de determinados dicastérios semearam a confusão quanto às verdadeiras intenções do papa. Inevitável? Certamente. "O papa sofre tantas pressões contraditórias!",[14] explica um membro da Cúria. Mas o enfraquecimento físico do papa e o conseqüente clima de "fim de reinado" certamente contribuíram para acentuar o fenômeno.

Em matéria de reforma da Cúria, João Paulo II acabou se limitando a corroborar uma reorganização extremamente formal dos diferentes conselhos, secretarias, comissões e outros serviços diversos criados por Paulo VI após o concílio. A esse respeito, a constituição *Pastor Bonus* de 28 de junho de 1988 é uma "reformazinha", se comparada à que Paulo VI havia promulgado no dia 15 de agosto de 1967 sob o título de *Regimini Ecclesiae*

Universae. As mudanças ratificadas por João Paulo II constituem uma simples maquiagem institucional, na qual o papa, como em outros casos, confiou o trabalho a seu secretário de Estado. Segundo testemunhas da época, o Santo Padre interveio apenas em dois pontos que a seus olhos diziam respeito a coisas essenciais:

— Para começar, opôs-se à fusão das secretarias encarregadas do diálogo ecumênico, com não-cristãos e não-crentes, considerando que não se deviam misturar as questões globalmente referentes aos "não-católicos"; assim é que a Secretaria para os Não-Cristãos transformou-se em Conselho para o Diálogo Inter-religioso.

— Opôs-se também à criação de uma Congregação para os leigos, preferindo um Conselho Pontifício, sem poder de jurisdição, para que não se pensasse que os leigos estão submetidos à hierarquia eclesiástica, como os bispos, os padres, os religiosos e os teólogos. Foi esse conselho que coordenou com toda liberdade as Jornadas Mundiais da Juventude.

Quanto ao resto, João Paulo II deixou que os especialistas atuassem. Curiosamente, esse papa de visão larga, gestos amplos e iniciativas não raro proféticas não foi responsável por qualquer impulso nessa questão delicada mas necessária do governo da Igreja. Como se tivesse coisas mais urgentes para fazer, deixando esse terreno complexo para seu sucessor. "O papa é prisioneiro dos círculos que estão a seu redor e que o isolam da base. João Paulo II fez muitos esforços para mudar as coisas, mas não conseguiu. Caberá ao seu sucessor libertar-se de uma organização excessivamente *eclesiástica* e insuficientemente *eclesial*", diria o velho cardeal brasileiro Lorscheider, não sem algum desgosto, durante o consistório extraordinário convocado por João Paulo II, em Roma, em maio de 2001.[15] Em outubro de 1978, Aloisio Lorscheider levara os "reformistas" do Sacro Colégio a votar no cardeal de Cracóvia.

Se alguma marca profunda foi deixada por João Paulo II, haveremos de encontrá-la na incontestável "internacionalização" da Cúria e, logo, do papado. Claro que ele não foi o primeiro papa a nomear eminências "estrangeiras". Pio XII havia elevado à púrpura um chinês e um indiano, João XXIII sagrara o primeiro cardeal africano. Também é verdade que Paulo VI exigiu que a Cúria recrutasse homens "de campo" e prelados escolhidos fora da esfera italiana. Mas é sob o pontificado de João Paulo II

O GOVERNO DA IGREJA

que se assiste a uma espetacular "globalização" do coração da Igreja. Seis ou sete anos depois do conclave de 1978, o balanço já é eloqüente: o famoso "conselho dos 15" encarregado de sanear as finanças não conta com um único cardeal italiano, à parte o secretário de Estado Casaroli; o substituto da Secretaria de Estado é um espanhol (Martínez Somalo); a administração do patrimônio foi entregue a um brasileiro (Rossi); os "leigos", a um argentino (Pironio); as missões, a um irlandês (Ryan), seguido de um eslovaco (Tomko); a Congregação para os Bispos e as Relações com os Não-Cristãos, a dois africanos (Gantin e Arinze); os direitos humanos e a cultura, a franceses (Etchegaray e Poupard); a comunicação social, a um americano (Foley); a imprensa, a um leigo espanhol (Navarro-Valls); e assim por diante. Em maio de 1984, um prelado italiano comenta com o prefeito da Casa Pontifícia, o bispo Jacques Martin: "Se o papa quer realmente que a Cúria seja internacional, terá de nomear também alguns italianos!"[16]

O gracejo é significativo, mas passa ao largo da questão fundamental: será que pelo fato de ter-se aberto a prelados estrangeiros a Cúria teria sido abalada em seu conservadorismo, ameaçada em suas prerrogativas, reformada em seus hábitos? Na realidade, embora os serviços da Cúria tenham sido um pouco simplificados, embora seu recrutamento tenha sido diversificado, seu organograma permaneceria quase intocado durante este pontificado, e João Paulo II quase nunca interviria no processo de nomeação e promoção. Tal como em Cracóvia, ele delega poderes sistematicamente a seus colaboradores, o que de vez em quando lhe causa certos problemas. Desse modo, durante seu reinado a grande maioria das promoções foi feita por critério de antigüidade, sendo o número dois de determinado serviço chamado a substituir o número um quando este é convocado a outras funções — vale dizer, de cinco em cinco anos, como manda a regra estabelecida por Paulo VI. "João Paulo II optou por deixar que a máquina funcionasse", resume um antigo funcionário da Secretaria de Estado.[17]

À parte as exceções, assim se deu com as nomeações de bispos. O papa nomeia entre cem e cento e cinqüenta bispos por ano. Naturalmente, não pode estar totalmente enfronhado com essa quantidade de casos, sendo todo o processo administrado pela Congregação para os Bispos — sucessivamente dirigida pelos cardeais Gantin, Moreira Neves e Re. Manda a tradição que em cada país o núncio apostólico em função consulte os bispos locais e apresente três nomes, pondo em primeiro lugar o de sua preferência. A Congregação para os Bispos — formada por cerca de quarenta prelados — debate e toma a decisão. Raramente o papa intervém. Em geral, corrobora a decisão tomada. Primeiro, porque não quer contestar o trabalho da Congregação. Depois, explica um antigo dirigente da Cúria, "João Paulo II não gosta de humilhar ninguém. Às vezes, dá sua aprovação a um nome sabendo muito bem que está assumindo um risco. Ele sabia perfeitamente, por exemplo, que a escolha do bispo Monduzzi para substituir o cardeal Martin à frente da Casa Papal não era ideal, pois o escolhido não estava à altura da missão, mas deixou correr". Como vimos, isso também acontece no mais alto escalão do governo da Igreja. Ao assumir suas funções, João Paulo II manteve Villot à frente da Secretaria de Estado. Quando este morreu, promoveu Casaroli, que era o adjunto de Villot para questões internacionais. Posteriormente, substituiu Casaroli por Sodano, que se encontrava na mesma posição de adjunto. Com isso, promoveu o francês Jean-Louis Tauran, de 47 anos, à chefia da diplomacia vaticana, pois esse diplomata discreto e tímido era o adjunto de Sodano.

Durante o ano do Jubileu, preocupado com sua própria sucessão, o papa quis intervir nesse nível, propondo que o antigo substituto, o bispo Re, pelo qual sentia grande consideração e viva amizade, se tornasse oficialmente secretário de Estado adjunto. Imediatamente o cardeal Sodano, secretário de Estado titular, ameaçou demitir-se: o papa desistiu de seu projeto, e o cardeal Re se viu à frente da Congregação para os Bispos.

*

A única categoria de dignitários que depende pessoalmente do papa é a dos cardeais. Geralmente ele anuncia a "criação" de um deles durante a oração do ângelus, a poucas semanas de um consistório solene. A cada vez, os observadores aproveitam para fazer um balanço da composição do Sacro Colégio — quantos italianos, europeus, sul-americanos — na perspectiva do futuro conclave que mais cedo ou mais tarde terá de eleger o papa seguinte.

Nessa óptica, o privilégio de nomear cardeais é capital. Mas, com sua excepcional longevidade, João Paulo II embaralhou as pistas que levam a

O GOVERNO DA IGREJA

sua própria sucessão. Quantos não são os *papabili* — Martini, Gantin, Moreira Neves, Piovanelli, Etchegaray... — que foram envelhecendo, deixando com isso de ser candidatos dignos de crédito? Quantos não terão morrido antes daquele a quem deveriam suceder? Em vinte e cinco anos e oito consistórios, o papa polonês fez cerca de duzentos cardeais. Na primavera de 2003, somente um punhado de cardeais eleitores no conclave (ou seja, com idade inferior a 80 anos, de acordo com a regra estabelecida por Paulo VI) não haviam sido nomeados por ele, mas por seus antecessores.

E no entanto, também aqui é grande o peso das tradições. Assim, parte-se do princípio de que certas presidências de dicastérios e certas sés arquidiocesanas são "cardinalícias", o que explica a maioria de criações de novos cardeais. Ao nomear o presidente do Conselho de Justiça e Paz ou o prefeito da Congregação para o Clero, ao promover os arcebispos de Turim, Boston, São Paulo, Lyon, Nápoles, Gênova, Madri ou Chicago, João Paulo II está apenas consagrando um hábito.[18] Mas é verdade também que foi apenas por sua iniciativa pessoal que certos jovens bispos da Europa central foram rapidamente elevados à púrpura, como Christoph Schönborn (Viena), Miroslav Vlk (Praga) e Vinko Puljic (Sarajevo). Karol Wojtyla não esqueceu que foi feito cardeal com 47 anos de idade.

O que também está a seu alcance é nomear "pelo mérito" eclesiásticos em fim de carreira, que assim recebem o barrete cardinalício como uma última homenagem papal no crepúsculo de suas vidas. Assim é que por sua própria iniciativa o papa consagrou teólogos muito idosos como Henri de Lubac, Urs von Balthasar, Alois Grillmeier, Yves Congar e Avery Dulles; alguns velhos missionários como o jesuíta polonês-zambiano Adam Kozlowiecki; ex-combatentes da liberdade como o vietnamita Paul-Joseph Pham Dinh Tung, o albanês Mikel Koliqi e o lituano Vincentas Sladkevicius; ou ainda prelados aposentados que lhe prestaram serviços especiais, como seu amigo Andrzej-Maria Deskur, o jesuíta Paolo Dezza, o organizador de suas viagens Roberto Tucci e monsenhor Jean Honoré, antigo arcebispo de Tours. Todos tinham pelo menos 80 anos — às vezes bem mais — ao serem promovidos, e portanto o papa não poderia ser acusado de os estar "promovendo" com vistas a sua sucessão.

Sua margem de manobra, em suma, é estreita. Tanto mais que Paulo VI havia fixado em cento e vinte o número máximo de cardeais eleitores. E de resto em duas oportunidades, em 1998 e em 2001, João Paulo II infringiu essa disposição — como se quisesse mostrar que um regulamento não passa de um regulamento, e que sempre pode ser contornado sob a inspiração do Espírito Santo. Por sinal, no anúncio de seu oitavo consistório, em janeiro de 2001, João Paulo II lamentou publicamente essa limitação, declarando: "Outras pessoas que me são muito caras mereceriam, por sua dedicação, ser elevadas à dignidade cardinalícia." Essa confidência é ainda mais notável porque ao nomear nesse mesmo dia trinta e sete cardeais de uma só vez, e ainda cinco outros no domingo seguinte, rompendo com todas as tradições, João Paulo II acabava de bater um recorde difícil de superar.

A "colegialidade"

Foi num outro nível, muito além da gestão das questões administrativas, que João Paulo II procurou inovar, tentando resolver a quadratura do círculo: estabelecer uma "colegialidade" no governo da Igreja, tal como haviam desejado os padres do concílio, mas sem diminuir a autoridade do papa.

Karol Wojtyla vivenciou intensamente os debates conciliares. Posteriormente, participou com fervor dos sínodos dos bispos convocados por Paulo VI. Ao ser eleito pelo conclave, em 1978, ele já conhece a questão. Sabe perfeitamente que o papa não está "acima" da Igreja e que não passa de um bispo entre os demais, detendo o mesmo poder "sacramental" que seus pares. Sabe que até o século VII a palavra *papa* (que significa "pai") também designava outros bispos.[19] É por ser o bispo de Roma, logo o sucessor de Pedro, o apóstolo escolhido por Jesus para "construir sua Igreja", que o papa é o *primus inter pares*, o primaz do colégio de bispos, detendo o poder de "jurisdição", que diz respeito apenas ao "governo" da Igreja. Esse poder, de que ele dispõe "livremente", segundo o direito canônico, é um "poder ordinário, supremo, pleno, imediato e universal".[20]

Ao longo dos séculos, esse poder quase absoluto e esta primazia provocaram um desvio centralizador e autoritário da Igreja, que chocou um número cada vez maior de católicos pouco inclinados a obedecer a uma misteriosa e distante instância romana. Foi antes de mais nada para pôr fim a esse desvio que João XXIII convocou o Concílio Vaticano II, para satisfação — e às vezes alívio — de uma grande maioria de fiéis. Mas essa preeminência hierárquica e essa personalização do poder escandalizaram sobretudo as outras confissões cristãs, particularmente os cristãos ortodoxos, para os quais o bispo de Roma não passa de um patriarca como os outros, exatamente como os de Constantinopla, Antioquia ou Alexandria. Por esse motivo é que João Paulo II convocou, em dezembro de 1996, um simpósio de especialistas católicos e não-católicos, para examinar publicamente os fundamentos de sua própria primazia. O simples fato de discutir a questão — para grande contrariedade de certos dirigentes da Cúria — era inédito na história do papado.

Embora o sucessor de Pedro assuma uma responsabilidade muito especial, que não pode ser comparada a qualquer outra, embora sua ligação com Deus seja pessoal e indizível, seria absurdo de sua parte pretender governar sozinho uma instituição tão vasta e complexa quanto a Igreja Católica, ainda que fosse assessorado por um secretário de Estado onisciente e uma Cúria irreprochável. É para mostrar que não pretende governar como monarca absoluto que João Paulo II decide, meses depois de sua eleição, associar os cardeais a sua responsabilidade apostólica. Os últimos anos do reinado de Paulo VI haviam dado margem a intermináveis discussões de corredor sobre a responsabilidade desses "príncipes da Igreja" que compõem o chamado Sacro Colégio: não seriam eles responsáveis apenas, na realidade, pela eleição do papa? Não caberia associá-los mais de perto à condução das questões da Igreja? Em sua época, o cardeal-arcebispo de Cracóvia participara dessas reflexões. Para ele, a qualidade de cardeal é mais uma responsabilidade que um privilégio ou uma dignidade formal. Ele sabe que o título de "cardeal" vem da palavra latina *cardo*, que significa "o gonzo de uma porta", ou seja, que é ao mesmo tempo sustentáculo e pivô da instituição.

No dia 5 de novembro de 1979, um ano portanto após sua eleição, João Paulo II cria um consistório especial, ao lado e acima do sínodo de bispos, que reúne todos os cardeais numa assembléia plenária não permanente, uma espécie de alto conselho consultivo — ele o apelidaria em dado momento de "Senado" da Igreja — ao qual pretende submeter as grandes questões que agitam a comunidade dos cristãos. Pela primeira vez em quatrocentos anos esse colégio se reúne solenemente para algo que não seja a eleição de um papa. Nessa primeira assembléia plenária, minuciosamente organizada com base nas afinidades lingüísticas dos participantes, o papa expõe a seus "irmãos" o problema da reforma da Cúria e das finanças do Vaticano. Quatro outras reuniões seriam convocadas entre 1982 e 1994: sobre a cultura, a defesa da vida, a proliferação das seitas e, seis anos antes do prazo, a preparação do Jubileu do ano 2000. Uma outra ainda reuniria os cardeais em Roma, em maio de 2001, para extrair os ensinamentos do Jubileu.

A iniciativa surpreende favoravelmente. A idéia de João Paulo II consiste em restabelecer a liberdade de expressão que tanto lhe havia agradado durante o concílio. Mas essa preocupação com a inventividade daria com os burros n'água. Depois de vinte e cinco anos de pontificado, nada mudou realmente. Nem no nível das estruturas: na constituição *Universi Dominici Gregis*, em fevereiro de 1996, o papa confirma o privilégio exclusivo dos cardeais de eleger o papa, mantendo a regra do limite de 80 anos de idade para os eleitores. Nem nos fatos: tanto aqui como em todas as outras assembléias que presidiria, o papa dá a palavra a todos, ouve atentamente, e depois decide sozinho. *Ex cathedra.*

A colegialidade cardinalícia, por simpática que fosse, não contribuiu com grande coisa. Ela associou ao governo da Igreja personalidades experientes, o que naturalmente é bom, mas nada caminhou quanto à outra divisão de responsabilidades, inaugurada por Paulo VI, na esteira do Concílio Vaticano II, sob a forma de sínodos: aquela em que o papa compartilha o poder com os bispos.

Com efeito, é ao colégio dos bispos, e somente a ele, que o direito canônico confere igualmente o poder "supremo e pleno" na Igreja — com a condição expressa de que isso nunca se dê "à revelia de seu chefe, o pontífice romano". Tal critério é pouco mencionado pelos partidários de um "reequilíbrio" entre o poder do papa e o dos bispos, mas é essencial.[21]

Para João Paulo II, as coisas são claras: o primado de jurisdição do papa não é passível de contestação, como tampouco a responsabilidade colegiada dos bispos; as duas coisas caminham lado a lado, não cabendo enxertar nenhuma rivalidade ou equilíbrio artificial entre as duas. Na linha da constituição conciliar *Lumen Gentium*, segundo a qual os bispos e o papa "formam um todo", João Paulo II fala de uma "comunhão" que os une numa mesma responsabilidade: o papa deve cuidar *também* das igre-

O GOVERNO DA IGREJA

jas locais, ainda que apenas em virtude de seu poder de jurisdição universal, assim como cada bispo está *também* a cargo da Igreja universal, pelo menos no plano pastoral. Essa relação dialética, da qual foi o concílio a aplicação concreta mais espetacular, não pode ser comparada com nenhuma dualidade de poder em outras organizações humanas.

João Paulo II daria corpo a essa "comunhão" com a maior freqüência possível, tratando de associar ao máximo os bispos ao andamento das questões da Igreja. Desse modo, prosseguindo no caminho de Paulo VI, ele convocaria regularmente os bispos a Roma para a realização de sínodos, cuja geometria trataria de variar de acordo com o objetivo: ordinário, extraordinário, nacional, especial ou parcial.

Os sínodos ordinários, que na época de Paulo VI realizavam-se aproximadamente de três em três anos, passaram a funcionar tão bem que corriam o risco de afundar no marasmo burocrático. Preparado pelos quinze membros de sua comissão permanente, convocado pelo papa, que estabelece seu tema, sancionado por um simples voto consultivo, o sínodo dos bispos não demorou a perder seu caráter criativo e autônomo. No dia 14 de julho de 1979, João Paulo II nomeia seu amigo eslovaco Jozef Tomko secretário-geral do sínodo, com a missão de revigorar a instituição. Em novembro de 1980, reúne-se um primeiro sínodo ordinário que, tratando do tema da família, haveria de servir de modelo para o futuro. Como fizera em Cracóvia, João Paulo II preparou os espíritos para essa reunião desenvolvendo uma verdadeira catequese, semanalmente, durante a audiência geral. Durante o sínodo propriamente dito, ele preside as missas de abertura e encerramento, assiste a todas as reuniões — sem interferir, mas tomando notas — e, paralelamente às sessões, convida a sua mesa pequenos grupos de participantes. Disponível e onipresente, o papa realmente anima cada sessão, cuja conclusão por sinal reserva para si.

Em outros tempos, o cardeal Wojtyla pôde avaliar a dificuldade de sintetizar esse tipo de trabalho, especialmente em 1974, quando foi o principal relator dos debates sinodais sobre o controvertido tema da missão. Paulo VI levou vários meses para publicar os ensinamentos extraídos do sínodo, na forma de uma exortação intitulada *Evangelii nuntiandi*. João Paulo II por sua vez também adotaria este método, que permite ao mesmo tempo deixar que esfriem as paixões, depurar ainda mais a reflexão e deixar uma marca doutrinária autorizada. Assim é que um ano depois do primeiro sínodo de seu pontificado, dedicado à família, ele publica em 1981 uma carta sobre o tema, *Familiaris consortio*, para fixar os ensinamentos do encontro. Da mesma forma, publicaria um texto intitulado *Reconciliatio et poenitentia* quatorze meses depois do sínodo de outubro de 1983 sobre a penitência e a reconciliação. Em outubro de 1987, João Paulo II dá início a um ciclo de três sínodos ordinários dedicados à vida da Igreja. Durante um mês, duzentos e trinta e dois bispos e cerca de sessenta ouvintes leigos debatem livremente a missão do laicato. Depois de ouvir pessoalmente cerca de trezentas intervenções que levaram a cinquenta e quatro "propostas", o papa redigiria enfim a exortação pós-sinodal *Christi fideles laici*, que seria publicada mais de um ano depois. O mesmo aconteceria no sínodo sobre os padres em 1990 (o texto *Pastores dabo vobis* viria a público em abril de 1991), no sínodo sobre a vida religiosa em 1994 (a exortação *Vita consacrata* seria publicada em março de 1996) e no sínodo sobre a Europa em 1999 (o documento *Ecclesia in Europa* sairia em junho de 2003).[22]

Todos esses textos, que enriquecem ainda mais o legado doutrinário de um papa excepcionalmente prolífico, também têm a função de lembrar uma verdade que, para João Paulo II, parece óbvia: entre os bispos e o papa, é sempre o papa que tem a última palavra.

*

No início do outono de 1979, os aposentos pontifícios estão em reforma, e é então na torre San Giovanni, geralmente reservada aos convidados ilustres, que João Paulo II se cerca de algumas eminências para tratar da situação tensa na Igreja da Holanda. É durante essa reunião que o papa lança uma idéia: "E se organizássemos um sínodo?" A proposta papal de um sínodo que não seja mundial é uma novidade. Assim é que os sete bispos holandeses são convocados a Roma em meados de janeiro de 1980, para resolver seus problemas em família. Alguns vivem suas divergências com tanta intensidade que nem se falam mais. Ao fim de doze dias de vida, orações e reflexão em comum em torno do Santo Padre, o diálogo poderá ser retomado internamente na hierarquia em crise. Dois dos bispos envolvidos diriam ao padre Jan Schotte, incumbido por João Paulo II de organizar os trabalhos: "Mas por que não fizemos isso antes?"[23]

O GOVERNO DA IGREJA

Dez anos depois, o método seria retomado em outros sínodos especiais destinados a confrontar pontos de vista divergentes num mesmo conjunto geográfico. Assim é que o papa convocaria a Roma os bispos ucranianos (1990), os bispos europeus ocidentais e orientais (1991), os bispos africanos (1994), os bispos das Américas do Norte e do Sul (1997), os bispos asiáticos (1998) e novamente os bispos europeus (1998). Enfim, João Paulo II não hesitou em convocar minissínodos, informais ou parciais, reunindo todos os bispos envolvidos num tema específico: a América Central (1981), a paz e o desarmamento (1983), a teologia da libertação no Peru (1984), as tensões na Igreja do Brasil (1986) e na dos Estados Unidos (1987), os problemas do episcopado suíço (1991), a guerra do Golfo (1991) e o conflito na antiga Iugoslávia (1995).

Além disso, como vimos, o papa modificou profundamente os hábitos dos bispos ao sistematizar as visitas *ad limina apostolorum* (sobre o "túmulo do apóstolos" Pedro e Paulo), às quais conferiu periodicidade qüinqüenal. Durante essas estadas romanas, os bispos, divididos em pequenos grupos, têm pouco tempo livre. Eles não apenas discutem muito com os representantes dos dicastérios como são convidados à missa matinal do papa, e logo também a uma refeição no palácio apostólico — desjejum ou almoço — em companhia do Santo Padre e a uma audiência coletiva na qual o papa pronuncia um "discurso *ad limina*". Essa declaração sintética e arrazoada é uma novidade muito importante para cada Igreja local, que de certa forma recebe assim seu "caminho das pedras" para os cinco anos vindouros. Enfim, cada bispo tem direito a uma entrevista pessoal de quinze a trinta minutos com o Santo Padre, o mais das vezes sem intérprete. Para o próprio João Paulo II, essas entrevistas individuais constituem excelente maneira de completar — e às vezes contornar — os relatórios dos núncios apostólicos, não raro excessivamente diplomáticos para seu gosto, e de ter uma idéia concreta e pessoal de cada uma das duas mil e quatrocentas dioceses que compõem a Igreja mundial. Todo bispo que passou por esse rito lembra-se da maneira como o papa o recebeu da primeira vez, apontando um atlas: "Então, senhor bispo, onde fica sua diocese?"

Como se explica então que João Paulo II tenha sido acusado de não permitir que os bispos participassem suficientemente da condução dos negócios da Igreja? Será apenas porque em todas essas assembléias a regra é que a última palavra seja do papa? No sínodo de outubro de 2001, muitos bispos ainda exprimiam o desejo de que essa instituição consultiva finalmente se tornasse deliberativa. Ou será que a Igreja nunca adquiriu realmente essa "cultura do debate" que já agora muitos dirigentes locais, inclusive cardeais, desejam instaurar?

Não é apenas isso. Cabe frisar também que o papa cuidou pessoalmente para que as conferências episcopais, reunindo todos os bispos de um mesmo país numa estrutura "nacional", não se outorgassem o poder individualmente conferido pelo direito canônico a cada bispo em sua diocese. É grande, com efeito, o risco de que uma Igreja local, a pretexto de colegialidade, estabeleça sua autonomia sobre critérios especificamente nacionais, ao passo que o simples conceito de Igreja "nacional" contraria ao mesmo tempo a tradição, o direito canônico e o bom senso.

O antigo arcebispo de Cracóvia, que foi o número dois da conferência episcopal polonesa, conhece a questão. Nas décadas de 1960 e 1970, a conferência dos bispos da Polônia dispunha de uma estrutura "nacional" original que permitia uma autêntica divisão das tarefas, uma eficiente delegação de poderes e verdadeiros debates internos. Que por sua vez não impediam, muito pelo contrário, uma indefectível solidariedade dos bispos poloneses ante o mundo exterior, inclusive... o papado! Depois de feito papa, aconteceu que Karol Wojtyla denunciasse certas tendências para "definições enfáticas, unilaterais e insustentáveis" de determinada Igreja local.[24] Em 1986, em Lyon, onde uma parte do clero local contesta publicamente sua autoridade, ele explica: "Não podemos dissociar Jesus Cristo de sua Igreja, não podemos dissociar a comunidade diocesana de seu bispo nem do bispo de Roma!" Pior ainda, em julho de 1998, João Paulo II publica um *motu proprio*[25] intitulado *Apostolus suos*, sobre o papel e a autoridade das conferências episcopais nacionais que se multiplicaram depois do Concílio Vaticano II (elas são atualmente mais de cem) e com freqüência cada vez maior abordam questões de doutrina. Nesse texto — cuja elaboração exigiu treze anos de entendimentos — o papa lembra que as conferências episcopais não estão acima dos bispos locais, não podem assumir o lugar deles e menos ainda o do Sumo Pontífice, cujo magistério impõe-se a todos.

Não surpreende, assim, que João Paulo II se tenha confrontado com algumas conferências episcopais, especialmente as mais poderosas da cristandade: no Brasil (contra a teologia da libertação), nos Estados Unidos (contra a liberdade dos fiéis), na Itália (sobre a questão do engajamento político) e na Alemanha Ocidental (a respeito do aborto). No dia 8 de março de 1989, uma reunião entre os bispos americanos, liderados por Dom John May, arcebispo de St. Louis, e os dirigentes da Cúria deixou claras ao mesmo tempo a liberdade na troca de idéias e a inutilidade do diálogo entre os bispos e o papa. Diante dos prelados americanos, que declaravam encontrar dificuldades cada vez maiores para afirmar a existência de uma Igreja "empenhada em ensinar com autoridade o bem e o mal" numa sociedade em que esse tipo de maniqueísmo é cada vez menos aceito, o papa viu-se sozinho contra todos. "Plenamente consciente do desafio", como garantiu a seus interlocutores, João Paulo II diz-lhes enfaticamente que de forma alguma se trata de permitir que os bispos se transformem aos poucos em simples elementos "moderadores" entre as facções cambiantes de uma sociedade moderna. E que o debate estava encerrado.[26]

Quantas vezes João Paulo II não haveria de lembrar que a Igreja não é nem uma democracia nem um partido político, mas uma "comunhão" que transcende os hábitos e práticas da época! No dia 20 de novembro de 1998, falando aos bispos austríacos, que lhe comunicam o crescente desejo dos fiéis de assistir a uma "democratização da Igreja", ele não mede palavras: "Democratizar a Igreja não corresponde nem aos fundamentos bíblicos nem à tradição da Igreja da época dos apóstolos." Não seria possível ser mais claro. O papa é o guardião da Revelação, não cabe a ele preocupar-se com as tendências da época. E sobretudo não é dele que se deve esperar qualquer iniciativa que pudesse prejudicar aquilo que considera mais caro: a unidade da Igreja.

24

A unidade do rebanho

"Uma vez que o papa não pode fazer tudo", diz João Paulo II certo dia a seu amigo André Frossard, "que deve fazer em primeiro lugar? Acredito que sua primeira tarefa consiste em unir o povo de Deus."[1] A primeira preocupação de um pastor é a coesão de seu rebanho. E essa responsabilidade não pode ser compartilhada com ninguém. É certo, como vimos, que na Igreja o único verdadeiro "poder" está nas mãos dos bispos. Mas estes estão por natureza submetidos a pressões centrífugas e não raro se tornam porta-vozes de suas dioceses. O único bispo que tem uma missão "universal" é o bispo de Roma. Queira ou não.

A Igreja sempre esteve dividida. Em dois mil anos, a mais antiga instituição mundial enfrentou polêmicas, heresias, desagregações, cismas. Desde os primeiros concílios até os tempos modernos, foram tantas as crises internas que ela teve de superar! E, se é verdade que pôde recuperar-se após as provações por que passou no século XIX, o fato é que voltou a se fraturar depois do Vaticano II. E, por sinal, menos por causa do concílio como tal do que em conseqüência da evolução do mundo. Nas últimas décadas do século XX, a "globalização" evidenciou mais que nunca a diversidade histórica, espiritual e cultural dos cristãos. Na época do Concílio Vaticano II, quem se interessava na Europa pela especificidade dos católicos americanos? Quem, no Ocidente, sabia distinguir um católico uniata de um cristão ortodoxo? Quem podia imaginar, em Roma, que as crianças batizadas na África e na China poderiam um dia viver sua fé em suas próprias línguas e de acordo com referências culturais originais?

João XXIII situara a unidade dos cristãos à frente de todas as preocupações do concílio. Paulo VI tivera de enfrentar novas divisões da Igreja, ao mesmo tempo empenhando-se em fazer com que a idéia ecumênica avançasse lentamente. João Paulo II, por sua vez, faria da unidade seu tema prioritário: unidade dos cristãos, especialmente na perspectiva do Jubileu do ano 2000, mas também unidade dos próprios católicos, sem a qual aquela outra não teria sentido. Por mais fundamentada que fosse, essa preocupação com a unidade acarretaria duas atitudes que acabariam por transmitir uma imagem negativa do papado, inclusive entre os cristãos: um reforço da *disciplina* e uma volta ao *centralismo*. O primeiro decorre da preocupação de reduzir os fatores objetivos de divisão em matéria de dogma e regulamentação interna; a segunda, da tentativa de voltar a pôr na linha certos protagonistas "centrífugos" considerados geradores de desunião — como o bispo Lefebvre, o líder dos integristas, o bispo Gaillot, o jovem titular de Évreux, ou o padre Arrupe, o superior dos jesuítas.

O *desvio do bispo Lefebvre*

Ao ser eleito papa, Karol Wojtyla sabe muito bem quem é Marcel Lefebvre. Conheceu-o durante o concílio quando ainda era jovem bispo, e o prelado francês ainda era arcebispo de Dacar, empenhando-se nos corredores do Vaticano II em defesa do latim, da batina e da liturgia de São Pio V. Ele sabe que o velho militante anticonciliar criou em 1969 a Fraternidade São Pio X (o papa que condenou o "modernismo") e que desde 1976 vem ordenando padres em Écône, na Suíça. Sabe também que por esse motivo Paulo VI o suspendeu *a divinis* (ou seja, que o prelado está proibido de exercer qualquer ministério). Como todo mundo, ele acompanhou a brutal ocupação da igreja de São Nicolau de Chardonnet, em Paris, em fevereiro de 1977, por padres tradicionalistas ligados ao bispo Lefebvre. As iniciativas do antigo arcebispo de Dacar não só geram uma lamentável perturbação em uma Igreja dividida pela aplicação das decisões do concílio como conduzem diretamente ao cisma.

Logo depois de eleito, João Paulo II recebe o bispo Lefebvre em audiência. O encontro não transcorre nada bem. Teria esperado o chefe dos tradicionalistas que o papa logo tratasse de lhe dar razão? Que lhe anunciasse sem mais aquela uma pura e simples volta atrás? Que desautorizasse Paulo VI, de quem havia sido tão próximo? Ter-se-ia equivocado quanto ao profundo apego de Karol Wojtyla ao Concílio Vaticano II? O fato é que o arcebispo dissidente declara em seguida com aspereza, diante dos jornalistas, que o papa "não tem personalidade". Impossível ser menos diplomático. E no entanto seu interlocutor tinha motivos para tranqüilizá-lo em muitas questões. O latim? O debate sobre a língua litúrgica nunca constituiu problema para os católicos poloneses, e o próprio Wojtyla gosta muito de orar e cantar em latim. A batina? O novo papa desaprova a rejeição dos sinais sacerdotais pelos padres modernosos e mais se inclinaria, pessoalmente, para o retorno ao uso da batina. A liturgia? É verdade que o concílio gerou uma considerável reforma litúrgica, sob a liderança de Paulo VI, mas por que não tolerar vários modos de celebração da missa? "Teria sido melhor permitir que dois modos fossem celebrados", diz certo dia o padre Congar. É a opinião de João Paulo II. A concorrência entre várias formas de liturgia não contribui propriamente para a unidade da Igreja, mas será que é tão grave assim? Como em muitas outras ocasiões, o novo papa logo adotou uma atitude ao mesmo tempo firme e nuançada da qual não se desviaria mais: a Igreja pode perfeitamente flexibilizar sua posição sobre essas questões que não dizem respeito ao essencial, mas não se pode voltar atrás nas orientações do Concílio Vaticano II.

Assim, em 1984, João Paulo II volta a autorizar a utilização do rito "tridentino" (do Concílio de Trento), também conhecido como "de São Pio V". É o rito que moldou o ordinário da missa até que o papa Paulo VI o reformasse, ao aplicar as recomendações do concílio. A decisão não é fácil, não se pode afastar o risco de confronto com uma corrente tradicionalista no interior da Igreja. Mas o bispo Lefebvre recusa essa possibilidade de compromisso. Renunciar a rejeitar as conclusões do concílio, em troca desta tardia abertura "litúrgica"? Há já muito tempo ele e suas ovelhas consideram que o Vaticano II tomou o caminho errado e que a declaração sobre a liberdade religiosa, *Dignitatis Humanae*, é "herética". O recuo neste tema muito mais fundamental que a reforma litúrgica já agora parece impossível.

Em março de 1986, João Paulo II recebe uma carta dura de Lefebvre, acusando-o de "arrastar o clero e os fiéis para a heresia e o cisma". Dois acontecimentos servem para corroborar aos olhos do bispo Lefebvre a sua "resistência" e para projetar definitivamente na oposição os seguidores de Écône: a história da visita do papa à sinagoga de Roma, no dia 13 de abril, que na óptica dos integristas confirma que o papa "é inspirado pelo diabo e está a serviço da maçonaria", e o encontro inter-religioso de Assis, a 27 de outubro, considerado pelo bispo Lefebvre, em carta à revista *Itinéraires*, "o cúmulo da impostura e do insulto a Nosso Senhor". Por mais que o cardeal Ratzinger, prefeito da Congregação para a Doutrina da Fé, responda em nome do papa e "com a mais extrema gravidade" que Lefebvre e seus discípulos não deveriam chegar ao ponto de "romper definitivamente com a comunhão da Igreja", o rompimento parece inevitável. Ainda haveria uma última chance de evitar o cisma?

No dia 5 de maio de 1988, o bispo Lefebvre e o cardeal Ratzinger encontram-se na sede da Congregação para a Doutrina da Fé, em Roma, e finalmente chegam a um acordo. O arcebispo dissidente renuncia a ordenar bispos fora da Igreja e em troca o papa atenderia ao desejo mais caro do velho prelado: designar seu próprio sucessor para perpetuar sua obra. Infelizmente, naquela mesma noite, em sua residência em Albano, de onde se podem ver as muralhas e a cúpula de Castel Gandolfo, Lefebvre pensa melhor, hesita e volta atrás. No dia seguinte, comunica sua nova decisão a Ratzinger. Este, furioso, corre ao encontro do papa: o bispo de Écône confirmou-lhe que ordenaria bispos no fim de junho. No dia 15 do mês, ele ataca violentamente o papa na presença de jornalistas: "Roma nos engambelou. Somos ameaçados de excomunhão, mas excomunhão por quem? Por uma Roma que não tem mais a fé católica!? Falam-nos de cisma, mas cisma com quem, com o papa modernista? Com o papa que dissemina por toda parte as idéias da Revolução?"

No dia 2 de junho, o bispo Lefebvre confirma numa carta ao papa que vai ordenar quatro novos bispos, especificando que se trata efetivamente de perpetuar um movimento que "nos protege do espírito do Vaticano II e de Assis", à espera de "um período mais propício no qual Roma, que hoje se encontra infestada pelo modernismo, volte para a Tradição". A resposta de João Paulo II, a 9 de junho, confirmando que semelhante ato será "cismático", não surte qualquer efeito. A crise parece irremediável. O filósofo parisiense Jean Guitton, então com 85 anos de idade, tenta uma mediação de última hora e vem expressar ao bispo Lefebvre "seus últimos desejos" — falando, naturalmente, de uma reconciliação. Em vão. A cerimônia fatal é programada para 30 de junho.

Mas na noite de 29 de junho, João Paulo II e monsenhor Ratzinger arriscam um último lance de pôquer. Em Écône, já tendo o prelado se recolhido a seus aposentos, um Mercedes proveniente de Berna estaciona diante do seminário. É o secretário do núncio apostólico, que chega trazendo um envelope. Trata-se de uma intimação de Ratzinger para que compareça a Roma *sine die,* a convite pessoal do papa. O carro veio para levá-lo. Lefebvre se recusa. O emissário volta sozinho. A sorte está lançada. Na quinta-feira, 30 de junho, protegido do sol por um dossel à antiga, curvado ao peso de sua casula tecida com ouro fino e tendo na cabeça a mitra de arcebispo, o bispo de Écône pousa as mãos calçadas com luvas de veludo nas cabeças de quatro de "seus" padres: um francês, um inglês, um espanhol e um suíço. Unge-os solenemente, num clima de recolhimento e gravidade, e sob os *flashes* dos fotógrafos convidados para a cerimônia entrega a cada um deles o báculo e o anel, símbolos de sua nova condição episcopal.

Nesse exato momento, em Roma, o papa excomunga seu antigo colega *latae sententiae,* ou seja, "pelo próprio fato do pecado cometido", assim como aos quatro bispos por ele consagrados. No dia seguinte, 1º de julho, o cardeal Gantin, prefeito da Congregação para os Bispos, assina um decreto pelo qual o ato de consagração é efetivamente "cismático". Todo católico que siga o caminho de monsenhor Lefebvre também está sujeito agora à excomunhão. Uma sentença como essa é extremamente rara.

Mas João Paulo II não se contenta com essa condenação. Já no dia 2 de julho, publica um *motu proprio* intitulado *Ecclesia Dei adflicta.* Nele, frisa a importância desse caso para a unidade da Igreja, confirma que a desobediência do bispo de Écône constitui efetivamente um "ato cismático" e, criando uma comissão especial para discutir com os lefebvristas que não quiserem ter o mesmo destino, propõe-lhes que conservem "suas tradições espirituais e litúrgicas". Já a 18 de outubro, propicia a criação na Alemanha de um primeiro "instituto de vida apostólica" de direito pontifício, intitulado Fraternidade de São Pedro e destinado a "recuperar" aqueles que hesitam em desligar-se da Igreja romana. João Paulo II sabe que estendendo assim a mão aos tradicionalistas terá de enfrentar, sobretudo na França, a má vontade de muitos bispos, exasperados com as orgulhosas exigências desses "fiéis" que tão pouco o são na verdade. Mas o papa não mudou, e com efeito sua posição parece a única possível: concordância com a formação de uma corrente tradicionalista dentro da Igreja Católica, com o direito de organizar suas próprias celebrações, em caráter excepcional, desde que seus membros concordem em oficiar no contexto do Concílio Vaticano II.

Dez anos depois, na segunda-feira, 26 de outubro de 1998, João Paulo II chegaria inclusive a receber em São Pedro cerca de dois mil tradicionalistas que romperam com os lefebvristas (o bispo Lefebvre morreu em 1991), para assinalar o décimo aniversário do triste caso. E não seria sem um certo ranger de dentes que alguns bispos franceses ouviriam o papa mais uma vez pedir-lhes que fizessem "gestos de unidade" em direção dessas ovelhas desgarradas.

O *caso Gaillot*

18 de janeiro de 1992. No terceiro andar do palácio apostólico, o papa recebe um a um os treze bispos franceses da região apostólica norte, que se encontram em Roma em visita *ad limina*. Liderados pelo bispo Bardonne, de Châlons-en-Champagne, lá estão os dirigentes das dioceses de Lille, Reims, Rouen e Troyes, todos com batinas rendilhadas, ilhoses violetas, botões negros, felizes e em alguns casos emocionados por se encontrarem individualmente com o Santo Padre. O grupo aguarda no salão pontifício. Cada um deles sabe que para começar o papa haverá de fazer uma pergunta sobre a localização geográfica de sua diocese, debruçado sobre um atlas. Chegada a vez do bispo Jacques Gaillot, de Évreux, o papa faz a mesma pergunta que em 1982 e 1987, nas anteriores visitas *ad limina*:

— Nossa Senhora de Lisieux fica em sua diocese?

E o bispo Gaillot responde, sorridente:

— Não, Santíssimo Padre, ainda não: é na diocese vizinha!

O frágil visitante volta então a assumir um ar grave e dirige a seu ilustre anfitrião palavras amarguradas sobre os sofrimentos que lhe vem impondo a Cúria. O prelado não consegue aceitar que o cardeal Bernardin Gantin, prefeito da Congregação para os Bispos, tenha promovido uma investigação a seu respeito em sua própria diocese sem comunicar-lhe. Na véspera, num pequeno grupo, ele havia perdido o controle na presença

A UNIDADE DO REBANHO

do cardeal do Benin, comparando seus métodos aos da Stasi, a sinistra polícia política alemã oriental.

— O senhor está a par, Santíssimo Padre, de meus problemas com Roma...

O papa, maliciosamente, reorienta a queixa:

— Mas não se trata apenas de Roma! Há também a França, o episcopado francês! O próprio presidente da conferência episcopal fez uma diligência junto ao senhor...

E o Santo Padre conclui a conversa, segundo depoimento de Gaillot, num tom simpático e paternal:

— Aconselho-o a não se limitar simplesmente a *cantare extra chorum* [cantar fora do coro]. Não se esqueça de cantar com seus irmãos bispos![2]

O papa sabe perfeitamente de que é acusado o turbulento dirigente da diocese de Évreux. Durante a mesma visita, em 1987, ele chegara a gracejar a respeito no almoço oferecido aos bispos franceses: "Sirvam o bispo vermelho!", dissera, rindo, a seus vizinhos de mesa. Passaram-se cinco anos. As declarações dissonantes do bispo Gaillot, no contexto da conferência episcopal, a respeito da escola livre ou da ordenação de homens casados, suas declarações a favor do preservativo e sobre a homossexualidade, sua participação em manifestações contra os testes nucleares franceses e suas entrevistas a publicações licenciosas como *Lui* e *Le Gai Pied*, acabaram exasperando muita gente — sobretudo no episcopado francês.

Com a mão no coração, muitas boas almas informariam regularmente o papa sobre as extravagâncias desse prelado fora do comum que conseguiu indispor não só o cardeal Gantin, prefeito da Congregação para os Bispos, como monsenhor Antonetti, o núncio apostólico em Paris, para não falar de alguns franceses influentes na Cúria, como o cardeal Poupard e o arcebispo Tauran, o novo "ministro das Relações Exteriores" do Vaticano, que o detesta cordialmente. Os principais dirigentes da Igreja na França, especialmente os cardeais Decourtray e Lustiger, assim como o novo presidente da conferência episcopal, monsenhor Duval, tudo fizeram para que o caso fosse resolvido sem necessidade de intervenção de Roma. Em vão: a cada advertência, o contestador respondia com alguma declaração espetacular contrária à linha dos bispos, ou participando ostensivamente de um programa de televisão mais ou menos escandaloso. Para Jacques Gaillot, a questão é clara: a hierarquia da Igreja quer impor silêncio a alguém que transgride as formas habituais de compromisso eclesial, que dá prioridade à luta pelos "excluídos" sobre a gestão de sua diocese e que não teme representar a Igreja onde ela não é esperada, sobretudo nos estúdios de televisão e diante dos jornalistas. O fato de um bispo interpelar nominalmente o ministro do Interior — que na França é também o ministro dos Cultos — para protestar contra sua política em relação aos imigrantes é algo que naturalmente vai de encontro às relações muito bem enquadradas da conferência dos bispos e do núncio apostólico com o governo da República.

O bispo Gaillot sente sua opinião condenada pela recepção gélida que lhe é reservada pelo núncio apostólico em Paris, Dom Lorenzo Antonetti, no dia 21 de maio de 1994. Peremptório, o representante do papa ordena-lhe: "Não faça mais nada na mídia! Cale-se!" Para responder, ele participa de dois programas de entretenimento na rádio France Inter: *Pop Club*, de José Artur, e *Rien à Cirer*, de Laurent Ruquier, no qual o papa é freqüentemente alvo de gracejos, e mesmo ridicularizado. Mas será então que esse prelado não respeita nada? Quando o núncio lhe informa que está convocado a Roma para o dia 9 de janeiro de 1995, o bispo de Évreux responde que não está livre nesse dia, pois prometeu participar de uma manifestação contra o embargo americano imposto ao Iraque. Monsenhor Antonetti, que perde o fôlego de indignação diante de semelhante desenvoltura, transfere o encontro para 12 de janeiro. Com isso, o bispo Gaillot não mais poderia ser recebido pelo papa: na véspera, João Paulo II parte para as Filipinas, onde presidiria dois dias depois, em Manilha, o maior ajuntamento humano da história da Igreja. Diante de um tal acontecimento, o "caso Gaillot" não tem grande importância — muito embora a quase totalidade dos meios de comunicação franceses, fascinados com a "luta" do bispo contestador contra a Cúria Romana, relegasse ao silêncio a grande missa histórica de Manilha.

Naquela quinta-feira, às 9h30 em ponto, no Vaticano, o bispo de Évreux entra no gabinete do prefeito da Congregação para os Bispos. Jacques Gaillot, 59 anos, está vestido como de costume: camisa pólo e paletó, sem solidéu, nem gola romana, nem batina, nem cruz peitoral. O cardeal Gantin, 73 anos, batina rendilhada, faixa e solidéu vermelhos, mantém uma atitude solene, como convém a um dos mais altos dignitários da Igreja. Tem a seu lado dois outros prelados: o cardeal argentino Mejía, secretário da congregação, e o arcebispo francês Tauran, que depositou a sua frente um volumoso processo. Gantin não gosta de Gaillot, que dá o troco. O primeiro já passou um sermão no segundo em outubro de 1988, numa sala do bispado de Nancy, durante a viagem do papa pelo leste da França. O cardeal africano tem velhos amigos na diocese de Évreux, que lhe dizem os piores horrores de seu turbulento bispo. Em resposta, este não pode deixar de se espantar que o cardeal Gantin, sempre pronto a censurá-lo por não se anunciar aos colegas quando vai ao Haiti ou a Mururoa, visite por sua vez seus amigos normandos sem comunicar sua presença a ele, o bispo local. Comentário de um padre de Évreux: "Quando um velho negro se sente humilhado por um jovem branco, não pode ser boa coisa."

Nessa fria manhã de janeiro, o encontro não podia ser mais gélido. No fim de algo que se parece com um processo — um processo sem possibilidade de defesa — o cardeal Gantin decide:

— A partir de amanhã ao meio-dia o senhor não terá mais funções em Évreux.

Estupefação do bispo Gaillot, que não esperava semelhante sanção:

— O senhor pensou nas reações na França?

Gantin responde secamente:

— Não se trata da França, mas da Igreja!

Estaria o cardeal traduzindo fielmente o pensamento do papa? Será possível que o Santo Padre esteja dando cobertura a esta paródia de processo? Nesse mesmo momento, João Paulo II está presidido as JMJs de Manilha, que reúnem cerca de três milhões de participantes, e está longe, muito longe de pensar nos problemas do bispo de Évreux. Que a Congregação para os Bispos resolva os problemas de disciplina, que constituem precisamente a sua missão!

Como o bispo Gaillot se recusa a apresentar sua demissão, o procedimento consiste em "transferi-lo" para uma diocese fictícia.[3] Com efeito, se não teria cabimento privar um bispo de sua dignidade por se ter mostrado indisciplinado, tampouco se pode imaginar, em termos canônicos, um bispo sem diocese. Cabe lembrar que o jovem bispo Wojtyla, como qualquer bispo auxiliar, foi lotado no bispado de Ombi, no sul do Egito. Assim é que o comunicado publicado a 13 de janeiro pela *Sala Stampa* anuncia que o bispo de Évreux é "transferido" para a diocese de Parthenia, antigo bispado do norte da África cuja exata localização ninguém conhece.

"O que está em questão é a Igreja!" Pelo menos a esse respeito, o cardeal Gantin expressou o pensamento do papa. Como afirma o comunicado da Cúria, o bispo Gaillot "não se mostrou capaz de exercer o ministério de unidade que é o primeiro dever de um bispo". Para João Paulo II, tudo mais é secundário: um bispo que se preocupa com os excluídos, que dialoga com os muçulmanos, que leva a palavra do Evangelho aos meios de comunicação mais distantes dele, que denuncia a injustiça econômica e a opressão de Estado, nada disso choca o antigo arcebispo de Cracóvia. Mas não se pode tolerar que ele não respeite a solidariedade episcopal de maneira geral, que não se adapte a um comportamento "coletivo" num país em que a Igreja tem profunda necessidade de recuperar uma imagem de união, que permita que seu antecessor seja abundantemente insultado num livro[4] ou que esteja permanentemente criticando as decisões de sua própria hierarquia. Um bispo deve ter como primeira preocupação a coerência e a unidade da Igreja da qual vem a ser um dos pilares — e mesmo o principal, segundo a tradição canônica. O cardeal Decourtray, personalidade incontestada na Igreja da França, havia advertido o bispo de Évreux em 1989: "Caro Jacques, tuas declarações vão de encontro publicamente à disciplina da Igreja de que és bispo." Até mesmo o popular *abbé* Pierre, outro eclesiástico francês fora do padrão e adulado pela mídia, dissera-lhe certo dia: "No meu caso, se ninguém me censura, é porque não sou bispo."

A grita na França é generalizada: excitação na **mídia**, que não perde a menor oportunidade de denunciar o autoritarismo ultrapassado do Vaticano; irritação da quase totalidade dos bispos franceses, que souberam da notícia pela imprensa; comoção de uma parte dos fiéis, que não entende que um bispo seja sancionado por sua maneira — mesmo que ela seja pouco conformista — de anunciar o Evangelho. As quarenta mil cartas recebidas pelo bispo Gaillot, em sua maioria cópias de cartas enviadas ao papa, mostram que a sanção certamente não foi adequada.

No dia 3 de março de 1995, o papa recebe em sua biblioteca privada os bispos Duval e Marcus, presidente e vice-presidente da conferência episcopal francesa, que vêm informá-lo dessas reações ao mesmo tempo consternadas e consternadoras. Como o papa manifestou o desejo de se encontrar com Gaillot, este é convidado pelos dois a escrever ao Santo Padre, mas o núncio Antonetti impõe tantas condições para a audiência que Gaillot desiste. Em outubro de 1995, a nomeação de um novo núncio para Paris, o bispo Mario Tagliaferi, resolve a situação. Gaillot volta a escrever ao papa, que finalmente o recebe na quinta-feira, 21 de dezembro.[5] Nesse dia, o papa, geralmente tão jovial, parece algo tenso. Ele acaba de ler o bilhetinho que seu secretário lhe entregou antes do encontro. "Um bilhete não muito evangélico", diria um padre da Secretaria de Estado que teve acesso a ele. A conversa começa em tom um tanto ríspido:

— Os habitantes de Évreux não devem gostar muito do papa!

— Não é verdade, Santíssimo Padre: os habitantes de Évreux consideram que tudo isso não vem do senhor, mas da Cúria.

— Mas segundo os bispos da França o senhor aparece demais na mídia.

— Não mais que o senhor, Santo Padre.

— Eu não me vejo na televisão!

— Nem eu.

— Conte-me como está vivendo atualmente...

E o bispo Gaillot passa a descrever-lhe o imóvel ocupado em Paris onde encontrou refúgio entre uma pequena população de imigrantes ilegais, concluindo que "ser bispo de Parthenia não é tão mau assim".

— Mas Parthenia não existe!

— Justamente, Parthenia pode ser em qualquer lugar.

— O senhor realmente não é um bispo como os outros.

O papa se desarmou. Gaillot garante que ele chegou até a considerá-lo "simpático", acabando por sugerir-lhe no fim do encontro que se encontrasse com o cardeal Gantin. E no dia seguinte, com efeito, o bispo volta a se encontrar com o cardeal, que ao fim de uma conversa algo seca convida-o a resolver seu problema com o presidente da conferência episcopal de seu país, monsenhor Duval. Este por sua vez teria um encontro com Gaillot em seu gabinete da rua du Bac, em Paris, propondo três missões a esse "irmão" tão turbulento, o qual, obstinado, recusaria as três sugestões.

Gaillot continuaria sendo uma espécie de bispo sem domicílio fixo. Nunca chegou a receber uma notificação oficial sobre sua nova situação. Algumas vezes participou de reuniões de bispos franceses, invariavelmente provocando certas turbulências nas fileiras episcopais. Nunca mais voltou a se encontrar com o papa.

O caso Gaillot não pode ser comparado com o caso Lefebvre. O bispo de Évreux nunca se situou à margem do dogma, nunca ordenou padres dissidentes nem incitou ao cisma. Seu caso não passou de um problema de disciplina tratado de forma canhestra por uma instituição excessivamente rígida. O problema nada tinha de teológico. Era um problema político. Consistia em saber como manter a unidade de uma Igreja duas vezes milenar, que representa um sexto da humanidade, numa época em que, num clima democrático em constante progresso, seus próprios membros já não aceitam submeter-se aos decretos de nenhuma autoridade.

Os jesuítas

"Quero dizer-lhes que foram motivo de preocupação para meus antecessores e que continuam a sê-lo para o papa que lhes fala." Para os superiores provinciais da Companhia de Jesus, que neste dia 21 de setembro de 1979 acabam de encerrar sua assembléia anual em Roma, este primeiro contato com o novo papa é uma verdadeira ducha fria.

Dez meses antes, o superior da ordem — Pedro Arrupe, desde 1965 à frente dos jesuítas — convidara oficialmente o Santo Padre para essa reunião, na breve audiência que ele lhe concedeu após sua eleição, no dia 11 de dezembro de 1978, durante a qual, obedecendo à tradição, renovara os votos de obediência da Companhia de Jesus ao novo papa. Este primeiro contato havia sido apenas protocolar. Nada de comovente, nada de afetivo havia vibrado entre aqueles dois homens que a história haveria de opor, embora por tantos pontos em comum pudessem ter-se tornado amigos.

Treze anos mais velho que Karol Wojtyla, Pedro Arrupe é ao mesmo tempo uma personalidade forte e um homem de oração, como o novo pontífice. Um é basco, o outro, polonês — ambos sabem o que representa esse sentimento nacional —, mas ambos foram arrancados pelo destino de suas pátrias. Um destino que os transcende. Em 1945, quando o jovem Karol descobria horrorizado o que realmente havia acontecido em Auschwitz, a trinta quilômetros de sua cidade natal, o padre Arrupe era mestre dos noviços em Yamatsuka, a cinco quilômetros de Hiroxima, onde assistiu *de visu* à explosão da bomba atômica que em poucos minutos aniquilou a cidade. Wojtyla escapara por pouco à deportação, Arrupe passou a dois dedos da morte nuclear. O fato de terem vivenciado de tão perto as duas maiores tragédias do século poderia tê-los aproximado. E poderíamos acrescentar que o geral jesuíta também perdeu sua mãe ainda na infância. E que foi igualmente um grande amador de teatro. E ainda que, logo depois de eleito, chegou a sonhar em se instalar entre os pobres de Roma, mais ou menos como o irmão Albert Chmielowski, a referência cracoviana de João Paulo II.

Acontece que o novo papa, que dos jesuítas só conhece a dócil e apaziguada província polonesa, tem inegavelmente um *a priori* contra Arrupe. Ele não se preocupa muito com as questões da Companhia de Jesus, mas não esqueceu que Arrupe tinha um mau relacionamento com Paulo VI, que havia encarregado os jesuítas do "combate ao ateísmo". O homem do Leste, pouco informado dos debates em torno da teologia da libertação, enxerga as coisas com certo simplismo: será que o flerte com o marxismo na América Latina vem a ser uma forma de combater o ateísmo?

O cardeal Wojtyla também ficou muito chocado ao constatar que os jesuítas quase chegaram a aproveitar de modo *parasitário* o conclave romano de outubro de 1978. Eleito em agosto, o papa João Paulo I havia preparado um texto extremamente crítico da Companhia, verdadeira peça de acusação que não chegou a ser tornada pública por causa de sua morte prematura. Estava prevista uma audiência com os dirigentes regionais da ordem no dia 30 de setembro, mas Albino Luciani morreu no dia 29. Os cardeais tomaram conhecimento da existência desse texto e o superior Arrupe insistiu com o cardeal camerlengo, Jean Villot, no sentido de que o tema fosse debatido pelo Sacro Colégio paralelamente ao conclave. Karol Wojtyla ficara abismado com esse procedimento. Eleito papa, tomou conhecimento desse famoso texto no qual João Paulo I lamenta que os jesuítas possam ser causa "de confusão e desorientação" entre os fiéis. Depois de refletir a respeito, enviou então uma cópia ao padre Arrupe, comunicando-lhe que estava de acordo com o conteúdo.

Quais eram então as críticas que esses três papas — Paulo VI, João Paulo I e João Paulo II — faziam à Companhia de Jesus? Em primeiro lugar, não manter coesas as suas fileiras. Vários jesuítas eram conhecidos por infringir impunemente as ordens papais, sobretudo no plano político, como acontecia com o padre Cardenal, da Nicarágua, que se tornara ministro da Educação num governo marxista, ou o padre Drinan, dos Estados Unidos, deputado por Massachusetts, que se manteve em silêncio durante um debate sobre o aborto na Câmara dos Deputados. Além disso, a Companhia parecia aceitar como uma fatalidade a queda espetacular de seus efetivos — em 1965, havia 36.000 jesuítas, que já não passavam de 29.000 em 1975[6] — assim como a desconfessionalização de algumas de suas universidades de maior prestígio, especialmente nos Estados Unidos. Mas, sobretudo, Roma observava com preocupação a nova orientação da Companhia de Jesus no sentido da justiça social, do alívio da miséria, da aculturação de seus efetivos no terceiro mundo e seu envolvimento no processo da teologia da libertação na América Latina, particularmente depois da trigésima segunda congregação, realizada em 1974. Essa reunião geral havia afetado profundamente Paulo VI, que exortara a Companhia a não perder sua "identidade", caindo no relativismo ou no secularismo.[7] Muitos cardeais romanos temem que a próxima congregação geral agrave ainda mais o que lhes parece um desvio perigoso, e mesmo mortal.

Em setembro de 1979, Arrupe já sabe portanto o que o espera. Mas o discurso do papa nesse dia o surpreende por sua virulência. Acontece que não teria cabimento um geral da ordem resistir à vontade do Santo Padre. Desde sua fundação por Inácio de Loiola, os jesuítas, além dos três votos habituais de castidade, pobreza e obediência, fazem uma espécie de "quarto voto" muito especial: o de obedecer ao Sumo Pontífice!

No dia 3 de janeiro de 1980, assim, o jesuíta propõe ao papa que promova uma reunião de trabalho para acertar as coisas e resolver as "lamentáveis deficiências" identificadas por João Paulo II na Companhia de Jesus. Mas o papa não responde. O velho superior, profundamente preocupado com uma crise cuja gravidade não havia avaliado, pensa então em apresentar sua demissão. Embora o superior dos jesuítas seja eleito em caráter vitalício, ninguém estranharia que aos 73 anos ele entregasse o cargo. Consultados em grande segredo durante o mês de fevereiro, os oitenta e cinco provinciais da ordem concordam em sua grande maioria. Escorado nesse consenso, Arrupe vai ao palácio apostólico no dia 18 de abril de 1980 para comunicar ao papa sua decisão, que terá de ser ratificada por uma congregação geral. Nova ducha fria: "E qual é o lugar do papa neste processo?", pergunta João Paulo II. Arrupe, segundo confidências por ele mesmo feitas a seu futuro vigário-geral, o padre O'Keefe, sente então "as pernas bambas", "como uma criancinha". João Paulo II insiste: "Qual seria sua reação se eu lhe dissesse que não se demita?"

A constituição da ordem não prevê nenhuma participação do papa nesse processo, responde, em suma, Arrupe, mas o fato é que o papa continua sendo "seu superior" e que ele haverá de conformar-se com sua decisão, seja qual for. Tranqüilizado, João Paulo II promete escrever-lhe. Quinze dias depois, pede explicitamente a Arrupe, por carta, que não se demita nem convoque uma congregação geral. Mais tarde haveria de ver-se como ficariam as coisas.

O tempo passa. No dia 30 de dezembro de 1980, os assistentes de Arrupe "apertam" o papa, que veio rezar sua missa anual na Igreja de Gesù, o centro espiritual dos jesuítas de Roma:

— Santo Padre, estamos vivendo numa grande incerteza!

— É para breve — responde João Paulo II, sem graça.

A 13 de abril de 1981, novo encontro entre os dois. O papa reitera suas críticas à excessiva autonomia da Companhia, e o jesuíta se justifica, lembrando que a última congregação geral da ordem, em dezembro de 1974, privilegiou claramente a justiça social, e que cabia a ele caminhar nessa direção. À tranqüila obstinação de João Paulo II, Arrupe responde com uma "rigidez bem espanhola, uma espécie de mística do tudo ou nada"[8] tampouco propícia ao compromisso.

Uma dupla intervenção do destino interromperia esse diálogo irredutível entre o "papa branco" e o "papa negro": no dia 13 de maio, o primeiro cai atingido pelas balas do matador Ali Agca, na praça de São Pedro, dando início a uma longa e dolorosa convalescença; a 7 de agosto, o segundo é fulminado ao chegar ao aeroporto de Roma-Fiumicino, proveniente de Bangcoc, por uma trombose cerebral que provocaria hemiplegia parcial e perda quase total da fala.

No dia 10 de agosto, em seu leito de hospital, Arrupe nomeia o padre Vincent O'Keefe, o padre americano que já era considerado seu delfim, como vigário geral para substituí-lo durante sua doença. É uma forma de preparar a sucessão. Mas o papa não pretende permitir que alguém lhe dite seu comportamento. A 6 de outubro, o cardeal Casaroli em pessoa leva uma carta pessoal do papa a Arrupe, em seu quarto na enfermaria da Cúria. Casaroli entrega a carta ao velho geral e logo se retira, sem dirigir a palavra ao pobre O'Keefe. A carta, gentilmente dirigida "por um convalescente a outro convalescente", é na realidade uma intimação. O padre Paolo Dezza, 80 anos, intelectual liberal e confessor de três papas anteriores — e que não escondera a Paulo VI sua preocupação com as orientações da Companhia —, é nomeado "representante pessoal" do Santo Padre na direção da ordem. O padre Giuseppe Pittau, 53 anos, considerado conservador e então servindo no Japão, é nomeado "delegado adjunto". O governo normal da Companhia é suspenso. E de modo algum seria convocada a tão esperada trigésima terceira congregação geral.

Publicada dias depois num jornal espanhol, a carta cai como uma bomba. Em quatrocentos e cinqüenta anos, excetuada a pura e simples interdição dos jesuítas por Clemente XIV em 1773,[9] não havia precedente de semelhante intervenção do papa nas questões da Companhia. Em todo o mundo, muitos jesuítas sentem-se humilhados. Alguns chegam a dizê-lo publicamente, como o teólogo alemão Karl Rahner, que afirma que um papa também pode cometer "erros". De maneira geral, no entanto, a Companhia supera o golpe. Em carta amplamente difundida entre os jesuítas, o provincial francês, Henri Madelin, fala de "teste para nossa fé". Nenhum provincial se demite. E quando o papa visita Arrupe em dezembro de 1981, é recebido com palavras que impressionam o ilustre visitante:

— Santíssimo Padre, renovo minha obediência e a obediência de toda a Companhia de Jesus.

— Padre superior, ajude-me com suas orações e seus sofrimentos — responde João Paulo II, dizendo-se "edificado" com tais demonstrações de obediência.

Seria o fim da crise? No dia 23 de fevereiro de 1982, em Frascati, perto de Roma, os oitenta e seis superiores provinciais reúnem-se com o velho Paolo Dezza em uma conferência. No dia 27, os participantes são convidados para uma audiência no palácio apostólico. O papa faz então um longo discurso, muito positivo em relação à Companhia, para a qual estabelece quatro tarefas: a promoção do ecumenismo, o diálogo inter-religioso, o diálogo com os ateus e também — como uma espécie de concessão — a "justiça social". Nesse dia, João Paulo II revela sua maior preocupação: não se deve cair "nem no progressismo nem no integrismo", diz ele aos jesuítas, e é preciso remeter-se sempre ao Concílio Vaticano II. Todo o concílio, mas nada além do concílio. E a questão, como sempre, consiste em saber o que cada um enxerga nessa referência conciliar tão fundamental e tão consensual. Pois existe uma diferença global de interpretação entre o papa e os jesuítas. Aquele considera o Vaticano II uma obra acabada que ainda não foi incorporada à prática, ao passo que estes a encaram como uma plataforma de ação para o futuro.

Outro gesto de reconciliação: João Paulo II anuncia que a assembléia geral tão esperada finalmente poderá realizar-se "este ano", podendo a Companhia designar um novo chefe. A trigésima terceira congregação seria efetivamente convocada para 2 de setembro de 1983. Antes tarde do que nunca. O momento é de comedimento. Finalmente, a assembléia elege o holandês Pieter-Hans Kolvenbach, na época provincial no Líbano. Intelectual renomado, diplomata moderado, Kolvenbach não é considerado "papista" nem "antipapista". Na Cúria, onde as divisões internas da Companhia costumam ser exageradas, a reação é de espanto: Kolvenbach logo é eleito por uma maioria tão evidente quanto inesperada. Um detalhe ilustra bem essa surpresa: logo depois da votação, uma mensagem é endereçada ao papa, que naquele momento sobrevoa a Áustria de helicóptero, mas o resultado acaba lhe chegando da Cúria, ou seja, o novo superior é mencionado com seu verdadeiro nome — preocupados em manter segredo, os colaboradores do papa haviam atribuído codinomes aos *papabili* mais freqüentemente citados, mas haviam omitido Kolvenbach... Para não aumentar a tensão, o velho Paolo Dezza não é proposto como adjunto. Em compensação, o padre Pittau é feito conselheiro geral. Como se se quisesse mostrar bem claramente que a briga terminou e que não há vencedores nem vencidos.

Seria exagero concluir que o contencioso entre os jesuítas e o papa desapareceu repentinamente em 1983. Os problemas persistem. Teria João Paulo II acreditado realmente que os jesuítas retornariam a concepções mais adequadas, tornando-se obedientes? Ou teria apenas tomado nota da evolução da Companhia, estimulando outros movimentos mais favoráveis a seus pontos de vista, como a Opus Dei? Não deixa de ser verdade que a obra fundada por José María Escrivá de Balaguer, igualmente alvo de críticas e polêmicas, lembra de certa forma o que foi historicamente a Companhia de Jesus, por seu elitismo, seu gosto pelo segredo, seu conservadorismo, seu orgulho e... sua fidelidade ao papa.

O que João Paulo II esperava acima de tudo da Companhia de Jesus era que recobrasse seu dinamismo e sua força no terreno do ensino. Quem melhor que os jesuítas poderia formar as futuras gerações de padres, teólogos e leigos? Quem, melhor que um sistema unificado de ensino religio-

528 JOÃO PAULO II — BIOGRAFIA

so, seria capaz de preparar a Igreja para enfrentar as ameaças que mais cedo ou mais tarde haverão de opor-se a sua unidade?

A valsa dos teólogos

Embora em seus tempos de estudante se sentisse mais atraído pela filosofia do que pela teologia, Karol Wojtyla sempre admirou e respeitou os teólogos. Quando se tornou professor em Lublin, foi para ensinar teologia moral. Arcebispo, ele contribuiu para a organização periódica de congressos de teólogos poloneses. Nos bastidores do concílio, conheceu os mais estimulantes teólogos da época — Yves Congar, Karl Rahner, Hans Küng, Edward Schillebeeckx, Henri de Lubac, Urs von Balthasar etc. Os mais importantes dentre eles receberiam mais tarde dele o chapéu de cardeal, numa espécie de homenagem ostensiva e pessoal a intelectuais meritórios que não deixaram de enfrentar, em sua época, sérias dificuldades com a hierarquia da Igreja.[10]

Não é por acaso que ele chama para junto de si já em 1980 um teólogo alemão dos mais brilhantes, conhecido durante o Vaticano II, com o qual nunca mais deixaria de trocar idéias: o bispo Joseph Ratzinger. Na época do concílio, o padre Ratzinger estava entre os reformistas que propunham o princípio da colegialidade na Igreja. O paradoxo é que o mesmo Ratzinger, que depois ocupou durante mais de vinte anos a presidência da Congregação para a Doutrina da Fé (CDF) — o antigo Santo Ofício, que justamente fora tão criticado pelos reformistas durante o Vaticano II —, seria nessa função o principal crítico dos teólogos "rebeldes".

Pouco antes da chegada de Ratzinger à direção da CDF, o papa acaba de confirmar sanções contra um teólogo suíço, professor em Tübingen: Hans Küng. Durante o concílio, ele se fizera notar em torno da questão da aproximação com os protestantes. Transformado em estrela na Alemanha, particularmente depois da publicação de seu livro *Ser cristão* (1976), ele se manifestou sobre temas cada vez mais críticos, até alcançar grande sucesso de público ao denunciar o princípio da infalibilidade pontifícia. Num comunicado de grande repercussão,[11] o Vaticano considerava que Hans Küng não podia "ser considerado um teólogo católico" — sem chegar por isso a ser excomungado, nem mesmo destituído do sacerdócio.[12]

A UNIDADE DO REBANHO 529

O mesmo aconteceria com a maioria dos teólogos que aos olhos de João Paulo II falharam em sua missão eclesiástica. Para o papa, um teólogo não ocupa a mesma posição que um filósofo ou um sociólogo leigo, cujas investigações comprometem apenas a ele mesmo, devendo o teólogo por isso servir à Igreja e saber dar mostra de obediência ao magistério — caso não queira simplesmente deixar de ser "teólogo católico". Aqueles que não querem submeter-se têm toda liberdade de dar prosseguimento a suas pesquisas, mas não sob a égide da Igreja!

Outro exemplo: Charles Curran, professor na Universidade Católica da América, em Washington, fora a certa altura, aos 34 anos, uma das pontas de lança da oposição à encíclica *Humanae Vitae*, o famoso texto de Paulo VI que proibia a pílula anticoncepcional. Também ele, mesmo mantendo sua cátedra, enrijeceu-se na contestação, livro após livro, artigo após artigo, especialmente sobre as questões sexuais. No dia 25 de julho de 1986, depois de várias advertências, Ratzinger — com o aval de João Paulo II — comunica-lhe que já não estava mais "apto a exercer a função de professor de teologia católica". Como Küng, Curran preservava sua condição de padre, não era incluído no Índex e podia ensinar livremente onde mais quisesse. Finalmente suspenso em seu ensino em Washington, ele moveu ação por rompimento abusivo de contrato, perdeu o processo em fevereiro de 1989 e foi ensinar para protestantes metodistas.

O caso de Leonardo Boff é diferente. Esse franciscano brasileiro encarnou os desvios da teologia da libertação, que tanta tinta fez correr de ambos os lados do oceano Atlântico. Ex-aluno de Ratzinger, Boff aplicou uma análise deliberadamente "marxista" a uma Igreja que a seus olhos representava uma estrutura hierárquica nociva. Fiel a seu método, a CDF inicialmente convocou-o a Roma e mais adiante publicou uma "advertência" sobre seu livro *Igreja, carisma e poder*, publicado em março de 1985, para em seguida pedir-lhe que se abstivesse de qualquer declaração pública durante um ano. Boff aceitou inicialmente essa maneira de acalmar as paixões, não raro exacerbadas no continente sul-americano, mas depois abandonou a ordem dos franciscanos e a Igreja. Viria a casar-se em 1990.

Último exemplo: Eugen Drewermann, teólogo alemão da Universidade Católica de Paderborn, de tanto passar o Evangelho pelo crivo da psicanálise, acabou também numa posição que falseia a doutrina da Igreja, especialmente em relação à virgindade de Maria e à ressurreição do Cristo. Seu livro *Funcionários de Deus* tornou-se um best seller na Alemanha e na França.[13] Também ele foi destituído de suas funções de ensino por seu bispo.

*

João Paulo II nunca pretendeu humilhar, excluir nem calar qualquer teólogo.[14] Esse papa tão apegado à "verdade" nunca se permitiu investir contra a liberdade de pensamento. O ex-arcebispo de Cracóvia detesta a idéia de censura. Mas sua preocupação com a unidade levou-o a dar mostras de disciplina em relação aos teólogos e também aos estabelecimentos nos quais ensinam. Podia-se mesmo esperar que um dos cuidados mais cedo manifestados pelo novo papa, ex-professor de teologia moral na Universidade Católica de Lublin, dissesse respeito às universidades e faculdades "pontifícias".

Menos de um ano depois de sua eleição, em abril de 1979, João Paulo II publica a constituição apostólica *Sapientia christiana* sobre esses estabelecimentos de ensino subordinados a Roma, por ele considerados um meio privilegiado para garantir ao mesmo tempo a unidade e a continuidade da Igreja. Em 1990, estimulado pelo cardeal Baum, presidente da Congregação para a Educação Católica, ele publica uma outra, *Ex corde Ecclesiae*, sobre o conjunto das instituições católicas de ensino superior, pontifícias ou não. João Paulo II envolveu-se pessoalmente na discussão e na redação desse documento, preocupado em pôr os pingos nos is: se essas instituições querem ser "católicas", precisam conformar-se com sua vocação de Igreja e, para isso, funcionar em ligação com seus respectivos bispos. O papa aproveita para lembrar aos teólogos "católicos" que "cumprem um mandato conferido pela Igreja", devendo portanto "manter-se fiéis ao magistério". Mesmo correndo o risco de provocar violentas reações, sobretudo nos Estados Unidos, onde as universidades consideram que a "independência" intelectual e doutrinária é indispensável para o sucesso, o papa aprova a idéia da Congregação para a Doutrina da Fé, apresentada em 1989, de passar a exigir que os teólogos católicos façam uma "profissão de fé".

Creio em Deus... no Espírito Santo... na Santa Igreja Católica... Nada foi mais capaz de unir a Igreja universal durante treze séculos que a afirmação dos fundamentos de toda fé pessoal, rezada ou cantada nos mesmos termos por todos os católicos do planeta. *"Credo in unum Deum..."* Que poderia haver de melhor para unir os cristãos de todas as origens e de todas as raças do que cantar esta oração — sobretudo em latim, a língua comum de todos os fiéis? João Paulo II raciocina com simplicidade: os teólogos católicos devem dizer o *Credo* nos mesmos termos que toda a Igreja.

A mesma preocupação com a unidade preside a encíclica *Veritatis Splendor,* publicada no verão de 1993. Nela, os bispos são convidados a dar mostra de disciplina para os seminários, as universidades, os hospitais católicos — e, neste último caso, o que está em questão é, naturalmente, o aborto. Chefe de uma Igreja em plena agitação, o papa exorta a "cerrar fileiras": "A dissensão", escreve ele, "feita de contestação deliberada e polêmicas expressas nos meios de comunicação social, é contrária à comunhão eclesial, à exata compreensão da constituição hierárquica do povo de Deus." Quem tiver ouvidos para ouvir...

*

A iniciativa mais espetacular a respeito da unidade da Igreja foi tomada durante o sínodo extraordinário que comemorou vinte anos do concílio, no outono de 1985. O cardeal Bernard Law, de Boston, propôs a seus pares a elaboração de um catecismo universal resumindo a essência da doutrina, da fé e da moral. Não terá sido por acaso que semelhante idéia veio de um americano. Logo, ela foi adotada por João Paulo II, que tratou de desenvolvê-la em sua fala de encerramento a 7 de dezembro de 1985. Objetivo da iniciativa, para o papa: dotar a Igreja de um projeto global, claro e preciso, que a ajude a entrar com o pé direito no terceiro milênio.

Logo foi criada então uma comissão de doze membros. Ela era presidida pelo bispo Ratzinger, e seu secretário de redação era um jovem padre austríaco chamado Christoph Schönborn. Foram necessários nada menos que nove anteprojetos e uma infinidade de consultas, todas acompanhadas de perto por João Paulo II, para que finalmente, a 7 de dezembro de 1992, fosse publicado o novo *Catecismo da Igreja Católica.*[15] Um ano depois, oito milhões de exemplares desse texto fundamental já haviam sido vendidos, em quarenta e duas línguas diferentes. Conseguir impor dessa maneira uma carta única ao conjunto dos católicos do planeta não ia propriamente no sentido das tendências da época. E por sinal muitas comunidades criticaram o método, nos EUA, na Alemanha, na França. Mas que melhor maneira poderia encontrar o pastor universal para congregar o seu rebanho?

25

Fora da Igreja...

"Na dinâmica do movimento para a unidade, é necessário purificar nossa memória pessoal e coletiva da lembrança de todos os choques, injustiças e ódios do passado." Quem assim fala é João Paulo II. A cena tem lugar em Paris, a 31 de maio de 1980. Em sua primeira viagem à França, o novo papa fez questão de se dirigir aos representantes das outras confissões cristãs. Seu discurso é ouvido atentamente pela assistência, mas não teria repercussão nos jornais, submersos pela infinidade de discursos e homilias pronunciados pelo visitante. E no entanto a idéia manifestada pelo novo papa viria a constituir um dos eixos principais de seu pontificado, e, vinte anos depois, um dos "fundamentos" do Jubileu do ano 2000.

É fato que o novo papa não tem grande experiência ecumênica e que neste terreno não se espera grande coisa dele. Teoricamente, um ex-arcebispo polonês não deveria inclinar-se muito para o ecumenismo. Desde 1945, a sociedade polonesa mostra-se particularmente homogênea no plano religioso (com 95% de católicos latinos), e a estratégia defensiva da Igreja polonesa face ao regime comunista inclina-a antes a fechar-se em si do que a abrir-se para as outras confissões. Muitos párocos poloneses mantiveram-se aferrados ao antigo preceito: "Fora da Igreja não há salvação!" Na Polônia, desde a guerra os protestantes são muito pouco numerosos, não raro provenientes da minoria alemã da Silésia. Os ortodoxos, que contam seiscentos e cinqüenta mil fiéis, muitas vezes são considerados uma minoria próxima dos "russos", vale dizer, dos comunistas.[1] Por outro lado, os judeus, dizimados pela guerra, já são apenas cerca de dez mil, e os muçulmanos estão reduzidos a dois ou três povoados habitados por descendentes dos tártaros e a algumas centenas de estudantes estrangeiros de países "amigos".

Em 1978, Karol Wojtyla não é muito conhecido fora de seu país. Poucos observadores estrangeiros sabem que esse arcebispo é atípico. Poucos conhecem seu percurso desde seus primeiros passos como bispo, na época do Concílio Vaticano II. Poucos se lembram de dois fatos que de repente adquirem notável importância. A começar pelo encontro do papa Paulo VI com o patriarca ortodoxo Atenágoras, no dia 5 de janeiro de 1964, no monte das Oliveiras, em Jerusalém. Karol Wojtyla nunca esqueceria essa imagem, seguida da suspensão recíproca dos anátemas que as duas confissões haviam lançado uma contra a outra. E por sinal tentaria reproduzir o acontecimento à sua maneira, trinta e seis anos depois, durante o Jubileu do ano 2000 — mas sem sucesso.

A segunda lembrança do bispo Wojtyla data do concílio. Poderia ser considerada corriqueira, mas é muito mais importante do que isso. Certo dia, estando a rezar, como todas as manhãs, diante do altar do Santíssimo Sacramento, em São Pedro, antes do início da sessão, ele é abordado por seu vizinho, um monge de hábito de tecido branco rústico, observador protestante no concílio, que o convida a jantar em seu apartamento da via del Plebiscito, perto da *piazza* Venezia. O monge chama-se Roger Schutz. Desde 1940, ele lidera numa aldeia francesa do sul da Borgonha uma comunidade aberta às diferentes confissões cristãs. A aldeia chama-se Taizé. Nasce então uma verdadeira simpatia entre os dois. Wojtyla, que visitaria a comunidade de Taizé em setembro de 1965, apaixona-se pela iniciativa de "irmão Roger", participa de vigílias de oração ecumênica organizadas por sua comunidade em Roma e contribui amplamente para a repercussão de Taizé na Polônia. Ele retornaria em outubro de 1968 e, muito mais tarde, sendo já papa, em outubro de 1986.[2] Nesta última visita, lembraria que bem antes dele João XXIII havia saudado Taizé como uma "pequena primavera". Vinte e cinco anos antes, Taizé era vista com certa suspeita nos meios católicos oficiais, e João Paulo II quer agora descartar tais reservas: "Hospedar-se em Taizé é como deter-se por um instante ao pé de uma fonte viva: o viajante pára, mata a sede e prossegue em seu caminho."

Na própria Polônia, o arcebispo Wojtyla estava à frente de seu tempo em matéria de ecumenismo. Para começar, o arcebispo nunca esqueceu seu encontro fortuito com um soldado russo no momento da libertação em Cracóvia.[3] Nunca deixou de se interessar pela Rússia soviética e sente-se próximo dos cristãos ortodoxos perseguidos pelo regime comunista. Em Cracóvia, ninguém esquece que a cidade irmã, a antiga Lwow, a outra capital da Galícia, passara a ser território soviético. Por outro lado, nessa região da Galícia marcada pela cultura austro-húngara, os ortodoxos são menos desprezados que no resto da Polônia. O maior pintor de Cracóvia, Jerzy Nowosielski, autor de muitos vitrais de igrejas, é um ortodoxo. Em Lublin, onde ensina, o bispo Wojtyla visitou a capela da Trindade, único exemplo europeu de construção gótica decorada com pinturas murais bizantinas, magnífico símbolo de tolerância e fusão entre as duas culturas.

Em outubro de 1978, poucas personalidades católicas estão tão convencidas quanto João Paulo II de que a Europa precisa voltar a se inspirar em suas duas tradições, a ocidental e a oriental, respirando "com seus dois pulmões", como tantas vezes ele diria.

A desventura ortodoxa

Logo depois de sua eleição, João Paulo II convoca o velho cardeal Willebrands, presidente da Secretaria para a Unidade dos Cristãos, que conhece muito bem, e pede-lhe que promova um encontro com Demétrio I, o novo patriarca ecumênico de Constantinopla, a mais alta autoridade do mundo ortodoxo. Que data deveria ser proposta? Tradicionalmente, desde que o Vaticano II restabeleceu o contato entre Roma e Constantinopla, representantes ortodoxos visitam Roma por ocasião da solenidade de São Pedro e São Paulo (29 de junho), enquanto a festa de Santo André (30 de novembro) dá motivo a uma visita de uma delegação católica ao Fanar, residência do patriarca em Istambul. Infelizmente o dia de Santo André está muito próximo para que possa ser promovido um encontro tão delicado. Assim é que ele vem a ser marcado para o dia 30 de novembro de 1979.

Um ano depois, na véspera do dia tão esperado, Demétrio I aguarda a chegada do papa no aeroporto de Istambul. O patriarca abraça então um João Paulo II que não esconde sua felicidade — ostentando um largo sorriso — e o conduz ao Fanar:

— Abençoado seja o nome de Deus, que o trouxe aqui — diz Demétrio I em grego.

— Este encontro já é um dom divino — responde João Paulo II em francês.

À noite, Demétrio I assiste à missa rezada pelo papa na igreja católica do Espírito Santo. No dia seguinte, em contrapartida, o Santo Padre participa da cerimônia de Santo André na catedral de São Jorge. Os dois trocam o beijo da paz e dão a bênção em comum. A situação das relações entre as duas confissões não lhes permite envolver-se mais que isso: "Ouso esperar", diz o papa, "que logo possamos concelebrar. Pessoalmente, eu gostaria que seja para logo mesmo."

"Logo mesmo..." O papa tem uma idéia em mente, da qual não mais se afastaria durante vinte anos: está pensando no ano 2000. Velho apreciador das datas, dos aniversários e das referências históricas, ele está convencido de que o início do terceiro milênio constitui um forte marco simbólico: "Que o alvorecer desse novo milênio ilumine uma Igreja que tenha recuperado sua plena unidade!" Faltando vinte e um anos para o fim do século, um desejo assim manifestado parece excessivamente formal para os observadores. Para o papa, no entanto, trata-se de um verdadeiro objetivo. Concretizar a unidade dos cristãos antes do ano 2000 — um desafio e tanto! — é uma peça-chave, talvez a mais importante, de seu programa pontifício. Por isso é que ele não esconderia sua impaciência ao ver que os anos passavam sem que seu projeto avançasse. Em outubro de 1986, no anfiteatro das Três Gálias, falando aos representantes franceses das outras confissões cristãs, ele lança esta conclamação: "A marcha de nossas Igrejas para a unidade é lenta, lenta demais!"

Em dezembro de 1987, Demétrio I passa cinco dias em Roma. Sua visita é cheia de manifestações ecumênicas, mas os dois dirigentes — que em São Pedro presidem uma celebração comum, à exceção da eucaristia — não se iludem: "Nós nos reunimos perto da Mesa do Senhor sem ainda sermos capazes de servir juntos", lamenta Demétrio. O papa compartilha da mesma tristeza e confessa "um sofrimento amargo". Se dependesse apenas dele, a "plena comunhão" que deseja restabelecer entre as duas confissões já seria um fato consumado! Em matéria de fé apostólica, de fraternidade eucarística, de testemunho evangélico, com efeito, que é que ainda separa católicos e ortodoxos, cujo contencioso teológico, além disso, nunca foi tão insignificante?

Seja como for, João Paulo II deve levar em conta várias dificuldades. Para começar, o *entourage* do patriarca de Constantinopla não sente o mesmo fascínio que ele pelo ano 2000 e raciocina em outro ritmo. Para os ortodoxos, não faz sentido pretender reduzir em poucos anos uma divisão de mil anos. Além disso, a Cúria Romana empurra com a barriga, como acaba de demonstrar em 1985, criticando fortemente um livro dos teólogos alemães Karl Rahner e Henrich Fries que exorta à superação dos últimos bloqueios teológicos para o avanço do projeto ecumênico. No dia 28 de junho desse ano, na comemoração do vigésimo quinto aniversário da Secretaria para a Unidade dos Cristãos, João Paulo II julgou necessário reiterar o caráter "irrevogável" do movimento ecumênico, que continua a ser uma de suas "prioridades pastorais".

Mas o principal é que Demétrio I não é o único patriarca ortodoxo, sendo obrigado a fazer o jogo do consenso com seus pares, especialmente os das Igrejas russa, búlgara, romena etc. Acontece que estes, que constituem os "grandes batalhões" da comunidade ortodoxa, não têm qualquer tradição ecumênica. Além disso, estão empenhados, na época, em medir o verdadeiro grau de abertura representado em todos esses países pela *perestroika* do novo líder do Kremlin, Mikhail Gorbachev, que deu sinal verde para a celebração do milênio da Igreja russa, marcado para junho de 1988.

Dessa direção, precisamente, é que viria a pior surpresa do pontificado de João Paulo II. Com efeito, ele jamais poderia imaginar que a queda do Muro de Berlim, em 1989, seguida do desmoronamento da União Soviética e do conseqüente restabelecimento das liberdades religiosas no Leste, desencadearia a maior crise já vista entre católicos e ortodoxos em nove séculos. Para começar, por causa da questão uniata; depois, em decorrência de graves erros cometidos pelo Vaticano; e finalmente por razões mais profundas, ligadas ao despertar dos nacionalismos nessa região do mundo.

Os uniatas, em primeiro lugar. Em agosto de 1987, encontrando-se em Castel Gandolfo, João Paulo II é informado de que recebeu uma carta (também enviada a Mikhail Gorbachev) de uma misteriosa organização formada por dois bispos, vinte e três padres, onze religiosos e cento e setenta e quatro leigos da Igreja "grega católica" da Ucrânia. Para surpresa dos meios religiosos ocidentais, trata-se de uma Igreja de vários milhões de fiéis, oito bispos e cerca de setecentos padres, todos clandestinos, e que vai aos poucos saindo das catacumbas, em função do degelo gorbacheviano. Esses cristãos de rito bizantino, majoritariamente ucranianos e bielo-russos, herdeiros diretos do batismo de São Vladimir em 988, "uniram-se" a Roma em 1596 (donde seu nome, "uniatas") porque não queriam depender do patriarcado de Moscou, criado alguns anos antes. Ao longo de quatro séculos de uma história movimentada, precisaram estar constantemente defendendo sua identidade própria, face aos ortodoxos russos, a leste, e aos católicos latinos, a oeste. Em abril de 1945, Stalin em pessoa aparentemente lhes dá o golpe de misericórdia — ele acabava de anexar a Ucrânia ocidental — internando no *gulag* todos os bispos e a quase totalidade dos padres da região, e mais adiante determinando a vinculação forçada dos católicos ucranianos à Igreja Ortodoxa Russa, num "sínodo" por ele montado em março de 1946.

Para João Paulo II, a carta dessa misteriosa organização é uma extraordinária novidade. Pois não vinha o papa polonês lutando desde sua eleição para que esses milhões de fiéis tragicamente perseguidos não fossem esquecidos? Não fez questão de homenagear, já a 20 de novembro de 1978, o infeliz metropolita exilado Jozef Slipyi, o mesmo que Paulo VI conseguira arrancar às garras da KGB? Não tratou de convocar em Roma um sínodo especial dos uniatas da diáspora — majoritariamente canadense — em março de 1980? E não acompanhou pessoalmente a eleição do sucessor do velho Slipyi, monsenhor Myroslav Lubachivsky?

Todos esses cuidados papais foram criticados por todos os lados. Do lado russo, naturalmente, onde não se esperava que um papa polonês defendesse esta causa envenenada. Do lado polonês, onde os uniatas, assimilados aos ucranianos, nunca foram muito estimados pelos católicos latinos. E finalmente do lado da Cúria, onde se considera à boca pequena, nos corredores da Secretaria para a Unidade dos Cristãos, que o apoio muito declarado aos uniatas é a melhor maneira de comprometer o diálogo com os ortodoxos. Mas João Paulo II não tem a menor intenção de "dar as costas" a uma comunidade tão corajosa e fiel. Futuramente ele haveria de lembrar, com verdadeira admiração, que nenhum dirigente dessa Igreja mártir jamais renegou sua fidelidade a Roma, não obstante as perseguições, os períodos na prisão e os anos de *gulag*.[4] Em abril de 1988, o papa publica uma carta de dezessete páginas aos católicos ucranianos, *Magnum baptismi donum*, na qual lembra que o milênio do batismo do príncipe Vladimir em 988 é também, historicamente, o milênio dos católicos ucranianos. Em junho, ele determina a seus dois representantes pessoais nas comemorações de Moscou, os cardeais Casaroli e Willebrands, que se encontrem num hotel com os bispos Fylmon Kurchaba e Pavlo Vasylyk, que oficialmente ainda se encontram na clandestinidade. A 9 de julho, durante uma cerimônia na igreja ucraniana de Roma, Santa Sofia, prega em ucraniano, celebrando no dia seguinte um ofício solene no rito bizantino na Basílica de São Pedro.

Essa insistência em defender os uniatas só podia levar à hostilidade do Patriarcado de Moscou. Este é representado na época em Kiev, capital da Ucrânia, pelo metropolita Filarete, que não tem a menor intenção de "devolver" aos uniatas seus bens e igrejas confiscados meio século antes. João Paulo II faz acompanhar todas as suas palavras de estímulo aos uniatas com insistentes exortações quanto à exigência de aproximação com seus "irmãos ortodoxos", mas esta linguagem não tem eco junto aos ortodoxos nem aos uniatas: estes se felicitam pelo apoio papal, mas não pretendem estragar sua inesperada ressurreição com algum compromisso com os ortodoxos.

A questão uniata passaria a ser o principal pomo de discórdia entre o papa e o mundo ortodoxo. Mas uma segunda frente seria aberta entre o Vaticano e o Patriarcado de Moscou: a do "proselitismo". Logo que é adotada a nova lei sobre a liberdade religiosa que lhe havia sido prometida por Gorbachev em seu histórico encontro de 1º de dezembro de 1989, João Paulo II ordena a seu delegado, o núncio Francesco Colasuonno, que finalmente nomeie pastores para todas as comunidades de católicos existentes na URSS — na Bielo-Rússia, naturalmente, mas também em Moscou, na Sibéria, no Cazaquistão. Nos três primeiros casos, para não dar a impressão de estar entrando em concorrência com os ortodoxos, seriam nomeados "administradores apostólicos", e não bispos.[5] Infelizmente, ainda assim teria sido necessário consultar o Patriarcado de Moscou. E, no mínimo, informar os dirigentes ortodoxos russos sobre o resultado das negociações secretas com o Kremlin. A indelicadeza do Vaticano é flagrante: no fim de março de 1991, o bispo Kirill de Smolensk, encarregado das relações exteriores no Patriarcado de Moscou, vai a Roma a convite de monsenhor Edward Cassidy, presidente do Conselho para a Unidade dos Cristãos. O russo é calorosamente recebido por seu anfitrião, pelo papa em pessoa, pelo secretário de Estado Angelo Sodano... e volta para casa sem ter ouvido uma única palavra sobre o tema, a quinze dias do anúncio oficial da criação dessas famosas dioceses. Segundo certas fontes, o papa pedira a Sodano que se certificasse de que "o patriarcado fosse informado com grande antecipação do anúncio dessas medidas", mas "a ordem não foi cumprida".[6] Quanto ao núncio Colasuonno, teria tentado encontrar-se com o patriarca Alexis II dez dias antes do prazo, sem êxito. Naturalmente, quando o Vaticano torna públicas suas novas estruturas no interior da URSS, no dia 13 de abril, o patriarca Alexis II fica furioso — protestando contra o "proselitismo" — e seu adjunto, Kirill de Smolensk, sente-se humilhado e traído. E como se uma inabilidade não bastasse, os dois protagonistas dessas monumentais gafes, Sodano e Cassidy, em vez de serem de alguma forma desautorizados pelo papa, vêm a ser nomeados cardeais no dia 28 de junho, véspera de São Pedro e São Paulo.

Em novembro de 1991, o mundo inteiro toma conhecimento do alcance do estrago. Durante o sínodo europeu convocado em Roma por João Paulo II para extrair as lições da reunificação da Europa, as cadeiras dos convidados ortodoxos estão vazias. Russos, búlgaros, gregos, romenos e sérvios boicotaram o encontro. Seu único representante, enviado pelo novo patriarca de Constantinopla, Bartolomeu I,[7] é o obscuro metropolita de Veneza, Spyridon Papagheorghiu, pastor dos ortodoxos da península italiana. No dia 2 de dezembro, na Sala do Sínodo, ele toma a palavra, numa furiosa diatribe contra os católicos uniatas e a "agressão romana" ao Leste da Europa. Silêncio mortal na assistência. Diante da assembléia estupefata, João Paulo II levanta-se e dirige-se a passo lento para o metropolita, apertando-o contra o peito, para lhe dar o beijo da paz. Sem uma palavra. Para ele, este sínodo que deveria celebrar o fim do totalitarismo na Europa passa a ser a maior decepção de seu pontificado.

A partir de 1992, a guerra dos Bálcãs acabaria de indispor o mundo ortodoxo contra o Vaticano. O rápido reconhecimento diplomático da Eslovênia e da Croácia pela Santa Sé — as duas repúblicas da antiga Iugoslávia que venceram as etapas democráticas da independência são também os dois Estados católicos do mosaico iugoslavo — provoca uma violenta reação dos sérvios, de cultura ortodoxa, assim como a solidariedade ostensiva de seus "irmãos" russos. Para não falar da hostilidade declarada dos gregos. A intervenção militar ocidental na Sérvia e os bombardeios de Belgrado, na primavera de 1999, exacerbam ainda mais o ressentimento anticatólico dos sérvios, dos russos, dos gregos e, por solidariedade, de todo o mundo ortodoxo. O fato de o Vaticano condenar o uso da força contra a Sérvia nada muda.

Logo depois da queda do Muro de Berlim, o papa polonês não deixara de advertir contra o ressurgimento dos "nacionalismos exacerbados"; mas jamais poderia imaginar que as crises de identidade da Europa póscomunista teriam tanto alcance, reduzindo a tão pouco sua própria ambição ecumênica.

Mas João Paulo II não desiste. No dia 25 de maio de 1995, publica uma encíclica intitulada *Ut Unum Sint* ("Que sejam um"), por ele mesmo escrita. Dirigindo-se a todos aqueles que acaso se sentissem desestimulados, o papa frisa que o objetivo da reaproximação dos cristãos, anunciada pelo Concílio Vaticano II, é efetivamente "irreversível". Naturalmente, o papa não ignora as circunstâncias desfavoráveis — "os atavismos, a incompreensão herdada do passado, os mal-entendidos, os preconceitos, a inércia, a indiferença, o insuficiente conhecimento mútuo" — que frearam e mesmo detiveram o processo. Mas lembra que as Igrejas ortodoxas continuam sendo a seus olhos Igrejas "irmãs",[8] que um discípulo do Cristo deve sentir-se em casa em qualquer igreja e que cabe exclusivamente aos cristãos ocidentais e orientais retomarem a "unidade na diversidade" em que viviam na época dos primeiros concílios. João Paulo II propõe então às outras confissões cristãs, não sem audácia, que tratem de refletir sobre aquilo em que poderá transformar-se o papado no futuro, para atender às necessidades de todas as confissões cristãs. Pois não é a vocação do sucessor de Pedro, transformado pela história no principal obstáculo à unidade, precisamente servir a essa mesma unidade? Aconteça o que acontecer, não será necessário justamente um ministério unitário a serviço da Igreja universal?

Simbolicamente, em 1994, o papa havia incumbido das meditações da tradicional *via crucis* da Sexta-Feira Santa, em Roma, o patriarca Bartolomeu, que em seu texto não esqueceu de tratar da vocação de Pedro, chefe dos apóstolos e referência suprema para o papa católico, que "só será o primeiro na qualidade de pecador perdoado, para presidir não à glória, mas ao amor".[9] No ano seguinte, a mesma honra caberia à irmã Monke de Vries, uma religiosa calvinista. Em 1997, ao católico armênio Karekin I. Em 1998, ao teólogo ortodoxo francês Olivier Clément. Iniciativas destinadas a mostrar que a unidade dos cristãos haveria de fazer-se na verdade do Evangelho, *in vivo*, e não em obscuras tratativas teológicas entre especialistas escolhidos por instituições inabalavelmente convencidas da justiça de sua causa.

Mas os esforços obstinados de João Paulo II seriam em vão. O tão esperado encontro com o patriarca moscovita nunca ocorreria, apesar de várias tentativas em 1996 (na Hungria) e 1997 (na Áustria). De modo que o papa não iria a Moscou, apesar dos vários convites feitos por Mikhail Gorbachev e Boris Ieltsin. Este, recebido em audiência a 10 de fevereiro de 1998, chegara mesmo a garantir-lhe, com um altivo movimento do queixo, e ignorando a nota redigida em seu próprio gabinete, que "sabia como fazer" com os ortodoxos.[10] Sem êxito: "Ainda não chegou a hora", diria o patriarca Alexis II ao bispo Jean-Louis Tauran, que o visitava em sua residência moscovita em junho de 1998.

O sonho do papa desfez-se em fumaça. Há muito tempo João Paulo II pensava na reconciliação dos representantes das três grandes religiões do Livro durante o Jubileu do ano 2000, numa oração em comum no monte Sinai — exatamente onde Deus transmitira a Moisés os seus mandamentos. Até mesmo sua visita ao mosteiro de Santa Catarina no monte Sinai, naquele ano, foi um fracasso: os monges ortodoxos que ali vivem sequer se dignaram a participar da cerimônia.

De Bucareste, capital da Romênia, é que viria em maio de 1999 um tardio consolo. Depois de dois anos de delicadas negociações, o papa finalmente visitava um país majoritariamente ortodoxo. Lamenta-se que seu anfitrião, o velho patriarca Teoctista, de 84 anos, tivesse sido anteriormente um dos mais fiéis esteios do ditador Ceausescu. E lamenta-se que o papa não pôde visitar os uniatas romenos da Transilvânia, no norte do país. João Paulo II não queria que se pudesse dizer que nunca havia visitado um país ortodoxo. Em outubro de 2002, o velho patriarca iria por sua vez a Roma, onde João Paulo II lhe ofereceu uma recepção particularmente calorosa.

A Providência permitiu que o papa visitasse vários outros países ortodoxos, especialmente dois dos mais importantes, em 2001: a Grécia, apesar das invectivas dos monges do monte Atos, particularmente agressivos em relação ao Santo Padre, e a Ucrânia, apesar da oposição oficial e peremptória do Patriarcado de Moscou. Tanto em Atenas quanto em Kiev, João Paulo II prega a paz, pede perdão, exorta à unidade: "Eu não vim com intenções de proselitismo", garante o papa ao desembarcar em Kiev, no dia 23 de junho de 2001. Em Moscou, os dirigentes ortodoxos não escondem sua indignação. O papa católico, defensor dos uniatas, no local onde foi batizado São Vladimir! Mais parecia uma provocação. Em mil anos, nunca provavelmente foi tão forte a hostilidade em relação aos católicos.

As incursões seguintes de João Paulo II em outras terras ortodoxas, como a Armênia e a Bulgária, ou em antigas repúblicas soviéticas limítrofes, como o Cazaquistão e o Azerbaijão, não dariam margem a ilusões: ainda seria necessário muito tempo para que um papa viesse um dia a visitar a capital da Santa Rússia.

Com os protestantes

Em relação ao protestantismo, o papa também tomou uma série de iniciativas espetaculares. Assim foi em novembro de 1980, ao realizar sua primeira visita à Alemanha. O público ainda não está habituado à intensidade dessas viagens — três mil quilômetros em quatro dias, vinte e quatro discursos — nem ao gosto do papa pelas demonstrações simbólicas e os gestos proféticos. Não apenas nosso polonês sem complexos presta homenagem, ao chegar a Colônia, "à grande nação alemã", como eis também que o chefe da Igreja Católica declara em Mogúncia, a 17 de novembro, que veio como peregrino visitar "os herdeiros espirituais de Martinho Lutero".

Lutero, o monge agostiniano alemão que antes de mais nada investiu contra os excessos do papado não pode, justamente, ser considerado a principal figura da cisão entre protestantes e católicos no século XVI? Pois eis então que o papa, para espanto geral, saúda o 450º aniversário da Confissão de Augsburgo, a síntese das idéias de Lutero fixada no papel por seu amigo Melânchton e considerada pelos protestantes como ponto de partida da Reforma: "Nós todos pecamos!", diz João Paulo II, referindo-se aos quatro séculos de divisões entre cristãos ligados ao mesmo Evangelho. No dia seguinte, em Munique, o papa preside uma sessão ecumênica na qual o representante da Igreja Luterana e o arcebispo católico local são

questionados a respeito do levantamento dos anátemas e outras condenações recíprocas trocadas por suas Igrejas desde o século XVI. A resposta
seria entregue a uma comissão mista de teólogos alemães, católicos e
luteranos. Algo nunca feito antes. Seria o início de um processo? Então
será possível um dia conseguir uma reaproximação? O arcebispo de Munique, designado pelo papa a acompanhar de perto este empreendimento, não ousa acreditar. Ele se chama Joseph Ratzinger.

E no entanto, no dia 5 de novembro de 1983, quando do quinto centenário de nascimento de Lutero, João Paulo II volta à iniciativa numa
carta enviada ao cardeal Willebrands, presidente da Secretaria para a
Unidade dos Cristãos, na qual frisa o "profundo sentimento religioso" de
Martinho Lutero, sugerindo que uma pesquisa histórica seja efetuada para
determinar, "caso exista", qual o erro cometido pela Igreja em relação a
Lutero. Algumas semanas depois, no dia 11 de dezembro de 1983, João
Paulo II aceita um convite para que o "bispo de Roma" participe de um
ofício ecumênico na Christuskirche, a igreja da comunidade luterana de
Roma. Com uma simples estola vermelha sobre a batina branca, o papa
saúda esse quinto centenário como "o alvorecer da reconstrução de nossa
unidade", oferecendo uma comovente oração pela unidade:

> *Nós te rogamos e te suplicamos, Senhor, [...]*
> *Que devolva a unidade àquilo que foi rompido*
> *Que reúna em uma só coisa o que foi separado.*
> *Faça com que nos voltemos apenas para tua verdade eterna*
> *Renunciando a todas as divisões.*

O texto não é de João Paulo II, mas de Martinho Lutero.[11] Trata-se de
uma verdadeira reabilitação, pelo papa em pessoa, daquele que foi excomungado por Leão X em 1521. Certo dia, em Copenhague, durante sua
viagem escandinava de junho de 1989, João Paulo II é questionado sobre
a sanção papal que atingiu o monge rebelde de Wittenberg. O Santo Padre explica então tranqüilamente que "toda excomunhão tem fim com a
morte do homem".

*

Roma, dezembro de 1985. Pouco antes do Natal, no terceiro andar do palácio apostólico, João Paulo II faz o desjejum com seu ex-professor e amigo Stefan Swiezawski, tomista de renome e especialista em filosofia do século XV. A conversa transcorre em polonês. Os dois evocam certas lembranças, a começar pela "revelação" que o velho sacerdote teve durante um seminário sobre Santo Tomás de Aquino em Fossanuova, em abril de 1974. Depois de um sermão particularmente notável pronunciado pelo bispo Wojtyla, Swiezawski chamou-o de repente à parte, como se tivesse sido acometido de uma iluminação: "Sabe, Karol, acho que você vai ser papa!"[12] Entre o café e os pãezinhos redondos, o papa questiona seu ex-professor a respeito de seus trabalhos. Swiezawski explica-lhe então que está estudando o processo de Jan Hus, o principal reformador tcheco precursor do protestantismo, excomungado e queimado vivo pelos católicos durante o Concílio de Constança em 1415. O velho sacerdote se exalta:

— E você sabia que a visão de Jan Hus era muito próxima do que foi proposto no Concílio Vaticano II?

João Paulo II está entusiasmado. Agarra o braço de Swiezawski e clama:

— É preciso dizer isto!

Stanislaw Dziwisz, o secretário, que conhece aqueles dois de cor e salteado, inclina-se para o velho professor:

— E se o senhor começasse por escrever alguma coisa a respeito em *Tygodnik Powszechny?*

O artigo seria publicado no número de 9 de fevereiro de 1986 do semanário cracoviano, sob o título "Jan Hus, herético ou precursor do Vaticano II?", causando sensação nos meios dissidentes tchecos. Na época, quem poderia imaginar que João Paulo II iria um dia a Praga, a convite do ex-dissidente Vaclac Havel, já então presidente da República, e teria deste modo oportunidade de pedir desculpas publicamente aos protestantes tchecos por esse crime odioso, que transformou a Boêmia na região mais "anticatólica" e "antipapista" da Europa? "Quando se sabe que Jan Hus era um santo, um mártir, um precursor das mudanças da Igreja!", insiste Swiezawski.

Em maio de 1995, em sua segunda viagem à República Tcheca, João Paulo II participaria de um serviço ecumênico na Catedral de São Guy de Praga, ao lado de Pavel Czerny, herdeiro de Jan Hus e chefe da Igreja evan-

gélica dos Irmãos da Boêmia. Era a sua maneira de fechar espetacularmente essa ferida histórica.

É este o estilo de João Paulo II. Para ele, o comportamento ecumênico
é antes de mais nada uma série de gestos, encontros, palavras, sinais. É
assim também que ele procede em relação aos calvinistas. Em junho de
1984, em Kehrsatz, durante sua visita à Suíça, João Paulo II homenageia
enfaticamente o teólogo reformado João Calvino, por ocasião de seu 475º
aniversário de nascimento, sugerindo que se comece a trabalhar numa
história comum da Reforma. Onze anos depois, em julho de 1995, ele se
recolhe em meditação durante uma viagem à Eslováquia ao pé de um monumento ao martírio de fiéis calvinistas que se recusaram a ser converti-
dos à força ao catolicismo. É verdade também que, semanas antes, na
República Tcheca, havia prestado homenagem a Jan Sarkander, um mártir católico da região morávia, o que havia desagradado fortemente aos
protestantes locais.

Aos olhos do papa, o processo ecumênico nada deve sacrificar em nome
da verdade. Não será renunciando a sua história, por mais dolorosa que
seja, que as diferentes confissões cristãs poderão progredir para a unidade.
Caso contrário, será uma unidade de fachada. João Paulo II é um homem
de entendimento, mas recusa qualquer compromisso. É o que determina
o valor profético — alguns diriam patético — do seu empreendimento.

*

Era certamente com os anglicanos que a reaproximação prometia ser
mais fácil. O rompimento entre a Igreja da Inglaterra e a Igreja Católica,
no século XVI, resultara de um conflito pessoal entre o rei Henrique VIII
e o papa da época, e mais adiante, também, de uma longa rivalidade política entre os ingleses e a monarquia católica espanhola. Embora o anglicanismo tenha sido influenciado por algum tempo pela Reforma de
Calvino, poucas divergências doutrinárias se interpõem entre anglicanos
e católicos. Em 1966, depois do Concílio Vaticano II, o papa Paulo VI
havia-se encontrado pela primeira vez com o primaz da Igreja Anglicana
da época, Michael Ramsey, líder espiritual de cerca de setenta milhões de
fiéis divididos em vinte e sete Igrejas. Em 1970, reuniu-se uma comissão

mista internacional católico-anglicana (Arcic) que durante anos tratou de examinar e reduzir as divergências entre as duas confissões, para satisfação geral.

Em maio de 1980, alguns meses depois de sua eleição, João Paulo II aproveita sua primeira viagem africana para encontrar-se em Acra, Gana, com o arcebispo de Canterbury, Robert Runcie, que sucedeu a Ramsey. Após o encontro, é dado a público um comunicado comum no qual abordam o problema da concorrência superada e mesmo absurda entre missionários das duas confissões: "O tempo é curto demais e as necessidades demasiado urgentes para que as energias cristãs sejam desperdiçadas no cultivo de velhas rivalidades."

Dois anos depois desse episódio, a 29 de maio de 1982, João Paulo II vai a Canterbury, capital religiosa do anglicanismo, para uma cerimônia inédita em companhia do arcebispo Runcie, na célebre catedral fundada no século VII por Agostinho de Cantuária (Canterbury), legado do papa Gregório Magno. Depois da sessão, o papa, Runcie e vários representantes de outras confissões cristãs prestam homenagem numa capela ao "santos e mártires do século XX" — uma idéia que João Paulo II voltaria a utilizar no Jubileu do ano 2000. Mas o fato é que essa "reunião de cúpula" não teria seguimento. Sete anos depois, no fim do mês de setembro de 1989, quando o arcebispo de Canterbury passa vários dias em Roma, os dois são obrigados a recuar, reconhecendo, numa declaração conjunta publicada a 2 de outubro, que "não vêem solução" para os problemas enfrentados por suas Igrejas.

Que aconteceu? Paradoxalmente, a esperança de reaproximação entre anglicanos e católicos exacerbou os últimos pontos de desacordo que opunham as duas confissões:

— Do lado católico, a Cúria julga necessário lembrar já em 1982 que o papa Leão XIII condenara duramente a rejeição do "primado" do papa pelos anglicanos, e que seria difícil recuar nessa condenação. Além disso, Roma não pode esquecer que a Igreja da Inglaterra, com seu cisma, rompeu a "sucessão apostólica" que faculta aos bispos se apresentarem como sucessores dos apóstolos. Estaria fora de questão considerá-los como bispos de pleno direito.

— Do lado anglicano, parece descartada a possibilidade de seguir o exemplo de Roma em sua recusa reiterada da ordenação de sacerdotes do sexo feminino.[13] No mínimo porque desde 1974 certas igrejas anglicanas, sobretudo nos Estados Unidos, já vêm ordenando mulheres. E também porque na Inglaterra o princípio da ordenação de mulheres, embora ainda não tenha sido introduzido, já não choca muita gente.

João Paulo II sente o perigo. Em janeiro de 1985, manda uma carta a Runcie para alertá-lo "com toda a franqueza fraterna" para a gravidade de uma eventual ordenação de mulheres. Runcie não responde imediatamente. Mas em novembro, depois de consultar os primazes anglicanos dos quatro cantos do mundo, explica ao Santo Padre que sua advertência é inútil. O Vaticano publicaria todas essas trocas de textos no dia 30 de junho de 1986, como se quisesse deixar patente o fracasso. Em 1994, quando o sínodo da Igreja Anglicana autoriza várias ordenações de mulheres em Bristol e Londres, a Cúria qualifica a iniciativa de "grave obstáculo no caminho da reconciliação". É verdade que haveria outros encontros entre o arcebispo George Carey e João Paulo II, mas já agora os dois só podiam lamentar esses dois pomos de discórdia.

Dois textos da Cúria viriam sacramentar definitivamente a posição católica diante dos anglicanos e de todas as outras igrejas protestantes:

— Em maio de 1994, a carta *Ordinatio Sacerdotalis* lembra com toda a firmeza que o sacerdócio é e continuará sendo vedado às mulheres, acrescentando, sem preocupação com sutilezas, que tal proibição deverá ser considerada "definitiva". Como veremos mais adiante,[14] os protestantes não são os únicos que se espantam com esse recurso ao dogma da infalibilidade do papa numa questão aparentemente secundária. O próprio Joseph Ratzinger afirmaria que a discussão com João Paulo II neste ponto foi "delicada".

— A 5 de setembro de 2000, em pleno Jubileu, o mesmo Ratzinger reafirma entre outras coisas, na declaração *Dominus Iesus*, que os protestantes — ao contrário dos ortodoxos — efetivamente romperam a "sucessão apostólica", e que portanto suas igrejas não são "válidas", nem é "autêntica" a sua fé, como tampouco é "integral" a sua salvação. Os protestantes ficam estupefatos, e não o escondem. Também aqui, não são os únicos que se questionam sobre a oportunidade de tal reação. Para que poderia servir esse texto?

Os luteranos já se haviam questionado sobre o primado da Cúria nas questões ecumênicas quando seus especialistas finalmente tiveram a im-

FORA DA IGREJA...

pressão de que haviam resolvido, com seus colegas católicos, a antiga e primordial querela teológica sobre a "justificação" — segundo a qual o homem só se torna "justo" através da fé, que é um dom de Deus, e não através de seu bom comportamento, corroborado pela instituição eclesial. No dia 25 de junho de 1998, quando os representantes da Federação Luterana Mundial e do Conselho Pontifício para a Unidade dos Cristãos publicavam solenemente uma *Declaração comum sobre a doutrina da justificação*, um outro texto era publicado pela Congregação para a Doutrina da Fé, sob o título *Resposta da Igreja Católica à declaração comum*, invocando ainda uma "necessidade de esclarecimento".[15] Esse comportamento desoladoramente confuso não contribuiu propriamente para aumentar o prestígio da Cúria entre os representantes das confissões não-católicas.

Teria havido neste caso uma divisão de tarefas entre o papa e a Cúria? Para ele, o profetismo, para ela, o respeito do direito? Seria demasiado simples se assim fosse. Na realidade, como deixara claro a preparação do concílio em várias oportunidades, a Igreja como instituição mostra-se mais aberta aos juristas que aos profetas, e o aparelho que a administra foi criado em boa parte para proteger a Tradição contra todas as tentações de mudança. Inclusive quando partem da iniciativa do papa.

E por sinal seria à margem da Cúria — para não dizer contra ela — que João Paulo II viria a desenvolver um outro tema de abertura, em Assis, em 1986, falando a todas as outras religiões do planeta. Uma iniciativa que superava deliberadamente o contexto do ecumenismo.

A reunião de Assis

No dia 25 de janeiro de 1986, preparando-se para viajar para a Índia, onde se encontrará com os mais altos dignitários hindus, muçulmanos, *sikhs* e budistas, o papa causa estupor no Vaticano ao anunciar uma iniciativa inédita e desconcertante: ele convida solenemente todos os líderes religiosos do planeta, cristãos e não-cristãos, para participar em outubro de uma jornada mundial de oração pela paz. A idéia, que é sua, é simples: por que não tentar aproveitar em comum os "profundos recursos" ao alcance do conjunto dos crentes em todo o mundo — e ele está pensando na oração e no jejum — diante das tensões que ameaçam a paz entre os homens? O papa propõe então Assis, a cidade do bom São Francisco, como local dessa experiência.

João Paulo II eximiu-se de informar a Cúria a respeito. Ele sabe que os diferentes dicastérios envolvidos teriam encontrado mil razões para se opor a um projeto tão pouco convencional. Apenas uma semana antes de anunciar seu projeto, o papa reúne discretamente em seu gabinete o cardeal Roger Etchegaray, então presidente da Comissão de Justiça e Paz, assim como o padre Pierre Duprey, titular do Secretariado para a União dos Cristãos, e o padre Marcello Zago, titular do Secretariado para os Não-Cristãos. Objetivo da reunião: seria a idéia realista, capaz de interessar as outras religiões, e, sobretudo, como concretizá-la sem provocar um escarcéu teológico? Duprey e Zago metem-se no primeiro avião para Genebra para testar o projeto junto ao Conselho Ecumênico das Igrejas, que reúne mais de trezentas igrejas cristãs (à exceção das católicas) e que na época já está refletindo sobre um projeto de "conferência mundial das religiões pela paz". O CEI não vê objeção e dá sinal verde. Enquanto isso, Etchegaray tenta resolver a principal dificuldade teológica: como fazer com que cada convidado ore "com os outros" sem que todos rezem "juntos", já que não rezam ao mesmo deus?[16]

A apreensão do papa era justificada. Logo que o projeto vem a ser conhecido, muitos prelados da Cúria se insurgem contra esse "sincretismo" que nada tem de católico, questionando-se, às vezes em voz alta: como poderia o papa orar em companhia de pessoas que adoram divindades estranhas ao cristianismo? A quem se haverá de estar orando? Como colocar o catolicismo no mesmo plano que o budismo e o animismo? Pode o sucessor de Pedro misturar-se, por uma questão de respeito por seus convidados, num grupo indistinto de líderes religiosos que por sinal, em sua maioria, não são do seu nível? Todas essas questões têm fundamento. Etchegaray é que se encarregaria de encontrar pacientemente respostas, com maior ou menor êxito. Mas a partida havia sido dada. O método do papa decididamente pode ser considerado eficiente: resolver as dificuldades caminhando é a melhor maneira de não sacrificar logo de entrada o essencial, que ele trata de lembrar dias depois em Délhi: "Todas as religiões devem colaborar para a causa da humanidade." Na Cúria, nem todos estão completamente convencidos. A iniciativa papal interfere com tantos hábitos! Além do mais, o cardeal Ratzinger não acaba de lamentar, num livro de grande sucesso, a tendência para incensar "exageradamente os valores das religiões não-cristãs"?[17] Muitos prelados romanos estranham inclusive que em Assis os dignitários da Igreja Católica não sejam convidados, como seria o caso, a sentar-se na primeira fila da cerimônia de encerramento.

No dia 27 de outubro de 1986, assim, a pitoresca cidade de São Francisco transforma-se em cenário de uma reunião única na história das religiões. A foto de João Paulo II de batina branca, sentado no meio desse insólito grupo de muçulmanos, ortodoxos, protestantes, *sikhs*, hindus, bonzos tibetanos, xintoístas, zoroastrianos — no total, trinta e duas delegações cristãs e vinte e oito delegações não-cristãs —, alinhados na praça da Basílica de São Francisco, ficaria como uma das imagens mais fortes do pontificado. E por sinal foi retransmitida por televisão para grande número de países.

— Deixemos de nos julgar uns aos outros! — propôs, em russo, o metropolita Filarete de Kiev.

— Amai vossos inimigos! — diz-lhes João Paulo II, citando o Sermão da Montanha.

Um discurso novo para muitos dos convidados dessa reunião extraordinária. É claro que o apelo à "trégua universal" lançado nesse dia pelo papa não foi ouvido por todo mundo, longe disto. Mas, ainda assim, o grande rabino de Roma rezando ao lado de um imã saudita era algo até então nunca visto.

Um ano depois, realizou-se um debate entre a Cúria e a comunidade Sant'Egidio, que havia sido encarregada por João Paulo II da organização desse acontecimento fora do comum: por que não ir mais longe ainda e prolongar o espírito de Assis em outras reuniões, em torno de outros temas relacionados à paz? Escaldada, a Cúria via com maus olhos a repetição da experiência, quaisquer que fossem as formas adotadas. A decisão foi dada por João Paulo II, em favor de Sant'Egidio. Dom Vincenzo Paglia, capelão da comunidade, ouviu do papa este comentário: "Dom Vincenzo, hoje eu lutei pelo senhor... e nós vencemos!"[18]

Uma vitória muito modesta, na realidade. É verdade que a comunidade de Sant'Egidio, dirigida com inteligência e fervor por seu presidente, Andrea Riccardi, organizaria mais de dez reuniões inter-religiosas modestamente intituladas "Homens e religiões", e em especial uma assembléia de oração pela paz na Bósnia, em Assis, em janeiro de 1993, e outra em território ortodoxo, em Bucareste, em agosto de 1998. Mas a primeira reunião de cúpula de Assis, com sua boa vontade generalizada e seus chefes indígenas fumando o cachimbo da paz, seria um acontecimento único: a grande "assembléia inter-religiosa" promovida em Roma em meados de outubro de 1999, ou seja, às vésperas do Jubileu do ano 2000, segundo o modelo da assembléia de Assis, foi um fracasso. Mais uma vez, o papa era vítima de uma dessas contradições de que terá sido portador durante todo o seu pontificado: como combater o "relativismo religioso", como faria ele periodicamente durante todos esses anos, e ao mesmo tempo preconizar a convergência, ainda que fortuita, de todas as religiões do mundo?

Obstinadamente, João Paulo II haveria de defender-se até o fim contra toda tentativa de "sincretismo religioso". Para ele, é porque "a paz é um dom de Deus" que a experiência conjunta das diferentes religiões é útil. Sobretudo quando se trata de afirmar enfaticamente que "jamais as religiões podem justificar a guerra", o que o papa haveria de repetir logo depois do atentado de 11 de setembro de 2001 em Nova York. Apesar das críticas, João Paulo II voltaria a convocar as religiões do mundo a Assis para uma jornada de "oração pela paz". Dessa nova reunião fervorosa e calorosa participariam, a 24 de janeiro de 2002, trinta dignitários muçulmanos — entre eles o irmão do rei Hussein da Jordânia. No exato momento em que o mundo civilizado se unia contra o "terrorismo islâmico", este gesto de paz não era apenas espetacular: era também corajoso.

Os silêncios do islã

Os imãs presentes em Assis em 1986 não foram os primeiros representantes do islã a se encontrarem com o Santo Padre. A primeira visita à Turquia, para seu encontro com o patriarca Demétrio I, em novembro de 1979, e as subseqüentes tentativas realizadas durante outras viagens — especialmente no norte da Nigéria, em abril de 1982, quando os dignitários muçulmanos locais recusaram-se à última hora a encontrá-lo — serviram para lembrar-lhe seu primeiro contato com a religião islâmica, ocorrido durante seus estudos romanos, e que ele assim relata em *Cruzando o limiar da esperança*:

> Estávamos visitando o convento de São Marcos em Florença, onde admirávamos os afrescos de Fra Angelico. Um homem juntou-se a nós, compartilhando nosso deslumbramento, mas logo comentou:
> — Mas nada se equipara à beleza de nosso monoteísmo muçulmano!

E o papa, fatalista, enxerga aí "uma prévia do que seria esse diálogo entre o cristianismo e o islã". Para João Paulo II, como sempre, as coisas são simples: os discípulos do profeta Maomé, que se dizem filiados a Abraão, são "irmãos". Algumas semanas depois de sua eleição, ele pronuncia essa palavra em um apelo pela paz no Líbano, no dia 10 de dezembro de 1978. Voltaria a pronunciá-la cinco anos depois, num contexto dramático, qualificando de "irmão" o autor do atentado contra ele, o terrorista turco Ali Agca, ao visitá-lo na prisão.

Uma cena ficaria gravada em sua memória e na de toda a Igreja. Ela acontece em Casablanca, no dia 19 de agosto de 1985. Pela manhã, o papa havia decolado de Nairóbi, no Quênia, em direção a Roma, devendo fazer escala no Marrocos. Ele havia sido convidado dois anos antes pelo rei Hassan II em pessoa, durante audiência no Vaticano. João Paulo II mostrara-se cético:

— Que poderia fazer o papa em vosso reino, que é oficialmente islâmico?

— Vossa Santidade — respondera o rei —, vossa missão não é apenas religiosa, mas também educativa e moral. Tenho certeza de que dezenas de milhares de meus compatriotas, sobretudo jovens, gostariam de ouvi-lo falar das normas éticas nas relações entre indivíduos, comunidades, nações e religiões...

E ao retornar a seu país o soberano marroquino daria demonstrações daquilo que tinha em mente: nas semanas que se seguiram, ele reconheceu a existência da Igreja Católica, à qual eram autorizados assim o culto, o catecismo e a ação caritativa, e decidiu isentar fiscalmente as paróquias e escolas religiosas.

Ao chegar ao grande estádio de Casablanca no fim daquele dia de agosto de 1985, o papa encontra oitenta mil jovens muçulmanos reunidos para os jogos pan-árabes. Cinco mil adolescentes em roupas de esporte fazem evoluções no gramado central. Apresentado pelo rei como "um defensor dos valores comuns ao islã e ao cristianismo", o homenzinho de branco começa referindo-se, em francês, a esse deus em que acreditam os cristãos e os muçulmanos: "Nós adoramos o mesmo Deus!" E o papa explica tranqüilamente quem é, em que acredita, o que é um cristão. Nada de sincretismo fácil, o papa não passa por cima das diferenças entre as duas religiões e exorta ao respeito mútuo, assim como à liberdade religiosa:

> Cristãos e muçulmanos quase sempre enfrentaram incompreensões recíprocas. Às vezes, no passado, encontramo-nos em posições opostas e desperdiçamos nossas energias em polêmicas e guerras. Acredito que hoje Deus nos convoca a mudar nossos hábitos!

O respeito e o fervor com o qual todos aqueles jovens marroquinos ouvem o papa evocar naquele dia "Deus bom e infinitamente misericordioso", formulação que existe em forma idêntica na Bíblia e no Alcorão, não serviriam para mostrar que o diálogo com o islã não é completamente ilusório? No avião, um jornalista pergunta-lhe se um dia ele pretende visitar a Líbia ou a Arábia Saudita:

— Como disse Pio XI, eu estaria disposto a falar até com o diabo se se tratasse da verdade, da religião e dos direitos humanos.

— Santíssimo Padre — insiste outro jornalista —, um dia o senhor poderá ir a Meca?

— Se depender da minha sensibilidade, sim. Mas a deles talvez seja diferente.[19]

Essa precaução retórica haveria de revelar-se tristemente premonitória. O exemplo marroquino seria um caso isolado. Por mais que João Paulo II exortasse à reaproximação das duas religiões na Indonésia (1989), no Mali (1990), na Guiné e no Senegal (1992), seus apelos encontrariam na melhor das hipóteses um silêncio polido. Às vezes, um boicote puro e simples, como no Quênia em 1995. O papa não ignora as dificuldades nesse terreno. Em *Cruzando o limiar da esperança*, em 1994, ele constata que o fundamentalismo islâmico e os sofrimentos "dramáticos" de tantas comunidades cristãs perseguidas por regimes muçulmanos tornam a aproximação "difícil". O que aconteceria posteriormente — da visita papal ao Sudão em fevereiro de 1993 ao assassinato dos sete monges de Tiberine em março de 1996 — mostraria que ele estava sendo eufemístico.[20]

Em relação ao islã, como fizera com as outras religiões não-cristãs, e com todas as demais confissões cristãs, o papa não se cansou de dar sinais, fazer gestos, tomar iniciativas, promover encontros que ficarão na história. Mas o balanço não é proporcional a seus esforços. Objetivamente, tanto em matéria de ecumenismo quanto no plano do diálogo inter-religioso, João Paulo II teve mais fracassos do que êxitos.

26

O *amigo dos judeus*

Domingo, 13 de abril de 1986. Para a multidão de judeus reunidos no pátio da grande sinagoga de Roma, no coração do antigo gueto da Cidade Eterna, o dia é o 4 Nisã do ano 5746. Pouco antes das 17 horas, chega o papa, que sobe lentamente os degraus do prédio que domina o Tibre, em meio a uma multidão de rabinos em roupas de festa — manto branco, xale de listas escuras e quipá branco. Entre eles encontram-se o presidente da União Israelita de Roma, Giacomo Saban, e o grande rabino Elio Toaff, visivelmente emocionado. No séqüito de João Paulo II, vemos o cardeal Ugo Poletti, vigário de Roma, o cardeal Johannes Willebrands, que preside o Secretariado para a União dos Cristãos, além de Dom Jorge Mejía, secretário da Comissão para as Relações com o Judaísmo e ex-colega do estudante Karol Wojtyla.

À entrada do prédio, o papa e o grande rabino se abraçam. Dentro da sinagoga, a assembléia aplaude, enquanto o coro entoa o salmo *Aleluia, louvai o Senhor*. Lentamente, os dois percorrem a ala central e se sentam em duas poltronas iguais para ouvir as leituras extraídas do livro que ambos veneram: a Bíblia. Na assistência, há quem tenha vindo especialmente dos Estados Unidos. Mal podem acreditar no que estão vendo.

É certo que este momento foi antecedido por alguns sinais na história recente da Igreja. Basta lembrar a parada simbólica do papa João XXIII diante da mesma sinagoga de Roma, num dia de sabá, para benzer os fiéis judeus que saíam do prédio. Ou o breve encontro entre João Paulo II e Elio Toaff no dia 8 de fevereiro de 1981, durante visita do bispo de Roma à paróquia de São Carlos Acorrentado, situada no território do antigo gueto. "Há muito tempo eu pensava nesta visita", explica gravemente o papa. Na realidade, João Paulo II tivera inicialmente a idéia de incluir uma visita a uma sinagoga local em uma de suas futuras viagens. E falara a respeito num jantar, no início de 1986: "Mas seria melhor começar pela sinagoga de Roma", sugerira-lhe seu amigo Jorge Mejía. A sugestão foi levada em consideração. E o papa confiou ao próprio Mejía a missão de entrar discretamente em contato com o grande rabino de Roma. Pelo telefone, Elio Toaff logo respondeu, em hebraico: "Bendito seja aquele que vem em nome do Senhor!"

Para todos os participantes, essa cerimônia do dia 13 de abril de 1986 é um momento excepcional. Uma verdadeira virada da história. Em dois mil anos, nunca um papa havia entrado numa sinagoga. Vinte séculos de hostilidade, desprezo, incompreensão e perseguições ficavam assim relegados ao passado por essa imagem de um papa que recitava, em hebraico, o salmo *Hodu ladonai ki tob*:

> *Dai graças ao Senhor pois Ele é bom*
> *Pois eterno é o Seu amor!*
> *Que ela o diga, a casa de Israel:*
> *Eterno é o Seu amor.*

Em seu discurso, o papa João Paulo II evoca as condições para que a reconciliação entre cristãos e judeus seja possível e duradoura. É preciso, diz ele, que primeiro a Igreja redescubra a natureza do vínculo especial que a une aos judeus:

Com o judaísmo, temos uma relação que não temos com qualquer outra religião. Vós sois nossos irmãos preferidos e, de certa maneira, podemos dizer que sois nossos irmãos mais velhos...

Em seguida, o papa lembra que os cristãos não devem atribuir aos judeus a paixão de Cristo, que "não é lícito afirmar que os judeus são um povo repudiado e maldito", reiterando o que o Concílio Vaticano II estabelecera, em 1965, na declaração *Nostra aetate*. João Paulo II utiliza palavras simples, como para melhor fazê-las entrar para a história: "A Igreja lamenta o ódio, as manifestações de anti-semitismo, as perseguições contra os judeus, qualquer que seja a época e por parte de quem quer que seja." O Santo Padre detém-se, levanta por um momento o olhar e repete: "Por parte de quem quer que seja!"

O *bispo de Auschwitz*

Não deixa de ser um paradoxo que o antigo cardeal de Cracóvia tenha sido o primeiro chefe da Igreja a atravessar o Tibre e assim romper o muro de incompreensão e hostilidade que se ergue entre judeus e cristãos. Com efeito, um papa polonês é duplamente suspeito aos olhos dos judeus. Por ser papa, mas também por ser polonês. O fato de o chefe da Igreja Católica ser de origem polonesa não chega a ser uma vantagem aos olhos da comunidade judaica. Pelo menos no que diz respeito aos descendentes de judeus asquenazes, majoritariamente originários da Europa central, para os quais a Polônia, o antigo "paraíso dos judeus", transformou-se no século XX num inferno anti-semita no qual Auschwitz não foi instalado por acaso. Essa opinião, naturalmente, é discutível, mas é muito disseminada em certas comunidades (Estados Unidos, França, Bélgica) e não raro envolta em despeito, rancor e até mesmo ódio. "Todo polonês mamou o anti-semitismo no seio de sua mãe", declarou certa vez Yitzhak Shamir, chefe do governo de Israel. "Para muitos judeus, a origem polonesa é suficiente para desacreditar João Paulo II", resume o jornalista Henri Tincq, que escreveu um livro sobre as relações entre o papa e os judeus.[1]

Não vamos aqui nos estender sobre o tema, senão para denunciar os dois lugares-comuns que com tanta freqüência são invocados para caricaturá-lo. O primeiro, no meio da diáspora israelita, consiste em dizer que "os poloneses são anti-semitas". O segundo, na própria Polônia, em afirmar que "os poloneses não são anti-semitas". Nenhuma das duas coisas traduz a verdade. Digamos que se existe um anti-semitismo especificamente polonês, Karol Wojtyla não terá sido exemplo dele nem lhe terá dado eco. Temos na memória o modelo de retidão e tolerância que lhe foi oferecido por seu pai durante seus anos em Wadowice, suas partidas de futebol com os coleguinhas judeus. Lembramos ainda o preceito do velho cônego Prochownik, pároco da Igreja de Santa Maria, para quem o anti-semitismo era "anticristão". Ou ainda, no colégio, em plena ascensão do anti-semitismo, o professor de história Gebhardt lendo a passagem em que o poeta

Mickiewicz refere-se ao judeu com a um "irmão mais velho" ao qual o polonês deve ajuda, assistência e igualdade de direitos[2] — e por sinal a expressão *irmão mais velho*, que ficou na lembrança de Wojtyla, daria frutos. "O melhor amigo que me ficou da infância é um judeu", contou com freqüência o papa, referindo-se ao ex-colega de escola Jerzy Kluger. "Graças a ele é que eu sempre considerei os judeus e os cristãos mais como amigos do que como rivais."[3]

O amigo Kluger, que os acasos da vida acabaram levando a Roma, onde se tornou engenheiro, entraria em contato em novembro de 1965 com um certo cardeal Wojtyla, de Cracóvia, cujo nome leu nos jornais e que pode ser o pequeno Karol de sua convivência em Wadowice.[4] Precisamente! Muito emocionados, os dois, que logo voltam a se tratar com intimidade, haveriam de manter-se por muito tempo em contato estreito. Kluger evoca também a lembrança das angústias do jovem Karol na época do aumento dos riscos, das explosões de ódio, das humilhações entre estudantes em Cracóvia, antes do mergulho no drama absoluto: as lojas "proibidas aos judeus", os guetos, os maus-tratos, os desaparecimentos de famílias inteiras e logo também as atrozes revelações sobre o campo de Auschwitz.

Depois de feito padre e logo bispo, Karol Wojtyla não mudaria seu comportamento em relação aos judeus, embora não tenha transformado a questão numa preocupação prioritária. No concílio, ele não participa do exaltado debate sobre a questão judaica — estava ocupado com outras tarefas intelectuais —, mas podemos imaginar que aprendeu muito, como tantos outros bispos, ao assistir ao esmiuçamento do texto preparatório *De Judaeis* do cardeal reformista Béa, à oposição virulenta dos patriarcas orientais a tudo que pudesse ser favorável ao Estado de Israel e também à agitada discussão que acabou levando, não sem grandes dificuldades, ao texto *Nostra aetate*. Tal como fazia com as outras conquistas conciliares, o arcebispo de Cracóvia empenhou-se em aplicar as lições do Vaticano II em sua própria diocese. À sua maneira. Na sexta-feira, 22 de fevereiro de 1969, ele se programou para visitar a paróquia do Sagrado Corpo de Deus no velho bairro judeu de Kazimierz. Dias antes, manda o pároco local "testar" o presidente da comunidade judaica, Maciej Jakubowicz: qual seria sua reação se o arcebispo visitasse a grande sinagoga de Cracóvia, na rua Szeroka, bem no coração de um bairro ainda ferido pela guerra? O dignitário judeu imediatamente aceita, com uma única condição: que o visitante entre na sinagoga com a cabeça coberta. O cardeal usaria, assim, um quipá. A visita, em clima extremamente caloroso, causa sensação. Retrospectivamente, não podemos deixar de enxergar nela uma espécie de ensaio geral.

Em várias oportunidades, não raro na festa de Todos os Santos, o bispo Wojtyla esteve em Auschwitz. A cidade, que após a libertação voltou a adotar seu nome original de Oswiecim, fica situada em sua arquidiocese. Ele não faz a viagem apenas por se tratar de uma grande cidade, com numerosas paróquias, mas efetivamente para visitar o campo de Auschwitz-Birkenau, transformado em museu pelo governo polonês. Ao longo dos anos, o arcebispo de Cracóvia levaria a Oswiecim muitos cardeais estrangeiros, sobretudo americanos (Krol, Cody, Baum) e alemães (Volk, Schröffer, Döpfner), mas também alguns prelados romanos, como o enviado especial do papa, o bispo Luigi Poggi, em 1975.

Uma figura atrai irresistivelmente Wojtyla a este lugar de abominação: a do padre Maximiliano Kolbe, franciscano morto no campo de Auschwitz em agosto de 1941. Kolbe, matrícula 16.670, ofereceu sua vida no lugar de um pai de família condenado a morrer de fome num *bunker*, e acabou num forno crematório.[5] Graças ao apoio ativo dos bispos alemães, que ficaram muito sensibilizados com essa história, o franciscano seria beatificado por Paulo VI em 1971. Na época, Wojtyla não esconde sua alegria.[6] É na presença de três cardeais da Cúria (Seper, Wright e Bertoli) que no dia 15 de outubro de 1972 ele celebra no terreno do campo, sob uma chuva fina, e na presença de duzentas mil pessoas, uma missa solene pelo primeiro aniversário da beatificação de Maximiliano Kolbe. Quem poderia imaginar que também essa missa seria, de certa forma, um ensaio geral?

Estaria enganado quem visse nessa veneração a Auschwitz uma homenagem ao povo judeu. Na Polônia, durante os anos comunistas, a questão judaica é um tema tabu. O museu de Auschwitz, regularmente visitado pelos escolares, é antes de tudo um memorial da resistência polonesa antifascista, no qual os judeus são mencionados juntamente com várias outras nacionalidades. Exatamente como em Buchenwald, na Alemanha Oriental, onde a propaganda comunista exalta essencialmente a resistência alemã antinazista e o sacrifício de cinco mil prisioneiros de guerra soviéticos. Em março de 1968, a propaganda abertamente anti-semita do regime leva ao exílio muitas personalidades judias polonesas, contribuindo para manter o silêncio sobre a questão. O que não deixa de ser conveniente para a Igreja da Polônia, pouco à vontade nessas questões, que nunca levaram a uma reflexão profunda em suas fileiras. Até então, ao se lembrarem de seus seis milhões de vítimas na guerra (um sexto da população), os poloneses não fazem diferença entre judeus e não-judeus. Na época, Auschwitz já é um lugar simbólico do ódio e da desumanidade. Ainda não é um símbolo do Holocausto.

O jornal *Tygodnik Powszechny* é que enfrentaria corajosamente a questão das relações entre judeus e cristãos na década de 1970, correndo o risco de provocar escândalo, com o sinal verde de seu protetor, o arcebispo de Cracóvia.[7] Por esse motivo, o semanário católico, abrindo suas páginas a vários autores interessados, seria freqüentemente censurado. A determinada altura seria inclusive qualificado pelo governo comunista de "jornal de idolatria filo-semita". Em junho de 1978, semanas antes da morte de Paulo VI, o tema ainda era tratado no último jantar do comitê de imprensa, reunindo os dirigentes do grupo Znak e o cardeal Wojtyla.

Haveria o papa João Paulo II de seguir o caminho do cardeal Wojtyla? Seus antecessores romanos não haviam incluído a questão judaica entre suas prioridades. Só Pio X, em 1905, e sobretudo Pio XI, em 1928, condenaram claramente o anti-semitismo. Este último, em pleno agravamento do perigo hitlerista, impressionara um grupo de peregrinos belgas no dia 6 de setembro de 1938 ao proclamar, quase gritando: "O anti-semitismo é inadmissível! Nós somos espiritualmente semitas!"

O longo reinado de Pio XII não contribuiu para avançar a causa. Foi necessário esperar por João XXIII, em 1959, para que um papa fosse além da denúncia do anti-semitismo, lançando-se num processo de reabilitação dos "judeus pérfidos", como ainda dizia nos anos 50 a liturgia da Sexta-Feira Santa. E ainda assim, a declaração conciliar *Nostra aetate*, promulgada por Paulo VI em 1965 e unanimemente considerada como prova de um progresso considerável, não menciona a Shoah, nem a permanência histórica do judaísmo, nem a necessidade de um arrependimento cristão após séculos de "ensino do desprezo",[8] nem a questão do Estado de Israel.

A *Shoah*, quarenta anos depois...

Ao ser eleito papa, portanto, Karol Wojtyla é a esse respeito um homem de boa vontade, mas de cultura limitada, tanto pela pusilanimidade da Igreja Católica nesse terreno delicado quanto pela ocultação da questão judaica em seu próprio país. Mas João Paulo II haveria de empenhar-se decididamente numa dupla iniciativa: em direção aos judeus, no plano religioso; e em direção ao Estado de Israel, no plano político. E, como já se tornou um hábito, é durante suas viagens que ele contribuirá para fazer avançarem as coisas.

No dia 7 de junho de 1979, ele aproveita sua viagem à Polônia para celebrar uma missa em Auschwitz, "este Gólgota do mundo moderno", na presença de um milhão de fiéis acomodados entre cercas de arame farpado e guaritas de vigilância, debaixo de um sol inclemente. Ao redor do altar, perto dele, duzentos padres, todos antigos deportados, usam a roupa listada que lhes era imposta em seu calvário. João Paulo II menciona as grandes lajes do memorial, gravadas em todas as línguas, e pela primeira vez refere-se ao destino dos judeus: "Detenho-me convosco, caros fiéis, diante da pedra com inscrição em hebraico. Esta inscrição evoca a lembrança do povo cujos filhos e filhas estavam destinados ao extermínio absoluto..." Pela primeira vez uma multidão de um milhão de poloneses aplaudia assim uma referência ao Holocausto. Mas sobretudo, é a primeira vez em que um papa refere-se publicamente a ele. O próprio João Paulo II frisa que não é o bispo da diocese em que fica situada Oswiecim que está se exprimindo, mas o chefe da Igreja Católica: "Como papa, eu não podia deixar de vir aqui", diz ele.

No ano seguinte, é durante sua primeira viagem à Alemanha que ele surpreende. No dia 17 de novembro de 1980, diante da comunidade judaica de Mogúncia, ele fala do povo da "Antiga Aliança, *que nunca foi revogada*". E repete essas palavras, como se quisesse deixá-las bem claras, para melhor denunciar a velha idéia segundo a qual a vinda do Cristo à Terra teria feito caducar a eleição do povo judeu. Meses depois de sua eleição, em seu primeiro encontro com a comunidade judaica de Roma, ele já havia recorrido a uma linguagem pouco comum, afirmando que se os católicos e os judeus deviam aproximar-se, era por razões *religiosas*.[9] Em Mogúncia, ele desenvolve essa idéia capital, explica que "não é possível aproximar-se do Cristo sem encontrar o judaísmo" e esclarece: "Jesus era e continuará sempre a ser um judeu." Em 1984, ele voltaria ao tema, diante dos dirigentes da liga antidifamação B'nai B'rith: o diálogo entre judeus e cristãos não visa a favorecer "um encontro entre duas religiões que seguem cada qual o seu caminho", mas a renovar um "misterioso vínculo espiritual", um "vínculo único" que une os católicos ao "povo de Abraão".

Em 1985, no vigésimo aniversário da famosa declaração conciliar *Nostra aetate*, o Vaticano publica um texto que retoma, por iniciativa do papa, os elementos de seu discurso de Mogúncia. As *Notas sobre a maneira correta de apresentar os judeus e o judaísmo na prédica e na catequese da Igreja Católica Romana* destinam-se sobretudo a retomar uma reflexão teológica, interrompida no século I, sobre a aliança "irrevogável" entre Deus e a "descendência de Abraão". Mas também convidam a "compreender o significado do extermínio dos anos de 1939-1945 e de suas conseqüências para os judeus". Pela primeira vez em quarenta anos um texto da Cúria faz referência à Shoah. A partir de então, seriam incontáveis as declarações do papa a respeito. Em todas as suas viagens, João Paulo II procura entrar em contato com a comunidade judaica local. O mais intenso desses encontros teria lugar em seu próprio país, durante a visita de teor extremamente político que fez em junho de 1987. Um ano passou-se desde sua espetacular visita à sinagoga de Roma. Em Varsóvia, dirigindo-se aos representantes da comunidade judaica polonesa, o papa desfaz deliberadamente uma ambigüidade característica de seu país natal:

Estejais seguros, queridos irmãos, de que a Igreja polonesa sente-se profundamente solidária convosco quando considera o extermínio sistemático de vossa nação, realizado com premeditação. *Nós também sofríamos uma ameaça, mas muito menor* e que não pôde ser concretizada. *Vós fostes as vítimas* desse terrível sacrifício que foi o extermínio.

O que nem precisa ser dito é melhor quando dito. Desde sua eleição pelo conclave de 1978, Karol Wojtyla evoluiu. Já os poloneses, muito menos, como logo ficaria claro no caso do carmelo de Auschwitz. Com toda evidência, João Paulo II está se dirigindo tanto a seus compatriotas católicos quanto aos anfitriões judeus ao afirmar:

O AMIGO DOS JUDEUS

Essa terrível experiência fez de vós [os judeus] mensageiros que advertem toda a humanidade, as nações, os poderes, os sistemas e os indivíduos. Mais que ninguém, vós vos tornastes esse grito de alarme salvador. Assim, continuais, em minha opinião, a cumprir a vocação que vos é própria, mostrando que continuais a ser os herdeiros do povo eleito de Deus.

A Shoah, sinal da permanência do povo eleito: estamos mesmo muito longe das velhas acusações cristãs contra o povo "deicida". Naquele verão, em Castel Gandolfo, o papa anuncia a visitantes judeus o lançamento em breve de um texto específico sobre a Shoah. Será que o *entourage* do papa não o acompanha neste tema? O fato é que esse famoso texto levaria onze anos para ser publicado, embora a reflexão do papa já esteja concluída. No dia 24 de junho de 1988, em visita ao campo de Mauthausen, na Áustria, ele proclama:

O fardo da dúvida continua a pesar em nossas consciências. Como pudemos tolerar esse sistema concentracionário? Não teremos esquecido depressa demais o teu inferno, homem de Mauthausen? Não estaremos apagando de nossas memórias e de nossas consciências os vestígios dos crimes passados?

Na primavera de 1989, chega a Roma, à residência do "Senhor engenheiro Jerzy Kluger", uma carta com o selo pontifício, assinada por João Paulo II. Tendo sido informado de que no dia 9 de maio de 1989 seria realizada em sua cidade natal de Wadowice uma cerimônia para marcar o qüinquagésimo aniversário da destruição da sinagoga local pelos nazistas, o papa pede a seu velho companheiro Jurek, cujo pai presidia na época a comunidade judaica da cidade, que transmita nesse dia a seus "compatriotas e correligionários" a lembrança de Karol Wojtyla. A mensagem, que seria lida em Wadowice, termina com as palavras que o Santo Padre já utilizara três anos antes em Varsóvia: "O papa polonês tem uma ligação especial com todos esses acontecimentos, por tê-los vivido, em certo sentido, em união convosco, aqui, nesta terra da Polônia."

João Paulo II retomaria essa idéia quatro anos depois, respondendo às perguntas do jornalista Messori sobre a experiência de Auschwitz: "Eu também a senti, de minha parte, e é uma experiência que ainda hoje trago em mim." Terão sido necessários, assim, dezenas de anos para que um papa ousasse declarar, preto no branco: "Os filhos e as filhas do povo de Israel foram os primeiros a serem exterminados pelo único motivo de que eram judeus."[10]

João Paulo II percorreu um longo caminho em quinze anos. Mas seu reconhecimento da Shoah, por pleno que fosse, não satisfaz a todos os seus interlocutores judeus. Para começar, o papa lembra, na mesma entrevista com Vittorio Messori, que muitos não-judeus que viviam na Polônia também tiveram de "enfrentar essa cruel realidade, ainda que apenas indiretamente". Naturalmente, ele está pensando em si mesmo, em seus amigos da época, em todos que se envolveram na luta mortal contra o nazismo. Embora os números não sejam de mesma grandeza, foram muitos os poloneses não-judeus mortos em Auschwitz — o padre Maximiliano Kolbe, entre outros — para que esse lugar simbólico o seja apenas para os sobreviventes da Shoah. No dia 29 de janeiro de 1995, no qüinquagésimo aniversário da libertação do campo, João Paulo II volta a esclarecer que "em Auschwitz, como em tantos outros campos de concentração, morreram tantos inocentes de nacionalidades" diversas, mas foram efetivamente os judeus as principais vítimas desse horror: "Os filhos do povo hebraico, cujo extermínio sistemático foi promovido pelo regime nazista, sofreram a experiência do holocausto." E o papa proclama, nesse dia, na praça de São Pedro: "Nunca mais o anti-semitismo! Nunca mais a arrogância dos nacionalismos! Nunca mais os genocídios!"

Por outro lado, João Paulo II não renuncia, interiormente, a sua vocação missionária. Dialogar, sim, mas nunca ao preço da *verdade*. Por mais que se tenha empenhado no sentido de dissipar os mal-entendidos entre judeus e católicos, o papa nunca pensou em conciliar o inconciliável, sabendo que a divergência original que os opõe é histórica e teologicamente insuperável. Em *Cruzando o limiar da esperança*, ele escreve: "A Nova Aliança encontra suas raízes na primeira. Quando o povo da Antiga Aliança poderá se reconhecer na Nova Aliança? A resposta pertence ao Espírito Santo." Para um judeu, essa resposta é inaceitável. Esta suspeita, que é fundamental, nunca seria totalmente eliminada, voltando a se manifestar a cada incidente entre o papa e os judeus. Desse modo, ao longo de todos esses anos, várias questões dificultaram este lento processo de reaproximação judaico-cristã.

O *carmelo e outros "escândalos"*

No dia 2 de fevereiro de 1981, o papa anuncia a nomeação de monsenhor Jean-Marie Lustiger, 54 anos, para a chefia da diocese de Paris.[11] Um judeu em Notre-Dame! A notícia espanta os católicos, mas são os judeus que ficam escandalizados. Não resta a menor dúvida de que as origens judaicas asquenazes do novo arcebispo — cuja mãe morreu em Auschwitz — pesaram na decisão do papa. Mas não seria o caso de concluir que a promoção é o mesmo que afirmar que um bom judeu é um judeu convertido? "Ao abraçar o cristianismo, eu não reneguei meu judaísmo, mas, pelo contrário, o realizei plenamente", diria Jean-Marie Lustiger à televisão israelense, parafraseando Bergson, dias depois de sua nomeação.[12] É precisamente o que não é aceito por muitos judeus, para os quais, agrade ou não a João Paulo II, não se pode ser ao mesmo tempo judeu e cristão.

A canonização solene do padre Maximiliano Kolbe, na praça de São Pedro, no dia 10 de outubro de 1982, faz com que o papa mais uma vez seja acusado de pretender "cristianizar a Shoah". O líder da Igreja não deixa de lembrar que aquele lugar "construído para a negação da fé, da fé em Deus e da fé no homem" é e continuará a ser o "símbolo do extermínio do homem inocente". Mas essa lógica não está ao alcance de seus detratores. Entre os judeus, o que se pergunta é se era absolutamente necessário que o primeiro padre canonizado pela Igreja desde a guerra tivesse morrido exatamente em Auschwitz.[13]

Cinco anos depois, a mesma suspeita recairia sobre a beatificação de Edith Stein. Nascida em família judia praticante, essa filósofa alemã convertida ao cristianismo e que entrou para o carmelo com o nome de Benedita da Cruz morreu nas câmaras de gás de Auschwitz no dia 9 de agosto de 1942. Em sua homilia do dia 1º de maio de 1987, em Colônia, por mais que explique que para Edith receber o batismo não significava de maneira alguma romper com o povo judeu, que ela morreu "como filha de Israel", "como filha de um povo que por sua vez também foi martirizado" e "ao mesmo tempo como irmã Benedita da Cruz, ou seja, abençoada pela Cruz", João Paulo II não consegue diminuir a irritação dos meios judaicos, para os quais Edith Stein morreu como judia, e não como religiosa cristã, em virtude de sua raça, e não de sua fé.[14] Para os judeus, explicar que em Auschwitz ela viu a "aproximação inexorável da cruz" é tão tendencioso quanto transformar o campo maldito num "Gólgota do mundo contemporâneo": a cruz, símbolo sagrado para os cristãos, tornou-se um sinal abominado pelos judeus. Mas teria cabimento esperar que um papa, ainda que preocupado em apaziguar e reconciliar, renunciasse a venerar a cruz do Cristo? Naturalmente que não. João Paulo II efetivamente usou um quipá ao entrar na sinagoga de Roma, mas nem por isso tirou sua cruz peitoral.

O caso do carmelo de Auschwitz viria confirmar essa contradição irredutível. No fim de 1984, sem fazer barulho, oito carmelitas descalças de Poznan instalam-se no antigo teatro do campo de Auschwitz, um prédio abandonado ao lado do campo de concentração a elas arrendado pelo governo comunista da época. Em maio de 1985, durante uma viagem de João Paulo II à Bélgica, uma associação dedicada ao financiamento de obras religiosas por trás da cortina de ferro, Ajuda à Igreja em Dificuldades, promove uma estranha coleta de fundos intitulada "Sua doação ao papa: um convento em Auschwitz". A reação das autoridades judaicas internacionais não se faz esperar, exigindo que não haja "nem sinagoga, nem igreja, nem templo, nem convento, apenas o silêncio", e apelando para o papa.

João Paulo II não quer interferir numa questão que não é da sua alçada. Cabe a seu sucessor em Cracóvia, o bispo Macharski, cuidar do problema. Acontece que ele não pode ignorar a reação da população polonesa à campanha mundial contra o carmelo de Auschwitz, por ela considerada uma "ingerência estrangeira incompreensível". Em 1986 e em 1987, duas negociações sobre o tema levam a Genebra dirigentes judeus e cristãos, entre os quais os cardeais Macharski e Lustiger, ambos muito próximos do Santo Padre, assim como seu amigo Jerzy Turowicz, diretor do *Tygodnik Powszechny*, muito envolvido na solução do conflito. Decide-se suspender as obras de construção do convento e construir, a uma boa distância do campo, um "centro de informação, educação, encontros e orações", para o qual seria transferido o carmelo. De ambos os lados, é grande o alívio. Mas as carmelitas fazem ouvidos moucos, o projeto de centro judaico-cristão não avança e a polêmica se agrava. Pior ainda: em 1988, moradores católicos da região erguem na calada da noite uma cruz de sete metros — a mesma que dominava imponente a missa papal rezada em Auschwitz em 1979 — no jardim das carmelitas, no mesmo local onde os nazistas fuzilaram centenas de resistentes poloneses em 1940-1941. Terrível desafio: o lugar que deveria ser local de oração para uns e de silêncio para outros transforma-se no dia 14 de julho de 1989 num campo de batalha em que se enfrentam fisicamente rabinos nova-iorquinos e manifestantes locais. A irritação da comunidade judaica mundial, a inflexibilidade da Igreja polonesa e a falta de tato de seu chefe, o cardeal Glemp[15] fazem com que todos os olhares — e todos os editorialistas da imprensa européia — se voltem novamente para Roma.

Poderia o antigo bispo de Oswiecim desautorizar seu sucessor, que desrespeitou os compromissos de Genebra? E teria acaso esse poder? Através do cardeal Willebrands, encarregado das relações com o judaísmo, João Paulo II exige que suas ovelhas apliquem os acordos assinados. Em 1990, o cardeal Macharski finalmente lança a pedra fundamental do novo centro, para onde as carmelitas logo seriam convidadas a se mudar... por João Paulo II em pessoa: "Pela vontade da Igreja, deveis vos deslocar para um outro lugar", escreve o papa no dia 14 de abril de 1993, pouco antes do qüinquagésimo aniversário da sublevação do gueto de Varsóvia. "Não é uma ordem", afirma o porta-voz do Vaticano, preocupado com a possibilidade de que se pudesse pensar que o papa tem o poder de remover religiosas contra a opinião de seu bispo, ou sem o aval de sua comunidade. As necessárias formalidades seriam respeitadas até o fim. Mas ninguém se ilude: se as religiosas acabaram saindo do local do escândalo, foi com efeito porque o Santo Padre empenhou-se pessoalmente nesse triste caso, que quase comprometeu quinze anos de paciência e obstinação, da parte de João Paulo II, no esforço de aproximação entre judeus e cristãos.

Por que terá o papa acabado por impor assim sua decisão como último recurso, por sua própria iniciativa, assumindo o duplo risco de violar o direito canônico e descontentar fortemente seus compatriotas? Ele daria a resposta ao receber seu amigo André Frossard, dois anos antes, no auge da crise do carmelo:

Auschwitz é um desembocadouro de dores no qual desapareceu toda humanidade, a humanidade dos mártires, debaixo da violência que lhes foi imposta, a violência de seus carrascos, debaixo da ignomínia de seu comportamento. Os judeus, que são, juntamente com os ciganos, os únicos que foram jogados nesse braseiro, com suas mulheres e suas crianças ainda pequenas, recusam-se a ver erguido no local qualquer monumento ou construção que seja, ainda que religiosa. Querem que seja um lugar de silêncio. O que podemos perfeitamente compreender. Querem também que esse silêncio tenha o sentido de uma censura a Deus. E também isso podemos compreender, pois entre as últimas palavras do Cristo crucificado estão as seguintes: *"Meu Deus, por que me abandonastes?"* Como não haveríamos de compreender os sentimentos dos judeus quando eles se unem ao mistério da Cruz?[16]

Falando ao escritor Marek Halter, ele acrescentaria um comentário pessoal algo irônico: "Entre os cristãos, é como entre os judeus: não são os que afirmam mais alto sua convicção que estão mais perto de Deus."[17]

O caso do carmelo de Auschwitz, que teve grande repercussão na mídia, foi durante muito tempo a mais violenta crise entre os judeus e o papa polonês, acusado de passividade e mesmo de cumplicidade. Mas o período também foi sacudido por outros incidentes, particularmente duas audiências concedidas pelo papa: a Yasser Arafat, líder da Organização para a Libertação da Palestina, que no dia 15 de setembro de 1982 entra no palácio apostólico com seu quefié e sua roupa cáqui de campanha; e a Kurt Waldheim, ex-secretário-geral da ONU e presidente eleito da Áustria católica, que visita oficialmente o Estado do Vaticano no dia 25 de junho de 1987. O fato de o primeiro ser considerado por Israel como chefe de uma organização terrorista, de ter sido introduzido pelo muito suspeito arcebispo Hilarion Capucci, vigário do patriarca grego melquita de Jerusalém, *bête noire* dos israelenses, que o haviam condenado a doze anos de prisão, não impediu o papa de recebê-lo,[18] em consideração ao povo palestino, embora não sem denunciar em sua presença "o recurso às armas e a violência sob todas as suas formas e, antes de tudo, o terrorismo e as represálias". O fato de o segundo ter sido considerado culpado, um ano antes, porque fora oficial da Wehrmacht, sendo por isso banido pela comunidade internacional, não chegou a levar o papa a descumprir sua própria regra, que consiste em receber todos os chefes de Estado legítimos que solicitem uma audiência. Para indignação dos judeus — nesse dia, os

O AMIGO DOS JUDEUS 571

comerciantes do bairro judeu de Roma fecharam suas lojas — e desalento de muitos cristãos.[19]

*

Outros problemas estariam constantemente alimentando a tensão entre o Vaticano e os judeus, desde o projeto de beatificação da rainha Isabel a Católica, em 1991, logo sepultado, ao furtivo aperto de mão com o líder extremista austríaco Jörg Haider, em 2000.[20] Mas a questão mais pesada, aquela que até o fim continuaria sendo motivo de polêmica e atrito, é a de Pio XII.

Desde que o escritor alemão Rolf Hochhuth montou em 1963 sua peça *O Vigário*, na qual denuncia o silêncio do papa durante as deportações de judeus na época da guerra, o personagem de Pio XII tornou-se suspeito. Paulo VI, o ex-cardeal Montini, que fora seu confidente, não se cansou de defender a memória do antecessor, muitas vezes atacado sem preocupação com as nuanças. Após sua viagem à Terra Santa, em 1964, ele se lançou de repente num panegírico de Pio XII que deixou profundamente chocados os israelenses; e poucos dias depois da publicação da importante declaração *Nostra aetate*, reabilitando os judeus na consciência católica, deu início, no dia 18 de novembro de 1965, ao processo de beatificação de Pio XII — sob os aplausos frenéticos dos padres conciliares. Não resta dúvida de que o jovem bispo Wojtyla terá aplaudido como os outros.

Não vamos aqui reabrir o processo de Pio XII. Muitos livros e vários filmes[21] foram dedicados à defesa ou à acusação do antigo núncio em Munique e Berlim que foi feito secretário de Estado do papa Pio XI e viria a substituí-lo às vésperas da guerra, em 1939. O papa Pacelli não era antissemita — uma acusação absurda — e todos os historiadores concordam em que chegou a salvar muitos judeus durante a guerra, abrindo-lhes amplamente as portas dos conventos romanos. A controvérsia — tardia — diz respeito aos seus "silêncios" como papa. Silêncios incontestáveis, que se explicam pelo medo visceral de Pio XII de provocar represálias em massa dos nazistas com protestos muito virulentos. A própria Edith Stein não havia sido mandada para Auschwitz, juntamente com numerosos congêneres, logo depois de um firme protesto antinazista dos bispos holandeses? Retrospectivamente, no entanto, a acusação certamente tem fundamento. Nem Roosevelt nem Churchill, que estavam igualmente bem informados sobre os campos de extermínio, reagiram na época. Mas eles não passavam, por assim dizer, de chefes de guerra. Muitos cristãos lamentam hoje em dia que o papa da época se tenha mostrado mais diplomata que profeta, e que não tenha condenado solenemente o nazismo, com algum gesto espetacular.

Entretanto, por sua virulência e seu maniqueísmo, os ataques cada vez mais freqüentes contra Pio XII revoltam muitos homens da Igreja, a começar por João Paulo II, que no dia 11 de setembro de 1987 declara diante dos judeus de Miami: "A história revelará o quanto Pio XII sentiu profundamente a tragédia do povo judeu e trabalhou de maneira efetiva para assisti-lo durante a Segunda Guerra Mundial." O sentimento de João Paulo II é que os historiadores um dia farão justiça a seu distante antecessor. Já era também o que pensava Paulo VI, que em 1964 abriu os arquivos para quatro historiadores, que publicaram em onze volumes as *Atas e documentos da Santa Sé relativos à Segunda Guerra Mundial*. Em outubro de 1999, João Paulo II encarregaria uma comissão paritária de historiadores cristãos e judeus de fazer a crítica desses primeiros trabalhos, resultando em outubro de 2000 um texto intitulado *O Vaticano e o Holocausto: um relatório preliminar*. Mas a pusilanimidade dos serviços da Cúria acabaria exasperando os pesquisadores judeus, que poucos meses depois encerrariam espetacularmente a investigação comum.

Todas essas polêmicas e todos esses trabalhos confirmam sobretudo que a história não é simples, o que muitos judeus admitem de bom grado. Quando era ministra das Relações Exteriores de Israel, Golda Meir não havia justamente prestado uma vibrante homenagem a Pio XII por ter "erguido a voz pelas vítimas dos nazistas"? O que preocupa os judeus mais moderados é que um papa tão controvertido continue a ser objeto de um processo de canonização. Em novembro de 1998, o embaixador de Israel na Santa Sé, Aharon Lopez, pediu expressamente uma moratória de cinqüenta anos no processo de beatificação de Pio XII, até que todos os arquivos do Vaticano fossem tornados públicos, permitindo dissipar todas as dúvidas que pesavam sobre o futuro santo. Em outubro de 2000, os membros da Cúria recebem uma espécie de advertência ao concluírem o processo de beatificação de um papa bem anterior, Pio IX (1846-1878). Esse papa pode ser criticado a respeito de muita coisa — sua condenação

O AMIGO DOS JUDEUS

do modernismo, sua luta armada contra a jovem república romana, sua promoção do dogma da infalibilidade pontifícia etc. —, mas, para surpresa geral, foi alvo, *in extremis,* de generalizadas críticas nos meios de comunicação por motivo de... anti-semitismo.[22] Mal dá para pensar no que acontecerá um dia se Pio XII também vier a ser elevado aos altares.

De qualquer maneira, o fato é que a principal crítica dos judeus ao papa, durante muitos anos, dizia respeito ao não-reconhecimento do Estado de Israel.

O reconhecimento de Israel

Em 1978, quando Karol Wojtyla é feito papa, as coisas são simples: para a Igreja Católica, Israel não existe. Trinta anos depois da criação do Estado hebreu, pode parecer absurdo. Mas os acontecimentos de 1948 — a guerra árabe-israelense e suas conseqüências — mantiveram inalterada por muito tempo a posição do Vaticano, visceralmente hostil à volta do povo judeu a sua "terra prometida".[23] O apoio aos refugiados palestinos (cujos dirigentes muitas vezes são cristãos), as pressões das Igrejas orientais (solidárias com as populações árabes) e as resoluções da ONU condenando Israel (pela anexação forçada de Jerusalém) levaram os papas Pio XII, João XXIII e Paulo VI a manter firmemente a recusa de reconhecer o Estado de Israel.

O novo papa vem da Polônia, um país "socialista" no qual os árabes são considerados "progressistas", e Israel, um "joguete do imperialismo americano". Ele não conhece bem o problema, que é particularmente complexo. Logo depois de sua eleição, no dia 11 de novembro de 1978, João Paulo II convoca seu "ministro das Relações Exteriores", o cardeal Casaroli: será que poderia passar seu primeiro Natal como papa em Belém, "como simples peregrino"? Estupefação dos diplomatas da Cúria. Eis, com efeito, uma idéia excêntrica! Desde a Guerra dos Seis Dias, em 1967, Belém encontra-se na Cisjordânia ocupada, e a Santa Sé não tem relações diplomáticas nem com a Jordânia nem com Israel.

O fato de não vir de suas experientes fileiras acaba levando o novo papa a certas ingenuidades, aos olhos dos funcionários da Cúria, acostumados a todo tipo de manha, mas isso também pode ser uma vantagem:

sem idéias preconcebidas, ele se arrisca menos a chafurdar nas sutilezas da diplomacia vaticana. E, com efeito, passados dois anos, João Paulo II daria um considerável empurrão na história. No dia 5 de outubro de 1980, ele enuncia em Otrante, na Puglia, as três condições para a paz no Oriente Médio: direito de existir em segurança, para Israel; para os palestinos, direito de voltar a uma terra "da qual foram expulsos"; e, para o Líbano, muito próximo do coração do papa, direito de soberania dentro de suas fronteiras. A proposta é equilibrada, mas é a primeira vez que um papa cita explicitamente o Estado de Israel. Seis semanas depois, em seu discurso de Mogúncia, ele também insiste nessa terra de Israel "que todos os judeus consideram com particular veneração". O Estado de Israel, a terra de Israel: duas expressões novas no vocabulário da Igreja, que também representam dois pequenos passos adiante.

Nesse mesmo ano, no entanto, o Parlamento israelense repete seu golpe de força de 1949, proclamando solenemente que Jerusalém é a "capital reunida e eterna" de Israel, o que é condenado pela ONU no dia 20 de agosto. Como em 1949, o Vaticano toma essa resolução das Nações Unidas como sua referência diplomática e jurídica. A situação fica novamente bloqueada — para grande contrariedade do papa, para quem o reconhecimento do Estado de Israel é inelutável. João Paulo II sabe que os dirigentes israelenses e da diáspora judaica internacional apresentam o não-reconhecimento de Israel como prova flagrante da má vontade — para não dizer pior — da Igreja em relação ao Estado hebraico e aos judeus em geral. Se o Vaticano assume essa atitude, comenta-se entre os judeus, não será porque considera que o povo judeu, punido pelo Todo-Poderoso, está efetivamente fadado ao exílio?[24] Por outro lado, a situação dos lugares santos preocupa particularmente a Igreja, que há muito tempo vem preconizando serem protegidos por um "estatuto internacionalmente reconhecido". Acontece que a Santa Sé não pode querer envolver-se no encaminhamento da questão enquanto não tiver reconhecido o Estado de Israel, condição prévia irretratável dos dirigentes israelenses.

Apesar das dificuldades, João Paulo II mantém sua orientação. Em 1984, em sua carta apostólica *Redemptionis anno*, sobre Jerusalém, ele menciona pela primeira vez o "direito à segurança do Estado de Israel". No ano seguinte, recebe em audiência o primeiro-ministro israelense Shimon Peres, exatamente como recebera em 1982 Yitzhak Shamir, que era então apenas ministro das Relações Exteriores. Mas uma audiência não significa reconhecimento diplomático, quando se sabe que Paulo VI já havia recebido Golda Meir e Moshe Dayan. E, por sinal, nesse mesmo ano de 1982, João Paulo II também não recebeu Yasser Arafat, como vimos, para indignação dos judeus do mundo inteiro?

O que contribui ainda mais para exasperar os judeus é o fato de que em poucos anos João Paulo II aumentou de oitenta e nove para cento e trinta o número de países com os quais a Santa Sé tem relações diplomáticas. Parece com efeito uma humilhação. Em contrapartida, cento e cinquenta países já reconheceram oficialmente o Estado hebraico. Cabia supor que logo restariam apenas a Santa Sé e os países muçulmanos mais irredutíveis — a Síria, a Líbia, o Iraque e o Irã. Em 1991, uma longa e laboriosa nota do porta-voz do papa, Joaquin Navarro-Valls, explica que a inexistência de relações diplomáticas não significa que não se "reconhece"; que já houve um reconhecimento implícito de Israel, assim como da Jordânia, da Polônia e dos Estados Unidos; e que as dificuldades não são teológicas, mas apenas jurídicas: territórios ocupados, anexação de Jerusalém, situação da Igreja Católica em Israel etc.

Cabe lembrar que os cristãos orientais estão atentos. Os "bizantinos", guardiões da tradição há quase dois mil anos, mas também os "latinos", desde 1988, quando João Paulo II, rompendo a tradição segundo a qual o patriarcado latino da Palestina deve ser dirigido por um italiano, nomeou para o cargo um bispo palestino, monsenhor Sabbah. Em Jerusalém, restam apenas dez mil cristãos (contra trinta mil em 1948), ao passo que a população total da cidade quadruplicou em quarenta anos. E, mesmo em Israel, os cristãos já agora representam apenas 2,9% dos habitantes. Para essas pequenas comunidades tão próximas do coração do Santo Padre — cujo pesadelo é uma Terra Santa abandonada pelos cristãos —, qualquer concessão ao Estado de Israel é considerada uma traição.

A situação é desbloqueada no dia 30 de outubro de 1991, em Madri, ao ser iniciado um processo de paz entre Israel e a Organização para a Libertação da Palestina (OLP). Normalmente menos inclinada a reagir com rapidez aos acontecimentos, a Santa Sé logo propõe uma "normalização" de suas relações com Israel: "Se a própria OLP está negociando com Israel, por que não nós?", explica monsenhor Jean-Louis Tauran. O chefe da diplomacia vaticana dirige-se particularmente aos árabes, mas tendo em mente uma idéia muito simples: se o processo de paz der certo, é vital que o Vaticano possa participar, quando for o momento, das negociações sobre os lugares santos.

Daí para a frente as coisas andariam com rapidez. A partir de preparativos levados a cabo com discrição e obstinação pelo delegado do papa em Jerusalém, monsenhor Andrea di Montezemolo,[25] têm início em 29 de julho de 1992 negociações oficiais em clima inesperadamente caloroso. No dia 23 de outubro, Shimon Peres, que voltou a ser primeiro-ministro, faz em Roma uma visita "muito cordial" ao papa, convidando-o insistentemente a visitar a Terra Santa. O próprio Peres diria aos jornalistas que João Paulo II ficou "comovido até as lágrimas", confessando ao visitante que gostaria de fazer sua peregrinação a Israel "antes que seja tarde". No dia 30 de dezembro de 1993, Israel e a Santa Sé assinam um "acordo fundamental" anunciando o estabelecimento de relações diplomáticas, efetivado a 29 de junho de 1994. Ainda seriam necessários três anos de duras negociações para que um "acordo sobre a personalidade legal" das instituições católicas de Israel fosse assinado pelo núncio Montezemolo e o ministro Daniel Levy, no dia 10 de novembro de 1997, e mais dois anos para que essa concordata entrasse em vigor, a 3 de fevereiro de 1999.

Mas o objetivo já havia sido alcançado: foi desimpedido o caminho que leva à Terra Santa. No dia 3 de fevereiro de 1997, o primeiro-ministro israelense Benjamim Netaniahu encontrou-se com o papa em Roma:

— Nós o esperamos em Jerusalém!

O papa, amavelmente, vira-se para a esposa do visitante:

— A senhora parece uma mocinha polonesa...

— Mas eu sou polonesa!

*

No dia 7 de dezembro de 1991, na cerimônia ecumênica de encerramento do sínodo dos bispos europeus, em São Pedro de Roma, João Paulo II surpreende o público pedindo perdão a Deus "por [nossa] passividade diante das perseguições e do holocausto dos judeus". A idéia não é realmente nova, já tendo sido expressa por alguns de seus homens de confiança — como o holandês Willebrands e o francês Etchegaray —, mas nunca havia sido exposta publicamente pelo papa. Por que teria ele esperado? "Uma declaração de arrependimento só faz sentido num clima de confiança mútua entre os cristãos e os judeus", explicava com toda a franqueza o cardeal Willebrands, em 1985.

Era preciso dar tempo ao tempo. O grande evento do Jubileu voltaria a ativar o processo. Em outubro de 1997, realiza-se em Roma um importante seminário sobre "as raízes do antijudaísmo no meio cristão". Conclusão geral: o nazismo — cujo anti-semitismo de essência pagã também era anticristão — não é obra dos cristãos, mas o antijudaísmo dos católicos contribuiu para entorpecer as consciências nesses povos de velha cultura cristã. Esse encontro seria o último antes da publicação, a 16 de março de 1998, de um documento intitulado *Nós nos lembramos. Uma reflexão sobre a Shoah,* na qual a Igreja Católica "deseja expressar sua profunda dor pelos pecados de seus filhos e filhas, em todas as épocas". O documento estipula que se trata de "um ato de arrependimento (*teshuva*, em hebraico)", desenvolvendo um duplo tema: a Igreja não é responsável pela ideologia nazista, que também era anticristã, e contra a qual muitos cristãos europeus justificadamente se insurgiram; mas a Shoah foi facilitada pelos preconceitos contra os judeus nesses povos majoritariamente cristãos, cuja reação ao nazismo careceu de vigor moral. O texto do documento, cuja elaboração fora anunciada por João Paulo II no dia 31 de agosto de 1987, não é do papa, que se limitou a redigir uma carta a monsenhor Cassidy, presidente da Comissão para as Relações com o Judaísmo, para servir-lhe de prefácio. É efetivamente à Cúria que se deve o tom particularmente prudente do texto, assim como uma nota de rodapé que comprometeria seu impacto. Com efeito, tinha cabimento, num documento dessa natureza, acrescentar uma longa nota defendendo a memória de Pio XII, o papa cujos silêncios durante a guerra era recriminado, como vimos, pela comunidade judaica?[26]

Um papa em Yad Vashem

No momento do Grande Jubileu do ano 2000, João Paulo II coroaria esses vinte anos de reaproximação entre cristãos e judeus com uma excepcional viagem à Terra Santa. A preocupação daqueles e o ceticismo destes, às vésperas de uma viagem politicamente delicada e fisicamente cansativa, seriam relegados ao esquecimento por dois episódios dessa peregrinação, duas cenas cuja intensidade ninguém havia previsto e que ficarão na história.

Jerusalém, quinta-feira, 23 de março. Às 13 horas, o papa entra a passos curtos na Sala da Lembrança no Memorial de Yad Vashem, dedicado aos seis milhões de judeus mortos no horror da "solução final". Está acompanhado pelo primeiro-ministro israelense, Ehud Barak, cujos avós maternos morreram em Treblinka. Apoiando-se pesadamente em sua bengala, João Paulo II entra na cripta sinistra cujo teto de concreto armado evoca as câmaras de gás. Duzentos convidados, sobreviventes do Holocausto, levantam-se em silêncio. O papa, com expressão grave, alimenta a chama eterna em memória das vítimas da Shoah, enquanto dois cardeais depositam uma coroa de flores com as cores do Vaticano. Um cântico, uma oração, um salmo. O papa está muito emocionado, e não é o único. E pronuncia seu discurso — em inglês — num silêncio absoluto:

Neste lugar de recordação, o espírito, o coração e a alma sentem uma extrema necessidade de silêncio. O silêncio que convida à lembrança. [...] Um silêncio, pois não existem palavras suficientemente fortes para lamentar a tragédia terrível da Shoah. Eu mesmo tenho lembranças pessoais de tudo que aconteceu quando os nazistas ocuparam a Polônia durante a guerra. [...] Vim a Yad Vashem para homenagear os milhões de judeus que, privados de tudo, especialmente de sua dignidade humana, foram mortos no Holocausto.

As palavras do papa ressoam na cripta. Todos se perguntam se o visitante vai responder a todas aquelas vozes, especialmente a do grande rabino Israel Meir Lau, que nos últimos dias se levantaram para exortá-lo a pedir perdão pelo Holocausto em nome dos cristãos. Mas o papa reitera aquela que é sua convicção profunda:

Como pode o homem sentir tanto desprezo pelo homem? Porque ele havia chegado ao ponto de desprezar Deus. Somente uma ideologia sem Deus podia programar e levar a cabo o extermínio de todo um povo.

O AMIGO DOS JUDEUS

Não, a "solução final" não foi obra de cristãos, mas de uma ideologia atéia. O que não desculpa, repete o papa, a passividade ou a covardia que em certos momentos os cristãos evidenciaram diante dessa tragédia. Se por um lado João Paulo II relembra, a poucos metros dali, a homenagem prestada pelo Estado de Israel aos dezessete mil "justos" — entre os quais cinco mil poloneses — que salvaram judeus nessa época, por outro ele não exonera os cristãos de suas responsabilidades:

Asseguro ao povo judeu que a Igreja Católica, motivada pela lei evangélica da verdade e do amor, e não por considerações políticas, sente-se profundamente entristecida pelo ódio, os atos de perseguição contra os judeus e as manifestações de anti-semitismo por parte de cristãos em todas as épocas e em todos os lugares.

Em sua conclusão, o papa dá mostra de um equilíbrio que não passa despercebido: "Construamos um futuro novo no qual não haja mais sentimentos antijudaicos entre os cristãos nem sentimentos anticristãos entre os judeus." Minutos antes, Ehud Barak havia prestado uma vibrante homenagem a seu convidado, que, segundo ele, "fez mais que ninguém para levar à mudança histórica na atitude da Igreja em relação ao povo judeu [...] e para fechar as feridas que haviam supurado durante longos séculos cheios de amargura". Muito emocionado, o chefe do governo ajuda o papa a levantar-se de sua cadeira e entrega-lhe sua bengala para que ele vá ao encontro das pessoas presentes. Uma mulher de 69 anos, judia polonesa, lembra chorando que em 1945 sua vida foi salva graças a um certo padre Karol Wojtyla, que a ajudou a subir num trem quando estava ferida. O papa não tem qualquer lembrança do episódio, provavelmente imaginário, mas bate amigavelmente no braço da mulher. Muitos dos presentes estão profundamente emocionados. É um momento forte, e também uma virada no espírito de muitos israelenses que até então não se haviam interessado muito por essa visita e por esse papa. Mas ele ainda haveria de surpreendê-los, três dias depois, ao se recolher em oração no lugar mais sagrado do judaísmo, num gesto simbólico ainda mais comovente.

No domingo, 26 de março, no coração da cidade velha, passa um pouco das 10 horas quando o papa, sempre arqueado, aproxima-se vagarosamente do Muro das Lamentações, o muro "ocidental" no qual repousava em outros tempos o Templo de Jerusalém. Os cardeais da Cúria e os dirigentes israelenses que o acompanham detêm-se para deixá-lo sozinho. João Paulo II abaixa a cabeça e começa a rezar. Tem na mão um pedaço de papel, que logo coloca numa fresta do muro sagrado.[27] Tal como fazem muitos judeus que vêm orar no local, o papa escreveu uma oração:

Deus de nossos pais, Vós escolhestes Abraão e seus descendentes para levar Vosso nome às nações. Estamos profundamente entristecidos com o comportamento daqueles que fizeram sofrer os Vossos filhos ao longo da história e pedimos o Vosso perdão. Desejamos cultivar uma fraternidade autêntica com o povo do Livro.
Jerusalém, 26 de março de 2000.
Johannes Paulus II

Um sinal-da-cruz, uma hesitação, e o papa aproxima-se ainda mais do muro, nele pousando longamente sua mão esquerda. Se tivesse de ficar apenas uma foto do pontificado de João Paulo II, seria talvez esta.

27

A luta pela vida

Kielce, 3 de junho de 1991. Chove torrencialmente nessa pequena aldeia no interior da Polônia onde o papa preside uma de suas missas-gigantes, do alto de uma imensa tribuna castigada pelo vento, diante de cerca de duzentos mil fiéis cujos guarda-chuvas parecem cobrir inteiramente o pequeno campo de pouso onde tem lugar a celebração. De pé na tempestade, João Paulo II lê seu texto, apesar das rajadas de vento que agitam as folhas entre seus dedos. Com o corpo ligeiramente inclinado para a frente, os cabelos agitados, o orador parece a figura de proa de um navio enfrentando a tempestade. É a quarta viagem de João Paulo II a seu país natal, e a primeira desde a queda do regime comunista. Dia após dia, o papa resolveu dedicar suas homilias aos dez mandamentos de Deus. No dia seguinte, em Radom, pretende falar do aborto, a propósito do quinto mandamento: *Não matarás*. Mas o tema lhe é muito caro, e já em Kielce ele trata de abordá-lo. E como! Os participantes dessa missa tempestuosa, assim como os poloneses que acompanham a viagem pela televisão, não conseguem acreditar no que estão ouvindo:

> Irmãos e irmãs! Precisais mudar vosso comportamento em relação ao filho que acaba de ser concebido! Mesmo que ele chegue sem ser esperado, nunca será um intruso! Nunca será um agressor!

O papa está indignado. Esse homem tão capaz de se controlar, de modular a voz, de dominar seus efeitos cênicos deixa-se agora arrebatar. Brandindo o punho e elevando a voz, ele exige responsabilidade de seu rebanho:

Estou dizendo isso porque esta terra é minha mãe, esta terra é a mãe de meus irmãos e de minhas irmãs! Esta terra é a minha terra, e é por isso que me permito falar assim! [...] Vós todos deveis compreender que estais tratando essas questões sem refletir! Essas coisas só podem causar-me sofrimento, e deveriam causar-vos também!

Só o burburinho surdo da água nos guarda-chuvas pode ser ouvido. A multidão calou-se. Parece petrificada. Nunca viu o "seu" papa assim. Será a multidão capaz de compreender o que João Paulo II lhe está censurando? Afinal de contas, a Polônia pós-comunista já agora se assemelha aos outros países europeus, e é normal que seu índice de abortos seja comparável aos dos vizinhos. Com efeito. Mas a Polônia é sua diocese. E os poloneses, seus paroquianos. E o papa não consegue admitir que entre mil e quinhentas e duas mil mulheres abortem diariamente na Polônia, e que 80% delas sejam católicas praticantes.

No dia 7 de junho, em Wloclawek, cidade natal do falecido cardeal Wyszynski, o Santo Padre voltaria a elevar o tom ao falar da Europa num ofício também celebrado debaixo de chuva: "... e qual deveria ser o critério de integração para a Europa? A liberdade? Mas que tipo de liberdade? A liberdade *de tirar a vida de uma criança que está para nascer?*" Mais adiante ele se controlaria, baixando o tom: "Perdoai-me por estas palavras inflamadas. Mas eu precisava dizê-lo!"

Para João Paulo II, o aborto é absoluta e definitivamente condenável. Essa condenação não pode ser relativizada por nenhuma reserva, nenhum compromisso. É o que ele explica sem rodeios em *Cruzando o limiar da esperança*: "Para o homem, não existe direito mais fundamental que o direito à vida. Acontece que o direito à vida implica antes de mais nada o direito de nascer e o de viver até a morte natural." Para ele, para começo de conversa, se o aborto é uma questão que diz respeito à moral sexual e à política demográfica, o fato é que constitui, de maneira mais fundamental, um problema de *direitos humanos*. A legislação do aborto, diz ele, "nada mais é que a autorização para que adultos privem de vida, antes que possa ver a luz, um ser humano que não é capaz de se defender". Essa idéia de que a criança "não nascida" não pode se defender foi desenvolvida pelo papa depois de ver um filme científico que mostrava de forma contun-

A LUTA PELA VIDA

dente que um feto a ponto de ser eliminado tem um reflexo de defesa. Em seu sermão de Radom, a 4 de junho de 1991, ele relata essa experiência: "A câmera registrou essa defesa desesperada diante da agressão a uma criancinha antes do nascimento, no seio de sua mãe. Eu tive oportunidade de ver um filme como esse — e ainda hoje não consigo me livrar de sua lembrança." O papa repete: "Não consigo me livrar!"

Aos que colocam o problema em termos de liberdade da mulher, o papa logo responde: "A mulher deveria então ter o direito de escolher entre trazer o filho ao mundo ou retirar a vida da criança que concebeu. Mas não se pode falar de liberdade de escolha quando uma das opções é um mal moral tão incontestável!" Não pode haver exceção à regra. Nem mesmo em caso de risco para a mulher grávida? "A hipótese da legítima defesa não pode ser aplicada nunca a um inocente." Diante dos muitos casos de sofrimento feminino — e ele não nega que possam ser verdadeiras "tragédias humanas" —, haveria alguma alternativa? Sim, diz o papa, preconizando a "radical solidariedade com a mulher grávida". Em termos concretos: uma pastoral das famílias, mais conselhos conjugais, instituições de orientação, centros de ajuda à vida, organizações especializadas... É provavelmente isso que choca muitos observadores. A interrupção da gravidez não poderia ser em certos casos um "mal menor"? Jamais, diz o papa. Como resposta, ele beatificaria no dia 24 de abril de 1994 duas mães de família "heróicas": a primeira morreu aos 39 anos no início do século XX por ter insistido em dar à luz apesar de um fibroma que, para ser retirado, teria acarretado a morte do feto; a segunda, que viveu no fim do século XVIII, manteve-se fiel a vida inteira a um marido inconstante que a havia arruinado e abandonado: "Nós vos agradecemos por vossa confiança intrépida em Deus e em seu amor. Nós vos agradecemos pelo sacrifício de vossa vida!"[1] "Agradecimentos" incômodos, incompreensíveis para quem não tem fé.

O papa contra a ONU

Justamente, esse ano de 1994 foi declarado "ano da família" pela ONU. Ora, se há um valor que o papa quer celebrar, é efetivamente o da família. A família tradicional, naturalmente: quando se fala ao papa de famílias rompidas, monoparentais, recompostas, homossexuais etc., ele enxerga apenas desvios e ameaças à verdadeira família, a que é composta por um pai, uma mãe e seus filhos. A este respeito, uma conferência mundial sobre população e desenvolvimento seria realizada no Cairo, em setembro de 1994, por iniciativa das Nações Unidas. Os relatórios encaminhados a João Paulo II sobre seus preparativos são alarmistas: não apenas a "família" de que se tratará não se assemelha muito àquela de que fala o papa, como a comissão preparatória, muito influenciada pelos liberais americanos, sugeriria no Cairo que o "direito ao aborto" fosse universalmente reconhecido.

No dia 18 de março de 1994, ele recebe a paquistanesa Nafis Sadik, subsecretária do Fundo das Nações Unidas para a População e o Desenvolvimento, o organismo de base da conferência do Cairo. Ginecologista, muito bem em seus 60 anos, Nafis Sadik, vestindo calça e sari, está acostumada com os contatos mais diversos, mas é apanhada de surpresa pelo ataque frontal do papa: "Quer dizer que estamos no ano da família... Mas eu quero crer, minha senhora, que se trata antes do ano da desintegração da família!" Começa então um diálogo tenso entre essa mulher enérgica, espantada por ver que seus argumentos humanitários sobre o "sofrimento" das mulheres são sistematicamente descartados pelo interlocutor, e o papa, convencido de ter diante de si a representante dos Estados Unidos e dos *lobbies* feministas americanos, por ele vistos como alvos inimigos. Para o Santo Padre, é preciso "educar, educar, educar", enquanto sua interlocutora quer "ajudar, cuidar, aliviar", sem referência a qualquer moral:

— Duzentas mil mulheres morrem todo ano fazendo abortos em si mesmas — informa Nafis Sadik.

— O que está em causa é o futuro da humanidade! — retruca o papa.

Um autêntico diálogo de surdos. O confronto dura quarenta minutos. Nafis Sadik fica estupefata com a obstinação ardorosa e "dogmática" do papa; e este, que não esperava um diálogo tão duro, dá-se conta de que a situação no Cairo já está praticamente perdida.[2]

João Paulo II não é homem de baixar a guarda. No dia seguinte a esse confronto excepcional, ele toma da caneta e, de próprio punho, redige uma carta aos chefes de Estado do mundo inteiro para comunicar-lhes sua "surpresa desagradável" à leitura dos textos preparados pelas Nações Unidas, assim como seu profundo desacordo com a proposta de legalização do aborto em nível mundial. Pede então ao chefe da diplomacia vaticana, Angelo Sodano, que convoque todos os núncios apostólicos a Roma no dia 25 de março — ou seja, naquela mesma semana! — para exortar esses cento e quarenta embaixadores ou autoridades a pressionarem os governos católicos ou simplesmente favoráveis às teses da Igreja. O que permite obter alguns êxitos localizados: os trechos entre colchetes — ou seja, sujeitos a debate — haveriam de se multiplicar no famoso documento preparatório.

No dia 8 de junho, realiza-se em Roma uma reunião que deixa claro que o papa decididamente investirá em todas as frentes para chegar a seus fins: nela, representantes da Cúria recebem delegados da Organização da Conferência Islâmica, da Liga Mundial Muçulmana e da Conferência Muçulmana Mundial. O encontro produz um comunicado, denunciando o documento das Nações Unidas por seu "individualismo agressivo e exacerbado", que pode "levar à destruição da sociedade, provocando a decadência moral, a libertinagem e o desaparecimento dos valores sociais". O argumento do papa, preocupado com uma nova forma de "imperialismo" moral, deu frutos. Esta "santa aliança" entre o Vaticano e o islã faria correr muita tinta. Mas o papa não se importa. O inimigo é o aborto! No dia 6 de abril, durante a audiência geral, ele se refere à conferência do Cairo e investe novamente: "Nós protestamos! Não podemos caminhar em direção ao futuro com semelhante projeto de morte sistemática das crianças não nascidas!" No dia 17, em visita a uma paróquia de Roma, ele volta a se exaltar: "Retornei ao Vaticano para combater um projeto das Nações Unidas que pretende destruir a família. Eu digo simplesmente: não, não! Repensai vosso projeto! Convertei-vos! Se sois as 'nações unidas', não deveis preconizar a destruição!"

Interrompido em sua cruzada por uma queda que o obriga a um mês de repouso forçado, o papa retoma seu combate logo que sai da clínica Gemelli. No dia 2 de junho de 1994, ainda debilitado, ele recebe Bill Clinton no palácio apostólico, mas o presidente americano se esquiva às recriminações do papa e a conversa não vai longe. "Clinton é o único chefe de Estado com o qual não consegui dialogar", confidenciaria João Paulo II a um de seus médicos, o professor Gianfranco Fineschi. "Eu falava, mas ele ficava olhando em outra direção, admirando afrescos e quadros. Não me pareceu muito paciente."[3] Ao longo de todo o verão, em ângelus após ângelus, a cada audiência geral, o papa denuncia a "permissividade ética, tão disseminada nas sociedades materialmente mais ricas", e o "colonialismo demográfico" evidenciado pelos Estados Unidos e seus aliados frente ao terceiro mundo. No Vaticano, só se pensa nesse assunto, e todos os seus serviços estão mobilizados.

A obstinação papal rende frutos. Ao ter início a conferência, a 5 de setembro de 1994, não é o representante da Santa Sé que defende o "caráter sagrado da vida" e condena qualquer tentativa de "impor o adultério, a educação sexual e o aborto" a todos os países, mas... Benazir Bhutto, a presidenta do Paquistão. E de resto os países do terceiro mundo haveriam de opor-se com êxito ao projeto de "controle das populações" fomentado pela ONU e os países ricos. Seria esta a única satisfação da Santa Sé, acusada de conservadorismo pela maioria dos delegados e a quase unanimidade dos grandes meios de comunicação do planeta.

O papa extrairia da aventura algumas lições para o futuro. E também resumiria seus ensinamentos doutrinários — sobre o aborto, mas também sobre tudo que a seus olhos constitui a "cultura da morte" insidiosamente disseminada na sociedade contemporânea — numa encíclica extremamente pessoal e polêmica, *Evangelium Vitae,* publicada a 25 de março de 1995. Nesse texto de tom pessimista e às vezes desesperado, o papa denuncia aquilo que chama de "uma conspiração contra a vida" em que se acumpliciam as instituições internacionais e os meios de comunicação. Nela, confirma também que o combate "pela vida" continua, e que não se deve hesitar em levá-lo até o terreno político; que a luta contra a legalização do aborto é um imperativo para todo católico; e, finalmente, que uma lei que assim viola a ordem natural não é uma lei lícita e não deve ser obedecida. Este último ponto — apesar de não ser uma novidade — encobriria o debate, provocando numerosas polêmicas nos meios políticos e jornalísticos ocidentais.

*

Nesse combate pelo respeito à vida, João Paulo II se vale de todos os recursos, não perdendo a menor oportunidade de defender sua causa, mesmo assumindo vários riscos. O primeiro deles consiste em estimular indiretamente os grupelhos decididos a recorrer à violência para se opor

A LUTA PELA VIDA 587

aos abortos, como os grupos *pró-escolha* dos Estados Unidos ou os comandos contra a interrupção voluntária de gravidez na França. O segundo risco, maior, é o de pôr a perder anos de esforços no sentido de modernizar a imagem da Igreja, envolta por esta cruzada, com ou sem razão, em ressaibos de conservadorismo, intolerância e mesmo obscurantismo. Finalmente, com seu rigor, o papa assume o risco de perturbar certas comunidades católicas que enfrentam diretamente o problema do aborto, na prática, em suas paróquias. Assim, na Alemanha, os católicos empenhados em ajudar mulheres que querem abortar se vêem em posição divergente em relação ao magistério papal, provocando sem querer uma crise muito dura entre o papa e o episcopado alemão.

No centro dessa questão, um simples formulário administrativo: desde 1995, a lei alemã só autoriza o aborto (até a décima segunda semana) se a mulher realizou uma entrevista num centro de orientação especializado e dele obteve um certificado. Dos mil e seiscentos centros habilitados a fornecer o famoso certificado, duzentos e sessenta e nove são mantidos pela Igreja Católica. Acontece que é exatamente por fornecerem o certificado que esses centros recebem subvenções. Donde a indignação do papa, manifestada em 1996. Se é a obtenção do certificado que permite à mulher submeter-se a um aborto, como pode a Igreja estar fornecendo o que não deixa de ser, concorde-se ou não, uma espécie de "licença para matar"? E se o exemplo alemão se disseminar? E se a Igreja Católica vier a corroborar indiretamente centenas de milhares de abortos através do mundo? O problema não é simples. Se um centro de orientação não fornece o certificado, perde suas subvenções e portanto fecha as portas. Acontece que o envolvimento de católicos nesses lugares de diálogo é a melhor maneira de conversar com as mulheres interessadas em interromper a gravidez, fazendo-as rever sua decisão. Em 1996, um quarto das mulheres atendidas nos centros "católicos" mudaram de idéia. O que representa quatro mil abortos evitados, num total nacional de cento e trinta e um mil.[4] Por que haveria o papa de lamentá-lo? Seria o caso de abandonar essa iniciativa, deixando o terreno livre para os partidários do aborto?

Uma primeira carta de João Paulo II, em janeiro de 1998, provoca uma reação ambígua da conferência episcopal alemã, e um verdadeiro escarcéu entre os próprios católicos. Uma segunda, em junho de 1999, lembra que "a opção absoluta da Igreja em favor de toda vida por nascer não permite qualquer compromisso nem o menor equívoco". Convém portanto, explica João Paulo II, adicionar ao polêmico certificado uma simples frase afirmando que *"este atestado não pode ser usado para a prática de um aborto legal".*[5] Através de seu presidente, Karl Lehmann, os bispos alemães anunciam que aceitam esta solução. Mas ela é praticamente inviável: se não houver um certificado com todas as formalidades previstas, não pode haver subvenção. Os católicos leigos lançam novos centros denominados *Donum vitae*, independentes do episcopado. A mídia e os partidos políticos interferem. É uma catástrofe para a Igreja alemã, que se vê assim isolada de uma sociedade descrente, especialmente por parte dos jovens. É também uma catástrofe para a imagem do papa nesse país, que nunca foi tão negativa.

Decididamente, a intransigência do papa custou caro. O mesmo aconteceria com a polêmica em torno do preservativo.

A querela do preservativo

As polêmicas em torno do aborto e do "combate pela vida" promovido por João Paulo II quase relegaram ao esquecimento a questão da contracepção — mais antiga, é verdade, e também mais repisada. Paulo VI declarou-a "ilícita" na encíclica *Humanae Vitae*. Como vimos, monsenhor Karol Wojtyla contribuiu pessoalmente para o endurecimento doutrinário do papa da época, que acuaria a Igreja — e por muito tempo — numa posição defensiva tanto mais difícil de sustentar porque os próprios católicos, em sua grande maioria, não a levaram em conta.

Na década de 1970, em Cracóvia, o cardeal Wojtyla não poupara esforços para transmitir a mensagem papal. Em sua própria diocese, como vimos, ele havia criado um instituto da família, reunindo pastores, teólogos e médicos, estabelecendo como tema de sua primeira sessão de estudos, em fevereiro de 1975, o aborto; e da segunda, em fevereiro de 1976, a contracepção. No livro que haveria de extrair de todas essas experiências sobre a ética sexual, *Amor e responsabilidade,*[6] o futuro papa explicava claramente que o uso de contraceptivos químicos (a pílula) ou profiláticos (o preservativo) era "contrário à dignidade do ato conjugal", pois representava um obstáculo para a transmissão da vida e privava de todo senti-

A LUTA PELA VIDA

do a doação total e recíproca implicada no ato sexual. E dessa posição ele nunca haveria de afastar-se.

Feito papa, ele confirmaria o caráter "ilícito" e "injustificável" da contracepção, mediante a qual o homem e a mulher "se atribuem um poder que só pertence a Deus, o de decidir em última instância a vinda ao mundo de uma pessoa humana".[7] É certo, como lembrou ele em *Evangelium vitae*, que "a contracepção e o aborto são males especificamente diferentes", pois uma "altera o sentido do ato sexual", ao passo que o outro "destrói a vida de um ser humano". Mas os dois são condenáveis. Por mais que se aprofunde o fosso entre o Vaticano e os católicos a esse respeito, por mais que a pílula se banalize nas sociedades industrializadas, o papa não muda de rumo: o homem, diz, não pode "atribuir-se a qualidade de depositário último da fonte da vida humana".

O ponto de vista de João Paulo II não mudou desde *Humanae Vitae*. A sociedade, sim. Os tempos mudaram. Trinta anos depois da primeira estocada de Paulo VI, não é mais a pílula que apresenta o maior problema em matéria de contracepção — mas o preservativo. Por causa do surgimento de uma doença terrível, que ninguém pudera prever: a Aids.

"O papa é um assassino!" Quem se expressa dessa maneira, em fevereiro de 1993, é um dos maiores professores de medicina franceses, o professor Léon Schwartzenberg. A declaração sem dúvida é exagerada, e neste excesso, precisamente, tenderia antes a desacreditar seu autor. Mas ela traduz o profundo ressentimento de uma parte da opinião pública — particularmente os meios homossexuais — diante do dogmatismo do papa a respeito do preservativo, única maneira, aos olhos deles, de conter o flagelo. Cabe aqui, no entanto, uma observação: o papa nunca falou explicitamente do preservativo. Nunca se referiu ao objeto, nunca pronunciou a palavra. "O papa situa-se ao nível dos princípios, e não das técnicas", costuma-se dizer em seu *entourage*. E o princípio, a este respeito, é claro. Ele foi repetido numa mensagem endereçada no dia 1º de novembro de 1989 aos participantes de uma conferência internacional sobre a Aids, na qual o papa frisou a inutilidade de uma prevenção puramente técnica que não levasse em conta o sentido da sexualidade humana: "Parece ofensivo à dignidade humana, e portanto moralmente ilícito, desenvolver a prevenção da Aids baseando-a no recurso a meios que violam o sentido autenticamente humano da sexualidade." Esses "meios", evidentemente, são o preservativo.

Kampala, 6 de fevereiro de 1993. No coração da capital de Uganda, o papa diz uma missa no estádio Nakivubo, santuário dos mártires ugandenses canonizados em 1964 por Paulo VI, na presença de sessenta mil jovens. Num país duramente atingido pela Aids, o papa fala — mais uma vez — da sexualidade. O ato sexual, lembra ele, é a linguagem do amor. É uma doação total entre duas pessoas, e não a satisfação egoísta de um instinto. Dar-se sem se dar totalmente é uma hipocrisia, donde o vínculo sagrado do casamento, sem o qual "as relações sexuais são uma mentira". E então, vem um parágrafo em que João Paulo II aborda a questão da Aids: "A castidade é a única maneira segura e virtuosa de pôr fim à praga trágica da Aids." É tudo. Perfeitamente banal. A castidade, vale dizer, "a abstenção de qualquer relação sexual fora do casamento", é incontestavelmente a maneira mais segura de não ser contaminado e de não transmitir a doença. Naturalmente, a exortação à castidade não resolverá de um dia para o outro o problema da Aids na África, mas o pensamento do papa é talhado na matéria do bom senso. "Sejai fortes e agüentai firmes!", proclama o papa aos jovens ugandenses que o ouvem e, através deles, a todos os africanos ameaçados pela doença. No dia seguinte, João Paulo II visita os doentes de Aids no hospital Nsambya de Kampala. Lá, lembra que o sofrimento não é em vão, que também é uma maneira de participar da Redenção (tal como disse na carta *Salvifici doloris*). Ele explica que somente o Cristo pode devolver-lhes a esperança e a confiança diante do sofrimento, o medo e a morte. Diante dos jovens reunidos no estádio Nakivubo, na véspera, ele havia citado São Tiago: "Algum de vós está sofrendo? Que ore!"

O discurso está nos antípodas das modas culturais contemporâneas. No Ocidente, as associações de luta contra a Aids e as comunidades homossexuais logo se insurgem contra o que consideram uma provocação. Certos jornais cobrem João Paulo II de lama.[8] Este papa que "proíbe o preservativo" (*sic*) já não condenou a homossexualidade como um "comportamento intrinsecamente mau do ponto de vista moral"?[9] A este respeito, os ataques contra João Paulo II não mais cessariam. Ele não é ouvido quando lança, em Kampala, um apelo aos médicos e laboratórios para que "encontrem uma resposta científica eficaz para a Aids", e sobretudo "não permitam que considerações comerciais os desviem de seus generosos esforços". Da mesma forma, não seria reconhecido seu empenho de firme mobilização da Igreja em iniciativas para ajudar as vítimas da Aids, homossexuais ou não. Em várias oportunidades — como em Tours, em junho de 1996, quando visita os "feridos da vida" —, João Paulo II manifestaria sua profunda compaixão pelos doentes de Aids.

No próprio interior da Igreja, algumas vozes o censuram por esse silêncio de reprovação a respeito do preservativo. É bem verdade que para muitos pastores, sobretudo na África, a posição da Igreja é a própria quadratura do círculo: recomendar o preservativo seria o mesmo que preconizar implicitamente as relações plurais, que são justamente a causa principal da doença; proibi-lo é correr o risco da contaminação quando a pessoa não consegue se conter, e "somar um crime a um pecado". Na dúvida, a teoria do "mal menor" acaba levando a melhor. Em 1998, o cardeal parisiense Lustiger, que não é considerado propriamente um progressista, dá o tom: "Se alguém não é capaz de viver na castidade, não importam os meios, o principal é que não provoque a morte." Seus colegas Decourtray e Eyt e logo também outros prelados franceses caminhariam no mesmo sentido, até que a comissão social do episcopado francês afinal o exprimisse por escrito, a 12 de fevereiro de 1996. Enquanto isso, muitos dirigentes da Igreja — o bispo Rixen no Brasil, o bispo Agree na Costa do Marfim etc. — também adotaram uma atitude de abertura: quando não há outra alternativa, é melhor usar o preservativo, mesmo sabendo que a moral o reprova. Até mesmo *L'Osservatore Romano* publicou um artigo no qual monsenhor Suaudeau, um dos dirigentes do Conselho Pontifício para a Família, escreve que "entre dois males" mais vale "escolher o menor".[10]

Essa "compreensão pastoral" por uma atitude "moralmente ilícita" levou certos cardeais conservadores a reagirem, em especial na Cúria Romana,[11] mas o papa nunca a censurou. O homem conhecido como o "teólogo do papa", o padre Georges Cottier, chegou mesmo a explicar ao jornal *Le Monde,* comentando a famosa declaração dos bispos franceses de 1996: "De modo algum se pode dizer que esse texto dos bispos franceses vai de encontro ao pensamento do papa." Não cabe ao papa fazer-se o campeão do "mal menor". Seu papel é estabelecer o ideal a ser atingido. E, como lembra um dos conselheiros da Igreja sobre o tema, o psiquiatra francês Tony Anatrella: "Não é porque o indivíduo não consegue viver os valores objetivos do amor que eles estão caducos."[12]

Não à pena de morte

"A vida do homem vem de Deus, é o seu dom, a sua imagem e a sua marca, a participação em seu sopro vital. Deus, portanto, é o único senhor desta vida: o homem não pode dispor dela." Na encíclica *Evangelium Vitae,* de março de 1995, João Paulo II se prodigaliza em citações e sentenças sobre o "valor sagrado da vida humana desde seu começo até seu fim" e convida os homens, com fervor, a preferir uma "cultura da vida" à "cultura da morte" que vê disseminar-se perigosamente por todas as esferas da sociedade contemporânea. Há, no entanto, um problema. Uma contradição dramática, um absurdo que também desconcerta os católicos. Como é possível que a Igreja condene de maneira tão absoluta o aborto, o suicídio e a eutanásia e ao mesmo tempo tolere a pena de morte?

É verdade que a tradição católica não preconiza o castigo supremo, limitando-se a "não excluí-lo" e justificando-o apenas em certos casos extremos, associados ao velho princípio de "legítima defesa". A pena de morte só é lícita quando se torna "a única maneira viável de proteger eficazmente a vida de seres humanos de uma agressão injusta". É nesses termos que o *Catecismo da Igreja Católica* justificou oficialmente, em 1992, a continuação da pena de morte na doutrina da Igreja.[13] Não sem polêmica: foram necessárias quatro redações sucessivas, nas diversas instâncias da Cúria, para chegar a essa formulação. Acontece que essa redação tortuosa e essas reservas empoladas não satisfazem João Paulo II. Como em tantas outras questões, o papa não pode simplesmente apagar com uma penada, do alto de sua autoridade, uma tradição milenar. Mas João Paulo II tem consciência do impasse em que a Igreja se coloca ao escorar-se em semelhante princípio. Como se dá que a vida humana, cujo caráter "sagrado" ele não se cansa de proclamar, possa depender do julgamento dos homens no caso da pena de morte? Como, então, justificar que o aborto por sua vez seja *sempre* condenável? Qual a diferença entre eliminar a vida de um ser inocente (no caso do aborto) e de um ser culpado (no caso da pena de morte) se a vida em si mesma é que é sagrada?

Como fez em outras áreas, o papa vai, assim, tratar de tangenciar as sutilezas do direito canônico, forçando a mão dos especialistas da Cúria. Em *Evangelium Vitae,* escrita por ele mesmo em 1995, trata de matizar finamente o princípio reafirmado no *Catecismo* em 1992. A pena de morte,

A LUTA PELA VIDA

lembra ele, só é lícita "em caso de necessidade absoluta, quando a defesa da sociedade não é possível de outra forma". Mas acrescenta: "Hoje, graças a uma organização cada vez mais eficiente da instituição penal, esses casos tornaram-se muito raros, senão mesmo praticamente inexistentes." E o Santo Padre se congratula por verificar-se "tanto na Igreja quanto na sociedade civil uma tendência crescente a exigir sua aplicação extremamente limitada, e mesmo sua total abolição". Em algumas poucas palavras, o papa tornou obsoleto o novo *Catecismo*. Impossível deixar de levá-lo em conta em sua edição definitiva. O famoso artigo 2.267, motivo de escândalo, teria de ser reescrito. O que seria feito em 1998.[14] No fim desse ano, o papa imporia definitivamente seu ponto de vista, em duas iniciativas importantes.

Para começar, no dia de Natal. Do balcão da Basílica de São Pedro, onde pronuncia sua mensagem *urbe et orbi*, o papa vê, em meio à multidão de fiéis que o ouvem, um cortejo de vários milhares de manifestantes "abolicionistas" chegados do Campo dei Fiori. Entre eles encontram-se o prefeito de Roma, Francesco Rutelli, e a comissária européia Emma Bonino. Pouco antes, no início de seu discurso, João Paulo II pediu que fosse "dado fim" à pena de morte. Dirigindo-se aos manifestantes, ele vai mais longe, pedindo que seja "banida" a pena capital.[15] O papa tem uma idéia em mente. Dentro de um mês, ao voltar de sua viagem ao México, ele fará uma escala importante em Saint Louis (Missouri). Acontece que os Estados Unidos tornaram-se os campeões da pena de morte no mundo ocidental, pelo menos nos trinta e oito estados que a restabeleceram a partir de 1976. O papa foi informado de que no dia 18 de dezembro ocorreu a 500ª execução desde então, e de que 3.517 condenados esperam sua vez nos corredores da morte.

No dia 27 de janeiro, assim, João Paulo II celebra uma grande missa no Trans World Dome de Saint Louis, um dos maiores estádios cobertos do mundo. O ofício é concelebrado por dez cardeais, duzentos bispos e mil padres. Cerca de cem mil fiéis agitam lenços coloridos e bandeirolas. Camisetas com a imagem do papa, *flashes* sem parar, coros infantis, corais de imigrantes poloneses e vietnamitas: uma festa alegre, colorida, um grande sucesso. E é diante desses americanos entusiastas, que nem por serem católicos são menos favoráveis à pena de morte, que o papa exclama: "Renovo aqui o meu apelo, feito no Natal, para que seja abolida a pena de morte, que é cruel e inútil!" Algumas vaias são ouvidas durante os aplausos. Naquela mesma manhã, um certo Martin Sauceda Vega, 42 anos, condenado à morte por homicídio, foi executado em Huntsville, no Texas. O papa interviera em seu favor, em vão. Segundo seu porta-voz, Joaquin Navarro-Valls, ele ficou muito sensibilizado. Transmitiu sua preocupação a Bill Clinton, que o recebia no aeroporto de Saint Louis, mas o presidente americano não respondeu. Magro consolo: como a Corte Suprema do estado do Missouri "adiasse" uma outra execução prevista para o exato dia da chegada de João Paulo II, o mesmo Navarro-Valls comunicara ao governador Mel Carnahan que o papa considerava "insuficiente" o adiamento. Abalado, o governador finalmente comutou a pena do condenado, Darrel Mease, 42 anos, para prisão perpétua. Pela primeira vez o papa salvava pessoalmente a vida de um homem. A partir de então, ele não se eximiria de intervir a cada anúncio de uma nova execução.[16]

No dia 29 de março de 1999, recebendo em Roma o comitê diretor da assembléia parlamentar do Conselho da Europa, João Paulo II pede "que o direito mais fundamental, o direito de toda pessoa à vida, seja reconhecido em todo o espaço europeu, e *que seja abolida a pena de morte*". O papa alinhou-se definitivamente com os abolicionistas. E já agora ninguém mais pode invocar as contradições do Vaticano.

28

Uma Igreja à antiga?

São Pedro de Roma, domingo, 15 de abril de 1979. A celebração pascal acaba de chegar ao fim. Na sacristia, João Paulo II despe seus trajes de cerimônia na companhia do bispo Jacques Martin, prefeito da Casa Pontifícia. Ele comenta a cerimônia, que foi acompanhada por uma imensa multidão, e confia a seu acólito suas reservas sobre a reforma litúrgica. Desde o concílio, foram muitas vezes empobrecidos, de tanta simplificação, os ritos e as tradições através dos quais a fé se exprime cotidianamente, festa após festa, cerimônia após cerimônia. O papa deplora particularmente a reforma do calendário litúrgico, que teve como conseqüência o deslocamento de muitas festas religiosas: "No dia 2 de julho, por exemplo, na festa da Visitação, todas as aldeias da Polônia celebravam a Virgem!" E o papa adianta ao bispo Martin: "Será preciso remediar essa situação com decretos."[1]

Quantas vezes João Paulo II não deixou assim transparecer uma certa nostalgia da Igreja de outros tempos, aquela que conheceu em seus primeiros anos de sacerdócio! Este papa tão contemporâneo, tão voltado para o terceiro milênio, tão apaixonado pelo futuro da humanidade, nunca fez da modernidade um ideal e nunca escondeu que sob muitos aspectos sentia falta da Igreja de sua juventude, a Igreja das procissões festivas, das peregrinações em massa, das festas compartilhadas em família, a Igreja dos meninos de coro vestindo a alva, dos cascudos no catecismo ou nas reuniões beneficentes, dos cânticos em latim acompanhados no harmônio, mas sobretudo a Igreja da confiança em si mesma, da coerência intelectual e social, da disciplina aceita.

Maria, rainha do mundo

"Todas as aldeias da Polônia celebravam a Virgem!" João Paulo II nunca escondeu sua veneração muito especial por Maria, que vem com efeito de sua mais tenra infância. Pois não nasceu ele à sombra da igreja de Nossa Senhora? Reza a lenda, como vimos, que no momento em que o pequeno Karol veio ao mundo a parteira teria pedido que a janela fosse aberta, e que o primeiro choro do bebê foi acompanhado por cânticos à Virgem provenientes da igreja em frente — pois era a hora das vésperas. De suas longas orações de criança diante da capela dedicada a Nossa Senhora do Perpétuo Socorro à devoção ao escapulário de Nossa Senhora do Monte Carmelo, da presidência dos Filhos de Maria no colégio de Wadowice à promoção do "Rosário Vivo" no bairro de Debniki, de suas primeiras peregrinações ao santuário mariano de Kalwaria Zebrzydowska às freqüentes visitas à imagem da Virgem Negra em Czestochowa, toda a vida de Karol Wojtyla transcorreu na devoção a Maria, Mãe de Deus e rainha da Polônia.

Talvez caiba lembrar que a chave da devoção mariana polonesa encontra-se precisamente em Czestochowa. Nesse mosteiro fortificado construído pelos padres paulínos no topo de uma colina chamada Jasna Gora repousa o célebre quadro bizantino que representa a Virgem "negra" — porque foi escurecendo muito ao longo dos séculos — cujo rosto apresenta as marcas de dois golpes de sabre que, segundo a lenda, recebeu de um soldado inimigo em 1430. Reza a tradição que o ícone foi pintado pelo apóstolo Lucas em pessoa. E que foi graças à intervenção dessa Virgem que os invasores suecos, que em 1655 já se encontravam a poucos tiros de canhão do mosteiro, foram milagrosamente derrotados. Por esse motivo, o rei João Casimiro proclamou a Virgem Maria "rainha da Polônia".

Como padre e logo bispo, Karol Wojtyla foi dezenas de vezes a Czestochowa. Feito papa, ele visita o santuário já em sua primeira viagem à Polônia, em junho de 1979, para ali voltar a proclamar a palavra de ordem lançada pelo cardeal Wyszynski a propósito do Milênio da Polônia: "Tudo através de Maria!" É com emoção que João Paulo II explica a uma imensa multidão, nesse dia, que por trás da eleição do primeiro papa polonês na história da Igreja esconde-se a solicitude da Mãe de Deus: "O chamado de um filho da nação polonesa ao trono de Pedro tem uma liga-

UMA IGREJA À ANTIGA?

ção evidente e forte com este lugar santo, com este santuário de grande esperança." Aplausos fervorosos. Os poloneses estão convencidos, em sua maioria, de que a Virgem fez de seu país uma terra eleita. E é para atender à insistente pressão dos bispos poloneses que no dia 21 de novembro de 1964 o papa Paulo VI proclama Maria "Mãe da Igreja". Indo de encontro à opinião da comissão doutrinária do concílio (que temia aprofundar ainda mais o fosso em relação aos protestantes, com a superestimação do papel da Mãe de Deus), mas para grande felicidade de um jovem bispo chamado Karol Wojtyla, para quem o Concílio Vaticano II promoveu um "prodigioso salto à frente" — são suas próprias palavras — da devoção mariana.

Na realidade, o culto mariano longe está de ser uma especificidade polonesa. Para começar, ele é fruto de uma antiga tradição cristã, cujas figuras mais conhecidas foram Bernardo de Claraval e Luís Maria Grignion de Montfort. Depois, não devemos esquecer que no meado do século XVII, exatamente como na Polônia, o rei francês Luís XIII dedicou o reino da França a Maria, enquanto o rei português Dom João IV também proclamava a Virgem "padroeira e rainha de Portugal", depositando a seus pés a coroa do reino. O risco, nesses países que veneram a Virgem, é que ela acabe sendo mais celebrada que o próprio Cristo. É a impressão que pode dar uma visita a Czestochowa, Fátima ou Lourdes. A devoção mariana é sem dúvida a mais popular das expressões religiosas, mas é também a mais simplista. A relação quase maternal que se estabelece com a Virgem Maria é mais afetiva, mais calorosa que a relação — mais exigente, mais vinculada à razão — que liga o crente a Jesus o Crucificado.

Karol Wojtyla não ignora esse risco "pietista". Ele próprio pôde senti-lo na Polônia, em sua adolescência: "Até a guerra, pareceu-me preferível tomar certa distância da devoção mariana de minha infância", diz ele em *Cruzando o limiar da esperança*. Na época, sobretudo no campo, a Virgem era uma espécie de divindade. Contudo, o jovem Karol constatou, em suas peregrinações a Kalwaria Zebrzydowska, que "a autêntica devoção à Mãe de Deus [era] verdadeiramente cristocêntrica". Em termos simples: que é efetivamente o Cristo que se está adorando quando se venera Sua mãe. Durante a guerra, Karol Wojtyla encontrou a resposta definitiva a esse tipo de "dúvidas" — a expressão é sua — durante seu estágio forçado na fábrica Solvay, quando descobriu o *Tratado da verdadeira devoção à Santa Virgem* de São Luís Maria Grignion de Montfort.[2]

O interesse de Wojtyla pelos escritos desse pregador francês merece ser analisado. Os dois, apesar de serem filhos de épocas e regiões muito distantes, têm mais de um ponto em comum. Ordenado padre em 1700, o pregador bretão era originário de Montfort-la-Cane, um burgo situado a vinte quilômetros de Rennes, a metrópole bretã. Nascera numa família da pequena nobreza empobrecida e cresceu num meio de fervoroso catolicismo.[3] Muito devoto desde a adolescência, fundou um pequeno círculo para homenagear a Virgem em seu colégio, em Rennes, e, como o jovem Wojtyla, nunca perdia uma oportunidade de ir rezar na igreja dos carmelitas. Dois séculos antes de Charles Péguy, viveu a experiência da peregrinação a Chartres. Muito cedo, constatou que seu fervor e sua voz atingiam o coração de seus ouvintes. Apaixonado pelo serviço aos pobres, Grignion poderia ter-se entendido com o "irmão Alberto" Chmielowski, o modelo de devoção sobre o qual Wojtyla escreveria uma peça. Tendo optado por ser pobre entre os pobres, como Chmielowski no "abrigo" da rua Krakowska em Cracóvia, Grignion de Montfort também fundou várias congregações, entre as quais a Companhia de Maria (cujos discípulos seriam conhecidos como "montfortinos") e as Filhas da Sabedoria. Por que sabedoria? Porque "a sabedoria de Deus é loucura para os homens", explicou Grignion, citando São Paulo, em seu principal trabalho, *O amor à sabedoria* (1703).

A comparação pára por aí. Grignion de Montfort era um personagem exaltado, que não deixava à vontade a maioria de seus interlocutores e muitos de seus superiores. Ninguém jamais considerou Karol Wojtyla um "doidivanas" ou "fanático". Nesse ponto, Grignion mais se assemelha a Jan Tyranowski, o alfaiate místico da paróquia de Santo Estanislau Kostka. Mas o futuro papa, então seminarista, apaixonou-se pelos escritos de Montfort, que assinava suas cartas de maneira significativa: "Montfort, padre escravo indigno de Jesus vivendo em Maria". Como se quisesse deixar bem claro que o culto a Maria, a total entrega à Mãe de Deus, por mais intensa que fosse, não passava de um meio de chegar a Jesus. Em seu *Tratado da verdadeira devoção* (1712), Luís Maria Grignion de Montfort recorreu insistentemente a uma formulação que havia encontrado no *Pequeno saltério da Virgem*, o livro atribuído a São Boaventura:[4] *"Totus tuus"* ("Todo teu") — sendo a seguinte a citação exata: *"Totus tuus ego sum et omnia mea tua sunt"* ("Sou todo teu e tudo que tenho é teu").[5]

UMA IGREJA À ANTIGA?

No dia 17 de outubro de 1978, em sua primeira mensagem *urbi et orbi*, João Paulo II proclama para o mundo inteiro sua entrega filial a Maria, "que continua vivendo e age como mãe no seio do mistério do Cristo e da Igreja", e anuncia que continuará adotando como papa o lema que escolheu ao tornar-se bispo, ou seja, "as doces palavras *Totus tuus* que há vinte anos inscrevemos em nosso coração e em nossas armas, no momento de nossa consagração episcopal". A divisa continuaria a aparecer sob o "M" de Maria. Haveria de acompanhar o papa e todo o papado durante todo o pontificado.

*

Roma, 8 de dezembro de 1981. Festa da Imaculada Conceição. Na hora do ângelus, da janela do palácio apostólico, João Paulo II abençoa um mural em mosaico representando o rosto de Maria, Mãe da Igreja (*"Maria, Mater Ecclesiae"*), pintada à direita da basílica, na esquina do palácio, numa janela que pode ser vista de seu apartamento e da praça de São Pedro: "No cenário desta praça maravilhosa, faltava uma imagem que lembrasse de forma visível a presença de Maria!" Em seu discurso, o papa cita duas vezes a constituição conciliar *Lumen Gentium*, para mostrar que foi o Concílio Vaticano II — e não a fantasia de um papa polonês — que convidou a Igreja a venerar a Virgem Maria com um grande afeto filial, como uma "mãe muito amorosa". Na mesma tarde, na Basílica de Santa Maria Maior (que foi o primeiro santuário do Ocidente dedicado à Virgem), ele renova o "ato de consagração do mundo e da Igreja a Maria" do Concílio de Éfeso, cujo 1.550º aniversário é comemorado nesse dia. João Paulo II não perderia nenhuma festa, nenhuma celebração, nenhuma oportunidade de venerar a Mãe de Deus. O pontificado seria pontuado por atos, gestos, orações diversas, todos marcados pela devoção a Maria. Podemos lembrar particularmente a atenção que o papa dedicou a Nossa Senhora de Fátima depois do atentado que quase lhe custou a vida, e a obstinação que em 1984 levou-o a promover uma nova consagração do mundo ao "Coração de Maria".[6]

Três anos depois, João Paulo II proclama um ano jubilar, dito "ano de Maria",[7] para comemorar o 2.000º aniversário do nascimento da Virgem,[8] que ele pretende marcar a sua maneira, publicando a 25 de março de 1987 uma encíclica especial intitulada *Redemptoris Mater*. O que não deixaria de chocar uma parte da Cúria: afirmar que Maria teve um lugar "mais eminente", desempenhou um papel "mais fundamental" que São Pedro nos primeiros tempos da Igreja não é algo que contribua para uma imagem muito moderna do catolicismo, voltando a provocar controvérsias teológicas de outras eras e expondo ao risco de desagradar aos protestantes.

Já no primeiro ano de seu pontificado, o papa foi a Guadalupe (México), Loreto (Itália) e Czestochowa (Polônia). Em um quarto de século, João Paulo II faria mais de cem visitas a santuários dedicados a Maria. Até o fim, ele não se cansaria de prestar homenagem à Virgem onde quer que ela seja venerada, sem parecer preocupar-se com o que decorre da lenda e o que é autêntico nas aparições e milagres que atraíram multidões a Knock (Irlanda), Mariapocs (Hungria), Banneux (Bélgica), Covadonga (Espanha) etc. João Paulo II gosta do próprio princípio da peregrinação mariana, que ele seria o último a considerar um arcaísmo.[9]

Da mesma forma, o papa está constantemente estimulando a prática do rosário, que consiste em rezar ave-marias com ajuda de um terço, uma oração muito antiga que ele considera "simples e eficaz". "É minha oração favorita", declara a 29 de outubro de 1978, dias depois de sua eleição. Em 1986, ele manifesta em Lyon uma devoção toda especial por Paulina Maria Jaricot, uma leiga do século XIX que criou os "rosários vivos", os grupos de oração dos quais o próprio Wojtyla constituiria mais um elo, na Polônia, antes da Segunda Guerra Mundial, na época de seu querido Jan Tyranowski. Todo primeiro sábado do mês, às 20h30, ele instituiu um rosário que é acompanhado no mundo inteiro através da rádio Vaticano e várias outras rádios cristãs: ao longo de todo o pontificado, muitos ouvintes de todos os países haveriam de manter-se fiéis a essa prática que alia a tradição à modernidade. Finalmente, a 16 de outubro de 2002, para marcar o início do vigésimo quinto ano de seu pontificado, João Paulo II publicou uma carta apostólica, *Rosarium Virginis Mariae*, com o objetivo de reabilitar o rosário, especialmente entre os jovens.

Ritos, tradições e oração

Além do culto à Virgem, o papa estaria constantemente dando toda a atenção aos ritos. Aos da Igreja Católica Romana, que embalaram sua infância e que ele voltaria a encontrar nas cerimônias vaticanas cheias de fausto e solenidade. Mas também os das liturgias orientais, ainda mais majestosos, e cuja diversidade ele encara como uma forma de enriquecimento. Em suas viagens, sempre que pode João Paulo II utiliza o rito local, ou então, em cerimônias ecumênicas, o de uma outra confissão. Desse modo, no sexto centenário da canonização de Santa Brígida, a 5 de outubro de 1991, o papa celebrou no rito luterano em São Pedro de Roma. Mais uma iniciativa inédita.

Nem integrista nem fetichista, o papa acredita no valor dos símbolos e signos, a partir do momento em que conferem sentido aos locais, gestos e acontecimentos. Uma historinha significativa ilustra o domínio de João Paulo II nessa matéria. Em sua viagem à Terra Santa, em março de 2000, ele é convidado simultaneamente pelos palestinos de Israel e pelos jordanianos aos dois supostos lugares do batismo do Cristo, Wadi al-Kharrar e Al-Maghtas, situados nas duas margens do Jordão. Como evitar o incidente diplomático? O papa entrega aos arqueólogos a responsabilidade científica quanto à autenticidade do lugar onde Jesus encontrou João Batista, e visita sucessivamente os dois locais. A ele, o que interessa é a fé. Melhor ainda, ele se vale da ambigüidade política dessa rivalidade geográfica para transformar o Jordão num símbolo da reaproximação entre os dois povos.

Essa prioridade da fé sobre a razão e esse senso do simbolismo levariam o papa a reviver plenamente a tradição da *via crucis*. Em Cracóvia, na companhia dos franciscanos vizinhos do palácio episcopal, ele costumava rezar toda sexta-feira essa oração que vai de estação em estação. Feito papa, haveria de observá-la todo ano, na Sexta-Feira Santa, no anfiteatro do Coliseu romano, enquadrado por uma dezena de câmeras de televisão, tendo confiado a diferentes personalidades — e com toda a liberdade — o texto das meditações. O jornalista André Frossard, o poeta Mario Luzi, o teólogo ortodoxo Olivier Clément e muitos outros seriam objeto dessa grande honra.

Da mesma forma, se há um culto com o qual o papa se sente particularmente identificado é o do *Santíssimo Sacramento*. Em sua opinião, esse culto ancestral, baseado na presença real do Cristo na eucaristia, deveria "encher nossos santuários mesmo fora das horas de missa". Em sua segunda carta da Quinta-Feira Santa, em 1980, ele mesmo tratou de descrever sua utilização, ou seja, suas diversas formas: "orações pessoais diante do Santíssimo Sacramento, horas de adoração, exposições breves, prolongadas, anuais (40 horas), bênçãos eucarísticas, congressos eucarísticos".[10] Ele mesmo entrega-se com freqüência a longas adorações em sua capela privada e preconiza enfaticamente a volta da festa de *Corpus Christi*, que consiste precisamente em levar o Santíssimo Sacramento a percorrer as ruas das cidades e aldeias. Na Polônia, era uma das festas mais espetaculares, e por toda parte a procissão de *Corpus Christi* atraía imensas multidões. Em Roma, João Paulo II restabelece a tradição da procissão anual que vai de São João de Latrão a Santa Maria Maior, por ele mesmo liderada solenemente na qualidade de bispo de Roma.

*

Turim, domingo, 24 de maio de 1998. Festa da Ascensão. Desde 19 de abril, centenas de milhares de fiéis desfilam diariamente diante do altar central da catedral, onde está exposto o *santo sudário*, o tecido que teria sido a mortalha de Cristo, mas cuja origem foi situada por volta do século XIII pelas datações efetuadas com carbono 14. Abuso de interpretação? Pura e simples falsificação? Milagre de conservação? Parece não ter fim a polêmica em torno da autenticidade desse tecido de 4,36m por 1,11m, maculado de traços humanos que evocam a Paixão de Cristo.

Um pouco depois das 17 horas, naquele domingo, um peregrino nada comum entra a passos curtos na catedral. João Paulo II, que havia por sua vez descoberto o santo sudário de Turim pouco antes de sua eleição, decidiu aproveitar uma visita pastoral ao Piemonte para recolher-se diante do tecido sagrado. Para a maioria dos comentadores, não resta a menor dúvida de que o papa quer assim afiançar o que não passa provavelmente de uma lenda. Escorregadela para a superstição? Gosto excessivo pelas tradições? Estímulo à devoção popular? Ou manifestação de ingenuidade mística? Ou ainda, simplesmente, uma oportunidade privilegiada de orar e meditar?

Como sempre, para entender a atitude do papa, é preciso acompanhá-lo em seus gestos e suas palavras, sempre carregados de sentido. A veneração ao santo sudário, diz ele nesse dia, nada tem de um "problema de fé", e a Igreja "não tem competência específica" para se pronunciar sobre a autenticidade da mortalha. Cabe aos cientistas dar prosseguimento a suas pesquisas sobre a origem do objeto. Ao se ajoelhar diante de uma imagem, o papa não a está tomando necessariamente como uma relíquia. Não está adorando algum tecido sagrado, mas venerando "o símbolo do sofrimento de um inocente", que, verdadeiro ou falso, oferece uma coincidência "notável" com o relato evangélico da Paixão. Nesse dia, sempre pedagogo, João Paulo II não foi diretamente contemplar a mortalha pendurada no grande altar central, dentro de uma caixa de vidro à prova de balas: ao entrar na catedral, o ilustre visitante foi inicialmente orar diante do altar do Santíssimo Sacramento durante cinco bons minutos. Como se quisesse deixar bem clara a diferença entre *imagem* e *relíquia*. Mas sem se privar, logo depois, de uma oportunidade de despertar o "desejo de buscar a face do Senhor". Tudo que serve para aproximar de Deus é bom. O fato de alguma coisa parecer estar ignorando a evolução do mundo não importa a João Paulo II, que pouco está ligando se fica parecendo um passadista, reacionário ou obscurantista. O essencial não está aí.

Num mundo em que o racionalismo constitui a essência da modernidade, o próprio João Paulo II pratica uma religião "à antiga". Por exemplo, nunca deixou o Vaticano sem seu rosário e seu breviário. Mas sobretudo, nunca contém seus impulsos "místicos": "Houve na minha vida um período em que o intelectual dominava", diz ele certa vez a André Frossard. "Mas ele foi como que se apagando para ceder cada vez mais lugar ao que é mistério."[11] Quantas vezes seus colaboradores não afiançaram que só quem o viu em oração pode entender esse homem. De sua missa matinal às muitas oportunidades que se apresentam durante suas viagens, é com freqüência que João Paulo II mergulha na meditação, na contemplação, na oração. Ou seja, numa oração viva, fervorosa, sofrida, num verdadeiro diálogo com Deus, que o deixa em estado alterado: seu rosto empalidece ou resplandece, às vezes ele geme, lágrimas podem surgir em seus olhos. "Ele é capaz de orar em qualquer lugar", diz um de seus acólitos, "onde quer que seja, mesmo no meio de um milhão de pessoas, de repente se ajoelha como se estivesse sozinho!"[12]

Sua veneração pelas relíquias é intensa e geral. Em sua própria capela, acontece-lhe às vezes de dar a volta ao altar para se aproximar das relíquias de São Pedro ali expostas.[13] Ele também venera as imagens, sem qualquer constrangimento. Em certos ofícios, na hora de incensar, toma a iniciativa de se aproximar de certas imagens ou de algum relicário, embora isso não estivesse previsto no protocolo. Ao receber em sua capela a estátua da Virgem de Fátima, os colaboradores notaram que ele parecia "apaixonado" pela imagem. Estaria o papa à beira da superstição ou da heresia? Não. Em primeiro lugar, é sempre ao encontro do Cristo que ele vai, através deste ou daquele artifício litúrgico ou tradicional. Depois, João Paulo II leu os clássicos: em *Redemptoris Mater*, de 1987, ele celebra o 12º centenário do Concílio de Nicéia, que encerrou a famosa querela dos iconoclastas, incitando os fiéis a venerar, "além da Cruz, as imagens da Mãe de Deus, dos Anjos e dos Santos, nas igrejas, nas casas e nas ruas".

Os santos sobretudo é que estariam no coração de sua fé e de seu testemunho. Nenhum papa beatificou e canonizou tanto quanto este.

O culto dos santos

Mais de mil e trezentas beatificações, cerca de quinhentas canonizações: em seu longo pontificado, João Paulo II bateu todos os recordes. Um terço dos homens e mulheres honrados dessa maneira pela Igreja desde o Concílio de Trento, há quatro séculos, te-lo-ão sido durante o mandato desse papa que ficará como o "grande canonizador" do fim do século XX e início do XXI. A título de comparação, cabe lembrar que Pio XII promoveu em dezenove anos vinte e três beatificações e trinta e três canonizações, e Paulo VI, em quinze anos, trinta e uma beatificações e vinte e uma canonizações. E vale observar, para encerrar com as estatísticas, que em seus doze primeiros anos de mandato João Paulo II celebrou "apenas" cento e vinte e três beatificações[14] e vinte e três canonizações, o que demonstra que o ritmo se acelerou sensivelmente ao se aproximar o ano 2000. De onde vem esse amor incontido pelos santos, essa vontade declarada de dotar os cristãos do máximo possível de modelos exemplares, de figuras eméritas que lhes mostrem o caminho de Deus? O pequeno Wojtyla acaso fora particularmente envolvido em Wadowice no culto dos santos? Tratar-se-ia de uma lembrança propriamente polonesa?

É certo que o jovem Karol não venerou apenas a Santa Virgem, mas também outras figuras edificantes, como São José, ao qual era dedicado o mosteiro dos carmelitas onde ele ia orar ao sair do colégio, ou São Carlos

Borromeu, seu santo protetor, que também o era de seu pai. Quando estudante, ele baseou seu próprio compromisso nos escritos de São João da Cruz, Santo Tomás de Aquino e São Luís Maria Grignion de Montfort, para não falar de Santa Teresa de Ávila e alguns outros. É certo também que a onipresença dos símbolos religiosos numa Polônia muito católica marcou o futuro papa: as incontáveis imagens de santos protegidas em minúsculas capelas a cada encruzilhada, a religiosidade às vezes meticulosa em relação aos santos protetores disto e daquilo, as ruas de São Marcos, São João ou Santa Ana tão características da cidade antiga de Cracóvia e o costume polonês — ainda hoje em vigor — de comemorar mais o dia do santo padroeiro que o aniversário de nascimento. Tudo isso poderia ser apenas historinha. Mas é através dessas lembranças que devemos identificar as três funções que João Paulo II viria a atribuir aos muitos santos que venera. A começar por esta: para o papa eslavo, os santos constituem os marcos espirituais da história dos homens e das nações, na qual Deus se inscreve através deles, como através de seu Filho encarnado.

Quando Karol Wojtyla é feito papa em outubro de 1978, sua primeira saída é para ir orar a Francisco de Assis e Catarina de Sena, os dois santos padroeiros da Itália, como se quisesse assinalar sua nova identidade. Quantas vezes, sobretudo durante suas viagens, especialmente pelo Leste europeu, o papa não se valeria da lembrança de algum santo para valorizar ou ressuscitar uma história espiritual, cultural ou política: Santo Estanislau (na Polônia), Santo Estêvão (na Hungria), São Casimiro (na Lituânia), para não falar de Vladimir de Kiev, Inês da Boêmia ou dos irmãos Cirilo e Metódio! Seria um equívoco enxergar aí uma espécie de *leitmotiv* "nacionalista". É igualmente desse comportamento didático que decorre a beatificação de um número significativo de vítimas do nazismo e do comunismo, da mesma forma como mais cedo ou mais tarde acabaremos vendo certos "pais" da Europa, como Robert Schuman e Alcide De Gasperi, "subirem ao altar", como se diz.

Por outro lado, na era dos prêmios Nobel, do Oscar de Hollywood, dos concursos de beleza e das coberturas de imprensa aos *vips*, um papa tão favorecido pela mídia quanto João Paulo II não tem qualquer acanhamento de propor aos homens um número cada vez maior de personalidades dignas de admiração e veneração — sobretudo às pessoas simples, hoje em dia levadas pela falta de cultura religiosa ao fetichismo televisivo, à astrologia de bazar e ao *new age* mais ou menos fantasmagórico. Mesmo num país tão descristianizado quanto a França, a moda das biografias de santos, o gosto pela busca das raízes e a volta das peregrinações provam que sua intuição não é absurda nem arcaica. Que está fazendo o papa, senão oferecer exemplos escolhidos, figuras que dão sentido e referência aos homens de nosso tempo — que neste nosso mundo esfacelado têm disso muito maior necessidade que seus antepassados? Que restará como modelo de vida para os homens do terceiro milênio: Elvis Presley e Che Guevara? Lady Di e Bill Gates? Ou quem sabe... Madre Teresa?

Enfim, João Paulo II, o papa peregrino, dá prosseguimento a sua obra de dinamização das igrejas locais, celebrando por toda parte mártires e missionários e oferecendo santos "locais" à veneração dos fiéis.[15] Não para que se voltem para seus próprios méritos nacionais, mas, bem ao contrário, para integrá-los à grande comunidade dos cristãos. A universalidade dos santos ugandenses, mexicanos ou eslovenos, num mundo cujas fronteiras recuam, é um comportamento propriamente católico, no sentido literal do termo, e que se inscreve diretamente na linha do Vaticano II.

Pois no espírito de João Paulo II essa inflação de bem-aventurados e santos é mais uma maneira de aplicar o concílio. E por sinal em muitos casos o papa polonês levou a cabo processos iniciados na época de seus antecessores (inclusive nos casos de santos de que se sente particularmente próximo, como irmão Alberto Chmielowski, Raphael Kalinowski, Maximiliano Kolbe, Edith Stein ou o cardeal Stepinac). Cabe lembrar também que é sempre por iniciativa das hierarquias locais que o Vaticano abre um processo de beatificação.[16] O papa limita-se a dar um empurrãozinho, aqui e ali, e é ele que encerra o processo. Eventualmente, também pode tentar conciliar todas as suscetibilidades da Igreja. Foi num espírito de equilíbrio e unidade que ele fez com que coincidissem em 2000 as canonizações de Pio XI e João XXIII (um papa antimodernista e o iniciador do Vaticano II), assim como as do padre Pio e Escrivá de Balaguer (um pobre capuchinho místico e o fundador da Opus Dei) em 2002.[17]

Para João Paulo II, o importante é proporcionar modelos de vida aos fiéis e enriquecer a memória da Igreja. No consistório de junho de 1994, o papa responde com uma surpreendente tirada aos cardeais que se preocupam com essa inflação hagiológica e não hesitam em considerar que "atualmente há um excesso de beatificações": "A culpa é do Espírito Santo!"

O *celibato dos padres*

Quando Karol Wojtyla se torna papa, em 1978, a Igreja Católica vive uma grave crise de vocações. Em oito anos, o número de padres caiu de 448.000 para 421.000. Dezenas de livros e relatórios foram dedicados aos motivos desse fenômeno: temor do celibato, questionamento generalizado da autoridade, aplicação hesitante do concílio etc. Para o novo papa, o problema é global: é a sociedade moderna, com sua maior oferta de hedonismo e individualismo, de consumo e egoísmo, de sexo e prazer, de racionalismo e relativismo, que desestimula as vocações. Ao contrário de Paulo VI, João Paulo II decide enfrentar o problema de frente. Meses depois do conclave, o novo líder da Igreja põe um freio aos "decretos de laicização" que liberam de seu compromisso os padres desejosos de retornar à vida civil. Paulo VI autorizara trinta e dois mil padres a renunciar a seus votos — um número inédito desde a Reforma. A decisão não impediria muitos padres de deixar de lado a batina, mas torna entretanto o processo mais exigente, menos fácil, mais responsável.

João Paulo II escreveria muito a respeito. Já na primavera de 1979, decide dirigir-se aos padres de todo o mundo numa carta pessoal, com data da Quinta-Feira Santa. A Quinta-Feira Santa, que antecede a morte e a ressurreição de Cristo, é o dia em que a Igreja comemora a instituição do sacerdócio por Jesus durante a Ceia. Todo ano ele repetiria essa prática, abordando um a um todos os temas relativos ao sacerdócio — inclusive, em 1995, o delicado problema do lugar das mulheres na vida do padre.

Em 1986, durante sua viagem à região do pároco de Ars, João Paulo II desenvolve uma verdadeira estratégia de reconquista sacerdotal, que haveria de detalhar durante um sínodo realizado sobre o tema, em Roma, no outono de 1990.[18] Essa estratégia visa sobretudo revalorizar o papel do padre e conter certos desvios mais ou menos desoladores. Tratando-se de revalorizar o papel do padre, João Paulo II invoca ardorosamente o exemplo do pároco de Ars, com o qual se familiarizou desde seus estudos na Polônia: "Oh! Como o padre é uma coisa importante! Se ele soubesse, nem agüentaria!" João Paulo II gosta de referir-se ao santo homem, que a seus olhos ilustra à perfeição o modelo sacerdotal. É destacando as virtudes desse pároco tão interessante que ele tenta combater explicitamente o "desestímulo" que se abate sobre os padres destes dias. "Não tenham medo!", proclama aos seminaristas que o ouvem nessa original reunião de Ars em 1986. Em seguida, insiste na necessidade de formação espiritual, teológica e filosófica, cada vez mais importante para atuar em sociedades leigas por sua vez cada vez mais instruídas. João Paulo II sabe do que está falando. Em primeiro lugar, ele sempre cuidou, em outros tempos, do conteúdo intelectual dos seminários em sua diocese de Cracóvia. Além disso, na perspectiva do sínodo de 1990, encomendou à Congregação para o Clero uma ampla investigação nos seminários do mundo inteiro. Para ele, a formação dos padres é a chave do futuro da Igreja.[19]

João Paulo II não hesitaria em se expor pessoalmente. No dia 27 de outubro de 1995, no trigésimo aniversário do decreto conciliar *Presbytorium ordinis* sobre o sacerdócio, ele relata longamente, diante de uma assembléia de padres, os primeiros tempos de sua própria vocação. A iniciativa causa sensação, a tal ponto que o papa convoca o jornalista italiano Gian Franco Svidercoschi a ajudá-lo a publicar um livrinho original que acabaria saindo em novembro de 1996, no cinqüentenário de sua ordenação sacerdotal. Cerca de mil e seiscentos padres e noventa bispos ordenados no mesmo ano que ele seriam convidados a Roma, nesse dia, para uma sessão calorosa e quase familiar. O livro, já aqui mencionado, chama-se *Minha vocação, dom e mistério*. Ele é a prova viva de que o compromisso sacerdotal pode ser uma maneira de dar certo na vida.

Mas João Paulo II também pretende pôr certos pingos nos is. Em primeiro lugar, nem lhe passa pela cabeça deixar que pensem que um dia a Igreja poderá dispensar os padres. Com uma simples palavra ele acaba com essa hipótese, surgida nos debates pós-conciliares. Qualquer que seja o papel desempenhado pelos leigos nas paróquias, eles "jamais" poderão consagrar a hóstia e perdoar os pecados. Nem que seja apenas para ministrar esses dois sacramentos — eucaristia e reconciliação —, o padre será sempre indispensável. Além disso, escorado na lembrança do pároco de Ars e em sua experiência pessoal, João Paulo II tentaria restabelecer o gosto por certas tradições, sem que se saiba em que medida essa tentação restauradora decorre da convicção teológica ou da nostalgia pessoal. Assim é que ele preconiza a volta à prática da confissão, dando ele próprio o exemplo toda Sexta-Feira Santa em São Pedro de Roma, onde se instala num confessionário e dá a confissão a cerca de quinze peregrinos em meia dúzia de línguas.[20] Preconiza também o respeito ao "dia do Senhor", que deve ser um "dia de culto, de lazer, repouso e recreação" numa sociedade que já não tem referências. No dia 31 de maio de 1998, chega inclusive a publicar uma carta apostólica intitulada justamente *Dies Domini* ("O dia do Senhor"), em forma de admoestação, para lembrar a importância da missa dominical, "elemento indispensável de nossa identidade cristã".

Um papa "à antiga"? Quando celebra a missa, João Paulo II prefere dar a comunhão na boca (e não na mão), com a patena por baixo. Não tolera que os padres demonstrem falta de respeito pelas santas espécies — a hóstia e o vinho de missa, que representam o corpo e o sangue do Cristo. Preconiza o velho rito da unção das mãos para o padre que vai consagrar o pão e o vinho. E perpetua o do lava-pés, que trata de observar pessoalmente toda Quinta-Feira Santa. Prega, enfim, a preservação de um princípio essencial, que continua sendo um dos principais temas de polêmica na Igreja: o celibato dos padres.

Por que alguém se faz padre? Para responder a um chamado, explica João Paulo II, e não para alcançar uma posição social, como acontecia num passado nem tão distante e como continua sendo o caso em certas regiões do terceiro mundo. Em *Minha vocação*, ele lembra o que lhe havia dito o bravo contramestre Labus, na fábrica em que trabalhava durante a ocupação: "Você, Karol, vai ser padre; você canta bem e vai viver bem!" Tampouco se escolhe o sacerdócio por prurido humanitário, como é a tendência hoje. O sacerdócio não é uma profissão, nem um "direito", nem um poder. É um serviço. O padre, lembra o papa, citando o pároco de Ars, é um "mediador" entre Deus e os homens, exatamente como era Jesus. É portanto um *alter Christus,* um "outro Cristo" que, ao escolher o sacerdócio, se doa integralmente. O celibato é justamente "o sinal de nossa disponibilidade sem limite para o Cristo e os outros", e neste ponto não se pode voltar atrás. Ante as vozes cada vez mais numerosas segundo as quais o abandono do celibato dos padres seria a melhor maneira de resolver o problema da crise de vocações, o papa responde que "as dificuldades para observar a castidade não constituem uma razão suficiente para derrubar a lei do celibato".[21] Ponto final.

Apesar dessa recusa da mudança, os esforços de João Paulo II na direção dos padres dão frutos, pelo menos a curto prazo. Algumas eminências, como o cardeal William Baum, chegaram até a manifestar o sentimento de que uma "geração João Paulo II" foi bater nos últimos anos às portas dos seminários — especialmente nos países mais atingidos pela crise de vocações (Estados Unidos, Holanda etc.). Os números dão conta disto: nos oito anos que antecederam sua eleição, a Igreja perdera vinte e oito mil padres; mas nos vinte e dois anos subseqüentes (1978-2000) perdeu apenas dezesseis mil, ao mesmo tempo que registrava cerca de vinte e dois mil diáconos e quarenta e seis mil seminaristas a mais.[22]

Seriam esses novos padres sensíveis aos apelos do papa para que retomassem, especialmente, o uso da batina? Vários jesuítas em visita ao Vaticano tiveram direito a uma observação sarcástica do Santo Padre: "Adivinhei que os senhores eram da Companhia de Jesus... pela gravata!" Nesse plano, João Paulo II nunca entendeu por que certos padres faziam tanta questão de se confundir no anonimato do rebanho, embora sejam os seus pastores. Na época da Polônia comunista, cada procissão era uma maneira de afirmar a fé diante de um regime hostil, e a batina ainda mais. O comunismo morreu, as coisas mudaram no Leste, mas nem por isso o papa renunciou a uma Igreja que seja *visível*.[23]

O lugar das mulheres

A cena acontece em Gênova, no norte da Itália, em setembro de 1985. Nessa noite, treze mil jovens invadiram o palácio dos esportes. Na tribuna, uma jovem italiana saúda João Paulo II em nome de todos esses adolescentes entusiásticos que ele veio encontrar. Com um gesto natural, o papa toma entre as mãos o rosto da jovem e a beija na testa. Surpresa no *entourage* do Santo Padre: alguma vez se viu antes um papa mostrar-se tão familiar com uma pessoa do sexo oposto? Quando a jovem passa em seguida na frente do velho cardeal-arcebispo de Gênova, o conservador Giuseppe Siri, ele levanta ostensivamente a mão e, com ar severo, estende-lhe o anel para que o beije.

Simples conflito de gerações ou choque cultural mais profundo? Nunca antes um papa havia tido uma atitude tão descontraída e calorosa em relação às mulheres. E não apenas com as religiosas que se acotovelam para tocá-lo dando gritos durante as audiências gerais. Quantas vezes não permitiu que se aproximassem jovens entusiasmadas e comovidas até as lágrimas, como na nunciatura de São José da Costa Rica, em 1983, quando uma mulher que tocava violão, apanhando de surpresa os guarda-costas, pula por cima da balaustrada para abraçá-lo. Ou quando ele se vê apanhado numa "corrente" de jovens no estádio de Sídnei em 1986, dando a mão a duas jovens australianas e cantando com elas. Em certa manhã de 1997, ele aparece na janela de seus aposentos particulares acompanhado de uma moça que traz uma mensagem para os jovens da Ação Católica da diocese de Roma e faz o comentário bem-humorado: "Certamente é a primeira vez em que uma jovem toma a palavra desta janela!"[24]

João Paulo II é um caso à parte: não tem medo das mulheres. Na Igreja, não é algo assim tão freqüente. Karol Wojtyla, eleito papa na força da idade, é um belo homem e não tem complexos. Melhor ainda, sente-se atraído pelas mulheres, apreciando seu encanto, sua finura e sua inteligência específica. Em conversa com a escritora María Antonietta Macciocchi, que o entrevistava para um projeto de livro sobre a Europa, ele diz certa vez: "Eu acredito no talento das mulheres." Ela não consegue acreditar no que está ouvindo. É este então o papa misógino pintado com tanta complacência pela mídia? O papa repete: "Eu acredito no talento das mulheres. Até mesmo nos períodos mais sombrios, nós encontramos esse talento, que é a alavanca do progresso humano e da história."[25]

De sua juventude, marcada pela morte brutal da mãe quando ele tinha 9 anos, Karol Wojtyla guardou a convicção de que a mulher, por natureza, por sua vocação de mãe, é a base da família. "Na minha infância, a mulher merecia o maior respeito", comenta certa vez, nostálgico, com o jornalista Vittorio Messori. Dos seus anos de capelão, nas conversas com os jovens de Cracóvia, preservou a idéia de que a mulher muitas vezes é considerada pelo homem um instrumento de prazer. Enfim, desde a longa convivência com os regimes coletivistas, ele desconfia de todas as ideologias que pretendem "libertar" a mulher, levando-a a trabalhar como um homem, em nome da igualdade. A família vem antes do trabalho! Assim poderia ser resumida a convicção profunda de João Paulo II. Que a mulher seja igual ao homem "em dignidade e responsabilidade" o papa polonês não contesta, muito pelo contrário, mas esclarece — em sua carta *Familiaris consortio*, de novembro de 1981 — que "a verdadeira emancipação das mulheres exige o claro reconhecimento do valor de seu papel materno e familiar, em oposição a todos os outros papéis da vida pública e profissional". Muitos críticos haveriam de reduzir o pensamento do papa, acusando-o de preconizar a volta "da mulher ao lar". Na realidade, se João Paulo II milita pela libertação da mulher, é efetivamente em sua especificidade feminina, e não como um ser assexuado. Mil vezes ele voltaria a esse tema, sempre com a mesma convicção. Nesse mesmo ano de 1981, na encíclica *Laborem Exercens*, dedicada ao mundo do trabalho, ele defende "abonos ou gratificações para as mães que se dedicam inteiramente a sua família". Seria o salário materno uma proposta tão reacionária assim?

No dia 15 de agosto de 1988, o papa publica pelo ano mariano uma carta apostólica intitulada *Mulieris dignitatem* ("A dignidade da mulher"), na qual vai muito longe na denúncia de todas as formas de dominação do homem sobre a mulher, que é "contrária aos desígnios de Deus". Sua reflexão, muito concreta, remonta às experiências pastorais do padre Karol Wojtyla, às caminhadas pela montanha e às saídas de caiaque, quando rapazes e moças nada tinham a esconder de seu "tio", que também era seu confessor.[26] João Paulo II sempre foi severo com os homens. Inovando no ensino tradicional da Igreja sobre a questão, ele se refere freqüentemente ao episódio evangélico da mulher adúltera: se Jesus repreende os homens que acusam a infeliz ("Aquele que nunca pecou atire a primeira pedra"), é para mostrar que o "crime" da mulher adúltera não é senão reflexo dos pecados justamente dos homens que a acusam. Anos depois, o papa ilustraria essa idéia a propósito do aborto, que "será sempre um pecado grave", mas muitas vezes, "antes mesmo de ser uma responsabilidade a receber o endosso das mulheres, é um crime a ser atribuído ao homem".[27] O homem covarde, o homem irresponsável, o homem que tantas vezes considera a mulher um objeto...

Por outro lado, indo de encontro a uma interpretação milenar da famosa exortação de São Paulo, pedindo às mulheres, em sua carta aos efésios, que "se submetam a seus maridos", João Paulo II explica tranqüilamente que se trata de uma "submissão mútua", pois no projeto de Deus não pode haver submissão unilateral. Em compensação, não teria cabimento ceder ao feminismo "monossexista" que tenta negar toda diferença entre o homem e a mulher. Nascemos homem ou mulher, faz parte da condição humana. As mulheres precisam libertar-se, sim, mas não tentando "apropriar-se dos particularismos masculinos contrários a sua especificidade feminina". Este hiato é que até o fim haveria de opor o papa à maioria dos movimentos feministas.[28]

No dia 29 de junho de 1995, por ocasião do ano da mulher decretado pelas Nações Unidas, o papa publica uma *Carta às mulheres,* de estilo extremamente pessoal, às vezes mesmo poético ("Obrigado a ti, mulher, pelo simples fato de ser mulher!"). Nela, o autor formula um verdadeiro programa feminista, denunciando em especial o machismo em termos incrivelmente concretos: "Quantas mulheres não foram e ainda são julgadas mais por seu aspecto físico do que por sua competência, seu valor profissional, sua atividade intelectual, a riqueza de sua sensibilidade e, definitivamente, pela dignidade mesma de seu ser!" Numa linguagem sem enfeites evangélicos, ele preconiza a efetiva igualdade dos direitos de homens e mulheres em matéria política, econômica e social (igualdade de salários, igualdade de oportunidades, direito de voto), estendendo-se sobre "a longa e humilhante história, não raro ocultada, dos abusos cometidos contra as mulheres no plano sexual". Nunca um papa havia abordado tão cruamente essas questões. E não é sem surpresa que os movimentos feministas descobrem nesse texto uma vibrante homenagem a todas as militantes que lutaram "corajosamente" pela emancipação da mulher "em épocas nas quais um tal engajamento de sua parte era considerado um ato de transgressão, um sinal de falta de feminilidade, uma manifestação de exibicionismo e mesmo um pecado!" É nessa carta que o papa manifesta o *pesar* da Igreja por ter contribuído para a marginalização da mulher na sociedade: "Se não se pode negar, nesse terreno, sobretudo em certos contextos históricos, a responsabilidade objetiva de muitos filhos da Igreja, eu o lamento sinceramente."

Um mês antes da publicação de sua *Carta às mulheres,* a 26 de maio de 1995, João Paulo II recebeu em Roma a tanzaniana Gertrude Mongella, secretária-geral da quarta conferência mundial das Nações Unidas sobre as mulheres, que seria realizada em Pequim em setembro. João Paulo II confere grande importância a essa conferência. Lamenta que a vocação materna da mulher moderna seja "mais freqüentemente causa de pena que de estima", embora no fim das contas "a humanidade lhe deva sua própria sobrevivência". O papa preocupa-se com a visão "individualista" que pode prevalecer em Pequim, a qual faz da mulher um ser assexuado, ocultando sua diferença em relação ao homem e preconizando uma "igualdade" que não corresponde às reais necessidades das mulheres de hoje. Comentário de Gertrude Mongella, em entrevista ao jornal *L'Avvenire:*

"Se todo mundo raciocinasse como ele, reuniões como a de Pequim talvez não tivessem mais razão de ser!"

João Paulo II envolve-se pessoalmente na questão. No dia 29 de agosto, convoca a delegação da Santa Sé, que fez questão fosse majoritariamente feminina: quatorze mulheres, num total de vinte e dois delegados, usarão em Pequim o distintivo *Holy See*, entre elas a presidenta do grupo, Mary Ann Glendon, professora de direito em Harvard, acompanhada pela professora universitária norueguesa Janne Haaland Matlary e pela ex-ministra nigeriana Kathryn Hawa Hoomkamp. As três são mães de família. Dias antes, examinando os diferentes documentos preparatórios da conferência, o papa não escondeu sua preocupação. Muitos países enviaram a Pequim feministas cujo comprometimento vai muito além das opiniões públicas dessas nações. A tendência geral é radical, freqüentemente militante, às vezes sectária. Circula inclusive, com apoio no socialista francês Jack Lang, uma petição perguntando o que faz o Vaticano numa tal reunião. "A coisa começa mal", resume Joaquin Navarro-Valls. O papa elabora então uma dupla estratégia: nas questões de fundo, dar ênfase à defesa das mocinhas e das mulheres jovens, pois é sabido que "no mundo de hoje, o simples fato de ser mulher e não homem pode reduzir as chances de nascer ou de sobreviver"; nas questões de forma, passar por cima das estrelas ultrafeministas da conferência de Pequim, quase todas delegadas de países ricos, e dirige-se diretamente às opiniões públicas do mundo inteiro, e especialmente do terceiro mundo: "Se encontrarem dificuldades, dirijam-se aos povos!" Navarro-Valls, que conhece a importância da comunicação, não se eximiria de fazê-lo. Por fax, ele informaria diretamente os principais órgãos de imprensa europeus sobre certos desvios da conferência, o que levaria muitos deputados católicos a interpelar seus governos, ampliando o debate para muito além dos corredores do Salão do Povo da capital chinesa. Até o fim a delegação vaticana combateria a pretensão, majoritária em Pequim, de dissociar o destino das mulheres do destino da família: o fato de a mulher poder criar os filhos com dignidade decididamente não parece ser o que mais importa nos tempos atuais. Pior ainda, os representantes do papa teriam de lutar muito para que os dois "gêneros" biológicos existentes, *masculino* e *feminino,* não passassem a ter a companhia dos "gêneros" *lésbico, homossexual* e *bissexual.* Como se o sexo não fosse uma realidade natural, mas uma orientação imposta pelo contexto social!

UMA IGREJA À ANTIGA? 615

Mary Ann Glendon e seus acólitos não tiveram descanso. E por sinal mais de quarenta países-membros da ONU fariam reservas ao documento final da conferência. Mais uma vez, entretanto, a Santa Sé sairia da aventura com uma imagem negativa, exageradamente conservadora. Essa imagem desfavorável converge com a impressão negativa causada pela obstinação do papa em rejeitar o princípio da ordenação das mulheres.

*

Washington, 7 de outubro de 1979. Diante de alguns milhares de religiosas reunidas na Basílica da Imaculada Conceição, João Paulo II subitamente é interpelado pela presidenta da conferência geral de religiosas, irmã Teresa Kane, que afirma sem rodeios que as mulheres deveriam poder ser ordenadas. A religiosa, conhecida por suas posições feministas, está usando um terno. O burburinho na assistência leva a crer que sua opinião não é compartilhada por todas as irmãs presentes. Num discurso sem concessões, João Paulo II responde indiretamente a irmã Teresa: "A vida de uma religiosa deve ser caracterizada por completa disponibilidade: um empenho em servir condizente com as exigências e necessidades da Igreja..." Nem a mais leve abertura, embora o papa saiba perfeitamente que a idéia da ordenação de mulheres avança nos Estados Unidos; embora o *statu quo* seja motivo de profundas divergências com os anglicanos; e embora sejam muitas as vozes que consideram que a ordenação de mulheres é a melhor maneira de compensar a queda das vocações sacerdotais. Decididamente, o papa não mistura sociologia e teologia, tática e estratégia, conjuntura e tradição. E tanto pior se essa rigidez corrobora a imagem arcaica do papado.

É verdade que algum tempo passou desde que Marie-Louise Monnet, irmã do europeísta Jean Monnet, participou como ouvinte do concílio em 1964, sob os aplausos de dois mil bispos. Na época, os *monsignori* da Cúria não tinham colaboradoras do outro sexo e datilografavam eles mesmos seus textos e documentos. Quando as primeiras datilógrafas — religiosas oblatas missionárias de Maria Imaculada — apareceram nos escritórios do Vaticano, foram solicitadas durante anos a não revelar a ninguém onde trabalhavam. Hoje, cerca de 20% dos funcionários da Cúria são mulheres, sendo as leigas muito mais numerosas do que as religiosas.[29] Algumas delas chegaram a representar a Santa Sé em conferências internacionais, e não apenas sobre temas considerados "femininos", como a família e os direitos das crianças: em 1996, a Igreja Católica foi representada por uma mulher na conferência sobre minas terrestres realizada no Canadá; em 2003, uma mulher, Leizia Pani Ermini, foi nomeada presidenta da Academia Pontifícia de Arqueologia. Por que então não aceitar que as mulheres possam também batizar crianças e celebrar a missa dominical? Não são acaso as mulheres que, mesmo sem a unção do sacerdócio, já se desincumbem quase sempre do ensino do catecismo, da preservação dos lugares de culto, da promoção das obras de caridade, do acompanhamento de pessoas idosas e migrantes?

Para João Paulo II, essa hipótese está descartada. Sem ressalvas. O papa é depositário de uma tradição constante — e por sinal compartilhada pelos ortodoxos — que parte da constatação de que o Cristo era um homem e de que o padre deve representar a *persona Christi*. Paulo VI havia reafirmado a impossibilidade de ordenar mulheres em 1976.[30] João Paulo II não se sente no direito de modificar esse princípio. Para ele, as coisas são claras: a mulher tem um papel capital na Igreja,[31] mas por que haveria de ter o mesmo papel que o homem? Acaso teve Maria a mesma função que os apóstolos no início da aventura evangélica? Fica parecendo que o sacerdócio seria um "poder" que a mulher tem de disputar com o homem! Foi a partir do momento em que a Igreja se "clericalizou", após a Reforma, que as mulheres foram marginalizadas *de facto*, pois afastadas das estruturas do poder eclesiástico. Hoje, no entanto, o sacerdócio é efetivamente um "serviço", não podendo ser assimilado a uma espécie de direito civil, como o direito de voto ou o direito a um salário igual: ninguém postula ser padre como se postula ser deputado.

No dia 22 de maio de 1994, numa carta intitulada *Ordinatio sacerdotalis*, João Paulo II reafirma esta recusa: "Declaro que a Igreja não tem autoridade para outorgar o sacerdócio às mulheres, e que esta decisão deve ser considerada *definitiva*." Definitiva! Convidado a se explicar a respeito, o cardeal Ratzinger confirma que não se trata "nem de uma opinião, nem de um ponto de vista, mas de uma *verdade* categórica". Protestos generalizados entre os cristãos americanos, alemães, irlandeses, australianos! Seria um retorno ao dogma contestado da infalibilidade pontifícia, ainda por cima aplicado a algo que não passa de uma questão de disciplina? Nem mesmo a encíclica *Humanae Vitae* sobre a regulamentação dos nascimentos está subordinada a esta doutrina. As centenas de milhares de católicos alemães que assinaram a petição do grupo *Wir sind die Kirche* ("Nós somos a Igreja"), a favor da ordenação de mulheres, deveriam acaso ser excomungados? O erro tático do papa é evidente. Ao conduzir o debate para a esfera da infalibilidade papal, ele exacerbou a polêmica e reforçou sensivelmente a imagem de um papado "reacionário", nostálgico do passado.

29

De Galileu à Internet

"Em 1978, a modernidade entrava na Igreja com João Paulo II." A afirmação, feita diante do microfone de uma rádio quando do vigésimo aniversário do conclave, é do cardeal Lustiger.[1] E reflete o sentimento de todos que puderam observar de perto o início do pontificado de João Paulo II. Pode surpreender os mais jovens, que só conheceram deste papa seus últimos anos, sua preocupação com a unidade e a tradição da Igreja, para não falar da exasperação da mídia em torno de seu ensinamento moral e sexual. E no entanto o jovem papa esportivo e sem complexos eleito pelos cardeais em outubro de 1978 efetivamente modificou a imagem da Igreja.

Nas questões de forma, é algo evidente. Este papa que manda construir uma piscina e que "esquia como uma andorinha" é o mesmo que substitui a *sedia gestatoria* (cadeira com carregadores) de seus antecessores, com suas esculturas douradas e seu veludo grená, por um jipe Toyota; que de bom grado aplaude Adriano Celentano, Dee Dee Bridgewater, Myriam Makeba e Bob Dylan; que usa uma casula assinada pelo costureiro Castelbajac durante as JMJs de Paris; que convida trompetistas nigerianos ao Vaticano para comemorar o ano 2000 etc. Nas questões de fundo, João Paulo II também conduziu sua Igreja ao coração do "mundo moderno", atendendo ao convite que nesse sentido fizera a constituição conciliar *Gaudium et Spes*. "João Paulo II é o primeiro papa filho do concílio, pois os outros eram seus pais", escreveu certa vez o diário *Le Monde*. Seu projeto de levar a cristandade ao terceiro milênio, refletido de maneira madura, levou-o a forçar os limites de uma instituição inquieta, e mesmo aterrorizada pela evolução do mundo.

Os dois terrenos que melhor ilustram os avanços "modernistas" de João Paulo II são sem dúvida a ciência, com a qual ele estabeleceu novas relações, e os meios de comunicação, dos quais se valeu com confiança e, por que não dizer, talento.

Cientistas no Vaticano

10 de novembro de 1979. Um ano se passou desde a eleição de João Paulo II. Na Sala Real, no segundo andar do palácio apostólico, o novo papa recebe a Academia Pontifícia de Ciências por ocasião do centenário de nascimento de Albert Einstein. Com seus oitenta eminentes membros, cerca de trinta dos quais agraciados com o prêmio Nobel, a Academia não é um organismo interno da Igreja — e por sinal os católicos são minoritários nela —, mas depende diretamente do papa, ao qual serve como uma espécie de grande conselho científico. Diante dos cientistas e cardeais que o ouvem, João Paulo II subitamente muda de assunto, comparando a "grandeza de Einstein" com "a de Galileu, conhecida de todos". A atenção dos ouvintes é aguçada: "Galileu", prossegue o papa, "sofreu muito, não poderíamos escondê-lo, nas mãos de homens e organismos da Igreja." Espanto entre os convidados. Pela primeira vez o papa convida ao arrependimento — embora esta palavra ainda não seja utilizada — sobre um tema que envolve a responsabilidade da Igreja. Mas os prelados mais esclarecidos dentre aqueles que o ouvem têm pelo menos dois motivos suplementares para se espantar com esse inesperado mea-culpa.

Para começar, João Paulo II sabe perfeitamente que na realidade, para a Igreja, o caso Galileu há muito foi resolvido. Em 1741, o papa Benedito XIV deu o *imprimatur* à primeira edição das obras completas de Galileu, dessa forma anulando a famosa condenação do cientista pelo Santo Ofício em 1633. E os padres do Concílio Vaticano II, ao redigirem a constituição *Gaudium et Spes*, "lamentaram certas atitudes que se manifestaram entre os próprios cristãos, insuficientemente esclarecidos quanto à legítima autonomia da ciência". O próprio papa cita em seu texto a nota que acompanha esse parágrafo conciliar e que se refere explicitamente a Galileu. Em segundo lugar, nesse terreno um papa polonês provavelmente teria menos que pedir perdão do que o resto da cristandade. Um século antes de Galileu, a Igreja da Polônia não condenara Nicolau Copérnico quando ele publicou seus trabalhos sobre a revolução dos astros, *De revolutionibus orbium coelestium*, em 1543. Na época, ninguém contestou a decisão.[2] Entre os dignos membros da Academia Pontifícia de Ciências, provavelmente nenhum sabe que treze anos antes o bispo Wojtyla exaltou Copérnico, que foi aluno da Universidade Jagellon de Cracóvia, em um de seus poemas:

> *Nós caminhamos sobre as suturas.*
> *Antigamente, a Terra parecia lisa, plana.*
> *Acreditou-se por muito tempo que seu disco chato*
> *Repousava sobre a água, com o sol por cima.*
> *Veio Copérnico: a Terra perdeu suas charneiras fixas,*
> *O movimento passou a ser sua charneira.*
> *Nós caminhamos sobre as suturas, mas não como outrora.*
> *Ao deter o Sol, Copérnico deu impulso à Terra.*[3]

Copérnico "detendo o Sol", como o Josué da Bíblia? Era precisamente esse tipo de liberdade com as Escrituras que servia de pretexto aos inquisidores de outras eras. Em 1633, não resta a menor dúvida de que o bispo Wojtyla teria sido condenado pelo Santo Ofício! Acontece, justamente, que no momento do quinto centenário de Copérnico, em 1973, o cardeal Wojtyla deu uma aula inaugural na faculdade de teologia de Cracóvia intitulada "A Ciência como bem comum da nação, da Igreja e da humanidade", identificando o caso Copérnico como uma glória da Igreja.

Para João Paulo II, trata-se de uma questão resolvida há muito tempo: a condenação de Galileu, que se limitou a levar adiante os trabalhos de Copérnico, é naturalmente lamentável. Por que então voltar a essa questão nada gloriosa em 1979? Por que assumir o risco de chamar novamente a atenção para a atitude ao mesmo tempo arrogante, intolerante e homicida do papa Urbano VIII e de certos cardeais dessa época conturbada na qual a Igreja, por questões em grande medida políticas, não podia admitir que alguém se opusesse a seu ensino secular? Por que lembrar que em pleno Renascimento o papado condenou um dos maiores cientistas da época por ter ousado dizer que a Terra não estava imóvel no centro do universo? João Paulo II quer que o caso Galileu seja definitivamente resolvido e convoca "os teólogos, cientistas e historiadores" a reexaminar a questão. Custe o que custar. Treze anos depois, no dia 31 de outubro de 1992, quando do 350º aniversário da morte do cientista, uma comissão interdisciplinar presidida pelo cardeal Poupard conclui sem rodeios que a Igreja de então cometeu um "erro". Nada de novo sob o sol. Mas era preciso estourar o abscesso.[4]

O procedimento do papa, que irrita certos cardeais, é estratégico. A seus olhos, o tímido mea-culpa do concílio não impediu que essa velha questão se transformasse numa "espécie de mito", corroborando a idéia de uma oposição fundamental, dogmática e peremptória entre a ciência e a fé. O caso Galileu continuava apesar de tudo a envenenar as relações entre o mundo científico e a Igreja. Acontece que esta, no alvorecer do século XXI, precisava imperativamente descartar-se de uma imagem arcaica e obscurantista que contribuía para desacreditá-la junto às novas gerações.

*

João Paulo II não tem medo dos cientistas, muito ao contrário. De maneira geral, não tem medo da ciência. Nem da *razão*. Se Karol Wojtyla sempre gostou de Santo Tomás de Aquino, é por causa da importância por ele atribuída à inteligência na fé em Deus.[5] Intelectual racional, se se sente fascinado pelos místicos — sua primeira referência sendo sempre São João da Cruz —, quer ao mesmo tempo aprender, compreender, explicar o "mistério" da fé. Por isso é que se voltou antes para a filosofia do que para a teologia. Por isso manifestaria sempre o mais vivo interesse por qualquer tentativa de reconciliar as duas disciplinas.

No fim da Segunda Guerra Mundial, muitos intelectuais cristãos — sobretudo teólogos franceses — trataram de sacudir os hábitos e os melindres da Igreja em sua relação com a modernidade, mesmo correndo o risco de serem condenados por ela. Se Karol Wojtyla devorou os escritos de Jacques Maritain durante sua temporada na França em 1947, foi porque o pensador francês era sem dúvida o que melhor alcançou a síntese "neotomista" entre a fé e o mundo moderno, a ponto inclusive de nela integrar a democracia política — o que não parecia algo tão pacífico assim para muitos homens da Igreja. Não estava tão longe o tempo em que o papa Pio X condenava em sua encíclica *Pascendi* (1907) os "modernistas" que tentavam reler o ensinamento da Igreja à luz dos conhecimentos científicos adquiridos no século XIX. Para as jovens gerações de seminaristas, de "padres professores" — entre os quais Karol Wojtyla e seus colegas de Lublin — e de intelectuais leigos, a releitura de Santo Tomás proporcionava uma dupla chave: permitia superar o crescente abismo entre a Igreja Católica e o mundo moderno, científico e racionalista, ao mesmo tempo evitando cair na "anarquia da razão emancipada da fé".[6] A culminância desse reencontro agitado entre a fé e o pensamento, no início dos anos 60, foi o Concílio Vaticano II, cuja principal preocupação foi precisamente reconciliar a Igreja com o mundo moderno. Seria preciso lembrar que o bispo Wojtyla apaixonou-se então pelo Esquema XIII, que haveria de transformar-se na constituição *Gaudium et Spes*? Quando o papa João Paulo II remete ao Vaticano II, não se trata de uma simples deferência com seus antecessores. É que ele identifica no concílio o início dessa nova atitude — decididamente otimista — da Igreja diante do saber intelectual e do progresso científico.

João Paulo II considera que a verdade é a verdade, e que não se deve ter medo dela. Dois dias depois de seu famoso discurso sobre Galileu, a 12 de novembro de 1979, ele vai pessoalmente à Casina Pio IV, sede da Academia Pontifícia de Ciências, para encontrar-se com os acadêmicos de maneira menos formal, e para reiterar junto a eles "toda a [sua] estima pela ciência como busca desinteressada da verdade".[7] Três dias depois, o papa vai à praça della Pilotta, na velha Roma, visitar a Universidade Gregoriana, cujo reitor é o jesuíta Carlo Maria Martini, biblista mundialmente conhecido que logo ele trataria de promover. A intenção do papa é voluntarista. Assim como em outros tempos os jesuítas lançaram pontes entre a teologia, as artes e as ciências, o novo papa compromete a teologia a estabelecer um diálogo com o filosofia moderna: "Não tenham medo!", diz ele a seu auditório. *"Examinem todas as coisas, guardem o que é bom!"* A frase é de São Paulo. João Paulo II, papa moderno, conhece os clássicos.

Uma fé "dotada de razão"

Vimos que o professor Wojtyla, quando ensinava em Lublin, lamentava o isolamento dos cientistas poloneses independentes. Em 1971, na efervescência da efêmera liberalização conseguida na Polônia pelo movimento Solidariedade, dois de seus amigos cracovianos, o filósofo Krzysztof Michalski e o teólogo Jozef Tischner, lançaram a idéia de uma nova instituição científica, sediada no Ocidente, que permitisse aos intelectuais poloneses ter mais contato com seus colegas ocidentais. Com o apoio do papa e a ajuda do cardeal austríaco Franz König, os dois criaram em Viena o Institut für dir Wissenschaften vom Menschen (IWM). Através dessa instituição é que João Paulo II restabeleceria a tradição por ele mesmo criada em Cracóvia de seminários de verão reunindo ao seu redor intelectuais e cientistas, crentes ou não, de diferentes disciplinas. No dia 5 de agosto de 1983, tem início em Castel Gandolfo o primeiro seminário do gênero, sobre o tema "O homem nas ciências modernas". Como fazia anteriormente em Cracóvia, João Paulo II pediu a Michalski que convidasse por alguns dias cerca de vinte filósofos, físicos e teólogos agrupados por afinidades lingüísticas para um debate livre — sendo que o papa transitava de um grupo a outro. Alternadamente haveriam de dissertar nesse lugar encantador — o lago de Albano é decididamente pura maravilha — representantes das ciências exatas e, ano sim, ano não, humanistas e filósofos como Czeslaw Milosz, Emmanuel Levinas e Leszek Kolakowski. Este último aprecia muito João Paulo II, que retribui sua admiração e sua simpatia. Certo dia, durante uma sessão algo tediosa, Kolakowski redige uma falsa "bula" em latim contendo a excomunhão de Levinas, de quem não gosta. Durante o jantar, entrega-a discretamente ao papa, que explode numa formidável gargalhada.[8]

*

Nunca um papa contemporâneo terá freqüentado e respeitado tanto os cientistas. João Paulo II sempre esteve convencido de que a utilização das tecnologias modernas leva necessariamente a escolhas políticas e morais. Da condenação solene do uso da arma nuclear, na década de 1980, ao exame dos riscos apresentados pelas manipulações genéticas, nos anos

90, o papa esteve constantemente induzindo os maiores cientistas da época a refletir em conjunto e ouvindo sua opinião.[9] É verdade que os membros da Academia Pontifícia de Ciências muitas vezes "entregaram os pontos" na fronteira da moral, especialmente a moral sexual, mas todos reconheceram a abertura de um papa capaz de questionar a ciência quanto à determinação do momento exato da morte ou do momento em que o embrião pode ser considerado um ser humano. Ao contrário de seus antecessores, João Paulo II considera que a pesquisa científica em si não é boa nem má, e que não existe uma ciência "católica". O que é uma novidade: até Paulo VI, a Igreja considerava que a religião devia usar a ciência para escorar seus fundamentos, mas que se reservava o direito de julgar a justificação moral das hipóteses científicas. Esse tempo ficou para trás.

De 21 a 26 de setembro de 1987, João Paulo II promove em Castel Gandolfo uma conferência internacional sobre as relações entre as ciências, a filosofia e a teologia, no terceiro centenário das *Philosophae naturalis principia mathematica* de Newton — a obra na qual o cientista britânico desenvolveu sua descoberta da gravitação universal. Na carta de apresentação das atas desta conferência, enviada no dia 1º de junho de 1988 ao padre George Coyne, diretor do Observatório do Vaticano, João Paulo II frisa que a religião e a ciência são dimensões distintas da cultura humana, que devem escorar-se uma na outra: "A ciência", escreve o papa, "pode purificar a religião do erro e da superstição; a religião pode purificar a ciência da idolatria e dos falsos absolutos." João Paulo II não é ingênuo. Sabe perfeitamente que no futuro a ciência continuará abalando certas certezas religiosas e que a Igreja terá de levá-lo em conta. Como se quisesse dar o exemplo, no outono de 1996 ele envia uma mensagem à assembléia plenária da Academia Pontifícia de Ciências a respeito de Darwin e da doutrina da evolução, que durante tanto tempo foi de encontro ao magistério da Igreja. Esta deve reconhecer o fundamento da doutrina de Darwin, escreve o papa, mas sem lhe aplicar uma leitura de estreito materialismo que seria "incompatível com a verdade do homem".

Simbolicamente, como se quisesse frisar a importância que confere a essa "concórdia" a que gostaria de assistir entre a ciência e religião, João Paulo II decide comemorar o vigésimo aniversário de seu pontificado, a 15 de outubro de 1998, com uma encíclica — a 13ª — empenhada em reconciliar "a fé e razão", e a que dá precisamente o título de *Fides et Ratio*.

As primeiras palavras da encíclica resumem bem a virada que João Paulo II promove na Igreja, no alvorecer do terceiro milênio: "A fé e a razão são como duas asas nas quais o espírito humano se eleva para a contemplação da verdade." Quando andam separadas, pensa o papa, fé e razão se empobrecem. Foi porque a razão cedeu terreno que o século XX foi tão homicida. A fé, por sua vez, se perde quando cai no fideísmo ou na superstição. "Quando a fé não pensa, não é nada", escreve o autor. Para que o mundo progrida no caminho de um novo humanismo, é necessário que a filosofia recupere a ascendência e volte a se orientar para a transcendência, e que a fé sirva de anteparo às tentações irracionais, sectárias ou integristas. E o papa lança mais uma vez seu grito de confiança no futuro: "Não tenham medo da verdade!"

O *papa e os meios de comunicação*

Dois dias antes da publicação da encíclica *Fides et Ratio*, a televisão italiana também decidiu comemorar o vigésimo aniversário da eleição de João Paulo II. À noite, nos estúdios da RAI, o apresentador Bruno Vespa, trinta anos de experiência, comanda ao vivo um longo programa sobre o pontificado. Sucedem-se os depoimentos de personalidades célebres — Kohl, Gorbachev, Walesa, Pavarotti, Ronaldinho e até Ali Agca —, até que, por volta de 22 horas, um telefonema atrai a atenção de milhões de telespectadores: "Aqui fala Dom Stanislaw, o secretário do papa. Boa noite, vou passar para o Santo Padre, que quer saudá-los..." Um momento de incredulidade. Aplausos no estúdio, emoção do apresentador. E logo a voz do papa, essa voz tão conhecida dos italianos: "Sr. Vespa, quero agradecer-lhe e a todos os participantes por tudo que prepararam e disseram sobre esses vinte anos de pontificado. Muito obrigado!" Um verdadeiro furo. Presente no estúdio, o porta-voz Navarro-Valls é o primeiro a se surpreender: "Não estava previsto, juro que não! Ele ia assistir ao programa. O papa é assim: quis participar e foi o que fez!"

Ao contrário da maioria dos homens da Igreja, João Paulo II não tem medo dos jornalistas. Dias depois de sua eleição, a 21 de outubro de 1978, ele deu uma primeira prova disso, magistral e inesperada. Às 11 horas, naquele sábado, o novo papa recebia os jornalistas que cobriram sua eleição. Era o seu primeiro contato com a imprensa. Cerca de mil e quinhentas pessoas se acotovelavam na Sala das Bênçãos. Até mesmo os correspondentes mais *blasés* acreditados em Roma tinham curiosidade de conhecer o escolhido pelo conclave. Tranqüilo, aberto, João Paulo II agradeceu aos "representantes dos meios de comunicação" que em questão de poucas semanas acabavam de cobrir a morte de Paulo VI, a eleição e a morte de João Paulo I e logo o conclave que finalmente o havia eleito. Em seu pequeno discurso, ele frisou a dificuldade de "decifrar os acontecimentos" e a importância que atribui à liberdade de imprensa: "Considerem-se felizes por tê-la!", diz o papa que veio do Leste. Ele falou em italiano, mas, como bom profissional, terminou seu pequeno discurso com uma frase em inglês: sabia que era a única imagem que seria transmitida pelas televisões americanas. Em seguida, sem qualquer etiqueta, afastou-se do microfone, caminhou em direção aos jornalistas e começou a conversar com eles. Algo nunca visto. Durante uma hora, João Paulo II trocou idéias, improvisando todas as suas respostas. Com uma facilidade desconcertante, respondia a cada um na língua do interlocutor: inglês, francês, polonês, alemão. Efeito garantido: conseguiu encantar a todos.

Com essa mesma descontração ele responderia tranqüilamente, a cada viagem de avião, às perguntas dos correspondentes que se acotovelariam a seu redor, todos em pânico ante a simples idéia de perder "a" frase que acabará virando manchete dos jornais no dia seguinte. O primeiro jornalista que ousou interpelar o Santo Padre, no avião que o leva ao México em janeiro de 1979, é o vaticanista italiano Domenico Del Rio:

— Santíssimo Padre, o senhor também pretende ir aos Estados Unidos?

— Considero que é necessário. Falta fixar a data.

Até então, a regra era a mesma que a adotada em relação à rainha da Inglaterra: ninguém faz uma pergunta direta ao papa. Aproveitando a brecha aberta por Del Rio, os jornalistas acabam com este princípio, passando a questionar diretamente João Paulo II como fariam com qualquer político ou estrela pop. No Vaticano, ninguém jamais imaginara que um papa poderia um dia entregar-se assim à sanha dos jornalistas. E por sinal não faltam dignos *monsignori* que à meia-voz manifestam preocupações a respeito: será que o papa não teme que suas declarações sejam mal utilizadas? João Paulo II confia. Faz parte de sua natureza. E ele próprio, que em outros tempos foi colaborador de um semanário dinâmico e corajoso, realizado por uma pequena equipe de homens de talento, sente uma certa afeição por quem escreve. Ele lutou tanto pela liberdade de imprensa, quando era arcebispo de Cracóvia![10] Embora sempre tenha considerado que nunca se deve sacrificar o conteúdo de um artigo em nome da forma. E embora também conheça os perigos da simplificação, da redundância, da personalização e da busca do sensacionalismo.

Para os meios de comunicação do mundo inteiro, alguma coisa nova está acontecendo no Vaticano. Aqui temos, pelo menos, um papa que não considera os jornalistas como irresponsáveis incômodos ou mesmo como inimigos. Um papa que respeita e facilita o trabalho dos fotógrafos da imprensa, que sabe perfeitamente o que é um redator-chefe, um *free lancer*, um fechamento, um *deadline*, um furo e que de bom grado atende às exigências da técnica. Em outubro de 1986, no fim de uma celebração em Lyon, ele se interrompe: "O papa precisa obedecer a seus superiores, entre os quais está uma instituição que se chama Eurovisão!" De outra feita, em outubro de 1994, na praça de São Pedro, interrompe de repente o seu discurso: "Eu tinha de falar vinte e cinco minutos e não sei se passei do tempo que me foi concedido."

*

Nunca, no século XX, algum papa havia concedido uma entrevista.[11] Donde a divina surpresa de Jerzy Turowicz, em julho de 1980, quando o Santo Padre, de volta de uma viagem de doze dias ao Brasil, o convida a Castel Gandolfo para uma entrevista exclusiva na qual fará o balanço de sua viagem para os leitores do *Tygodnik Powszechny*. De homem para homem, sem passar pelas instâncias da *Sala Stampa* e da Cúria. Uma entrevista de verdade, com todos os requisitos. Desde o conclave Turowicz vinha ruminando a idéia, sem muita esperança. Que jornalista, polonês ou não, religioso ou não, não sonhou algum dia entrevistar o chefe da Igreja Católica? Com um gravador pendurado no ombro, ele vai ao encontro do Santo Padre na quarta-feira, 16 de julho, e grava sua entrevista. Por cortesia e prudência, apresenta então a transcrição ao papa, para em seguida enviá-la a Cracóvia. Mas o Sumo Pontífice faz muito poucos retoques. Melhor ainda, o entrevistado fica tão satisfeito com o texto que pede pessoalmente que seja traduzido para o italiano, para ser publicado no

Osservatore Romano. Para o pequeno semanário de Cracóvia, que é na época o único jornal independente de todo o Leste europeu, trata-se de um furo e tanto. Vinte anos depois, ao comentar o episódio, Turowicz ainda enrubescia de felicidade.[12]

A segunda pessoa que teve essa felicidade profissional não é polonesa. Trata-se do cronista André Frossard, do *Figaro*, cujo livro *Deus existe, eu O encontrei*, traduzido e publicado na Polônia pela editora Znak, de Cracóvia, havia sido muito apreciado por Karol Wojtyla. Convidado a Castel Gandolfo em julho de 1980, semanas depois da primeira viagem do novo papa à França, Frossard dá a entender, no fim de uma refeição, sem muita esperança, que seria formidável poder fazer uma entrevista. "Faça-me perguntas!", lança então João Paulo II. O francês não consegue acreditar no que está ouvindo. Na mesma noite, começa a trabalhar. Perguntas? Ele apresenta nada menos que setenta, às quais o papa responderia metodicamente numa programação que, interrompida pelo atentado da praça de São Pedro, acabaria se prolongando por dois anos. O livro viria a chamar-se "*Não tenham medo!*", e seria um best seller mundial.

A terceira entrevista deveria ter sido transmitida por televisão. Em 1992, João Paulo II concordara com uma entrevista filmada por uma equipe da RAI-Uno por ocasião do décimo quinto aniversário de seu pontificado (outubro de 1993). Quatro horas de filmagem, no mínimo, e também um livro. Mais uma novidade absoluta na história do papado. Empenhado em extrair o melhor da oportunidade, o diretor da RAI pedira ao jornalista italiano Vittorio Messori que preparasse e realizasse a entrevista. Messori, especialista em questões religiosas, não estaria estreando: em 1985, ele já havia publicado uma série de entrevistas com o cardeal Ratzinger, prefeito da Congregação para a Doutrina da Fé.[13] Em julho de 1993, Messori vai a Castel Gandolfo levando na pasta cerca de vinte perguntas. Ele tem carta branca. Mas ele próprio se questiona sobre os riscos corridos pelo papa ao "submeter-se ao gênero menor da entrevista":[14] misturar sua voz ao ruído caótico de um mundo em que tudo é banalizando, no qual todas as opiniões têm o mesmo valor; utilizar a expressão "Em minha opinião...", como qualquer entrevistado falando ao microfone na calçada de alguma rua; para não falar dos cortes na montagem, que poderiam tirar de contexto ou desvirtuar as declarações do Santo Padre... Infelizmente, o projeto não dá em nada. A agenda do papa mostra-se carregada demais para permitir a realização dessa série de entrevistas. Em particular, João Paulo II está preparando minuciosamente sua primeira viagem à antiga União Soviética: em setembro, deverá visitar os países bálticos. Trata-se de um acontecimento importante, que exige toda a sua atenção. Os diretores da RAI arrancam os cabelos, enquanto Messori, algo decepcionado, volta para sua casa à beira do lago de Garda. É lá, meses depois, que ele atende a um telefonema de Navarro-Valls: "O papa guardou suas perguntas na escrivaninha, não quis jogá-las fora, e começou a responder por escrito." No fim de abril de 1994, Navarro-Valls vai pessoalmente entregar a Messori o manuscrito de João Paulo II. Certas passagens são cuidadosamente sublinhadas pelo autor. O título sugerido, *Cruzando o limiar da esperança*, é simplesmente o título que constava da pasta na qual o papa reunira suas respostas. O editor tinha toda a liberdade para encontrar outro melhor. Messori mergulha no texto, faz algumas correções formais: tradução sistemática das citações latinas, melhora da pontuação, acréscimo de perguntas intermediárias. Apenas detalhes. Semanas depois, o texto papal está pronto para publicação. O editor italiano — Mondadori — venderia novecentos e cinqüenta mil exemplares na Itália. Mas o livro faria um sucesso notável mesmo nos Estados Unidos: 1,2 milhão de exemplares! Quantos americanos que jamais haviam tido acesso sequer a uma encíclica papal não terão lido esse livrinho acessível e pessoal? Dele também seriam vendidos trezentos mil exemplares na Espanha, duzentos e cinqüenta mil na França e duzentos mil na Alemanha. Um sucesso sem precedente.

João Paulo II daria mais duas entrevistas à imprensa escrita. Em outubro de 1993, responderia às perguntas do jornalista polonês-italiano Jas Gawronski, irmão de Wanda Gawronska e filho de Luciana Frassati, cuja família Karol Wojtyla freqüenta há lustros.[15] O jornalista publicaria seu texto em vários grandes diários europeus — entre os quais o jornal *Libération*, na França, o que não deixaria de provocar a indignação de certos concorrentes menos anticlericais.[16] Para compensar, em julho de 1997, às vésperas das JMJs de Paris, o papa concorda em responder às perguntas do diário francês *La Croix*. Mas os anos se passaram, o papa envelheceu e a iniciativa já não causa tanta espécie. A entrevista não tem a vivacidade e a espontaneidade dos primeiros furos do papa. Em vez de uma entrevista propriamente dita, João Paulo II limita-se a receber os redatores-chefes

DE GALILEU À INTERNET   631

do jornal, Bruno Frappat e Michel Kubler, no dia 13 de agosto, para entregar-lhes respostas escritas às perguntas que haviam remetido meses antes. A consideração, de toda forma, deixa felizes os dirigentes do diário católico, propriedade dos assuncionistas, que no passado às vezes tiveram relações tensas com o Vaticano.[17]

"João Paulo II superstar!"

Logo de início, em outubro de 1978, o papa polonês mostrou seu desembaraço com a mídia. Para isso, sua relação conflituosa com a Polônia comunista lhe havia dado várias oportunidades. Assim, no dia da inauguração solene do pontificado, sabendo que a TV polonesa decidira — excepcionalmente — dedicar três horas de transmissões à cerimônia, ele exigiu que ela fosse concluída um pouco antes da hora, para que a última imagem retransmitida fosse efetivamente sua bênção *urbi et orbi*. Meses depois, ao retornar a seu país para sua primeira turnê polonesa, João Paulo II não fez mistério de sua maneira bastante política de utilizar os meios de comunicação. No dia 10 de junho de 1979, em Cracóvia, ele não esqueceu de agradecer à imprensa: "Obrigado por terem trazido o mundo inteiro à Polônia, colocando-o ao meu lado e fazendo-o participar dessas jornadas."

Dez anos depois, no dia 21 de abril de 1989, o papa recebe o líder do Solidariedade, Lech Walesa, no palácio apostólico. Às vésperas das primeiras eleições legislativas semidemocráticas permitidas pelo regime comunista, a iniciativa não era propriamente indiferente. O líder sindical entra na biblioteca privada e se ajoelha diante do papa, que o ergue e o abraça afetuosamente. Mas subitamente o papa se endireita e o convida a sair, diante dos fotógrafos, para começar tudo de novo: "É preciso mostrar como o sr. Walesa me cumprimenta e como eu o recebo."[18] Para o papa, não pode haver dúvida: a verdade deve ser proclamada com os recursos da época, e a Igreja deve ser *visível*. Quando viajava para o Ocidente nas décadas de 1960 e 1970, o bispo Karol Wojtyla se espantava com a discrição pós-conciliar dos padres da França ou da Alemanha federal: atitude discreta, gola romana, liturgias despojadas, representação reduzida ao mínimo, horror ao triunfalismo. Uma discrição incompreensível para um católico polonês.

Na época em que Wojtyla se torna papa, dois fenômenos vieram modificar a situação, a começar por uma *personalização* crescente que toma conta dos meios de comunicação de todo o planeta. Muito além da imprensa popular especializada, os órgãos de imprensa de maneira geral, inclusive os mais sérios, se entregaram à moda *people*: a preocupação não é mais fazer pensar, mas encher os olhos; não se desenvolvem mais idéias: contam-se histórias; não se procura mais revelar a verdade, mas causar emoção. A conseqüência, para a Igreja, é que os únicos temas religiosos que já agora têm acesso às telas giram em torno de personagens considerados populares, como Madre Teresa, Dom Hélder Câmara ou, na França, o *abbé* Pierre. Esse fenômeno não incomoda João Paulo II. Ele não é tímido, não ignora seu próprio carisma, não tem o menor complexo. O ex-ator saberá, quando necessário, comportar-se como "estrela". Ele sabe falar, sabe movimentar-se, tem consciência do gestual, e humor. Quem não se lembra do papa girando sua bengala como Charlie Chaplin, durante uma cerimônia na Sicília, para zombar de seus próprios problemas de saúde? E quantas vezes não foi reproduzido seu encontro com um menino colombiano em Bogotá, em julho de 1976:

— Eu sei quem é você! — exclama o garoto, ofegante.

— E quem sou eu? — pergunta o papa.

— Você é o papa, você é como na televisão!

João Paulo II tem perfeita consciência de que uma simples imagem pode às vezes valer mais que uma encíclica, e abre generosamente suas portas para as câmeras e os fotógrafos. O papa considera que deve dar-se a todos, inclusive em sua intimidade. Não se trata de um capricho: a simplicidade de João Paulo II, seu ascetismo, seu gosto pela oração confeririam ao papado uma imagem simples, despojada e fervorosa. Da mesma forma, o papa cuida atentamente da encenação das grandes celebrações que marcam suas viagens. Empenha-se em proporcionar alegria aos jovens que vêm vê-lo, como em outros tempos em Cracóvia: jogo de cena, canto coral, diálogos no microfone, gestos cômicos etc. No fim de sua primeira viagem aos Estados Unidos, em outubro de 1979, a revista *Time* abria sua matéria de capa com o título: "*João Paulo II Superstar*".

Os dois exemplos mais espetaculares dessa utilização dos meios de comunicação foram talvez a visita à prisão de Ribebbia, onde João Paulo II esteve longamente com o homem que tentou matá-lo (dezembro de 1983), e a cena do Muro das Lamentações, durante sua peregrinação à Terra Santa (março de 2000). Como poderia ele exprimir melhor a força da reconciliação que na primeira dessas duas cenas, ainda que muda? E seria possível imaginar uma condenação mais definitiva de toda forma de anti-semitismo do que na imagem dessa mão trêmula que introduz um papel com sua oração na fenda do muro sagrado?

É verdade que a moeda tem seu reverso. O preço a pagar por essa transparência informativa é o longo calvário de seu declínio físico, transmitido ao vivo para todas as telas do planeta nos últimos anos de seu pontificado. Durante o ângelus de 25 de dezembro de 1995, os telespectadores do mundo inteiro vêem perplexos quando o papa se interrompe, acometido de uma náusea, afastando-se de sua janela com um gemido de dor. Uma cena angustiante, humilhante. Quantas vezes, posteriormente, os sofrimentos do velho papa não seriam captados pelas câmeras de televisão? Mas o papa entra no jogo. Está sofrendo? Que o vejam sofrer. Que o antigo "esportista de Deus" seja visto como é agora: um "servo doente". As jovens gerações guardarão na lembrança essa imagem de um velho senhor recurvado ao peso dos anos e lutando contra a dor. Um papa que sofre, mas que não perde o senso de humor. Quando seus problemas de saúde acabam por tomar o lugar de toda a sua "comunicação", João Paulo II ironiza, como no avião que o leva a Cuba, a 21 de janeiro de 1998: "Quando eu quero saber alguma coisa sobre minha saúde, e sobretudo minhas operações, leio os jornais." Em 2001, em sua peregrinação no caminho do apóstolo São Paulo, em Malta, a dança do protocolo o leva a passar em seu passinho curto em frente à tribuna da imprensa: o papa se dá conta do lugar onde se encontra, ergue a cabeça com um largo sorriso e ergue o polegar, sinal de que está tudo bem!

*

O segundo fenômeno que João Paulo II levaria em conta é a *globalização* da informação. Foi-se o tempo de uma pastoral "romana" divulgada por vias complicadas para os quatro cantos da cristandade. Hoje, qualquer notícia, seja qual for, venha de onde vier, é instantaneamente difundida no mundo inteiro. Por que então haveria a pregação do Evangelho de limitar-se à cátedra das igrejas? Por que haveria a difusão da Boa Nova de continuar sendo privilégio da paróquia e da família?

No início do segundo milênio — diria João Paulo II — a Igreja contribuiu de forma decisiva para a divulgação do Evangelho e a edificação dos povos, graças aos mosteiros, que repercutiam os tesouros da civilização. À chegada do terceiro milênio, no qual uma verdadeira revolução tecnológica está em curso, a comunidade cristã é chamada a tomar consciência dos novos desafios e a enfrentá-los com coragem.[19]

Também aqui, João Paulo II mais uma vez dá o exemplo com pleno envolvimento pessoal, mesmo correndo o risco de perturbar os hábitos da Cúria: viagens espetaculares, aglomerações gigantescas, *shows* internacionais, bênçãos em sessenta idiomas diferentes — não existem limites para a "midiatização" da mensagem papal. O homenzinho de branco com o sorriso no canto da boca, atravessando a multidão em seu *papamobile* para em seguida celebrar a eucaristia em altares gigantescos, torna-se um personagem familiar dos telespectadores do mundo inteiro.

No dia 6 de fevereiro de 1985, no avião que o leva à América Latina, o correspondente do *Figaro*, Joseph Vandrisse, pergunta-lhe:

— O Santíssimo Padre não fica incomodado vendo tantas câmeras ao seu redor?

— Está escrito no Evangelho que a Boa Nova deve ser pregada sobre os telhados. E o que será que vamos ver em todas as cidades e aldeias que visitaremos, senão antenas de televisão em todos os telhados?[20]

Os meios de comunicação existem para serem usados. Assim é que na véspera da abertura do ano mariano, no sábado, 6 de junho de 1987, o papa pede a todos os fiéis que rezem o terço ao vivo em sua companhia, através de uma transmissão via satélite para dezessete santuários marianos espalhados pelos cinco continentes. Telas gigantes foram instaladas para essa "videocerimônia", ao fim da qual João Paulo II convida todos os participantes a imitar o gesto dos portugueses de Fátima que tradicionalmente agitam lenços brancos em sua procissão de adeus.

*

Um homem ajudou papa a "transmitir a mensagem" num mundo em plena evolução técnica e ética. No dia 4 de dezembro de 1984, João Paulo II nomeava Joaquín Navarro-Valls porta-voz pontifício e diretor da secretaria de imprensa da Santa Sé. Um leigo, não-italiano, membro da Opus Dei: o suficiente para contrariar a Cúria. Certos membros da Companhia de Jesus, cuja tutela sobre a rádio Vaticano há muito vinha predispondo para o monopólio da comunicação papal, encararam essa nomeação como uma afronta. Ex-psiquiatra, Navarro-Valls era sobretudo um ex-jornalista: ao ser nomeado, era correspondente do diário madrilenho *ABC* e presidia a Associação de Imprensa Estrangeira em Roma. Não vem portanto indicado por algum dicastério. Mantém-se à distância, especialmente, das atividades da Comissão Pontifícia para as Comunicações Sociais, sucessivamente dirigida pelo bispo Andrzej-Maria Deskur, o ex-colega de Karol Wojtyla, e o bispo John Foley.[21] Nas vezes em que João Paulo II precisou contornar as reservas da Cúria, Navarro-Valls estaria a seu lado. Chegando inclusive a tornar-se um de seus íntimos.

O Vaticano não havia esperado nem Navarro-Valls nem mesmo João Paulo II para dotar-se de meios de informação eficazes. Como se sabe, o *Osservatore Romano* foi fundado em 1861. E o cientista Marconi em pessoa participou da inauguração da rádio Vaticano por Pio XI em 1931. Mas a excepcional rede de informação e difusão em que se constituíram durante muito tempo *L'Osservatore Romano* e a rádio Vaticano — tão preciosa para a *Ostpolitik* da Santa Sé — já não é suficiente, nos anos 80, para rivalizar com as novas tecnologias da informação. É preciso se adaptar.

Assim é que, sob a liderança de Joaquín Navarro-Valls, o Vaticano se adapta. Em janeiro de 1991, é inaugurado um serviço de informações "telemático", o Vatican Information Service (VIS), que permite divulgar informações do Vaticano por fax e logo também pela Internet em três idiomas (inglês, francês e espanhol) para centenas de assinantes (bispos, núncios, jornais etc.). Em 1996, a Companhia de Televisão Vaticana (CTV), criada doze anos antes, ganha forte impulso, instalando-se num prédio da via del Pellegrino, ao lado do *Osservatore Romano*. Funcionando como banco de imagens, a CTV difunde através do satélite Eutelsat II F4 as principais atividades do Santo Padre (cerca de cento e trinta eventos por ano) para todas as televisões locais que o desejem, nos cinco continentes.

Desde o verão de 1995, um *site* dos mais sofisticados (www.vatican.va), mantido por uma religiosa franciscana americana, Judith Zoebelein, dá a todos os católicos "conectados" do planeta acesso em seis idiomas ao conjunto das atividades papais, inclusive em forma de rádio e vídeo: encíclicas, discursos, viagens, órgãos de informação, bancos de imagem etc. A Santa Sé estava um pouco adiantada em relação ao resto do mundo, mas a primeira mensagem de Natal que difundiu através da Internet, em 1995, despertou a curiosidade de 2,3 milhões de internautas em duas semanas. Já nessa época, embora não chegue a digitar diretamente em seu próprio teclado, João Paulo II se mostra "fascinado" com a Internet e suas imensas possibilidades de comunicação interativa de toda ordem.[22] Três computadores, batizados com os nomes dos arcanjos (Rafael, Miguel e Gabriel), garantem a presença do Vaticano na Net, que daria lugar a milhares de iniciativas nos quatro cantos do mundo católico. "A Igreja aborda esse novo veículo com realismo e confiança", escreveria João Paulo II, não sem lamentar "as formas degradantes e nocivas com que é utilizado".[23]

Essas inovações, naturalmente, projetam o Vaticano na modernidade. Mas João Paulo II, ignorando muitas reservas tradicionais, vai mais longe. Permite a comercialização de fitas gravadas de suas viagens (a primeira gravação foi realizada em Lourdes em agosto de 1983). Em março de 1996, ele não hesita em fazer publicidade — um anúncio na televisão de quarenta e cinco segundos — para promover um disco de recitação do rosário! Melhor ainda, a 23 de março de 1999, o papa abençoou o lançamento de um CD realizado com base nos arquivos da rádio Vaticano, no qual ele próprio canta o *Pater Noster* e diz textos de oração e meditação em várias línguas, contra um fundo musical especialmente composto e ritmado por longas salvas de aplausos. O CD, intitulado *Abbà Pater*, é produzido pela empresa de comunicações italiana San Paolo e distribuído pela Sony. Tiragem: um milhão de exemplares. O lançamento do CD é acompanhado de um videoclipe, ironizado por certos jornais, que se referem a João Paulo II como um *"pop star"*. Reação do padre Borgomeo, diretor da rádio Vaticano e produtor do CD: "O objetivo é alcançar públicos que não alcançávamos por nossos canais habituais. É um instrumento de evangelização!"

E ao mesmo tempo esse papa tão comunicativo mantém-se crítico em relação à mídia em geral e à imprensa em particular, não se cansando de denunciar seus desvios. Os meios de comunicação continuam entre as "maravilhas da tecnologia", afirma o papa diante dos dirigentes dos meios de comunicação católicos, em março de 1988, mas é preciso "que esses meios continuem a serviço da verdade, da justiça e da moralidade". No início da quaresma, a 10 de março de 1996, durante um ângelus recitado da janela de seu gabinete, João Paulo II causou sensação ao sugerir aos cristãos que observassem um "jejum televisivo", seguindo o modelo do jejum alimentar tradicional: "Os meios de comunicação têm uma utilidade indiscutível, mas não devem tornar-se senhores de nossa vida. Em quantas famílias a televisão não substituiu o diálogo entre as pessoas!? Um certo jejum nesse terreno também pode ser salutar." A proposta provocou certos sarcasmos entre os jornalistas. Sobretudo na televisão.

Em 2002, no momento de convidar alguma personalidade, como todo ano, para fazer as meditações da Sexta-Feira Santa, João Paulo II teve uma idéia original e das mais simbólicas: convidou quatorze jornalistas habituados a cobrir o Vaticano — entre eles o cronista religioso do *Monde* e a correspondente do *Figaro* — a tomarem a frente da oração da *via crucis* com toda liberdade. Como se o antigo cronista do *Tygodnik Powszechny* quisesse lembrar que os jornalistas também fazem parte da Igreja.

30

O terceiro milênio

"Senhores cardeais..." Na manhã de 13 de junho de 1994, quando o papa se dirige aos cento e quatorze cardeais da Igreja Católica reunidos em Roma para o quinto consistório extraordinário, eles não sabem que estarão inaugurando nesse dia um dos episódios mais significativos do pontificado. Todos receberam um documento de vinte e três folhas intitulado *Reflexões sobre o Grande Jubileu do ano 2000*. O texto contém uma série de propostas para os festejos ainda distantes desse aniversário: convocação de sínodos continentais, encontros com os judeus e os muçulmanos, atualização do martirológio etc. Nada de muito original. A não ser, talvez, a menção, num parágrafo intitulado *Reconciliatio et paenitentia*, de que ao chegar ao fim o segundo milênio de sua história a Igreja deveria reconhecer "os erros cometidos por seus homens e, de certa maneira, em seu nome". Esse documento *pro memoria* é apenas um documento de trabalho, igual aos tantos que os cardeais vêm recebendo desde a eleição deste papa prolífico. Nenhum dos destinatários avalia o verdadeiro alcance desse sétimo parágrafo. Um observador tão atento quanto o jornalista Vittorio Messori chegou a referir-se a esse parágrafo, num artigo, como "oito linhas" inseridas por "um funcionário anônimo da Cúria".[1]

Acontece que já na abertura do consistório as coisas se esclarecem. Em seu discurso, por três vezes o papa se refere explicitamente àquilo que incluiu no famoso documento *pro memoria*, como se quisesse deixar bem clara sua origem. Os cardeais entendem a mensagem: o documento que têm sob os olhos não é um simples texto de circunstância redigido por qualquer um. "O objetivo principal deste consistório é a preparação do Jubileu do ano 2000", anuncia João Paulo II logo de entrada, evocando em seguida vários temas atuais relativos à administração da Igreja: reforma da Cúria, repercussão do novo catecismo e da encíclica *Veritatis Splendor*, situação da diplomacia, balanço das finanças etc. Alguns dos cardeais não deixam de registrar um discreto cumprimento ao cardeal francês Roger Etchegaray, presidente da Justiça e Paz e de *Cor Unum*. Mera rotina? Não exatamente: em sua conclusão, antes de passar a palavra aos cardeais, João Paulo II volta a se referir à "principal tarefa" a ser realizada "na perspectiva do ano 2000", ou seja, a reaproximação entre "o Ocidente católico e o Oriente ortodoxo". O papa eleva o tom: "Não podemos nos apresentar perante o Cristo, Senhor da história, divididos como estamos!" É neste espírito que João Paulo II explica que "as feridas do caminho da unidade dos cristãos devem ser cicatrizadas", e que "a Igreja precisa da *metánoia*, ou seja, do discernimento dos erros históricos e das negligências de seus filhos". A palavra "arrependimento" não é pronunciada. Não ainda. A utilização da palavra grega *metánoia* (que pode ser traduzida como "conversão" ou "virada") é uma piscadela para os ortodoxos. Em seu discurso, o papa situa-se claramente numa *démarche* ecumênica. Então, caberia ou não encarar essa revisão da história como uma simples condição da necessária reaproximação entre as diversas confissões cristãs? Hesitação nas fileiras dos cardeais. Embora o tema seja mencionado no debate que se segue a esse anúncio, e embora já sejam expressas dúvidas e objeções, o fato é que as eminências não fazem grande caso da questão. O terceiro milênio ainda está longe! Os dois textos oficiais que eles aprovariam na conclusão desse consistório, a 14 de junho, diriam respeito à situação em Ruanda e à próxima conferência das Nações Unidas sobre população e desenvolvimento.

Ora, basta reler o primeiro discurso do papa, sua primeira mensagem à Igreja e ao mundo, do dia 17 de outubro de 1978, que lá se encontra a referência a esse tempo "que nos aproxima do ano 2000". Basta reler as primeiras palavras do primeiro texto fundamental publicado pelo novo papa, a encíclica *Redemptoris Hominis*, em março de 1979, para lembrar-se de que para ele a questão é essencial. E com efeito a encíclica começa com um parágrafo intitulado "No fim do segundo milênio", no qual João Paulo II escreve:

O TERCEIRO MILÊNIO   641

O Redentor do homem, Jesus Cristo, é o centro do cosmos e da história. Para Ele se voltam meu pensamento e meu coração nesta hora solene que a Igreja e toda a família da humanidade contemporânea estão para viver. Com efeito, o momento em que, depois de meu caríssimo antecessor João Paulo I, Deus me confiou, em Seu misterioso desígnio, o serviço universal ligado ao trono de Pedro em Roma *já está bem próximo do ano 2000. É difícil dizer já agora como esse ano haverá de marcar o desenrolar da história humana, e o que representará para cada povo, nação, país e continente, embora já se tente desde já prever certos acontecimentos.* Para a Igreja, para o povo de Deus, que se estendeu, é verdade que de forma desigual, até as extremidades da Terra, *esse ano será um ano de grande jubileu.*

Não era preciso dizer mais nada. Vinte e um anos antes do prazo, o papa já lançou um marco decisivo. Definiu sem qualquer ambigüidade o que seria o horizonte de sua ação.

Em várias oportunidades, João Paulo II voltaria a esse objetivo. É o caso na encíclica *Dominum et Vivificantem*, dedicada ao Espírito Santo e publicada a 18 de maio de 1986:

A Igreja se sente chamada a essa missão de anunciar o Espírito *no momento em que chega com a família humana ao fim do segundo milênio após o Cristo.* Ela quer lembrar estas palavras [do Cristo sobre o Espírito Santo] aos crentes e a todos os homens, *no momento em que se prepara para comemorar — como se haverá de dizer no devido tempo — o grande jubileu que marcará a passagem do segundo para o terceiro milênio cristão.*

Poucos foram os que entenderam o que estava em jogo nessa proposta. Inclusive nos corredores da Cúria. Muitos prelados consideram que ela é bem do estilo de um papa original, apaixonado por história, proveniente de um país no qual o passado tem um valor especial e que restabeleceu na Igreja o gosto pelas comemorações de aniversário. Esse homem tão afeito a comemorações e jubileus não podia deixar de exortar a uma especial comemoração do segundo milênio do nascimento do Cristo.

Os cardeais deveriam ter prestado mais atenção à confidência feita publicamente por João Paulo II dias antes do famoso consistório, quando da oração do ângelus no dia 29 de junho de 1994. De seu leito na clínica Gemelli, onde se recuperava com dificuldade da recente fratura no fêmur, o papa havia revelado aos romanos aglomerados na praça de São Pedro que o velho cardeal Wyszynski lhe havia dito, no encerramento do conclave de outubro de 1978, que ele precisaria "fazer com que a Igreja entrasse no terceiro milênio". Na época, todos os jornais comentam detalhadamente os problemas de saúde do papa. Nenhum deles imagina que o velho sacerdote, debilitado por duas quedas recentes, agüentará firme até o ano 2000. Pelo contrário, ao se aproximar seu septuagésimo quinto aniversário, começa-se a falar de uma eventual renúncia. Os jornais estão seguindo a pista errada: a paternal exortação do falecido primaz da Polônia não sairia do pensamento do Santo Padre, que de sua parte nunca duvidou que levaria a Igreja a vencer essa etapa histórica.[2]

O Grande Jubileu do ano 2000

A prova disso seria dada cinco meses depois. No dia 10 de novembro de 1994, o papa volta ao tema, publicando a carta apostólica *Tertio Millennio Adveniente*, um texto rico, completo, didático, não raro exaltante, que situa com grande precisão o Jubileu do ano 2000 na continuidade da história dos homens e da Igreja. "Eu nunca me senti tão comovido ao apresentar um texto do Santo Padre", confessaria o cardeal Etchegaray, efetivamente considerando que "o pensamento do Jubileu do ano 2000 é a viga mestra de toda a ação pastoral de João Paulo II".[3] Aos que ainda não se haviam convencido disto, o próprio papa especificaria em sua encíclica que a preparação do Jubileu é "uma das chaves da interpretação" de seu pontificado — nem mais nem menos! — e que para essa meta estavam implicitamente voltados todos os acontecimentos que marcaram os últimos anos do século, especialmente o Concílio Vaticano II e os sínodos que se lhe seguiram. Mais ou menos como o tempo do Advento prepara a festa de Natal.

João Paulo II maneja com maestria os símbolos e as datas. Para ele, "os dois mil anos decorridos desde o nascimento do Cristo representam um jubileu extraordinariamente grande, não só para os cristãos, mas também para toda a humanidade, considerando-se o papel de primeiro plano desempenhado pelo cristianismo durante esses dois milênios". O papa não ignora que muitas culturas referem-se a outras datas, embora a maioria

O TERCEIRO MILÊNIO 643

dos países envolvidos tenha adotado a datação ocidental. Que os judeus datam o início dos tempos com a criação do mundo, fixada há cerca de seis mil anos. Que os muçulmanos tomam como referência a hégira, a emigração de Maomé para Medina em 622. Que para os budistas a história tem início com a morte de Buda em 544 a.C. Que os japoneses e os indianos têm um calendário duplo e mesmo triplo. João Paulo II também sabe perfeitamente que a data exata do nascimento do Cristo é problemática. Que o monge Dionísio, o Pequeno, o homem que fixou a data de nascimento de Jesus, ou seja, o início da era cristã, em 25 de dezembro do ano 753 a partir da fundação de Roma, equivocou-se em pelo menos quatro anos em sua datação, e que portanto o jubileu deveria ter sido festejado em 1995 ou 1996. Sabe, finalmente, que a história da cristandade não é homogênea, e que muitas Igrejas locais longe estão de comemorar seu segundo milênio: no Brasil, a colonização data de quinhentos anos; no Japão, os primeiros missionários chegaram há quatrocentos e cinqüenta anos; na África, em muitos casos o que se comemora são cem anos de evangelização. Uma vez mais, no entanto, João Paulo II transcende todas essas contingências secundárias. Que importam a imprecisão estatística, a dúvida científica, as polêmicas entre historiadores — como nos casos do santo sudário de Turim, das aparições de Fátima e do batismo de Clóvis — quando o essencial é de ordem superior, da esfera da fé?

O essencial, como ele disse tantas vezes, é que, com sua Encarnação, Deus se inseriu em plena história dos homens. Com freqüência João Paulo II referiu-se ao Cristo como o "Senhor dos tempos". Para o papa polonês, "Jesus é o novo começo de tudo". Para ele, a noção de tempo é fundamental no cristianismo, e é necessário santificá-la — com festas, aniversários, canonizações, comemorações, jubileus. O que significa que o ano 2000, além do número com três zeros capaz de entusiasmar a mídia do mundo inteiro, é o aniversário dos aniversários, o da Encarnação através da qual "a eternidade entrou no tempo". Enganam-se os que acaso enxerguem aí o ressurgimento de algum milenarismo medieval. Trata-se mesmo do contrário. João Paulo II não cultiva uma visão apocalíptica do seu tempo. Falando na ONU no dia 5 de outubro de 1995, ele abarca num vasto movimento o fim do século XX, "este século de dores" no qual o mundo se viu "dominado pelo medo". Mas o faz com a finalidade de deixar mais clara sua confiança no futuro. João Paulo II não é ingênuo: não prega o otimismo, mas a esperança. Uma esperança toda baseada na fé no homem. De certa forma, o Jubileu do ano 2000 é o eco do "*Não tenham medo!*" de outubro de 1978.

*

A idéia do Grande Jubileu do ano 2000, como frisa o papa em *Tertio Millennio Adveniente*, inscreve-se numa longa tradição que remonta à Bíblia. De resto, a palavra "jubileu" vem da palavra *yobel*, o antigo chifre de carneiro cujo som anunciava na época hebraica os anos santos — anos sabáticos (de sete em sete anos) ou jubilares (de cinqüenta em cinqüenta anos). Em seu texto, João Paulo II estende-se sobre as implicações dos jubileus no Antigo Testamento:[4] libertar os escravos, deixar repousar a terra, perdoar as dívidas etc. E o papa deduz dessas prescrições bíblicas as bases de uma mobilização pela paz, a igualdade e a justiça social.

A Igreja restabeleceu essa prática em 1300, quando o papa Bonifácio VIII convocou o primeiro jubileu dos tempos modernos, sob pressão popular: milhares de peregrinos — entre eles Dante, Cimabue, Giotto etc. — viajaram a Roma a fim de obter perdão para seus pecados. A reconciliação, a conversão e a penitência inscreveram-se no coração desse procedimento cujo calendário seria modificado pelos papas (de cem em cem anos, posteriormente de cinqüenta em cinqüenta, de trinta e três em trinta e três ou de vinte e cinco em vinte e cinco, de acordo com a época), mas que não sofreria alteração em seu espírito. No século XX, a tradição seria perpetuada por Leão XIII, em 1900, Pio XI, em 1925 e 1933, Pio XII, em 1950, e Paulo VI em 1975. O próprio João Paulo II convocou um ano santo extraordinário, em 1983, no 1.950º aniversário da morte do Cristo, ou seja, da Redenção, assim como um ano mariano, em 1987-1988, no suposto aniversário de nascimento da Virgem Santa.

É com meticulosa precisão que João Paulo II se inscreve nessa longa história, dela extraindo os eixos de seu próprio projeto. Publicada no dia 29 de novembro de 1998, uma bula de "indicção" (ou seja, de "convocação") intitulada *Incarnationis mysterium* fornece todos os detalhes a respeito, a começar pelo rito solene de abertura da Porta Santa. Os três princípios em torno dos quais se articula o comportamento dos cristãos são a peregrinação, a oferta de indulgência e o perdão da dívida. Estes três "sinais" destinados a "atestar a fé e ajudar a devoção" vêm de um distante passado, ao mesmo tempo bíblico e medieval. Mas o papa não tem igual quando se trata de dar novo sentido às tradições antigas. Inclusive correndo o risco de chocar os protestantes, quando reabilita o princípio da "indulgência" — ele utiliza a palavra no singular — com que Deus contempla os peregrinos arrependidos: foi precisamente o comércio das indulgências, no século XVI, que provocou a indignação de Lutero e desencadeou a Reforma.[5]

Cinco dias depois da publicação da encíclica *Tertio Millennio Adveniente*, em novembro de 1994, João Paulo II monta o esquema capaz de tornar tudo isso realidade, no devido tempo. Por sua experiência do *Millennium* polonês em 1966, ele sabe que uma organização de tal magnitude não pode ser improvisada, devendo mobilizar o máximo de pessoas possível. É assim uma estrutura das mais ambiciosas que ele trata de montar: um comitê central de vinte e dois membros, tendo à frente um conselho de presidência composto de cinco prelados escolhidos entre os mais importantes colaboradores da Cúria: os cardeais Roger Etchegaray, Camillo Ruini, Francis Arinze, Edward Cassidy e Virgilio Noe, respectivamente responsáveis pela Justiça e Paz, a diocese de Roma, o diálogo inter-religioso, a promoção da unidade dos cristãos e... a basílica de São Pedro, local onde transcorreria a maioria das cerimônias. Esta estrutura central — dentro da qual são criadas oito comissões temáticas e quatro comitês especializados (entre os quais o que cuidaria dos meios de comunicação) — terá a missão, através das cerca de cem conferências episcopais, de mobilizar e coordenar os diversos comitês nacionais e outros comitês diocesanos encarregados de levar a mobilização até as comunidades mais modestas. Chega-se até mesmo a fundar especialmente para a ocasião uma revista multimídia, *Tertium Millennium*, utilizando CD-ROMs, fitas cassetes musicais e vídeos em três línguas. O comitê central — designação encarada com certa ironia, por lembrar o centralismo das burocracias comunistas — do Grande Jubileu do ano 2000 fica sob a direção do cardeal Etchegaray, assessorado por um secretário-geral, o núncio Sergio Sebastiani. O diretor francês, ex-arcebispo de Marselha, torna-se um dos colaboradores mais próximos do papa. Convocado a Roma em 1984, ele foi seguidamente incumbido de missões especiais, especialmente no terreno diplomático. Ao mesmo tempo homem de campo e poeta, como Wojtyla, ele é um dos raros cardeais que desfrutam da total confiança do Santo Padre. Certamente seria um *papabile* se já não tivesse na época 77 anos. E ainda assim alguns de seus colaboradores mais próximos, lembrando-se de que um certo João XXIII fora eleito aos 78 anos, passaram a chamar Etchegaray de "João XXIV".

No dia 4 de junho de 1996, está tudo pronto. Em novembro, os jornalistas são apresentados ao logotipo oficial do jubileu, trabalho de uma aluna da Escola das Artes e da Medalha, que se valeu astuciosamente do *slogan* definido pelo papa: "O Cristo... Ontem, hoje e para sempre". Finalmente, é lançado um programa específico de iniciativas em duas fases: uma fase antepreparatória (1994-1996), para explicar o objetivo a todos os cristãos, e uma fase preparatória (1997-1999), orientada para a celebração do mistério da Trindade. 1997 seria portanto um ano de reflexão sobre o Cristo, 1998, sobre o Espírito Santo, e 1999 sobre Deus Pai. Nada foi esquecido. Tudo tem uma razão de ser.

Uma organização impressionante. Um programa de enorme riqueza. Um homem notável para comandar o conjunto. Quem não haveria de corroborar essa formidável empreitada pastoral, destinada a devolver tônus e esperança ao conjunto da Igreja? E no entanto, nesse outono de 1994, uma das peças-chave do projeto papal desagrada a muitos cardeais: a confirmação do apelo solene feito por João Paulo II pela purificação da memória, que levaria ao maior exame de consciência de todos os tempos.

O "arrependimento" da Igreja

Aos olhos da história, é sem dúvida a intuição mais fundamental e mais profética do papa João Paulo II: se a Igreja Católica quer levar adiante de forma duradoura sua missão no terceiro milênio, deve aproveitar a oportunidade do Jubileu do ano 2000 para arrepender-se solenemente de seus erros passados.

Durante muito tempo, qualquer mea-culpa desse tipo seria inimaginável. Se os cristãos eram pecadores, a Igreja só podia ser considerada "santa". Estava portanto fora de questão que um papa confessasse seus pecados. Em 1832, Gregório XVI, numa encíclica intitulada *Mirari Vos*, considerava semelhante pretensão como "o cúmulo do absurdo e do ultraje". Pelo menos, não podia ser mais claro. Os primeiros questionamentos dessa suposta infalibilidade da Igreja são recentes, e sempre motivados pela preocupação com a reconciliação. Em abril de 1960, João XXIII decidiu, para surpresa geral, abandonar a referência aos "judeus pérfidos" na liturgia da Sexta-Feira Santa. Em setembro de 1963, Paulo VI, abrindo a segunda sessão do concílio, pediu perdão às comunidades cristãs "separadas" — provocando já então o mau humor da ala conservadora da Igreja.

João Paulo II remete com freqüência ao exemplo de Paulo VI, que o marcou muito quando era jovem bispo. Ele se lembra da indignação de alguns de seus colegas poloneses, entre os quais o bispo auxiliar de Wroclaw, monsenhor Pawlowski, acusando o papa de "sobrecarregar demais a Igreja latina" e pedindo-lhe que demonstrasse com ela a "mesma caridade irênica"[6] de que pretendia dar testemunho em relação àqueles que dela se haviam separado. Wojtyla não compartilhava desse ressentimento. Ficou impressionado com a iniciativa. Quando Paulo VI curiosamente citou o poeta Horácio (*"Veniam damus petimusque vicissim"*), vimos que ele tomou nota da frase. Em 1965, os bispos poloneses a utilizariam em sua carta aos bispos alemães: "Exigimos esse perdão para nós e o damos aos outros."

Em 1964-1965, nos bastidores do concílio que chegava ao fim, Karol Wojtyla freqüentou muito o teólogo Hans Urs von Balthasar,[7] segundo o qual a Igreja devia "fazer uma confissão completa de seus pecados", pois "fizera ou permitira que se fizessem coisas que hoje em dia não poderiam mais ser aprovadas". "O que parecia lícito e mesmo recomendado sob papas da Idade Média", clamava Balthasar, "parece-nos absolutamente imperdoável e mesmo gravemente culpado, se o situarmos bem no meio entre o puro Evangelho e nossa consciência de hoje. Seja como for, é algo que parece ir diretamente de encontro ao espírito e ao mandamento do Cristo." A mesma idéia seria encontrada, palavra por palavra, em certas homilias proferidas por João Paulo II trinta anos depois.

Uma outra referência inesperada também deve ser mencionada aqui. O papa polonês, naturalmente curioso, com toda evidência interessou-se por seu distante antecessor "não-italiano", Adriano VI, eleito em 1522, que havia sido esquecido por todo mundo. Acontece que esse carpinteiro da marinha de Utrecht que se tornou preceptor na corte de Maria de Borgonha, esse intelectual formado em Louvain que impressionava os observadores da época por sua devoção conhecia bem a Alemanha e os motivos do sucesso de Martinho Lutero junto aos príncipes alemães. Mal havia sido eleito papa, despachou o núncio Francesco Chieregati para a dieta de Nuremberg para que lá reconhecesse publicamente, em nome do papa, os erros do papado — abusos de bens sagrados, prevaricação etc. —, que qualificou de "fatos abomináveis". Sua iniciativa, que indispôs grande parte da Cúria Romana, não teria conseqüências. Mas não haveria de escapar a seu distante sucessor polonês.

João Paulo II foi muito além desses pioneiros, próximos ou distantes, em matéria de penitência. Para grande contrariedade de certos cristãos. Mas é preciso lembrar que sua *démarche* foi progressiva, e que ele próprio, ao iniciá-la, não sabia que haveria de levá-la tão longe. Já em 1979, como vimos, ele tratou de reabilitar Galileu, condenado pela Inquisição em 1633, não com um objetivo de penitência, mas para sanear as relações entre a ciência e a fé. Era um primeiro gesto, uma espécie de balão de ensaio. Dessa experiência ele extraiu um método, muito próprio, que haveria de aplicar a vários outros temas.

De maneira geral, o método "wojtyliano" se articula em três etapas: primeiro, João Paulo II levanta o problema durante viagem a algum país interessado no tema; em seguida, convoca teólogos e historiadores, pedindo-lhes que esclareçam o debate de forma "pluridisciplinar" e num espírito de "sincera colaboração"; finalmente, tendo os especialistas apresentado seu relatório, ele tira as conclusões e pede perdão pelos erros que tenham sido cometidos pela Igreja — ele próprio fala de "erros, infidelidades, incoerências ou lentidões".[8] O mesmo procedimento seria utilizado ao longo dos anos, especialmente, bem mais tarde, nos dois casos mais delicados da Inquisição e do anti-semitismo. Assim, é durante suas viagens, vale dizer, longe das reticências e das pressões da Cúria, que João Paulo II geralmente decide depurar algum velho conflito, reparar determinada injustiça antiga, rever um julgamento excessivo: a respeito do "pecado da divisão" entre Igrejas cristãs (Mogúncia, 1980); sobre a participação dos cristãos nas guerras (Viena, 1983); sobre as tensões com o islã (Casablanca, 1985); sobre a limpeza étnica dos aborígines australianos (Alice Springs, 1986); sobre a condenação de Jan Hus (Praga, 1990); sobre os conflitos com a ortodoxia (Bialystok, 1991); sobre os massacres de indígenas da América (Santo Domingo, 1992) etc. Até o famoso consistório de junho de 1994, o vaticanista Luigi Accatoli contabilizou cerca de quarenta textos nos quais o papa pede perdão.[9]

Mas de tanto se questionar sobre os erros da Igreja, de tanto convidar os cristãos à penitência, João Paulo II acabou transformando essa contrição múltipla em exigência global. É o que se torna evidente em 1994, precisamente, quando ele lança a idéia do Jubileu do ano 2000. Na carta *Tertio Millennio Adveniente*, ele anuncia seu empenho em proceder a um exame de consciência geral, o que altera a própria natureza dessas contrições cada vez mais urgentes. Não resta a menor dúvida de que essa preocupação com um exame de consciência global foi-se manifestando no espírito do papa ao longo dos anos. Para comprová-lo, basta reler a exortação pós-sinodal *Reconciliatio et Paenitentia*, publicada dez anos antes, em 1984, no encerramento do sexto sínodo dos bispos. Nesse longo texto, João Paulo II analisa detalhadamente todos os aspectos da penitência, evocando já o conceito de *metánoia*, a relatividade da santidade da Igreja — que, por mais "indefectivelmente santa" que seja, também precisa "purificar-se", considerando-se "que às vezes, por causa de nossos pecados, seu rosto resplandece menos aos olhos dos que a contemplam" —, e se alonga sobre a dupla noção de pecado pessoal e pecado "social" envolvendo mais que a pessoa do pecador. Todavia, em momento algum, num texto que no entanto se prestava admiravelmente a isso, ele dá a entender que a própria Igreja deveria fazer ato de penitência. Em contrapartida, na entrevista que concede a seu amigo Jas Gawronski, publicada no dia 2 de novembro de 1993 por vários grandes jornais europeus, João Paulo II abre o jogo: "No fim deste segundo milênio, devemos nos entregar a um exame de consciência: onde estamos? Aonde nos conduziu o Cristo? Para onde desviamos o Evangelho?" Logo depois dessa entrevista é que João Paulo II redige as vinte e três folhas do documento preparatório do consistório de junho de 1994.

Uma vez externada a idéia de um exame de consciência global, o tom muda um pouco, mas não o método. Depois de 1994, o papa continua a "pedir perdão" por este ou aquele motivo: pelos problemas causados aos protestantes (Olomuc, 1995); os problemas causados às mulheres (1995); a passividade da Igreja diante do nazismo (Berlim, 1996); e até mesmo, no dia em que recebia os bispos irlandeses após um escândalo ocorrido entre eles, os abusos sexuais cometidos por membros do clero (junho de 1999).

A origem polonesa de João Paulo II ajudou-o muito a burilar seu projeto. Sobretudo por motivos históricos. Caberia talvez lembrar que no século XV, no Concílio de Constança, foi o reitor cracoviano Wlodkowic que exigiu que se renunciasse a qualquer conversão pela força. Que a Igreja da Polônia, um século antes de Galileu, como vimos, não condenou Copérnico. Os católicos poloneses não participaram das cruzadas, nem da Inquisição, nem do tráfico de negros. A Contra-Reforma foi menos intolerante na Polônia do que no resto da Europa. Nesse país, não houve fogueiras. Finalmente, mais perto de nossa época, a Igreja polonesa não colaborou nem com o nazismo nem com o comunismo. Será que um papa italiano, alemão ou espanhol teria a mesma liberdade de espírito?

Outra especificidade "polonesa": o precedente de 1965, quando os bispos poloneses, entre os quais um certo Karol Wojtyla, deram o exemplo, propondo aos bispos alemães um perdão recíproco — provocando, como vimos, profunda comoção na sociedade polonesa — na óptica de um outro jubileu, o do milênio da Igreja polonesa. Em várias oportunidades, João Paulo II haveria de referir-se explicitamente a esse precedente. Especialmente em casos de reconciliação aparentemente impossível: no dia 2 de junho de 1991, na Igreja do Sagrado Coração de Przemysl, no extremo leste da Polônia, para pedir aos poloneses e aos ucranianos que se reconciliassem; ou a 8 de setembro de 1994, em Castel Gandolfo, na homilia que deveria ter pronunciado nesse mesmo dia em Sarajevo, na qual exorta à reconciliação entre os povos dos Bálcãs.

Já a partir do debate promovido no consistório, em junho de 1994, não faltaram oposições ao projeto de João Paulo II. Os cardeais não costumam revelar os debates contraditórios que entre eles ocorrem em segredo, sobretudo quando questionam a autoridade do papa. Mas sabemos que algumas eminências não esconderam suas reservas e que chegaram a fazer duas contrapropostas: que o ano de 2000 tivesse como tema o Cristo, e não a Igreja; e que esta se concentrasse em seus erros atuais, de preferência aos cometidos no passado. Não deixa de ser significativo o lapso cometido pelo cardeal brasileiro Moreira Neves, declarando em seu relatório que "ninguém excluiu a possibilidade de que venham a ser examinados *alguns* episódios dolorosos do passado, semelhantes ao caso Galileu". E reveladora a confissão do cardeal secretário de Estado Sodano: "No que diz respeito a um reexame global e geral da história passada da Igreja, alguns eminentes cardeais exortaram a uma grande prudência..." Numa nota publicada em sua diocese, o cardeal Giovanni Biffi, arcebispo de Bolonha, resume essas reservas: risco de escândalo junto às pessoas simples, confusões possíveis quanto ao pecado da Igreja "santa", necessidade de investigações objetivas sobre os fatos em questão, apreciações anacrônicas etc. A dar-lhe ouvidos, melhor seria evitar um tal exame de consciência, que será inevitavelmente "causa de ambigüidades, e mesmo de mal-estar espiritual".[10]

João Paulo II ouve essas críticas. Sabe que em certos casos terá de contemporizar com a suscetibilidade ou a indignação de certas franjas da Igreja, mas também certos episcopados locais. Os do Leste, que se acostumaram a cuidar para não dar argumentos aos regimes que os oprimiam. Os do terceiro mundo, pouco interessados por todos esses velhos debates "europeus". Os que contestam o fato de se julgar casos antigos com os critérios de hoje. E, de maneira mais geral, todos os bispos que consideram que a Igreja, de uma vez por todas, é "sem pecado" e que manifestam preocupação com a iniciativa do papa. Em resposta aos que defendem a boa-fé dos cristãos de determinado período (das Cruzadas, por exemplo), o papa em nada cede no terreno dos princípios: como explicara um dia Urs von Balthasar, não é por ter sido reconhecido pela maioria ou mesmo pela Igreja em determinada época que um erro deixa de ser objetivamente condenável. Se o plano de Deus para os homens inscreve-se numa história em evolução, a Revelação, de sua parte, nada tem de relativo. Em sentido inverso, não se deve sacrificar a verdade ao objetivo de arrependimento: não é porque a Igreja errou ao condenar à morte o dominicano Giordano Bruno em 1600, esclarece um dia o cardeal secretário de Estado Sodano, que ela teria hoje de adotar suas teses. Finalmente, aos que desconfiam dos arrependimentos excessivos ou unilaterais, o papa fornece garantias científicas e invoca a história: em momento algum se deve transigir com a verdade, qualquer que seja ela. Donde o recurso sistemático aos historiadores e cientistas, que permitiu resolver definitivamente, depois de treze anos de trabalho, a incômoda questão Galileu.

Os dois vetores simbólicos da *démarche* seriam o *antijudaísmo* e a *Inquisição*. Para tratar dessas duas questões terrivelmente conflituosas, são criadas, em 1997 e 1998, duas comissões, a cargo do padre Georges Cottier, o "teólogo do papa". Esses dois temas decisivos, que não poderiam ser tratados de maneira leviana, mereceriam estudos históricos completos. Para facilitar o trabalho, o papa João Paulo II e o cardeal Ratzinger chegam a anunciar a abertura aos pesquisadores dos arquivos da Congregação para a Doutrina da Fé, o antigo Santo Ofício (assim denominado de 1908 a 1965), criado por Paulo III em 1542, para combater as heresias, com o nome de *Congregação da Inquisição*, ou "*Santa Inquisição*". Trata-se naturalmente de uma iniciativa inédita na história do papado.

*

Mais que os protestantes (limitados na história) e os ortodoxos (limitados na geografia), os católicos, como reivindicam a universalidade da Igreja, devem assumir também seus desvios e erros de sempre. Sem essa iniciativa, que requer uma certa coragem, como dar prosseguimento à "nova evangelização" de populações escaldadas pela experiência do passado? E sobretudo, como promover a unidade dos cristãos sem criar condições para a reconciliação? Não se pode construir o futuro sobre um passado recalcado ou mentiroso — nesse sentido, o papa proveniente da Europa comunista sabe do que está falando. Para uma Igreja duas vezes milenária, é a única maneira de assumir sua vocação para os mil anos vindouros.

É portanto sob o signo do arrependimento que vai transcorrer o ano 2000, como um extraordinário rosário de eventos, da abertura solene da Porta Santa a 24 de dezembro de 1999 ao seu fechamento no dia 6 de janeiro de 2001, dia da Epifania. Celebrações em todos os ritos da Igreja, peregrinações temáticas, manifestações ecumênicas e congressos internacionais marcaram esse ano jubilar, assim como os vinte e um jubileus dedicados a grupos específicos, das crianças aos doentes, passando pelos artesãos, os jornalistas, os artistas, os políticos etc. Quatro acontecimentos dominaram todos os outros ao longo desse ano jubilar que foi, diga-se de passagem, um duro teste físico para o velho pontífice: a cerimônia de "arrependimento" da Igreja, a 12 de março; a peregrinação à Terra Santa,

O TERCEIRO MILÊNIO

de 20 a 26 de março; a comemoração dos "mártires da fé" — os 12.962 cristãos vítimas de diversas tragédias do século XX — homenageados pelo papa em comovente cerimônia no Coliseu de Roma, a 7 de maio; e a gigantesca festa romana em que se transformou a décima quinta Jornada Mundial da Juventude, de 15 a 20 de agosto. Por si só, essa reunião de dois milhões de jovens poderia resumir todo o projeto papal a respeito do terceiro milênio.

O *papa que amava os jovens*

Logo ao ser eleito, o papa João Paulo II deixa bem claro que gosta dos jovens, acredita neles, apóia-se neles. No dia 22 de outubro de 1978, logo depois da longa cerimônia de entronização, da janela de seu apartamento, onde diria seu primeiro ângelus, ele improvisa uma saudação à juventude: "Quero dirigir-me aos jovens: vocês são o futuro do mundo, a esperança da Igreja, vocês são a minha esperança!" Na excitação dos primeiros dias, cheios de frases "históricas", essa declaração de amor passa algo despercebida. Acontece que a cada uma de suas viagens o papa daria esse mesmo grito de confiança na juventude do mundo. A começar por sua visita à Irlanda, em setembro de 1979, durante a qual foi programado um encontro seu com trezentos mil jovens no campo de corridas de Ballybrit, em Galway: "Acredito em vocês com todo o meu coração! Jovens da Irlanda, eu os amo!" Os quatorze minutos de aplausos que se seguem mostram que a mensagem do Santo Padre teve eco. Uma mensagem perfeitamente simples: "Às vezes podemos ter a sensação de que o amor perdeu a sua força", diz o papa. "Mas com o tempo o amor sempre traz a vitória, o amor nunca é vencido!" Uma mensagem que com toda evidência os jovens irlandeses não estão acostumados a ouvir.

Dias depois, a 3 de outubro, em Nova York, onde ele acaba de pronunciar seu primeiro discurso na ONU, a programação americana do papa mais uma vez inclui um encontro com os jovens, no Madison Square Garden. O que acontece nessa noite acabaria de convencer o *entourage* do papa de que este pontificado, pelo menos nesse terreno, não se pareceria nem um pouco com os outros. Chegando ao estádio a bordo de um Ford Bronco especialmente adaptado para ele, é em meio a um delírio indescritível que João Paulo II percorre o local, onde costumam se apresentar as maiores estrelas do *show business*. E fica evidente que o ex-ator do Teatr Rapsodiczny também sabe se comportar como um *rock star*. Enquanto os alto-falantes reproduzem o tema ultrapopular de *Guerra nas Estrelas* interpretado por uma orquestra local, o papa sobe ao palco e começa... a imitar o baterista. Logo depois, mostra o polegar, à americana, para as dezenas de milhares de adolescentes encantados. Os presentes se sucedem: uma camiseta, uma guitarra, um par de *jeans*. João Paulo II abre um largo sorriso. A multidão delira:

— *John Paul Two, we love you! John Paul Two, we love you!*

E o papa responde, com a mão no microfone:

— *Wou-hou-wou, John Paul Two loves you!*

A *performance* tem enorme repercussão na mídia. É nessa semana que a revista *Time* homenageia na capa *"John Paul II, Superstar"*. Em seus comentários, os editorialistas também são obrigados a reconhecer que não há qualquer sombra de demagogia nesse comportamento. Os que ainda têm dúvidas a respeito nesse início de pontificado — uma suspeita que não deixa de ter fundamento, num fim de século em que o "jovens" são alvo de todas as solicitações políticas e comerciais — acabariam tendo de reconhecer: o papa estaria constantemente dirigindo à juventude um discurso exigente, sem fazer qualquer concessão nos terrenos sensíveis que são a moral, o amor, a sexualidade e a família.

Os jovens entendem que esse homem efetivamente os ama, e que lhes fala com o coração, longe das segundas intenções dos políticos e da demagogia ambiente. No dia 1º de julho de 1980, o papa faz uma confidência aos quinhentos mil jovens reunidos em Belo Horizonte (Brasil): "Vocês estão decididos a construir uma sociedade justa, livre e próspera... Na minha juventude, eu tive essas mesmas convicções. Deus quis que elas fossem temperadas por uma guerra... Eu vi essas convicções serem pisoteadas de várias maneiras..." E o papa lança a conclamação, perfeitamente audível para todos os jovens do mundo: "Não se deixem instrumentalizar!" É uma linguagem que dá perfeitamente o recado, tanto na América do Sul como em outras partes. É uma linguagem atual. Em *Cruzando o limiar da esperança*, o papa se explica longamente sobre sua relação especial com os jovens, enraizada num passado pessoal agitado:

O TERCEIRO MILÊNIO

A geração a que pertenço formou-se atravessando as dolorosas provações da guerra, dos campos de concentração, do perigo permanente. Esses jovens — os jovens do mundo inteiro, e não apenas a juventude polonesa — deram mostras de uma extraordinária capacidade de heroísmo. [...] Os jovens de hoje crescem num contexto completamente diferente. Eles não carregam as marcas da guerra mundial. Muitos deles, além disso, não chegaram a conhecer ou mal conheceram as lutas contra o sistema comunista e o totalitarismo. Vivem na liberdade que outros conquistaram para eles e freqüentemente cedem aos atrativos da sociedade de consumo. [...] Hoje como ontem, no entanto, um certo idealismo continua a caracterizar essa idade, ainda que hoje se exprima mais através da crítica do que do compromisso.

O papa recorda-se de que seus contemporâneos viviam envoltos no "romantismo" e de que encontravam na religião "as forças internas que lhes permitiam construir uma vida dotada de sentido". Construir uma vida *dotada de sentido*. Eis o núcleo de sua mensagem aos jovens, que ele haveria de repetir em cada um de seus deslocamentos pelos quatro cantos do mundo, inclusive na Itália. Quando o Santo Padre anuncia que em determinado domingo vai visitar alguma paróquia romana, o pároco local já sabe que deve organizar para ele um encontro com os jovens do bairro. Como outrora acontecia com o arcebispo Karol Wojtyla, João Paulo II sente-se realmente feliz nesses encontros, que geralmente passam da duração prevista. Todos os seus colaboradores puderam constatá-lo: nesses encontros, no fim de sua vida, é que ele encontraria forças insuspeitadas para suportar o cansaço das viagens. "Quanto mais eu avanço na idade, mais os jovens me exortam a permanecer jovem", explica ele a Vittorio Messori. Em Roma, em agosto de 2000, ele cita um provérbio polonês: *"Z jakim przestajesz, takim sie stajesz!"* Tradução: "Você acaba se assemelhando àqueles com quem convive."

A convicção do papa é que, ao contrário dos adultos, os jovens não tentam se esquivar das questões que os incomodam. Sobretudo os temas delicados. "Os jovens não querem que tudo lhes seja permitido; estão dispostos a aceitar que alguém os oriente; esperam que lhes digam *sim ou não*."[11] É esta certeza, que vai de encontro às idéias dominantes, que levaria o papa a surpreender seu *entourage* e a mídia do mundo inteiro.

É verdade que a aposta é arriscada. Desde a agitação estudantil de 1968, da Cidade do México a Roma, passando por Varsóvia e o Quartier Latin, os jovens se afastaram em massa da Igreja; os movimentos católicos se vêem paralisados por suas divisões, não raro de natureza ideológica; nenhuma comunidade, nenhuma equipe se mostra capaz desde então de promover grandes manifestações; em 1975, uma grande reunião internacional de jovens em Roma revelara-se um fiasco, e a juventude deixou más lembranças na Cúria.

A intuição do papa seria corroborada justamente no país que viveu o "maio de 68" mais quente. No domingo, 1º de junho de 1980, em Paris, o papa acaba de repreender a França, "filha primogênita da Igreja". Em Le Bourget, a primeira reunião papal foi a decepção que vimos. Antes de se dirigir ao Parc des Princes, que é na época o maior estádio francês, João Paulo II janta com os bispos franceses no grande seminário de Issy-les-Moulineaux e não consegue esconder uma ligeira apreensão. Paris é uma metrópole amplamente descristianizada. Ainda por cima, está chuviscando na cidade. Será que os jovens franceses vão comparecer? "O senhor mande aquecer o salão", sussurra ele ao pé do ouvido do cardeal-arcebispo de Paris, Dom François Marty. Poderia até parecer uma estrela do *rock* conversando amigavelmente com a estrela local — papel que por sinal o cardeal Marty desempenharia magistralmente. Acontece que não só os jovens parisienses tomaram de assalto o célebre estádio, completamente lotado, como ficariam quase três horas cantando, rezando, gritando, dançando, dialogando com seu convidado, numa vigília inesperada e extraordinária.

Para o Santo Padre, nenhuma dessas experiências é gratuita. Prova disso é a seguinte história, que ele relataria a André Frossard: no Parc des Princes, embora as perguntas fossem mais ou menos programadas antecipadamente, eis que um jovem sobe à tribuna, com um papel na mão, declara-se ateu e faz uma pergunta ao papa: "Santo Padre, em quem o senhor acredita? Por que o senhor acredita? Qual o valor do dom de nossa vida? Que Deus é esse que o senhor adora?" Mas, no tumulto da cerimônia, o papa, que logo em seguida já está ouvindo, entre muitas outras, a pergunta feita por uma jovem deficiente, esquece de responder ao rapaz. De volta a Roma, lembra-se do acontecido, arrepende-se e escreve ao cardeal Marty, para que encontre o rapaz e lhe transmita seu pedido de desculpas. Meses depois, ele ainda está se recriminando a respeito. E fala longamente do assunto a Frossard: "Sua pergunta não constava da lista que me havia sido entregue. Acontece que o problema que ele levantava era fundamental."[12]

João Paulo II "gosta muito dos estádios desde aquela noite parisiense do Parc des Princes", explicaria maliciosamente Frossard.[13] Com efeito, a partir daquele encontro parisiense, o papa volta e meia haveria de perguntar, antes de alguma viagem: "Vai haver um Parc des Princes?"

As JMJs

O papa havia declarado o ano de 1983-1984 "ano santo", para comemorar o 1.950º aniversário da Redenção. Em março de 1983, em Roma, o Centro Internacional de Jovens San Lorenzo lança a idéia de uma reunião de jovens no domingo de Ramos de 1984 — idéia imediatamente aprovada pelo papa, que entrega o projeto a Dom Paul Joseph Cordès, um jovem bispo alemão que conheceu antes de ser eleito papa, e que recentemente nomeou vice-presidente do Conselho para os Leigos, no qual o jovem prelado é especificamente incumbido da juventude. Comandada pelo padre Gianni Danzi, do movimento Comunhão e Libertação, uma pequena equipe de dez pessoas põe mãos à obra. O ceticismo é generalizado, especialmente na mídia. Mas a idéia avança e a equipe progride. No dia 14 de abril de 1984, véspera de Ramos, duzentos e cinqüenta mil jovens convergem para a praça de São Pedro "para um encontro de oração, partilha, conversa e alegria". O sucesso é espetacular. E o Santo Padre dobra a aposta: como a ONU decidiu que 1985 seria o "Ano Internacional da Juventude", João Paulo II convida para uma outra reunião de jovens no dia 30 de março desse ano. Mais uma vez ceticismo, mais uma vez sucesso: trezentos mil jovens diriam "presente". Os incrédulos são colocados diante da evidência. Uma semana depois, em sua homilia de Páscoa, o Santo Padre manifesta o desejo de comemorar todo ano, daqui para a frente, uma "jornada mundial da juventude". No dia 20 de dezembro seguinte, diante dos cardeais, ele anuncia que as JMJs serão realizadas ano sim, ano não em nível local, em todas as dioceses do mundo, e, em caráter internacional, alternadamente em alguma grande capital, na presença do Santo

Padre. Desta vez, as JMJs realmente estão lançadas. "Ninguém inventou essa jornadas", diria o próprio papa. "Foram os próprios jovens que as criaram."

Nesse domingo de Ramos de 1985, o papa também publicou uma carta apostólica à juventude do mundo, intitulada *Dilecti amici*, para marcar à sua maneira o Ano Internacional da Juventude anunciado pela ONU. Essa comunicação, mais clássica, não tem muita repercussão na mídia, inclusive nos jornais voltados para a juventude. Parece claro que esse longo texto, que desenvolve a parábola do "jovem rico" do Evangelho, não foi capaz de atingir o "alvo", como fariam as grandes reuniões ainda por vir.

Em abril de 1987, as JMJs têm lugar em Buenos Aires, Argentina. Atraem apenas trezentos mil jovens, quase todos provenientes da América do Sul. Em agosto de 1989, cerca de seiscentos mil jovens de toda a Europa encontram-se em Santiago de Compostela, na Espanha. Muitos chegaram a pé pelos caminhos ancestrais de Compostela, os *caminos*, que já eram percorridos pelos peregrinos europeus na Idade Média. A poucos meses da queda do Muro de Berlim, o papa extrai a necessária lição do fracasso das ideologias e já trata de advertir as novas gerações contra o hedonismo e a permissividade do mundo moderno. Ao constatarem a inesperada amplitude dessa inédita reunião, os meios de comunicação falam pela primeira vez de um "Woodstock católico" — referência ao gigantesco concerto de música pop que mereceu todas as manchetes vinte anos antes e cuja tendência "paz e amor" era, por trás das palavras, diametralmente oposta ao discurso papal.

A 15 de agosto de 1991, é em Czestochowa, na Polônia, que o papa reúne... um milhão de jovens. Desta vez, o Muro de Berlim já não passa de uma lembrança, e o momento é de reconstrução de uma nova Europa. A todos esses rapazes e moças majoritariamente dos países do Leste, ainda recentemente libertados do controle comunista — tchecos, lituanos, eslovacos, húngaros etc. —, o papa que veio de Cracóvia propõe a construção de uma "civilização do amor" e proclama: "Vossa hora chegou!"[14]

Em 1993, contrariando a opinião de seus conselheiros, João Paulo II decide promover as JMJs em Denver (Colorado), provavelmente uma das cidades mais descristianizadas e "modernistas" dos Estados Unidos. Em sua maioria, os bispos americanos, alarmados, esperam o pior. À medida que se aproxima o dia do encontro, os obstáculos se multiplicam: o procurador local quer proibir o acesso ao parque municipal Cherry Creek, a pretexto de que, caso contrário, não seria mais possível proibi-lo à Ku Klux Klan; os ecologistas locais promovem uma campanha acirrada contra a realização da missa, que teria um "impacto negativo na fauna da região", e até mesmo alguns católicos convocam uma entrevista coletiva para "desconvidar" o papa. Os bispos americanos haviam previsto sessenta mil participantes. Pois nada menos que quinhentos mil atenderiam ao convite do papa, de mochila nas costas, apesar da chuva que caía desde a véspera. A missa de encerramento das JMJs de Denver, em Cherry Creek, tornou-se a maior congregação de pessoas da história do Colorado. E se a imprensa americana dedicou suas matérias e reportagens essencialmente às eternas questões de moral sexual — e não seria esta a última vez —, os jovens americanos, por sua vez, retiveram do encontro no estádio Mile High este apelo do Santo Padre: "Não tenham medo de pregar o Evangelho! Não é o momento de sentir vergonha, é o momento de proclamá-lo do alto dos telhados!"

Em 1995, as JMJs realizam-se pela primeira vez no continente asiático. No dia 14 de janeiro, três milhões de jovens convergem para o Parque Rizal de Manilha, nas Filipinas, o que vem a ser um recorde absoluto. A multidão seria ainda maior ao se juntarem a eles os adultos — fala-se de quatro a cinco milhões de pessoas —, no dia seguinte, para celebrar a missa final no mesmo local. Mais uma vez indo na contramão da moda, o papa exorta à responsabilidade de cada pessoa:

> Por que tantos jovens imaginam que estão livres de qualquer controle e de todo princípio de responsabilidade? Por que acreditam que, como certos tipos de comportamento são aceitos socialmente, podem ser considerados moralmente lícitos? Eles abusam do dom maravilhoso da sexualidade. Abusam do álcool e das drogas. As normas morais objetivas são abandonadas, sob a pressão e a influência difusa de modas e tendências ditadas pela publicidade transmitida pelos meios de comunicação. Milhões de jovens do mundo inteiro submetem-se a formas sorrateiras mas bastante reais de escravidão moral.

Na França, nessa semana, a mídia está ocupada com o caso Gaillot[15] e praticamente não fala do grande acontecimento de Manilha. Tanto mais seria surpreendida assim, em agosto de 1997, ao ver que as JMJs de Paris reuniam, no hipódromo de Longchamp, mais de um milhão de jovens de cento e sessenta países. Esta internacionalização das JMJs não é apenas um dado estatístico: pela primeira vez, antes da realização das jornadas propriamente ditas, a população do país anfitrião recebe a juventude do mundo nas dioceses, inclusive longe de Paris, nas províncias francesas, para um período de encontro fraterno e solidário. Na cerimônia de abertura no Campo de Marte, João Paulo II fala justamente de compromisso e solidariedade a esta "geração JMJ" alegre e colorida que o festeja debaixo da Torre Eiffel.

As mesmas cenas, a mesma alegria e o mesmo fervor seriam constatados em Roma, debaixo do calor tórrido do verão do Jubileu, de 15 a 20 de agosto de 2000. Uma festa gigantesca, ao mesmo tempo animada e cheia de recolhimento, na qual puderam cantar, dançar e orar cerca de dois milhões de jovens do mundo inteiro. Durante a vigília que antecedeu a grande missa, na esplanada de Tor Vergata, João Paulo II assim resumiu sua confiança na juventude:

Caros amigos, no alvorecer do terceiro milênio, vejo em vocês as "sentinelas da manhã".[16] Vocês vieram até aqui para afirmar que, no novo século, não aceitarão ser instrumentos de violência e destruição; que defenderão a paz, se necessário pondo em risco sua própria pessoa; não se conformarão com um mundo no qual outros homens morrem de fome, permanecem analfabetos ou não têm trabalho; defenderão a vida em todos os instantes de seu desenvolvimento aqui embaixo; empenharão toda a sua energia no sentido de tornar este planeta cada vez mais habitável para todos.

Ritmado como o decálogo, o apelo do papa passa ao largo das modas e da facilidade. João Paulo II utiliza as palavras de seu tempo, mas sem nunca ceder às tendências da hora. Em fevereiro de 2001, ele publica uma nova mensagem tendo em vista a Jornada Mundial da Juventude a ser celebrada nesse ano nas dioceses. O tema é a frase do Cristo reproduzida por São Lucas: "Se alguém quiser me seguir, que negue a si mesmo, que carregue sua cruz todo dia."[17] Exatamente o contrário de qualquer demagogia! Mas ele próprio trata de deixar explícito esse tipo de comportamento, numa mensagem de clareza profética:

A cultura do efêmero pretende fazer crer que, para ser feliz, é preciso largar a Cruz. Apresenta-se como ideal o sucesso fácil, uma carreira rápida, uma sexualidade desvinculada do sentido de responsabilidade e, finalmente, uma vida centrada na afirmação de si, não raro sem respeito pelos outros. Abram bem os olhos, queridos jovens! Esse caminho não é o que faz viver, mas o que chafurda na morte.

O segredo da vida autêntica, conclui o papa, é o Cristo. No início do terceiro milênio, parece que esse discurso ainda continua interessando milhões de jovens. É a eles que ele se dirige prioritariamente ao lançar uma nova palavra de ordem, na carta *Novo Millennio Ineunte*, que encerra o Grande Jubileu do ano 2000: *"Duc in altum!"* É o que Jesus disse a Simão, à beira do lago de Tiberíades, para convidá-lo a lançar sua rede longe da margem, do ruído e da multidão para a qual acabava de pregar. Três palavras que têm o valor de um testamento para a Igreja do terceiro milênio: "Avança ao largo!"

CONCLUSÃO

Quarenta dias depois do nascimento de Jesus, em respeito à lei judaica, José e Maria foram apresentar seu filho no templo de Jerusalém. Na entrada, um piedoso velho chamado Simeão tomou o menino dos braços de sua jovem mãe, que podemos imaginar muito comovida, e, depois de saudar nele a "glória de Israel" e a "luz das nações", fez esta advertência: "Teu filho será um sinal de contradição!"[1] Quando Paulo VI convidou o cardeal Wojtyla a liderar o retiro da quaresma, em Roma, em 1976, o polonês escolheu como "idéia mestra" de suas meditações essa misteriosa frase do Evangelho, "síntese muito concisa daquilo que diz respeito a todos nós".[2] Na época, ninguém imaginava que aquele homem haveria de tornar-se papa. Como deixar de evocar essa premonição no momento de concluir — provisoriamente — o relato da vida de um personagem tão contraditório, cujo balanço é tão contrastado?

Mencionemos rapidamente a extensão de seu pontificado, que aumenta ainda mais essa impressão de contraste: os que acompanharam em 1978 os primeiros passos desse pontífice em plena força da idade, dinâmico, esportivo e sem complexos, não guardarão dele a mesma imagem que as jovens gerações que só conheceram o papa dos anos 2000, debilitado, adoentado, quase sem forças. É no entanto o mesmo homem que, no início, dotou a Igreja de uma imagem rejuvenescida, viva e confiante no futuro, e que encarnou no fim uma Igreja aparentemente cansada, esclerosada, incapaz de se adaptar à evolução do mundo moderno.

Passemos também rapidamente pela originalidade desse papa, que terá sido um homem de exceção: aquele que reinou durante tanto tempo sobre a maior instituição do mundo foi também ator, poeta, jornalista, filósofo, aliando uma vasta cultura, uma inteligência superior e um raro carisma, o que seria constantemente relatado por todos os seus interlocutores. Acontece que esse mesmo papa terá sido o primeiro pontífice romano a viver como seus semelhantes, a nadar e a esquiar, a tirar férias, a cultivar a fidelidade na amizade e o gosto do gracejo, a rir e a fazer caretas, a se tratar num hospital, a envelhecer sem nada ocultar de seu declínio físico.

Mais impressionante, João Paulo II, o primeiro papa não-italiano em cinco séculos, foi sobretudo o primeiro polonês a sentar-se no trono de São Pedro. Profundamente ligado a sua nação de origem e a sua cultura eslava, patriota sem complexos e decididamente europeu, ele estaria constantemente se referindo a seu país, e defenderia a legitimidade do sentimento nacional nos quatro cantos do mundo, como nenhum de seus antecessores havia feito. Acontece que esse papa terá sido mais "universal" que nenhum outro: ele "internacionalizou" definitivamente a Cúria Romana, percorreu o mundo em todas as direções e cultivou simbolicamente seu talento para as línguas, como para deixar bem claro que a palavra divina só era italiana — ou mesmo européia — por acaso.

Mais impressionante ainda, João Paulo II terá sido antes de mais nada um homem de fé, apaixonado pela razão, amante da reflexão intelectual e da escrita. Quantos de seus colaboradores não se espantaram por vê-lo mergulhado na oração durante várias horas por dia? Acontece que esse homem acima das circunstâncias foi também, quando elas o exigiram, um autêntico estrategista político que se mobilizou, às vezes até as entranhas, contra o comunismo, contra o aborto, contra a "cultura da morte", contra uma certa modernidade, contra o relativismo ético. Este pontífice contemplativo terá sido também um papa lutador.

No plano político, temos frisado reiteradamente neste livro que João Paulo II era com certeza um conservador — mas que todo papa é depositário de uma tradição duas vezes milenar e não pode dispor dela em função das modas. Suas posições sobre a família e sobre a moral sexual, sobre o papel da mulher na Igreja, sobre a liturgia e a disciplina eclesial muitas vezes o levaram a ser considerado reacionário. Mas este mesmo papa também terá sido um progressista audacioso, e mesmo provocador, que não hesitou em convocar a seu redor todas as religiões do mundo, a condenar firmemente os desmandos do capitalismo e os desvios do liberalismo, a rejeitar sem rodeios a herança anti-semita de seus antecessores, a pedir

CONCLUSÃO 665

perdão pelos erros e os crimes da Igreja de outros tempos. Este papa ao mesmo tempo de esquerda e de direita, no sentido político dessa classificação, terá sido, no que diz respeito à Igreja, um continuador e um inovador, assumindo a dupla herança de seus antecessores imediatos: João XXIII pela audácia, Paulo VI pela sabedoria. Foi para manifestar sua admiração por esses dois homens que lideraram sucessivamente o Concílio Vaticano II que Karol Wojtyla, marcado por sua própria experiência conciliar, escolheu João Paulo como nome. Como se quisesse assumir antecipadamente a principal contradição da função: fazer com que a Igreja avançasse ao ritmo do mundo, sem alterar a Revelação que é seu fundamento.

Terá tido êxito nessa tarefa impossível? No momento de fazer as contas, haveremos de guardar a lembrança de um pontificado extremamente contrastado, com êxitos incontestáveis, fracassos flagrantes e sucessos temperados. Entre seus êxitos, há alguns que desafiam a história, às vezes de forma espetacular: seu papel na queda do comunismo europeu não pode ser contestado; sua ação pessoal no sentido de reaproximar os cristãos e os judeus, tampouco. Mas seu sucesso mais profundo, e também o mais duradouro, nunca chegou às manchetes dos jornais: em questão de poucos anos, João Paulo II deslindou claramente a crise em que mergulhara o mundo cristão depois do Concílio Vaticano II, promovendo um impressionante "recentramento" da Igreja. O primeiro de seus apelos, "Não tenham medo!", serviu para dar o tom. Sua mensagem de esperança nunca mais haveria de desmentir-se, devolvendo a confiança a toda uma geração de católicos desamparados pelos confrontos pós-conciliares. Para consolidar essa conquista, João Paulo II foi em seguida redefinindo ponto a ponto a doutrina católica, cujo humanismo tratou de ressaltar de maneira eloqüente. Já agora ninguém poderá considerar a mensagem da Igreja sem nela enxergar antes de mais nada a primazia do homem. João Paulo II terá sido primeiro que tudo o *papa dos direitos humanos*. Sem hesitar em expor-se pessoalmente quando necessário, o papa Wojtyla deu ele mesmo o exemplo de uma Igreja profundamente humana. Isto contribuiu para fortalecer sensivelmente, no cenário internacional, a presença de uma Igreja cuja única preocupação era defender a vida e a dignidade do homem — bastando para isso lembrar suas posições sobre o embargo americano contra o Iraque. Foi essa humanidade, encarnada pelo chefe da Igreja, que conquistou milhões de jovens, a cada dois anos, em reuniões imensas, calorosas e fervorosas. Que podiam afinal encontrar nesse papa todos esses adolescentes solicitados por tantas outras tentações da sociedade moderna? *"John Paul Two, we love you!"*, gritaram eles, durante um quarto de século, nos cinco continentes. Não foi o menos significativo de seus sucessos.

João Paulo II também amargou fracassos e sofreu desilusões. Certos países, como a China, rejeitaram-no obstinadamente. O diálogo com certas religiões, como o islã, não avançou realmente. A paz, pela qual o papa mais uma vez tanto lutou no momento do conflito iraquiano, tampouco progrediu. O diálogo com as outras confissões cristãs, apesar de uma vontade inabalável e de um trabalho persistente, deparou-se com a crescente hostilidade da ortodoxia russa. De maneira mais geral, poderia João Paulo II ter previsto que a queda do Muro de Berlim, que deveria restabelecer a identidade da Europa cristã, apresentaria mais problemas para os cristãos — ressurgimentos nacionalistas, descristianização, banalização das Igrejas — que na época do imobilismo e da repressão?

Na verdade, ainda é muito cedo para fazer o balanço do pontificado de João Paulo II. Se podemos ser tentados a criticar hoje um certo imobilismo doutrinário e dogmático, o bloqueio a respeito do papel das mulheres na Igreja, uma excessiva intransigência espiritual e moral, não seria melhor esperar alguns anos para tirar conclusões definitivas? Caberá a palavra então aos historiadores. No vigésimo aniversário de seu pontificado, o próprio João Paulo II se havia questionado publicamente: "Terás feito suficientemente isto ou aquilo?..."[3] Que papa poderia evitar esse tipo de questionamento? Por natureza, a função apostólica é uma tarefa impossível, pois entrega a um único homem o encargo de uma comunidade de um bilhão de fiéis, o governo de uma instituição que apesar de centralizada tem um objetivo universal e uma responsabilidade moral a nenhuma outra comparável. As excepcionais qualidades pessoais de Karol Wojtyla acabaram fazendo esquecer que a "profissão de papa" é uma tarefa propriamente sobre-humana.

ANEXOS

A Polônia através dos séculos

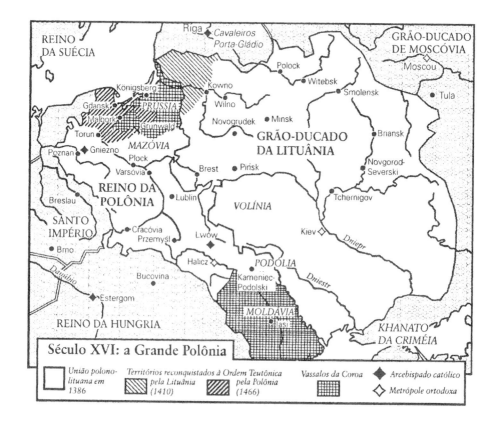

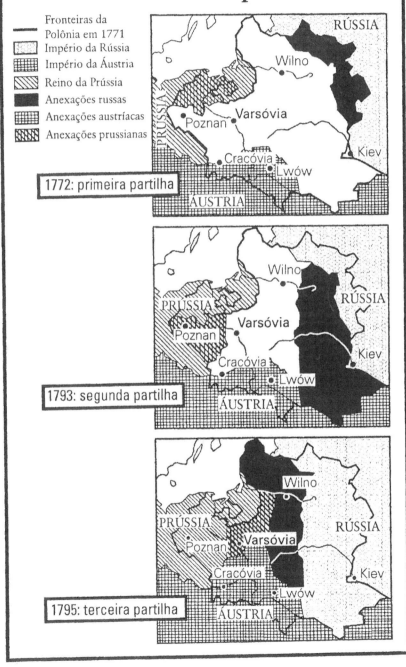

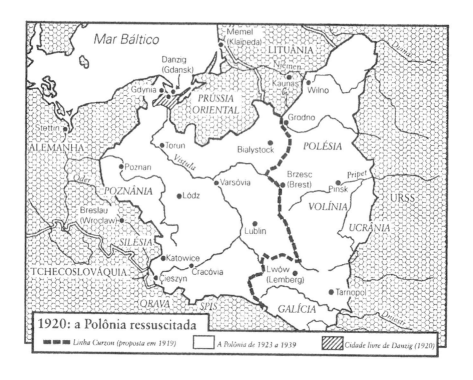

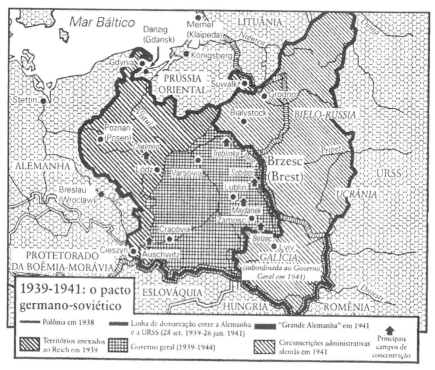

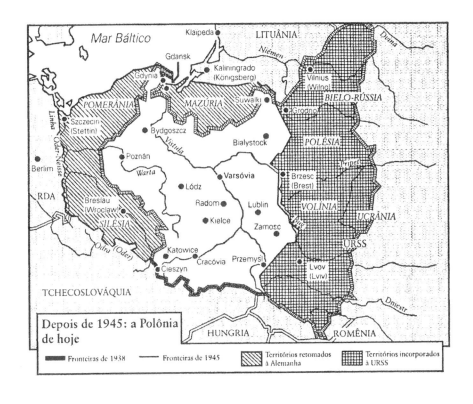

Onde estão os cristãos de amanhã?

Segundo o *Anuário Estatístico da Igreja* publicado pelo Vaticano, a Igreja Católica ultrapassou a barreira simbólica do bilhão de batizados no início de 1997, o equivalente a 17,3% da população do planeta. Mas a Igreja está mudando rapidamente de rosto. Atualmente, em cada grupo de 100 católicos, 49 vivem na América, 29 na Europa, 11 na África, 10 na Ásia e 1 na Oceania. Vinte anos atrás, 35 eram europeus, contra apenas 7 africanos e 7 asiáticos! Estes números deixam claro que, se a população católica está aumentando, a proporção da população mundial por ela representada diminui constantemente. A grande fraqueza estatística do catolicismo situa-se na Ásia, e o próprio João Paulo II frisou certa vez, na Índia, que a evangelização da Ásia representava o grande desafio do futuro para a Igreja Católica; com efeito, apenas 3% dos habitantes da Ásia são católicos, embora seja o continente com maiores massas humanas.

Outra tendência de mudança é a de Norte para Sul. A grande maioria dos católicos (87%) vive atualmente na metade austral do mundo, ao passo que há pouco mais de um século estavam maciçamente instalados no hemisfério Norte. Esta nova repartição logo terá conseqüências no funcionamento da Igreja Católica. Mas desde já se pode observar no Vaticano um reequilíbrio em detrimento dos europeus e em favor dos países do "Sul", particularmente os da América Latina.

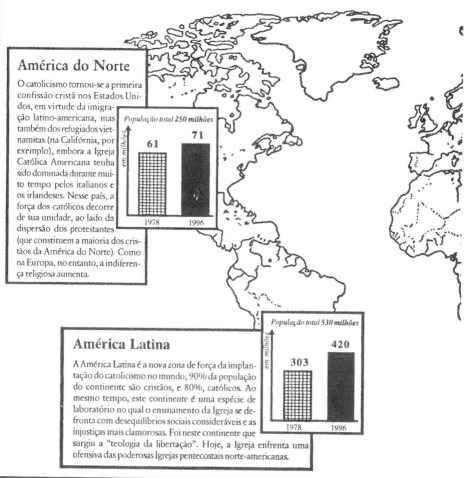

América do Norte

O catolicismo tornou-se a primeira confissão cristã nos Estados Unidos, em virtude da imigração latino-americana, mas também dos refugiados vietnamitas (na Califórnia, por exemplo), embora a Igreja Católica Americana tenha sido dominada durante muito tempo pelos italianos e os irlandeses. Nesse país, a força dos católicos decorre de sua unidade, ao lado da dispersão dos protestantes (que constituem a maioria dos cristãos da América do Norte). Como na Europa, no entanto, a indiferença religiosa aumenta.

População total 250 milhões
61 (1978) — 71 (1996)

América Latina

A América Latina é a nova zona de força da implantação do catolicismo no mundo; 90% da população do continente são cristãos, e 80%, católicos. Ao mesmo tempo, este continente é uma espécie de laboratório no qual o ensinamento da Igreja se defronta com desequilíbrios sociais consideráveis e as injustiças mais clamorosas. Foi neste continente que surgiu a "teologia da libertação". Hoje, a Igreja enfrenta uma ofensiva das poderosas Igrejas pentecostais norte-americanas.

População total 530 milhões
303 (1978) — 420 (1996)

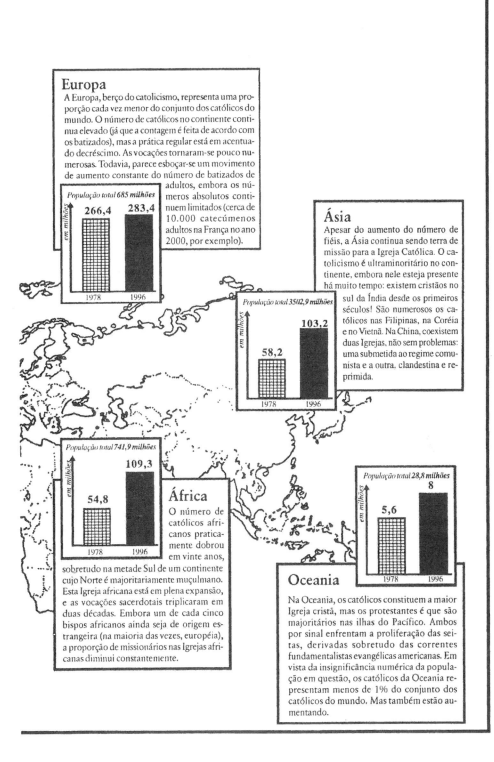

Europa

A Europa, berço do catolicismo, representa uma proporção cada vez menor do conjunto dos católicos do mundo. O número de católicos no continente continua elevado (já que a contagem é feita de acordo com os batizados), mas a prática regular está em acentuado decréscimo. As vocações tornaram-se pouco numerosas. Todavia, parece esboçar-se um movimento de aumento constante do número de batizados de adultos, embora os números absolutos continuem limitados (cerca de 10.000 catecúmenos adultos na França no ano 2000, por exemplo).

População total 685 milhões
266,4 | 283,4
1978 | 1996

Ásia

Apesar do aumento do número de fiéis, a Ásia continua sendo terra de missão para a Igreja Católica. O catolicismo é ultraminoritário no continente, embora nele esteja presente há muito tempo: existem cristãos no sul da Índia desde os primeiros séculos! São numerosos os católicos nas Filipinas, na Coréia e no Vietnã. Na China, coexistem duas Igrejas, não sem problemas: uma submetida ao regime comunista e a outra, clandestina e reprimida.

População total 3502,9 milhões
58,2 | 103,2
1978 | 1996

África

População total 741,9 milhões
54,8 | 109,3
1978 | 1996

O número de católicos africanos praticamente dobrou em vinte anos, sobretudo na metade Sul de um continente cujo Norte é majoritariamente muçulmano. Esta Igreja africana está em plena expansão, e as vocações sacerdotais triplicaram em duas décadas. Embora um de cada cinco bispos africanos ainda seja de origem estrangeira (na maioria das vezes, européia), a proporção de missionários nas Igrejas africanas diminui constantemente.

Oceania

População total 28,8 milhões
5,6 | 8
1978 | 1996

Na Oceania, os católicos constituem a maior Igreja cristã, mas os protestantes é que são majoritários nas ilhas do Pacífico. Ambos por sinal enfrentam a proliferação das seitas, derivadas sobretudo das correntes fundamentalistas evangélicas americanas. Em vista da insignificância numérica da população em questão, os católicos da Oceania representam menos de 1% do conjunto dos católicos do mundo. Mas também estão aumentando.

NOTAS

Introdução

1. Discurso aos participantes do Encontro Internacional "UNIV 2003", 14 de abril de 2003.
2. Cardeal Roger Etchegaray, entrevista com o autor.
3. Joaquin Navarro-Valls, entrevista com o autor.
4. Nos Estados Unidos: Jimmy Carter, Ronald Reagan, George Bush, Bill Clinton e George W. Bush. Na Rússia: Leonid Brejnev, Iuri Andropov, Konstantin Chernenko, Mikhail Gorbachev, Boris Ieltsin e Vladimir Putin.
5. Entretanto, em virtude do crescimento demográfico, o total de católicos passou a representar apenas 17,3% da população mundial (contra 18% em 1978). Fonte: *Anuário Estatístico da Igreja* (edição de 2002).

1. As raízes

1. No século XIX, o nome chegou a ser grafado "Woytyla".
2. *Dekanat*: reunião de dez paróquias.
3. Karol Wojtyla cuidaria pessoalmente de Marek Wiadrowski (filho de seu primo-irmão Adam Wiadrowski, o irmão de Felicja), nascido em 1939 e casado com Kasimiera Passowicz, que morreria em 1978, deixando duas filhas: Anna (nascida em 1972) e Maria (nascida em 1973).
4. João XXIII, *Lettres à sa famille*, Desclée de Brouwer-Lattès, 1995.
5. Cf. *La Croix*, 27 de outubro de 1978: "Não, o papa não é filho de operário".
6. Marechal-de-campo do século XVIII, o conde Daun venceu Frederico II, rei da Prússia, nas guerras da Silésia.
7. No registro paroquial de Wadowice, o nome curiosamente é grafado *Scholc*, como se o redator tivesse hesitado entre a ortografia alemã e a polonesa (Szolc).
8. Georges Blazynski, *Jean-Paul II, un homme de Cracovie*, Stock, 1979.
9. No mesmo registro civil, o pároco Zacher anotou, em outubro de 1978: "*Diae 16-10-1978, summum pontificem electus imposuit, sibi nomen Joannes Paulus II PP*" ("A 16 de outubro de 1978, foi eleito sumo pontífice e se chamou João Paulo II").

676   JOÃO PAULO II — BIOGRAFIA

10. André Frossard, *"N'ayez pas peur!"*, Robert Laffont, 1982.
11. Tradução de Jean Offredo, *in* Karol Wojtyla, *Poèmes, théâtre, écrits sur le théâtre*, Cana-Cerf, 1998.
12. Georges Blazynski, *op. cit.*
13. André Frossard, *op. cit.*
14. O príncipe de Oswiecim doa então a Wadowice um brasão no qual aparecem a meia-águia dourada dos Piast (sobre fundo azul) e a torre branca de Oswiecim (sobre fundo vermelho). O rei da Polônia Sigismundo acrescentaria a coroa ao brasão.
15. Trata-se do mesmo João de Luxemburgo que morreria na batalha de Crécy, ao lado de Filipe de Valois, no início da Guerra dos Cem Anos.
16. O ginásio onde Karol Wojtyla estudou teria sucessivamente os dois nomes. Em 1948, os comunistas prefeririam, ao teólogo, o escritor marginal que deixava a Igreja Católica indignada com suas licenças, a tal ponto que foi posto no Índex. Em 1981, por pressão do sindicato Solidariedade, o colégio voltaria a se chamar Marcin Wadowita.
17. João Paulo II em Wadowice, 16 de junho de 1999.
18. Depois da tomada do poder pelos comunistas, o Rynek passaria a ser chamado "Praça do Exército Vermelho", já agora com um monumento aos soldados soviéticos.
19. Mieczyslaw Malinski, *Mon ami Karol Wojtyla*, Le Centurion, 1980.
20. Os bernardinos são franciscanos discípulos de São Bernardo de Sena, de hábito marrom, que vieram da Itália em 1453.

2. *O tempo da camaradagem*

1. A reforma do ensino empreendida logo depois da sua turma reduziria o ciclo secundário para seis anos de estudos.
2. Ver acima, capítulo 1, nota 16.
3. Muszynski tornar-se-ia empregado dos correios, e Bojes, que sonhava com a medicina, retornaria à mina, tornando-se engenheiro.
4. Karol transmitiria a Zbigniew Silkowski ao mesmo tempo sua atração pelo Cristo e sua paixão pelo teatro. O pai dele seria padrinho de crisma de Karol em maio de 1938. Este, feito cardeal, iria enterrar a mulher de Zbigniew, Anna Silkowska em Wadowice, em 1978.
5. Jan Krolikiewicz, professor de grego e latim, foi nomeado diretor do ginásio de meninos em 1934 (Halina, então com 13 anos, mora no colégio).
6. Halina Krolikiewicz, entrevista com o autor.
7. Karol Wojtyla iria ao encontro do padre Prochownik durante seu banimento, em "visita privada", a 23 de novembro de 1958, ao ser nomeado bispo.
8. Depoimento de Figlewicz em *Tygodnyk Powszechny*, número especial de outubro de 1978.
9. A André Frossard, em *"N'ayez pas peur"*, *op. cit.*

NOTAS 677

10. Edward Zacher, entrevista com o autor.

11. Os carmelitas descalços filiam-se ao profeta Elias e a São João da Cruz. Herdaram a tradição dos eremitas do monte Carmelo, expulsos da Palestina pelos muçulmanos no século XIII. "Descalços" significa que, em vez de sapatos, usam sandálias da maior simplicidade.

12. Raphael Kalinowski (morto em 1907) de tal modo se destacou no serviço de Deus que seu processo de beatificação seria aberto já em 1934. O papa João Paulo II é que levaria muito mais tarde esse processo à beatificação (22 de junho de 1983) e posteriormente à canonização (17 de novembro de 1991).

13. A tradição do escapulário é perpetuada pelos carmelitas desde que um de seus longínquos adeptos ingleses, no século XII, implorou e obteve a proteção da Virgem, que segundo ele ofereceu-lhe um escapulário marrom: "O escapulário deve ser usado dia e noite, como testemunho da tua fidelidade", disse-lhe, em suma, a Mãe de Deus. "Aquele que usar este escapulário no dia de sua morte — acrescentou ela — não irá para o Inferno. Melhor ainda: no primeiro sábado após sua morte, deixará o Purgatório para subir diretamente ao Paraíso." No início, o escapulário devia ser de lã, com as duas peças de tecido pendendo no peito e nas costas — mas Pio X permitiu em 1910 que ele fosse substituído por uma medalha.

14. Adam Mickiewicz (1798-1855) é o autor de *Pan Tadeusz*, uma das obras mais conhecidas da literatura polonesa. Juliusz Slowacki (1809-1849) é autor de *O Rei Espírito* e *Kordian*. Cyprian Norwid (1821-1883) escreveu *Rapsódia fúnebre em memória de Bem*.

15. Halina Krolikiewicz, entrevista com o autor.

16. João Paulo II trataria deste tema em 1981, na encíclica *Laborem Exercens*.

17. Aleksander Fredro (1793-1876) também escreveu *A vingança* e *O vitalício*.

18. Stanislaw Wyspianski (1869-1907), também originário de Cracóvia, é o mitológico autor de *As bodas*. Foi o grande reformador do teatro polonês.

19. Zygmunt Krasinski (1812-1859) é autor de *Não divina comédia* e de *Irydion*.

20. Mieczyslaw Malinski, *op. cit.*

21. João Paulo II (com a colaboração de Vittorio Messori), *Cruzando o limiar da esperança*, Plon-Mame, 1994.

22. Jerzy Kluger recorda que recebeu de presente uma das primeiras motocicletas, uma *Lucznik*, que não chegou a interessar seu amigo Karol, o único de seus colegas que não ficou fascinado pela engenhoca.

23. *Cruzando o limiar da esperança, op. cit.*

24. Gian Franco Svidercoschi, *L'ami juif du pape*, Mame, 1995.

3. Barulho de botas

1. Os atuais moradores não se mostram muito receptivos. Provavelmente fartos dos milhares de pessoas que acorrem, em ônibus, seguindo o rastro de João Paulo II,

afixaram um cartaz na porta do jardim: "*UWAGA! ZLY PIES!*" ("Cuidado! Cão feroz!").

2. Foi ali, em Blonie, que João Paulo II presidiu em junho de 1979 a primeira de suas aglomerações gigantescas, com as quais o mundo ainda não se havia acostumado. Dois milhões de pessoas, nas barbas das autoridades comunistas: algo nunca visto antes. João Paulo II voltaria a reunir mais de dois milhões de peregrinos em Blonie no domingo, 18 de agosto de 2002.

3. Entre eles, Wojciech Zukrowski, Janina Garycka, Krystyna Zbijewska e Marian Pankowski.

4. Meio século mais tarde, João Paulo II explicaria suas opções universitárias: "Minha escolha", escreve ele em *Ma vocation, don et mystère* (Bayard Éditions-Cerf-Fleurus-Mame-Téqui, 1996), "era motivada primeiro que tudo por um gosto acentuado pela literatura. Mas já no primeiro ano o estudo da língua propriamente dita prendeu minha atenção." Ele escreve igualmente, em *Cruzando o limiar da esperança (op. cit.)*: "Eu nunca tive particular predileção pelas ciências da natureza. Mas o homem sempre me apaixonou — inicialmente durante meus estudos na faculdade de letras, como autor da linguagem e objeto da empreitada literária."

5. Halina Kwiatkowska, entrevista com o autor.

6. Wladyslaw Kluz, *Czas Siewu: Karol Jozef Wojtyla, Jan Pawel II*, KSJ, Katowice, 1995. O autor, ele próprio um carmelita descalço, morreu pouco depois da publicação de seu livro.

7. "Instinto, amor, casamento", artigo publicado em *Tygodnik Powszechny*, n° 42, 1952.

8. André Frossard, *op. cit.*

9. Stefan Wilcanowicz e a redação de Znak, *Pologne, année 39*, Cana, 1984. Ler também: Léon Noël, *L'agression allemande contre la Pologne*, Flammarion, 1946.

10. Stefan Wilcanowicz, *op. cit.*

11. Cf. discurso pronunciado por João Paulo II na Igreja de Santa Ana de Cracóvia no sexto centenário da criação da faculdade de teologia (domingo, 8 de junho de 1997).

12. Na época, a elite da nação polonesa era formada pelos professores e os oficiais. Estes seriam dizimados pelos soviéticos em Katyn, na primavera de 1940. Quatorze professores da Universidade Jagellon, sobreviventes da deportação para Sachsenhausen, seriam vítimas, como oficiais da reserva, do segundo crime.

13. Os alemães transformariam Wadowice em importante local de troca de prisioneiros poloneses entre o governo geral e a Silésia ocupada. Cerca de quinhentas pessoas seriam fuziladas na cidade.

14. Adam Boniecki, *Kalendarium zycia Karola Wojtyly*, Znak, 1983.

15. Karol Wojtyla, *Ma vocation, op. cit.*

16. Rocco Buttiglione, *La pensée de Karol Wojtyla*, Communio-Fayard, 1984.

17. Cartas a Kotlarczyk, em Adam Boniecki, *Kalendarium, op. cit.*

NOTAS

4. A Polônia ocupada

1. Nela é que o diretor Steven Spielberg rodaria as cenas do campo de concentração de *A lista de Schindler,* impedido que foi de filmar em Auschwitz pela comunidade judaica.

2. Muitos desses depoimentos podem ser encontrados num álbum de fotos intitulado *O ninho de onde eu venho,* presenteado ao arcebispo Wojtyla pelos operários de Solvay em 1966, no milênio da Polônia.

3. Juliusz Kydrynski, *Tapima.*

4. "La carrière", tradução de Pierre Emmanuel e Constantin Jelenski, em Karol Wojtyla, *Poèmes,* Cana-Cerf,1979.

5. Atualmente, há no local um hipermercado da cadeia Carrefour.

6. *"N'ayez pas peur!", op. cit.* No relato autobiográfico sobre sua própria vocação que escreveu em 1995, João Paulo II diria: "Meu seminário seria também, mais tarde, a pedreira."

7. Em uma de suas numerosas viagens à Itália, a 19 de março de 1982, João Paulo II visitou os operários da fábrica Solvay e lhes disse: "Eu compartilhei de vossa sorte."

8. Luigi Accatoli, *Karol Wojtyla, l'homme du siècle,* Bayard Éditions-Centurion, 1999.

9. *"N'ayez pas peur!", op. cit.*

10. Na rua Szwedzka é que Karol Wojtyla convalesceria ao sair do hospital da rua Kopernik após seu acidente de 1944 (cf. *infra,* capítulo 5). Leon Szkocki morreria em 1968. Sua mulher, que foi tão importante para Karol, viria a falecer em 1971, aos 93 anos.

11. Halina Kwiatkowska, entrevista com o autor.

12. Mieczyslaw Kotlarczyk, *XXV lat Teatru Rapsodycznego w Krakowie 1941-1966,* Cracóvia. Em 1975, Kotlarczyk publicaria *Sztuka Zywego Slowa* ("A arte da palavra viva"), com o subtítulo *Dykcia-Ekspresja-Magia* ("Dicção-Expressão-Magia"), com prefácio do cardeal Wojtyla.

13. Jerzy Turowicz, entrevista com o autor.

14. Tadeusz Kantor (1915-1990), teórico e diretor de teatro, fundador do "teatro da morte", teve entre suas montagens *Eu nunca voltarei.*

15. Depois da guerra, Karol Wojtyla manteve contato com o Teatr Rapsodiczny, que entre 1946 e 1951 estabeleceu-se na rua Warszawska, a poucos metros da Igreja de São Floriano. Depois de feito cardeal, o futuro papa decidiria ensinar rudimentos de teatro aos seminaristas de sua diocese, confiando essa tarefa a Kotlarczyk — cujo estabelecimento, suspenso pelo regime de 1952 a 1957, fecharia em 1967. Kotlarczyk morreria meses antes, na primavera de 1978: não chegou a ver seu aluno subir ao maior palco que se pode imaginar.

16. Confirmado por Joseph L. Lichten, do B'nai Brith, em Georges Blazynski, *op. cit.*

17. Franciszek Macharski, entrevista com o autor.

18. Adam Boniecki, entrevista com o autor.

19. Marek Halter, entrevista com o autor.

680   JOÃO PAULO II — BIOGRAFIA

20. Jerzy Turowicz, entrevista com o autor.
21. Jacek Wozniakowski, entrevista com o autor.
22. Halina Kwiatowska, entrevista com o autor.
23. O que daria origem ao chamado caso do "carmelo" instalado no local dessas execu-
    ções, caso que um certo papa João Paulo II teria de resolver pessoalmente, mais de
    cinqüenta anos depois. Cabe lembrar que a "solução final" em relação aos judeus só
    foi aplicada pelos nazistas em Auschwitz a partir de janeiro de 1942, no campo vi-
    zinho de Birkenau (Brzezinka). Seriam necessários anos de pesquisas e polêmicas
    para deslindar os fatos; para que se reconhecesse que as primeiras tentativas de morte
    pelo gás zyklon B, no fim de 1941, tiveram como vítimas cerca de trezentos resis-
    tentes poloneses e seiscentos prisioneiros soviéticos; e que mais de um milhão de
    judeus (e não "quatro milhões" de "vítimas", como dizia a propaganda soviética)
    passariam em seguida pelas câmaras de gás desse campo.
24. Stefan Wilkanowicz, entrevista com o autor.
25. Franciszek Macharski, entrevista com o autor.
26. Cf. Wladyslaw Bartoszewski, *Zegota — Juifs et Polonais dans la résistance 1939-
    1944*, Criterion, 1992, e Teresa Prekerowa, *Zegota — Commission d'aide aux Juifs*,
    Rocher, 1999.
27. Jerzy Turowicz, entrevista com o autor.
28. Além disso, quando se falava dos "belgas", não se esclarecia que se tratava dos ju-
    deus belgas. Como se tivessem sido deportados e assassinados na qualidade de cida-
    dãos belgas!
29. *Kalendarium, op. cit.*
30. *Minha vocação, op. cit.*
31. *Cruzando o limiar da esperança, op. cit.*

5. *A vocação*

1. Mieczyslaw Malinski, *op. cit.*
2. Danuta Michalowska, entrevista com o autor.
3. Irmão Alberto (Adam Chmielowski), morto em 1916, seria beatificado em Cracóvia
   em 1987 e canonizado em Roma em 1989. O padre Karol Wojtyla, ao ser feito vigário em São Floriano, escreveria uma peça sobre ele: *Irmão de nosso Deus*.
4. *"N'ayez pas peur!", op. cit.*
5. *Minha vocação, op. cit.*
6. *Cruzando o limiar da esperança, op. cit.*
7. André Frossard, *Dieu existe, je L'ai rencontré*, Fayard, 1969.
8. *"N'ayez pas peur!", op. cit.*
9. *Ibid.*
10. *Minha vocação, op. cit.*
11. *Ibid.*

NOTAS 681

12. *"N'ayez pas peur!", op. cit.*
13. O rosário é uma forma muito antiga de oração mariana (o nome vem de uma antiga tradição em que as imagens da Virgem Maria eram coroadas de rosas). A oração do rosário consiste em recitar três terços de cinco dezenas cada um (uma dezena compreende um pai-nosso e dez ave-marias). Aos "mistérios gloriosos", "mistérios felizes" e "mistérios dolorosos" que compõem o rosário, João Paulo II acrescentaria os "mistérios luminosos", numa carta apostólica dedicada a essa oração no dia 16 de outubro de 2002.
14. *Cruzando o limiar da esperança, op. cit.*
15. *Ibid.*
16. *"N'ayez pas peur!", op. cit.*
17. *Minha vocação, op. cit.*
18. *Cruzando o limiar da esperança, op. cit.*
19. *"N'ayez pas peur!", op. cit.*
20. *Ibid.*
21. Tomás de Aquino (1225-1274), dominicano italiano, filósofo e teólogo, é a principal figura da filosofia escolástica e um dos pilares da teologia contemporânea. Ele fez a síntese entre filosofia e Revelação, sentido e inteligência, fé e razão. Canonizado em 1323, é doutor da Igreja desde 1567.
22. *Kalendarium, op. cit.*
23. Em polonês, *koscielny* quer dizer "da igreja".
24. Pierre Buhler, *Histoire de la Pologne communiste*, Karthala, 1997.
25. *Ibid.*
26. João Paulo II evocaria a memória do cardeal Sapieha com ternura na noite de 16 de junho de 1999, em Cracóvia: "Ainda tenho na lembrança o seu rosto, seus traços, suas palavras, suas expressões típicas: Não diga besteira!... Que é que está inventando?..."
27. *Minha vocação, op. cit.*
28. Karol também receberia uma indenização "de guerra" de 370 zlotys.

6. O padre Karol

1. Cardeal Stefan Wyszynski, *Notes de prison*, Cerf, 1984.
2. João Paulo II beatificou cento e oito mártires vítimas de atrocidades nazistas durante a Segunda Guerra Mundial. O padre Alfons estava entre elas. Suas relíquias estão depositadas na Igreja de São José de Wadowice.
3. Georges Blazynski, *op. cit.*
4. *"N'ayez pas peur!", op. cit.*
5. *Minha vocação, op. cit.*
6. *Tygodnik Powszechny*, número 44, 1978.
7. Cada vez mais doente, Jan Tyranowski seria hospitalizado durante o inverno de 1946-1947. De Roma, Karol Wojtyla haveria de escrever-lhe freqüentemente durante esse

período, em que todos os visitantes falam da serenidade e da dignidade do paciente, que queria que "seu sofrimento contribuísse para a redenção do mundo". Ele teria um braço amputado, antes de morrer em março de 1947.

8. Após sua ordenação, o amigo Stanislaw Starowieyski partiria como missionário para a América do Sul. Morreria no Brasil.

9. Ele tem a seu lado, em particular, o argentino Jorge Mejía, futuro cardeal da Cúria.

10. O prédio seria vendido pelos belgas em 1972. O colégio seria transferido para o número 35 da via Gian Battista Pagano, onde ficavam as instalações da congregação belga dos Irmãos da Caridade. Atualmente, a capela foi transformada em sala de reunião.

11. Georges Blazynski, *op. cit.*, e Rotto Buttiglione, *La pensée de Karol Wojtyla*, Communio-Fayard, 1984.

12. *Minha vocação, op. cit.*

13. Padre Pio — cujo verdadeiro nome é Francesco Forgione — era "estigmatizado", ou seja, apresentava marcas de cicatrizes que lembravam as chagas do Cristo na cruz. Seria beatificado por João Paulo II a 3 de maio de 1999 e canonizado a 16 de junho de 2002.

14. É o que escreve Karol Wojtyla em carta a Sophie Pozniac em julho de 1947.

15. Seu diploma (licenciatura em teologia), datado de 3 de julho de 1947, encontra-se nos arquivos do Angelicum. Nota: 40/40. Menção: *"summa cum laude"* (congratulações).

16. Mieczyslaw Malinski, *op. cit.* INRI é a inscrição que se encontra no alto da cruz. Significa "Jesus de Nazaré, rei dos judeus".

17. Jacques Loew (1909-1999), ex-advogado nascido em Nice, ordenado padre em 1941, dominicano, foi o primeiro padre operário da França. Publicou em especial *Le bonheur d'être homme*, Bayard-Centurion, 1988.

18. Cf. Cardeal Suhard, *Essor ou déclin de l'Eglise*, Lahure, 1947.

19. Georges Michonneau, *Paroisse, communauté missionnaire*, Cerf, 1946.

20. *Tygodnik Powszechny*, 6 de março de 1949 (cf. *infra*, capítulo 7).

21. Edward Gierek era membro do conselho geral da superdoutrinária União dos Patriotas Poloneses (*Zwiazek Patriotow Polskich*, ZPP) criada por Stalin em Moscou em 1943.

22. Dom Francis Trochu, *Le curé d'Ars, saint Jean-Marie Vianney*, Résiac, 1925; uma nova edição foi publicada em 1996.

23. Na tradição ortodoxa, um *starets* é um monge que, depois de anos de ascese, recebe e dá confissão a peregrinos.

24. Mieczyslaw Malinski, *op. cit.*

25. Wojtyla chegaria a contratar um rapaz, Stanislaw Wyporek, para datilografar sua tese — com dois dedos, e em latim —, o que acarretaria para o infeliz sérios problemas com a polícia política.

26. Mieczyslaw Malinski, *op. cit.*

27. *Tygodnik Powszechny*, 11 de março de 1984.

28. Mieczyslaw Malinski, *op. cit.*

NOTAS 683

29. O padre Karol monta com eles *O hóspede esperado*, uma peça da grande resistente Zofia Kossak-Szczucka.

30. Depois da guerra, Mieczyslaw Kotlarczyk realizou seu sonho, encontrando uma sala para seu teatro na rua Warszawska (cf. *infra*).

31. Em dezembro de 1960, no Natal, em outubro de 1966, para sua turnê do *Millennium*, em março de 1968, para a festa da Virgem, e em agosto de 1974, no vigésimo quinto aniversário da nova igreja.

32. *Kalendarium, op. cit.*

7. Os jovens e o amor

1. Danuta Michalowska, entrevista com o autor.

2. No plano pessoal, o padre Wojtyla — que mora num cômodo amplo, no primeiro andar da cúria, dando para a igreja — não tem o menor interesse pelas coisas materiais. Pobre ele é, pobre continuaria sendo. Tem sapatos muito batidos e uma velha batina puída. Sua tia Stefania, irmã de seu pai, vem visitá-lo com freqüência em Cracóvia e o ajuda a manter seu apartamento, mas não se exime de criticar dois hábitos que considera maus de seu sobrinho vigário: primeiro, sua casa está sempre aberta, o que contribui para a desordem; além disso, tratando-se de um padre, Karol passa tempo demais no cinema e no teatro.

3. Durante seu serviço em São Floriano (agosto de 1949-agosto de 1951), o padre Wojtyla abençoaria 160 casamentos e batizaria 229 crianças.

4. Maja Wozniakowska, entrevista com o autor.

5. Mas não faltaram percalços: o estudante Wojtyla não teve condições de publicar sua tese em Roma, e no dia 10 de novembro teve de apresentar à Universidade Jagellon uma tese "ampliada" de acordo com as indicações dos professores Rozycki e Wicher, além de devidamente datilografada, para cumprir o regulamento. Foi esta tese, acompanhada de "trabalhos" aprovados por seus professores, que ele sustentou com êxito no dia 16 de dezembro.

6. Em polonês: *Zagadnienie wiary w dzielach sw. Jana od Krzyza*, em Ateneum Kaplanskie, a.42 (1950). A tese seria publicada em várias línguas após a subida de seu autor ao trono de São Pedro:

— Karol Wojtyla, *La fede secondo S. Giovanni della croce*, prefácio do cardeal Pierre-Paul Philippe, Universidade Pontifícia Santo Tomás/Herder, Roma, 1979.

— Karol Wojtyla, *La Fe segun San Juan de la Cruz*, tradução e introdução de Álvaro Huerga, Libreria Editrice Vaticana/Biblioteca de Autores Cristianos, Madri, 1979.

— Karol Wojtyla, *La Foi selon saint Jean de la Croix,* prefácio do cardeal Pierre-Paul Philippe, tradução francesa das carmelitas de Muret e de irmã Geneviève, Cerf, 1980.

7. *Ocena mozliwosci zbudowania etyki chrzescijanskiej przy zalozeniach systemu Maksa Schelera*, Towarzystwo Naukowe KUL, Lublin, 1959. A este respeito, ler Rocco Buttiglione, *op. cit.*

8. Jerzy Ciesielski, estudante e posteriormente professor na Escola Politécnica de Cracóvia, morreria num acidente de barco no Nilo quando em missão no Sudão. O cardeal Wojtyla haveria de prestar-lhe uma homenagem particularmente vibrante em artigo publicado no *Tygodnik Powszechny* (20 de dezembro de 1970).

9. *Tygodnik Powszechny* (20 de dezembro de 1970). Ver também Mieczyslaw Malinski, *op. cit.*

10. *Kalendarium, op. cit.*

11. Stanislaw Kozlowski, em Mieczyslaw Malinski, *op. cit.*

12. Cf. Danuta Ciesielska, *Zapis drogi*, ed. Sw. Stanislaw, Cracóvia, 1998.

13. *Cruzando o limiar da esperança, op. cit.*

14. *Tygodnik Powszechny*, número 6, 1953.

15. "Instinto, amor, casamento", artigo publicado no *Tygodnik Powszechny*, número 42, 1952.

16. *Amor e responsabilidade* seria publicado em francês em 1978, pela editora Dialogue, e em 1985 pela editora Stock (prefácio de André Frossard).

17. Cf. também *"N'ayez pas peur!"*, *op. cit.*, na qual ele cita Max Scheler em apoio a esta tese.

18. Em 1988, o diretor Michael Anderson filmou uma adaptação de *A ourivesaria*, com Burt Lancaster e Daniel Olbrychski. Não foi um sucesso.

19. Vinte anos depois, ao tratar desse período com André Frossard, Karol Wojtyla confessaria que "uma vez conquistada, essa maturidade de idéias e do coração compensa centuplicadamente os esforços que exige" (*"N'ayez pas peur!"*, *op. cit.*).

8. Poeta e professor

1. Andrzej Bardecki, entrevista com o autor.

2. Karol Wojtyla, *Poèmes, théâtre, écrits sur le théâtre, op. cit.*

3. Jerzy Turowicz, entrevista com o autor.

4. Stefan Swiezawski, entrevista com o autor.

5. O que explica o fato de que a tese de Wojtyla só viesse a ser publicada seis anos depois, na Universidade Católica de Lublin, onde ele ensinava então.

6. Cardeal Stefan Wyszynski, *op. cit.* Em 2000, seria realizado um filme sobre esses três anos de detenção: *O Primaz*, dirigido por Teresa Kotlarczyk, com Andrzej Seweryn no papel do cardeal Wyszynski.

7. Para o quarto e o quinto anos. É nessa época, pouco antes do Natal de 1954, que um estudante do quarto ano de teologia, Tadeusz Styczen, se aproxima daquele de quem viria a ser, durante vinte e cinco anos, um dos discípulos mais próximos. Styczen, que decide acompanhar seu mestre à KUL, na classe de filosofia, seria mesmo o seu sucessor ali, em 1978, quando o professor Wojtyla seria chamado a ensinar ao planeta inteiro.

NOTAS 685

9. A repartição é a seguinte: no primeiro ano, uma hora de aula e duas horas de direção de seminário; no ano seguinte, duas horas de aula magistral e duas horas de seminário.

10. Já no mês de março de 1955, o novo professor torna-se "colaborador" da Sociedade Científica da KUL. Karol Wojtyla tornar-se-ia seu membro "correspondente" em dezembro de 1955 (e membro "ativo" em abril de 1959).

11. Na época, havia uma série de barracas de madeira, semelhantes a isbás, nas quais funcionavam os serviços e associações ligados à KUL. Atualmente, um enorme Instituto João Paulo II, criado em 1982, domina com seus dez andares o velho prédio universitário.

12. Adam Boniecki, entrevista com o autor (Boniecki foi aluno da KUL).

13. O massacre de 15.000 oficiais poloneses pela NKVD soviética em Katyn, em abril de 1940, é uma das referências mais trágicas da memória polonesa contemporânea.

14. Mieczyslaw Malinski, por sua vez, apresentou na KUL, sob a orientação de Albert Krapiec, uma tese sobre "A transcendência em Gabriel Marcel".

15. Irmã Teresa Bartnicka, entrevista com o autor.

16. O padre Kalonowski acabaria se instalando na França, onde fez toda a sua carreira e onde redigiu suas memórias cerca de quarenta anos depois: *Poszerzone serca*, KUL, 1997.

17. Ao longo do período em que Karol Wojtyla ensina na KUL, são os seguintes os seus reitores: Jozef Iwanicki (1951-1956), Marian Rechowicz (1956-1965), Wincenty Granat (1965-1970) e Mieczyslaw-Albert Krapiec (1970-1983).

18. Rocco Buttiglione, *op. cit.*

19. Stefan Swiezawski, entrevista com o autor. Trinta anos depois, João Paulo II várias vezes convidaria o grupo a Castel Gandolfo.

20. Cf. Jean Offredo, *Nous, chrétiens de Pologne*, Cana, 1979.

21. Karol Wojtyla, *Teksty poznanskie*, Ksiegarnia Sw. Wojciech, Poznan, 1997.

22. Cf. *Zapis drogi, op. cit.*

23. Duas horas de aulas (teoria e prática) e duas horas de trabalhos práticos no caso dos alunos de primeiro e segundo ano, duas horas de aulas (sobre "A norma e a felicidade") e duas horas de seminário prático para os terceiro e quarto anos.

24. Ao deixar definitivamente a KUL em 1978, ele seria substituído por Tadeusz Styczen, que há muito havia sido convidado para "assistente voluntário": Styczen "preparava" os alunos para o doutorado, esboçava as avaliações de teses etc.

25. *Kalendarium, op. cit.*

9. O Concílio Vaticano II

1. O papa Pio XII aceitou a nomeação no dia 4 de julho, pedindo a seu secretário que comunicasse a decisão ao cardeal Wyszynski em carta de 10 de julho.

2. Depoimento do padre Kluz citado em Carl Bernstein e Marco Politi, *Sa Sainteté,*

JOÃO PAULO II — BIOGRAFIA

3. Segundo o direito canônico, é necessário ter pelo menos 35 anos para ser feito bispo, e ser padre há pelo menos cinco anos. Portanto, Karol Wojtyla não está entre as raras exceções a esta regra: o cardeal nigeriano Francis Arinze, feito bispo em 1965 aos 33 anos, e o cardeal eslovaco Jan Korec, feito bispo em 1951, apenas onze meses depois de sua ordenação.

4. Foi no entanto esse título obsoleto que coube a monsenhor Gaillot, na França, quando foi afastado da direção da diocese de Évreux, da qual era bispo residencial, para tornar-se bispo de Partênia, na Mauritânia. Cf. *infra*, capítulo 24.

5. O lugar tem hoje o nome de Kom Ombo. Fica situado no sul da atual Luxor, em pleno deserto árabe.

6. Segundo outro depoimento, a alva teria sido presente do padre Ferdinand Machaj e dos amigos do Teatr Rapsodiczny.

7. No local, existe hoje um pequeno museu em homenagem a João Paulo II. Como em Wadowice, no entanto, o local foi tão restaurado e adaptado que nada mais tem a ver com o que era na época.

8. *Kalendarium, op. cit.*

9. As respostas de Wojtyla à comissão antepreparatória do Vaticano II encontram-se em *Acta et documenta concilio Vaticano II apparando* (séries I, volume II, parte II, p. 741-748).

10. Sergio Trasatti, *Vatican-Kremlin, les secrets d'un face-à-face*, Payot, 1995.

11. Se por um lado os prelados poloneses e iugoslavos, por motivos diferentes, são os mais presentes no concílio (respectivamente 17, de um total de 64 convidados, no primeiro caso, e 24 de 27 no segundo), por outro lado compareceram apenas dois representantes húngaros e quatro tchecoslovacos. Não compareceu nenhum bispo da Albânia, da Alemanha Oriental, da Letônia nem da Lituânia. Sobre toda esta parte, ver *Histoire du concile Vatican II — 1959-1965*, sob a direção de Giuseppe Alberigo, tomo II: *La formation de la conscience conciliaire*, Cerf-Peeters, 1998.

12. Luigi Accattoli, *op. cit.*

13. Durante a reforma da Cúria, a Suprema Congregação do Santo Ofício perderia seu título de "suprema", cedendo à Secretaria de Estado o primeiro lugar entre os dicastérios.

14. *Cruzando o limiar da esperança, op. cit.*

15. O que não impediria que a reforma litúrgica fosse maciçamente aprovada pelos padres conciliares, no dia 7 de dezembro de 1962, com 1.992 votos "a favor" (*placet*), 11 "contra" (*non placet*) e 180 abstenções (*placet iuxta modum*).

16. A delegação polonesa tinha os seguintes componentes: o cardeal Stefan Wyszynski (primaz da Polônia), os arcebispos Antoni Baraniak (Poznan), Boleslaw Kominek (Wroclaw), Zygmunt Choromanski (secretário do episcopado) e os bispos Barda (Przemysl), Klepacz (Lodz), Kowalski (Chelm), Golinski (Czestochowa), Pawlowski (Wroclaw), Jop (Opole), Wilczynski (Olsztyn), Nowicki (Gdansk), Bednorz (Katowice), Wojtyla (Cracóvia), Fondalinski (Lodz), Wojcik (Sandomierz) e Wronka (Wroclaw).

NOTAS   687

17. O bispo Pieronek, que então estudava em Roma, freqüentemente assistia a essas reuniões, como secretário de Wojtyla (entrevista com o autor).
18. O lugar não existe mais desde a construção da *Aula* Paulo VI.
19. Cardeal Paul Poupard, entrevista com o autor.
20. Mieczyslaw Malinski, *op. cit.*
21. Vinte e um padres conciliares são mais jovens que Wojtyla. O mais jovem de todos é Dom Alcides Mendoza Castro, bispo de Abancay (Peru), de 34 anos. Ele se habituou a ir pessoalmente buscar todas as manhãs o velho Alfonso Carinci, um bispo italiano que no dia 9 de novembro de 1962 comemorou seus 100 anos sob os aplausos da assembléia conciliar — e que aos 7 anos de idade havia sido menino de coro no Concílio Vaticano I, em 1870.
22. *Acta Synodalia sacrosancti concili oecumenici Vaticani II*, Typis polyglottis Vaticanis, 1976.
23. *Ibid.*
24. Luigi Accattoli, *op. cit.*
25. *Acta Synodalia..., op. cit.*
26. Mieczyslaw Malinski, *op. cit.*
27. *Cruzando o limiar da eaperança, op. cit.*
28. Das vinte e uma intervenções oficiais de Wojtyla no concílio, oito foram feitas oralmente em sessões plenárias nas seguintes datas: 7 de novembro de 1962 (14ª congregação, sobre a liturgia); 21 de novembro de 1962 (24ª congregação, sobre as fontes da Revelação); 21 de outubro de 1963 (52ª congregação, sobre o esquema *De Ecclesia*); 25 de setembro de 1964 (88ª congregação, sobre a liberdade religiosa); 8 de outubro de 1964 (97ª congregação, sobre o apostolado dos leigos); 21 de outubro de 1964 (106ª congregação, sobre o esquema XIII); 22 setembro de 1965 (133ª congregação, sobre a liberdade religiosa); 28 de setembro de 1965 (137ª congregação, sobre o esquema XIII). Todos os textos constam da *Acta Synodalia sacrosancti concili oecumenici Vaticani II*. (Ainda seria necessário citar suas numerosas intervenções, de caráter naturalmente muito desigual, em comissões e subcomissões.)
29. Jan Grootaers, *Actes et acteurs à Vatican II*, Presses universitaires de Louvain, 1998.
30. O cardeal não perde a indignação contra uma parte da imprensa francesa, especialmente as *Informations catholiques internationales*, que o apresentam como um reacionário limitado e pouco freqüentável.
31. "Quando se fala do 'mundo'", diz ele, "devemos ter sempre em vista o homem — o homem que vive em diferentes mundos e sob sistemas econômicos, sociais e políticos muito variados."
32. *Acta Synodalia..., op. cit.*
33. Stefan Swiezawski, entrevista com o autor.
34. Os bispos iugoslavos, por exemplo, não foram tão ofensivos.
35. *Acta Synodalia..., op. cit.*
36. Jan Grootaers, *op. cit.*

10. Arcebispo de Cracóvia

1. POUP: Partido Operário Unificado Polonês (em polonês: PZPR).
2. A bula de nomeação é datada de 13 de janeiro de 1964.
3. *Kalendarium, op. cit.*
4. Essa estola sagrada (*racjonal*) simboliza um privilégio que data da Idade Média e que é reservado a quatro bispados europeus: Cracóvia, Padeborn, Toul e Eichstätt.
5. Em 1991, o episcopado definiria mais trinta dioceses, uma das quais passando a englobar Bielsko-Biala e Zywiec (e da qual fazem parte Oswiecim e Wadowice).
6. O bispo Wojtyla, por sua vez, carregaria pela primeira vez o *pallium* para a missa "pontifícia" que celebraria um pouco antes do Natal em Cracóvia.
7. Maximiliano Kobe, franciscano, morreu heroicamente em Auschwitz em agosto de 1941. Seria canonizado por João Paulo II a 10 de outubro de 1982.
8. Georges Blazynski, *op. cit.*
9. Um dia, ele confidenciaria a amigos: "Aqui, tenho a impressão de estar preso numa gaiola" (*ibid.*).
10. Em Bienczyce, a avenida que passa em frente à igreja, que se chamava "rua Maiakovski", chama-se atualmente "avenida dos Defensores da Cruz".
11. Quando o papa retorna a Nowa Huta em 1983, a paróquia de Bienczyce tem cem mil fiéis e dezoito padres que abençoam setecentos casamentos por ano. A segunda igreja, em Mistrzejowice, foi concluída há um ano. Três outras igrejas estão sendo construídas nas cidades de Szklane Domy e Dywizjon-303, assim como na colina de Krzeslawice.
12. No dia 14 de novembro de 1976, ele depositaria solenemente a primeira pedra de uma outra igreja, no bairro de Mistrzejowice. A obra domina um imenso terreno baldio e o ponto final dos bondes 1, 16 e 22. Saída do nada, a construção, toda de madeira clara e tijolos, seria dedicada a São Maximiliano Kolbe, que a partir de 1998 apareceria nos vitrais da igreja, ao lado dos maiores santos poloneses: Adalberto, Estanislau, Edwige, João Kanty, Kalinowski, Chmielowski, Kozal etc. No último vitral, os artistas não hesitariam em representar também... monsenhor Wyszynski, o padre Popieluszko, Madre Teresa e João Paulo II!
13. A idéia da carta foi discutida no concílio com o cardeal Döpfner, e também com os bispos alemães Franz Hengsbach, Josef Schröffer e Otto Spülbeck.
14. Cerca de 7,6 milhões de poloneses morreram ou desapareceram durante a Segunda Guerra Mundial, sendo 3 milhões deles judeus: o país perdeu 30% de sua população, proporcionalmente mais do que qualquer outro país envolvido no conflito.
15. A resposta dos alemães chegaria a 5 de dezembro de 1965. Ela fala dos milhões de alemães que também foram expulsos de sua terra natal (na região oeste da Polônia), mas renuncia implicitamente a qualquer reivindicação agressiva sobre essas terras, e portanto também ao restabelecimento das fronteiras de 1937 (antes da linha Oder-Neisse).

NOTAS   689

16. Em desespero de causa, o texto seria publicado num jornal confessional, *Dziennik Polski*, no dia 13 de janeiro de 1966. Uma resposta completa a essas objeções constaria de uma carta pastoral do episcopado datada de 10 de fevereiro de 1966, na qual se pode reconhecer a "marca" do bispo Wojtyla, especialmente quando cita o escritor francês Albert Camus.

17. A 1º de abril de 1656, o rei João Casimiro presta na catedral de Lwow o juramento de tudo fazer para "libertar o povo polonês de toda opressão".

18. Em sua homilia, o arcebispo, premonitoriamente, frisa: "Temos de entrar *num novo milênio...*"

11. *O cardeal Wojtyla*

1. Tadeusz Pieronek, futuro secretário-geral do episcopado polonês, havia sido aluno de Karol Wojtyla no seminário de Cracóvia, e o havia reencontrado na KUL em 1955, quando a faculdade de teologia foi fechada pelos comunistas. Em 1960, doutor em direito, ele é *notariusz kurii* (chefe de gabinete) do bispo Wojtyla, vigário-geral. Este o aconselha por sua vez a também fazer o exame de *habilitacja* (em direito canônico): foi para preparar sua tese que Pieronek viajou para Roma em 1961.

2. Tadeusz Pieronek, entrevista com o autor.

3. Andrzej-Maria Deskur receberia por sua vez San Cesareo in Palatio ao ser nomeado cardeal por João Paulo II em 1985.

4. Paulo VI entregava uma safira. João Paulo II entregaria a "seus" cardeais um anel de ouro em forma de cruz.

5. Krzysztof Sliwinski, entrevista com o autor.

6. Em 1978, Karol Wojtyla confidenciaria a Pieronek, então decano da cátedra de teologia em Cracóvia, que havia muitas divergências entre ele e Wyszynski a respeito do ensino católico na Polônia.

7. Carl Bernstein e Marco Politi, *op. cit.*

8. Stefan Swiezawski, entrevista com o autor.

9. Stefan Wilkanowicz, entrevista com o autor.

10. Infelizmente para os historiadores, é possível que nunca venhamos a tomar conhecimento dos primeiros arquivos da polícia política sobre Wojtyla: ao ser nomeado ministro do Interior na primavera de 1990, o jornalista cracoviano Krzysztof Kozlowski, amigo do ex-cardeal, constatou que os documentos haviam desaparecido. Meses antes, seu antecessor, o general Czeslaw Kiszczak, ordenara que fossem queimados todos os arquivos do departamento IV, encarregado das questões religiosas.

11. Tadeusz Pieronek, entrevista com o autor.

12. Curiosamente, o *Kalendarium* (*op. cit.*) se cala sobre o curto período que vai de 5 a 9 de setembro de 1967, e que é incluído neste episódio.

13. Telegrama de Patrice de Beauvais, 5 de março de 1968.

14. *Le Figaro*, 13 de outubro de 1998.

690 JOÃO PAULO II — BIOGRAFIA

15. Tadeusz Pieronek, entrevista com o autor.
16. Adam Boniecki, entrevista com o autor.
17. Stefan Wilkanowicz, entrevista com o autor.
18. Monsenhor Agostino Casaroli, que era na época o "ministro das Relações Exteriores" de Paulo VI, fez uma longa viagem pela Polônia de 17 de fevereiro a 24 de março de 1967.
19. Jerzy Waszczuk, entrevista com o autor.
20. Mieczyslaw Malinski, *op. cit.*
21. Durante toda a vida o papa manteria o detestável hábito de ler sua correspondência conversando com seus interlocutores. Certo dia, seu amigo Jacek Wozniakowski, queixou-se ao bispo Deskur: "Nós, os romanos, vamos ensinar-lhe boas maneiras", garante este último. Em vão: a vida inteira, Karol Wojtyla continuaria anotando em seus papéis enquanto recebe seus visitantes.
22. *Kalendarium, op. cit.*
23. Depoimento de Anna-Teresa Tymienicka, em Carl Bernstein e Marco Politi, *op. cit.*
24. Mieczyslaw Malinski, *op. cit.*
25. Tadeusz Pieronek, entrevista com o autor.
26. Stefan Wilkanowicz, entrevista com o autor.
27. Membro da comissão central, Stefan Wilkanowicz também presidiu a subcomissão para os leigos. Quando Wojtyla se torna João Paulo II, ele integraria durante dez anos o Conselho Pontifício para os Leigos.
28. Editado em polonês pela Sociedade Teológica Polonesa (Cracóvia, 1972). Edição francesa: *Aux sources du renouveau, Étude sur la mise en oeuvre du concile Vatican II*, tradução de H. Louette, Le Centurion, 1981.

12. Os anos Gierek

1. Jerzy Kloczowski, *Histoire religieuse de la Pologne,* prefácio de Jacques Le Goff, Le Centurion, 1987.
2. Tadeusz Styczen, entrevista com o autor.
3. Andrzej Szostek, entrevista com o autor.
4. O conjunto das intervenções nessa longa sessão, assim como das contribuições escritas posteriores, foi publicado nas *Analecta Cracoviensia*.
5. Carl Bernstein e Marco Politi, *op. cit.*
6. *I gradi dell'essere nella fenomenologia e nella metafisica classica,* intervenção mencionada na *Chronica Universitatis* da Universidade Gregoriana (ano 1976-77).
7. Jerzy Turowicz teve negado seu visto pelas autoridades e precisou ser substituído por Jacek Wozniakowski na terceira sessão, no outono de 1964.
8. Jas e Wanda Gawronski são filhos de Luciana Frassati, que se casou com um diploma polonês chamado Gawronski. Mais tarde, Jas viria a ser deputado europeu e deputado de Roma pela democracia cristã.

NOTAS 691

9. Jacek Wozniakowski, entrevista com o autor.

10. Uma coletânea dos principais artigos de Karol Wojtyla foi publicada em francês sob o título *En esprit et en vérité*, tradução de Gwendoline Jarczyk, Le Centurion, 1980. Por outro lado, Karol Wojtyla publicou outros artigos de caráter universitário em revistas especializadas — especialmente sobre metafísica e fenomenologia. (Cf. o impressionante levantamento de todos os seus escritos publicados entre 1946 e 1978 no *Kalendarium, op. cit.*, pp. 843-870.)

11. Jacek Wozniakowski, entrevista com o autor.

12. Uma de suas intervenções na rádio Vaticano, no dia 18 de fevereiro de 1965, intitulada "A palavra de Auschwitz" (*"Wymowa Oswiecimia"*), dizia respeito ao vigésimo aniversário da libertação do campo.

13. Os pilares do grupo Znak são: Jerzy Turowicz, Stanislaw Stomma (que logo partiria para Varsóvia), Jacek Wozniakowski, Andrzej Bardecki e Antoni Golubiew. Principais colaboradores: Bronislaw Mamon, Tadeusz Zychiewicz, Mieczyslaw Pszon, Jozefa Hennel, Zofia Morstin, Hanna Malewska e Maria Turowicz. Em 1956-1957, viriam juntar-se à equipe: Stefan Wilkanowicz, Wladyslaw Strozewski, Krzysztof Kozlowski, Jerzy Kolontaj, Jacek Susul, muitas vezes recrutados na esfera de ação da KUL. Entre os colaboradores de fora do jornal, além de Stefan Kisielewski, cabe citar Zygmunt Kubiak e Leopold Tyrmand (que deixaria seu país para viver nos Estados Unidos).

14. Sergio Trasatti, *op. cit.*

15. Jean Offredo, *Nous, chrétiens de Pologne, op. cit.*

16. Georges Blazynski, *op. cit.*

17. Stanislaw Kania, entrevista com o autor.

18. Liljana Sonik, entrevista com o autor.

19. Georges Blazynski, *op. cit.*, e Carl Bernstein e Marco Politi, *op. cit.*

20. *Ibid.*

21. O livro foi publicado em francês com o título *L'Église et la gauche: le dialogue polonais*, Seuil, 1979.

13. *Na trilha de Paulo VI*

1. Carta citada no *Kalendarium, op. cit.*

2. Entrementes, ele fez uma outra peregrinação: em outubro de 1965, durante uma interrupção da última sessão do concílio, Wojtyla teve uma breve passagem por Paray-le-Monial, na Borgonha, onde o bispo de Autun o convidou a celebrar uma missa pela festa de Santa Margarida Maria. De Paray-le-Monial, ele foi visitar a comunidade de Taizé, a convite do irmão Roger Schutz (ver *infra*, capítulo 26).

3. Dom Szczepan Wesoly, entrevista com o autor.

4. É difícil saber o que Wojtyla disse em suas homilias (uma centena no total), pois ele improvisou a quase totalidade de seus textos, ditos sem anotações. Segundo depoi-

mento do bispo Wesoly, os temas que ele abordou por toda parte são a nação, a cultura e a Igreja.

5. Em Nova York, onde fica apenas por algumas horas — tempo suficiente para uma missa na Catedral de Saint Patrick —, ele não consegue se encontrar com o cardeal Cook, que estava doente nesse dia.

6. A Papua Nova Guiné só se tornaria independente da Austrália um ano depois.

7. A ortografia errada é a que foi originalmente adotada na Austrália.

8. Desse percurso ficou uma foto de Karol Wojtyla com cangurus, tirada no parque Sanctuary de Melbourne, durante visita a um acampamento de escoteiros poloneses no dia 23 de fevereiro de 1973.

9. Citado por Georges Blazynski, *op. cit.*

10. Acaso da história: foi Irina Alberti-Ilovoiskaia, futura diretora de *La Pensée russe* (*O Pensamento Russo*) e tradutora de Soljenitsin, que o preveniu de que os americanos "não lhe perdoariam" seu discurso de Harvard (fonte: A. Soljenitsin, *Le grain tombé entre les meules*, Fayard, 1998). Acontece que alguns anos depois Irina Alberti também haveria de tornar-se uma das melhores amigas do papa polonês.

11. Também participavam da comitiva os bispos Orszulik (porta-voz do episcopado polonês), Wesoly (capelão da diáspora) e Lubowiecki (vigário geral dos poloneses da Alemanha), e Mieczyslaw Pszon, jornalista do *Tygodnik Powszechny*.

12. Monsenhor Kozal seria beatificado por João Paulo II durante sua viagem a Varsóvia em junho de 1987.

13. *Motu proprio* de 15 de setembro de 1965 (*Apostolica sollicitudo*). O decreto conciliar seria publicado a 28 de outubro de 1965.

14. Relatado por Mieczyslaw Malinski, *op. cit.*

15. Quatro poloneses participam: Wyszynski, Wojtyla, Ablewicz e também Deskur, como secretário da Comissão Pontifícia para as Comunicações Sociais.

16. O outro cardeal incumbido de relatório final é Cordeiro, do Paquistão.

17. Cf. Georges Blazynski, *op. cit.*

18. Stanislaw Rylko, entrevista com o autor.

19. O texto seria publicado em polonês em 1976, com o título *Znak, ktoremu sprzeciwiac sie beda*, ed. Pallotinum, Poznan-Varsóvia. Em italiano, em 1977, sob o título *Segno di contraddizione — Meditazioni*, Vita e Pensiero, Milão. Em francês, em 1979: *Le signe de contradiction — Retraite au Vatican*, Communio-Fayard.

20. Georges Blazynski, *op. cit.*

14. *"Habemus papam!"*

1. Fontes particulares.

2. Mieczyslaw Malinski, *op. cit.*

3. Segundo o assistente do cardeal Wyszynski, padre Kukolowicz.

4. Logo em seguida ele acorreria, diretamente do aeroporto, à casa do jornalista Antoni Golubiew, do *Tygodnik Powszechny*, que acaba de perder tragicamente o filho.

NOTAS   693

5. *Kalendarium, op. cit.*
6. Ver *supra,* capítulo 13.
7. *Kalendarium, op. cit.*
8. David Yallop, *Au nom de Dieu,* Bourgois, 1984.
9. "Au nom de Dieu ou des États-Unis?", *Temps nouveaux,* número 18, Moscou, 1985. Victor Willi, *Au nom du diable,* Christiana Verlag, 1987.
10. Dom Jacques Martin, *Mes six papes,* Mame, 1993.
11. John Cornwell, *Comme un voleur dans la nuit,* Robert Laffont, 1989.
12. Já o padre Stanislaw Rylko, que acabava de ser nomeado por Wojtyla vice-reitor do seminário de Cracóvia, e que assistia a esse ofício da basílica, não se lembra de ter percebido alguma emoção no oficiante (entrevista com o autor).
13. Bispo Thu, entrevista com o autor.
14. É no momento em que ele chega à entrada da basílica que o fotógrafo italiano Gianni Giansanti tira sua primeira fotografia de Karol Wojtyla — em preto-e-branco, carregando um guarda-chuva, junto a uma das pilastras da praça de São Pedro. Posteriormente, tiraria milhares de outras. Cf. seu magnífico álbum *Jean-Paul II, portrait d'un pape,* Gründ, 1996.
15. Segundo Georges Blazynski, *op. cit.*
16. Relatado pelo bispo Thu, entrevista com o autor.
17. "*Não tenham medo!", op. cit.*
18. O bispo Wojtyla mantinha um "diário de atividades de bispo", uma espécie de agenda de tamanho médio, gasta, onde ele anotava tudo, com uma escrita rápida mas legível, com muitas abreviaturas. Seu diário se encerra com essas notas tomadas no momento de sua eleição:
    16 de outubro: 7h concelebr.
    festa de Santa Edwige. Conclave
    17h15 aprox. João Paulo II
19. Dom Jacques Martin, *op. cit.*
20. Renato Boccardo, entrevista com o autor.
21. Mieczyslaw Malinski, *op. cit.*
22. Dom Jacques Martin, *op. cit.*

15. *Um dia na vida de um papa*

1. *Cruzando o limiar da esperança, op. cit.*
2. Bispo Thu, entrevista com o autor.
3. O terraço preparado por Paulo VI.
4. Entrevista a *Famille chrétienne,* 31 de março de 2001.
5. A capela foi restaurada pelo arquiteto Dandollo Bellini. A porta de entrada em bronze foi desenhada por Enrico Manfrini. A poltrona do papa foi entalhada pelo escultor Mario Rudelli.

694 JOÃO PAULO II — BIOGRAFIA

6. Essa ordem, fundada na Polônia em 1894, tem cerca de seiscentas religiosas.
7. O padre Diego Lorenzi, secretário de João Paulo I, não teve tempo para deixar alguma lembrança significativa.
8. Na constituição *Universi Dominici Gregis* (1996), João Paulo II estabelece que o secretário do papa, morrendo este, pode continuar ocupando suas instalações até depois do enterro (Pasquale Macchi, secretário de Paulo VI, fora convidado a deixar seu apartamento em vinte e quatro horas).
9. Ou seja, *ad limina apostolorum*, nos "limites" dos túmulos dos apóstolos Pedro e Paulo.
10. A mantilha é o véu de renda negra usado em outros tempos por todas as mulheres que se aproximassem do Santo Padre, mas que há muito tempo deixou de constar do protocolo das audiências papais. Cf. Jean Chelini, *Jean-Paul II au Vatican*, Hachette, 1995.
11. Essas vidraças explodiram no dia 23 de dezembro de 1967 quando o piloto do helicóptero do presidente americano Lyndon Johnson tentou sem êxito aterrissar diretamente no pátio São Damásio, para se esquivar das manifestações romanas contra a guerra no Vietnã.
12. Ver *supra*, introdução, número 1.
13. Bispo Boccardo, entrevista com o autor.
14. Bispo Thu, entrevista com o autor.

16. O "esportista de Deus"

1. Segundo o jornal *L'Espresso*, o serviço secreto italiano teria tirado uma foto do papa nu à beira da piscina. A foto teria sido comprada por Angelo Rizzoli, diretor do *Corriere della Sera*, que a teria presenteado ao secretário do Santo Padre. Relatado por Patrick Meney, *Le pape aussi a eu vingt ans*, Plon, 1995.
2. Espátulas bordô com uma faixa azul-celeste. Esses esquis estão expostos no museu de Wadowice.
3. Georges Blazynski, *op. cit.*
4. Bruno Bartolini, correspondente da Agência France Presse (AFP), em Roma, entrevista com o autor.
5. Agência France Presse.
6. Relatado por Jean Chilini, *op. cit.*
7. *L'Osservatore Romano*, 27 de julho de 1999.
8. Ver *infra*, capítulo 19.
9. Bispo Boccardo, entrevista com o autor.
10. O porta-voz Navarro-Valls, que também é médico, falou no dia 7 de setembro de 1996 de uma "síndrome nervosa extrapiramidal".
11. "O sofrimento, aceito em união com o Cristo que sofre, tem uma eficácia incomparável para a realização do desígnio divino da salvação", dissera João Paulo II no

NOTAS   695

ângelus de 24 de maio de 1971, pouco depois do atentado. Em fevereiro de 1984, ele redigiu a partir de sua experiência uma carta apostólica intitulada *Salvifici Doloris* ("Da dor salvadora"). "Eu completo na minha carne o que falta à paixão do Cristo", dissera ele certa vez a seu amigo Frossard, citando São Paulo.

12. Especialmente *Le Monde diplomatique*, citado por Giancarlo Zizola, *Le successeur*, Desclée de Brouwer, 1995.

13. Renato Buzzonetti, nascido em 1926, começou sua carreira no breve pontificado de João Paulo I, com a morte do dr. Mario Fontana, o médico particular de Paulo VI, de quem era assistente.

17. A epopéia polonesa

1. Antoine Wenger, *Le cardinal Villot (1905-1979)*, Desclée de Brouwer, 1989.

2. Stanislaw Kania, entrevista com o autor. Retomamos neste capítulo várias citações e conclusões que constam em *La vérité l'emportera toujours sur le mensonge*, J.-C. Lattès, 1991.

3. Os dirigentes também riscaram do programa pretendido pelo papa as duas etapas mais "proletárias": Piekary (feudo do chefe do partido, Edward Gierek) e Nowa Huta (onde o então cardeal Wojtyla liderara a famosa batalha pelas igrejas).

4. Stanislaw Kania, entrevista com o autor.

5. Edward Gierek, *Przewana dekada*, entrevistas com Janusz Rolicki, Polska Oficyna Wydawicza, 1990.

6. *Solidarnosc*, filme de J. M. Meurice, K. Talczewski e G. Meteryk, Éd. Point du Jour, 1990.

7. Jerzy Waszczuk, entrevista com o autor.

8. George Weigel, *Jean-Paul II, témoin de l'espérance*, J.-C. Lattès, 1999.

9. Georges Blazynski, *op. cit.*

10. AFP, 22 de agosto de 1980.

11. Stanislaw Kania, entrevista com o autor.

12. Jerzy Waszczuk, entrevista com o autor.

13. *La Documentation catholique*, 15 de fevereiro de 1981.

14. Joseph Tischner, *Éthique de Solidarité*, prefácios de André Bergeron e Jean Bornard, Critérion, Limoges, 1983.

15. Carl Bernstein e Marco Politi, *op. cit.*

16. O texto da carta pode ser encontrado em George Weigel, *op. cit.* Ao contrário de uma lenda muito disseminada, o papa nunca ameaçou voar para a Polônia em caso de invasão.

17. Carl Bernstein e Marco Politi, *op. cit.*

18. *Ibid.*

19. AFP, 16 de dezembro de 1981.

20. AFP, 20 de dezembro de 1981.

21. AFP, 1º de janeiro de 1982.
22. *La Croix,* 19 de junho de 1983.
23. Jean Offredo e Dominique Le Corré, *Jean-Paul II en Pologne,* Cana, 1983.
24. Sobre o caso Popieluszko, cabe citar: Roger Boyes e John Moody, *Le prêtre qui devait mourrir,* Albin Michel, 1987; Patrick Michel e Georges Mink, *Mort d'un prêtre,* Fayard, 1985; Grazyna Sikorska, *Vie et mort de Jerzy Popieluszko,* Cerf, 1985; Jerzy Popieluszko, *Carnets intimes,* apresentados por Jean Offredo, Cana, 1985.
25. Andrzej Drawicz, "Zmiana klimatu" ("Mudança de clima"), *Tygodnik Powszechny,* 12 de outubro de 1986.
26. Lech Walesa, *Les chemins de la démocratie,* Plon, 1991.
27. André Frossard, *Portrait de Jean-Paul II,* Robert Laffont, 1988.

18. O fim do comunismo

1. Mieczyslaw Malinski, *op. cit.*
2. Antoine Wenger, *op. cit.*
3. Jean-Bernard Raimond, *Jean-Paul II, un pape au coeur de l'histoire,* Le Cherche-Midi, 1999.
4. João 8, 31.
5. João Paulo II dirige ao cardeal Tomasek uma mensagem pelo Natal de 1978, e depois esta carta pelo 250º aniversário da canonização de João Nepomuceno (2 de março de 1979). Recebe-o em fevereiro de 1979, julho de 1979, março de 1980, outubro de 1981, novembro de 1982, outubro de 1983 etc. O cardeal tcheco, que serviu com os poloneses no exército austríaco antes da guerra de 1914-1918, fala polonês fluentemente.
6. Sobre a ação de João Paulo II em cada um dos países do Leste europeu, remetemos a nosso trabalho *La vérité l'emportera toujours sur le mensonge, op. cit.*
7. Segundo George Weigel, *op. cit.*
8. Andrei Gromyko, *Mémoires,* Belfond, 1989.
9. Vladimir Zelinski, entrevista com o autor.
10. Relatório entregue ao comitê central do PCUS em 4 de novembro de 1978. Na mesma época, nos Estados Unidos, os especialistas da CIA redigem uma primeira estimativa segundo a qual a União Soviética tem tudo a temer da eleição deste papa, que complicará ainda mais seus esforços no sentido de "conter a atração da Polônia para o Ocidente". "A chegada do arcebispo de Cracóvia [...] ao papado sem dúvida vai-se revelar extremamente preocupante para Moscou", afirma esse memorando secreto com data de 19 de outubro de 1978 (ou seja, três dias depois da eleição de João Paulo II), observando também que ela vai "contribuir para o aumento do nacionalismo na Europa do Leste". Este documento já foi tornado público (AFP, 12 de março de 2001).
11. A resolução contempla seis direções de ataque: uma ampla campanha de propaganda e *agitprop* contra o Vaticano; o envolvimento dos partidos comunistas do Oci-

NOTAS 697

dente e da América Latina; a utilização do Movimento pela Paz (e particularmente de seus componentes próximos das Igrejas); o "aperfeiçoamento da qualidade da luta" da KGB contra a política do Vaticano; operações de desinformação para mostrar aos cristãos que a política de João Paulo II é irresponsável; e o reforço da propaganda "ateísta" (especialmente através dos vários departamentos da Academia de Ciências). Cf. Tad Szulc, *Pope John Paul II,* Simon and Schuster, 1995.

12. Ver *supra,* capítulo 12.

13. Irina Alberti, entrevista com o autor.

14. Citado por George Weigel, *op. cit.*

15. Assim é que, no outono de 1986, Vadim Zagladin, adjunto do secretário do comitê central para questões internacionais e grande conhecedor da Itália, jantou com Dom Vincenzo Paglia (um dos homens de confiança de João Paulo II) no restaurante Praga, em Moscou. (Fonte: Vadim Zagladin, entrevista com o autor).

16. André Frossard, *Portrait de Jean-Paul II, op. cit.*

17. Citado por Jacques Amalric, "Le patriarque aux mains sales", *Le Monde,* 5 de maio de 1990.

18. Cf. George Weigel, *op. cit.*

19. João Paulo II não conhece suficientemente o russo para manter conversa nesta língua. O padre Sloweniec, um polonês que passou a infância na Sibéria, atua como intérprete oficial.

20. "Sua situação", diz o papa, "é objeto de viva preocupação para mim mesmo e para a Santa Sé. Ao longo dos quarenta anos que se passaram desde o fim da guerra, eles se viram privados do direito fundamental à liberdade religiosa e foram praticamente postos fora da lei."

21. Texto publicado em Mikhail Gorbachev, *Avant-mémoires,* Odile Jacob, 1993.

22. *La Stampa* de 2 de março de 1992 (o artigo foi reproduzido em vários outros grandes jornais europeus, entre os quais *El País* na Espanha e *Libération* na França).

23. Cerca de 4.000 jornalistas, sobretudo americanos, se credenciaram para cobrir essa viagem, o que constituía um recorde. Cabe notar, no entanto, que parte da imprensa americana voltou a fazer as malas poucas horas antes da chegada do papa para voltar precipitadamente aos Estados Unidos, onde acabava de ocorrer mais um desdobramento inesperado do caso Monica Lewinski.

24. Num livro de entrevistas publicado em 1985.

19. *"A mão que atirou..."*

1. Com o nome do religioso franciscano Agostino Gemelli (fundador da Universidade Católica de Milão em 1921), a clínica foi fundada por decisão de Pio XI no bairro de Monte Mario, no norte de Roma. Seria inaugurada por João XXIII em 1961.

2. Confidência feita a André Frossard, *"N'ayez pas peur!", op. cit.*

3. Ler o material publicado na França pelo autor, na época, em *La Croix* de 8 de janeiro de 1983: "La filière bulgare: prudence!"

4. Especialmente a descrição perfeita demais do apartamento de Antonov, que se revelou ser o de baixo, assim como a presença da mulher de Antonov num dos encontros, embora ela tivesse partido inopinadamente para Sófia: dois "erros" que com toda evidência decorrem de falhas nos arquivos dos serviços de inteligência que colheram essas informações. Da mesma forma, as informações a respeito do caminhão búlgaro que deveria dar fuga aos dois matadores, na noite 13 de maio, não poderiam estar mais de acordo com o molde dos mesmos serviços de inteligência.

5. Especialmente Francesco Pazienza, ex-espião e homem de negociatas, os generais Santovito e Musumeci e os coronéis Titta e Sportelli, todos dirigentes ou ex-dirigentes do SISMI (serviço secreto militar), muito bem-relacionados e com vínculos estreitos com a loja P2.

6. De acordo com confidência do papa a seu vigário romano, o cardeal Poletti, em 1985.

7. Agca seria indultado em 2000 — o ano do Jubileu — e extraditado para a Turquia, onde voltou à prisão de onde havia fugido vinte e um anos antes.

8. Aura Miguel, *Le secret de Jean-Paul II*, Mame-Plon, 2000.

9. *Cruzando o limiar da esperança, op. cit.*

10. Citação exata *in* Aura Miguel, *op. cit.*

11. Stefan Swiezawski, entrevista com o autor.

12. Ângelus de 7 de outubro de 1981.

13. João Paulo II se abriria com os bispos italianos de forma não menos vívida numa meditação de que tomou a frente na clínica Gemelli no dia 13 de maio de 1994: "Foi uma mão materna que guiou a trajetória do projétil, e o papa agonizante parou no limiar da morte."

14. Discurso pronunciado em Fátima no dia 13 de maio de 1982.

15. No dia 2 de maio de 1981 (dez dias antes do atentado da praça de São Pedro), um pirata aéreo místico chamado James Downey desviou um avião da companhia Air Lingus, na rota entre Dublin e Londres, exigindo "a divulgação do terceiro segredo de Fátima".

16. Aura Miguel, *op. cit.*

17. Ângelus de 26 de julho de 1987.

18. Na segunda-feira, 26 de junho de 2000, na sala de imprensa da Santa Sé, uma centena de jornalistas e quatorze câmeras de televisão estavam presentes quando o cardeal Ratzinger leu e comentou o famoso "terceiro segredo" de Fátima. Segundo certos observadores, ao decidir revelá-lo, João Paulo II estava de certa forma deixando para trás velhas questões — pois o "segredo" de Fátima pertencia ao século que acabava — no momento de mobilizar a Igreja para se projetar no terceiro milênio.

19. Cabe lembrar também que já em novembro de 1970 um indivíduo usando batina se havia atirado contra Paulo VI no desembarque em Manilha, nas Filipinas, para tentar apunhalá-lo. Protegido por seus guarda-costas, o papa foi salvo milagrosamente, com um leve ferimento na mão esquerda.

NOTAS 699

20. Politicamente inclassificável

1. Ao jornalista francês Jean Offredo (ver *supra*, capítulo 12).
2. Ler em especial a contribuição do padre Carlos Josafá Pinto de Oliveira na obra coletiva *Jean-Paul II et les droits de l'homme*, Éditions universitaires de Fribourg, 1980.
3. Cf. capítulo 12 e Georges Blazynski, *op. cit.*
4. *Cruzando o limiar da esperança, op. cit.*
5. Além da encíclica *Redemptor Hominis*, cabe citar particularmente, nesse ano de 1979: o discurso aos membros do Celam em Puebla (28 de janeiro); o discurso aos membros do tribunal da Rota (17 de fevereiro); o discurso aos presidentes e representantes das organizações judaicas mundiais (12 de março); a homilia pronunciada em Auschwitz (9 de junho); o discurso perante a Assembléia Geral da ONU (2 de outubro); o discurso aos participantes da IX Conferência Mundial sobre o Direito (24 de setembro); e a mensagem ao secretário-geral das Nações Unidas pelo trigésimo aniversário da Declaração Universal dos Direitos do Homem (2 de dezembro).
6. Antoine Wenger, *op. cit.*
7. Relatado por George Weigel, *op. cit.*
8. *Ibid.*
9. Tal como foi, no mesmo ano, na Polônia, quando o general Jaruzelski foi legalmente afastado do poder. E por sinal um dos artífices da transição polonesa, o ex-dissidente Adam Michnik, haveria de opor-se em 1999 a que o general Pinochet, detido em Londres, fosse julgado fora de seu país.
10. Quem poderia imaginar, após a viagem papal à América Central em 1983, que um democrata-cristão seria democraticamente eleito em El Salvador, no ano seguinte, contra o ditador Robert d'Aubuisson?
11. Cf. o documento publicado pela comissão de Justiça e Paz a 27 de dezembro de 1986, intitulado "A serviço da comunidade humana: abordagem ética da questão da dívida internacional".
12. Discurso pronunciado a 24 de março de 1997, por ocasião de um congresso sobre meio ambiente e saúde promovido pelo Rotary Club International em colaboração com a universidade católica italiana do Sagrado Coração.
13. Em entrevista com o autor publicada pela revista *Commentaire*, Mikhail Gorbachev dizia: "João Paulo II talvez seja o homem mais *à esquerda* do mundo: quem fala mais do que ele dos pobres, dos doentes, dos excluídos, do Sul?" (*Commentaire*, número 80, inverno de 1997-1998).
14. Discurso perante quatro mil professores e estudantes de quatrocentas universidades de todo o mundo, reunidos em Roma para um congresso organizado pela Opus Dei.
15. No dia 25 de dezembro seguinte, Mikhail Gorbachev renunciaria ao cargo de presidente da URSS, marcando oficialmente o fim do regime soviético.
16. Logo após sua eleição, Karol Wojtyla surpreendera ao abrir o campo das opções políticas: em março de 1979, ele recebia dez mil jovens do movimento Communione

e Liberazione, situado mais à direita; mas em julho de 1979, em Castel Gandolfo, visivelmente estimulava os promotores da comunidade Sant'Egidio, situada mais à esquerda, a dar prosseguimento a sua ação. Igual exemplo mais para o fim do pontificado, quando João Paulo II anuncia ao mesmo tempo a canonização de Escrivá de Balaguer, fundador da Opus Dei, e a abertura do processo de beatificação de Luigi Sturzo, fundador da democracia cristã na Itália em 1919: um católico considerado muito "à direita" e outro tido como muito "à esquerda". Aos olhos do papa, o importante é que os cristãos leigos participem dos debates para melhorar a sociedade, deixando aos padres o cuidado de manter o rumo, à margem dos compromissos partidários.

21. *O mundo é sua paróquia*

1. Para não mencionar mais de oitocentos deslocamentos em Roma — onde ele visitou sua tricentésima paróquia, de um total de 334, em maio de 2002 — e em Castel Gandolfo.

2. O recorde foi batido em sua viagem pela Ásia e a Oceania em 1986, quando João Paulo II percorreu 48.974 quilômetros em treze dias.

3. Caroline Pigozzi, *Le pape em privé*, Nil Éditions, 2000.

4. *Kalendarium, op. cit.*

5. O areópago era o tribunal da Grécia antiga, aberto a todos os debates, que funcionava numa colina perto da Acrópole, em Atenas.

6. Ler por exemplo *Le rêve de Compostelle (Vers la restauration d'une Europe chrétienne?)*, obra coletiva sob a direção do sociólogo René Luneau, Le Centurion, 1989.

7. *La diplomatie de Jean-Paul II,* sob a direção de Joël-Benoît d'Onorio, Cerf, 2000.

8. Discurso na ONU, 4 de outubro de 1965.

9. A Santa Sé já havia desempenhado esse papel no passado, mas não voltara a fazê-lo desde 1885.

10. Relatado por Dom Gabriel Montalvo, um dos negociadores, em entrevista com o autor.

11. Confidência ao núncio Pio Laghi, relatada por George Weigel, *op. cit.*

12. O papa não é um chefe de Estado como outro qualquer. A Santa Sé tem na ONU (e portanto também na Unesco, na OMS, no Unicef etc.) um posto de observador, sendo membro de pleno direito da CSCE. Nessas instituições, o papa não se faz representar como chefe do microestado chamado Cidade do Vaticano (que vem a ser apenas o suporte territorial da Igreja), mas efetivamente *como chefe da Igreja Católica.* Os embaixadores "junto à Santa Sé" são acreditados junto à Igreja Católica, e não junto à Cidade do Vaticano. Ler a esse respeito *Le Saint-Siège dans les relations internationales*, sob a direção de Joël-Benoît d'Onorio, Cerf, 1989.

13. Relatado por Carl Bernstein e Marco Politi, *op. cit.*

NOTAS 701

14. Carta a Dom Michel Dubost, bispo do exército francês, 19 de setembro de 1996. Cf. Dom Michel Dubost, *Ministre de la paix*, Cerf, 1996.
15. Citado no *La Croix* de 11 de maio de 1999.
16. O americano George Weigel (*op. cit.*), observa que nas 687 páginas das memórias de James Baker, o secretário de Estado americano, o papa não é mencionado uma única vez.
17. *La crise em Yugoslavie. Position et action du Saint-Siège (1991-1992)*, cadernos do *Osservatore Romano*, Librairie Éditrice Vaticane, 1992. Duas outras coletâneas seriam ainda publicadas: *L'action du Saint-Siège dans le conflit bosniaque*, Librairie Éditrice Vaticane, 1994, e *L'engagement du Saint-Siège pour la paix dans les Balkans*, Librairie Éditrice Vaticane, 1996.
18. Christine de Montclos, *Le Vatican et l'éclatement de la Yougoslavie*, PUF, 1999.
19. No dia 1º de janeiro de 1992, após a missa celebrada em presença do corpo diplomático, o papa exclama na Basílica de São Pedro: "Todos os povos têm o direito de ser respeitados em suas especificidades e em suas legítimas escolhas! Todos os povos têm o direito de poder viver em paz! Agredir um povo é sempre imoral!"
20. Segundo Dom Vincenzo Paglia, citado por George Weigel, *op. cit.*

22. Uma certa idéia da França

1. Ver *supra*, capítulo 6.
2. Em Lourdes, no dia 15 de agosto de 1983. "A França é um grande país, com uma história cheia de prestígio, bem conhecida das outras nações *e em particular da minha Polônia natal*", diria também João Paulo II, em Lyon, a 4 de outubro de 1986.
3. Pio IX, eleito num movimento liberal em 1846, teve seu poder restabelecido pelas tropas francesas em abril de 1850, até que a derrota francesa em 1870 o transformasse na principal vítima da unidade italiana. No *Syllabus* anexado à encíclica *Quanta Cura* (1864), ele condenou a maioria das doutrinas derivadas do período revolucionário, inclusive o liberalismo e o modernismo.
4. *Jean-Paul II. Voyage apostolique à Lyon, Taizé, Paray-le-Monial, Ars et Annecy (4-7 octobre 1986)*, "Documents des Églises", Cerf, 1986.
5. Stanislaw Dziwisz o confirmaria pessoalmente a Jean-Marie Lustiger: "O senhor é fruto da oração do papa."
6. Cf. Jean-Marie Lustiger, *Le choix de Dieu*, entrevistas com Jean-Louis Missika e Dominique Wolton, Éd. de Fallois, 1987.
7. O padre Antoine Chevrier (1826-1879), fundador da Sociedade do Prado, foi o apóstolo dos bairros pobres de Lyon no meado do século XIX.
8. Dom Jacques Martin, *op. cit.*
9. Em dez anos (1980-1990), o papa nomeou cinqüenta novos bispos na França (num total de 119).
10. Ler a respeito *Les évêques de France et le marxisme*, de Jean Bourdarias, Fayard, 1991, e *David contre Goliath aujourd'hui*, do bispo Elchinger, Fayard, 1991.

11. Na realidade, no dia 24 de outubro, ou seja, na antevéspera da chegada do presidente Giscard d'Estaing, o Santo Padre concedeu com urgência uma audiência ao presidente italiano Sandro Pertini, para que ele fosse o primeiro a ser recebido.

12. *Le pouvoir et la vie*, tomo I, Compagnie 12, 1988.

13. Claude-François Julien, *Le Nouvel Observateur*, 12 de agosto de 1983.

14. Ler a esse respeito a resposta de João Paulo II ao embaixador Jean Guéguinou, que lhe apresentava suas credenciais a 24 de outubro de 1998, no *Osservatore Romano* de 25 de outubro de 1998.

15. "Não existe problema entre o Vaticano e a França", declara Roland Dumas, ministro das Relações Exteriores, no momento de sua audiência com João Paulo II em 9 de novembro de 1985.

16. Reproduzido por *La Croix*, 20 de janeiro de 1996.

17. *L'Événement du Jeudi*, 19 de setembro de 1996.

18. João Paulo II também queria rezar no túmulo de seu outro amigo André Frossard, mas teve de desistir porque o jornalista foi enterrado em Lyon.

19. Pio VI, feroz adversário do Iluminismo e da Revolução Francesa, morreu no dia 29 de agosto de 1799 em exílio forçado em Valença, em cujo cemitério foi enterrado. Durante uma missa solene presidida pelo cardeal Etchegaray, foi lida uma mensagem de João Paulo II lembrando os méritos daqueles que defenderam a liberdade da Igreja ante os abusos do poder civil.

20. No mesmo dia, o ministro da Defesa deve promover o capelão a um grau equivalente ao de tenente-coronel: foi esse procedimento que o ministro rejeitou.

21. Até mesmo o jubileu dos políticos, em outubro de 2000, sob a égide canônica de Thomas More, atraiu apenas cerca de vinte mandatários franceses, aos quais os meios de comunicação de seu país não deram a menor importância.

22. João Paulo II lamentaria periodicamente, e com ênfase, esta "marginalização" das religiões "que contribuíram e ainda contribuem para a cultura e o humanismo de que a Europa legitimamente se orgulha" (discurso ao corpo diplomático, 10 de janeiro de 2002). Ele haveria de reiterá-lo ao longo dos trabalhos da Convenção que, sob a presidência de Valéry Giscard d'Estaing, foi incumbida de elaborar a futura Constituição da União Européia até o fim de 2003.

23. *O governo da Igreja*

1. Encíclica *Ut Unum Sint*, 1995.

2. Antoine Wenger, *op. cit.*

3. Paulo VI já se havia descartado de sua soberania sobre o Estado do Vaticano, transferindo-a a uma comissão composta de sete cardeais, nomeada por cinco anos e presidida pelo secretário de Estado (lei sobre o governo do Estado do Vaticano, 24 de junho de 1969).

4. João Paulo II adotaria a mesma atitude a respeito de sua responsabilidade como bis-

NOTAS

po de Roma: se por um lado preza seu papel como pastor — e haveria de visitar uma a uma todas as paróquias de sua diocese, como fizera em Cracóvia —, por outro, logo trata de transferir todas as questões práticas para seu "vigário geral" (o cardeal Poletti, e posteriormente o cardeal Ruini). Da mesma forma, como primaz da Itália e presidente titular da conferência episcopal italiana, João Paulo II entregou as rédeas aos sucessivos chefes dessa instância, os cardeais Ballestrero e Ruini.

5. Na realidade, existem quatro orçamentos distintos: o orçamento da Sé Apostólica, que abarca os "serviços centrais", a Cúria, aos quais viriam juntar-se depois de 1985 a rádio Vaticano e o *Osservatore Romano*; o orçamento da Cidade do Vaticano (venda de selos, medalhas, produtos dos museus), que abrange cerca de dois mil assalariados, entre eles os guardas suíços (mais a rádio Vaticano até 1985); o orçamento da Congregação para a Evangelização dos Povos, abrangendo as missões (fundações e coletas) e o Instituto para as Obras de Religião (IOR), no qual numerosas ordens religiosas têm sua conta, e que administra o patrimônio financeiro e imobiliário (fábrica de São Pedro, basílica). O total do orçamento do Vaticano chegava em 1989 a um bilhão de francos, o equivalente ao orçamento da Unesco.

6. Benedetto Argentieri, diretor da sessão extraordinária da Administração do Patrimônio de 1970 a 1991, entrevista com o autor.

7. De 1981 a 1988, o déficit anual oscilou entre 50 e 90 milhões de dólares.

8. Cf. reportagem publicada em *La Croix*, 9 de abril de 1991.

9. Como diria em outubro de 1986.

10. Em outubro de 1997, o cardeal Szoka seria nomeado presidente da Comissão Pontifícia da Cidade do Vaticano. É desta comissão que depende a APSA — Administração do Patrimônio da Sé Apostólica —, que gere investimentos, fundos de pensão, rendas imobiliárias, salários do pessoal etc.

11. Traduzido para o francês sob o título *Le Vatican mis à nu*, Robert Laffont, 2000.

12. George Weigel, *op. cit.*

13. Jacek Wozniakowski, entrevista com o autor.

14. Dom René Séjourné, entrevista com o autor.

15. Bispo Lorscheider, *La Croix,* 21 de maio de 2001.

16. Dom Jacques Martin, *op. cit.*

17. Dom René Séjourné, entrevista com o autor.

18. Não há cardeais em Moscou nem em Jerusalém.

19. Dom René Séjourné, "Pourquoi un pape?", em Michel Damien, *L'Église et les Français,* Robert Laffont, 1997.

20. Joël-Benoît d'Onorio, "Collégialité", em Philippe Levillain, *Dictionnaire historique de la papauté,* Fayard, 1994. Ler também, do mesmo autor, *Le pape et le gouvernement de l'Église,* Fleurus-Tardy, 1992.

21. Joël-Benoît d'Onorio, *Plaidoyer pour Jean-Paul II,* J.-C. Lattès, 1996.

22. Já o sínodo extraordinário convocado em 1985 para marcar o vigésimo aniversário do encerramento do Vaticano II levaria ao novo *Catecismo da Igreja Universal.*

704   JOÃO PAULO II — BIOGRAFIA

23. George Weigel, *op. cit.*
24. No dia 11 de dezembro de 1986, perante os bispos da Campânia, citado por d'Onorio, *op. cit.*
25. Um *motu proprio* é uma carta apostólica com disposições de ordem legislativa.
26. George Weigel, *op. cit.*, e Luigi Accattoli, *op. cit.*

24. A unidade do rebanho

1. "*N'ayez pas peur!*", *op. cit.*
2. Segundo o próprio Jacques Gaillot, "a metáfora era não só fraterna, como bela" (Cf. "*Je prends la liberté...*", entrevistas com Jean-Claude Raspiengeas, Flammarion, 1995).
3. Artigo 2 do Código de Direito Canônico de 1984, cânones 190 e 191. Se Gaillot tivesse concordado em se demitir, continuaria em Évreux na qualidade de "bispo emérito".
4. Em setembro de 1989, num livro a ele dedicado e cujo posfácio redigiu, o bispo Gaillot permite que seu antecessor em Évreux, o bispo Honoré, seja descrito como um bispo "manipulador, muito à vontade com a burguesia local [...] com a qual jogava bridge bebendo Chivas [...] enquanto esperava ser promovido a um bispado menos poeirento". O caso provocou escândalo durante uma reunião da conferência episcopal.
5. Dom Jacques Gaillot, entrevista com o autor.
6. No dia 1º de janeiro de 1990, a Companhia de Jesus tinha 24.000 membros, entre os quais cerca de 17.000 padres, assim distribuídos: 6.500 na Europa, 4.200 na América do Norte, 2.200 na América Latina e 4.000 na África e na Ásia. Entre eles, 81 são bispos ou arcebispos, entre os quais sete cardeais. Em todo o mundo, 665 instituições da Companhia escolarizam 1,5 milhão de alunos, basicamente no secundário e no ensino superior (21.000 na França).
7. Ler em especial o livro de Alain Woodrow, *Les jésuites, histoire de pouvoirs*, J.-C. Lattès, 1984, e o de Jean Lacouture, *Les jésuites*, Seuil, 1991.
8. Henri Madelin (jesuíta), entrevista com o autor.
9. A ordem foi restabelecida por Pio VII em 1814.
10. A propósito de Henri de Lubac, membro da Companhia de Jesus, João Paulo II assim comentou sua elevação à púrpura: "Com sua elevação ao cardinalato, eu quis reconhecer os méritos do pesquisador incansável, do mestre espiritual, do *jesuíta* fiel em meio às diversas dificuldades da vida. Lembrando-me de seu amor a Deus, à Igreja e à Sé de Pedro, desejo expressar a alta estima da Santa Sé pela pessoa desse religioso e a obra desse *teólogo eminente*" (5 de setembro de 1991).
11. No dia 15 de dezembro de 1979.
12. Depois da encíclica *Evangelium Vitae*, em 1995, Hans Küng atacaria "o frio dogmatismo e o rigorismo implacável" de João Paulo II, qualificado como "ditador espiritual".

NOTAS   705

13. Eugen Drewermann, *Fonctionnaires de Dieu*, Albin Michel, 1993. O título original da edição alemã é *Kleriker, Psychogramm eines Ideals*.

14. Um único teólogo foi excomungado durante o pontificado de João Paulo II, o ultraprogressista Tissa Balasuriya, do Sri Lanka.

15. Foi no dia 11 de outubro de 1992, dia do trigésimo aniversário da abertura do Concílio Vaticano II, que João Paulo II assinou a constituição *Fidei depositum*, promulgando o novo *Catecismo da Igreja Católica*.

25. Fora da Igreja...

1. Não sem uma certa razão: em dezembro de 1981, o metropolita Basílio, chefe dos ortodoxos poloneses, seria a primeira personalidade a "abençoar" (*sic*) o estado de guerra instaurado pelo general Jaruzelski.

2. O próprio irmão Roger por duas vezes atenderia ao convite do bispo Wojtyla para ir a Cracóvia e participar da peregrinação de Pieraky (em 1973 e 1975). Ele voltaria à Polônia depois do conclave, a convite do novo arcebispo de Cracóvia, o bispo Macharski, em 1979 e 1981. Esta última visita não chega a ser realizada: quando ele aterrissa em Varsóvia, o cardeal Wyszynski acaba de morrer, e a viagem é cancelada. Irmão Roger toma então o avião para Roma e vai diretamente visitar João Paulo II, em seu quarto na clínica Gemelli, com um buquê de flores silvestres da Polônia. Muito comovido e debilitado, o papa diz ao visitante: "Continue, vá em frente."

3. Ver *supra*, capítulo 5.

4. Remetemos ao discurso pronunciado em junho de 1991 em Przemysl, na Polônia, perante a comunidade bizantino-ucraniana. Nesse dia, João Paulo II chegou a exigir dos católicos latinos dessa diocese que entregassem a grande igreja do Sagrado Coração de Przemysl aos uniatas locais, para que a transformassem em sua catedral.

5. De acordo com um princípio estabelecido por Inácio de Antioquia no século II: "Um bispo, uma diocese".

6. Segundo George Weigel, *op. cit.*

7. Dias antes, Bartolomeu I, de 50 anos, substituiu Demétrio I, morto no dia 2 de outubro de 1991, como patriarca de Constantinopla.

8. Em dezembro de 1993, os monges do monte Atos, em carta a Bartolomeu, haviam negado à Igreja Católica a condição de "Igreja irmã".

9. Cf. *"La vérité vous rendra libres"*, entrevistas com o patriarca ecumênico Bartolomeu I, por Olivier Clément, J.-C. Lattès-Desclée de Brouwer, 1996.

10. Serguei Yastrejemski, porta-voz de Boris Ieltsin, entrevista com o autor.

11. Reproduzida no jornal *Corriere della Sera* de 12 de dezembro de 1983, citado por Luigi Accattoli, *Quando il papa chiede perdono*, Mondadori, 1997.

12. Stefan Swiezawski, entrevista com o autor.

13. Na época, a Igreja Católica continua se remetendo à declaração *Inter insigniores*, na qual a Congregação para a Doutrina da Fé reafirmou em 1976 que as mulheres não poderiam ser ordenadas.

706 JOÃO PAULO II — BIOGRAFIA

14. Ver *infra*, capítulo 28.
15. Finalmente, um "anexo" — aprovado pelo papa — completaria a declaração, que seria assinada em Augsburgo a 31 de outubro de 1999, como se se quisesse limitar os estragos.
16. Um outro velho amigo do papa, o argentino Jorge Mejía, ao mesmo tempo adjunto e vizinho de Etchegaray no palazzo San Calisto, seria encarregado de redigir artigo de apresentação no *Osservatore Romano*.
17. *Entretiens sur la foi*, Fayard, 1985.
18. George Weigel, *op. cit.*
19. Relatado por Luigi Accattoli, *Karol Wojtyla, l'homme du siècle, op. cit.*
20. A visita papal de fevereiro de 1993 ao Sudão, onde as minorias cristãs são duramente perseguidas, seria mesmo muito criticada. No avião que o leva a Cartum, o papa responde a um jornalista que dá conta da repercussão de sua visita: "Sempre há um risco, onde quer que se vá."

26. O amigo dos judeus

1. Henri Tincq, *L'Étoile et la Croix*, J.-C. Lattès, 1993.
2. O texto de Mickiewicz é *O símbolo político polonês*, escrito em Roma no dia 29 de março de 1848. Nele, o poeta reivindicava para os judeus, na futura Polônia ressuscitada, os mesmos direitos políticos e cívicos que as outras nacionalidades.
3. Ao cardeal francês Albert Decourtray, citado por Henri Tincq, *op. cit.*
4. Gian Franco Svidercoschi, *op. cit.*
5. Antes da guerra, o padre Kolbe havia cedido ao anti-semitismo predominante em certos escritos de juventude, o que tornaria sua beatificação suspeita aos olhos dos judeus.
6. Karol Wojtyla/João Paulo II, *Maximilien Kolbe, patron de notre siècle difficile*, Éd. Lethielleux, 1982.
7. Padre Andrzej Bardecki, entrevista com o autor.
8. A expressão é de um dos principais artífices da reaproximação judaico-cristã, o historiador Jules Isaac.
9. Encontro com a comunidade judaica de Roma, 12 de março de 1979.
10. *Cruzando o limiar da esperança, op. cit.*
11. Ver *supra*, capítulo 22.
12. Em seu livro *Le choix de Dieu, op. cit.*, Jean-Marie Lustiger explica: "Eu sou uma provocação viva que obriga as pessoas a se questionarem sobre a figura histórica do Messias [...] que revela de forma evidente a verdadeira natureza do anti-semitismo, [o qual] é uma forma de anticristianismo e uma blasfêmia contra Deus." O novo cardeal comentou da seguinte maneira a escolha do papa em declaração à revista *Tribune Juive*: "É como se de repente os crucifixos começassem a usar a estrela amarela."

NOTAS

13. João Paulo II vai mais longe: contrariando a opinião de sua própria comissão consultiva, ele decide que Kolbe também seja venerado como mártir. Em resposta, no entanto, seus detratores perguntam: terá sido acaso por sua fé que ele foi assassinado?

14. No dia 11 de outubro 1998, véspera do vigésimo aniversário de seu pontificado, João Paulo II procederia à canonização de Edith Stein, por ele qualificada como "eminente filha de Israel" e "filha fiel da Igreja", representando uma espécie de "síntese" do século XX.

15. A 26 de agosto de 1989, o bispo Glemp pronuncia em Czestochowa um discurso de tom anti-semita, propondo ao "caro povo judeu": "Vosso poder reside nos meios de comunicação à vossa disposição. Não permiti que eles disseminem um espírito antipolonês!"

16. André Frossard, *Le monde de Jean-Paul II*, Fayard, 1991.

17. Marek Halter, entrevista com o autor.

18. Em 1981, João Paulo II já havia recebido em audiência Faruk Kaddumi, encarregado das relações exteriores da OLP.

19. A audiência concedida a Kurt Waldheim quase levou ao cancelamento da viagem de João Paulo II aos Estados Unidos em meados de setembro. Por pouco a comunidade judaica de Miami não boicotou a visita do Santo Padre.

20. Em junho de 1998, na Áustria, muito antes da repercussão negativa alcançada pelos resultados eleitorais de Jörg Haider, João Paulo II havia explicado aos dirigentes políticos e ao corpo diplomático que a nova Europa deveria atacar as raízes do anti-semitismo. Este discurso não teve a menor repercussão.

21. O mais bem documentado é sem dúvida o de Pierre Blet, *Pie XII et la Seconde Guerre mondiale d'après les archives du Vatican*, Perrin, 1997. Em fevereiro de 2002, o filme *Amém*, de Costa-Gavras, tratou a questão com honestidade, mas foi prejudicado pela polêmica causada pelo cartaz do filme, uma montagem sensacionalista juntando a cruz gamada e a cruz cristã.

22. *Le Monde*, 25 de agosto de 2000.

23. No dia 25 de janeiro de 1904, Theodor Herzl é recebido pelo papa Pio X, que lhe diz com a maior cortesia coisas que hoje fariam estremecer: "Os judeus não reconheceram Nosso Senhor; em conseqüência, não podemos reconhecer o povo judeu — *non possumus!*"

24. Cf. Paul Giniewski, *L'antijudaïsme chrétien, la mutation*, Salvator, 2000.

25. Em 1990, Dom Andrea Cordero Lanza di Montezemolo, filho de um nobre italiano que foi vítima dos nazistas, foi enviado a Jerusalém como delegado apostólico. Depois do acordo de 30 de dezembro de 1993, ele haveria de tornar-se, em junho de 1994, o primeiro núncio apostólico junto ao Estado hebreu.

26. A polêmica sobre este texto na França careceu de serenidade. Como o diário *Le Monde* tivesse publicado vasto material antecipando a publicação do documento, todos os protestos que agitaram os meios de comunicação durante quarenta e oito horas ocorreram *quando ninguém ainda havia lido o texto.*

708   JOÃO PAULO II — BIOGRAFIA

27. O documento, que traz o selo do Vaticano, encontra-se atualmente no museu de
    Yad Vashem. O texto é em inglês. A assinatura é da mão trêmula do papa.

27. A luta pela vida

1. Lucienne Sallé, *Femme au Vatican,* Ramsay, 1997.
2. Carl Bernstein e Marco Politi, *op. cit.*
3. Entrevista à revista *Oggi,* janeiro de 2001.
4. *Der Spiegel,* 26 de janeiro de 1998.
5. O que constitui problema é com efeito o certificado, e não o princípio do atendimento: no dia 22 de maio de 1998, perante o Movimento Italiano pela Vida, o papa
   pede que os "centros de ajuda à vida" que assistem na Itália às mulheres que querem
   abortar possam abrir postos de atendimento nos hospitais públicos.
6. Karol Wojtyla: *Amour et responsabilité, op. cit.*
7. Na encíclica *Familiaris Consortio* (1981) e posteriormente numa sessão científica
   em Castel Gandolfo, a 20 de setembro de 1983.
8. Na França, durante o programa de televisão *Sidaction* de 7 de abril de 1994, o *abbé*
   Pierre, fundador da comunidade de Emaús, foi estrepitosamente vaiado ao afirmar
   que a "fidelidade" é "o melhor preservativo".
9. Carta aos bispos, 30 de outubro de 1986.
10. *L'Osservatore Romano,* 19 de abril de 2000.
11. É o caso de Dom Javier Lozano Barragan, presidente do Conselho Pontifício para
    Questões de Saúde, durante reunião de teólogos e médicos realizada em Roma a 29
    de novembro de 2000.
12. Tony Anatrella, *La Croix,* 29 de novembro de 1996. Cf. seu livro *L'amour et le
    préservatif,* Flammarion, 1995.
13. Em seu artigo 2266, o *Catecismo* reconhece à "autoridade pública legítima" o direi-
    to de aplicar o rigor da lei "sem excluir, nos casos de extrema gravidade, a pena de
    morte". O artigo 2267 estipula: a Igreja "não exclui [...] o recurso à pena de morte
    quando ela for a única maneira viável de proteger eficazmente a vida de seres huma-
    nos do injusto agressor".
14. A nova versão do artigo 2267 estipula: "O ensinamento tradicional da Igreja não
    exclui o recurso à pena de morte, quando ela for a única maneira viável de proteger
    eficazmente a vida de seres humanos do injusto agressor. Entretanto, se meios não
    sangrentos forem suficientes para defender e proteger a segurança das pessoas, a
    autoridade pública haverá de limitar-se a esses meios [...]. Todavia, tendo em vista
    as possibilidades ao alcance do Estado para reprimir eficientemente o crime, tor-
    nando incapaz de causar danos aquele que o cometeu, os casos de absoluta necessi-
    dade de eliminar o culpado já são muito raros, e mesmo praticamente inexistentes."
15. Na antevéspera, o embaixador da Bulgária, que fora apresentar-lhe suas credenciais,
    espantara-se com o fato de que o papa "se rejubilasse com a decisão recentemente
    tomada pelos dirigentes de Sófia de abolir a pena de morte".

NOTAS   709

16. Mesmo correndo o risco de ingerência na campanha eleitoral americana, o papa intercederia dias depois junto a George W. Bush, governador do Texas, para pedir clemência para Glen McGinnis, um assassino que era menor quando cometeu o crime. Em vão.

28. *Uma Igreja à antiga?*

1. Dom Jacques Martin, *op. cit.*
2. João Paulo II haveria de rezar em 1996 junto ao túmulo de Luís Maria Grignion de Montfort em Saint-Laurent-sur-Sèvre (Vendéia).
3. René Laurentin, *Petite vie de L.-M. Grignion de Montfort*, Desclée de Brouwer, 1996
4. São Boaventura, nascido na Itália em 1221, foi um dos principais discípulos de Francisco de Assis e contemporâneo de Tomás de Aquino. Morreu durante o Concílio de Lyon, em 1274.
5. A citação completa de Grignion de Montfort, citando São Boaventura, é: *"Totus tuus ego sum et omnia mea tua sunt, o Virgo gloriosa, super omnia benedicta; ponam te ut signaculum super cor meum quia fortis est ut mors dilectio tua"*, o que significa: "Sou todo teu, e tudo que tenho é teu, ó gloriosa Virgem, abençoada acima de todas as coisas criadas. Que eu te tenha como um selo sobre meu coração, pois teu amor é forte como a morte."
6. Na primavera de 1994, estando ainda internado na clínica Gemelli em conseqüência da fratura de sua perna direita, João Paulo II anuncia sua decisão de instalar nos jardins do Vaticano um mosteiro de estrita observância, para que ali se sucedam congregações de contemplativas, dedicadas ao silêncio e à solidão (as primeiras seriam clarissas). O mosteiro, inaugurado a 13 de maio de 1994, dia do aniversário da primeira aparição de Fátima, seria denominado *Mater Ecclesiae* ("Mãe da Igreja").
7. O ano mariano vai exatamente de 7 de junho de 1987 (festa de Pentecostes) a 15 de agosto de 1988 (festa da Assunção).
8. O cálculo da data de nascimento da Virgem é simbólico: diz a tradição que a jovem Miriam tinha 13 anos no momento da Anunciação.
9. No domingo, 8 de dezembro de 1996, João Paulo II abençoa da janela do palácio apostólico cerca de duzentas e cinqüenta "Virgens peregrinas", ícones e imagens representando a Mãe de Deus, reunidos na praça de São Pedro por iniciativa de um tabelião francês. O papa as teria abençoado solene e publicamente durante a audiência geral da quarta-feira seguinte, se a secretaria de Estado, em entendimento com o episcopado francês, pouco favorável à iniciativa, não tivesse exigido que os peregrinos comparecessem sem seus ícones e imagens. As "Virgens peregrinas" preferiram apresentar-se no ângelus de domingo, no qual o papa as abençoou juntamente com outros "objetos de culto", sem nenhuma saudação especial, quase às escondidas.
10. João Paulo II, *Le mystère et le culte de la sainte eucharistie (lettre aux évêques pour le jeudi saint 1980)*, Le Centurion, 1980.

11. *"N'ayez pas peur!"*, op. cit.
12. Bispo Boccardo, entrevista com o autor.
13. Bispo Thu, entrevista com o autor.
14. Entre as quais, de uma só vez, as de cento e dezoito mártires vietnamitas (em 1988).
15. João Paulo II beatificou muito nos países de recente cristianização, na Ásia e na África. Quis assim frisar "uma desproporção entre as Igrejas de antiga evangelização, cuja história é contada em milênios, e as jovens Igrejas", que "têm uma necessidade especial do sinal da santidade, para testemunhar sua maturidade espiritual no interior da comunidade universal".
16. Através da constituição apostólica *Divinus perfectionis magister,* de 25 de janeiro de 1983, João Paulo II reformulou o procedimento de beatificação-canonização. Suprimiu em particular a instituição do "advogado do diabo", dando mais a palavra aos cientistas encarregados de verificar a autenticidade das "graças" (milagres) atribuídas aos futuros santos.
17. João Paulo II sempre teve uma certa inclinação pela Opus Dei, que transformou em prelatura pessoal no dia 28 de novembro de 1982, apesar das polêmicas provocadas por essa ordem de 80.000 membros, reunidos em torno da idéia da santificação do trabalho e da vida simples. Seu fundador, o bispo Escrivá de Balaguer, morto em 1975, foi beatificado já no dia 17 de maio de de 1992, ou seja, dezessete anos depois, período excepcionalmente curto. Foi canonizado a 6 de outubro de 2002, em Roma, na presença de 250.000 pessoas.
18. O sínodo realizou-se de 30 de setembro a 28 de outubro de 1990. Foi seguido, dezoito meses depois, de uma exortação pós-sinodal intitulada *Pastores dabo vobis* (datada de 25 de março de 1992) e com 226 páginas em seu texto original, o que constitui um recorde.
19. E por sinal os seminários haveriam de ser reformados, no futuro, no sentido de uma formação mais intensa e mais isolada do mundo — o que é uma volta atrás em relação ao pós-concílio.
20. No que diz respeito ao sacramento da penitência, João Paulo II reabilitou o conceito — muito criticado — de "pecado mortal" e limitou ao mínimo, num *motu proprio* datado de 2 de maio de 2002 e intitulado *Misericordia Dei,* a prática da confissão coletiva (que continua sendo válida apenas "em caso de ameaça de morte ou de grave necessidade").
21. Foi o que disse, em especial, perante os bispos irlandeses recebidos *ad limina* em junho de 1999.
22. De 1978 a 2000, o número de padres caiu em todo o mundo de 420.971 para 405.178. Aumentou na África (onde passou de 16.926 a 27.165) e na Ásia (de 27.700 a 43.566). Mantém-se estável no continente americano (de 120.271 a 120.841) e diminui sensivelmente na Europa (de 250.498 para 208.659). Fonte: *Anuário estatístico da Igreja,* edição 2002.
23. O caso polonês é atípico: no ano 2000, um de cada vinte padres em todo o mundo e um estudante de teologia em cada quatro são poloneses. Há alguns anos, a Polônia

tem sido o país com maior número de consagrações na Europa. Os padres poloneses constituem 12% do clero europeu. Em 1998, a Polônia tinha 23.919 padres. Os padres poloneses são relativamente jovens (46,9 anos em média), ao passo que a média de idade dos padres italianos, por exemplo, é de 62 anos. Em 1997, havia em média na Polônia um padre diocesano para cada grupo de 1.717 fiéis (*Gazeta Wyborcza*, 12 de maio de 2000).

24. Relatado por Lucienne Sallé, *op. cit.*

25. Maria Antonietta Macciocchi, *La femme à la valise*, Grasset, 1988.

26. "Tudo que escrevi em *Mulieris dignitatem* estava em mim há muito tempo", diria João Paulo II em *Cruzando o limiar da esperança*, *op. cit.*

27. *Lettre aux femmes*, 29 de junho de 1995.

28. Em 1995, ano da mulher, João Paulo II dedica sua mensagem de 1º de janeiro ao "grande processo de libertação da mulher". Em fevereiro, inaugura uma série de quinze homilias dominicais sobre o "feminismo", que se prolongaria até o verão.

29. O número varia com os anos: 181 mulheres em 1990 (o equivalente a 28% dos efetivos), 213 em 1995 (19% do total). As leigas são duas vezes mais numerosas que as religiosas (135 a 78 em 1995). Cf. Joël-Benoît d'Onorio, *Le pape et le gouvernement de l'Église*, *op. cit.* Cf. também Lucienne Sallé, *op. cit.*

30. Declaração *Inter insigniores* da Congregação Romana para a Doutrina da Fé (1976).

31. João Paulo II desenvolveu muito a reflexão sobre o papel das mulheres na Igreja, no contexto mais amplo do apostolado dos leigos. Cf. a exortação pós-sinodal *Christifideles laici* (30 de dezembro de 1988).

29. De Galileu à Internet

1. Jean-Marie Lustiger, programa *Face aux chrétiens* na Rádio Notre-Dame e na RCF, 15 de outubro de 1998.

2. A obra de Copérnico, dedicada ao papa Paulo III, só seria posta no Índex após o primeiro processo de Galileu, em Roma, em 1616.

3. O poema intitula-se "Vigília pascal 1966". Cf. Karol Wojtyla, *Poèmes*, *op. cit.*

4. Cf. a resposta de João Paulo II ao relatório do cardeal Poupard. Citado por Luigi Accattoli, *Quand le pape demande pardon*, *op. cit.*

5. A *Suma teológica* de Tomás de Aquino torna inteligível o desígnio de Deus — da Criação à Encarnação —, e seus *Comentários* (sobre São João, São Paulo, a Bíblia) são verdadeiras homenagens à inteligência no coração da fé.

6. A expressão é de Leão XIII, e seria freqüentemente retomada por João Paulo II.

7. Cf. Régis Ladous, *Des Nobel au Vatican*, Cerf, 1994.

8. Leszek Kolakowski, entrevista com o autor.

9. A respeito das manipulações genéticas, ler em especial o discurso de João Paulo II perante a assembléia geral da Academia Pontifícia para a Vida no dia 11 de fevereiro de 1994.

10. Cf. Georges Blazynski, *op. cit.*
11. No século XIX, Leão XIII conversou com o jornalista Ernest Judet para anunciar, através de *Le Petit Journal* de 17 de fevereiro de 1892, a encíclica *Em meio às solicitudes*, explicando aos católicos franceses que "a República é uma forma de governo tão legítima quanto as outras".
12. A entrevista foi publicada no *Tygodnik Powszechny* de 3 de agosto de 1980.
13. Joseph Ratzinger, *Entretien sur la foi, op. cit.*
14. Introdução a *Cruzando o limiar da esperança, op. cit.*
15. Jas Gawronski também é sobrinho de Pier Giorgio Frassati (1901-1925), que seria beatificado por João Paulo II no início do Jubileu do ano 2000.
16. A entrevista concedida por João Paulo II a Jas Gawronski foi publicada no dia 2 de novembro de 1993.
17. *La Croix*, 20 de agosto de 1997.
18. Relatado por Luigi Accattoli, *Quand le pape demande pardon, op. cit.*
19. 16 de fevereiro de 1996.
20. Joseph Vandrisse, entrevista com o autor.
21. A partir do dia 1º de março de 1989, a Comissão Pontifícia para as Comunicações Sociais é transformada em Conselho Pontifício para as Comunicações Sociais, enquanto a assessoria de imprensa da Santa Sé torna-se um "birô especial" subordinado à primeira sessão da Secretaria de Estado.
22. Fontes: Joaquín Navarro-Valls, diretor da assessoria de imprensa, e monsenhor Claudio Celli, presidente da comissão Internet da Santa Sé.
23. Mensagem de 23 de janeiro de 2002.

30. O terceiro milênio

1. "Perché pentirsi di leggende anticlericali?", *La Voce*, 14 de maio de 1994.
2. Durante sua viagem à Polônia em junho de 1997, ele menciona, após a homilia em Gorzow Wielkopolski, essa famosa predição do cardeal Wyszynski. Já idoso, João Paulo II pede à multidão que "reze de joelhos para [que ele seja] capaz de enfrentar esse desafio". A multidão grita ritmadamente: "Vamos te ajudar!"
3. Texto de apresentação da encíclica *Tertio Millennio Adveniente* em *Jean-Paul II: Un jubilé pour l'an 2000*, Bayard-Éditions Centurion, 1994.
4. O papa cita em particular passagens extraídas do Êxodo 23, 10-11, do Levítico 21, 10 e 25, 1-28, do Deuteronômio 15, 1-6 e de Isaías 61, 1-2.
5. *Jubilé 2000*, prefácio do cardeal Etchegaray, Events & Memory, julho de 2000.
6. O irenismo é uma heresia que consiste em tolerar erros teológicos essenciais com vistas à conciliação.
7. Hans Urs von Balthasar (1905-1988) seria um dos maiores teólogos do século. Ex-jesuíta, co-fundador da revista *Communio*, recebeu das mãos de João Paulo II, em 1984, o Prêmio Internacional Paulo VI. João Paulo II decidiu elevar Urs von Balthasar à púrpura em junho de 1988, mas o velho teólogo morreria dias antes da cerimônia.

NOTAS

8. *Tertio Millennio Adveniente, op. cit.*
9. Luigi Accattoli, *Quand le pape demande pardon, op. cit.*
10. *Ibid.*
11. *Cruzando o limiar da esperança, op. cit.*
12. *"N'ayez pas peur!", op. cit.*
13. Em seu prefácio à edição francesa de *Amor e responsabilidade, op. cit.*
14. Citado por George Weigel, *op. cit.*
15. Ver *supra,* capítulo 22.
16. Isaías 21, 11.
17. Lucas 9, 23.

Conclusão

1. Lucas 2, 34.
2. Karol Wojtyla, *Le signe de contradiction (Retraite au Vatican),* traduzido do polonês por Thérèse Wilkanowicz, Fayard, 1979. João Paulo II voltaria a essas meditações na Quaresma de 2003.
3. George Weigel, *op. cit.*

CRONOLOGIA DA VIDA
DE KAROL WOJTYLA

(1920-1978)

1920

18 de mai.	Nascimento de Karol Wojtyla em Wadowice.
20 de jun.	Batismo na igreja de Wadowice.
15 de ago.	Vitória de Pilsudski sobre o exército soviético ("milagre do Vístula").

1923

23 de set.	Morte de Maciej Wojtyla, avô paterno de Karol.

1926

15 de set.	Entrada para a escola primária de Wadowice.

1929

13 de abr.	Morte de Emilia Wojtyla, mãe de Karol.

1930

28 de mai.	Edmund, irmão mais velho de Karol, forma-se em medicina.
Set.	Entrada de Karol para o Liceu Martin Wadowita.

1932

5 de dez.	Morte de Edmund Wojtyla, irmão mais velho de Karol.

1933

30 de jan.	Chegada de Adolf Hitler ao poder na Alemanha.

1936

26 de abr.   Karol é eleito presidente dos Filhos de Maria de seu colégio.

1938

6 de mai.   Primeiro encontro, em Wadowice, com o bispo Sapieha, arcebispo de Cracóvia.

14 de mai.   Exames finais do secundário.

27 de mai.   Entrega do diploma do secundário.

20 jun.-17 jul.   Participação no acampamento paramilitar juvenil de Junacy.

28 de set.   **Acordos de Munique.**

27 set.-1º out.   Preparação militar na Legião Acadêmica.

2 de out.   Mudança para a rua Tyniecka, em Cracóvia.

1939

6 de fev.   Entrada para os Filhos de Maria da Universidade Jagellon.

Julho-ago.   Novo período militar na Legião Acadêmica.

1º de set.   **Início da Segunda Guerra Mundial.**

6 de set.   Os alemães ocupam Cracóvia.

17 de set.   O Exército Vermelho entra na Polônia.

2 de nov.   Inscrição no segundo ano de filologia na Universidade Jagellon.

1940

Abril-mai.   **Massacre de oficiais poloneses pela NKVD soviética em Katyn.**

1º de nov.   Empregado como operário na pedreira de Zakrzowek.

1941

18 de fev.   Morte de Karol Wojtyla, pai de Karol.

1º de nov.   Primeira representação clandestina no Teatro Rapsódico.

1942

Out.   Início dos estudos de teologia (na clandestinidade).

1944

29 de fev.   Atropelado por um caminhão, Karol fica gravemente ferido.

7 de ag.   Karol escapa de uma batida das SS.

9 de nov.   Tonsura no seminário (na clandestinidade).

17 de dez.   Karol entra para as primeiras ordens menores.

CRONOLOGIA DA VIDA DE KAROL WOJTYLA (1920-1978)   717

1945

18 de jan.	O Exército Vermelho expulsa os nazistas de Cracóvia.
11 de fev.	**Assinatura dos acordos de Ialta.**
9 de abr.	Karol é eleito vice-presidente da organização estudantil Bratniak.

1946

13 de out.	Karol alcança o subdiaconato.
20 de out.	Karol alcança o diaconato.
1º de nov.	Ordenação na catedral de Wawel.
11 de nov.	Primeiro batismo celebrado pelo padre Karol Wojtyla.
15 de nov.	Partida para Roma.
26 de nov.	Matrícula no Angelicum de Roma.

1947

3 de jul.	Licenciatura em teologia.
Julho-ago.	Viagem à França, à Bélgica e à Holanda.

1948

14 de junho	Exame de mestrado em teologia.
19 de junho	Defesa de tese sobre São João da Cruz.
8 de julho	Nomeado vigário em Niegowic.
28 de julho	Chegada a Niegowic.
16 de dez.	Declarado doutor em teologia pela Universidade Jagellon.

1949

6 de mar.	Publicação do artigo "Missão da França" no *Tygodnik Powszechny*.
4 de ago.	Karol Wojtyla é convocado a Cracóvia e designado para a paróquia de São Floriano.
17 de ago.	Karol Wojtyla despede-se de Niegowic.

1950

13 de mar.	Publicação do poema "Canto da luz da água" no *Tygodnik Powszechny*.
10 de set.	Publicação do poema "A mãe" ("*Matka*") no *Tygodnik Powszechny*.

1951

23 de jul.	Morte do cardeal Adam Sapieha.
1º de set.	Karol Wojtyla é posto em disponibilidade durante dois anos pelo arcebispo Baziak.

JOÃO PAULO II — BIOGRAFIA

1952

Abr.   Primeira excursão na montanha com o "pequeno coral" de Cracóvia.

1953

5 de mar.   Morte de Stalin.
6 de abr.   Primeira peregrinação de bicicleta a Czestochowa.
22 de jun.   Fechamento do *Tygodnik Powszechny* pelo regime comunista.
27 de set.   Prisão do cardeal Wyszynski.
3 de dez.   Karol Wojtyla defende sua tese de doutorado sobre Max Scheler.

1954

9 de out.   Karol Wojtyla é nomeado professor-adjunto na KUL.

1956

28 de jun.   **Revolta popular em Poznan.**
28 de out.   Libertação do cardeal Wyszynski.
4 de nov.   **O Exército Vermelho esmaga a insurreição de Budapeste.**
1º de dez.   Karol Wojtyla é nomeado professor titular da cadeira de ética na KUL.

1957

3 de mai.   Lançamento da "Grande Novena" preparatória do *Millennium* da Igreja polonesa.

1958

4 de jul.   Karol Wojtyla é feito bispo por Pio XII.
28 de set.   Consagração de Karol Wojtyla como bispo em Cracóvia.
9 de out.   Morte do papa Pio XII.

1959

25 de jan.   João XXIII anuncia a convocação do Concílio Vaticano II.

1960

Abr.   Publicação de *Amor e responsabilidade* na KUL.
Dez.   Publicação de *A ourivesaria* na revista *Znak* (sob pseudônimo).

CRONOLOGIA DA VIDA DE KAROL WOJTYLA (1920-1978)   719

1961

13 de ag.	Construção do Muro de Berlim.

1962

16 de jul.	Monsenhor Wojtyla é nomeado vigário capitular de Cracóvia.
11 out.-8 dez.	Participação na primeira sessão do Concílio Vaticano II.

1963

3 de jun.	Morte de João XXIII.
29 set.-4 dez.	Participação na segunda sessão do concílio.
5-15 dez.	Peregrinação à Terra Santa.
30 de dez.	Monsenhor Wojtyla é nomeado arcebispo metropolitano de Cracóvia.

1964

8 de mar.	Instalação oficial do novo arcebispo metropolitano de Cracóvia.
14 set.-21 nov.	Participação na terceira sessão do concílio.
10 de out.	Paulo VI entrega o *pallium* a monsenhor Wojtyla.

1965

31 jan.-6 abr.	Participação nos trabalhos da comissão conciliar *Gaudium et Spes*.
28 set.-8 dez.	Participação na quarta e última sessão do concílio.
18 de nov.	Carta dos bispos poloneses aos bispos alemães.

1966

3 de mai.	Celebração do milênio da Igreja polonesa.

1967

24 de mar.	Visita do bispo Casaroli à Polônia.
28 de jun.	O bispo Wojtyla é feito cardeal durante um consistório em Roma.
8 de set.	Desencontro com o general de Gaulle durante sua visita a Cracóvia.
29 de set.	O primeiro sínodo dos bispos começa sem Wojtyla, que se solidarizou com o cardeal Wyszynski.

1968

Mar.-mai.	Manifestações estudantis (Polônia, México, França, Itália etc.).
25 de jul.	Paulo VI publica a encíclica *Humanae Vitae*.

1969

28 de fev.	Visita à sinagoga de Cracóvia.
15 de mar.	O bispo Wojtyla é eleito vice-presidente da conferência episcopal polonesa.
28 ago.-1º out.	Primeira viagem à América do Norte (Canadá, Estados Unidos).
11-28 out.	Participação no segundo sínodo de bispos.
Dez.	Publicação em polonês de *A pessoa e o ato*.

1970

Dez.	**Revolta operária nos portos do Báltico.**

1971

30 set.-5 nov.	Participação no terceiro sínodo de bispos.
5 de out.	Eleição para o conselho permanente da secretaria geral do sínodo de bispos.
17 de out.	Missa de beatificação de Maximiliano Kolbe em Roma.

1972

8 de mai.	Início do sínodo arquidiocesano de Cracóvia.

1973

7 fev.-1º mar.	Viagem às Filipinas, Papua Nova Guiné e Austrália.

1974

17-25 abr.	Congresso filosófico no sétimo centenário de Santo Tomás de Aquino (Nápoles).
27 set.-16 out.	Participação no quarto sínodo dos bispos.

1975

27 de fev.	Congresso internacional de fenomenologia em Friburgo (Suíça).
1º de ago.	**Assinatura dos acordos de Helsinque.**

1976

7-13 mar.	O cardeal Wojtyla prega as meditações de quaresma para o papa e a Cúria.
Jun.	Participação do cardeal Wojtyla no 6º congresso de filosofia de Arezzo-Sena.

CRONOLOGIA DA VIDA DE KAROL WOJTYLA (1920-1978)   721

Junho	Revolta operária de Radom e Ursus.
23 jul.-5 set.	Viagem pastoral aos Estados Unidos e ao Canadá.
10 de dez.	Participação do cardeal Wojtyla no congresso de filosofia de Gênova.

1977

15 de mai.	Consagração da igreja de Bienczyce em Nowa Huta.
24 de out.	Reeleição para o conselho permanente da secretaria geral do sínodo dos bispos.

1978

11-12 ago.	Participação no funeral de Paulo VI.
25 de ago.	Abertura do conclave.
26 de ago.	Eleição de Albino Luciani (João Paulo I).
30 de ago.	Audiência privada com João Paulo I.
19-25 set.	Viagem à Alemanha Ocidental.
3-4 out.	Participação no funeral de João Paulo I.
14 de out.	Abertura do conclave.
16 de out.	Eleição de Karol Wojtyla para a chefia da Igreja (ele adota o nome de João Paulo II).

CRONOLOGIA GERAL DO PONTIFICADO DE JOÃO PAULO II

1978

16 out.	Conclave: eleição do cardeal Karol Wojtyla, 58 anos.
17 out.	Primeira mensagem *urbi et orbi* de João Paulo II.
22 out.	Cerimônia de inauguração do pontificado (abraço em Wyszynski): "*Não tenham medo!*"
23 out.	Recepção para os poloneses (segundo abraço em Wyszynski).
25 out.	Primeira visita a Castel Gandolfo.
26 out.	Audiência privada com Valéry Giscard d'Estaing.
29 out.	Primeira peregrinação fora de Roma (santuário de Mentorella).
5 nov.	Visita aos dois santos padroeiros da Itália: Francisco de Assis (Assis) e Catarina (Santa Maria supra Minerva, em Roma).
12 nov.	Tomada de posse de São João de Latrão (e encontro com o prefeito de Roma).
19 nov.	O papa recebe o bispo Lefebvre.
20 nov.	O papa recebe o cardeal ucraniano Jozef Slipyi.
24 nov.	O papa adverte os superiores dos institutos religiosos contra as tentações "sociopolíticas".
5 dez.	Primeira visita pastoral a Roma (San Francesco Saverio, em Garbatella).
28 dez.	Audiência de médicos católicos: condenação solene do aborto.
29 dez.	O papa nomeia o bispo Macharski para sucedê-lo em Cracóvia.

1979

3 jan.	Acordos entre a Santa Sé e o governo espanhol.
24 jan.	João Paulo II aceita ser o mediador no conflito do canal de Beagle. Audiência concedida ao ministro soviético Andrei Gromyko.
25-31 jan.	Primeira viagem ao exterior: Santo Domingo e México (no dia 28. Puebla).
9 mar.	Morte do cardeal Villot.
15 mar.	Publicação da encíclica *Redemptor Hominis* (sobre os direitos do homem).

1º abr.	Khomeini proclama a República Islâmica no Irã.
10 abr.	Primeira "Carta aos padres" (Quinta-Feira Santa), reafirmando a regra do celibato dos padres.
28 abr.	O bispo Casaroli nomeado pró-secretário de Estado.
5 mai.	O bispo Somalo nomeado substituto. O bispo Silvestrini nomeado secretário do Conselho para as Questões Públicas.
18 mai.	Visita a Montecassino.
25 mai.	Constituição apostólica *Sapientia Christiana* (sobre as universidades católicas).
2-10 jun.	Primeira viagem à Polônia (Varsóvia, Gniezno, Czestochowa, Auschwitz e Cracóvia).
16 jun.	Mensagem ao cardeal Slipyi pelo respeito à liberdade religiosa dos uniatas.
18 jun.	Stanislaw Dziwisz torna-se segundo vigário de João Paulo II.
30 jun.	Primeiro consistório: criação de 14 novos cardeais (entre eles Casaroli, Etchegaray, Macharski e Rubin, assim como um chinês *in pectore*).
14 ago.	Visita a Albano (perto de Castel Gandolfo).
26 ago.	Visita pastoral ao norte da Itália: Canale d'Agordo, Marmolada, Belluno, Treviso.
1º set.	Visita a Netuno (perto de Castel Gandolfo).
3 set.	Visita a Albano (perto de Castel Gandolfo).
8 set.	Visita a Nossa Senhora de Loreto e Ancona.
9 set.	Visita a Grottaferrata (perto de Castel Gandolfo).
13 set.	Visita a Pomezia (perto de Castel Gandolfo).
21 set.	Advertência ao padre Arrupe sobre "lamentáveis deficiências" da Companhia de Jesus.
29 set.	Viagem à Irlanda (condenação da violência) a caminho dos Estados Unidos.
2 out.	Discurso na ONU (sobre os direitos humanos, Auschwitz e o Oriente Médio).
1º-8 out.	Viagem aos Estados Unidos: Nova York, Filadélfia (recusa da ordenação de mulheres).
17 out.	Madre Teresa ganha o prêmio Nobel da Paz.
21 out.	Visita a Pompéia e Nápoles.
25 out.	Publicação da exortação pós-sinodal *Catechesi tradendae* (sobre a catequese).
5-9 nov.	Primeira assembléia plenária do Colégio de Cardeais (sobre a Cúria, a cultura, as finanças).
9 nov.	Apelo pela libertação dos reféns americanos no Irã.
12 nov.	Discurso perante a 20ª sessão da FAO (sobre a fome no mundo).
26 nov.	O terrorista turco Ali Agca atenta contra a vida de João Paulo II em Istambul.

CRONOLOGIA GERAL DO PONTIFICADO DE JOÃO PAULO II   725

28-30 nov.	Viagem à Turquia.
30 nov.	Em Istambul, primeiro encontro com o patriarca ortodoxo Demétrio I.
18 dez.	Condenação do teólogo suíço Hans Küng.
27 dez.	**A URSS invade o Afeganistão.**

1980

14-31 jan.	Sínodo extraordinário dos bispos holandeses.
24 fev.	Carta aos bispos sobre a eucaristia (na qual deplora as polêmicas sobre a liturgia).
23 mar.	Visita a Castel Santa Maria di Cascia e Norcia (Úmbria).
24 mar.	Convocação de um sínodo dos bispos ucranianos.
24 mar.	**Assassinato do bispo Romero em San Salvador.**
2 abr.	Audiência ao rei Hassan II do Marrocos (a respeito de Jerusalém).
4 abr.	Na Sexta-Feira Santa, João Paulo II faz confissões em São Pedro de Roma.
13 abr.	Visita pastoral a Turim.
26 abr.	Audiência a Jacques Chirac, prefeito de Paris.
2-12 mai.	Primeira viagem à África: Zaire (ocorrem 9 mortes), Congo, Quênia, Gana (encontro com o bispo Runcie), Alto Volta, Costa do Marfim.
30 mai-2 jun.	Primeira viagem à França (Paris, Lisieux).
2 jun.	Discurso na Unesco sobre a cultura.
21 jun.	Audiência ao presidente Jimmy Carter.
30 jun.-12 jul.	Viagem ao Brasil (numa favela do Rio, sermão sobre a justiça social).
20 ago.	Primeiro comentário do papa sobre os acontecimentos de Gdansk.
30 ago.	Visita pastoral a Assergi (túnel de Gran Sasso) e Aquila (Abruzos).
31 ago.	**Na Polônia, assinatura dos acordos de Gdansk.**
7 set.	Visita a Velletri (perto de Castel Gandolfo).
8 set.	Visita a Frascati (perto de Castel Gandolfo).
14 set.	Visita pastoral a Sena (cidade de Santa Catarina de Sena e São Bernardino).
20 set.	Nova visita a Montecassino.
26 set.-25 out.	5º sínodo ordinário dos bispos (sobre "a família no mundo moderno").
28 set.	Visita a Subiaco (mosteiro de São Bento) — encontro com os bispos europeus.
5 out.	Visita a Otranto (região da Puglia): apelo aos albaneses.
9 out.	Encontro com o dalai-lama no Vaticano.
17 out.	Visita oficial da rainha Elizabeth da Inglaterra (e do príncipe Phillip).
4 nov.	**Reagan eleito presidente dos Estados Unidos.**
15-19 nov.	Viagem à Alemanha Ocidental.
25 nov.	Visita à região de Nápoles: Potenza, Balvano, Avellino (após o terremoto).

JOÃO PAULO II — BIOGRAFIA

2 dez.	Encíclica *Dives in misericordia* (sobre a misericórdia divina).
19 dez.	Visita oficial do presidente iugoslavo Cvijetin Mijatovic.
30 dez.	Carta apostólica proclamando Cirilo e Metódio, juntamente com São Bento, "santos padroeiros da Europa".

1981

15 jan.	Recepção a Lech Walesa acompanhado de uma delegação do sindicato Solidariedade.
2 fev.	Nomeação de Jean-Marie Lustiger como arcebispo de Paris.
8 fev.	Visita a SS Carlo e Biagio in Catinari: encontro com o grande rabino de Roma, Elio Toaff.
15-27 fev.	Viagem à Ásia: Paquistão, Filipinas (apelo aos chineses), Guam, Japão (Hiroxima), retorno por Anchorage (Alasca).
19 mar.	Visita a Terni (Úmbria).
26 abr.	Visita a Sotto il Monte e Bergamo (Lombardia).
9 mai.	Criação do Conselho Pontifício para a Família.
10 mai.	**Mitterrand é eleito presidente da República na França.**
13 mai.	Atentado em Roma: o turco Ali Agca atira no Santo Padre.
17 mai.	Ângelus na clínica Gemelli: "Rezem pelo irmão que atirou em mim, eu o perdoei."
28 mai.	**Em Varsóvia, morte do cardeal Wyszynski.**
31 mai.	Instalação do Conselho de Cardeais para a Organização e as Finanças da Santa Sé.
3 jun.	João Paulo II deixa a clínica Gemelli depois de 22 dias de hospitalização.
20 jun.	Nova hospitalização, por uma infecção viral.
17-23 jul.	O papa não assiste ao congresso eucarístico de Lourdes.
27 jul.	O papa recebe o bispo Glemp, novo primaz da Polônia.
5 ago.	Nova operação na clínica Gemelli.
14 ago.	Deixa definitivamente o hospital para uma longa convalescença em Castel Gandolfo.
15 set.	Encíclica *Laborem Exercens* (sobre o trabalho e os sindicatos).
22 nov.	Visita a Collevalenza e Todi (Úmbria).
	Publicação da exortação pós-sinodal *Familiaris Consortio* (sobre a família).
25 nov.	O cardeal Joseph Ratzinger é nomeado prefeito da Congregação para a Doutrina da Fé.
12 dez.	Campanha junto aos chefes de Estado envolvidos com armas nucleares.
13 dez.	Estado de guerra na Polônia: no ângelus, João Paulo II pede que rezem por seu país.

1982

6 jan.	Carta apostólica *Caritatis Christi* (sobre a Igreja da China).
4 fev.	O papa recebe o bispo Glemp, acompanhado dos bispos de Cracóvia e Wroclaw.
12-19 fev.	Segunda viagem à África: Nigéria, Benin, Guiné Equatorial, Gabão.
27 fev.	Audiência com o novo presidente francês, François Mitterrand.
11 mar.	Primeira visita *ad limina* dos bispos tchecos.
12 mar.	Segunda visita a Assis.
19 mar.	Visita pastoral à Toscana: fábrica Solvay de Rosignano, santuário Nossa Senhora de Montenero, Livorno.
21 mar.	Missa em São Pedro pela Igreja da China.
31 mar.	Publicação (depois de dezesseis anos de trabalho) do relatório da comissão católico-anglicana.
18 abr.	Visita pastoral a Bolonha (e a San Lazzaro di Savenna).
12-15 mai.	Viagem a Portugal (dia 13 de maio em Fátima, um ano depois do atentado, no 65° aniversário das aparições). Renova a consagração do mundo a Maria.
	Nova tentativa de atentado, cometida por Fernandez Krohn.
22 mai.	Guerra das Malvinas: missa em São Pedro pela paz entre a Argentina e a Grã-Bretanha.
28 mai.-2 jun.	Viagem à Grã-Bretanha (ecumenismo, apelo pela paz nas Malvinas).
29 mai.	Celebração ecumênica e declaração comum com o arcebispo de Canterbury, Robert Runcie.
7 jun.	Primeiro encontro com o presidente Ronald Reagan.
11 jun.	Mensagem às Nações Unidas (o equilíbrio nuclear é "moralmente aceitável").
11-12 jun	Viagem à Argentina (apelo pela paz nas Malvinas).
15 jun.	Viagem à Suíça (em Genebra, discurso perante a OIT sobre a liberdade sindical).
23 ago.	Eleva a Opus Dei à condição de "prelatura pessoal".
29 ago.	Viagem à República de São Marinho e visita a Rimini.
5 set.	Visita pastoral a Serra S. Abbondio e ao mosteiro de Fonte Avellana (Marcas).
12 set.	Visita pastoral a Sarmeola di Rubano e Pádua (cidade de Santo Antônio).
15 set.	Encontro privado com Yasser Arafat, líder da OLP.
	No dia seguinte ao assassinato de Bechir Gemayel, novo apelo pela paz no Líbano.
19 set.	Terceira visita a Albano (perto de Castel Gandolfo).
29 set.	Visita pastoral a Concesio e Brescia (Lombardia).
10 out.	Canonização do padre Maximiliano Kolbe.

19 out.	Encontro com o presidente italiano, Sandro Pertini, em Castelporziano.
21 out.	Audiência com o presidente do Líbano, Amin Gemayel.
28 out.	Visita oficial do presidente alemão ocidental, Karl Carstens.
31 out.-9 nov.	Viagem à Espanha (4º centenário da morte de Santa Teresa d'Ávila). No País Basco, condenação da violência.
9 nov.	Em Santiago de Compostela, apelo em favor de uma reevangelização da Europa.
20-21 nov.	Viagem pastoral à Sicília (em Palermo, condenação da máfia).
23-26 nov.	Segunda sessão do Colégio dos Cardeais (reforma da Cúria, direito canônico, finanças).
26 nov.	Anúncio do próximo Ano Santo (quaresma de 1983-Páscoa de 1984).

1983

2 jan.	Visita a Rieti e ao mosteiro de Greccio (onde São Francisco inventou o presépio).
6 jan.	Bula *Aperite Portas Redemptori* anunciando o Jubileu no 1.950º aniversário da Redenção.
25 jan.	Constituição pós-conciliar *Sacrae disciplinae leges* (novo Código de Direito Canônico).
2 fev.	Segundo consistório: criação de 18 cardeais (entre os quais Lustiger, de Lubac, Glemp, Vaivods...).
2-9 mar.	Viagem à América Central: Costa Rica, Nicarágua, Panamá, El Salvador (túmulo do bispo Romero), Guatemala, Honduras, Belize e Haiti (discurso sobre os direitos humanos).
19 mar.	Visita a San Salvo e Termoli (Abruzos).
25 mar.	Abertura do ano santo (1.950º aniversário da morte do Cristo).
22 abr.	Primeira visita *ad limina* de bispos lituanos.
20-22 mai.	Visita a Milão e sua região (Monza).
16-23 jun.	Segunda viagem à Polônia (durante o "estado de guerra").
8 jul.	Nomeação do cardeal Simonis para a chefia da Igreja holandesa.
15-16 ago.	Peregrinação a Lourdes (125º aniversário das aparições).
18 ago.	Visita a Palestrina (no caminho de Montorella).
3 set.	Visita a Anzio.
10-13 set.	Viagem à Áustria (prega a hospitalidade aos imigrantes).
17 set.	Durante um colóquio, o papa reitera sua condenação da contracepção.
29 set.-29 out.	Sexto sínodo ordinário dos bispos (sobre a penitência e a reconciliação).
5 out.	**Lech Walesa recebe o prêmio Nobel da Paz.**
16 out.	Consagração do mundo à Virgem de Fátima (à margem do sínodo).
27 out.	Apelo a Reagan e Andropov pelo desarmamento.
5 nov.	Carta ao cardeal Willebrands no 500º aniversário de nascimento de Martinho Lutero.

CRONOLOGIA GERAL DO PONTIFICADO DE JOÃO PAULO II 729

24 nov.	Publicação da Carta dos Direitos da Família.
11 dez.	Encontro com a comunidade luterana de Roma.
27 dez.	Visita a Ali Agca na prisão de Rebibbia.

1984

10 jan.	Anúncio do estabelecimento de relações diplomáticas entre a Santa Sé e os Estados Unidos.
22 jan.	Primeira visita a uma comunidade cigana (em Santa Rita de Roma).
11 fev.	Carta pastoral *Salvifici Doloris* (sobre o sentido do sofrimento).
18 fev.	Assinatura de uma nova concordata com a Itália.
19 fev.	Beatificação de 99 mártires de Angers (mortos durante a Revolução Francesa).
24 fev.	Visita pastoral a Bari e Bitonto (Puglia).
3 mar.	Carta criando uma fundação para o Sahel.
25 mar.	Renovação da consagração do mundo à Virgem de Fátima.
29 mar.	Publicação da exortação apostólica *Redemptionis Donum* (sobre a vida religiosa).
9 abr.	Série de nomeações na Cúria (dicastérios e comissões pontifícias). Entre elas: Gantin na Congregação para os Bispos, Etchegaray na chefia de Justiça e Paz e de *Cor Unum*.
20 abr.	Carta apostólica *Redemptionis Anno* sobre a cidade de Jerusalém.
22 abr.	Encerramento do Ano Santo.
1º mai.	Carta apostólica *Os grandes mistérios*, sobre a questão libanesa.
2-12 mai.	21ª viagem: Coréia do Sul, Papua Nova Guiné, ilhas Salomão, Tailândia.
21 mai.	Primeira visita oficial de um presidente italiano em doze anos.
27 mai.	Visita pastoral a Viterbo (Lácio).
2 jun.	Visita oficial do papa ao presidente Pertini.
11 jun.	Audiência privada com o primeiro-ministro sul-africano Pieter Botha: condenação do *apartheid*.
12-16 jun.	Viagem à Suíça (em Genebra, no dia 12, visita ao Conselho Ecumênico das Igrejas).
30 jun.	Audiência com o primeiro-ministro francês Pierre Mauroy: divergências sobre a privatização do ensino.
16-17 jul.	Encontro (usando esquis) com o presidente Pertini, no alto do maciço de Adamello (Alto Adige).
12 ago.	Visita a Fano (no litoral adriático).
19 ago.	Visita a Rocca di Papa (perto de Castel Gandolfo).
2 set.	Visita a Alatri (perto de Castel Gandolfo).
3 set.	Instrução da Congregação para a Doutrina da Fé sobre a teologia da libertação.

9-20 set.	Viagem ao Canadá (vigorosa defesa dos direitos dos indígenas).
3 out.	Autorização com ressalvas da missa de São Pio V.
5-7 out.	Visita pastoral à Calábria (Catanzaro, Crotone, Cosenza, Reggio di Calabria).
10-13 out.	24ª viagem: Santo Domingo, Porto Rico.
16 out.	Monsenhor Desmond Tutu recebe o Prêmio Nobel da Paz.
19 out.	Na Polônia, assassinato do padre Jerzy Popieluszko.
2-4 nov.	Peregrinação a Milão, Varese, Varallo, Arona, Pavia (seguindo a trilha de São Carlos Borromeu).
29 nov.	Assinatura no Vaticano do tratado de paz entre a Argentina e o Chile.
10 dez.	O padre Fernando Cardenal, ministro nicaragüense, é excluído da Companhia de Jesus.
11 dez.	Exortação pós-sinodal *Reconciliatio et Poenitentia* (sobre o sacramento de reconciliação).
29 dez.	Visita a Grottaferrata (perto de Castel Gandolfo).

1985

26 jan.-6 fev.	25ª viagem: Venezuela, Equador, Peru (terrorismo), Trinidad-e-Tobago.
5. fev.	O padre Cardenal é suspenso *a divinis*.
19 fev.	Audiência com o primeiro-ministro israelense Shimon Peres.
27 fev.	Visita oficial do ministro soviético Andrei Gromyko.
11 mar.	**Gorbachev é nomeado secretário-geral do PCUS.**
20 mar.	Condenação de Leonardo Boff, teólogo da libertação.
24 mar.	Visita a Fucino e Avezzano (Abruzos).
26 mar.	Carta apostólica *Dilecti Amici* no ano internacional da juventude (decretado pela ONU).
30-31 mar.	Primeiro Encontro Internacional da Juventude em Roma.
11 abr.	Segunda visita a Loreto.
11-21 mai.	Viagem à Holanda, a Luxemburgo e à Bélgica.
25 mai.	Terceiro consistório: nomeação de 28 cardeais (entre os quais Decourtray, Poupard e o eslovaco Tomko).
26 mai.	Visita a Salerno (ao sul de Nápoles).
15-17 jun.	Visita pastoral a Veneza e sua região.
30 jun.	Visita a Atri, Isola del Gran Sasso e Teramo (Abruzos).
2 jul.	Encíclica *Slavorum Apostoli* (sobre a unidade da Igreja) no 11º centenário da morte de São Metódio.
7 jul.	Missa de comemoração a Cirilo e Metódio, pelo povo tchecoslovaco, na Capela Paulina.
8-19 ago.	27ª viagem: Togo, Costa do Marfim, Camarões, República Centro-Africana, Zaire e Quênia.

CRONOLOGIA GERAL DO PONTIFICADO DE JOÃO PAULO II   731

19 ago.	Marrocos: apelo de Casablanca (sobre o diálogo com o islã).
8 set.	Visita à Suíça e a Lichtenstein.
14 set.	Visita a Albano (perto de Castel Gandolfo).
21-22 set.	Visita pastoral a Gênova (e ao santuário de Madonna de la Guardia)
4 out.	Visita oficial do presidente italiano Francesco Cossiga.
18-20 out.	Visita pastoral à Sardenha.
17 nov.	Mensagens pessoais a Reagan e Gorbachev (por ocasião da reunião de cúpula de Genebra).
21-23 nov.	Terceira reunião plenária do Colégio dos Cardeais (reforma da Cúria, primado do papa).
25 nov.-8 dez.	Sínodo extraordinário no 20º aniversário do encerramento do Vaticano II (decisão de redigir um novo catecismo universal).

1986

18 jan.	Visita oficial ao presidente italiano Francesco Cossiga.
1º-10 fev.	Viagem à Índia (visita ao mausoléu do Mahatma Gandhi).
19 fev.	Audiência privada ao presidente libanês Amin Gemayel.
6 mar.	Visita oficial da governadora canadense Jeanne Sauvé.
13-15 mar.	Visita *ad limina* dos bispos do Brasil.
19 mar.	Visita a Prato (perto de Florença).
28 mar.	Carta aos padres (na qual o papa oferece o pároco de Ars como exemplo).
29 mar.	Absolvição de Serguei Antonov e dos dois outros búlgaros acusados de terem atirado no papa.
5 abr.	Instrução *Libertatis conscientia* sobre os aspectos positivos da teologia da libertação.
13 abr.	Visita do papa à grande sinagoga de Roma.
27 abr.	Audiência especial aos albaneses da diáspora.
27 abr.	**Explosão da central nuclear de Chernobyl.**
8-11 abr.	Visita pastoral a Ravena e cercanias.
30 mai.	Publicação da encíclica *Dominum et Vivificantem* (sobre o Espírito Santo).
1º-8 jul.	30ª viagem: Colômbia (3,2 milhões de pessoas na missa) e Santa Lúcia.
9 ago.	Visita a Rocca di Mezzo e Piani di Pezza (Abruzos).
19 ago.	Advertência ao teólogo americano Charles Curran e ao bispo Hunthausen, arcebispo de Seattle.
31 ago.	Visita a Anagni (perto de Castel Gandolfo).
6-7 set.	Expedição ao Monte Branco (Courmayeur): apelo à unidade da Europa.
14 set.	Visita a Aprilia (perto de Castel Gandolfo).
4-7 out.	Viagem à França: Lyon, Taizé, Paray-le-Monial, Ars, Annecy.

JOÃO PAULO II — BIOGRAFIA

18-19 out.	Visita pastoral a Florença.
26 out.	Visita pastoral a Perúgia.
27 out.	Primeira assembléia pan-religiosa de Assis (oração em comum pela paz).
30 out.	Carta da Congregação para a Doutrina da Fé condenando a homossexualidade.
31 out.	Visita oficial do presidente de Camarões, Paul Biya.
18 nov.-1º dez.	32ª viagem: Bangladesh, Cingapura, ilhas Fiji, Nova Zelândia, Austrália (advertência contra as manipulações genéticas, defesa dos aborígines) e ilhas Seychelles.

1987

13 jan.	Audiência com o general Jaruzelski.
5 fev.	Deplora o número de anulações de casamentos pronunciadas pelos tribunais eclesiásticos.
2 mar.	Publicação de uma instrução da Congregação para a Doutrina da Fé, *Donum Vitae,* sobre o respeito à vida humana (condenação da procriação artificial).
19 mar.	Visita a Civitavecchia (perto de Roma).
23-25 mar.	Visita à região da Puglia (Foggia, Golfo de Manfredonia, Monte Sant'Angelo etc.).
25 mar.	Encíclica *Redemptoris Mater* (sobre a Virgem Maria).
31 mar.-13 abr.	33ª viagem: Uruguai, Chile (encontro com Pinochet, violentos distúrbios) e Argentina.
1º-5 mai.	Viagem à Alemanha Ocidental (no dia 1º de maio, em Colônia, beatificação de Edith Stein e Rupert Mayer).
6 jun.	Visita oficial do presidente americano Ronald Reagan.
7 jun.	Abertura solene do ano mariano.
8-14 jun.	Terceira viagem à Polônia (dia 12: apoio ao Solidariedade em Gdansk).
25 jun.	Audiência ao presidente austríaco Kurt Waldheim.
28 jun.	Comemoração solene do 600º aniversário da evangelização da Lituânia.
8-14 jul.	Primeiras férias do papa em Lorenzago di Cadore (Dolomitas).
2 set.	Nova visita a Rocca di Papa (perto de Castel Gandolfo).
5 set.	Nova visita a Albano (perto de Castel Gandolfo).
7 set.	Nova visita a Grottaferrata (perto de Castel Gandolfo).
10-20 set.	36ª viagem: Estados Unidos (no dia 10, encontro com Reagan em Miami, e no dia 17, visita aos doentes de Aids em São Francisco) e Canadá.
1º-30 out.	Sétimo sínodo ordinário dos bispos, sobre a vocação e a missão dos leigos (não às diaconesas).
3-7 dez.	Visita do patriarca ecumênico de Constantinopla, Demétrio I.
11 dez.	Visita oficial do presidente argentino Raúl Alfonsín.

CRONOLOGIA GERAL DO PONTIFICADO DE JOÃO PAULO II   733

28 dez.	Nomeação de um palestino, o bispo Michel Sabbah, como patriarca de Jerusalém.

1988

29 jan.	Audiência com Daniel Ortega, presidente da Nicarágua.
1º fev.	Audiência com o rei Hussein da Jordânia (situação de Jerusalém, diálogo com o islã).
2 fev.	Documento da comissão Justiça e Paz sobre os sem-teto.
14 fev.	Mensagem aos uniatas, *Magnum baptismi donum* (sobre o batismo da Rus').
19 fev.	Publicação da encíclica *Sollicitudo Rei Socialis* (sobre a questão social e o desenvolvimento).
3 mar.	Primeira publicação do relatório financeiro e do orçamento antecipado da Santa Sé.
22 mar.	Publicação da carta apostólica *Euntes in mundum* (sobre o milênio da Rus').
16-17 abr.	Visita pastoral a Verona.
1º mai.	Visita a Nepi (Castel S. Elia) e Cività Castellana.
6 mai.	Nova audiência aos albaneses exilados.
7-19 mai.	37ª viagem: Uruguai, Bolívia, Paraguai e Peru.
15 mai.	**Início da retirada soviética do Afeganistão.**
21 mai.	Inauguração de um abrigo "Dom de Maria", administrado pelas irmãs da Caridade de Madre Teresa.
30 mai.	Importante remanejamento na Cúria (nomeação dos bispos Cassidy e Sodano).
3-7 jun.	Segunda visita pastoral à região de Bolonha (Piacenza, Modena, Parma etc.).
11-12 jun.	Visita a Messina (Sicília) e à Calábria.
13 jun.	O cardeal Casaroli em Moscou para o milênio da Rus' (mensagem do papa a Gorbachev).
18 jun.	Visita oficial da presidenta filipina Corazón Aquino.
19 jun.	Canonização de 117 mártires vietnamitas.
23-27 jun.	Viagem à Áustria (encontro com Kurt Waldheim, visita a Mauthausen).
28 jun.	Constituição apostólica *Pastor bonus* (sobre a reforma da Cúria).
	Quarto consistório: nomeação de 24 cardeais (entre eles Jacques Martin e o lituano Sladkevicius).
30 jun.	Excomunhão do bispo Lefebvre.
2 jul.	Moto-próprio *Ecclesia Dei afflicta,* sobre os fiéis que acompanharam o bispo Lefebvre.
10 jul.	Comemoração solene do milênio da Rus' (em São Pedro, no rito bizantino).

734 JOÃO PAULO II — BIOGRAFIA

13-22 jul.	Férias em Lorenzago di Cadore (Dolomitas), com escapulida até o Monte Adamello.
15 ago.	Encerramento solene do ano mariano (em São Pedro).
19 ago.	Visita a Albano (perto de Castel Gandolfo).
21 ago.	Visita a Rocca di Papa (perto de Castel Gandolfo).
2-4 set.	Segunda visita pastoral a Turim e sua região.
10-19 set.	39ª viagem: Zimbábue, Botsuana, Lesoto, Moçambique, Suazilândia.
30 set.	Publicação da carta apostólica *Mulieris dignitatem* (sobre a vocação da mulher).
4 out.	O papa torna bispo seu conselheiro lituano Audrys Backis.
8-11 out.	40ª viagem: Conselho da Europa, em Estrasburgo, e logo Metz e Nancy.
19 nov.	Encontro com o primeiro-ministro italiano Ciriaco De Mita.
23 dez.	Segundo encontro com Yasser Arafat.
30 dez.	Visita a Fermo e Porto S. Giorgio (no Adriático).

1989

25 jan.	Criação de um Escritório do Trabalho na Santa Sé.
26 jan.	163 teólogos europeus denunciam a "tutela" da Igreja pelo Vaticano.
30 jan.	Publicação da exortação pós-sinodal *Christi fideles laici* (sobre os leigos).
6 fev.	Audiência a Andrei Sakharov.
8-11 mar.	Encontro com os bispos americanos sobre o tema da evangelização nos Estados Unidos.
10 mar.	Reorganização do episcopado da Lituânia.
20 abr.	Visita oficial do presidente irlandês Patrick Hillery.
28 abr.-6 mai.	41ª viagem: Madagascar, Reunião, Zâmbia, Malawi.
21 mai.	Visita a Grosseto (Toscana).
27 mai.	Visita oficial do presidente americano George Bush.
1º-10 jun.	Viagem aos países escandinavos: Noruega, Islândia, Finlândia, Dinamarca e Suécia.
25 jun.	Visita a Gaeta, Madonna di Civita e Formia (sul de Roma).
12-21 jul.	Primeiras férias em Combo (Vale d'Aosta).
17 jul.	Restabelecimento de relações diplomáticas com a Polônia.
25 jul.	Nomeação do bispo Kondrusiewicz na Bielo-Rússia.
15 ago.	Exortação apostólica *Redemptoris custos* (sobre São José).
19-20 ago.	Jornadas Mundiais da Juventude em Santiago de Compostela.
24 ago.	**Tadeusz Mazowiecki é nomeado chefe de governo na Polônia.**
1º set.	Carta apostólica no 50º aniversário do início da Segunda Guerra Mundial.
7 set.	Carta apostólica sobre a situação no Líbano. Jornada internacional de oração pela paz no Líbano.

CRONOLOGIA GERAL DO PONTIFICADO DE JOÃO PAULO II   735

18 set.	Visita a Orte e Trevignano (norte de Roma).
19 set.	O papa resolve a questão do carmelo de Auschwitz (confirmando os acordos de Genebra).
22-24 set.	Visita pastoral a Pisa (Toscana) e sua região.
29 set.-2 out.	Visita oficial do arcebispo de Canterbury, Robert Runcie (declaração comum).
7-15 out.	44ª viagem: Coréia do Sul, Indonésia, ilhas Maurício.
28-29 out.	Visita a Tarento (novo apelo em favor da Albânia) e Martina Franca (Puglia).
9 nov.	**Queda do Muro de Berlim.**
13-14 nov.	Encontro com os bispos da RFA sobre "a fé para as gerações futuras".
1º dez.	Encontro entre João Paulo II e Gorbachev (no Vaticano, em visita oficial).
21 dez.	Nomeação de novos bispos na Tchecoslováquia.

1990

25 jan.-1º fev.	45ª viagem: Cabo Verde, Guiné-Bissau, Mali, Burkina Faso e Chade.
15 mar.	Troca de representações diplomáticas entre o Vaticano e a União Soviética.
18-19 mar.	Visita pastoral ao Piemonte (região de Turim: Ivrea, Chivasso etc.).
21-22 abr.	Viagem à Tchecoslováquia.
22 abr.	Anúncio, em Velehrad, da realização de um próximo sínodo especial dos bispos de toda a Europa.
27 abr.	Visita oficial do presidente português Mário Soares.
6-13 mai.	Viagem ao México e a Curaçau.
25-27 mai.	Viagem a Malta.
17 jun.	Visita a Orvieto (Úmbria).
2 jul.	Visita a Benevento (Campânia).
11-20 jul.	Pela segunda vez, férias em Combes (Vale d'Aosta), escapada até o Monte Branco (no dia 17).
3 ago.	**Início da Guerra do Golfo.**
26 ago.	No ângelus, apelo pela paz no Golfo (após a invasão do Kuwait pelo Iraque).
1º-10 set.	49ª viagem: Tanzânia, Burundi, Ruanda, Costa do Marfim.
20 set.	Sétima visita a Albano (perto de Castel Gandolfo).
22-23 set.	Visita pastoral a Ferrara (Emília Romanha) e cercanias.
30 set.-28 out.	Oitavo sínodo ordinário dos bispos (sobre a formação dos padres).
14 out.	Segunda visita pastoral a Gênova.
18 out.	Promulgação do Código Canônico das Igrejas Orientais.
9-13 nov.	Segunda visita a Nápoles e sua região (no dia 11: Torre del Greco, ao pé do Vesúvio).

736   JOÃO PAULO II — BIOGRAFIA

18 nov.   Nova audiência a Mikhail Gorbachev.
24 nov.   Visita *ad limina* dos bispos do Vietnã (pela primeira vez com a presen-
                 ça de todos).
1º dez.   O cardeal Casaroli é substituído na Secretaria de Estado por monsenhor
                 Angelo Sodano.
25 dez.   Mensagem *urbi et orbi* pela paz no Golfo.

                              1991

15 jan.   Carta a George Bush e Saddam Hussein para evitar a Guerra do Golfo.
22 jan.   Publicação da encíclica *Redemptoris Missio* (sobre a nova evange-
                 lização).
5 fev.   Visita oficial do presidente da Polônia, Lech Walesa.
4-5 mar.   Sínodo extraordinário dos bispos do Oriente diretamente afetados pela
                 Guerra do Golfo.
8-9 mar.   Encontro (segunda sessão) com o episcopado do Brasil e a direção da
                 Cúria.
18-19 mar.   Visita a San Severino, Camerino, Fabriano e Matelica (região de
                 Ancona, Marcas).
4-7 abr.   Quarta reunião plenária do Colégio dos Cardeais (ameaças à vida e
                 desafio das seitas).
8-9 abr.   Reunião sobre as finanças da Santa Sé com os presidentes das confe-
                 rências episcopais.
13 abr.   Reorganização da Igreja Católica na Bielo-Rússia, na Rússia e no
                 Cazaquistão.
27-28 abr.   Visita a Potenza, Matera e Pisticci Scalo (região de Basilicata).
29-30 abr.   Reunião com os bispos suíços e a Cúria.
1º mai.   Encíclica *Centesimus Annus* (sobre o socialismo e o capitalismo).
3 mai.   Visita oficial do rei da Suécia, Carlos Gustavo.
10-13 mai.   Viagem a Portugal.
1º-10 jun.   Quarta viagem à Polônia.
12 jun.   Anúncio de um próximo sínodo especial sobre o Líbano.
22-23 jun.   Visita a Mântua e Castiglione delle Stiviere (Lombardia).
25 jun.   **A Eslovênia e a Croácia proclamam sua independência.**
28 jun.   Quinto consistório: nomeação de 22 cardeais (e revelação sobre um
                 chinês nomeado *in pectore* desde 1979).
10-19 jul.   Férias em Combes (Vale d'Aosta).
13-18 ago.   Viagem à Polônia (Jornada Mundial da Juventude em Czestochowa) e
                 à Hungria.
19 ago.   **Tentativa de golpe em Moscou.**
2 set.   Visita a Carpineto (perto de Roma).
7 set.   Estabelecimento de relações diplomáticas com a Albânia.

CRONOLOGIA GERAL DO PONTIFICADO DE JOÃO PAULO II   737

7-8 set.	Visita a Vicenza (Vêneto).
29 set.	Centésima visita à Itália: Ferriere e Latina (perto de Roma).
5 out.	Ofício católico-luterano em São Pedro no sexto centenário da canonização de Brígida da Suécia.
12-21 out.	Viagem ao Brasil.
28 nov.-14 dez.	Sínodo extraordinário dos bispos da Europa Oriental e Ocidental (ausência dos ortodoxos).
7 dez.	Ofício ecumênico em São Pedro durante este sínodo europeu.
25 dez.	**Dissolução da URSS.**

1992

1º jan.	A Santa Sé reconhece a Federação da Rússia.
13 jan.	A Santa Sé reconhece a soberania da Croácia e da Eslovênia.
8 fev.	Estabelecimento de relações diplomáticas com a Croácia, a Eslovênia e a Ucrânia.
19-26 fev.	Oitava viagem à África: Senegal, Gâmbia e Guiné.
19 mar.	Visita pastoral a Sorrento e Castellamare di Stabia (na baía de Nápoles).
7 abr.	Exortação pós-sinodal *Pastores dabo vobis* (sobre a formação dos padres).
30 abr.-3 mai.	Visita pastoral a Trieste e sua região (Udine, Gorizia etc.).
17 mai.	Beatificação de José María Escrivá de Balaguer, fundador da Opus Dei.
23-24 mai.	Visita a Capua (perto de Nápoles).
4-10 jun.	55ª viagem: Angola, São Tomé e Príncipe.
19-21 jun.	Visita a Caravaggio, Crema e Lodi (região de Milão).
12 jul.	Volta à clínica Gemelli para exames.
15 jul.	Cirurgia para extração de um tumor no intestino.
17 ago.-2 set.	Férias e convalescença em Lorenzago di Cadore (Dolomitas).
22 ago.	Dramático apelo pela paz nos Bálcãs durante o ângelus.
21 set.	Estabelecimento de relações diplomáticas com o México.
9-13 out.	Viagem a Santo Domingo, no quinto centenário da evangelização da América Latina.
16 nov.	Constituição apostólica *Fidei depositum* (para o novo catecismo).
27 nov.	Visita oficial do presidente italiano, Luigi Scalfaro.
7 dez.	Apresentação oficial do novo catecismo.
25 dez.	Nomeação de bispos na Albânia.

1993

9-10 jan.	Em Assis, oração especial pela paz na Europa e particularmente nos Bálcãs.
21 jan.	Visita oficial do primeiro-ministro italiano Giuliano Amato.

3-10 fev.	Décima viagem à África: Benin, Uganda (polêmica sobre o preservativo), Sudão.
19 fev.	Visita oficial do presidente esloveno Milan Kucan.
19 mar.	Visita pastoral a Magliano Sabina, Vescovio, Farfa e Monterotondo (região de Roma).
22 mar.	Visita a Genazzano (perto de Roma, estrada da Montorella).
25 abr.	Viagem à Albânia.
8-10 mai.	Visita pastoral à Sicília (Trapani, Agrigento, Caltanissetta etc.).
23 mai.	Visita pastoral a Cortona e Arezzo (Toscana).
29 mai.	Encerramento do segundo sínodo diocesano de Roma.
12-17 jun.	Viagem à Espanha.
19-20 jun.	Visita pastoral ao centro da Itália: Macerata, Foligno, Gran Sasso.
7-16 jul.	Férias em Lorenzago di Cadore (Dolomitas).
9-15 ago.	60ª viagem: Jamaica, México e JMJ em Denver.
4-10 set.	Viagem aos três países bálticos (discurso de Riga sobre o socialismo).
17 set.	Visita a La Verna e Camaldoli (Toscana).
25-26 set.	Visita a Asti (Piemonte).
5 out.	Publicação da encíclica *Veritatis Splendor* (sobre fundamentos da moral).
11 nov.	O papa cai no fim de uma audiência e fratura o ombro.
16 dez.	Visita oficial do presidente argentino Carlos Menem.
26 dez.	Abertura do ano internacional da família.
30 dez.	"Acordo fundamental" entre o Vaticano e Israel.

1994

1º jan.	Moto-próprio *Socialium scientiarum*, criando a Academia Pontifícia de Ciências Sociais.
23 jan.	Missa em São Pedro pela paz nos Bálcãs.
2 fev.	*Carta às famílias* pelo ano internacional da família.
11 fev.	Moto-próprio *Vitae mysterium* criando a Academia Pontifícia para a Vida.
3 mar.	Visita oficial do presidente alemão Richard von Weizsäcker. Estabelecimento de relações diplomáticas com a Jordânia.
5 mar.	Estabelecimento de relações diplomáticas com a África do Sul.
7 mar.	Visita oficial do presidente tcheco, Václav Havel.
17 mar.	Audiência com o primeiro-ministro israelense Yitzhak Rabin.
19 mar.	Carta aos dirigentes mundiais antes da conferência sobre população do Cairo.
7 abr.	Concerto no Vaticano em memória da Shoah na presença do papa e do rabino Elio Taff.
10 abr.-8 mai.	Sínodo especial dos bispos da África (sobre a evangelização, ao se aproximar o ano 2000).

CRONOLOGIA GERAL DO PONTIFICADO DE JOÃO PAULO II   739

28 abr.	O papa quebra o fêmur (hospitalização na clínica Gemelli de 29 de abril a 27 de maio).
13 mai.	Abertura do mosteiro *Mater Ecclesiae* dentro do perímetro do Vaticano.
22 mai.	Carta apostólica aos bispos, *Ordinatio Sacerdotalis* (contra a ordenação das mulheres).
2 jun.	Audiência com o presidente Bill Clinton.
13-14 jun.	Quinta reunião plenária do Colégio dos Cardeais (sobre o Jubileu do ano 2000).
15 jun.	Relações diplomáticas com Israel em nível de embaixadas.
17-27 ago.	Férias em Combes (Vale d'Aosta).
8 set.	Missa em Castel Gandolfo pela Bósnia (após a renúncia à etapa de Sarajevo em sua viagem).
10-11 set.	Viagem à Croácia.
17-18 set.	Visita a Lecce (no sul da região da Puglia).
2-29 out.	Nono sínodo ordinário dos bispos (sobre a vida consagrada).
8-9 out.	Encontro Internacional das Famílias.
20 out.	Publicação do livro *Cruzando o limiar da esperança* (entrevista com Vittorio Messori).
25 out.	Início das "relações permanentes e oficiais de trabalho" com a OLP.
4-6 nov.	Visita à Sicília: Catânia e Siracusa.
14 nov.	Publicação da carta apostólica *Tertio Millenio Adveniente*.
26 nov.	Sexto consistório: nomeação de 30 novos cardeais.
10 dez.	Nova visita a Loreto.
13 dez.	*Carta às crianças* (no ano da família).

1995

11-21 jan.	63ª viagem: Filipinas (JMJ em Manilha), Papua Nova Guiné, Austrália e Sri Lanka.
13 jan.	Revogação do bispo Gaillot.
14 jan.	Em Manilha, leitura de uma mensagem aos católicos chineses pela Rádio Veritas.
4 fev.	Visita oficial do presidente de Malta, Ugo Bonnici.
6-12 mar.	Delegação da Santa Sé à 7ª reunião de cúpula da ONU sobre o desenvolvimento social (Copenhague).
19 mar.	Visita a Monte Varaino, Castelpetroso e Agnone (região de Molisa).
25 mar.	Encíclica *Evangelium Vitae* (sobre o respeito à vida).
29-30 abr.	120ª viagem à Itália: visita pastoral a Trento (Alto Adige).
2 mai.	Carta apostólica *Orientale Lumen* (no centenário de *Orientalium dignitas*, de Leão XIII).
8 mai.	Mensagem no 50º aniversário do fim da Segunda Guerra Mundial.
18 mai.	João Paulo II comemora 75 anos.

20-22 mai.	Viagem à República Tcheca (canonização de Jan Sarkander).
25 mai.	Encíclica *Ut unum sint* (sobre a unidade dos cristãos).
3-4 jun.	Viagem à Bélgica (beatificação de Damiann de Veuster).
11 jun.	Missa lembrando o fim da Segunda Guerra Mundial.
27-30 jun.	Visita do patriarca de Constantinopla, Bartolomeu I.
30 jun.-3 jul.	Viagem à Eslováquia (canonização de três mártires).
10 jul.	Publicação de *Carta às mulheres*.
12-22 jul.	Férias em Combes (Vale d'Aosta).
9-10 set.	Nova visita a Loreto para a peregrinação dos jovens da Europa (com transmissão direta de Sarajevo).
14-20 set.	67ª viagem: Camarões, África do Sul (encontro com Nelson Mandela), Quênia (fim do sínodo especial africano).
15 set.	Exortação apostólica pós-sinodal *Ecclesia in Africa* (assinada em Iaundê).
4-8 out.	Viagem aos Estados Unidos (Newark, Brooklin, Baltimore).
5 out.	Mensagem à ONU em seu 50º aniversário.
17 out.	Recepção dos bispos da antiga Iugoslávia (menos os eslovenos).
27 out.	Comemoração do 30º aniversário de *Presbyterorum ordinis*.
8 nov.	Comemoração do 30º aniversário da constituição conciliar *Gaudium et Spes*.
16 nov.	Carta apostólica no 400º aniversário da União de Brest (Bielo-Rússia).
23 nov.	Segunda visita pastoral a Palermo (Sicília).
26 nov.-14 dez.	Missa em São Pedro pelo sínodo especial de bispos sobre o Líbano.
8 dez.	O papa encarrega a cidade de Roma de dar as boas-vindas no Jubileu do ano 2000.
15 dez.	*Carta aos católicos da França*.
21 dez.	João Paulo II recebe o bispo Gaillot.
25 dez.	A mensagem *urbi et orbi* e a bênção papal são retransmitidas pela Internet.

1996

20 jan.	Visita oficial do presidente Jacques Chirac.
1º fev.	Visita oficial do presidente do México.
5-11 fev.	69ª viagem: Guatemala, Nicarágua, El Salvador, Venezuela.
22 fev.	Constituição *Universi dominici gregis* sobre as regras de eleição de um novo papa.
25 mar.	Exortação pós-sinodal *Vita consecrata* (sobre a vida consagrada).
30 mar.	Nova visita pastoral a Sena (Toscana).
5 abr.	*Via crucis* no Coliseu: as meditações são feitas pelo arcebispo Pulic, de Sarajevo.
14 abr.	Viagem à Tunísia (apelo ao diálogo com o islã moderado).

CRONOLOGIA GERAL DO PONTIFICADO DE JOÃO PAULO II   741

18 abr.	Carta apostólica comemorando os 350 anos da União de Ujgorod (Ucrânia).
4-5 mai.	Visita a Como (Lombardia).
17-19 mai.	Viagem à Eslovênia.
21-23 jun.	Viagem à Alemanha reunificada (discurso na Porta de Brandemburgo, anúncio de um sínodo).
4 jul.	Visita oficial do primeiro-ministro italiano Romano Prodi.
7 jul.	Missa em São Pedro (de rito uniata) pelo 400º aniversário da União de Brest.
10-23 jul.	Férias em Lorenzago di Cadore (Dolomitas).
14 ago.	Visita a Albano (perto de Castel Gandolfo).
6-7 set.	Viagem à Hungria.
19-22 set.	Viagem à França: Vendéia, Sainte-Anne-d'Auray, Tours, Reims (1.500º aniversário do batismo de Clóvis).
8-15 out.	Hospitalização na clínica Gemelli (operação de apendicite).
1º nov.	Missa em São Pedro pelo 50º aniversário de sua ordenação sacerdotal.
10 nov.	Concelebração solene com todos os pastores ordenados no mesmo ano que João Paulo II (1946).
13 nov.	Mensagem à reunião de cúpula da FAO em Roma.
15 nov.	Apresentação do livro Minha vocação, dom e mistério.
19 nov.	Audiência privada com Fidel Castro.
30 nov.	Lançamento em São Pedro dos três anos de preparação do Jubileu do ano 2000.
3-6 dez.	Encontro com o arcebispo de Canterbury, primaz da Igreja Anglicana, George Carey.
10-14 dez.	Visita do patriarca e católico armênio Karekin I.
19 dez.	Visita do presidente da OLP, Yasser Arafat.

1997

23-26 jan.	Visita a Roma do católico armênio da Sicília, Aram I Kechichian.
3 fev.	Audiência com o primeiro-ministro israelense Benjamin Netaniahu.
14 fev.	Visita oficial do presidente brasileiro, Fernando Henrique Cardoso.
10 mar.	Estabelecimento de relações diplomáticas com a Líbia.
24 mar.	Apresentação e abertura do site www.vatican.va
7 abr.	Audiência com o presidente polonês Alexander Kwasniewski.
12-13 abr.	Viagem a Sarajevo.
25-27 abr.	Viagem à República Tcheca (milênio da morte de Santo Adalberto).
4 mai.	Beatificação em São Pedro do primeiro bem-aventurado cigano, Ceferino Giménez.
10-11 mai.	Viagem a Beirute (encerramento do sínodo especial sobre o Líbano).
10 mai.	Publicação da exortação pós-sinodal Uma nova esperança para o Líbano.

JOÃO PAULO II — BIOGRAFIA

16 mai.	Audiência com o presidente georgiano Eduard Chevardnadze.
31 mai.-10 jun.	Viagem à Polônia (canonização da rainha Edwiges).
16 jun.	Cartas do papa a Netaniahu e Arafat sobre o processo de paz no Oriente Médio.
24 jun.	Carta ao presidente russo Boris Ieltsin sobre a liberdade religiosa na Rússia.
9-19 jul.	Férias em Combes (Vale d'Aosta).
15 ago.	Carta apostólica *Laetamur magnopere* aprovando o novo catecismo em sua versão latina.
21-24 ago.	Jornadas Mundiais da Juventude em Paris.
6 set.	Visita a Marino (perto de Castel Gandolfo).
27-28 set.	Terceira visita a Bolonha (23° congresso eucarístico nacional).
2-6 out.	Viagem ao Rio de Janeiro (2° encontro mundial das famílias).
19 out.	Santa Teresa do Menino Jesus é proclamada "doutora da Igreja".
16 nov.-12 dez.	Sínodo especial dos bispos da América (conversão, comunhão e solidariedade).
30 nov.	Missa de inauguração do segundo ano antes do ano 2000, dedicado ao Espírito Santo.

1998

1° jan.	Constituição apostólica *Ecclesia in urbe* (sobre o vicariato de Roma).
3 jan.	Viagem à região atingida pelo terremoto na Úmbria (Annifo, Cesi, Assis).
15 jan.	Primeira visita ao Capitólio (encontro com o prefeito de Roma, Francesco Rutelli).
21-26 jan.	Viagem a Cuba (encontro com Fidel Castro).
1° fev.	Visita a uma família romana da paróquia do Sagrado Coração de Jesus.
21 fev.	Sétimo consistório: designação de 20 cardeais (mais 2 designados *in pectore*).
7 mar.	Audiência com a secretária de Estado americana Madeleine Albright.
15 mar.	Publicação de um documento sobre a Shoah pelo Conselho Pontifício para as Relações com o Judaísmo.
21-23 mar.	Viagem à Nigéria.
25 mar.	Troca dos instrumentos de ratificação da nova concordata com a Polônia.
19 abr.-17 mai.	Sínodo especial sobre a Ásia (os chineses não obtiveram visto).
15 mai.	Audiência ao rei da Bélgica, Alberto II (e à rainha Paula).
18 mai.	Moto-próprio *Ad tuendam fidem* sobre o direito canônico e a profissão de fé.
23-24 mai.	Visita a Vercelli e Turim (a 24, o papa vai venerar o Santo Sudário).
30 mai.	Encontro em São Pedro com os "movimentos de Igreja e novas comunidades".

CRONOLOGIA GERAL DO PONTIFICADO DE JOÃO PAULO II 743

31 mai.	Carta apostólica *Dies Domini* (sobre o "dia do Senhor").
9 jun.	Encontro com os bispos de Cuba.
12 jun.	Audiência ao presidente da Autoridade Nacional Palestina, Yasser Arafat.
19-21 jun.	Viagem à Áustria (beatificação de Jakob Kern).
8-21 jul.	Férias em Lorenzago di Cadore (Dolomitas).
18-20 set.	Visita a Chiavari e Brescia (Lombardia).
3-4 out.	Viagem à Croácia (beatificação do cardeal Stepinac).
11 out.	Canonização de Edith Stein.
15 out.	Publicação da encíclica *Fides et Ratio* (sobre a fé e a razão).
20 out.	Visita oficial ao Quirinale, sede do governo italiano.
29-31 out.	Simpósio de historiadores sobre a Inquisição.
22 nov.-12 dez.	Sínodo dos bispos da Oceania.
29 nov.	Bula de indicção do Grande Jubileu do ano 2000.

1999

8 jan.	Audiência a Massimo d'Alema, chefe do governo italiano.
22-28 jan.	Viagem ao México. Exortação apostólica pós-sinodal *Ecclesia in America*.
27 jan.	Escala em Saint Louis (Estados Unidos): encontro com Bill Clinton.
19 fev.	Sétima audiência a Yasser Arafat.
11 mar.	Visita ao Vaticano do presidente iraniano Mohammed Khatami.
23 abr.	*Carta aos artistas*.
2 mai.	Beatificação em Roma do padre Pio.
7-9 mai.	Viagem à Romênia.
18 mai.	Audiência ao novo chanceler alemão, Gerhard Schröder.
5-17 jun.	Oitava viagem à Polônia.
2 jul.	Cancelamento da viagem programada à Armênia.
7-20 jul.	Férias em Combes (Vale d'Aosta).
19 set.	Viagem à Eslovênia (Maribor).
24-29 set.	Nova assembléia inter-religiosa em Assis.
1º-23 out.	Segundo sínodo para a Europa.
5-9 nov.	Viagem à Índia e à Geórgia.
24 dez.	Grande Jubileu do ano 2000: abertura da Porta Santa.

2000

2 jan.	Jubileu das crianças.
11 fev.	Jubileu dos doentes.
18 fev.	Jubileu dos artistas.
23 fev.	Peregrinação "virtual" ao Iraque.

24-26 fev.	Viagem ao Egito e ao Monte Sinai.
12 mar.	Cerimônia do "arrependimento".
20-26 mar.	Peregrinação à Terra Santa (Jerusalém: Yad Vashem e Muro das Lamentações).
1º mai.	Jubileu dos trabalhadores.
7 mai.	Celebração dos "mártires do século XXI" no Coliseu.
12-13 mai.	Viagem a Fátima (beatificação de dois dos três meninos).
21 mai.	Canonização de 27 mexicanos.
25 mai.	Jubileu dos cientistas.
5 ago.	Vigília ecumênica em Santa Maria Maior.
15-20 ago.	15ª Jornadas Mundiais da Juventude em Roma.
14-15 out.	Jubileu das famílias.
26 nov.	Jubileu dos leigos.
17 dez.	Jubileu do mundo do espetáculo.

2001

6 jan.	Encerramento do Grande Jubileu do ano 2000.
21 fev.	Oitavo consistório ordinário.
11 mar.	Beatificação de 233 mártires da guerra civil espanhola.
4-9 mai.	Viagem pelo caminho de São Paulo: Grécia (perdão aos ortodoxos), Síria e Malta.
21-24 mai.	Consistório extraordinário.
23-27 jun.	Viagem à Ucrânia.
23 jul.	Visita de George W. Bush, presidente dos Estados Unidos.
1º ago.	Milésima audiência geral.
11 set.	**Atentado ao World Trade Center em Nova York.**
23-27 set.	Viagem ao Cazaquistão e à Armênia.
22 out.	Visita do patriarca Inácio IV de Antioquia (da Síria).
27 out.	15º sínodo ordinário dos bispos.
5 nov.	Publicação do moto-próprio *Sacramentorum sanctitatis tutela* (condenando a pedofilia).
22 nov.	Exortação *Ecclesia in Oceania* (condenação dos abusos sexuais cometidos por membros do clero).
14 dez.	Jornada de jejum pela paz.
16 dez.	Tricentésima visita a uma paróquia romana.

2002

24 jan.	Nova reunião pela paz em Assis.
28 jan.	Apelo aos advogados para que lutem contra o divórcio.
12 mar.	Pimeira visita a Roma de dirigentes da Igreja Ortodoxa grega.

CRONOLOGIA GERAL DO PONTIFICADO DE JOÃO PAULO II   745

31 mar.	Apelo solene pela paz na Terra Santa.
23-24 abr.	Reunião de 13 bispos americanos (sobre a pedofilia).
22-26 mai.	Viagem ao Azerbaijão e à Bulgária.
16 jun.	Canonização de padre Pio.
23-28 jul.	Viagem ao Canadá (JMJ de Toronto).
29-31 jul.	Viagem ao México (canonização de João Diogo).
1º-2 ago.	Viagem à Guatemala.
16-19 ago.	Viagem à Polônia (região de Cracóvia).
6 out.	Canonização do bispo Escrivá de Balaguer, fundador da Opus Dei.
7-13 out.	Visita ao Vaticano do patriarca Teoctist da Romênia.
16 out.	Carta apostólica *Rosarium Virginis Mariae* sobre o rosário.
31 out.	Audiência a Valéry Giscard d'Estaing, presidente da Convenção Européia.
14 nov.	Discurso do papa no Parlamento italiano.
15 nov.	Mensagem pela 50ª assembléia geral do episcopado italiano.

2003

3 jan.	Audiência a Patrick Cox, presidente do Parlamento Europeu.
22-26 jan.	Quarto Encontro Mundial das Famílias em Manilha.
3 fev.	Publicação pelo Vaticano de um documento sobre a nova era.
6 mar.	Apresentação de uma nova coletânea de poemas do papa: *Tríptico romano*.
17 mar.	Audiência ao dirigente iraquiano Tarek Aziz.
20 mar.	**Início da segunda guerra do Iraque.**
11 abr.	40º aniversário da *Pacem in Terris*.
17 abr.	Encíclica *Ecclesia in Eucharistia*.
3-4 mai.	Viagem à Espanha.
24 mai.	Celebração no Vaticano de uma missa pelo rito de São Pio V.
5-9 jun.	Centésima viagem ao exterior: Croácia.
22 jun.	Viagem à Bósnia-Herzegovina.
28 jun.	Exortação pós-sinodal *Ecclesia in Europa*.
11-14 set.	Visita à Eslováquia.
16 out.	25º aniversário de eleição de João Paulo II.
19 out.	Beatificação de Madre Teresa.
21 out.	Consistório extraordinário (31 novos cardeais).

2004

1º jan.	Jornada mundial pela paz: mensagem contra o terrorismo.
12 jan.	Ao corpo diplomático: "A laicidade não é o laicismo".

AS VIAGENS DO PAPA
(fora da Itália)

1979

25-31 jan.	Santo Domingo, México (inclusive Puebla: por uma "libertação integral") e Bahamas.
2-10 jun.	Polônia (incluindo Gniezno e Auschwitz).
29 set.-1º out.	República da Irlanda (apelo contra a violência).
1º-8 out.	Estados Unidos (incluindo Filadélfia: não à ordenação de mulheres) e Nova York (ONU).
28-30 nov.	Turquia (encontro com Demétrio I).

1980

2-12 mai.	Zaire, Congo, Quênia, Gana, Alto Volta, Costa do Marfim (por uma via africana de desenvolvimento).
30 mai.-2 jun.	França (Lisieux, discurso na Unesco).
30 jun.-12 jul.	Brasil.
15-19 nov.	Alemanha Ocidental.

1981

15-27 fev.	Paquistão, Filipinas, Guam, Japão (Hiroxima), Alasca (apelo ao desarmamento).

1982

12-19 fev.	Nigéria, Benin, Gabão (não ao materialismo generalizado), Guiné Equatorial.
12-15 mai.	Portugal (incluindo Fátima).
28 mai.-2 jun.	Grã-Bretanha (guerra das Malvinas).
11-12 jun.	Rio de Janeiro, depois Argentina (guerra das Malvinas).
15 jun.	Genebra (discurso na OIT).

748   JOÃO PAULO II — BIOGRAFIA

29 ago.	San Marino.
31 out.-9 nov.	Espanha (incluindo Ávila, apelo de Santiago de Compostela).

1983

2-9 mar.	Lisboa seguida de Costa Rica, Nicarágua (incidentes), Panamá, El Salvador, Guatemala, Honduras, Belize, Haiti (direitos humanos).
16-23 jun.	Polônia (estado de guerra).
15-16 ago.	Londres.
10-13 set.	Áustria.

1984

2-12 mai.	Coréia do Sul, Papua Nova Guiné, ilhas Salomão, Tailândia.
12-16 jun.	Suíça.
9-20 set.	Canadá.
10-13 out.	Espanha (Saragoça), Santo Domingo, Porto Rico.

1985

26 jan.-6 fev.	Venezuela, Equador, Peru, Trinidad-Tobago.
11-21 mai.	Holanda (contestação), Luxemburgo, Bélgica.
8-19 ago.	Togo, Costa do Marfim, Camarões, República Centro-Africana, Zaire, Quênia, Marrocos (apelo de Casablanca: diálogo com o islã).
8 set.	Liechtenstein.

1986

1º-10 fev.	Índia (visita a Madre Teresa).
1º-8 jul.	Colômbia (contra as drogas), Santa Lúcia.
4-7 out.	França (Lyon, Taizé, Paray-le-Monial, Ars, Annecy).
18 nov.-1º dez.	Bangladesh, Cingapura, ilhas Fiji, Nova Zelândia, Austrália, ilhas Seychelles.

1987

31 mar.-13 abr.	Uruguai, Chile (distúrbios em Santiago), Argentina.
1º-5 mai.	Alemanha Ocidental.
8-14 jun.	Polônia (incluindo Gdansk).
10-20 set.	Estados Unidos (inclusive São Francisco: não à ordenação de mulheres) e Canadá.

AS VIAGENS DO PAPA

1988

7-19 mai.	Uruguai, Bolívia, Peru, Paraguai (encontro com o general Stroessner).
23-27 jun.	Áustria (incluindo Mauthausen).
10-19 set.	Zimbábue, Botsuana, Lesoto, Moçambique, Suazilândia, mais África do Sul (por problemas meteorológicos).
8-11 out.	França (Alsácia-Lorena) e Conselho da Europa.

1989

28 abr.-6 mai.	Madagascar, Reunião, Zâmbia, Malawi.
1º-10 jun.	Noruega, Islândia, Finlândia, Dinamarca, Suécia (sobre a unidade dos cristãos).
19-20 ago.	Santiago de Compostela (JMJ — pela "nova evangelização" da Europa).
7-15 ago.	Coréia do Sul, Indonésia (incluindo Timor), ilhas Maurício.

1990

25 jan.-1º fev.	Cabo Verde, Guiné-Bissau, Mali, Burkina Faso, Chade (apelo aos países ricos).
21-22 abr.	Tchecoslováquia (inclusive Velehrad).
6-13 mai.	México, Curaçau.
25-27 mai.	Malta.
1º-10 set.	Tanzânia, Burundi, Ruanda, Costa do Marfim (Iamussukro).

1991

10-13 mai.	Portugal (incluindo Fátima).
1º-10 jun.	Polônia.
13-16 jun.	Czestochowa (JMJ).
16-18 ago.	Hungria (saudação aos croatas).
12-21 out.	Brasil (contra as seitas).

1992

19-26 fev.	Senegal (incluindo Gorée), Gâmbia, Guiné.
4-10 jun.	Angola, São Tomé e Príncipe.
9-13 out.	Santo Domingo (500º aniversário da descoberta da América).

1993

3-10 fev.	Benin, Uganda, Sudão (Cartum).
25 abr.	Albânia.

JOÃO PAULO II — BIOGRAFIA

12-17 jun.	Espanha.
9-15 ago.	Jamaica, México seguido de Denver (JMJ).
4-10 set.	Lituânia (incluindo Siauliai), Letônia, Estônia.

1994

10-11 set.	Croácia (Zagreb) (visita a Sarajevo cancelada).

1995

11-21 jan.	Filipinas (com JMJ em Manilha), Papua Nova Guiné, Austrália, Sri Lanka.
20-22 mai.	República Tcheca (escala na Polônia).
3-4 jun.	Bélgica (Bruxelas).
30 jun.-3 jul.	Eslováquia.
14-20 set.	Camarões, África do Sul, Quênia.
4-8 out.	Estados Unidos (ONU: discurso sobre o direito das nações).

1996

5-11 fev.	Guatemala, Nicarágua, El Salvador, Venezuela.
14 abr.	Tunísia.
17-19 mai.	Eslovênia.
21-23 jun.	Alemanha (incluindo Berlim, porta de Brandemburgo).
6-7 set.	Hungria (incluindo Pannonhalma).
19-22 set.	França (Vendéia, Sainte-Anne-d'Auray, Tours, Reims).

1997

12-13 abr.	Bósnia-Herzegovina (Sarajevo).
25-27 abr.	República Tcheca.
10-11 mai.	Líbano (Beirute).
31 mai.-10 jun.	Polônia.
21-24 ago.	Paris (JMJ).
2-6 out.	Rio de Janeiro (a família).

1998

21-26 jan.	Cuba.
21-23 mar.	Nigéria.
19-21 jun.	Áustria.
3-4 out.	Croácia.

AS VIAGENS DO PAPA

1999

22-28 jan.	México, Estados Unidos (Saint Louis).
7-9 mai.	Romênia.
5-17 jun.	Polônia.
19 set.	Eslovênia (Maribor).
5-9 nov.	Índia, Geórgia.

2000

24-26 fev.	Egito (Monte Sinai).
20-26 mar.	Terra Santa (incluindo Jerusalém e Belém).
12-13 mai.	Portugal (Fátima).

2001

4-9 mai.	Grécia, Síria, Malta.
23-27 jun.	Ucrânia (uniatismo e ortodoxia).
23-27 set.	Cazaquistão, Armênia.

2002

22-26 mai.	Azerbaijão, Bulgária.
23 jul.-2 ago.	Canadá (JMJ de Toronto), México, Guatemala.
16-19 ago.	Polônia.

2003

3-4 mai.	Espanha.
5-9 jun.	Croácia (centésima viagem).
22 jun.	Bósnia-Herzegóvina.
11-14 set.	Eslováquia.

BIBLIOGRAFIA

Obras de Karol Wojtyla / João Paulo II (exceto encíclicas, cartas e textos apostólicos):

WOJTYLA, Karol: *Amour et responsabilité*, prefácio de André Frossard, Stock, 1985.
——. *La boutique de l'orfevre*, prefácio de Jean-Louis Barrault, Cerf-Cana, 1988.
——. *En esprit et en vérité (Recueil de textes 1949-1978)*, tradução de Gwendoline Jarczyk, Le Centurion, 1980.
——. *La foi selon saint Jean de la Croix*, trad. francesa das carmelitas de Muret e de irmã Geneviève, Cerf, Paris, 1980.
——. *Poèmes*, prefácio de Pierre Emmanuel, Cana-Cerf, 1979.
——. *Poèmes, théâtre: La boutique de l'orfevre / Frère de notre Dieu, écrits sur le théâtre*, introdução de Jean Offredo, Cana-Cerf, 1998.
——. *Le signe de contradiction*, tradução francesa de Thérèse Wilkanowicz, Fayard, 1979.

João Paulo II (com a colaboração de Vittorio Messori): *Entrez dans l'Espérance*, Plon-Mame, 1994. [*Cruzando o limiar da esperança.*]
João Paulo II: *Ma vocation, don et mystère*, Bayard Éditions-Cerf-Fleurus-Mame-Téqui, 1996. [*Minha vocação*]

Livros sobre João Paulo II:

ACCATOLI, Luigi: *Karol Wojtyla, l'homme du siècle.* Bayard Éditions-Centurion, 1999.
——. *Quand le pape demande pardon*, prefácio de monsenhor di Falco, Albin Michel, 1997.
ACCATOLI, Luigi e GALAZKA Grzegorz: *La vie au Vatican avec Jean-Paul II*, Médiaspaul, 1998.
BALAYN, Bernard: *Jean-Paul II le Grand, prophète du IIIe millénaire*, prefácio do cardeal Frédéric Etsou, ed. du Parvis, 2000.
BERNSTEIN, Carl e POLITI Marco: *Sa Sainteté (Jean-Paul II et l'histoire cachée de notre époque)*, Pion, 1996.
BLAZYNSKI, Georges: *Jean-Paul II, un homme de Cracovie*, Stock, 1979.

BONIECKI, Adam: *Kalendarium zycia Karola Wojityly*, Znak, 1983.

BUJAK, Adam e ROZEK Michal: *Wojtyla*, Wydanictwo Dolnoslaskie, Wroclaw, 1998.

BUTTIGLIONE, Rocco: *La pensée de Karol Wojtila*. Commnunio-Fayard, 1984.

CASAROLI, Agostino: *Il martirio della pazienza (La Santa Sede ei paesi comunisti, 1963-1989)*, Einaudi, 2000.

CHEUNI, Jean: *Jean-Paul II au Vatican*, prefácio de monsenhor Jacques Martin, col. «La vie quotidienne», Hachette Référence, 1995.

CHIVOT, Dominique: *Jean-Paul II*, col. «Dominos», Flammarion, 2000.

COLONNA-CESARI, Constance: *Urbi et Orbi (Enquête sur la géopolitique vaticane)*, col. «Enquêtes», La Découverte, 1992.

——: *Le pape, combien de divisions?*, Dagorno, 1994.

COTTIER, Georges: *Mémoire et repentance (Pourquoi l'Église demande pardon)*, prefácio do cardeal Roger Etchegaray, Parole et Silence, 1998.

DANIEL-ANGE: *Jean-Paul II, don de Dieu*, Le Sarment/Fayard, 1994.

DECAUX, Alain e DUQUESNE Jacques: *Les années Jean-Paul II*, prefácio de Lech Walesa, Éditions n° 1, 1996.

DUSTIN, Daniel e PIRE Charles: *La politique selon Jean-Paul II*, Mame-Ed. universitaires, 1993.

FROSSARD, André: *Le monde de Jean-Paul II*, Fayard, 1991.

——: *«N'ayez pas peur!» (Dialogue avec Jean-Paul II)*, Robert Laffont, 1982.

——: *Portrait de Jean-Paul II*, Robert Laffont, 1988.

GIANSANTI, Gianni: *Jean-Paul II, portrait d'un pape*, Gründ, 1996.

KARLOV, Jurij: *Parlando con il Papa*, Spirali, 1998.

KLUZ, Wladyslaw: *Czas Siewu: Karol Jozef Wojtyla, Jan Pawel II*, KSJ, Katowice, 1995.

KWITNY, Jonathan: *Man of the Century*, Henry Holt and Co, Nova York, 1997.

LECLERC, Gérard: *Jean-Paul II, le résistant*, Bartillat, 1996.

——: *Le pape et la France*, Bartillat, 1997.

LECOMTE, Bernard: *La vérité l'emportera toujours sur le mensonge (Comment le pape a vaincu le communisme)*, J.-C. Lattès, 1991.

MALINSKI, Mieczyslaw: *Mon ami Karol Wojtyla*, Le Centurion, 1980.

MARTIN, Jacques (cardeal): *Mes six papes*, prefácio de Maurice Druon, Mame, 1993.

MARTIN, Malachi: *The Keys of This Blood*, Touchstone-Simon and Schuster, 1990.

MENEY, Patrick: *Le pape aussi a eu vingt ans*, Plon, 1995.

MIGUEL, Aura: *Le secret de Jean-Paul II (Enquête sur un pontificat bouleversé par la révélation de Fatima)*, Mame-Plon, 2000.

MONTCLOS, Christine de: *Un pèlerin politique? (Les voyages de Jean-Paul II)*, Bayard, 2000.

MONTCLOS Christine de: *Le Vatican et l'éclatement de la Yougoslavie*, PUF, 1999.

NAUDET, Jean-Yves: *La liberté pour quoi faire? (Centesimus annus et l'économie)*, Mame, 1992.

OFFREDO, Jean: *Jean-Paul II, l'aventurier de Dieu*, Carrère-Lafon, 1986.

BIBLIOGRAFIA

——: *Jean-Paul II en Pologne (8-14 juin 1987)*, *textes et documents*, Cana, 1987.

——: *Jean-Paul II ou le Rêve de Jérusalem*, Michel Lafon, 1998.

—— e LE CORRE Dominique: *Jean-Paul II en Pologne (16-23 juin 1983)*, Cana, 1983.

ONORIO, Joël-Benoît d': *Plaidoyer pour Jean-Paul II*, J.-C. Lattès, 1996.

——: *Jean-Paul II et l'éthique politique*, prefácio de André Frossard, Éd. universitaires, 1992.

——: *La diplomatie de Jean-Paul II*, Cerf, 2000.

PIGOZZI, Caroline: *Le pape en privé*, Nil Éditions, 2000.

POUPARD, Paul: *Le pape*, col. «Que sais-je?», nᵒ 1878, PUF, 1997.

RAIMOND, Jean-Bernard: *Jean-Paul II, un pape au coeur de l'histoire*, Le Cherche-Midi, 1999.

RATZINGER, Joseph: *Jean-Paul II, vingt ans dans l'Histoire!*, fotos de Giancarlo Giuliani, Bayard Éditions-Centurion, 1999.

ROULETTE, Christian: *Jean-Paul II, Antonov, Agça: La filière*, Éd. du Sorbier, 1984.

——: *Jean-Paul II, Antonov, Agça: Le procès*, Éd. des Halles de Paris, 1985.

STERLING, Claire: *Le temps des assassins (L'attentat contre Jean-Paul II: Anatomie d'un complot)*, Mazarine, 1984.

STOERKEL, Jean-Marie: *Les Loups de Saint-Pierre (Les secrets de l'attentat contre Jean-Paul II)*, Plon, 1996.

SVIDERCOSCHI, Gian Franco: *L'ami juif du pape*, prefácio do cardeal Etchegaray, Mame, 1995.

SZULC, Tad: *João Paulo II*, Simon and Schuster, 1995.

THOMAS, Gordon e MORGAN-WITTS Max: *Dans les couloirs du Vatican*, Stock, 1983.

TINCQ, Henri: *Défis au pape du IIIᵉ millénaire*, J-C. Lattès, 1997.

——: *L'Étoile et la Croix (Jean-Paul II-Israel: L'explication)*, col. «Le Monde en marche», J.-C. Lattès, 1993.

TOULAT, Jean: *Le pape contre la guerre du Golfe (Jean-Paul II censuré)*, OEIL, 1991.

TOURNY, Bernard: *La rédemption d'octobre*, Téqui, 1996.

VIRCONDELET, Alain: *Jean-Paul II (Biographie)*, Julliard, 1994.

VIRCONDELET, Alain: *Jean-Paul II*, col. «Naissance d'un destin», Éd. Autrement, 1998.

WEIGEL, George: *Jean-Paul II, témoin de l'espérance*, J.-C. Lattès, 1999.

ZIZOLA, Giancarlo: *Le successeur*, Desclée de Brouwer, 1995.

Sobre a Polônia de Karol Wojtyla:

BARTOSZEWSKI, Wladyslaw: *Zegota —Juifs et Polonais dans la résistance 1939-1944*, prefácio de Bronislaw Geremek, Criterion, 1992.

BEAUVOIS, Daniel: *Histoire de la Pologne*, Hatier, 1995.

BUHLER, Pierre: *Histoire de la Pologne communiste*, Karthala, 1997.

DAVIES, Norman: *Histoire de la Pologne*, Fayard, 1986.

GAJCZAK, Roman Antoni: *Wadowice, miasto papieskie*, Michalineum, 1995.

JELENSKI, Constantin: *Anthologie de la poésie polonaise*, prefácio de Czeslaw Milosz, L'Âge d'homme, 1981.

KLOCZOWSKI, Jerzy: *Histoire religieuse de la Pologne*, prefácio de Jacques Le Goff, Le Centurion, 1987.

MILOSZ, Czeslaw: *Histoire de la littérature polonaise*, Fayard, 1986.

NOËL, Léon: *L'agression allemande contre la Pologne*, Flammarion, 1946.

OFFREDO, Jean: *Nous, chrétiens de Pologne*, Cana, 1979.

SELLIER, André et Jean: *Atlas des peuples d'Europe centrale*, La Découverte, 1991.

WILKANOWICZ, Stefan (e a redação de Znak): *Pologne, année 39*, prefácio de René Rémond, Cana, 1984.

WOLOWSKI, Alexandre: *La vie quotidienne à Varsovie sous l'occupation nazie 1939-1945*, Hachette, 1977.

WOJTYLA, Karol/JOÃO PAULO II: *Maximilien Kolbe, patron de notre siècle difficille*, Éd. Lethielleux, 1982.

WYSZYNSKI, Stefan (cardeal): *Notes de prison*, Cerf, 1984.

Outras publicações úteis:

ALBERIGO, Giuseppe: *Histoire du concile Vatican II — 1959-1965*, 2 vol., Cerf-Peeters, 1997 e 1998.

ANATRELLA, Tony: *L'amour et le préservatif*, Flammarion, 1995.

BENAZZI, Natale, D'AMICO Matteo: *Le livre noir de l'inquisition*, Bayard Éditions, 1998.

BLED, Pierre: *Pie XII et la Seconde Guerre mondiale (D'après les archives du Vatican)*, Perrin, 1997.

BONNEFOUS, Édouard, d'ONORIO Joël-Benoît e FOYER Jean: *La papauté au XXᵉ siècle*, seminário da Fondation Singer-Polignac, Cerf-Fondation Singer-Polignac, 1999.

BOULARD, Fernand (em colaboração com A. Achard e H. J. Emerard): *Problèmes mussionnaires de la France rurale*, Cerf, 1945.

COMMEAUX, Charles: *Les conclaves contemporains*, France-Empire, 1985.

CORNWELL, John: *Comme un voleur dans la nuit (Enquête sur la mort de Jean-Paul Iᵉʳ)*, Robert Laffont, 1989.

DAVID, François: *Les réseaux de l'anticléricalisme en France*, prefácio de Paul-Marie Coûteaux, Bartillat, 1997.

FELICI, Icilio: *Fatima*, Clovis, 2000.

GODIN, Henri e Yvan DANIEL: *La France, pays de mission?*, Paris, 1943.

GRIGNION DE MONTFORT, Louis-Marie: *Traité de la vraie dévotion à la Sainte Vierge*, Seuil, 1966.

JEAN DE LA CROIX: *La montée du Carmel*, col. «Livre de vie», Seuil, 1972.

KALINOWSKI, Jerzy e SWIEZAWSKI STEFAN: *La philosophie à l'heure du concile*, Société d'Éditions internationales, Paris, 1965.

BIBLIOGRAFIA

KELLY, J.N.D.: *Dictionnaire des papes*, Brepols, 1994.

KLEIN, Théo: *L'Affaire du carmel d'Auschwitz*, Jacques Bertoin, 1991.

LADOUS, Régis: *Des Nobel au Vatican*, Cerf, 1994.

LANDERCY, M.: *Le cardinal Stepinac, martyr des droits de l'homme*, prefácio do cardeal Marty, Apostolat des éditions, 1981.

LAURENTIN, René: *Petite vie de L.-M Grignion de Montfort*, Desclée de Brouwer, 1996.

LECLERC, Gérard: *Pourquoi veut-on tuer l'Eglise?*, Fayard, 1996.

LECLERC, Gérard: *Les dossiers brûlants de l'Église (Au soir de la vie de Jean-Paul II)*, Presses de la Renaissance, 2002.

LENSEL, Denis: *Le levain de la liberté (Les totalitarismes et l'Église au xxᵉ siècle)*, prefácio de Daniel Ange, Régnier, 1996.

LEVILLAIN, Philippe: *Dictionnaire historique de la papauté*, Fayard, 1994.

LUNEAU, René: *Le rêve de Compostelle (Vers la restauration d'une Europe chrétienne?)*, Le Centurion, 1989.

—— e Patrick MICHEL: *Tous les chemins ne mènent plus à Rome*, Albin Michel, 1995.

MICHONNEAU, Georges: *Paroisse, communauté missionnaire*, Cerf, 1946.

MILLET, Louis: *Thomas d'Aquin, saint et docteur*, Pierre Téqui, 1999.

MIRIBEL, Élisabeth de: *Edith Stein, 1891-1942*, prefácio de Christîan Chabanis, Perrin, 1984.

ONORIO, Joël-Benoît d': *La morale et la guerre*, actes du XIᵉ colloque national des juristes catholiques (Paris, 23-24 nov. 1991), prefácio do cardeal Jean-Marie Lustiger, Téqui, 1992.

——: *Le Saint-Siège dans les relations internationales*, prefácio de Jean-Bernard Raimond, col. «Éthique et société», Cerf-Cujas, 1989.

——: *Le Vatican et la politique européenne*, prefácio de Jean-François Deniau, Mame, 1994.

——: *Le pape et le gouvernement de l'Église*, Fleurus-Tardy, 1992.

POUPARD, Paul: *Le concile Vatican II*, col. «Que sais-je?», PUF, 1997.

ROUXEL, Jean-Yves: *Le Saint-Siège sur la scène internationale*, L'Harmattan, 1999.

SAINTE-MARIE, François de: *Initiation à saint Jean de la Croix*, Seuil, 1945.

SALLÉ, Lucienne: *Femme au Vatican*, Ramsay, 1997.

SUHARD, Cardeal: *Essor ou déclin de l'Église*, Lahure, 1947.

THOMAS, Joseph: *Le concile Vatican II*, col. «Bref», Cerf-Fides, 1989.

TINCQ, Henri: *Dieu en France (Mort et résurrection du catholicisme)*, Calmann-Levy, 2003.

TROCHU, Francis (monsenhor): *Le curé d'Ars*, Résiac, 1925; nova edição 1996.

WENGER, Antoine: *Le cardinal Villot (1905-1979)*, prefácio de René Rémond, Desclée de Brouwer, 1989.

WINOWSKA, Maria: *Le vrai visage de padre Pio (Vie et survie)*, Fayard, 1976.

WOODROW, Alain (com a colab. de Albert Longchamp): *Les jésuites*, col. «Pluriel», Hachette, 1991.

WOODWARD, Kenneth L.: *Comment l'Église fait les saints*, Grasset, 1992.

JOÃO PAULO II — BIOGRAFIA

Documentos diversos:

L'action du Saint-Siège dans le conflit bosniaque, col. «Cahiers de *L'Osservatore Romano*», n. 25, Librairie Éditrice Vaticane, 1994.

Catéchisme de l'Église catholique, Mame-Pion, 1992.

Le christianisme, ferment d'unité (Une culture pour l'Europe de demain), colóquio de Cracóvia, setembro de 1991, ACCE-Éd. universitaires, 1992.

La crise en Yougoslavie. Position et action du Saint-Siège (1991-1992), col. «Cahiers de *L'Ossservatore Romano*», n. 18, Librairie Éditrice Vaticane, 1992.

Une culture pour l'Europe de demain: L'Appel de Royaumont, colóquio de 27-28 de abril de 1990, ACCE, 1990.

Entrez dans le IIIe millénaire. Jubilé 2000 (sob a direção de Bernard Lecomte), Éd. Events & Memory, 2000.

Jean-Paul II, col. «Chroniques de l'histoire», Éd. Chronique, 1998.

Jean-Paul II. Le Vatican. La papauté, col. «L'histoire de...», Auzou, 1997.

L'Ouest accueille Jean-Paul II, suplemento do jornal *Ouest-France*, 1996.

Réalités du christianisme, La Revue des Deux Mondes, maio de 2000.

La vérité vous rendra libres! (Une culture pour l'Europe), prefácio do bispo Vlk, colóquio de Praga, setembro de 1993, ACCE-Mame, 1994.

1978-1988: La décennie Jean-Paul II, número especial do jornal *Le Monde*, outubro de 1988.

Coleções:

La Croix

La Documentation catholique

L'Osservatore Romano

PEQUENO GLOSSÁRIO DOS TERMOS RELIGIOSOS
mais utilizados neste livro

ADVENTO: na liturgia, período que precede a festa de Natal.

ÂNGELUS: oração para invocar o "anjo do Senhor" e pontuada por várias Ave-Marias.

APOSTÓLICO: adjetivo relativo a tudo que diz respeito ao papa.

ARCEBISPO: bispo titular de uma sé metropolitana (reunindo várias dioceses).

BATISMO: cerimônia através da qual alguém se torna cristão.

BULA: carta solene do papa.

CAMERLENGO: cardeal responsável pela administração da Santa Sé em caso de morte do papa.

CARDEAL: a mais alta dignidade na Igreja (conferida pelo papa).

CARMELO: ordem contemplativa composta de carmelitas (masculino e feminino).

CATECISMO: fundamentos essenciais do dogma, da fé e da moral.

CATEDRAL: igreja-mãe de uma diocese, ou sé do bispo.

CATEQUESE: ensinamento do catecismo.

CLERO: conjunto dos fiéis integrantes do estado eclesiástico (padres etc.).

COMUNHÃO: recebimento pelos fiéis da hóstia que representa o corpo do Cristo.

CONCELEBRAÇÃO: missa rezada por vários padres.

CONCÍLIO: assembléia dos bispos, convocada pelo papa, e representando toda a Igreja.

CONCLAVE: reunião dos cardeais para eleger o papa.

CONCORDATA: convenção entre a Santa Sé e um Estado.

CONFERÊNCIA EPISCOPAL: assembléia dos bispos de um país.

CONGREGAÇÃO: sociedade de padres ou leigos que vivem de acordo com uma regra comunitária.

CONSISTÓRIO: reunião dos cardeais.

CORPUS CHRISTI: festa do corpo de Cristo simbolizado no Santíssimo Sacramento.

CREDO: oração através da qual alguém proclama sua fé ("Creio em Deus Pai...").

CULTO: conjunto de manifestações através das quais se venera Deus.

CÚRIA ROMANA: governo da Igreja universal.

DIÁCONO: clérigo da Igreja que não foi ordenado padre.

DICASTÉRIO: nome coletivo dos diferentes órgãos da Cúria (congregação, tribunal etc.).

DIOCESE: território que depende de um bispo (diz-se também "bispado").

ECLESIÁSTICO: adjetivo relativo a tudo que diz respeito à Igreja.

ECUMÊNICO: relativo ao conjunto das confissões cristãs.

ECUMENISMO: aproximação das diversas confissões cristãs.

EMINÊNCIA: título honorífico de um cardeal.

ENCÍCLICA: carta solene do papa a todos os cristãos.

ESPÍRITO SANTO: terceira representação de Deus (ao lado do Pai e do Filho).

EUCARISTIA: o pão e o vinho que representam o corpo e o sangue do Cristo.

EVANGELHO: coletânea das palavras e dos gestos de Jesus redigida por quatro apóstolos.

EXARCA: representante de um patriarca fora do território deste.

GERAL: superior geral de uma ordem religiosa.

HOMILIA: comentário das leituras feitas no início da missa (nome antigo: sermão).

ÍNDEX: lista de obras proibidas pelo papa (caída em desuso em 1966).

IN PECTORE: "em seu coração" (referindo-se a uma decisão tomada secretamente pelo papa).

LEIGOS: conjunto dos fiéis que não fazem parte do clero (ver esta palavra).

LITURGIA: conjunto dos ritos e celebrações oficiais da Igreja.

METROPOLITA: bispo titular de uma sé metropolitana (nas Igrejas orientais).

MITRA: chapéu litúrgico do bispo.

MOSTEIRO: estabelecimento que abriga uma comunidade de monges.

NÚNCIO APOSTÓLICO: embaixador do papa junto a um governo estrangeiro.

ORDENAÇÃO: cerimônia através da qual um cristão se torna padre.

PARÓQUIA: célula de base da Igreja.

PATRIARCA: dignidade suprema conferida ao dirigente de uma Igreja cristã.

PENTECOSTES: comemoração do dom do Espírito aos apóstolos após a morte do Cristo.

PRELADO: membro do clero ao qual foi conferida uma dignidade (e que é chamado de "monsenhor" na Europa, e no Brasil recebe o tratamento de "Dom").

PRESBITÉRIO: habitação do pároco de uma paróquia.

PROVINCIAL: dirigente de um território (referindo-se a uma ordem religiosa).

QUARESMA: período de quarenta dias que precede a festa de Páscoa.

RÉQUIEM: missa pelos falecidos.

SACRAMENTOS: ritos fundamentais da fé cristã (batismo, eucaristia, reconciliação ou penitência, casamento etc.).

SACRO COLÉGIO: o conjunto dos cardeais da Igreja.

SANTÍSSIMO SACRAMENTO: hóstia sagrada que simboliza* o corpo do Cristo.

SEMANA SANTA: semana que antecede a festa da Páscoa, celebrando o calvário, a morte e a ressurreição do Cristo.

SÍNODO: assembléia deliberativa dos bispos.

---

*Para a fé católica, na verdade, a hóstia não "simboliza", mas é o corpo de Cristo, no qual se muda quando o sacerdote pronuncia as palavras da consagração, na missa: é o mistério da transubstanciação. Como é a substância que muda, não se fala em transformação, mas sim, repita-se, em transubstanciação. (Nota da Revisão Técnica)

PEQUENO GLOSSÁRIO DOS TERMOS RELIGIOSOS 761

TIARA: chapéu de aparato dos papas (abandonada por Paulo VI).

URBI ET ORBI: "À cidade e ao mundo" (diz-se por exemplo de uma bênção solene).

VIGÁRIO: todo aquele que exerce função de suplente ou adjunto (por exemplo, de um pároco).

VISITA *AD LIMINA:* visita dos bispos "aos túmulos dos apóstolos Pedro e Paulo", ou seja, ao Vaticano

AGRADECIMENTOS

A todas as personalidades conhecidas ou desconhecidas — cardeais e chefes de Estado, historiadores e jornalistas, antigos dissidentes e cristãos anônimos — que me receberam, apoiaram ou ajudaram na realização deste livro, quero dirigir aqui um agradecimento coletivo e caloroso. Na maioria dos casos, seus nomes constam das páginas que antecedem, na menção "entrevista com o autor".

Gostaria entretanto de citar uma pessoa, uma só, para a qual se voltam meus pensamentos no momento de concluir este livro: Jerzy Turowicz, redator-chefe do *Tygodnik Powszechny*, morto em Cracóvia a 27 de janeiro de 1999. É através de sua lembrança que me permito associar num mesmo reconhecimento todos os nomes, todos os rostos, todos os talentos e todas as boas vontades que alimentaram meu trabalho ao longo de todos estes anos.

Jornalista excepcional, intelectual fora de série, Jerzy Turowicz ficará como uma alta figura moral deste meio século, um exemplo para a imprensa da Europa central, um modelo para os intelectuais ocidentais. Homem de cultura e diálogo, ele encarnou durante todos estes anos dois valores sem os quais nenhum pensamento tem sentido, qualquer que seja o regime político em vigor: a independência de espírito e o respeito pelo outro. Em seu escritório com um velho sofá de couro em Cracóvia, ou na penumbra de seu apartamento completamente tomado por livros e periódicos, Jerzy Turowicz nunca se recusou, mesmo depois de completados 80 anos, a dar um depoimento ou um conselho — sem nunca esquecer uma modéstia e uma discrição que despertavam a admiração de todos os visitantes. Foi provavelmente em nosso primeiro encontro, em fevereiro de 1977, que eu comecei a me interessar pela Polônia, sua Igreja e seus representantes — entre os quais um arcebispo que no ano seguinte haveria de tornar-se papa. No momento de publicar este trabalho, sentirei falta de sua amigável indulgência.

B. L.

ÍNDICE ONOMÁSTICO

Abraão, 454, 553, 464, 580
Abril y Castello Santos (Dom), 445
Accatoli, Luigi, 649
Adalberto (Santo), 227, 247, 379
Adamski, Jan, 144
Adriano VI (Adrian Floriszoon), 494, 647
Afanassiev, Iuri, 377
Agca, Mehmet Ali, 394-97, 399-408, 525, 553, 626, 632
Agnelli, Giovanni, 326
Agnes, Mario, 441
Agree (bispo), 591
Aivazov, Teodor, 403, 404
Alberti-Ilovoiskaia, Irina, 384, 385
Alberto Magno (Santo), 378
Alexandre VII (Fabio Chigi), 331
Alexeieva, Liza, 384
Alexis II (patriarca), 540, 541
Alfons (Jozef Mazurek, *chamado* padre), 120
Alfrink (bispo), 186
Ana (Santa), 125, 474
Ana Jagellon (rainha da Polônia), 208
Anatrella, Tony, 591
Andropov, Iuri, 10, 384, 403
Angelico (Guido di Pietro, *chamado* Fra), 553
Annan, Kofi, 9
Antall, Jozsef, 377
Antonetti, Lorenzo (Dom), 517, 518, 520
Antonov, Serguei, 403, 404

Arafat, Yasser, 323, 570, 574
Ardura, Bernard (Dom), 492
Arinze, Francis (Dom), 491, 499, 645
Aristóteles, 165
Arnau, Narciso (Dom), 302
Arns (bispo), 304
Arrupe, Pedro (padre), 512, 521-27
Ars (Jean-Marie Vianney, *chamado* páro-co de, Santo), 132-36, 140, 216, 242, 459, 464, 465, 607-10
Artur, José, 518
Atenágoras (patriarca), 534
Attenborough, Richard, 329
Avicena, 215
Aylwin, Patricio, 428
Aziz, Tarek, 9
Aznar, José Maria, 9

Babinski, Bronislaw, 40
Backis, Audrys (Dom), 381
Baggio, Sebastiano (Dom), 285, 292, 301
Balamut, Chaim, 33, 54
Balduíno I (rei da Bélgica), 321
Balladur, Édouard, 472
Balland (bispo), 474
Ballestero, Anastasio (Dom), 293
Balthasar, Urs von, 187, 501, 528, 647, 651
Banas, Aloizy, 35, 41, 42
Banas, Boguslaw, 35, 41
Banas, Kazimierz, 41

Banas, Maria-Anna, 35, 41
Banas, Stanislaw, 41
Barak, Ehud, 578, 579
Baraniak, Antoni (Dom), 229
Bardecki, Andrzej (padre), 155, 205, 258, 279, 405
Bardonne (bispo), 516
Bartolomeu I (patriarca), 540, 541
Bartnika, Teresa (irmã), 165
Bartoloni, Bruno, 283, 363
Baum, William (Dom), 274, 291, 530, 561, 609
Baziak, Eugeniusz (Dom), 143, 159, 175-77, 178, 180, 205, 207, 214, 219, 220, 233
Bazinski, Andrzej, 110
Béa, Agostino (Dom), 560
Beauvais, Patrice de, 237
Beck, Jozef (coronel), 55, 67
Becket, Thomas, 351
Bednarski, Feliks, 161, 169
Bednarski, Stefan, 74
Bednorz, Herbert (Dom), 245
Beer, Regina (chamada Ginka), 48, 50, 52, 54, 55, 64
Begnini, Roberto, 329
Bekkers (bispo), 193
Benedito XIV (Prospero Lambertini), 620
Benedito XV (Giacomo della Chiesa), 327
Benelli, Giuseppe (Dom), 285, 292, 293, 299-303, 487
Bengsch, Georg (Dom), 230, 291, 292, 355
Beran (bispo), 182, 219, 378
Berdiaiev, Nicolas, 383
Bergson, Henri, 567
Berlinguer, Enrico, 396
Bernadette Soubirous (Santa), 128
Bernanos, Georges, 459
Bernardo de Claraval (São), 597
Bernhardt, Zofia, 27

Bernini (Giovanni Lorenzo Bernini, chamado), 125, 180, 190, 303, 316, 321, 325, 380, 393
Bertagna, Bruno (Dom), 492
Bertoli, Paolo (Dom), 292, 299, 561
Bertone, Tarcisio (Dom), 491
Bhutto, Benazir, 586
Bida, Antoni, 156
Biela, Adam (padre), 107
Bienkowski, Wladyslaw, 217
Bierut, Boleslaw, 114, 115, 166
Biffi, Giovanni (Dom), 651
Bismarck, Otto (príncipe von), 272
Blachnicki, Franciszek (padre), 242
Blair, Tony, 9
Blecharczyk (padre), 176
Bober, Jerzy, 61, 62, 65
Bobrownicka, Maria, 61, 65
Boccardo, Renato (Dom), 307, 308, 325, 344, 347, 440, 603
Boff, Leonardo (padre), 529
Bogomolov, Oleg, 382
Bohdanowicz, Antoni,42
Bojes, Teofil, 41
Boleslau I o Valente (rei da Polônia), 227
Boleslau II o Ousado (rei da Polônia), 86, 123, 232, 248, 264, 295, 351
Boaventura (São), 598
Boniecki, Adam (padre), 91, 238, 351, 380
Bonifácio VIII (Benedetto Caetani), 644
Bonino, Emma, 593
Bonner, Elena, 384, 385
Borgomeo, Pasquale (padre), 390, 441, 636
Boros (bispo), 183
Borowy, Kazimierz, 110
Bortnowska, Halina, 247
Botticelli, Sandro (Sandro di Mariano Filipepi, chamado), 488
Boulard, Fernand (padre), 129
Brejnev, Leonid, 10, 353, 358, 360, 361, 374, 384

ÍNDICE ONOMÁSTICO

Bridgewater, Dee Dee, 619
Brígida (Santa), 601
Browne, Michael (Dom), 126, 188
Brücken (dr.), 29
Bruno, Giordano, 651
Brzezinski, Zbigniew, 360, 404
Buda (Siddharta Gautama, *chamado*), 550, 643
Bujak, Zbigniew, 354
Bukowski, John (Dom), 381
Bukovski, Vladimir, 452
Bulgakov, Mikhail, 383
Bury, Edward, 243
Bush, George W., 9
Bush, George, 9, 389, 453
Buzala, Kazimierz (padre), 133-36
Buzzonetti, Renato, 295, 339, 346, 347, 395, 441

Cader, Alojs (padre), 201, 230
Calvi, Roberto, 487
Calvino (Jean Cauvin, *chamado*), 546
Câmara, Hélder (Dom), 273, 424, 632
Canterbury, Agostinho de (padre), 547
Capovilla, Loris, 319
Caprio, Giuseppe (Dom), 479, 485-88
Capucci, Hilarion (Dom), 570
Carberry (Dom), 270
Cardenal, Ernesto (padre), 425, 523
Cardjin, Josef (padre), 128
Carey, George (Dom), 548
Carlos Borromeu (São), 26, 46, 125, 604
Carlos Magno (imperador do Ocidente), 467
Carlos I (imperador da Áustria), 23
Carnahan, Mel, 594
Carter, Jimmy (James Earl, *chamado*), 9, 360
Casaroli, Agostino (Dom), 221, 238, 285, 342, 375, 387, 389, 397, 410, 414, 440, 470, 483, 487, 490, 498-500, 525, 539, 573

Casey, William, 361
Casimiro (São), 376, 605
Casimiro III o Grande (rei da Polônia), 60
Cassidy, Edward (Dom), 539, 540, 577, 645
Castelbajac, Jean-Charles de, 619
Castiglione (dr.), 396
Castrillon Hoyos, Dario (Dom), 491
Castro, Fidel, 323, 390, 391
Catarina de Médicis (rainha da França), 461
Catarina de Sena (Santa), 605
Ceausescu, Elena, 389
Ceausescu, Nicolae, 389, 542
Celebi, Musa Cerdar, 402
Celenk, Bekir, 402, 405
Celentano, Adriano, 619
Celik, Oral, 394, 395, 400, 402, 405
Cesbron, Gilbert, 129, 169
Chamberlain, Neville, 57
Chaplin, Charlie (Charles Spencer, *chamado*), 343, 632
Charles, Maxime (Dom), 463
Chebrikov, Viktor, 383
Chernenko, Konstantin, 383
Chevardnadze, Eduard, 389
Chevènement, Jean-Pierre, 5, 17
Chevrier, Antoine (padre), 464, 465
Cheysson, Claude, 361
Chieregati, Francesco (padre), 648
Chirac, Bernadette, 473
Chirac, Claude, 473
Chirac, Jacques, 9, 472
Chmielowski, Adam (*depois* irmão Albert), 96, 97, 523, 598, 606
Chopin, Frédéric, 86
Choromanski, Zygmund (Dom), 188
Chrzanowski, Ignacy, 74
Churchill, Winston Leonard Spencer, 113, 114, 224, 572
Ciappi, Mario (padre), 126
Cibin, Camillo, 339, 442, 443

Cicognani, Amleto Giovanni (Dom), 181, 230

Ciesielski, Danuta, 171

Ciesielski, Jerzy, 146, 171, 256

Cimabue (Cenni di Pepi, *chamado*), 644

Cirilo (São), 379, 495

Ciuba, Kazimierz (padre), 133

Claudel, Paul, 156, 459

Clemente VII (Giulio de Medici), 546

Clemente XI (Giovanni Francesco Albani), 331

Clemente XIII (Carlo Rezzonico), 323

Clemente XIV (Giovanni Vincenzo Ganganelli), 332, 526

Clément, Olivier (padre), 542, 601

Clinton, Bill (William Jefferson, *chamado*), 585, 594

Clotilde (Santa), 474

Clóvis I (rei da França), 461, 473, 474, 643

Cody, John (Dom), 230, 274, 446, 561

Colagrande (dr.), 346

Colasuonno, Francesco (padre), 539

Colombo, Giovanni (Dom), 292, 299, 301

Colombo, Emilio, 361

Combes, Émile, 470

Confalonieri, Carlo (Dom), 181, 293, 297, 304

Congar, Yves (padre), 187, 201, 459, 501, 513, 528

Constantino I o Grande (imperador romano), 221, 222

Copérnico, Nicolau, 60, 621, 650

Cordès, Paul Joseph (Dom), 492, 657

Cornwell, John, 296

Cosme do Amaral, Alberto (Dom), 407, 410, 412,413

Cossiga, Francesco, 337

Costner, Kevin, 329

Cottier, Georges (padre), 591, 652

Coty, René, 467

Coyne, George (padre), 625

Craxi, Bettino, 396

Crepaldi, Gianpaolo (Dom), 492

Crisan, Trajan (Dom), 381

Crucitti, Francesco (dr.), 346, 395, 396

Curran, Charles (padre), 529

Cushing, Richard (Dom), 270

Cyrankiewicz, Jozef, 224, 232

Cywinski, Bogdan, 251

Cywinski, Bohdan, 251, 359

Czerny, Pavel (padre), 545

Czuprinski, Tadeusz, 42

D'Souza (bispo), 193

Dabrowski, Bronislaw (Dom), 294, 362

Dalladier, Édouard, 57, 68

Damasiewicz, Zygmunt, 40

Daniel, Yvan (padre), 129

Daniélou, Jean (padre), 187, 200, 201, 459

Dante Alighieri, 644

Danzi, Gianni (padre), 657

Daoud, Ignace Moussa (Dom), 491

Darwin, Charles, 625

Daufresne de la Chevalerie, 470

Dauge, Louis, 469

Dayan, Moshe, 575

De Gasperi, Alcide, 605

De Smedt (bispo), 198

Dearden, John (Dom), 270, 274

Decourtray, Albert (Dom), 327, 415, 517, 520, 591

Defois, Gérard (Dom), 475

Del Rio, Domenico, 627

Delmé, Alfred, 131

Dembowska, Krystyna, 86

Demétrio I (patriarca), 535, 537, 552

Descartes, René, 162

Deskur (família), 171

Deskur, Andrzej-Maria (Dom), 110, 116, 122, 191, 231, 238, 299, 307, 315, 319, 328, 329, 479, 501, 635

Dezza, Paolo (Dom), 501, 525, 526

ÍNDICE ONOMÁSTICO 769

Di (Diana Frances Spencer, *chamada* lady), 606

Dionísio o Pequeno, 643

Dobraczynski, Jan, 290

Domiciano (imperador romano), 331

Domingos (São), 126

Döpfner, Julius (Dom), 190, 223, 277, 278, 283, 561

Drawicz, Andrzej, 369, 385

Drewermann, Eugen (padre), 529, 530

Drinan (padre), 523

Drzazga (padre), 176

Dulles, Avery (Dom), 501

Duprey, Pierre (padre), 550

Duval (bispo), 517, 520

Dylan, Bob, 619

Dziwisz, Stanislaw (padre), 212, 214, 264, 265, 269, 271, 275, 289, 293, 316-22, 326, 329, 338, 355, 356, 393-97, 406, 407, 441, 443, 446, 487, 495, 521, 545, 626

Edwige I D'Anjou (rainha da Polônia, Santa), 60, 208, 270

Eiffel, Gustave, 476

Einstein, Albert, 620

Elizabeth II (rainha da Inglaterra), 323, 627

Emilia (irmã), 216

Escoto, Miguel d' (padre), 425

Escrivá de Balaguer, José Maria (Dom), 527, 606

Estanislau Kostka (São), 125, 270

Estanislau Szczepanow (Santo), 86, 123, 125, 208, 232, 247, 264, 295, 310, 351, 352, 379, 605

Estermann, Aloïs, 442

Estêvão I (rei da Hungria, Santo), 473, 605

Etchegaray, Roger (Dom), 10, 283, 390, 451, 463, 496, 499, 500, 550, 576, 640, 642, 645

Eufrozyna (irmã), 211, 212, 319, 446

Eulembroeck, Marcel (padre), 128

Eyt (Dom), 591

Fasolino (Dom), 230

Faustina (irmã), 211, 212

Fedorowicz, Jacek, 144

Felici, Pericle (Dom), 190, 230, 233, 299, 301, 304, 307

Fernanda (irmã), 319, 446

Figlewicz, Kazimierz (padre), 40, 43, 45, 70, 71, 104, 105, 109, 122, 123, 227

Filarete (metropolita), 539, 551

Fineschi, Gianfranco (dr.), 585

Fischer, Joschka, 9

Fitzgerald, Ella, 273

Fitzgerald, Michael (Dom), 492

Florek, Jozefa, 107

Florenski, 383

Florovski, 383

Foley, John Patrick (Dom), 492, 635

Forlani, Arnaldo, 396, 404

Forys, Kazimierz (padre), 40, 43, 47, 50

Foucauld, Charles Eugène (visconde de, *depois* padre), 459

Francisco de Assis (São), 127, 212, 551, 605

Francisco de Sales (São), 101, 447, 459

Francisco I (imperador da Áustria), 53

Francisco José I (imperador da Áustria), 53

Franciszek, 211, 212, 309

Franck, Oswald (capitão), 24

Frank, Hans (governador-geral), 74, 78, 84, 104, 109, 111, 213

Frappat, Bruno, 631

Frassati, Luciana, 630

Frasyniuk, Wladyslaw, 366

Frederico Ozanam (São), 433, 476, 477

Fredro, Aleksander, 50

Fresno (bispo), 428

Fries, Henrich, 537

Frossard, André, 27, 29, 37, 66, 81, 97-

100, 104, 105, 121, 149, 304, 316-18, 321, 385, 409, 511, 569, 601, 603, 629, 656

Fukuyama, Francis, 429

Fumio Hamao, Stephen (Dom), 492

Furstenberg, Maximilien de (Dom), 125, 230, 302

Gagnebet, Raymond (padre), 126

Gaillot, Jacques (Dom), 512, 516-22, 659

Galileu (Galileo Galilei, *chamado*), 278, 331, 344, 620-22, 648, 650, 651

Gammarelli, Annibale, 303, 316

Gantin, Bernardin (Dom), 285, 501, 515-21

Garonne, Gabriel (Dom), 459

Garrigou-Lagrange, Réginald, 126, 187

Gates, Bill, 606

Gaulle, Charles de, 237, 377, 460, 467, 470, 472

Gawronska, Wanda, 255, 630

Gawronski, Jas, 255, 431, 630, 649

Gebhardt, Jan, 40, 56, 559

Genoveva (Santa), 474

Geremek, Bronislaw, 366, 377

Germana (irmã), 319, 441, 447

Gierek, Edward, 131, 260, 261, 290, 352, 353, 358, 360

Gilson, Étienne, 126

Giotto Di Bondone, 488, 644

Giscard d'Estaing, Valéry, 467, 468, 474

Glemp, Jozef (Dom), 362-65, 379, 569

Glendon, Mary Ann, 614, 615

Godin, Henri (padre), 129

Goldberger, 42, 54

Goldberger, Poldek, 42

Golubiew, Antoni, 258

Gomulka, Wladislaw, 157, 166, 206, 217-19, 224, 225, 236, 260, 352

Gorbachev, Mikhail, 323, 369, 371, 374, 383, 385-90, 412, 433, 445, 537-39,

542, 626

Gorbachev, Raíssa, 388

Gorecki (família), 88

Gorska (irmã), 297

Gorzelan, Jozef (padre), 222

Gouyon (bispo), 290

Grabowski (professor), 74

Grabski, Stanislaw, 114

Gregório I o Grande (São), 482, 546-48

Gregório XVI (Bartolomeo Alberto Cappellari), 210, 646

Grillmeier, Alois (Dom), 501

Groblicki, Julian (padre), 121, 240, 310

Grocholewski, Zenon (Dom), 491

Gromyko, Andrei, 323, 382, 385

Grootaers, Jan, 196

Guderian, Heinz (general), 72

Guerra, Luciano (Dom), 412

Guevara, Che (Ernesto, *chamado*), 606

Gugel, Angelo, 316, 320, 339, 393, 441, 443

Guitton, Jean, 459, 514

Gulbinowicz, Henryk (Dom), 365

Gutiérrez, Gustavo, 422

Haaland Matlary, Janne, 614

Haider, Jörg, 571

Hall, Rose, 395, 396

Halter, Marek, 91, 570

Harriman (embaixador), 113

Harvey, James, 320

Hassan II (rei do Marrocos), 553

Havel, Vaclav, 380, 389, 452, 545

Hawa Hoomkamp, Kathryn, 614

Heidegger, Martin, 143

Henrique II Plantageneta (rei da Inglaterra), 351

Henrique IV (rei da França), 469

Henrique VIII (rei da Inglaterra), 546

Henze, Paul, 401

Heriadin, Jozef, 40

ÍNDICE ONOMÁSTICO

Herranz, Julian (Dom), 492
Herzog, Roman, 478
Heydel, Zdzislaw, 148
Hitler, Adolf, 57, 67, 68, 72, 74, 89, 90, 119, 120, 238
Hlond, August (Dom), 69, 90, 110, 124, 125, 139, 159
Hnilica (bispo), 384
Hochhut, Rolf, 571
Höffner, Joseph (Dom), 277, 283,486
Holuj, Tadeusz, 61
Honecker, Erich, 389
Honoré, Jean (Dom), 501, 520
Horácio, 195, 647
Hossu (bispo), 183
Houthakker, Hendrick, 275, 276
Hubert, Bernard (Dom), 304
Hugo Capeto (rei da França), 461
Hume, George (Dom), 301, 379
Hunston Williams, George, 275
Hus, Jan, 545, 648
Hussein (rei da Jordânia), 552
Hussein, Saddam, 9, 453, 454
Husserl, Edmund, 143, 158, 253

Ieltsin, Boris, 323, 542
Imposimato, 404
Inácio de Loiola (Santo), 524
Inês da Boêmia (Santa), 389, 605
Infelisi, Luciano, 399
Ingarden, Roman, 143, 158, 253, 260
Ipecki, Abdi, 400
Isabel (Santa), 376
Isabel I a Católica (rainha de Castela), 571

Jablonski, Henryk, 309, 353
Jadwiga (irmã), 211-14
Jakubowicz, Maciej, 560
Jamroz, Jozef (padre), 107
Janik, Janina, 168, 169, 335
Janik, Jerzy, 168, 169, 335
Jaricot, Paulina Maria, 600

Jaroszewicz, Piotr, 353
Jaruzelski, Wojciech (general), 157, 160, 323, 361-64, 365, 368, 369, 371, 385
Jawien, Andrzej (pseudônimo de João Paulo II), 86, 243, 256
Jaworski, Marian (padre), 140, 214, 278
Jesus Cristo, 75, 89, 99, 119, 135, 149, 208, 222, 232, 268, 282, 298, 302, 304, 308, 322, 345, 348, 354, 395, 397, 408, 422, 423, 447, 448, 451, 464, 465, 475, 482, 488, 502, 508, 529, 541, 558, 563, 568, 569, 590, 597, 598, 600-4, 607, 609, 612, 616, 641-50, 659-61, 663
Jendrzejczyk, Augustin (padre), 332
João Batista (São), 601
João Casimiro II (rei da Polônia), 226, 596
João da Cruz (São), 103, 104, 116, 120, 127, 140, 141, 445, 605, 622
João Evangelista (São), 51, 97, 298, 302, 377
João I de Luxemburgo (rei da Boêmia), 30
João III Sobieski (rei da Polônia), 232
João IV o Venturoso (rei de Portugal), 597
João Kety (São), 270
João Nepomuceno (São), 133, 378, 379
João XXIII (Angelo Giuseppe Roncalli), 22, 130, 178, 180-85, 187, 192-95, 202, 207, 209, 232, 242, 253, 278, 286, 303, 307, 319, 323, 327, 381, 407, 409, 418, 420, 438, 467, 481, 498, 502, 511, 534, 557, 562, 573, 606, 646, 647, 665
João Paulo I (Albino Luciani), 22, 277, 291-304, 307, 332, 337, 467, 482, 523, 525, 627, 640
Joaquim (São), 125
Jop, Franciszek (padre), 176
José (São), 26, 47, 257, 604, 663
Jospin, Lionel, 473, 478
Josué, 621

Kaczmarczyk, Wieclaw, 79
Kaczorowska, Anna, 22
Kaczorowska, Helena, 25
Kaczorowska, Maria-Anna (*nascida* Scholz), 20, 25
Kaczorowska, Olga, 25
Kaczorowska, Rudolfina, 22
Kaczorowska, Wiktoria, 25
Kaczorowski, Feliks, 21, 25
Kaczorowski, Mikolaj, 21
Kaczorowski, Robert, 21, 22, 59
Kada, Lajos (Dom), 380, 445
Kadar, Janos, 380
Kahn, Jean-François, 474
Kakol, Kazimierz, 352
Kalinowski, Jerzy (padre), 160, 165, 169, 252
Kalinowsky, Raphael (padre, São), 46, 120, 606
Kaminski, Stanislaw (padre), 165, 252, 289
Kane, Teresa (irmã), 615
Kania, Stanislaw, 263, 352, 358-61
Kantor, Tadeusz, 87
Karekin I, 542
Karski, Jan, 92
Kasper, Walter (Dom), 492
Kasprowicz, Jan, 88
Kasteel, Karel (Dom), 492
Kennedy, John Fitzgerald, 182, 270, 405
Kirill de Smolensk (Dom), 539, 540
Kis, Janos, 377
Kisielewski, Stefan, 258
Kissinger, Henry, 404
Kiszczak (general), 371
Klawek, Aleksy (padre), 116
Klemensiewicz (professor), 61
Klemensiewicz, Irena, 65
Klimczyk, Jan, 40
Kliszko, Zenon, 205, 206, 217
Klodyga (padre), 45
Klosak, Kazimierz (padre), 105, 106, 108, 116

Kluger, Jerzy, 42, 52-55, 560, 565
Kluger, Wilhelm, 54-56, 565
Klusak, Milan, 379
Kluz, Wladyslaw (padre), 66
Koch, Hans, 73
Kochanowski, Jan, 60
Kohl, Helmut, 626
Kolaczkowski (professor), 61
Kolakowski, Leszek, 624
Koliqi, Mikel (Dom), 501
Kolvenbach, Pieter-Hans (padre), 527
Kominek, Boleslaw (Dom), 176, 199, 223
Konieczny, Franciszek, 110
Koniev (general), 115
König, Franz (Dom), 202, 229, 290, 291, 299, 301-4, 379, 624
Korn, 54
Koscielny, Stanislaw, 110
Kossak-Szcztuka, Zofia, 87
Kosziuszko, Tadeusz, 35, 272
Kotlarczyk, Mieczyslaw, 51, 74, 75, 82-87, 90, 95, 96, 101, 109, 122, 136, 140, 151, 176, 239
Kotlarczyk, Stefan, 51
Kotlarczyk, Teresa, 329
Kotlarczyk, Zofia, 51, 74, 83, 95, 100, 101, 109, 122, 140
Kotowiecki (padre), 85
Kowalowka, Leonard (padre), 120
Kownacki, Stanislaw, 110, 180, 335
Kozal, Michal (Dom), 277
Kozlowiecki, Adam (Dom), 192, 501
Kozlowski, Karol (padre), 115, 126
Kozlowski, Krzysztof, 258
Kozlowski, Stanislaw, 147
Krapiec, Albert (irmão), 164, 165, 252, 278
Krazinski, Zygmunt, 50
Krohn, Juan Fernandez, 414
Krol, John (Dom), 192, 231, 270, 273, 291, 294, 301, 305, 361, 486, 561

INDICE ONOMÁSTICO

Krolikiewicz, Halina, 44, 49, 50, 61-66, 74, 78, 85, 88, 90, 93, 95, 96, 122, 123
Krolikiewicz, Jan, 44, 49, 50, 62-65, 74
Kruschev, Nikita Sergueievich, 166, 182
Krylov, Ivan, 444
Krzemieniecki, Jan, 116
Kubler, Michel, 631
Kuczkowski, Mikolaj (padre), 208, 211, 212, 214, 215, 240
Kuczmierczyk, Helena, 21
Kuczmierczyk, Jozef, 20, 21, 26, 78
Kuczmierczyk, Olga, 21
Kudlinski, Tadeusz, 63, 95, 96
Kuklinski, Ryszard, 360
Kukolowicz, Romuald, 239
Kulakowski, Henryk, 79, 109
Küng, Hans, 187, 528, 529
Kurchaba, Fylmon (Dom), 539
Kurdzialek, Marian (padre), 165
Kuron, Jacek, 366
Kurowski, Tadeusz (padre), 140
Kurpicz, Wanda (irmã), 165
Kus, Jan, 41
Kwasniewski, Alexandre, 478
Kwiatkowska, Monika Katarzyna, 65, 123
Kwiatkowski, Tadeusz, 61, 63, 65, 85, 90, 93, 123
Kydrynska, Maria, 82, 83, 215
Kydrynski, Juliusz, 61, 63, 78, 79, 82, 83, 88, 101, 106, 177, 215
Kydrynski, Lucian, 83

Labus, Franciszek, 79, 105, 609
Ladislau II Jagellon (rei da Polônia), 60
Ladislau de Opole (príncipe da Polônia), 365
Ladislau I o Breve, (rei da Polônia), 122
Laghi, Pio (Dom), 10, 450
Lamet, Pedro Miguel (padre), 345
Lanckoronska, Karla, 496

Landsbergis, Vytautas, 377
Lang, Jack, 614
Lanzmann, Claude, 91
Lau, Israel Meir (grande rabino), 578
Lau, Jerzy, 68
Law, Bernard (Dom), 531
Le Gal (bispo), 477
Leão X (Giovanni de Medici), 544
Leão XIII (Vincenzo Gioacchino Pecci), 11, 419, 430, 434, 547, 644
Lefebvre, Marcel (Dom), 298, 414, 460, 464, 466, 512-16, 521
Léger (bispo), 193
Lehmann, Karl (Dom), 588
Lehnert, Pasqualina (irmã), 319
Lehr-Splawinski, Tadeusz, 73, 116
Leibniz, Gottfried Wilhelm, 214
Lejeune, Jérôme, 393, 476
Lekai, Laszlo (Dom), 380
Lenin (Vladimir Ilitch Ulianov, *chamado*), 235, 263, 281, 384, 388, 426, 434
Letizia (irmã), 395
Levi, Virgilio (Dom), 368
Levinas, Emmanuel, 624
Levy, Daniel, 576
Lewaj, Jadwiga, 83
Liénart, Achille (Dom), 184
Lipski, Andrzej (Dom), 208
List, Wilhelm (general), 72
Liszt, Franz, 86
Loew, Jacques (padre), 128
Löhr (general), 70
López Portillo, José, 437
Lopez Trujillo, Alfonso (Dom), 492
Lopez, Aharon, 572
Lorscheider, Aloisio (Dom), 291, 498
Luís Maria Grignion de Montfort (São), 177, 414, 459, 474, 479, 597-99, 605
Lozano Barragan, Javier (Dom), 492
Lubac, Henri de (Dom), 187, 201, 459, 501, 528

Lubachivsky, Myroslav (Dom), 538
Lubowiecki (padre), 232
Lucas (São), 123, 464, 596, 660
Luís I o Grande (rei da Hungria), 232
Luís XIII (rei da França), 597
Luoni, Silvio (Dom), 365
Lustiger, Jean-Marie (Dom), 12, 376, 379, 463, 464, 517, 567, 568, 591, 619
Lutero, Martinho, 543, 544, 549, 601, 645, 647
Luzi, Mario, 601

Macchi, Pasquale, 319
Macciocchi, María Antonietta, 611
Macharski, Franciszek (Dom), 92, 110, 122, 145, 213, 269, 278, 309, 365, 568, 569
Madelin, Henri (padre), 526
Magee, John (padre), 296
Mahaj (padre), 157
Maomé, 553, 643
Majda, Wladislaw, 110
Makeba, Myriam, 619
Malachowski, Jan (Dom), 208
Malinski, Mieczyslaw, 90, 102, 103, 106, 108, 122, 128, 134, 141, 143, 144, 164, 176, 192, 195, 196, 199-202, 240, 245, 283, 292, 373
Malle, Louis, 329
Malysiak, Albin (padre), 240
Mandela, Nelson, 323
Manni (dr.), 395, 396
Manyon, Julian, 401
Manzoni (dr.), 395
Marchetto, Agostino (Dom), 492
Marcinkus (bispo), 296, 487
Marconi, Guglielmo, 635
Marcos, Ferdinand, 427
Marcus (bispo), 520
Mari, Arturo, 321, 441
Maria, 211, 212, 309

Mariano (dr.), 346
Maria (Santa), 26, 27, 37, 44, 46, 123, 125, 135, 147, 164, 167, 177, 195, 206, 207, 226, 227, 232, 268, 273, 302, 305, 322, 336, 348, 395, 407-10, 413, 460, 474, 479, 529, 595-602, 603, 604, 616, 644, 663
Maria de Betânia (Santa), 268
Maria de Borgonha, 647
Maria Teresa (imperatriz da Áustria), 110
Marini, Piero (Dom), 9, 320, 440, 441
Maritain, Jacques, 126, 418, 459, 622
Marszowski (padre), 214
Marta (Santa), 268
Martella, Illario, 401-4
Martinho de Tours (São), 474
Martin, Jacques (Dom), 296, 299, 306, 307, 310, 320, 333, 464, 479, 500, 595
Martinez Somalo, Eduardo (Dom), 409, 491, 500
Martini, Carlo Maria (Dom), 501, 623
Marto, Francisco, 406, 409, 412
Marto, Jacinta, 406, 409, 412
Marty, François (Dom), 148, 290, 341, 463, 656
Marusyn, Miroslav (Dom), 381
Marx, Karl, 130, 166, 179, 182, 202, 211, 217, 235, 263, 281, 300, 376, 381, 384, 388, 419, 421-25, 431-35, 463, 523, 529
Marysia (irmã), 216
Matylda (irmã), 319, 446
Maurício (São), 227
Mauroy, Pierre, 470
Maurus (bispo), 208
Maximiliano Kolbe (São), 212, 260, 367, 448, 561, 566, 567, 606
May, John (Dom), 509
Mazarski, Jan (padre), 101
Mazowiecki, Tadeusz, 218, 309, 359, 372, 389

ÍNDICE ONOMÁSTICO

Mazzanti, Ludovico, 125
Mease, Darrel, 594
Medeiros (bispo), 274
Meir, Golda, 572, 574
Mejía, Jorge (Dom), 192, 518, 557, 558
Melânchthon (Philippe Schwarzerd, chamado), 543
Menez Arceo (bispo), 422
Merckx, Eddy, 341
Mersan, Omer, 402
Messori, Vittorio, 98, 317, 407, 420, 482, 565, 611, 629, 630, 639, 655
Métodio (São), 376, 379, 605
Michalik, Jozef (padre), 287
Michalowska, Danuta, 62, 85, 96, 123, 140
Michalski, Konstantin, 116, 158
Michalski, Krzysztof, 624
Michalski, Marian (padre), 116
Michelangelo (Michelangelo Buonarroti, chamado), 325, 488
Michnik, Adam, 265, 366, 452
Michonneau (padre), 130
Mickiewicz, Adam, 35, 49, 50, 56, 61, 75, 88, 98, 104, 122, 260, 560
Mieszko I (príncipe da Polônia), 473
Miguel, Aura, 408
Mikolajczyk, Stanislaw, 113, 154
Milosevic, Slobodan, 454
Milosz, Czeslaw, 624
Mindszenty, Jozsef (Dom), 159, 182, 219
Mitterrand, Danièle, 473
Mitterrand, François, 464, 468, 469, 473
Modzelewski, Karol, 377
Moisés, 308, 542
Molotov (Viacheslav Mikhailovich Skriabin, chamado), 72, 78, 89, 114
Mondadori (editor), 630
Monduzzi, Dino (Dom), 320, 388, 441, 479, 500
Mongella, Gertrude, 613
Monnet, Jean, 615
Monnet, Marie-Louise, 615

Monterisi, Francesco (Dom), 491
Montezemolo, Andrea Cordero Lanza di (Dom), 425, 426, 576
Moreira Neves (Dom), 499, 500, 650
Moro, Aldo, 291
Morstin, Zofia, 109, 153
Moscicki, Ignacy, 71
Motyka, Lucjan, 206, 238
Mounier, Emmanuel, 126, 418, 459
Mucha, Jozef, 211, 212, 295, 296, 309
Müller (Obersturmbannführer), 73
Mussolini, Benito, 57
Muszynski, Jozef, 41

Napoleão I (imperador da França), 467
Navarro-Valls, Joaquin, 11, 317, 329, 339, 343-46, 441, 442, 471, 495, 499, 575, 594, 614, 626, 630, 636
Nawrocka, Anna, 65
Negoitsa, Pavel, 452
Neiertz, Véronique, 471
Nervi, Pier-Luigi, 324
Nesti, Piergiorgio Silvano (Dom), 491
Netaniahu, Benjamin, 576
Newton, Lowell, 395
Newton, Isaac, 625
Nicolau I (imperador da Rússia), 212
Niemczewski, Bogdan (padre), 208, 211, 212
Nitsch, Kazimierz, 61, 72, 73
Noe, Virgilio (Dom), 299, 645
Norwid, Cyprian, 49, 50, 61, 75, 88, 98
Nostradamus (Michel de Nostre-Dame, chamado), 415
Nowak, Chryzanta (irmã), 165
Nowak, Edward (Dom), 491
Nowosielski, Jerzy, 535
Nyzinski, Marian, 63

O'keefe, Vincent (padre), 524, 525
Obtutowicz, Czeslaw (padre), 140, 158, 214

Odre, Ann, 395, 396
Offredo, Jean, 260
Olesnicki, Zbigniew (Dom), 211
Orlandi, Emanuela, 404
Orlewiczowa, Irena, 65
Ortega, Daniel, 425
Osterwa, Juliusz, 87, 96
Oto III (imperador germânico), 227
Ottaviani, Alfredo (Dom), 181, 186, 187, 279

Paderewski, Ignacy, 270
Paglia, Vincenzo (Dom), 551
Palusinski, Jan (padre), 243
Panczakiewicz, Czeslaw, 40
Pankowski, Marian, 60, 65
Papagheorghiou, Spyridon (metropolita), 540
Pappalardo (bispo), 299, 301
Pascal, Blaise, 460
Pastore, Pierfranco (Dom), 492
Paulo (São), 127, 231, 318, 367, 439, 507, 598, 612, 633
Paulo III (Alessandro Farnese), 652
Paulo VI (Giovanni Battista Montini), 126, 131, 148, 185, 194, 200, 205, 208, 210, 211, 215, 221, 222, 226, 229-33, 236, 237, 239, 245, 257, 261, 267, 275-87, 289, 290, 295, 297, 300, 303, 305, 307, 308, 315-18, 322, 324, 327, 332, 352, 375, 381, 407, 409, 411, 420, 422, 431, 433, 438, 449, 459, 462, 465, 481-82, 485, 494, 496-506, 511-14, 523-26, 529, 534, 538, 546, 561, 562, 570-75, 589, 597, 604, 607, 616, 625, 626, 644, 647, 663, 664
Pavarotti, Luciano, 626
Pavdonov, Georgi, 405
Pavelic, Ante, 454
Pavle (bispo), 456
Pawela (padre), 45

Pawlowski (Dom), 194, 647
Peconi, Elaine, 489
Pedro (Simão, *chamado* São), 11, 22, 102, 127, 210, 221, 231, 254, 276, 289, 293, 298, 305, 308, 318, 409, 438, 439, 482, 483, 502, 507, 541, 550, 596, 600, 603, 640, 661, 664
Péguy, Charles, 598
Pellegrin (bispo), 301
Pepino o Breve (rei da França), 461
Peres, Shimon, 574, 575
Pertini, Sandro, 327, 338, 396
Perugino (Pietro Vannucci, *chamado*), 323
Peyrefitte, Alain, 237
Pham Dinh Tung, Paul-Joseph (Dom), 501
Philippe, Pierre-Paul (Dom), 126, 459
Piast (príncipes), 30
Pieronek, Tadeusz (padre), 201, 230, 234, 237, 246
Pierre (Henri Grouès, *chamado abbé*), 520, 632
Pietraszko, Jan (padre), 141, 207, 240
Pietrzyk, Wojciech, 222
Pigon, Stanislaw (professor), 61, 65, 116
Pilatos, Pôncio, 268
Pilsudski, Jozef (marechal), 26, 35, 55, 67, 110, 154
Pimen (bispo), 386
Pinochet Ugarte, Augusto, 427, 428
Pio (Francisco Forgione, *chamado* padre), 127, 606
Pio III (Francesco Todeschini-Piccolomini), 295
Pio V (Antonio Ghislieri, São), 512, 513
Pio VI (Giannangelo Braschi), 477
Pio VII (Gregorio Luigi Barnaba Chiaramonti), 332, 466
Pio IX (Giovanni Maria Mastai Ferretti), 11, 197, 462, 572
Pio X (Giuseppe Sarto), 132, 316, 512, 562, 623

ÍNDICE ONOMÁSTICO

Pio XI (Achile Ratti), 68, 132, 162, 291, 300, 321, 327, 332, 336, 407, 554, 562, 571, 635, 644

Pio XII (Eugenio Pacelli), 91, 115, 131, 167, 174, 178, 181, 187, 191, 210, 286, 309, 317, 319, 327, 333, 407, 410, 414, 481, 494, 498, 562, 571-73, 577, 604, 644

Piore, 404

Piotrowski, Wlodzmierz, 42

Piotrowski, Zdzislaw, 42

Piovanelli (bispo), 501

Pironio, Eduardo (Dom), 292, 299, 301, 406, 499

Pittau, Giuseppe (Dom), 491, 526

Piwowarczyk, Jan (padre), 105, 154

Pluta (padre), 176

Poggi, Luigi (Dom), 362, 561

Pol Pot (Saloth Sor, *chamado*), 434

Poletti, Ugo (Dom), 299, 301, 557

Politi, Marco, 234

Polonec, Janusz (Dom), 362

Pomerianski, 49, 50

Pompidou, Georges, 467

Ponomarev, Boris, 382

Popieluszko, Jerzy (padre), 125, 368, 370, 371

Poszgay, Imre, 389

Poupard, Paul (Dom), 191, 327, 459, 492, 499, 517, 622

Pozniak, Maria, 83, 84

Pozniak, Piotr, 83, 84

Pozniak, Tomasz, 83, 84

Pozniak, Wlodimierz, 83

Pozniak, Zofia, 83, 84

Pra, Adalardo da (padre), 339

Presley, Elvis, 606

Prochownik, Leonard (padre), 27, 34, 45, 56, 135, 559

Prus, Jozef (padre), 46, 121

Przeczek, Franciszek, 19

Przeczek, Maria (*nascida* Hess), 19, 20

Puljic, Vinko (Dom), 501

Puzyna, Jan (Dom), 46

Pyjas, Stanislaw, 263

Rabin, Yitzhak, 414

Rafael (Raffaello Sanzio, *chamado*), 488

Rahner, Karl, 187, 526, 528, 537

Raimond, Jean-Bernard, 376

Rakowski, Mieczyslaw, 366

Ramsey, Michael (Dom), 546

Ratzinger, Joseph (Dom), 187, 328, 491, 496, 514, 528, 529, 531, 544, 548, 549, 616, 629, 652

Re, Giovanni Battista (Dom), 329, 440, 491, 499, 500

Reagan, Ronald, 323, 362, 363, 404

Redrado, José Luis (Dom), 492

Rej, Nicolas, 60

Remígio (São), 474

Renard (bispo), 230

Ribbentrop, Joachim Von, 68, 72, 89

Ribotta (dr.), 346

Riccardi, Andrea, 551

Richard, Alain, 477

Rixen (bispo), 591

Romano, Antoniazzo, 323

Romanski, Tomasz, 41

Ronaldo (Luiz Nazario de Lima, *chamado*), 626

Roosevelt, Franklin Delano, 92, 113, 114, 572

Rospond, Stanislaw (Dom), 174

Rossi, Agnelo (Dom), 229, 292, 499

Rottenberg, Sabina, 40

Rozicki, Ignacy (padre), 116, 142, 179

Rozpond (padre), 45

Rozwadowski, Jozef (padre), 140

Rubens, Pedro Paulo, 488

Rubin, Wladyslaw (padre), 189, 236, 271, 277, 280, 286

Ruffini, Ernesto (Dom), 188, 193

Ruini, Camillo (Dom), 645

Ruiz, Lorenzo (padre), 448
Runcie, Robert (Dom), 547
Ruquier, Laurent, 518
Rutelli, Francesco, 593
Ryan (bispo), 499
Rybicki (família), 171
Rydz-Smigly (general), 67
Rylko, Stanislaw (Dom), 284, 293, 342-43, 492
Ryszter, Kazimiera, 49

Saban, Giacomo, 557
Sabbah (bispo), 575
Sadik, Nafis, 584
Sakharov, Andrei, 384, 452
Salamucha, Jan (padre), 116
Samoré, Antonio (Dom), 450
Sanak, Anna (*nascida* Kaczorowska), 22
Sandino, César, 425, 426
Sandri, Leonardo (Dom), 440, 491
Sanna (dr.), 398
Sante Portalupi (bispo), 410
Santiapichi, Severino, 402
Santinelli, Orlando, 326
Santini (padre), 403
Santos, Lucia dos, 406-13
Sapieha, Adam, 110
Sapieha, Adam-Stefan (príncipe, bispo), 52, 61, 90, 99, 105, 108-11, 114-21, 124, 125, 127, 132, 136, 139, 141, 142, 154, 159, 174, 175, 207, 213-16, 227, 233, 249, 262, 271, 316
Sapieha, Eustache, 110
Sapieha, Leon, 110
Sarah, Robert (Dom), 491
Saraiva Martins, José (Dom), 491
Sarkander, Jan, 546
Sarnicki, Jak, 40
Sartre, Jean-Paul, 143
Sauceda Vega, Martin, 594
Savary, Alain, 470

Scheler, Max, 143, 157
Scheybal, Adolf, 40
Schillebeeckx, Edward, 528
Scholz, Jan, 20
Schönborn, Christoph (Dom), 501, 531
Schotte, Jan (padre), 506
Schröffer (bispo), 561
Schuman, Robert, 605
Schutz, Roger, 190, 534
Schwartzenberg, Léon, 589
Sebastiani, Sergio (padre), 645
Séjourné, René (Dom), 499
Selinger, Zigmunt, 42
Sepe, Crescenzio (Dom), 491
Seper, Franjo (Dom), 230, 285, 292, 380, 409, 561
Seweryn, Tadeusz, 91
Shamir, Yitzhak, 559, 574
Sidelko, Jan, 110
Sigismundo II Augusto Jagellon (rei da Polônia), 208
Silkowski, Zbigniew, 41, 42
Silveira Ribeiro, Mario (Dom), 410
Silvestrini, Achille, 375, 440, 451
Simão (São), 663
Sin, Jaime (Dom), 386
Sindona, Michele, 487
Siri, Giuseppe (Dom), 181, 188, 254, 290, 292, 298-302, 303, 610
Sisto (São), 126
Sladkevicius, Vincentas (Dom), 183, 501
Slipyi, Jozef (metropolita), 182, 273, 538
Sliwinski, Krzysztof, 234
Slowacki, Juliusz, 49, 61, 83, 85, 88, 99, 122
Smolenski, Stanislaw (padre), 115, 122, 240, 246, 279
Sodano, Angelo (Dom), 342, 346, 427, 440, 450, 484, 490, 491, 500, 539, 540, 585, 650, 651
Sófocles, 49, 75

ÍNDICE ONOMÁSTICO

Soljenitsin, Alexandre, 276, 377, 384, 452
Sonik, Boguslaw, 264
Sonik, Liljana, 264
Suslov, Mikhail, 353, 383
Spellman (bispo), 193
Staël (Germaine Necker, *chamada* Mme. de), 61
Staff, Leopold, 50
Stafford, James Francis (Dom), 492
Stalin (Joseph Vissarionovich Djugachvili, *chamado*), 10, 68, 70, 72, 77, 107, 113, 114, 131, 143, 155, 159, 160, 217, 218, 224, 382, 434, 538
Stanislaw Kostka (São), *ver* Estanislau Kostka (São)
Stanislaw Szczepanow (São), *ver* Estanislau Szczepanow (São)
Starowieyski, Stanislaw, 124-29, 131, 153
Stein, Edith (Santa), 260, 567, 568, 572, 606
Stepinac (bispo; São), 606
Steponavicius (bispo), 182
Sterling, Claire, 401
Stomma, Stanislaw, 110, 153, 154, 156, 205, 258
Stroba (bispo), 223, 277
Strzelecki, Paul-Edmund, 272
Styczen, Tadeusz, 251-52, 284
Suaudeau (bispo), 591
Suder, Kazimierz, 110
Suenens, Léon-Joseph (bispo), 190, 194, 278
Suhard, Emmanuel (Dom), 129, 130
Svidercoschi, Gian Franco, 608
Swierc, Jan (padre), 102
Swiezawska, 158, 160
Swiezawski, Stefan, 158, 160, 161, 163-66, 201, 214, 235, 253, 408, 409, 545
Sylvestre (padre), 46
Szczepanska, Helena, 29
Szeliski, Tadeusz, 40, 52
Szkocka, Irena, 83, 84, 88, 101, 107, 108, 122, 153

Szkocki, Leon, 83, 84, 88, 101
Szoka, Edmund-Kazimir (Dom), 488-90
Szostek, Andrzej (padre), 250-52, 289
Szydlowski, Zdzislaw (major), 57
Szymonek, Franciszek (padre), 107, 133

Taffet, 54
Tagllaferi, Mario (Dom), 521
Tamburrino, Francesco (Dom), 491
Tanquerey, Adophe Alfred, 103
Tarancon (bispo), 283
Targosz, Karol, 110
Tauran, Jean-Louis (padre), 440, 455, 473, 491, 500, 517, 518, 542, 575
Teoctista (patriarca), 542
Teresa (madre), 273, 386, 432, 448, 497, 606, 632
Teresa d'Ávila (Santa), 103, 445, 605
Teresa do Menino Jesus (Santa), 103
Teresa de Lisieux (Santa), 459
Ternyàk, Csaba (Dom), 491
Thu (bispo), 297
Tiago (São), 590
Tincq, Henri, 559
Tischner, Jozef, 251, 359, 624
Tisserant, Eugène (Dom), 184, 185, 231
Titz, Jozef, 40
Toaff, Elio (grande rabino), 557, 558
Tobiana (madre), 319, 446
Tokarz, Franciszek, 163
Tomás de Aquino (Santo), 107, 142, 158, 166, 170, 253, 276, 278, 545, 605, 622, 623
Tomasek, Franciszek (Dom), 355, 378-81
Tomko, Jozef (Dom), 380, 499, 505
Tresalti (dr.), 396
Trochu, Francis (Dom), 132
Trojanowski, Jozef, 116
Trotski, Leon (Lev Davidovich Bronstein, *chamado*), 474
Truman, Harry, 114, 224

Tucci, Roberto (padre), 390, 426, 428, 440, 441, 501
Turek, Mieczyslaw (padre), 140
Turkès, Alparslan, 400
Turowicz, Anna, 154
Turowicz, Jerzy, 87, 91-94, 153-56, 186, 255-59, 296, 568, 628
Turowski (padre), 124
Turowski, Gabriel, 148, 397
Tymienicka, Anna-Teresa, 252, 253, 275-77
Tyranowska, 102
Tyranowski, Jan, 101-3, 120, 122, 256, 598, 599

Uhl, Anna, 68
Ulewicz, Tadeusz, 62
Urbano VIII (Maffeo Barberini), 331, 333, 621
Ursi (bispo), 299, 301
Usowicz (professor), 158

Vaast (São), 474
Van der Meersch, Maxence, 169
Vandrisse, Joseph, 304, 374, 634
Vasiliev, Zelio, 403, 404
Vasylyk, Pavlo (Dom), 539
Védrine, Hubert, 473
Veglio, Maria Antonio (Dom), 491
Venceslau IV (rei da Boêmia), 378
Vespa, Bruno, 626
Villot, Jean (Dom), 285, 292, 295, 297-300, 302, 351, 375, 376, 422, 459, 468, 482, 490, 500, 523
Vilnet (bispo), 463
Vladimir I (São), 376, 386, 473, 538, 539, 543, 605
Vlk, Miroslav (Dom), 501
Volk, Herman (Dom), 278, 561
Voltaire (François Marie Arouet, chamado), 460
Vries, Monke (irmã), 541

Wadowita, Marcin, 32
Wais (padre), 106
Wajda, Andrzej, 329
Walder, Romuald, 170
Waldheim, Kurt, 323, 570
Walesa, Lech, 157, 158, 304, 356, 358-64, 366-72, 451, 626, 631
Wallner, 54
Walters, Vernon (general), 362
Waszczuk, Jerzy, 239, 356, 358
Weber, Anna, 68
Weber, Maria, 50
Weigel, George, 496
Wenger, Antoine, 374-76, 483
Wesoly, Szczepan (Dom), 269, 271
Wiadrowska, Felicja, 17, 20, 21
Wiadrowska, Maria-Anna (nascida Kaczorowska), 20, 21, 26, 121, 122, 176
Wiadrowski, Adam, 21
Wiadrowski, Jan, 21
Wiadrowski, Leon, 21
Wiadrowski, Marek, 176
Wicher, Wladyslaw (padre), 116, 158
Wielowiejski, Andrzej, 262, 359
Wilczynski, Ryszard, 110
Wilkanowicz, Stefan, 55, 235, 237, 245, 246, 332, 496
Willebrands, Johannes (Dom), 230, 273, 292, 301, 387, 535, 539, 544, 557, 569, 576
Winowska, Maria, 255
Wislocka, Michalina, 149
Wlodkowic, Pawel (padre), 60, 198, 650
Wojtyla, Anna (nascida Przeczek), 19
Wojtyla, Bartlomiej, 19
Wojtyla, Edmund, 22, 24, 25, 28, 34, 35, 48, 98, 109, 122, 171
Wojtyla, Emilia (nascida Kaczorowska), 17, 20-22, 23-29, 33, 34, 59, 82, 98, 100, 122, 316, 611

ÍNDICE ONOMÁSTICO

Wojtyla, Franciszek (I), 19
Wojtyla, Franciszek (II), 19, 176
Wojtyla, Franciszka, 19
Wojtyla, Karol (pai do papa), 19, 22-32, 33-42, 44, 48, 59, 66, 71, 72, 77, 82-85, 89, 97-103, 120-23, 133, 146, 214, 254, 316, 444, 451, 559
Wojtyla, Maciej (I), 19
Wojtyla, Maciej (II), 19, 22, 35
Wojtyla, Olga, 25
Wojtyla, Stefania, 19, 22, 36, 176
Worlock, Derek (Dom), 286
Wozniakowska, Maja, 141
Wozniakowski, Jacek, 92, 93, 153, 155, 258, 309, 496
Wresinski (padre), 476
Wright, John (Dom), 270, 285, 561
Wronka (padre), 176
Wyspianski, Stanislaw, 50, 75, 88
Wyszynski, Stefan (Dom), 119, 139, 155, 156, 159, 161, 165-68, 173-75, 182, 188, 189, 193, 197, 198, 205-8, 209, 211, 217-19, 223, 226, 227, 229, 233-40, 245, 255, 258, 262, 269, 277, 281, 285, 289, 293, 294, 296-98, 302, 305, 307, 310, 329, 336, 352, 357, 358, 380, 398, 431, 483, 582, 596, 642

Yallop, David, 296
Yakunin, Gleb (padre), 382
Yussef, Ramzi, 414

Zacher, Edward (padre), 40, 45, 46, 50, 53, 66, 179
Zachuta, Jerzy, 105, 121

Zago, Marcello (padre), 550
Zajac, Andrzej (padre), 44
Zak, Franciszek (padre), 26
Zak, Kazimiera, 50, 64
Zanussi, Krzysztof, 329
Zdybicka, Zofia (irmã), 253
Zegadlowicz, Emil, 32, 62
Zelinski, Vladimir, 382
Zenon (irmão), 448
Ziegler, Joseph, 277
Zita de Bourbon-Parma (imperatriz da Áustria), 23
Zoebelein, Judith (irmã), 635
Zorner (dr.), 73
Zukrowski, Wojciech, 79, 89
Zweig, Leopold, 42
Zycinski, Jozef, 251
Zygmund, Wojciech (padre), 161
Zyla, Jan, 79
Zak, Franciszek (padre), 26
Zak, Kazimiera, 50, 64
Zanussi, Krzysztof, 329
Zdybicka, Zofia (irmã), 253
Zegadlowicz, Emil, 32, 62
Zelinski, Vladimir, 382
Zenon (irmão), 448
Ziegler, Joseph, 277
Zita de Bourbon-Parma (imperatriz da Áustria), 23
Zoebelein, Judith (irmã), 635
Zorner (dr.), 73
Zukrowski, Wojciech, 79, 89
Zweig, Leopold, 42
Zycinski, Jozef, 251
Zygmund, Wojciech (padre), 161
Zyla, Jan, 79

Este livro foi impresso no
Sistema Digital Instant Duplex da Divisão Gráfica da
DISTRIBUIDORA RECORD DE SERVIÇOS DE IMPRENSA S.A.
Rua Argentina, 171 - Rio de Janeiro/RJ - Tel.: (21) 2585-2000